Produktionswirtschaft – Controlling industrieller Produktion

Dietger Hahn · Gert Laßmann

# Produktionswirtschaft – Controlling industrieller Produktion

Band 3
Zweiter Teilband

Informationssystem

Mit 97 Abbildungen

Springer-Verlag Berlin Heidelberg GmbH

Dipl.-Ing. Dipl.-Ing. Dr. rer. pol. Dr. h.c. DIETGER HAHN, o. Professor für
Industriebetriebslehre und Unternehmungsplanung an der Justus-Liebig-
Universität Gießen, Honorarprofessor an der Technischen Universität
Berlin, Wissenschaftlicher Leiter des Instituts für Unternehmungsplanung
(IUP), Gießen/Berlin

Dipl.-Kfm. Dr. rer. pol. GERT LASSMANN, o. Professor für Angewandte
Betriebswirtschaftslehre, insbesondere Fertigung und Industriewirtschaft
der Ruhr-Universität Bochum, Direktor des Instituts für Unternehmungsführung und Unternehmensforschung der Ruhr-Universität

ISBN 978-3-7908-0698-4    ISBN 978-3-642-58079-6 (eBook)
DOI 10.1007/978-3-642-58079-6

© Springer-Verlag Berlin Heidelberg 1993
Ursprünglich erschienen bei Physica-Verlag Heidelberg 1993
Softcover reprint of the hardcover 1st edition 2002

Satz: Mitterweger Werksatz GmbH, Plankstadt
88/7130-543210 – Gedruckt auf säurefreiem Papier

# Vorwort

Das vorliegende Werk will den heutigen Erkenntnisstand der Betriebswirtschaftslehre im Bereich der Industriellen Produktionswirtschaft vermitteln. Im Mittelpunkt steht die systematische Behandlung technisch-wirtschaftlicher Fragestellungen. Die Erarbeitung von Lösungsansätzen erfolgt aus der Sicht des Controlling mit dem Ziel einer ergebnisorientierten Unternehmungsführung. Zahlreiche Beispiele stellen den Bezug zur Unternehmungspraxis her.

Das Werk umfaßt drei Bände:

Band 1: Grundlagen, Führung und Organisation, Produkte und Produktprogramm, Material und Dienstleistungen
Band 2: Prozeßplanung, -steuerung und -kontrolle
Band 3: Personal, Anlagen, Informationssystem

Band 3 erscheint in zwei Teilbänden. Teilband 3.1 ist den Gebieten Personalwirtschaft und Anlagenwirtschaft, Teilband 3.2 der Informationswirtschaft gewidmet.

Im Mittelpunkt der Personalwirtschaft steht die soziale und funktionale Eingliederung der Arbeitskräfte in das personelle Beziehungsgefüge und in die Arbeitsprozesse einer Unternehmung. Hierbei wird besonders auch auf die rechtlichen Rahmenbedingungen hingewiesen. Nach Klärung dieser Grundfragen der Personalwirtschaft werden aus betriebswirtschaftlicher Sicht die Arbeitsgestaltung mit den Schwerpunkten Arbeitsplatz-, Betriebsmittel- und Arbeitsfeldgestaltung, die Arbeits- und Betriebszeitgestaltung, die Arbeitsentgeltgestaltung sowie der Aufbau und die inhaltliche Ausrichtung von Personalinformationssystemen behandelt. Besonderes Augenmerk wird hier auf die didaktische Aufbereitung der personalwirtschaftlichen Problemfelder Arbeits- und Betriebszeitmodelle sowie Lohnformen für den Produktionsbereich gelegt.
Im Rahmen der Anlagenwirtschaft werden die Planung, Steuerung, Dokumentation und Kontrolle des Anlagenbedarfs und der Anlagenbeschaffung, Anlagenanordnung, Anlageninstandhaltung sowie Anlagenveräußerung und -entsorgung unter Beachtung des Wirtschaftlichkeitsprinzips und von Grundanforderungen aus dem Humanbereich dargestellt. Nach Charakterisierung der wichtigsten Typen von Produktionsanlagen stehen die Anlagenkapazitäten und das Anlagenlayout in ihren Wirkungen

auf produktionswirtschaftlich relevante Ziele in dynamischen Investitionsrechnungen sowie Nutzwertanalysen im Mittelpunkt. Im operativen Bereich dominiert die Anlageninstandhaltung bei den betriebswirtschaftlichen Analysen. Neuland wird vor allem bei der Konzipierung eines geschlossenen Anlageninformationssystems und bei der Anlagenentsorgung sowie bei der Erfassung von Automatisierungseinflüssen auf Organisation und Wirtschaftlichkeit von Produktionsprozessen betreten.

Teilband 3.2 enthält den neuesten Erkenntnisstand zum gesamtbetrieblichen Informationswesen. Alle Sachabläufe in einer Unternehmung sind mit Informationserfassungs- und -verarbeitungsprozessen unlösbar verbunden. Führung ist ein übergeordneter Informationsverarbeitungsprozeß; Produkt- und Produktprogrammwirtschaft, Material- und Dienstleistungswirtschaft, Personalwirtschaft, Anlagenwirtschaft und Prozeßwirtschaft werden durch Informationsverarbeitungsprozeduren beherrscht, d. h. ausgelöst, gelenkt, überwacht und begleitet. Daher umfaßt dieser Band nicht nur die klassischen Gebiete des Internen Rechnungswesens mit Istkostenrechnung, Normalkostenrechnung, Plankostenrechnung, Erlösrechnung und kurzfristiger Erfolgsrechnung. Vielmehr wird das periodenbezogene Betriebscontrolling mit dem projektbezogenen Investitionscontrolling, Produktlebenszykluscontrolling und Auftragscontrolling sowie einer produktionsprozeßbegleitenden Kosten- und Leistungskennziffernrechnung (Online-Prozeßcontrolling) verbunden. Dabei werden auch Sondergebiete wie Produktkalkulation, Bildung interner Verrechnungspreise, Gemeinkostencontrolling einschließlich Prozeßkostenrechnung und entwicklungsbegleitende Kalkulation mit Target Costing berücksichtigt. Außerdem wird auf die Ausgestaltungsmöglichkeiten von Führungsberichtssystemen im Produktionsbereich eingegangen. Für die Zusammenführung von betriebswirtschaftlichen und produktionstechnischen Informationssystemen auf der Basis einer übergreifenden Unternehmungsdatenbank wird eine integrative Konzeption im Sinne von Computer Integrated Manufacturing (CIM) entwickelt, wobei neueste Ansätze der Informatik und Kommunikationstechnik aufgegriffen werden. Abschließend werden unterschiedliche Möglichkeiten für die institutionelle Verankerung des Produktionscontrolling in der Unternehmungsorganisation gegenübergestellt.

Die Bücher wenden sich an Lehrende und Studierende der Wirtschaftswissenschaft und des Wirtschaftsingenieurwesens in Hochschulen und Fachhochschulen sowie an Führungskräfte und Fachberater sowie Auszubildende und Weiterzubildende in der Praxis, die sich über aktuelle Entwicklungen in der Wissenschaft auf den behandelten Gebieten informieren wollen.

Unseren Mitarbeitern Dr. Roland Alter, Dr. Erich Bröker, Dipl.-Ök. Ralf Gilles, Dr. Harald Hungenberg, Dr. Lutz Kaufmann MBA, Dipl.-Kfm. Guido Knittel, Dipl.-Ök. Martin Muhr, Dipl.-Ök. Stephan Riezler, Dipl.-Kfm. Michael Schneider, Dr. Markus Schramm, Dr. Peter Straube, Dipl.-Ing. Alexander Tourneau, Dipl.-Kfm. Ekkehard Veser und Dr. Udo Zimmermann danken wir für ihre intensive und konstruktive Mitwirkung bei der umfassenden Literaturauswertung und Abfassung der Texte zu den verschiedenen Spezialgebieten. Ausführliche Diskussionen und viele kritische Anregungen haben wesentlich zur Entstehung dieser beiden Teilbände beigetragen. Bei der Gesamtredaktion und technisch-organisatorischen Abwicklung der Drucklegung haben sich Dipl.-Kfm. Andreas Bausch und Dipl.-Ök. Stephan Riezler besondere Verdienste erworben. Wir danken unseren Sekretariatsmitarbeiterinnen Frau Gilda Hornung und Frau Brigitte Richter für geduldige Texteingaben bei der Manuskripterstellung sowie unseren studentischen Mitarbeitern und Mitarbeiterinnen für ihre Mitwirkung bei der Erstellung der zahlreichen Schaubilder. Dem Verlag danken wir für die zügige Abwicklung der Drucklegung und das Verständnis für die erheblichen Terminüberschreitungen bei der Ablieferung des Manuskriptes.

Dietger Hahn
Gert Laßmann

# Inhaltsübersicht

## Erster Teilband

### Teil VII: Personalwirtschaft

# Teil VIII:   Anlagenwirtschaft

# Zweiter Teilband

## Teil IX:    Informationswirtschaft

# Inhaltsverzeichnis

# Einführung

Die **industrielle Produktionswirtschaft,** verstanden als Teil einer Betriebswirtschaftslehre der Industrie, läßt sich unterschiedlich in Teilgebiete gliedern. Im Mittelpunkt der Analyse stehen die spezifischen Führungsaufgaben, Output- und Inputgrößen der Produktion sowie der Produktionsprozeß.

Wie in dem folgenden Schaubild dargestellt, soll die Behandlung der **industriellen Produktionswirtschaft** in neun Teilgebiete gegliedert werden:

I.  *Grundlagen der industriellen Produktionswirtschaft*
II.  *Führung und Organisation im Produktionsbereich*
III.  *Produktwirtschaft*
IV.  *Produktprogrammwirtschaft*
V.  *Material- und Dienstleistungswirtschaft*
VI.  *Prozeßwirtschaft*
VII.  *Personalwirtschaft*
VIII.  *Anlagenwirtschaft*
IX.  *Informationswirtschaft*

Im Mittelpunkt der Ausführungen stehen dabei die folgenden Gegenstände und Fragestellungen:

a)  Klärung der Grundlagen, Begriffe und Ziele der industriellen Produktionswirtschaft. In diesem Zusammenhang soll eine Typologie vorgestellt werden, mit der für ökonomische Fragestellungen bedeutsame **Erscheinungen der Produktion** in Industrieunternehmungen beschrieben werden. Auf dieser Grundlage sollen Systeme der betriebswirtschaftlichen Planung, Steuerung und Kontrolle entwickelt werden, die in der Praxis beim Vorliegen der typenbildenden Merkmale anwendbar sind.

b)  **Darstellung** der **wichtigsten Führungsaufgaben** in den einzelnen Bereichen der industriellen Produktion: Ziel- und Maßnahmenplanung, Steuerung, Motivation und Kontrolle auf der Basis entscheidungs- und verhaltenswissenschaftlicher Erkenntnisse.
**Erläuterung** der Möglichkeiten für die **organisatorische Einordnung und Gliederung des Produktionsbereichs.** In diesem Zusammenhang wird auch auf die Prinzipien der Zuordnung von Personen und Sachmitteln zur Erfüllung von Aufgaben – die Bildung von Arbeitssystemen und deren ablauforganisatorische Verkettung – für spezifische Produktionstypen eingegangen.

c) Ausgehend von den Ergebnissen der Produktionstheorie werden sodann die betriebswirtschaftlich relevanten **Eigenschaften von Produkten und Produktionsfaktoren** beschrieben und deren Bedeutung für die Planung untersucht. In diesem Zusammenhang sollen auch die Erkenntnisse angrenzender wissenschaftlicher Disziplinen Berücksichtigung finden, soweit sie sich aus ihrer Sicht mit den Elementargrößen der Produktion befassen – wie insbesondere Ingenieur- und Naturwissenschaften, Arbeitswissenschaft und Rechtswissenschaft. Die ökonomische Ausrichtung der Betrachtungen wird durch die Bezeichnungen Produkt- und Produktprogrammwirtschaft, Personalwirtschaft, Anlagenwirtschaft sowie Materialwirtschaft hervorgehoben.

In der **Produktwirtschaft** wird ausgehend von der strategischen Programmplanung schwerpunktmäßig die technisch-wirtschaftliche Produktgestaltung behandelt. Besonders betrachtet werden Produktplanung, Produkt- und Verfahrensentwicklung, Wertanalyse, Normung und Typung sowie Qualitätssicherung und Produkthaftung.

Im Rahmen der **Produktprogrammwirtschaft** werden sodann Lösungsansätze für die operative Programmplanung – die Programmplanung bei gegebenen Potentialen – dargestellt, insbesondere für synthetische bzw. zusammenbauende Produktion sowie für chemische Produktion.

Aus dem Bereich der **Materialwirtschaft** wird schwerpunktmäßig auf die Planung des qualitativen und quantitativen Material- und Dienstleistungsbedarfs sowie auf Lagerdispositionssysteme eingegangen.

Im Rahmen der **Personalwirtschaft** stehen Fragen der Personalplanung, der Arbeitssystem- und Arbeitszeitgestaltung sowie der Arbeitsentgeltfindung und der Gestaltung sonstiger Arbeitsanreize im Mittelpunkt.

In der **Anlagenwirtschaft** werden ausgehend von den wesentlichen Eigenschaften der Sachpotentiale die Planung von Kapazität, Layout, Instandhaltung und Entsorgung besonders herausgestellt.

d) Aufbauend auf der Analyse dieser elementaren Input- und Outputgrößen, die sich nach ihrer Funktion und ihren betriebswirtschaftlich bedeutsamen Eigenschaften grundsätzlich unterscheiden, werden die **Gestaltungs- und Lenkungsmöglichkeiten der spezifischen Produktionsabläufe** bei unterschiedlichen Produktionstypen dargestellt. Im Mittelpunkt dieser **Prozeßwirtschaft** stehen Fragen der Produktionsprozeßplanung, -steuerung und -kontrolle bei gegebenen Kapazitäten und unterschiedlicher Anordnung der Arbeitssysteme.

e) Produktgestaltung, Produktionsfaktorauswahl, Planung und Überwachung des zeitlichen und örtlichen Einsatzes der Produktionsfaktoren können aus betriebswirtschaftlicher Sicht nur mit Hilfe spezifischer Informationen zielgerecht bewältigt werden. Daher soll in zusammenhängender Form auf die Informationsbasis für ein erfolgsorientiertes Controlling im Produktionsbereich besonders eingegangen werden, wobei ein **zeitlich und methodisch differenziertes dreigliedriges Produktionscontrolling-Konzept** abgeleitet wird. Hauptzweige dieses Informationssystems sind periodenbezogene Erfolgsrechnungen

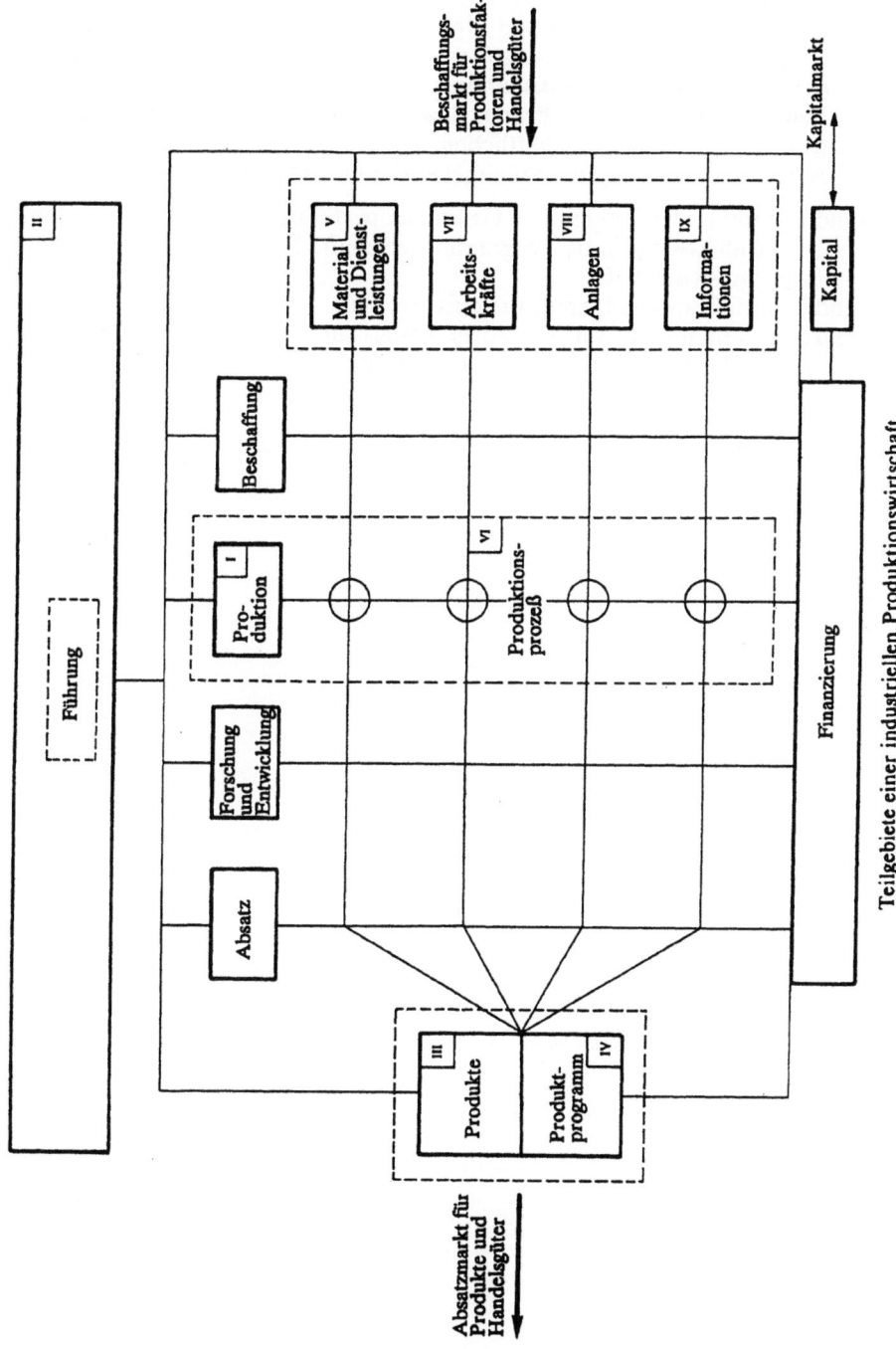

Teilgebiete einer industriellen Produktionswirtschaft

(Betriebscontrolling), periodenübergreifende Projekterfolgsrechnungen (Projektcontrolling) und Online-Kennziffernrechnungen (Prozeß-controlling). Abschließend sollen die **Grundzüge eines geschlossenen computergestützten Informationssystems** entwickelt werden, das als **Führungsinstrument im Produktionsbereich** auch den herausgestellten technisch-betriebswirtschaftlichen Beziehungszusammenhängen und Anforderungen möglichst weitgehend gerecht wird.

Band 1  enthält die Teilgebiete Grundlagen, Führung und Organisation, Produktwirtschaft, Programmwirtschaft, Material- und Dienstleistungswirtschaft.

Band 2  umfaßt das Teilgebiet Prozeßwirtschaft.

Band 3  beinhaltet die Teilgebiete Personal- und Anlagenwirtschaft (Teilband 3.1) sowie Informationswirtschaft (Teilband 3.2).

*Teil IX:* **Informationswirtschaft**

# 1 Grundlagen und Aufgaben der Informationswirtschaft für das Produktionscontrolling

## 1.1 Grundlegende Charakterisierung der produktionsbezogenen Informationswirtschaft

### 1.1.1 Wesen und Teilgebiete der produktionsbezogenen Informationswirtschaft

In den vorangehenden Kapiteln ist deutlich geworden, daß **alle Sachabläufe in einer Unternehmung mit Informationserfassungs- und -verarbeitungsprozessen unlösbar verbunden** sind. Führung ist ein übergeordneter Informationsverarbeitungsprozeß. Produkt- und Produktprogrammwirtschaft, Material- und Dienstleistungswirtschaft, Personalwirtschaft, Anlagenwirtschaft und Prozeßwirtschaft werden durch Informationsverarbeitungsprozeduren beherrscht, d. h. ausgelöst, gelenkt und überwachend begleitet. Die betriebswirtschaftlich relevanten Informationen wurden in den betreffenden Kapiteln nach ihrer Bedeutung, konzeptionellen Einordnung und computermäßigen Verarbeitung näher erläutert.

Als **Informationen** bezeichnen wir Nachrichten in Form von Worten, Symbolen, Zeichen und Zahlen, aber auch sensorische, elektronische und sonstige Impulse, sobald sie durch eine bestimmte Zweckausrichtung in ein bekanntes Beziehungsgefüge von (Er-)Kenntnissen eingeordnet werden können. Derartige „Nachrichten" sind dann potentiell einsetzbar für zielgerichtete Überlegungen, Planungsaktivitäten sowie Entscheidungen bzw. für Schlußfolgerungen und Beurteilungsvorgänge, etwa im Zusammenhang mit Überwachungstätigkeiten. Es kommt nicht darauf an, ob sie effektiv in dieser Weise genutzt werden, sondern daß sie dafür geeignet sind. Nicht als Informationen sind Nachrichten jedweder Erscheinungsform zu betrachten, die zufallsbedingt anfallen und nicht in ein gedankliches Beziehungsgefüge einordenbar sind und damit auch nicht für irgendeine Zweckerfüllung eingesetzt werden können. Solche Zufallsnachrichten können jedoch jederzeit zu Informationen werden. Sie sind dann aufzugreifen und in das bestehende Informationssystem fachgerecht einzuordnen.

**Informationssysteme** bestehen aus aufgabenbezogen abrufbaren Informationen, methodischen Vorgaben und Programmen (Software) zu deren Verknüpfung, Verarbeitung und Auswertung, technischen Geräten und Kommunikationsnetzen (Hardware) sowie Personen, mit deren Hilfe die Informationserfassung, -speicherung, -verarbeitung und -übermittlung an Entscheidungsträger auf allen Hierarchieebenen der Unternehmung bis zu den Ausführungspersonen hin bewerkstelligt werden können. Als Adressaten von Informationen kommen daneben auch unternehmungsexterne Institutionen und Personen, die in Beziehung zur Unternehmung stehen, in Betracht. Betriebliche Informationssysteme erfassen und speichern routinemäßig oder aus besonderem Anlaß Daten über betriebliche Zustände und die Umwelt des Betriebes sowie deren Veränderungen, um für verschiedene Zwecke Aufschreibungen und Auswertungen zu ermöglichen (vgl. *Plinke*, 1991, S. 4). Sie sollen nicht nur für die Lösung allgemeiner Dokumentationsaufgaben und die Abwicklung mehr oder minder komplexer Dispositionsaufgaben in wohlstrukturierter Form (wie z.B. Materialbedarfsermittlung durch Stücklistenauflösung) einsetzbar sein, sondern auch Hilfestellung bei der planerischen Bewältigung unstrukturierter und schwach strukturierter Probleme leisten, die durch Führungsentscheidungen zu lösen sind. Man kann das gesamte Informationssystem einer Unternehmung als „mehrdimensionales Nervensystem" bezeichnen, „das die Verknüpfung betrieblicher Teilbereiche und Funktionen gewährleisten soll" (*Picot/Reichwald*, 1991, S. 246).

Informationen können **originär** aus vorhandenen Quellen **übernommen werden** – z.B. technische Verbrauchsaufschreibungen für die Kalkulation der Materialkosten – oder aus kreativen Prozessen **originär entstehen** – z.B. eine ausgesprochene Vermutung oder Schätzung oder eine Soll- bzw. Zielvorgabe. Durch aufgabenorientierte Verknüpfung originärer Informationen und ihre methodische Einordnung in ein Bezugssystem entstehen **abgeleitete (derivative) Informationen**. So führt die Verknüpfung originär übernommener Verbrauchsziffern mit originär erhobenen Beschaffungspreisen im Rahmen einer Kalkulation zu den Produkt-Materialkosten. Die Einordnung der originären Verbrauchsziffern in ein Bezugssystem mit Sollverbrauchsvorgaben kann zur Urteilsbildung über die Produktivität und Wirtschaftlichkeit eines Produktionsprozesses beitragen, indem das relative Gewicht der Soll-Ist-Abweichungen gegenüber den Gesamtmaterialkosten ermittelt wird. Dabei ist stets die **Abhängigkeit der Aussagekraft** aller abgeleiteten Informationen von der Qualität der zugrundeliegenden originären Informationen zu beachten. Dieser Punkt ist insofern bedeutsam, als in der Praxis die Erfassung und Sicherung von Urdaten (sog. Uraufschreibungen) auf erhebliche Schwierigkeiten stoßen können.

Für die Verknüpfung und Einordnung von Informationen gibt es im Bereich der Produktionswirtschaft zahlreiche Methoden und Algorithmen. Soweit diese losgelöst von den speziellen Produktionsbedingungen bestehen, können sie im Rahmen dieses Lehrbuches differenziert nach den in Band 1 aufgeführten Standardproduktionstypen behandelt werden. Unternehmungsindividuelle und verfahrens- bzw. prozeßspezifische Instrumente zur wirtschaftlichen Planung, Steuerung und Überwachung der Produktion können nicht einbezogen werden, lassen sich jedoch in der Regel aus den hier zu behandelnden übergeordneten Standardmethoden durch Erweiterungen und Modifikationen ableiten.

Mit dem Gesamtgebiet des Informationswesens beschäftigt sich die **Informatik**, die neben der aufgabengerichteten Informationserfassung und -systematisierung insbesondere Organisation und Technik der Informationsspeicherung und Informationsübertragung (Kommunikation) umfaßt. In diesem Werk soll nicht der gesamte Erkenntnisstand der Informatik wiedergegeben werden. Vielmehr werden anwendungsbezogen Ergebnisse der Informatik für Planungs- und Entscheidungsprozesse, Dokumentations- und Überwachungsprozesse sowie für die Steuerung im industriellen Produktionsbereich herangezogen.

Im Rahmen des Produktionscontrolling soll die **produktionsbezogene Informationswirtschaft** den Führungskräften auf allen hierarchischen Ebenen (Produktionsvorstand, Abteilungsleiter, Meister, Vorarbeiter) sowie teilweise auch den Ausführungspersonen das zur wirtschaftlich orientierten Gestaltung und Lenkung der Produktion erforderliche, d. h. **betriebswirtschaftlich relevante Wissen** unter Beachtung des Wirtschaftlichkeitsprinzips zur Verfügung stellen. Auf dieser Basis sollen alle Planungs-, Steuerungs- und Überwachungstätigkeiten sowie Entscheidungsprozesse mit einem möglichst hohen Informationsstand abgewickelt werden können. In der Regel bleiben Informationslücken – sei es wegen eines zu hohen Informationsbeschaffungsaufwandes oder wegen Nichterlangbarkeit von Informationen, insbesondere bei zukunftsgerichteten, jedoch teilweise auch bei vergangenheitsgerichteten Aufgaben. Die Führungsaufgaben müssen dann unter Ungewißheit erfüllt werden, d. h. es sind kreative Prozesse zur Kompensation oder subjektiven Schließung von Informationslücken etwa durch Schätzungen bzw. Erwartungswerte oder Vorgaben zu vollziehen. Das Informationswesen kann somit nur eine **begrenzte Hilfestellung** leisten. Deterministische Modelle können dabei vielfach konzeptionelle und methodische Unterstützung für die Durchführung von Führungsfunktionen leisten.

Die **generelle Aufgabe des Controlling** beinhaltet die informationelle Sicherung bzw. Sicherstellung ergebnisorientierter Planung, Steuerung und auch Überwachung des Unternehmungsgeschehens – vielfach verbunden mit einer Integrations- bzw. Systemgestaltungsfunktion, grundsätzlich verbunden mit einer Koordinationsfunktion, primär auf der Basis des Zahlenwerks des Rechnungs- und Finanzwesens (möglichst verkettet in einer betriebswirtschaftlich-technischen Daten- und Methodenbank) (vgl. *Hahn*, 1989, S. 1138; *Hahn*, 1993, Teil II, Abschnitt 5). Das **produktionsbezogene Modul** des Informationssystems der Unternehmung bildet die wichtigste Grundlage für das Controlling industrieller Produktion. Unter **Produktionscontrolling** wird dabei

– die erfolgszielorientierte Planung und Überwachung aller Tätigkeiten im Produktionsbereich,
– deren betriebswirtschaftliche Steuerung durch wirtschaftlich orientierte Sollvorgaben/Planziffern und
– die Entwicklung von Anpassungsempfehlungen bei Abweichungen der Istabläufe von den Vorgaben verstanden.

Daneben sind Koordinationsfunktionen zwischen in bestimmtem Umfang unabhängig agierenden Teilbereichen der Produktion und dem Gesamtcontrolling der Unternehmung zu erfüllen, um eine am Erfolg der Gesamtunternehmung orientierte Führung sicherzustellen. In der Strukturorganisation einer Unternehmung müssen daher mit aufgabengerecht abgestuften Kompetenzen ausgestattete Controllingstellen vorgesehen sein (vgl. auch Kapitel 7).

**Institutionell** ist Controlling als Führungs- und Führungsunterstützungsfunktion zu kennzeichnen – mit klar definierter Ergebnis**mit**verantwortung (vgl. Band 1, Teil I, S. 23 f.; *Hahn*, 1989, S. 1139; *Laßmann*, 1990, S. 314; *Solaro*, 1991, S. 136 f.). Aus **instrumenteller** Sicht gehört es zu den zentralen Aufgaben des Produktionscontrolling, ein leistungsfähiges und wirtschaftliches Informationssystem für den Produktionsbereich aufzubauen und für die betriebswirtschaftliche Begleitung der Planungs-, Entscheidungs- und Überwachungsprozesse aktiv einzusetzen. Mit dieser Aufgabenabgrenzung kann das Controlling zu einer wirtschaftlich optimalen Ergebniserzielung einer Unternehmung – hier für den Bereich der Produktion – insbesondere durch eine aufgabengerechte Bereitstellung betriebswirtschaftlicher Informationen für alle Akteure einer Unternehmung – Personen ebenso wie automatisierte Produktions- und Verwaltungseinrichtungen – beitragen (vgl. Schaubild IX.1).

Das in diesem Buch zu behandelnde betriebswirtschaftlich ausgerichtete Informationssystem im Produktionsbereich bildet in zweifacher Hinsicht nur einen Ausschnitt aus dem gesamten Informationssystem der Unternehmung.

– In funktionaler Einteilung der Industrieunternehmung werden neben dem Produktionsbereich die Hauptfunktionen Beschaffung, Forschung und Entwicklung, Absatz und Finanzierung sowie verschiedene Hilfsfunktionen unterschieden (vgl. Band 1, Teil I, Kapitel 2.1).
– Außer betriebswirtschaftlich ausgerichteten Informationsmodulen gibt es in der Unternehmung zahlreiche überwiegend technisch bzw. abwicklungstechnisch ausgerichtete Informationsteilsysteme.

Daher sind stets auch die Verbindungs- und Integrationsprobleme zu allen angrenzenden Bereichen (Schnittstellen) zu betrachten. Das produktionsbezogene betriebswirtschaftliche Informationsmodul besteht in der Praxis seinerseits vielfach aus Insellösungen. Aus theoretischer Sicht ist grundsätzlich ein unternehmungsübergreifendes, **integriertes Informationssystem** als effizienter Ansatz zu betrachten. In der Praxis ist jedoch zur Zeit eine übergreifende Integration aller **Teilinformationssysteme der Unternehmung** zu einem Gesamtsystem nicht realisierbar, auch wenn es insbes. im Zusammenhang mit dem CIM-Konzept bedeutsame Tendenzen zur datenmäßigen und funktionalen Integration der Teilinformationssysteme gibt (vgl. Kapitel 6.4).

Eigenständige **Informationsinseln** findet man heute in vielen Unternehmungen, beispielsweise in den Bereichen verfahrens- und prozeßtechnische Steuerung, Material- und Produktqualitätssicherung, Forschung und Entwicklung, Konstruktion, Produktionsvorbereitung und Auftragssteuerung, Personalwesen, Absatzforschung, Vertriebssteuerung, Rechnungswesen (extern und intern), Finanzwirtschaft, Steuerwesen – um nur die wichtigsten Bereiche zu nennen. Aus der Existenz dieser Teilinformationssysteme folgen komplexe Koordinations- und Integrationsaufgaben, die von der Gesamtunternehmungsführung zu erfüllen sind. Daher haben einige Großunternehmungen eigenstän-

**Mitwirkungsaufgaben: Zielplanung, strategische und operative Planung (in Kopplung mit Eigenaufgaben)**

| Aufgaben | Instrumente |
|---|---|
| - Analysen, Prognosen | - Frühwarnsysteme, Szenarien<br>- Hochrechnungen |
| - Projektplanung, Produktplanung | - Netzplantechnik (NPT)<br>- Wertanalyse<br>- Nutzwertanalyse<br>- Projekt- und Produktkalkulation, auch Target Costing<br>- Wirtschaftlichkeitsrechnungen/ Investitionsrechnungen |
| - Funktionsbereichs- planung | - Gemeinkostenwertanalyse (GWA)<br>- Zero-Base Budgeting (ZBB)<br>- Nutzwertanalyse<br>- Kalkulation<br>- Kostenstellenrechnung<br>- Wirtschaftlichkeitsrechnungen/ Investitionsrechnungen |
| - Programmplanung<br><br>mit Kapazitätsplanung (strategisch)<br><br>mit Kapazitätsbele- gungsplanung (operativ) | - Portfolioanalyse<br>- Break-Even-Analyse<br>- Nutzwertanalyse<br>- Wirtschaftlichkeitsrechnungen/ Investitionsrechnungen<br>- Stufenweise Deckungsbeitragsrechnungen<br>- Modelle mit Simulation, Linearer Programmierung (LP) |

**Eigenaufgaben: periodische Ergebnis- und Finanzplanung**

| Aufgaben | Instrumente |
|---|---|
| - Deckungsbeitragsplanung | |
| - Betriebsergebnisplanung | - PuK-Grundkonzept<br>- PuK-Kennzahlensystem |
| - Unternehmungs- ergebnisplanung | - integriertes internes und externes Rechnungswesen und Finanzwesen |
| - Finanzplanung | |
| = Koordinierung Gesamt- unternehmungsplanung/ Divisionplanung | - Gesamtunternehmungsmodelle mit Simulation, Gemischt-ganzzahliger Programmierung |

Technisch-betriebswirtschaftliche Daten- und Modellbank - Grundrechnung

**Schaubild IX.1.** Aufgabenkomplexe und Instrumente des Controlling (vgl. *Hahn*, 1992, S. 158)

dige Ressorts mit der Bezeichnung „**Informationsmanagement**" eingerichtet (vgl. *Krüger/Pfeiffer*, 1991, S. 21 ff.). Auf diesem Gebiet findet sich in der Unternehmungswirtschaft ein beachtliches Rationalisierungspotential. So wie im Zuge der Produktionsautomatisierung vor allem durch erhebliche Leistungssteigerungen sowie Qualitätserhöhungen der Produkte in den letzten Jahrzehnten beachtliche Erfolgsverbesserungen erzielt werden konnten, wird in Zukunft durch die auf einem geschlossenen Informationssystem beruhende Automatisierung von Verwaltungs- und Führungsprozessen und damit verbundenen Neuerungen in der Unternehmungsorganisation eine wesentlich bessere Ausschöpfung des Erfolgspotentials zu erreichen sein. Für viele Unternehmungen in Deutschland liegt hier sogar ein Schlüssel für die Erhaltung ihrer internationalen Wettbewerbsfähigkeit.

Die Funktionsfähigkeit des Produktionsbereichs einer Unternehmung basiert auf umfangreichen und differenzierten **technischen Informations- und Kommunikationssystemen**. Das hier zu behandelnde **betriebswirtschaftliche Informations- und Kommunikationssystem** fußt zu einem erheblichen Teil auf diesen für die sachzielbezogene, rein technische Produktionsplanung und -abwicklung erforderlichen Informationen, wobei die zugrundeliegenden Mengen- und Zeitgrößen sowie Qualitäts- und Leistungsgrößen **zweckbezogen** zu **bewerten** sind. Zu den betriebswirtschaftlichen Informationsmodulen, die nicht nur technische Daten verwenden, sondern auch originäre Informationen erheben, zählen Internes und Externes Rechnungswesen, Gesamtunternehmungsplanung, das gesamte Finanzwesen sowie Revisions-, Prüfungs- und Steuerwesen. Produktionswirtschaftlich relevant ist dabei primär das Interne Rechnungswesen. Damit sind als wichtigste Schnittstellen der produktionsbezogenen Informationswirtschaft herauszustellen:

– der produktionstechnische Bereich,
– der kunden- und konkurrenzorientierte Absatzbereich,
– der lieferantenorientierte Beschaffungsbereich sowie
– die übergeordnete Unternehmungsführung und -überwachung.

Das betriebswirtschaftliche Informationssystem im Produktionsbereich umfaßt insbesondere die traditionellen Bereiche des Internen Rechnungswesens:

– Kosten- und Erlösrechnung einschließlich kurzfristige Erfolgsrechnung (in der Praxis häufig in Form einer kalkulatorisch ausgebauten Aufwand- und Ertragrechnung),
– Wirtschaftlichkeitsrechnungen für Investitionsobjekte und Organisationsprojekte,
– Betriebsstatistiken mit Kennziffern und zusammenfassender Berichterstattung.

Aus der Aufgabenstellung des Produktionscontrolling wird jedoch deutlich, daß **über das Kerngebiet des Internen Rechnungswesens hinaus** die betriebswirtschaftliche Untermauerung der gesamten Produktionsplanung und

-steuerung (PPS) einschließlich Arbeitsvorbereitung und Betriebsdisposition sowie der übrigen CIM-Bausteine CAD, CAP, CAM und CAQ zu gewährleisten ist (vgl. zu den CIM-Bausteinen im einzelnen Band 1, Teil II, Kapitel 2.4.2; *AWF*, 1985). Die in der Praxis bisher überwiegend als Schnittstellenproblem behandelte Kooperation zwischen technischer Produktionsplanung und -steuerung (PPS) und betriebswirtschaftlichem Produktionscontrolling erfordert den Ausbau des Internen Rechnungswesens in Richtung auf produktionsbegleitende Wirtschaftlichkeitsrechnung, konstruktionsbegleitende Kalkulation, wirtschaftliche Untermauerung der Qualitätssicherung und aller übrigen technischen Managementbereiche. Für die betriebswirtschaftliche Forschung liegt hier z.Zt. ein wichtiger Schwerpunkt. In absehbarer Zeit ist das klassische Aufgabenfeld des Internen Rechnungswesens entsprechend zu erweitern. Mit dem umfassenderen Begriff eines **„Betriebswirtschaftlichen Informationssystems für das Produktionscontrolling"** sind die technischen und betriebswirtschaftlichen Informationsanforderungen industrieller Produktion integrativ abzudecken und mit den übrigen Modulen eines Unternehmungsinformationssystems abzustimmen, bis derartige Schnittstellen durch unternehmungsübergreifende Integration aufgehoben werden können.

## 1.1.2  Grundanforderungen an ein Betriebswirtschaftliches Informationssystem für das Produktionscontrolling

Die wichtigsten von einem betriebswirtschaftlichen Informationssystem für das Produktionscontrolling zu erfüllenden **Grundanforderungen** sind:

- Ausrichtung auf die Oberziele der Unternehmung;
- Orientierung am Informationsbedarf;
- Vollständigkeit,
- Genauigkeit und
- Aktualität der Eingangsdaten;
- Eindeutigkeit und Verständlichkeit;
- Realitätsnähe der Modellstrukturen;
- Unabhängigkeit/Objektivität;
- Beachtung relevanter Rechtsvorschriften;
- Sicherheit;
- Flexibilität;
- Wirtschaftlichkeit.

Grundsätzlich ist die betriebswirtschaftliche Informationswirtschaft **auf die Oberziele der Unternehmung auszurichten.** Dies folgt aus der Aufgabe, den Führungskräften entscheidungsrelevantes Wissen zur Verfügung zu stellen, da Entscheidungen nur im Hinblick auf bestimmte Zielkriterien getroffen werden können. So sind im operativen Controlling grundsätzlich die Auswirkungen von Maßnahmen auf den Periodenerfolg transparent zu machen. In vielen Fällen ist jedoch aufgrund der Komplexität des Beziehungsgefüges eine Bestimmung der Konsequenzen für den Unternehmungsgesamterfolg nicht oder nur

mit unverhältnismäßig großem Aufwand möglich. Daher spielen für Führungskräfte auf mittleren (z. B. Betriebsleiter) und unteren (z. B. Vorarbeiter) Führungsebenen sowie für Ausführungskräfte auf enge Dispositionsbereiche
begrenzte Subziele (z. B. Wirtschaftlichkeits- und Produktivitätskennziffern)
eine sehr große Rolle, deren sorgfältige Ableitung aus den Oberzielen eine
wichtige Führungsaufgabe darstellt (vgl. Band 1, Teil I, Kapitel 1.2.3).

Die betriebliche Informationswirtschaft erhält ihre Bedeutung allein daraus, daß sie Einfluß auf das Verhalten der Entscheidungsträger und Akteure in
der Unternehmung nimmt (vgl. *Höller*, 1978, S. 3 f.). Aufgrund dieser **Servicefunktion des Informationswesens** muß sich die Ermittlung und Bereitstellung
der Informationen nach Art, Umfang, Genauigkeit, Aktualität und Darstellungsform am aktuellen Bedarf der Entscheidungsträger und Ausführungspersonen auf den verschiedensten Ebenen und organisatorischen Einrichtungen
der Unternehmung ausrichten. Bei der Informationsermittlung ist auch potentieller Bedarf in der Zukunft zu berücksichtigen. Bei der Informationsbereitstellung ist eine Informationsüberflutung der Entscheidungsträger und
Akteure durch eine allgemeine Verbreitung des gesamten Informationsvorrats
zu vermeiden. Vielmehr sind nur **die für die Lösung von Aufgaben** in den verschiedenen Bereichen der Unternehmung **erforderlichen Informationen selek-
tiv zur Verfügung zu stellen.** Die **Bestimmung des Informationsbedarfs** stößt in
der Praxis allerdings auf erhebliche Schwierigkeiten, einerseits aufgrund vielfach unzureichender Abstimmung zwischen Anbietern und Adressaten von
Informationen, andererseits durch das Unvermögen der Aufgabenträger, den
jeweiligen Informationsbedarf vorab klar zu bestimmen. Der Informationsbedarf kann grundsätzlich durch Befragung, Beobachtung tatsächlicher Informa-
tionsnachfrage und deduktive Ableitung der zur Lösung bestimmter Probleme
notwendigen Informationen ermittelt werden (vgl. *Küpper*, 1990a, S. 805 ff.).
Zur Informationsbedarfsanalyse sollten Controller und Informationsverwen-
der intensiv kooperieren. Dabei kommt dem Controlling trotz der grundsätzlichen Serviceorientierung auch eine aktive Rolle zu, indem die Informations-
empfänger „marketingmäßig" beeinflußt werden (vgl. *Weber*, 1990a, S. 206).

Eine selektive Informationsbereitstellung erfolgt zum einen, indem das
Controlling die aus seiner Sicht für die Aufgabenträger relevanten Informationen **standardisiert** zur Verfügung stellt und zum anderen dadurch, daß den Auf-
gabenträgern in der Unternehmung ein **wahlfreier Zugriff** auf die aus ihrer
Sicht bei Entscheidungsdurchführungs- und Überwachungsaufgaben benötigten Informationen ermöglicht wird. Dabei ist jedoch sicherzustellen, daß nicht
mißbräuchlich Informationen abgerufen werden, d. h. die Eingrenzung der
Zugriffsberechtigung ist zu regeln.

Im Rahmen des Informationsbedarfs und der Wirtschaftlichkeit des Informationssystems ist eine **Vollständigkeit** der Erfassung der relevanten Informationen zu gewährleisten. Die Anforderungen an die **Genauigkeit** der Informationen (ggf. mit Meß- bzw. Schätztoleranzen) sind an den jeweiligen Anwen-
dungszwecken des Informationssystems auszurichten.

Die Wirksamkeit von Informationen ist darüber hinaus von der **Aktualität**
der Informationserfassung (Dokumentation) und -verarbeitung entscheidend
abhängig. So sind für die operative betriebswirtschaftliche Planung, Steuerung

und Überwachung des Produktionsgeschehens Informationen der Kosten- und Erlösrechnung, die erst 8–15 Tage nach Monatsende vorliegen, vielfach nicht hinreichend. Daher sind die monatlichen Periodenrechnungen durch zeitaktuell (Online) verfügbare betriebswirtschaftliche Kenngrößen zu ergänzen (Online-Kennzahlenrechnungen; vgl. Kapitel 4; *Kaiser*, 1991). Die unterschiedlichen Anforderungen an die Aktualität der Informationen werden durch den jeweiligen Verwendungszweck bestimmt. Bei der Zurverfügungstellung von Informationen auf Abruf sind die erforderlichen Antwortzeiten ein wichtiges Kriterium für die Brauchbarkeit und Effizienz des Informationssystems.

Die Forderung nach **Eindeutigkeit** der Informationen beinhaltet die Einheitlichkeit der Bezeichnungsweise und Inhaltsbestimmung von Grundbegriffen sowie die Einheitlichkeit der Rechenmethoden. Als Voraussetzung für die Akzeptanz der Informationen durch die Aufgabenträger ist eine Sicherung der **Handhabbarkeit** und **Verständlichkeit** der Informationen für alle Nutzer, insbes. durch eine **empfängerorientierte Gestaltung des Berichtswesens** und die **Transparenz der Datenermittlung** von Bedeutung.

Betriebswirtschaftliche Informationssysteme beinhalten eine Abbildung ausgewählter Aspekte (eines Ausschnitts) realer Vorgänge in Form von Modellen, wie beispielsweise die Finanzbuchhaltung als Beschreibungsmodell oder eine objektbezogene Investitionsrechnung als Entscheidungsmodell. Zur Fundierung von Planungs- und Überwachungsaufgaben ist vielfach die Aufstellung von Ursache- und Wirkungsbeziehungen von Bedeutung (z. B. einer Kosteneinflußgrößen-Funktion). Die Aussagekraft von Informationssystemen wird von der **Realitätsnähe** der Ausgangshypothesen und zugrundeliegenden Modellstrukturen wesentlich mitbestimmt.

Zur Sicherung der **Unabhängigkeit** der Informationserfassung und -verarbeitung gegenüber den Informationsverursachern bzw. sonstigen einflußnehmenden betrieblichen Akteuren sollte das Controlling als neutrale Instanz tätig sein. Dabei ist auf eine intersubjektive Nachprüfbarkeit (**Objektivität**) der Informationen zu achten. Das Informationssystem hat auch den relevanten **Rechtsvorschriften** insbesondere aus den Bereichen externer Rechnungslegung, sofern das intern ausgerichtete betriebswirtschaftliche Informationssystem auch hierfür Daten liefert (z. B. Herstellungskostenermittlung für die Bestandsbewertung), und Datenschutz (speziell bei Personendaten) zu genügen. Die **Sicherheit** des Informationssystems bezieht sich auf den Schutz vor unbefugter Erlangung und Verwendung von Informationen (Datenschutz) auch über zwingende Rechtsvorschriften hinaus sowie die Sicherung vor Verlust oder Verfälschung vorhandener Daten. Diese Aspekte erfordern bei steigender elektronischer Datenerfassung, -speicherung, -verarbeitung und -weitergabe sowie insbes. der teilweise über Unternehmungsgrenzen hinausgehenden Vernetzung von Datenverarbeitungsanlagen zunehmende Aufmerksamkeit. Ggf. ist zu prüfen, ob es sinnvoll ist, aus Gründen der Datensicherheit – auch des zeitweisen Ausfalls von Datenverarbeitungsanlagen – zusätzliche Kosten für den Einbau von Redundanzen in Kauf zu nehmen. Da sich Informationserfordernisse im Zeitablauf ändern können, ist außerdem eine ausreichende **Flexibilität** des betriebswirtschaftlichen Informationssystems zur Anpassung an veränderte Anforderungen zu beachten.

Aus der Servicefunktion des Informationswesens folgt unmittelbar, daß auch die Gestaltung des Informationssystems nicht einseitig auf technische Perfektion hin ausgelegt sein darf, sondern sich am Grundsatz der **Wirtschaftlichkeit** zu orientieren hat. Das bedeutet, daß insbes. die Forderungen nach Orientierung am Informationsbedarf, Vollständigkeit, Genauigkeit, Aktualität und Flexibilität mit einem Aufwand erreicht werden, der durch die Nutzenstiftung mit den Anwendungen des Informationssystems gerechtfertigt erscheint. Diese „Leerformel" kann nur jeweils für bestimmte Anwendungsfälle konkretisiert werden. In der Praxis gibt es für die Messung der Nutzenstiftung von Informationssystemen häufig keine operationalen Anhaltspunkte und meßbaren Kriterien. Daher kann der hier aufgestellten Forderung nur in dem Sinne Rechnung getragen werden, daß bei der Formulierung der Aufgaben des Informationssystems die Notwendigkeit und Begründetheit strikt überprüft werden und dann bei Aufbau des Informationssystems die Wirtschaftlichkeit durch **Anwendung des Kostenminimierungsprinzips** beachtet wird.

Hauptbestimmungsfaktoren der Ausgestaltung des betriebswirtschaftlichen Informationssystems sind neben den spezifischen Produktions- und Absatzbedingungen und der organisatorischen Struktur der Unternehmung (funktionale oder divisionale Organisation, Aufgaben- und Kompetenzverteilung) grundsätzliche Vorgaben der Unternehmungsleitung in bezug auf Organisation und Methoden der Planung und Kontrolle. So folgt ein erheblicher Teil der Informationsanforderungen unmittelbar aus Entscheidungen der Unternehmungsführung, für die diese eine hohe Verantwortung trägt, da sich daraus ein wesentlicher Einfluß des Controlling auf die Wirtschaftlichkeit einer Unternehmung herleitet. Hier ist in vielen Unternehmungen ein beachtenswertes Rationalisierungspotential zu verzeichnen. Neben sehr nachteiligen **Informationslücken** ist eine **Anhäufung von Informationen** festzustellen, die **unvollständig**, **zu spät** und **unbenötigt** erhoben werden. Die Einhaltung der postulierten Informationsanforderungen ist daher in der Praxis immer wieder zu überprüfen und als wichtige Aufgabe des Controlling bzw. des Informationsmanagement zur Sicherung und Verbesserung der Leistungsfähigkeit und Wirtschaftlichkeit im eigenen Bereich zu betrachten.

### 1.1.3   Relevante Teilgebiete des Rechnungswesens für die produktionsbezogene Informationswirtschaft

Das Interne Rechnungswesen kann als Keimzelle des betrieblichen Informationswesens in Praxis und Theorie bezeichnet werden. Es bildet wirtschaftlich bedeutsame Vorgänge innerhalb der Unternehmung bzw. zwischen der Unternehmung und ihrer Umwelt zahlenmäßig (i.d.R. in Geldeinheiten) mit dem Ziel der Planung, Steuerung und Kontrolle des Betriebsgeschehens ab. Adressaten der Informationen sind primär Führungskräfte und teilweise Ausführungspersonen innerhalb der Unternehmung. Der Produktionsbereich bildet einen traditionellen Schwerpunkt des Internen Rechnungswesens (Abbildung des Verzehrs von Produktionsfaktoren und der damit verbundenen Entstehung von Leistungen sowie Überwachung der Wirtschaftlichkeit der Leistungserstellung). Das Interne Rechnungswesen bezieht jedoch auch alle anderen Unternehmungsbereiche entsprechend ein (z. B. Forschung und Entwicklung, Logistik, Vertrieb, Allgemeine Verwaltung usw.). **Institutionell** ist das Interne Rechnungswesen in den meisten Unternehmungen in einem eigenen Abteilungsbereich untergebracht, der zum Controlling und damit zum kaufmännischen Führungssektor gehört. **Instrumentell** betrachtet stellt das **Interne Rechnungswesen** die **bedeutendste betriebswirtschaftliche Technik zur Lösung von produktionswirtschaftlichen Controlling-Aufgaben** dar. Daher steht es auch hier im Zentrum der Behandlung der produktionsbezogenen Informationswirtschaft. Die Aufwand- und Ertragrechnung (Gewinn- und Verlustrechnung) gehört als Bestandteil des Jahresabschlusses zur gesetzlich vorgeschriebenen Rechnungslegung der Unternehmung nach außen (Externes Rechnungswesen). Ermittlung und Analyse des wirtschaftlichen Ergebnisses der gewöhnlichen Geschäftätigkeit auf Basis von Aufwendungen und Erträgen spielen in der Praxis jedoch auch für interne Führungsaufgaben eine erhebliche Rolle.

Einen Überblick über die für das Produktionscontrolling wichtigsten Methoden und Techniken des Finanz- und Rechnungswesens gibt Schaubild IX.2.

Die einzelnen Rechnungen können dabei jeweils als vergangenheitsbezogene Istrechnung oder als zukunftsbezogene Planungsrechnung ausgestaltet sein. Die praktische Umsetzung der in der Wissenschaft bekannten Konzepte und Methoden ist nach Branchen und Unternehmungsgrößen sehr unterschiedlich. Die Mehrzahl der Klein- und Mittelbetriebe verfügt noch heute nicht über eine geschlossene Kosten- und Erlösrechnung sowie kurzfristige Erfolgsrechnung. Man begnügt sich mit einer gesetzlich vorgeschriebenen Jahresabschlußrechnung in Form eines steuerlich geprägten buchhalterischen Abschlusses und einfachen Kalkulationen auf Basis der Aufwand- und Ertragrechnung. Auf der anderen Seite gibt es in vielen Großunternehmungen und einigen Mittelbetrieben neben einer ausgebauten Istkostenrechnung und Istergebnisrechnung auf Aufwand- und Ertragbasis auch hochentwickelte Systeme der Plankostenrechnung.

In der Praxis liegt das Schwergewicht des Internen Rechnungswesens bei der perioden- und objektorientierten (i.d.R. monatlichen) Kosten-, Erlös- und Erfolgsrechung. Objekte können dabei Erzeugniseinheiten oder -gruppen, Aufträge und Projekte sein. Die Weiterentwicklung des Internen Rechnungswesens im Zusammenhang mit zunehmendem Computereinsatz bezieht sich in den letzten Jahren zum einen auf die Bearbeitung immer neuer Aufgabenbereiche, zum anderen auf eine stärkere Integration mit benachbarten Informationsbereichen. Die Ausdifferenzierung des Internen Rechnungswesens geht vor allem in Richtung auf spezifische Objektbezüge und projektbezogene Wirtschaftlichkeitsbetrachtungen wie beispielsweise Qualitätssicherung, Umweltschutz, betriebliche Aus- und Weiterbildung, Forschung und Entwicklung, Produktionsanlageneinsatz und -instandhaltung, Material- und Auftragsdisposition (sog. Logistikkosten- und -leistungsrechnung) und nicht zuletzt Gemeinkostenmanagement in den indirekten Bereichen (**Prozeßkostenrechnung**). Auch hier findet man in der Praxis allerdings vielfach noch Insellösungen.

| Teilbereich | Rechengrößen |
|---|---|
| Perioden- und objektbezogene Kosten- und Erlösrechnung sowie kurzfristige Erfolgsrechnung: Perioden- und produkt-, auftrags- oder projektbezogene Erfolgsrechnung (Kalkulation) | Kosten und Erlöse |
| Periodenbezogene Aufwand- und Ertragrechnung | Aufwendungen und Erträge |
| Steuerwirkungsrechnung | steuerliche Aufwendungen und Erträge (im Steuerrecht als Betriebsausgaben und -einnahmen bezeichnet) |
| Projektbezogene Investitionsrechnung (Wirtschaftlichkeitsrechnung) | Zahlungen (dynamische Verfahren) oder Kosten und Erlöse (statische Verfahren) |
| Finanzrechnung zur Steuerung der Liquidität | Aus- und Einzahlungen sowie Finanzmittelbestände |
| Kennzifferngestützte Betriebsstatistik und Berichterstattung | Kosten und Erlöse, Aufwendungen, Erträge Erfolge, Zahlungen, Mengen und Zeiten, qualitative Größen |

**Schaubild IX.2.**   Relevante Teilgebiete des Rechnungs- und Finanzwesens für das Produktionscontrolling

## 1.2    Aufgaben der produktionsbezogenen Informationswirtschaft

### 1.2.1    Betriebswirtschaftliche Planung, Dokumentation und Kontrolle

Grundaufgabe der produktionsbezogenen Informationswirtschaft ist die Bereitstellung von **Informationen zur zielgerichteten Planung und Überwachung des Produktionsgeschehens**. Das Produktionsinformationssystem soll **zukunftsbezogen** möglichst weitreichende Transparenz in erwartete interne Abläufe im Produktionsbereich und relevante externe Entwicklungen vermitteln. Betriebswirtschaftliche **Prognoseinformationen** bilden neben Erfahrungsgrößen aus der Vergangenheit und daraus abgeleiteten Kennziffern bzw. Standards die wesentliche Ausgangsbasis für eine wirtschaftlich ausgerichtete Planung, hier speziell die Produktionsplanung. Eine wirksame **Planungs- und Entscheidungsunterstützung** durch das produktionsbezogene Informationssystem setzt eine Erfassung, Speicherung und Verknüpfung der Informationen voraus, die eine Beurteilung der Wirkungen von Handlungsalternativen im Hinblick auf die Unternehmungsziele erlaubt. Dabei ergibt sich in der Praxis vielfach das Problem, daß das Interne Rechnungswesen einseitig auf die Ermittlung von Perioden- und Produkt- bzw. Auftragserfolgen ausgerichtet ist und für fallweise auftretende Anforderungen entscheidungsbezogene Auswertungen und aufwendige Sonderrechnungen vorzunehmen sind (vgl. *Laßmann*, 1980, S. 327 f.; *Haun*, 1987, S. 2 f.; *Johnson/Kaplan*, 1987, S. 1 f.; *Riebel*, 1990, S. 634 f.). Konzepte einer zweckneutralen Datenerfassung und -speicherung in einer als relationale Datenbank organisierten Grundrechnung könnten die Entscheidungsunterstützung durch das produktionsbezogene Informationssystem wesentlich verbessern. Hierfür gibt es erste Ansätze (vgl. Kapitel 6.4; *Sinzig*, 1990; *Haun*, 1987). Die grundsätzliche Trennung der Datenbasis von den in einer Methoden- bzw. Modellbank gespeicherten Auswertungsmethoden erlaubt dann periodische und fallweise Auswertungen für verschiedenste Fragestellungen (vgl. *Hahn*, 1985, S. 661 ff.).

Nach getroffener Entscheidung haben Planungsinformationen häufig den Charakter von **Vorgaben** zur **Handlungssteuerung** von Führungskräften auf den verschiedenen Hierarchieebenen sowie von Ausführungspersonen, beispielsweise Budgetvorgaben für Kostenstellen oder Investitionsprojekte, Produktionsziele oder Zielkosten für die Produktentwicklung. Die produktionsbezogene Informationswirtschaft muß dann allen betroffenen Akteuren die relevanten Informationen zur Verfügung stellen. Je stärker die Entscheidungsverantwortung dezentralisiert ist und auch die Mitarbeiter auf der Ausführungsebene in einen Prozeß ständiger Verbesserung des Produktionsgeschehens einbezogen werden, umso bedeutsamer ist ein **aussagefähiges** und **einfach zu handhabendes Informationssystem**, das den Mitarbeitern ermöglicht, auf Probleme schnell zu reagieren und dabei die Gesamtsituation des Betriebes zu beachten (vgl. *Hiromoto*, 1989, S. 322; *Womack/Jones/Roos*, 1990, S. 103 f.). Die Bedeutung der **Motivierungsfunktion** des Informationssystems wird vor allem in Japan herausgestellt (vgl. *Hiromoto*, 1989, S. 318).

**Planung** kann für eine rationale Unternehmungsführung nur dann effizient gestaltet werden, wenn sie durch **Kontrollinformationen** begleitet wird, so daß aus der Erfassung und Analyse von **Abweichungen** zwischen Prognose- bzw. Vorgabe-Größen und Ist-Größen betriebliche Anpassungsdispositionen abgeleitet werden können. Die **Überwachung** des Produktionsgeschehens beinhaltet die vergangenheitsorientierte Erfassung und systematische Aufbereitung der Ist-Größen (**Dokumentation**) sowie den Plan-Ist-Vergleich (**Kontrolle**). Aufbau und Inhalt der Plan- und Istrechnung sind dabei so aufeinander abzustimmen, daß die **wesentlichen Abweichungen** nach Ursachen und Verantwortung **erkennbar gemacht** werden. Dazu gehören insbesondere veränderte Umweltbedingungen, fehlerhafte Planungen und Unwirtschaftlichkeiten durch Handlungsfehler oder technische Störungen (vgl. *Laßmann*, 1978, S. 581). Die Produktionsüberwachung liefert dabei die erforderlichen **Informationen zur wirtschaftlichen Lenkung** der Produktion nach **dem Regelkreisprinzip**. Nicht tolerierbare Abweichungen zwischen Plan- und Istgrößen lösen Maßnahmen zur Beeinflussung der Produktionsvorgänge aus, um Störungen und fehlerhafte Prozesse zu beseitigen sowie zukünftige Abweichungen zu vermeiden. Bei nicht der Prognose entsprechenden Umweltentwicklungen und Veränderungen der Produktionsbedingungen sind Anhaltspunkte zu geben für möglichst günstige Planrevisionen nach dem Prinzip flexibler Planung.

Von wesentlicher Bedeutung ist dabei die **Aktualität** der Istgrößendokumentation. Hier sind in den letzten Jahren große Fortschritte erreicht worden. Durch **automatisierte Betriebsdatenerfassung** ist die kontinuierliche (**Online**)-**Erfassung** wirtschaftlich gewichtiger Ergebniseinflußgrößen möglich geworden. Damit können auch zur operativen Steuerung der Produktion laufend wirtschaftlich fundierte Hinweise für Anpassungsmaßnahmen gegeben werden (vgl. die Kapitel 4 und 6.1). Insoweit handelt es sich um einen wichtigen Baustein für ein geschlossenes CIM-Konzept. Allerdings ist festzustellen, daß heute in der Praxis noch die periodenbezogene – meist monatliche – Auswertung der Kosten- und Erlösrechnung vorherrscht. 8 bis 15 Tage nach Ablauf eines Monats wird über insgesamt entstandene, d.h. saldierte Verbrauchs-, Leistungs- und Beschäftigungsabweichungen berichtet. Hier kann zwar auch durch Ursachenanalyse und Feststellung der Verantwortlichkeiten ein Ansatzpunkt für zukünftige Verbesserungen der Wirtschaftlichkeit in den Betrieben erreicht werden. Die im Produktionsbereich vorherrschenden Anforderungen zur laufenden wirtschaftlichen Fundierung der Maßnahmen in der Prozeßsteuerung lassen sich durch eine solche Periodenrechnung allein jedoch nicht erfüllen. Daher ist die Handhabung bzw. Überwindung der Schnittstellen zwischen technischen und betriebswirtschaftlichen Informationssystemen eine Aufgabe, durch deren Lösung in der kommenden Zeit die größten Rationalisierungsfortschritte im Produktionsbereich zu erreichen sind.

## 1.2.2   Konkrete Aufgaben der produktionsbezogenen Informationswirtschaft

### 1.2.2.1   Periodenbezogene Kosten-, Erlös- und Erfolgsermittlung

**Schaubild IX.3** enthält eine Übersicht über die **konkreten Aufgabenstellungen**, die mit Hilfe des betriebswirtschaftlichen Informationswesens im Produktionsbereich zu lösen sind. In der Praxis haben dabei die traditionellen Einsatzgebiete der Kosten- und Erlösrechnung die größte Bedeutung.

Aus der Kosten- und Erlösrechnung gehen Informationen sowohl in **strategische** als auch in **operative Planungs- und Entscheidungskalküle** ein. In der langfristigen Unternehmungsplanung sind nach Abschluß der objektbezogenen Alternativenbeurteilung Prognosen der zu erwartenden Erlöse, Kosten und Ergebnisse der Gesamtunternehmung sowie ggf. einzelner Teilbetriebe aufzustellen. Hierzu wird in vielen Unternehmungen eine rollierende Fünfjahresplanung, teilweise auch Dreijahresplanung durchgeführt. Von besonderer praktischer Relevanz ist hier die auf der Langfristplanung basierende Jahresplanung. Häufig haben die geplanten bzw. prognostizierten Kosten, Erlöse und Erfolge Zielcharakter für die verantwortlichen Aktionsträger und werden Soll-/Istgrößen-Analysen zugrunde gelegt. Vielfach spricht man in der Praxis in diesem Zusammenhang von Budgetierungen, wobei Budgets vor allem Kosten- oder Ausgabenvorgaben je Planungsperiode und -bereich enthalten.

Zu den wichtigsten Aufgaben der Kosten- und Erlösrechnung gehört die **Entscheidungsunterstützung** für die **kurzfristige** (i.d.R. monatliche) **Produktions- und Absatzplanung**, d.h. die Festlegung von Art und Menge der in den nächsten Perioden zu produzierenden bzw. abzusetzenden Produkte. Eng damit verbunden ist die wirtschaftliche Untermauerung von **Dispositionen zur Gestaltung von Produktionsprozessen und -systemen**. Dabei ist organisatorisch-institutionell in der Praxis die Kosten- und Erlösrechnung überwiegend im Stellenbereich „Rechnungswesen" angesiedelt, während die Programm- bzw. Prozeßgestaltungskalküle in eigenständigen Planungsabteilungen durchgeführt werden. Bei dieser Vorgehensweise liefert die Kosten- und Erlösabteilung die **Informationen über normierte Produkterfolge** (vgl. Band 1, Teil III, Kapitel 5) – meist Netto- und Bruttoergebnisse (Deckungsbeiträge) sowie kalkulatorische Kosten- und Erlösansätze für spezielle Planungsobjekte – an die Planungsstäbe, die dann ihrerseits diese Informationen für die wirtschaftliche Gestaltung und Entscheidung über Produktions- und Absatzprogramme, Beschaffungsprogramme sowie Produktionsprozeßbedingungen verwenden. Da die Höhe der vorzugebenden Produkterfolge aber von den jeweils betrachteten Planungsalternativen sowie zu treffenden Dispositionen wesentlich beeinflußt werden kann, ist aus theoretischer Sicht ein integrierter Rechnungswesen- und Planungsansatz als wesentlich effizienter zu betrachten (vgl. *Hahn*, 1985), wie er auch der **flexiblen Betriebsplanerfolgsrechnung** zugrunde liegt (vgl. Kapitel 2.2.5; *Laßmann*, 1992, S. 300). Bei diesem werden unmittelbar periodenerfolgsbezogen alternative Produktions- und Absatzprogramme, Beschaffungsprogramme und Prozeßbedingungen simuliert und über ein Aus-

| | |
|---|---|
| Periodenbezogene Kosten-, Erlös- und Erfolgsermittlung (Betriebscontrolling) | **Bereitstellung von Unterlagen für Planungs- und Entscheidungsrechnungen**<br>= Bewertung von langfristigen Unternehmungsplänen (Kosten-, Erlös- und Ergebnisplanung)<br>= Alternativ- und Optimierungsrechnungen zur Produktions- und Absatzprogrammplanung (einschließlich Entscheidungen über die Annahme von Zusatzaufträgen)<br>= Wirtschaftliche Fundierung der Gestaltung der Produktionsbedingungen (Verfahrenswahl, Produkt- und Auftragsreihenfolgen, Losgrößen, Betriebszeiten, Faktorqualitäten etc.) sowie der Wahl zwischen Eigenfertigung und Fremdbezug von Sachgütern und Dienstleistungen<br><br>**Preisbeurteilung und -kalkulation**<br>= Beurteilung von Marktpreisen<br>= Bestimmung von Preisuntergrenzen im Absatzbereich<br>= Bestimmung von Preisobergrenzen im Beschaffungsbereich<br>= Bestimmung von Verrechnungspreisen im internen Leistungsverkehr<br>= Ermittlung von Angebotspreisen im Individualgeschäft (z.B. Großanlagenbau)<br>= Preisermittlung bei öffentlichen Aufträgen (LSP vom 21.11.1953 i.d.F. vom 13.6.1989)<br><br>**Erfolgsermittlung und Bestandsbewertung (Dokumentation)**<br>= objekt- und bereichsbezogene Erlös-, Kosten- und Erfolgsermittlung<br>= Bewertung von auf Lager gelegten Bezugsgütern, fertigen und unfertigen Erzeugnissen sowie selbsterstellten Anlagegegenständen<br><br>**Kontrolle der Planerfüllung und Wirtschaftlichkeit von Unternehmungsabläufen**<br>= Zeit-, Betriebs- und Soll-Ist-Vergleiche für Objekt- und Bereichsergebnisse, -kosten und -erlöse<br>= kennzifferngestützte betriebswirtschaftliche Analysen und Berichterstattung für Verantwortungsbereiche, Unternehmungen und Unternehmungsverbindungen |
| Periodenübergreifende objekt- und projektbezogene Wirtschaftlichkeitsbeurteilung (Projektcontrolling) | **Wirtschaftlichkeitsbeurteilung von Investitionsobjekten und Entscheidungen mit längerfristigem Projektcharakter** (z.B. Entwicklung und Einführung neuer Produkte bei Großserienfertigung, größere Erweiterungs- und Rationalisierungsprojekte, Einführung neuer Fertigungsverfahren, größere F+E-Projekte, Einführung neuer Organisationsformen und Informationssysteme usw.)<br>= Bestimmung zu erwartender Projektergebnisse (einschließlich monetär schwer oder nicht quantifizierbarer Wirkungen)<br>= Bestimmung wichtiger Risiken (einschließlich kritischer Einzeldaten und Prämissen)<br>= Bestimmung der Kapitalwiedergewinnungszeit bei Investitionen<br><br>**Wirtschaftliche Dokumentation und Kontrolle während der Laufzeit von Projekten**<br>= vergangenheitsorientierte Dokumentation von Projektzahlen und -ergebnissen<br>= Soll-Ist-Vergleich, betriebswirtschaftliche Abweichungsanalyse und Berichterstattung<br>= Vorschau über aktuell zu erwartende zukünftige Projektzahlen und -ergebnisse<br>= Bestimmung der noch beeinflußbaren Projektzahlen zur Unterstützung von Folgeentscheidungen im Projektverlauf (einschließlich Projektbeendigung)<br><br>**Wirtschaftlichkeitsnachrechnungen am Projektende**<br>= Dokumentation tatsächlicher Projektzahlen und -ergebnisse<br>= Vergleich mit der Planung und betriebswirtschaftliche Analyse der Abweichungen |
| Produktionsbegleitende Informationsaufgaben (Prozeßcontrolling) | **Betriebswirtschaftliche Fundierung kurzfristiger** (i.d.R. schicht-, tages- oder wochenbezogener) **Einzelmaßnahmen der laufenden Produktionsprozeßführung** (z.B. Material- und Personaleinsatz, Maschinenbelegung, Leistungsgrad usw.)<br>**Laufende Controllingaufgaben in Hilfsfunktionen der Produktion (indirekten Bereichen), wie Produktentwicklung** (konstruktionsbegleitende Kalkulation), **Arbeitsvorbereitung, Qualitätssicherung und Logistik** |

**Schaubild IX.3.**   Aufgaben der produktionsbezogenen Informationswirtschaft

wahlverfahren – im günstigsten Fall eine Optimierungsrechnung – als Entscheidungsvorschlag den Führungsgremien der Unternehmung vorgelegt.

Auch **Auswahlentscheidungen von längerfristiger Bedeutung** über Fertigungsverfahren, Organisationskonzepte und -abläufe sowie zwischen Eigenfertigung und Fremdbezug werden vielfach auf der Grundlage von Kosten- und Erlösinformationen getroffen. Sofern jedoch keine eigenen Produktionseinrichtungen vorhanden sind, handelt es sich um langfristige Entscheidungen, die im Rahmen von **investitionsbezogenen Wirtschaftlichkeitsrechnungen** zu untermauern sind, die den zeitlich unterschiedlichen Anfall der Zahlungen explizit berücksichtigen (vgl. Kapitel 3). Dies trifft entsprechend auf strategische Entscheidungen wie die **Technologiewahl** im Fertigungsbereich und die grundlegende Neugestaltung von **Organisationskonzepten** zu. Sobald aber bestimmte Technologien und Fertigungseinrichtungen vorhanden sind, kann die Kosten- und Erlösrechnung bei Freiheitsgraden zwischen verschiedenen technischen Verfahren zur **Fundierung der Auswahlentscheidung** verwendet werden. Im Vordergrund stehen hier Einzelfallentscheidungen, für die die jeweils beeinflußbaren, d.h. entscheidungsrelevanten Erlöse und Kosten bzw. die daraus resultierenden Grenzerfolge für die Entscheidungsfindung unter betriebswirtschaftlichen Gesichtspunkten zu betrachten sind.

Einen traditionell im Mittelpunkt stehenden Schwerpunkt der Kosten- und Erlösrechnung bildet die **Kalkulation** als spezielle Entscheidungsrechnung. Dabei werden je nach Rechenzweck einzelne oder alle Kostenarten auf bestimmte Kalkulationsobjekte im Rahmen der Kostenträgerrechnung zugerechnet. **Zurechnungsobjekte** können Einzelprodukte, Produktgruppen bzw. Produktionslose, Aufträge, Bündelungen von Produkten und Dienstleistungen als kundenspezifisch zusammengesetzte Marktangebote sein. Soweit die Preise am Markt unabhängig von den Absatzaktivitäten einer Unternehmung gebildet werden, dient die Kalkulation der betriebswirtschaftlichen **Beurteilung der Marktpreise** aus der Sicht der anbietenden Unternehmung. Hier liegt, ähnlich wie bei der Absatz- und Produktprogrammplanung, eine Schnittstelle zwischen Absatz- und Produktionswirtschaft in der Unternehmung. Da jedoch die Kostenzuordnungen zweckabhängig sind bzw. verursachungsbezogen überwiegend auf Einflußgrößen und Bedingungen des Produktionsbereichs zurückgehen, muß die Kalkulation als Gegenstand des produktionswirtschaftlichen Informationswesens behandelt werden. Die betriebswirtschaftliche Beurteilung der Marktpreise – sei es auf Basis von Voll- oder Teilkosten – bildet auch eine wichtige Grundlage für Entscheidungen über die Beibehaltung bestimmter Absatz- oder Erlösträger im Angebotsprogramm einer Unternehmung. In gleichem Maße sind Ergebnisse der Kalkulation für die Beurteilung potentieller Zusatzaufträge aus betriebswirtschaftlicher Sicht bedeutsam.

Für die Absatzpolitik geht es in diesem Zusammenhang vor allem um die Ermittlung von **Preisuntergrenzen** der angebotenen Sachgüter und Dienstleistungen, für die Beschaffungspolitik um die Bestimmung von **Preisobergrenzen** für zu beziehende Erzeugniseinsatzstoffe und Betriebsstoffe sowie Dienstleistungen. Auf unvollkommenen Märkten gehören Preisgrenzen zu wichtigen Entscheidungsinformationen im Absatz- und Beschaffungsbereich, da dort für die Unternehmungen bei der Fixierung der jeweiligen Auftragskonditionen ein Aktionsspielraum besteht. Insbesondere für Entscheidungträger in dezentralisierten Organisationen ist es von größter Wichtigkeit, aus dem Controllingbereich Informationen über konditionsbezogene Handlungsspielräume und Preisgrenzen im Hinblick auf ein bestimmtes vorfixiertes Unternehmungsergebnis zu erhalten. Auch bei der **Bestimmung von Verrechnungspreisen** auf Basis von Kosten und Marktpreisen für den internen Leistungsverkehr zwischen Abteilungen, Betrieben oder Sparten einer Unternehmung (vgl. Kapitel 2.4) ist auf die Lenkungsfunktion der Preise abzustellen.

Eine besondere Rolle spielt die Kalkulation bei der **Preisermittlung im Individualgeschäft**, z. B. bei der Erstellung maschineller Großanlagen sowohl aus Hersteller- als auch aus Kundensicht. Für Unternehmungen, die kundenindividuell orientierte Einzelgeschäfte mit spezifischen Projekten bzw. Produktkompositionen betreiben, wäre ohne ein gut ausgebautes Kalkulationswesen eine betriebswirtschaftlich fundierte Absatz-, Produktions- und Beschaffungspolitik nicht durchführbar. Einen Sonderfall bildet in diesem Zusammenhang das **Öffentliche Auftragswesen**. Unter bestimmten, als Ausnahme gekennzeichneten Bedingungen richtet sich der Preis allein an den Selbstkosten der herstellenden Unternehmung aus. Diese sind dann nach den **Leitsätzen für die Preisermittlung auf Grund von Selbstkosten (LSP)** zu bestimmen (vgl. **Verordnung PR Nr. 30/53** über die Preise bei öffentlichen Aufträgen, insbes. §§5–8 sowie die Anlage LSP vom 21.11.1953 i.d.F. vom 13.6.1989).

Einen weiteren Aufgabenbereich der Kosten- und Erlösrechnung bildet in der Regel die **monatliche, quartalsweise und jährliche Dokumentation des wirtschaftlichen Ergebnisses** einer Unternehmung. Aus Sicht des Produktionsbereichs stehen dabei im Mittelpunkt der **verantwortungs-** (kostenstellenorientierte) **und verursachungsgemäße** (kostenträgerorientierte) **Kostennachweis** sowie die **Ermittlung des** – in der Praxis häufig als **kalkulatorisches Betriebsergebnis** bezeichneten – **bereichsbezogenen Erfolgs** als Differenz zwischen Gesamterlösen und Gesamtkosten einer Periode.

Die Ermittlung von **Bereichserfolgen** bezieht sich auch auf einzelne Geschäftsbereiche, Teilunternehmungen und -betriebe (insbesondere bei Großunternehmungen) sowie Verantwortungsbereiche (z.B. Profit-Center). Soweit Unternehmungs- bzw. Betriebsbereiche keine absatzfähigen Leistungen erstellen, geht es um die Dokumentation von **Erfolgsbeiträgen** im Sinne von Abweichungen zwischen Vorgabe- und Istkosten.

In der Praxis wird auch der Überleitung des kalkulatorischen Betriebsergebnisses in das bilanzielle Ergebnis des Externen Rechnungswesens durch Ansatz der Unterschiede zwischen Kosten und Aufwand sowie durch Hinzufügen neutraler Ergebnisbestandteile besondere Aufmerksamkeit geschenkt. Kalkulatorisches Betriebsergebnis und das für den Jahresabschluß grundlegende Ergebnis der ordentlichen Geschäftstätigkeit sind zentrale **Indikatorgrößen für die Beurteilung der Lage einer Unternehmung**, wobei dem Zeitvergleich über mehrere Perioden der unmittelbaren Vergangenheit besondere Bedeutung zukommt (insbesondere zur Sichtbarmachung von Trends).

**Objektbezogene Erfolgsrechnungen** im Rahmen von Periodenerfolgsrechnungen umfassen vor allem die Ergebnisermittlung nach

- Aufträgen sowie Produkten bzw. Produktgruppen (als Artikel- oder Fabrikateerfolgsrechnung bezeichnet), daneben auch nach
- Projekten, Vorgängen oder Marktsegmenten (Kunden oder Kundengruppen, Vertriebswegen) etc.

Je nach Verwendung eines Systems der Teil- oder Vollkostenrechnung entstehen **objektbezogen Bruttoerfolge**, die in der Regel als **Deckungsbeiträge** bezeichnet werden, und **Nettoerfolge**. Die betriebswirtschaftliche Aussagekraft vollkostenorientierter Nettoerfolgsgrößen ist umstritten, da die objektbezogene Zurechnung von Gemeinkosten, insbesondere der fixen Gemeinkosten, nur über mehr oder weniger willkürliche Schlüsselungen nach speziellen Rechenzwecken erfolgen kann (vgl. Kapitel 2.1.3). In der Praxis kommt jedoch den **Nettoerfolgen** eine **wichtige Signalfunktion** für die Erfolgssituation einer Unternehmung in der Darstellungsform der Absatz- und Produktionsobjekte zu, so daß überwiegend eine kombinierte Teil- und Vollkostenrechnung verbreitet ist: Objektbezogen werden zunächst auf Basis der Teilkostenrechnung Deckungsbeiträge ermittelt, anschließend durch Zurechnung der restlichen Kosten Nettoerfolge bestimmt. Bei der Anwendung des **Umsatzkostenverfahrens** zur periodischen Erfolgsermittlung stellt die **Objekterfolgsrechnung außerdem ein Bindeglied** zwischen der bereichsweisen Kosten- und Erlöserfassung und der periodischen Erfolgsrechnung dar: Über die Summierung der Objekt-/Produkterfolge wird hierbei der Periodenerfolg abgeleitet (vgl. Schaubild IX.16).

Eine weitere wesentliche Aufgabe im Rahmen der Dokumentationsfunktion liegt bei der Lösung von **Bewertungsaufgaben** für die eingelagerten Verbrauchfaktoren, fertigen und unfertigen Erzeugnisse sowie für selbsterstellte Anlagegegenstände. Zum einen ist im Rahmen der Periodenerfolgsrechnung eine kalkulatorische Bewertung der Bestandsgrößen durchzuführen, zum anderen sind die **Wertansätze für die Bestandsgrößen im Jahresabschluß** nach handels- und steuerrechtlichen Vorschriften **zu bestimmen**. Damit ergibt sich eine weitere, für die Praxis wichtige Schnittstelle zum Externen Rechnungswesen.

Im Grundsatz sind selbsterstellte nicht veräußerte Vermögenswerte erfolgsneutral zu bewerten, soweit nicht Verluste bei späterer Veräußerung zu erwarten sind. Die kalkulatorische Bestandsbewertung für die interne Erfolgsrechnung wird durch das dort zugrundegelegte Kostenrechnungssystem bestimmt, d. h. in einer Grenzkostenrechnung werden z. B. ausschließlich Grenzkosten, in einem Vollkostenrechnungssystem zusätzlich objektweise zugerechnete Fixkostenanteile einbezogen (Herstellvollkosten). Dabei erfolgt die Bewertung anders als im Externen Rechnungswesen in der Regel zu aktuellen Wiederbeschaffungskosten.

Bei selbsterstellten Anlagen ist im Rahmen der objektbezogenen Kostenkalkulation der Abschreibungsausgangsbetrag zu ermitteln. In Analogie zu dem Beschaffungspreis zuzüglich Installationskosten einer fremdbezogenen Anlage werden bei selbsterstellten Anlagegegenständen – mit Ausnahme selbsterstellter immaterieller Vorlaufausgaben – alle Kostenelemente in die Aktivierung einbezogen, die für den Bau des Anlagegegenstandes und die Herbeiführung seiner Funktionsfähigkeit angefallen sind. Aus Gründen der kaufmännischen Vorsicht wird man sich jedoch auch im Internen Rechnungswesen bei der Kostenaktivierung soweit wie möglich an den herrschenden Marktgegebenheiten orientieren und bei der Abschreibungsausgangssumme nicht über den Wiederbeschaffungspreis zuzüglich Installationskosten für fremdbezogene Anlagegegenstände hinausgehen. Dieser Grundsatz kann dann nur mit Schwierigkeiten realisiert werden, wenn es für spezifische selbsterstellte Anlagegegenstände keine vergleichbaren Fremdbezugsmöglichkeiten gibt.

Da für die externe Rechnungslegung nach §253(1) HGB eine Bewertung zu historischen Anschaffungs- oder Herstellungskosten vorgeschrieben ist, müssen auch diese Werte aus dem Informationssystem verfügbar sein. Die Aufgaben der Kosten- und Erlösrechnung bei der Bewertung selbsterstellter Anlagegüter werden in ihrer Differenziertheit somit auch durch handels- und steuerrechtliche Bewertungswahlrechte bestimmt. Steuerlich ist nach herrschender Meinung und Praxis eine Einbeziehung sämtlicher Material- und Fertigungsgemeinkosten in die Herstellungskosten geboten (Vollkosten, vgl. Abschnitt 33 EStR), handelsrechtlich besteht hier ein Wahlrecht (§255(2) HGB). Aus Gründen der Vermeidung von Doppelarbeiten haben die Interdependenzen zwischen externer Rechnungslegung und primär intern ausgerichtetem Informationssystem erhebliche praktische Bedeutung. So ist die Ermittlung steuerlicher Herstellungskosten ein wichtiger Grund für das Festhalten vieler Unternehmungen an vollkostenorientierten Objekterfolgsrechnungen auch im Internen Rechnungswesen, obwohl dort nicht rechtlich vorgeschrieben (vgl. Teil VIII, Kapitel 6; *Meyer*, 1992, S. 65 f.).

Den vierten großen Aufgabenbereich der Kosten- und Erlösrechnung bildet die **Kontrolle von Planerfüllung und Wirtschaftlichkeit** der Unternehmungsabläufe, insbes. des Produktionsgeschehens. Soweit in Unternehmungen keine ausgebaute Plankosten- und -erlösrechnung existiert und damit auch keine Prognose- oder Sollgrößen vorliegen, steht die Überwachung der Wirtschaftlichkeit durch **Zeitreihenanalysen** und **Betriebsvergleiche** im Zentrum dieses Aufgabenschwerpunkts. Obwohl die Aussagefähigkeit von Zeitvergleichen als begrenzt zu betrachten ist, erfreuen sie sich großer Beliebtheit in der Praxis. Immerhin kann man aus Zeitreihen von objekt- und bereichsbezogenen Erlösen, Kosten und Erfolgen Entwicklungstrends gewinnen, die Hinweise auf Veränderungen der wirtschaftlichen Situation einer Unternehmung und ihrer verschiedenen Bereiche geben können. Wichtig ist, daß derartige Zeitvergleiche genügend differenziert nach Objektarten und Betriebsbereichen sowie Erlös- und Kostenarten durchgeführt werden.

Es gibt durchaus effiziente Führungsphilosophien, die anstelle ausgefeilter Planungs- und Budgetierungssysteme mit Prognosen und spezifischen Planentscheidungen den verantwortlichen Bereichsleitern laufend **Verbesserungen bisher erreichter Wirtschaftlichkeitskennziffern** vorgeben, d. h. soundsoviel Prozent Ergebnisverbesserung oder Senkung bestimmter Kostenarten bzw. Steigerung bestimmter Erlösarten. Voraussetzung für die Effizienz dieses Führungsansatzes ist eine exakte und differenzierte Istdatendokumentation.

Sehr beliebt in der Praxis sind auch Vergleiche der Erfolgs-, Kosten- und Erlösdaten verschiedener Betriebe mit ähnlichem Absatz- und Produktprogramm sowie Zuschnitt der Fertigungstechnologie und -bedingungen. Derartige **Betriebsvergleiche** finden nicht nur innerhalb großer Unternehmungen mit mehreren Betriebsstandorten statt, sondern werden auch übergreifend für Unternehmungen einer Branche durchgeführt. Teilweise sind diese Betriebsvergleiche in der Obhut neutraler Institute wie Hochschuleinrichtungen, Wirtschaftsprüfungsgesellschaften oder auch brancheneigener Institute, die differenzierte Kosten-, Erlös- und Erfolgs- sowie sonstige Kennziffern der verschiedenen Unternehmungen – aufgefächert nach der zeitlichen Entwicklung – gegenüberstellen. Die auf vielfältigen Einflüssen und Zufälligkeiten beruhenden Differenzen zwischen den Ist-Daten aus unterschiedlichen Unternehmungen lassen in der Regel unmittelbar keine Schlußfolgerungen über die Wirtschaftlichkeit bzw. das erreichte Wirtschaftlichkeitsniveau der einzelnen Betriebe, Bereiche und Objekte zu. Fundierte Ursachenanalysen für aufgedeckte Differenzen erweisen sich dabei in der Praxis als nur sehr begrenzt durchführbar, da sie einen tiefergehenden Informationsaustausch zwischen verschiedenen, teilweise auch konkurrierenden Betrieben und zusätzliches „Hintergrundwissen" erfordern.

Eine wesentliche Voraussetzung für die Aussagefähigkeit aller Istdatenvergleiche besteht darin, daß vereinheitlichte Regeln für das Kostenrechnungssystem und die Begriffsinhalte zwischen den beteiligten Betrieben verabredet und in der Abrechnung strikt beachtet werden. Da dieser Grundsatz nicht vollkommen zu realisieren ist, kommen in der Praxis auch methodische Einflüsse neben den unterschiedlichen Bedingungen und Zufallseinflüssen in den Differenzen zwischen prinzipiell kompatiblen Betriebsdaten zur Auswirkung. In Kombination mit dem Zeitreihenvergleich kann jedoch jede Unternehmung die eigene Wirtschaftlichkeitsposition gegenüber anderen feststellen und im Laufe der Zeit erkennen, ob sich diese zugunsten des eigenen Betriebes oder zu seinen Ungunsten verändert. Vor allem für Betriebe in einer wirtschaftlich ungünstigen Position resultieren aus Betriebs- und Zeitvergleichen wichtige Hinweise auf einen Handlungsbedarf und konkrete Ansatzpunkte für Rationalisierungsmaßnahmen.

Aus dem Vergleich mehrerer Perioden der unmittelbaren Vergangenheit lassen sich außerdem für zukunftsbezogene Planungsüberlegungen (insbes. Kalkulationen) **normalisierte Sätze** für Kosten und Erlöse bestimmen, beispielsweise Gemeinkostenzuschläge. Daneben können Korrekturen für statistisch ermittelte Normalkostensätze aufgrund von atypischen Bedingungen einzelner Perioden und von Prognosen z. B. über erwartete Preisveränderungen bei wichtigen Produktionsfaktoren abgeleitet und berücksichtigt werden. Viele Unternehmungen begnügen sich mit derartigen Betriebs- und Zeitvergleichen und betreiben nur mit diesem Instrumentarium eine erfolgsorientierte Unternehmungsführung. Sie vermeiden auf diese Weise den mit einer geschlossenen Plankosten- und -erlösrechnung verbundenen sehr hohen Aufwand für die Plangrößenermittlung und -pflege im Sinne der Anpassung an laufend auftretende Veränderungen in den Produktionsbedingungen und bei den Beschaffungspreisen.

Aus theoretischer Sicht ist festzustellen, daß eine fundierte und aussagekräftige Überwachung der Planerfüllung und Wirtschaftlichkeit der Betriebsabläufe die methodisch sorgfältige Ermittlung von Plangrößen als Vergleichs-maßstäbe und eine vollständige inhaltliche und **strukturmäßige Abstimmung von Planungs- und Dokumentationsrechnung** erfordern. Nur unter dieser Voraussetzung kann ein **geschlossener Regelmechanismus** funktionieren. Durch laufenden Plan-Ist-Vergleich (bzw. Soll-Ist-Vergleich) werden positive und negative Abweichungen differenziert nach primären und sekundären Kostenarten, Bereichen (insbes. Kostenstellen) und Objekten (Produkte bzw. Aufträge als Kostenträger, Projekte, Vorgänge usw.) ausgewiesen und damit nach Verursachung und Verantwortung analysiert, woraufhin erforderliche Anpassungsmaßnahmen – **einschließlich notwendig werdender Plankorrekturen** – ausgelöst werden.

Soweit heute in der Praxis entsprechend ausgebaute **Plankosten- und Planerlössysteme** eingeführt sind, konzentriert sich die **Abweichungsanalyse** auf die Auswertung **monatlicher Soll-/Ist-Vergleiche** für Kostenstellen und Kostenträger. In der Regel wird dabei nicht ausreichend nach **Beeinflußbarkeit** und **Zeitbezug** unterschieden. Für einen Kostenstellenleiter ist es aber wichtig zu wissen, welche der in seinem Bereich anfallenden Kosten er selbst beeinflussen kann und damit zu verantworten hat und welche durch fremde Dispositionen, beispielsweise der Unternehmungsleitung oder vor- bzw. nachgelagerter Produktionsstufen, bestimmt werden (vgl. *Hummel/Männel*, 1986, S. 32 ff.). Außerdem ist die zeitliche Frist von Bedeutung, innerhalb derer die Kosten verändert werden können (vgl. *Kaiser*, 1991, S. 26 ff.). Dabei wird zumeist nur zwischen fixen und variablen im Sinne von beschäftigungsunabhängigen und -abhängigen Kosten getrennt. Dies ist für eine aussagefähige Wirtschaftlichkeitskontrolle dann nicht mehr ausreichend, wenn in erheblichem Umfang einerseits Fixkosten teilweise auch kurzfristig beeinflußt werden können (z. B. Kosten für fremdbezogene Instandhaltungsleistungen, bestimmte Teile beschäftigungsunabhängiger Personalkosten), andererseits variable Kosten etwa aufgrund längerfristiger vertraglicher Bindungen zeitweise kurzfristig nicht veränderbar sind. Bestrebungen zu einer **genaueren Kosteneinflußgrößenerfassung und -analyse als Basis der Wirtschaftlichkeitskontrolle** gehen heute vor allem in Richtung auf eine Differenzierung der Objektbezüge, beispielsweise in den Bereichen Qualitätssicherung, Logistik, Umweltschutz, Forschung und Entwicklung, Einkauf und Vertrieb. So zählt auch das **Aufzeigen primär längerfristiger Rationalisierungpotentiale** in den sogenannten indirekten Bereichen neben verursachungsgerechter Kalkulation zu den Hauptaufgaben der **Prozeßkostenrechnung** (vgl. Kapitel 2.5.3.1). Dabei sind jedoch die Bestimmung von Soll-Standards als Meßlatte und die Interpretation auftretender Abweichungen umstritten (vgl. *Glaser*, 1992, S. 281 f.).

Zum Komplex der Kontrolle von Unternehmungsabläufen gehört auch die Einbindung des produktionsbezogenen Informationssystems mit seinen Teilbereichen in das gesamte betriebswirtschaftliche **Berichtswesen** der Unternehmung. Aus den produktionsbezogenen Kennziffern sind dabei betriebswirtschaftliche Analysen und Berichte aufzubauen. Zur Vermeidung einer Informationsüberflutung und nutzloser „Zahlenfriedhöfe" ist dabei strikt auf eine empfängeradäquate Selektion und Aufbereitung der Informationen sowie eine sinnvolle Gesamtkonzeption des Berichtswesens zu achten (vgl. Kapitel 5).

## 1.2.2.2  Periodenübergreifende objekt- und projektbezogene Wirtschaftlichkeitsbeurteilung

Ein weiterer wichtiger Aufgabenkomplex der produktionsbezogenen Informationswirtschaft bezieht sich auf **fallweise auftretende Vorhaben mit längerfristiger (periodenübergreifender) Wirkungsdauer** und die dazugehörenden Objekte. Dafür sind **Informationen zur Anregung und wirtschaftlichen Entscheidungsfundierung** zu liefern. Vorhaben von erheblicher Bedeutung für den Erfolg der Unternehmung sollten außerdem zur Sicherstellung der Zielerreichung individuell **über ihre gesamte Laufzeit wirtschaftlich überwacht** werden. Solche Vorhaben haben den Charakter von strategischen **Projekten** und sind zumeist mit **Investitionsausgaben** verbunden. Allgemein versteht man unter Projekten zielorientierte, zeitlich begrenzte Aktionsfolgen, die in der Regel komplex und einmalig oder zumindest selten sind (vgl. *Hahn*, 1985, S. 361; *Offermann*, 1985, S. 68; *Alter*, 1991, S. 91 ff.; engere Definition nach DIN 69900). Die zeitliche Abgrenzung eines Projektes kann dabei planerisch durch Vorgabe eines bestimmten Sachziels (z. B. Realisation eines neuen Organisationskonzeptes) erfolgen, bei dessen Erreichung ein Vorhaben mit grundsätzlich offenem zeitlichen Horizont als abgeschlossen anzusehen ist. Projekte, die nicht innerhalb einer Periode (zumeist ein Jahr) beendet sind, erfordern eine **periodenübergreifende Wirtschaftlichkeitsbeurteilung. Dynamische Verfahren der Investitionsrechnung** führen dabei durch die explizite Berücksichtigung der Zahlungszeitpunkte zu genaueren Ergebnissen als statische Verfahren und bilden durch die Vermeidung von Durchschnittsbetrachtungen auch eine bessere Grundlage für aussagefähige Investitionskontrollrechnungen.

Der traditionelle Anwendungsschwerpunkt der Investitionsrechenverfahren liegt in der **objektbezogenen Wirtschaftlichkeitsbeurteilung von Investitionen** in Sachanlagen (Betriebsmittel) oder Finanzanlagen (z. B. Beteiligungen). Als **Investitionen** werden dabei autonome Auszahlungen für Objekte bezeichnet, mit deren Nutzung, Besitz oder Verkauf spätere Nettoeinzahlungen, Einsparungen anderer Auszahlungen oder sonstiger, häufig monetär schwer quantifizierbarer Nutzen erwartet werden (zum Investitionsbegriff vgl. *Busse von Colbe/Laßmann*, 1990, S. 2 f.; *Blohm/Lüder*, 1991, S. 2). Vorhaben zur Beschaffung von Investitionsobjekten werden auch Investitionsprojekte genannt. Grundlage der Wirtschaftlichkeitsbeurteilung sind sämtliche mit der Beschaffung bzw. Einführung, Nutzung über die geplante Laufzeit und Entsorgung verbundenen Ein- und Auszahlungen bzw. Kosten und Erlöse sowie ggf. monetär schwer quantifizierbare Wirkungen und mit dem Projekt verbundene Risiken. In einer **Differenzbetrachtung** ist die Situation mit und ohne die Durchführung des Projekts zu vergleichen, wobei auch aus einer Nichtdurchführung resultierende Veränderungen zu beachten sind, beispielsweise zu erwartende Absatzeinbußen bei einem Verzicht auf Produkt- oder Prozeßinnovationen.

Probleme bei der Isolierung des Entscheidungsfeldes bereitet insbesondere die Zurechnung laufender Zahlungen der Nutzungsphase auf einzelne Investitionsprojekte, etwa wenn bei Erweiterungsinvestitionen bestimmte Produkte sowohl auf neu beschafften als auch auf bereits vorhandenen Anlagen

gefertigt werden können. Aufgaben des betriebswirtschaftlichen Informationssystems im Zusammenhang mit der Wirtschaftlichkeitsbeurteilung von Investitionsprojekten bestehen vor allem in der Unterstützung der Führungskräfte bei
ihren Planungs- und Entscheidungsaufgaben durch

- **Bereitstellung eines geeigneten Methodenapparates,**
- **Prognosehilfen** durch Informationen über ähnliche Projekte in der Vergangenheit,
- **Checklisten** zur Sicherung der Vollständigkeit der Planung und
- die **Bewertung technischer Vorgaben.**

Daneben ist auch die **Dokumentation der Investitionsplanung** zur inter-
subjektiven Nachprüfbarkeit und späteren Investitionskontrolle von Bedeutung.

Aufgrund des in der Regel langen Betrachtungszeitraums, der vielfach
hohen Komplexität der Projekte und der Abhängigkeit von schwer abschätzba-
ren Umweltentwicklungen spielt das Problem der **Unsicherheit** der Plandaten
bei Investitionsprojekten eine besonders große Rolle, wodurch auch die Möglichkeit der Hilfestellung durch das Informationswesen eingeschränkt wird, da
es das grundsätzliche Problem der Unsicherheit nicht beheben kann. Zu den
Aufgaben des betriebswirtschaftlichen Informationssystems gehört es,

- die vermuteten wichtigsten **Risiken** für den Projekterfolg soweit möglich
  **transparent zu machen** sowie
- die Auswirkungen von Veränderungen wichtiger Annahmen durch **Sensitivitätsanalysen** oder durch die **Simulation von Szenarien** aufzuzeigen und
- die durch **Vorgaben und Entscheidungen** zu füllenden Informationslücken
  und Planungsanforderungen erkennbar zu machen.

In der Praxis spielt bei Investitionsobjekten die Darstellung des mit der
Rückgewinnung der Investitionsausgaben verbundenen Risikos durch Bestimmung der **Kapitalwiedergewinnungszeit** eine wichtige Rolle.

Investitionsrechnungen stellen zumeist Insellösungen dar; eine Einbin-
dung in eine **Investitionsprogrammbetrachtung** im Rahmen der langfristigen
Unternehmungsplanung findet bisher nur in Ausnahmefällen statt und ist auch
theoretisch noch nicht genügend erschlossen (vgl. *Altmann u.a.*, 1989,
S. 896 ff.). Eine ebenfalls offene Problematik ist die Integration dieser – bei
Anwendung dynamischer Verfahren – finanzwirtschaftlichen Rechnung in die
Aufwand- und Ertragrechnung bzw. Kosten- und Erlösrechnung mit periodi-
sierten Eingangsgrößen. Dadurch wird auch die Datenerfassung für beglei-
tende Überwachungsrechnungen wesentlich erschwert, so daß in der Praxis
Investitionskontrollen vielfach ganz unterbleiben. Eine Aufhebung dieser
**Schnittstellen** erscheint jedoch mit den heutigen Mitteln der Informations- und
Kommunikationstechnik grundsätzlich lösbar und würde einen wesentlichen
Fortschritt der Controlling-Effizienz bedeuten.

Eine mit der Investitionsobjektrechnung eng verwandte Aufgabe der
Informationswirtschaft ist die **Fundierung von Entscheidungen über strategi-**

**sche Projekte**, die für den Erfolg, das finanzielle Gleichgewicht und teilweise auch die Existenz der Unternehmung von großer Bedeutung sind. Dazu zählen

- produktbezogene Projekte (insbes. Entwicklung und Einführung neuer Produkte bei Großserienfertigung),
- prozeßbezogene Projekte (insbes. Entwicklung und Einführung neuer Produktionstechnologien),
- potentialbezogene Projekte (z. B. Einrichtung einer zusätzlichen Fertigungslinie oder eines neuen Werkes, dauerhafte Veränderung der Fertigungstiefe),
- absatzmarktbezogene Projekte (z. B. Eintritt in einen neuen, geographisch abgegrenzten Markt),
- organisationsbezogene Projekte (z. B. Umstellung von Fließ- auf Zentrenfertigung, Einführung von Gruppenarbeit in großen Bereichen der Produktion) und
- informationssystembezogene Projekte (z. B. Einführung eines Executive Information System).

Einzelne strategische Projekte können dabei auch mehrere Bereiche betreffen, beispielsweise die Entwicklung eines neuen Produktes, das in einem zu errichtenden Werk mit innovativer Fertigungstechnologie und -organisation hergestellt werden soll (zur Projekttypologie vgl. auch *Alter*, 1991, S. 331 ff.). Sie sind in der Regel, aber nicht immer mit der Anschaffung von Investitionsobjekten, typischerweise auch mit immateriellen Vorlaufleistungen für Forschung und Entwicklung, Produktionsvorbereitung einschließlich Softwareerstellung, Umrüstung von Produktionsanlagen und Personalschulung, einmaligen Markterschließungs- und Werbeaktivitäten, anlaufbedingtem Mehrverbrauch von Einsatzfaktoren etc. verbunden (vgl. *Laßmann*, 1984, S. 960 und 962). Daher lassen sich solche Projekte als **Investitionsprojekte** auffassen, deren Wirtschaftlichkeit unter **Betrachtung der gesamten Projektlaufzeit** ("Projektlebenszyklus") mit Hilfe dynamischer Investitionsrechenverfahren beurteilt werden sollte. **Die Offenlegung von Risiken und monetär schwer oder nicht quantifizierbaren Kriterien** spielt dabei eine noch größere Rolle als bei der Beurteilung einzelner Investitionsobjekte. Auch bei Projekten ohne direkt zurechenbare Einzahlungen lassen sich Kapitalwertverfahren anwenden. Bei **Produktprojekten** ist außerdem die **Preiskalkulation und -beurteilung** eine zentrale Aufgabe des Informationswesens, die ebenfalls unter Zuhilfenahme investitionstheoretischer Methoden erfolgen kann (vgl. *Laßmann*, 1984, S. 969).

Die Anwendung von Verfahren der Investitionsrechnung auf strategische Projekte geschieht in der Praxis erst vereinzelt, z. B. bei Produktprojekten in der Automobilindustrie (vgl. *Schug*, 1987, S. 277 ff.). Im Vordergrund steht die Anwendung traditioneller Verfahren der Projektbeurteilung auf Basis von Kosten und Erlösen, wobei Kosten für immaterielle Vorlaufleistungen zumeist nicht oder nur unvollständig projektweise erfaßt werden (vgl. *Laßmann*, 1984, S. 961). Sehr häufig werden **Projekte** nur **im Hinblick auf das Kostenminimierungsziel beurteilt**, wenn Erlöse einzelnen Aktionen nicht zugerechnet werden können (vgl. *Hahn*, 1985, S. 361).

Diese eingeschränkte Projektbetrachtung bei einem bestimmten vorgegebenen Sachziel, beispielsweise der Beschaffung und Installation maschineller Anlagen für genau definierte Fertigungsaufgaben oder eines PC-Netzwerks für ein Informationssystem, ist jedoch vielfach nicht ausreichend. So kann etwa ein erheblicher trade-off zwischen den so abgegrenzten Projektkosten und den aus dem Projekt resultierenden Kosten und Erlösen bzw. Leistungen für die Nutzung (einschließlich der Einarbeitungsphase) und Ausmusterung der Anlagen bestehen. Je größer der Anteil materieller und immaterieller Vorlaufkosten und durch Entscheidungen über strategische Projekte weitgehend vorbestimmter laufender Kosten und Erlöse in der Unternehmung ist, beispielsweise als Folge zunehmender Produktionsautomatisierung oder kürzerer Produktlebenszyklen bei Serienproduktion, desto bedeutsamer ist eine **periodenübergreifende Planung, Entscheidung und Überwachung** dieser Projekte. Insbesondere bei unregelmäßigem Verlauf der Ein- und Auszahlungskomponenten in der Zeit ist die Aussagekraft dynamischer Investitionsrechenverfahren am sachgerechtesten (vgl. *Laßmann*, 1984, S. 968).

Eine ausgebaute **objekt- oder projektbezogene Wirtschaftlichkeits-Planungsrechnung** existiert in Form einer Erlös- und Kostenplanung **bei den meisten Anbietern von industriellen Großanlagen und komplexen Produktionssystemen** (z. B. beim Bau chemischer Großanlagen, Kraftwerke, flexibler Fertigungszentren u.dergl.). Diese **Plankalkulationen** dienen insbesondere zur **Preisfindung** und werden zugleich für laufende Soll-/Ist-Analysen zugrunde gelegt, d. h. es werden **Begleitkalkulationen** durchgeführt, aus denen laufend **Anregungen für Anpassungsmaßnahmen**, aber auch **Modifikationen der Projekte** gezogen werden können. Die Probleme der Verbindung derartiger Projekt- oder Auftragserfolgsrechnungen mit der periodischen Erfolgsrechnung werden in der Betriebswirtschaftslehre im Zusammenhang mit dem Jahresabschluß seit langer Zeit diskutiert. Hierfür gibt es auch in der Praxis bewährte Regelungen, die allerdings aus theoretischer Sicht den Ansprüchen einer periodengerechten Erfolgsermittlung nur begrenzt gerecht werden (vgl. *Höffken/ Schweitzer*, 1991, S. 157 ff.). Auch sind die Schnittstellen zur Finanzplanung und -überwachung der Unternehmung noch nicht optimal gelöst (vgl. Kapitel 3.3.4).

Eine **projektbegleitende Überwachung** ist auch für Projekterfolgsrechnungen bei **bedeutenden Investitionsobjekten** und **strategischen Projekten** zu fordern. Damit lassen sich

- notwendige **Anpassungsmaßnahmen** zur Zielerreichung anregen,
- **Folgeentscheidungen** im Projektverlauf wirtschaftlich **fundieren**,
- Erfahrungswerte zur **Verbesserung zukünftiger Planungen** gewinnen und
- **Manipulationen** bei der Investitionsplanung, insbesondere zu optimistische Prognosen antragstellender Geschäftsbereiche **einschränken** (vgl. *Lüder*, 1969, S. 54 ff.; *Hay*, 1977, S. 175 f.).

Aufgabe des Informationswesens ist dabei die **Dokumentation** und **Kontrolle** (Soll-Ist-Vergleich) in gewissen zeitlichen Abständen während der Projektdurchführung und am Projektende. Von besonderer Bedeutung ist die

**Analyse der Abweichungen** im Hinblick auf Fehlschätzungen in der Planung, Unwirtschaftlichkeiten bei der Projektdurchführung oder Umplanungen im Projektverlauf. Für wichtige **Entscheidungen**, die erst **im Verlauf der Projektdurchführung** zu treffen sind (z. B. die zu Beginn des Serienanlaufs zu treffende Preisfestlegung bei Produktprojekten der Großserienproduktion), sind außerdem **aktualisierte Schätzungen der zu erwartenden Projektergebnisse** vorzunehmen.

In der Praxis ist bei der begleitenden Überwachung von Investitionsprojekten ein großer Nachholbedarf festzustellen. **Investitionskontrollen** werden zumeist nur zu wenigen Zeitpunkten, häufig unvollständig und in vielen Unternehmungen noch gar nicht durchgeführt. Das liegt vor allem in Schwierigkeiten der Datenerfassung begründet. Eine für effiziente Überwachungsrechnungen unabdingbare Integration in das laufende Rechnungswesen ist in der Regel nicht gegeben. Insbesondere Daten für immaterielle Vorlaufkosten, Anlaufkosten sowie laufende Kosten und Erlöse bzw. die damit verbundenen Zahlungen stehen nicht objekt- bzw. projektweise zur Verfügung. Daher ist zu fordern, im Informationssystem im Sinne einer **Datenbankorientierung** bedeutende Investitionsprojekte als eigene Zurechnungsobjekte zu definieren und neben den periodisierten Größen auch die zugrundeliegenden Zahlungen objektweise direkt abrufbar zu speichern.

### 1.2.2.3   Produktionsbegleitende Informationsaufgaben

Einen zusätzlichen Aufgabenbereich produktionsbezogener Informationssysteme bildet die **betriebswirtschaftliche Unterstützung operativer Maßnahmen der Produktionsprozeßführung**. Auch bei gegebenen Produktionspotentialen und vorliegender monats- oder wochenbezogener Produktionsprogrammplanung verbleiben für die Produktionsprozeßführung vielfach Freiheitsgrade, deren wirtschaftliche Bedeutung und Nutzungsmöglichkeiten transparent zu machen sind (vgl. *Kaiser*, 1991, S. 77, 109 f.). Das betrifft insbesondere die kurzfristige Anpassung an Über- oder Unterbeschäftigungssituationen (z. B. durch Personalumsetzung, Sonderschichten, Mehrarbeit, Kurzarbeit), die Reaktion auf Störungen (z. B. Anlagen-/Arbeitsstationenwechsel, Auftragsreihenfolgeveränderung, Inanspruchnahme von Fremdleistungen) und die Qualitätssicherung (etwa die Veränderung des Prüfumfangs). Das Informationssystem sollte die **operativ beeinflußbaren Maßnahmen sichtbar** und im Hinblick auf ihre wirtschaftlichen Auswirkungen **beurteilbar machen**. In der Praxis werden Entscheidungen über sehr kurzfristige Maßnahmen zur Umgestaltung des Fertigungsablaufs vielfach ohne betriebswirtschaftlich hinreichend aussagefähige Informationen getroffen (vgl. *Küpper*, 1983, S. 173 f.; *Kaiser*, 1991, S. 1). Aufgrund der besonderen Anforderungen an die Aktualität der Informationen sind dafür **technische und betriebswirtschaftliche Kennzahlen** (z. B. Kapazitätsbedarfe, -angebote und -auslastungen, Anlagenverfügbarkeiten und -ausfallzeiten, Auftragsdurchlaufzeiten, Materialverbräuche, Bestände an Material, Halb- und Endfabrikaten, Energiewirkungsgrade, Lohnkosten, Ausschußanteile differenziert nach Fehlerschwere und -ursachen u.dergl.) besser geeignet als Daten aus der monatsbezogenen Kostenrechnung, die **erst acht bis zehn Tage nach Ablauf des Monats** relativ pauschale Informationen in Form von saldierten positiven und negativen täglichen Abweichungen zwischen Vorgabe- und Istwerten liefern kann (vgl. *Laßmann*, 1992, S. 317). Diese Kennzahlen sind mit Hilfe **automatisierter Betriebsdatenerfassung** zeitaktuell zu bilden und zugriffsbereit vorzuhalten, so daß sich der Prozeßverantwortliche im **Bildschirmdialog (Online)** die Auswirkungen operativer Maßnahmen anzeigen lassen kann. Nach dem Regelkreisprinzip sind zur **Überwachung der Wirtschaftlichkeit der Prozeßdurchführung** Soll- und Istwerte der Kennzahlen schicht-, tage- oder wochenweise zu vergleichen. Diese können darüber hinaus auch in Fällen ohne operative Entscheidungsspielräume Hinweise auf erforderliche Anpassungsmaßnahmen geben, z.B. bei zu hohen Ausschußquoten oder Maschinenstillstandszeiten.

In zunehmendem Maße gehört es auch zu den Aufgaben produktionsbezogener Informationssysteme, zur **Fundierung von Maßnahmen in Hilfsfunktionen der Produktion** wie Produktentwicklung, Arbeitsvorbereitung, Qualitätssicherung und Logistik beizutragen. So sind beispielsweise für den Produktentwickler die Auswirkungen alternativer Konstruktionslösungen auf die späteren Produktionskosten sichtbar zu machen (vgl. *Scheer*, 1987, S. 156; *Alter*, 1991, S. 359f.; *Steffen*, 1991, S. 364ff.). Das ist umso bedeutsamer, je stärker die Kosten der laufenden Produktion insbes. bei hoher Automatisierung bereits in der Produktentwicklungsphase festgelegt werden. Ansätze zu einer **konstruktionsbegleitenden Kalkulation** stehen jedoch erst am Anfang ihrer Verwirklichung (vgl. Kapitel 6.2.2; *Steffen*, 1991, S. 368). Eine Unterstützung der betriebswirtschaftlichen Planung und Überwachung der Qualitätssicherung und Logistik erfordert eine stärkere Differenzierung der Kostenrechnung, damit auch funktions- bzw. prozeßorientierte sekundäre Kostenarten wie **Qualitätskosten** und **Logistikkosten** ausgewiesen werden können.

### 1.2.3   Hauptzweige eines umfassenden produktionsbezogenen Informationssystems

Aus der Vielfalt der dargestellten Aufgaben des produktionsbezogenen Informationswesens folgt, daß für das Produktionscontrolling **verschiedene konzeptionelle Ausrichtungen und Methoden** zur Verfügung zu stellen sind. Im Hinblick auf den begrenzten Anwendungsradius der periodenorientierten Kosten- und Erlösrechnung ist in den letzten Jahren grundsätzliche Kritik an diesem Rechnungszweig und seiner Aussagekraft geübt worden (vgl. Kapitel 2.2.6 sowie z.B. *Laßmann*, 1984, S. 959ff.; *Johnson/Kaplan*, 1987; *Horváth*, 1990, S. 176f.; *Riebel*, 1990, S. 634f.; *Weber, K.*, 1990, S. 57; *Kaiser*, 1991, S. 20ff.). Ausgehend von den Hauptcontrollingaufgaben im Produktionsbereich – periodenorientiertes Betriebscontrolling, Projektcontrolling, Prozeßcontrolling – wird daher ein zeitlich und methodisch differenziertes **dreigliedriges Controlling-Konzept** vorgeschlagen (vgl. Schaubild IX.4; vgl. auch *Hahn*, 1985, S. 192).

| Teilsystem | Zeitbezug | Objektbezug | Rechengrößen |
|---|---|---|---|
| Periodenbezogene Erfolgsrechnungen (Betriebscontrolling mit Kosten-, Erlös-, Erfolgsrechnung nach spezif Kostenrechnungssystemen und Betriebsstatistik) | kurz- bis mittelfristig (i.d.R. Monat, Jahr) | insbes. Gesamtbetrieb, Verantwortungsbereiche, Produkte, Aufträge | Kosten und Erlöse, Mengen, Zeiten |
| Periodenübergreifende Projekterfolgsrechnungen (Projektcontrolling mit Investitions-, Produktlebenszyklus-, Auftragscontrolling) | langfristig | Projekte, Investitionsobjekte, Aufträge | insbes. Aus- und Einzahlungen, teilweise auch Kosten und Erlöse, Verbrauchs- und Verarbeitungsmengen, Vorgangszeiten |
| Online-Kennziffernrechnungen (operatives Prozeßcontrolling) | sehr kurzfristig (Schicht, Tag, Woche) | einzelne Prozeßparameter | insbes. Verbrauchs- und Leistungsmengen, -zeiten, qualitative Größen, Kosten |

Schaubild IX.4.   Hauptzweige produktionsbezogener Informationssysteme

Die **periodenbezogenen Erfolgsrechnungen** als Grundlage des **Betriebscontrolling** umfassen die traditionelle Kosten-, Erlös- und kurzfristige Erfolgsrechnung einschließlich Ansätzen zur Kostenträgerrechnung/Kalkulation, innerbetrieblichen Leistungsverrechnung und Gemeinkostenüberwachung sowie Betriebsstatistiken über Personal, Kapazitäten, Produktion, Bestände und Absatz. Dabei ist nach den wichtigsten Systemen der Kostenrechnung und Kalkulationsmethoden bei unterschiedlichen Fertigungstypen zu differenzieren (Kapitel 2).

Zu den **periodenübergreifenden Projekterfolgsrechnungen** als Grundlage des **Projektcontrolling** gehören investitionsobjektbezogene Wirtschaftlichkeitsrechnungen (**Investitionscontrolling**), lebensdauerbezogene Wirtschaftlichkeitsbegleitrechnungen für strategische Projekte, insbes. Produktprojekte bei Großserienfertigung (**Produktlebenszykluscontrolling**) sowie Projektplanungs- und -überwachungsrechnungen bei langfristiger Einzelfertigung (**Auftragscontrolling**) (Kapitel 3).

Die **Online-Kennziffernrechnungen** als Grundlage des **operativen Prozeßcontrolling** beziehen sich auf die laufende wirtschaftliche Steuerung von Produktionsprozessen im Sinne einer dynamischen Begleitrechnung (Kapitel 4).

In der Literatur wurden in den letzten Jahren in Deutschland (vgl. *Broich/ Bär*, 1984; *Haun/Mertens*, 1986; *Mirani*, 1987; *Küpper*, 1990; *Weilenmann*, 1990) und den USA (vgl. *Kaplan*, 1988; *Berliner/Brimson*, 1988) mehrere Ansätze für ein differenziertes Rechnungswesen vorgestellt, die teilweise die hier vorgestellten Teilgebiete enthalten. Einige Konzepte untergliedern die Periodenrechnung weiter oder unterscheiden nach Planungs- und Kontrollrechnungen.

Mit der skizzierten **Dreiteilung** werden aus der Sicht der derzeitigen praktischen Anwendung **Insellösungen** vorgestellt, für die in der Betriebswirtschaftslehre spezifische methodische Ansätze entwickelt wurden. Eine **Integration** der verschiedenen Bausteine in einer übergreifenden Konzeption des Informationswesens ist aus theoretischer Sicht ebenso bedeutsam wie aus Gründen möglichst effizienter Datenerfassung, -speicherung und -verarbeitung. Die interdependenten Auswirkungen geplanter oder erfolgter Maßnahmen oder Ereignisse auf den verschiedenen Ebenen sind auf Basis einer geschlossenen Gesamtrechnung besser transparent und erklärbar zu machen.

Die **Periodenerfolgsrechnung** ist in der Form der intern ausgerichteten Betriebsergebnisrechnung und der extern ausgerichteten Jahresabschlußrechnung heute in der praktischen Anwendung als Instrument der operativen Unternehmungsführung zur Entscheidungsfindung und Überwachung vorherrschend und von fundamentaler Bedeutung in einer marktwirtschaftlichen Wirtschaftsordnung. Daher sollten die Instrumente des Projektcontrolling und des Prozeßcontrolling jeweils in möglichst weitreichendem Umfang mit der Periodenerfolgsrechnung abgestimmt und verbunden werden. Wie schon angedeutet erweist es sich in der Praxis bisher als äußerst kompliziert, eine befriedigende Lösung für die Überbrückung der Schnittstellen zu entwickeln. Dies wird auch bei der theoretisch-konzeptionellen Behandlung der verschiedenen Module des Informationssystems deutlich werden.

Es besteht jedoch aus wissenschaftlicher Sicht gar kein Zweifel, daß die Zusammenführung der verschiedenen Teilbereiche zu einem in sich abgestimmten Gesamtinformationssystem überragende Bedeutung erlangen wird und entsprechende Forschungsanstrengungen herausfordert, wobei für den Aufbau des produktionsbezogenen Informationssystems der **Periodenerfolgsrechnung** die **zentrierende Kristallisationsfunktion** zukommt. Dabei ist auch die **Integration** mit den (gesamt-)unternehmungsbezogenen betriebswirtschaftlichen Informationssystemen – zu denen auch die produktionswirtschaftlich relevanten Periodenerfolgsrechnungen gehören – und den unter technischer Leitung verwendeten Informationssystemen im Produktionsbereich (vgl. Schaubild IX.5) anzustreben und abzusichern.

In Kapitel 5 wird daher die Eingliederung der einzelnen produktionsbezogenen Informationsmodule in geschlossene **Führungsberichtssysteme** insbes. für höhere Führungsebenen dargestellt, in Kapitel 6 die **Integration technischer und betriebswirtschaftlicher Informationssysteme** im CIM-Konzept.

Von vielen Autoren, auch der ersten betriebswirtschaftlichen Generation wie vor allem von *Eugen Schmalenbach*, ist immer wieder eine **umfassende Grundrechnung** gefordert worden, aus der alle betriebswirtschaftlichen Aufgaben – nach heutiger Sicht des Controlling – abzuleiten sind (vgl. *Schmalenbach*, 1948, S. 66 ff.; *Riebel*, 1979, S. 785 ff.; *Kilger*, 1984, S. 412). An die Stelle des Begriffes Grundrechnung wird hier die Bezeichnung **Integriertes Informationssystem** gesetzt, um zu verdeutlichen, daß über die datenmäßige Integration hinaus eine konzeptionelle Abstimmung der Methodenbausteine anzustreben ist.

Mit der modernen Entwicklung der **Informatik und Kommunikationstechnik**, unterstützt durch eine sehr leistungsfähige und preisgünstige Hardware, kann erwartet werden, daß **integrierte wirtschaftliche Informationssysteme**

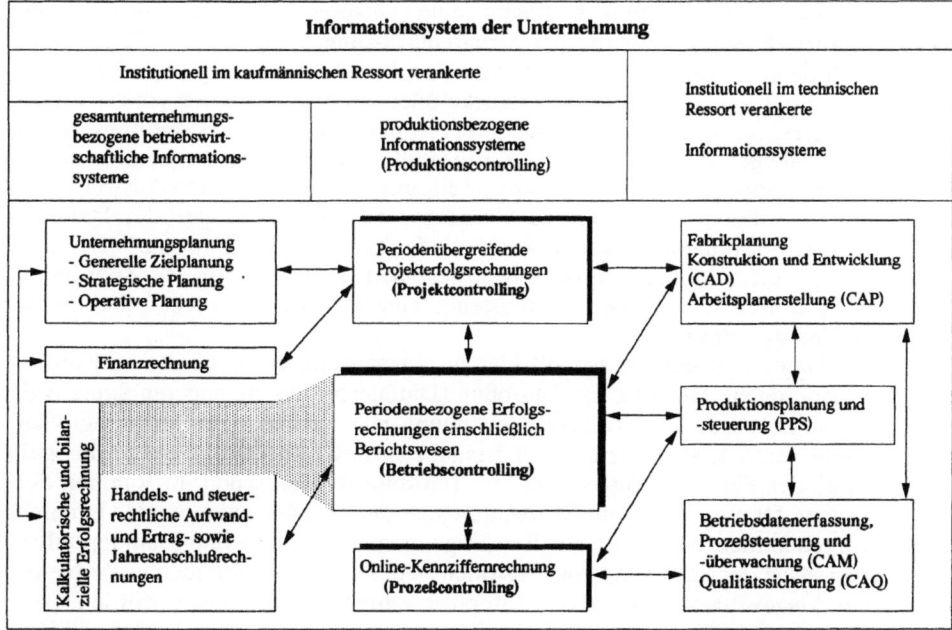

**Schaubild IX.5.**  Hauptschnittstellen und Integrationserfordernisse produktionsbezogener Informationssysteme im Rahmen des Informationssystems der Unternehmung auch in die Praxis umsetzbar werden. Der Weg dahin mit der Entwicklung der erforderlichen Software dürfte noch viele Jahre in Anspruch nehmen. Es wird auch nur eine schrittweise Vorgehensweise mit dem Abbau der verschiedenen Schnittstellen zu diesem Ziel führen. Andererseits ist es die zentrale Aufgabe der Wissenschaft, einen Begriffs- und Methodenapparat zu entwickeln, der ein wie hier skizziertes umfassendes integriertes betriebswirtschaftliches Informationssystem erst tragfähig werden läßt. Das ist zugleich eine wichtige Aufgabenstellung der Betriebswirtschaftslehre im Verhältnis zur Informatikwissenschaft, die sich auf technische und organisatorische Fragen des Informationswesens konzentriert.

## 1.3  Datenerfassung und -organisation als Grundlage produktionsbezogener Informationssysteme

Brauchbarkeit und Effizienz eines Informationssystems werden durch die konzeptionelle Strukturierung und Methodik der Informationsverwertung, die Präsentation der Ergebnisse (Berichtswesen) und in besonderem Maße die Qualität der Urdatenerfassung und -speicherung bestimmt. Art und Umfang der Gewinnung originärer, unverdichteter Daten in einer für die maschinelle Verarbeitung geeigneten Form bilden die **Grundlage für alle weiteren Vorgänge der Informationsbereitstellung**. Spätere Auswertungen nach unterschiedlichsten Kriterien bedingen eine entsprechende mehrdimensionale **Kennzeichnung** bereits **bei der Urdatenerfassung**, z. B. der Erstellung eines Materialentnahmescheins, Buchung einer Eingangsrechnung, automatischen Aussortierung fehlerhafter Werkstücke oder bei der Festlegung eines Prognosewertes. So ist etwa ein Kostengüterverbrauch in einem Produktionsprozeß nach Menge, Preis, Kostenart, Kostenstelle, zugehörigem Fertigungsauftrag und Endprodukt, Beeinflußbarkeit, Zeitpunkt und ggf. weiteren Auswertungs- und Zuordnungsmerkmalen zu klassifizieren. Vereinfachungen der Datenerfassung sind dann möglich, wenn eindeutige und im Informationssystem gespeicherte Hierarchiebeziehungen bestehen, beispielsweise die Zuordnung einer Maschine zu einer Kostenstelle, einem Prozeß, Projekt oder einem bestimmten Produkt.

Unter **Datenerfassung** soll hier in einem weiteren Sinne die vergangenheitsbezogene Messung von Istgrößen (Datenerfassung im engeren Sinne, vgl. *Hummel*, 1970, S. 21 ff.), die Gewinnung von Schätz- oder Vorgabegrößen sowie deren Klassifizierung und Eingabe in das Informationssystem in speicherbarer Form verstanden werden. Teilweise werden schon im Rahmen der Datenerfassung bestimmte Verdichtungen oder Transformationen der Urdaten vorgenommen. Verfahren zur Bewältigung von Prognose- und Planungsaufgaben sowie der Schätzung von Istgrößen und die damit verbundenen Probleme der **Ungewißheit** sind in der Literatur umfassend behandelt worden (vgl. *Brockhoff*, 1977; *Hahn*, 1985, S. 167 ff.; *Hüttner*, 1986; *Kilger*, 1988, S. 197 ff.; *Emde*, 1989, Sp. 1645 ff.; *Fulda/Härter/Lenk*, 1989, Sp. 1637 ff.). Sie werden bei der Darstellung des jeweiligen Teilmoduls der produktionsbezogenen Informationswirtschaft angesprochen. An dieser Stelle soll auf die alle Bereiche betreffenden Grundsätze der Erfassung und Speicherung von Eingangsdaten für Informationssysteme eingegangen werden.

Vielfach wird unterschieden zwischen laufend zu erfassenden **Bewegungsdaten** über Geschäftsvorfälle bzw. Vorgänge im Leistungserstellungsprozeß (z. B. Lieferung oder Materialentnahme) und **Stammdaten** über Einrichtungen und Gegebenheiten, die sich selten und unregelmäßig ändern, wie beispielsweise vorhandene Maschinen (Maschinennummer, Kapazität, Kostenstelle, Anschaffungsjahr usw.) oder Produkte (Produktnummer, Rezeptur bzw. Stücklistennummer, Fertigungszeitbedarf, alternative Fertigungsanlagen, Verkaufspreis usw.) oder Organigramme bzw. Strukturpläne (z. B. Kostenstellenplan). In der Praxis ist insbesondere die Erfassung von Bewegungsdaten und deren Zurverfügungstellung für vielfältige Auswertungen auf unterschiedlichen Verdichtungsstufen eine wichtige, häufig noch nicht befriedigend gelöste Aufgabe. Während Technik und Organisation der Datenerfassung, -speicherung und -übertragung vor allem von der (Wirtschafts-)Informatik betrachtet werden, ist es eine wesentliche betriebswirtschaftliche Aufgabenstellung, aus den Grundanforderungen und Aufgaben der Informationswirtschaft Kriterien (Was ist zu erfassen?) und Grundprinzipien (Wie ist zu erfassen?) der Datenerfassung zu bestimmen und den erfassenden Stellen vorzugeben.

Bestrebungen zu **redundanzfreier Datenverwaltung** haben zur Folge, daß die für die produktionsbezogene Informationswirtschaft benötigten Daten zu einem großen Teil schon in den **DV-Systemen vorgelagerter Bereiche** – teilweise auch des Rechnungswesens – erfaßt werden:

- Finanzbuchhaltung (insbes. Ein- und Ausgangsrechnungen sowie Zahlungen, wobei für Projekterfolgsrechnungen vielfach die originären Zahlungen, für periodenbezogene Erfolgsrechnungen hingegen in Aufwand/ Kosten und Erträge/Erlöse transformierte Größen relevant sind);
- Materialbuchhaltung (insbes. Bestellungen, Wareneingänge, Materialentnahmen, Bestände, Beschaffungspreise);
- Anlagenbuchhaltung und Anlageninformationssysteme (insbes. Anschaffungspreis, Nutzungsdauer, Kapazität von Produktionsanlagen);
- Personalbuchhaltung (insbes. Lohn- und Gehaltsabrechnung, Sozialleistungen, Arbeits- und Fehlzeiten);
- Produktionsplanung und -steuerung (PPS, insbes. Vorgabe- und Istwerte für Produktions- und Beschaffungsmengen, Auftragssteuerung, Termin- und Kapazitätsplanung und -überwachung);
- Technische Prozeßsteuerung und -überwachung (CAM, insbes. Statusmeldungen über Produktionszeiten und -mengen, Ausschußanteile und Diagnosedaten aus CAQ-Systemen);
- Konstruktion (insbes. Konstruktionszeichnungen, Pflichtenhefte, Stücklisten, Rezepturen) und
- Arbeitsplanung (insbes. Planwerte für Bearbeitungszeiten, Zuordnung von Produkten zu Arbeitssystemen).

Darüber hinaus sind strategische und operative Plandaten der Gesamtunternehmungsplanung sowie teilweise auch unternehmungsexterne Daten von

Bedeutung, beispielsweise aus externen Datenbanken oder DV-Systemen von Lieferanten oder Abnehmern über EDI (Electronic Data Interchange). Eine eigene Datenerfassung der produktionsbezogenen Informationswirtschaft bezieht sich dann primär auf spezifische Wirtschaftlichkeitskennziffern und kalkulatorische Größen.

Ausgangspunkt der Gestaltung der Datenerfassung ist zunächst die Bestimmung, welche Gegebenheiten und Ereignisse überhaupt durch Urbelege beschrieben werden sollen und durch welche Merkmale dies erfolgt. Für die Uraufschreibungen sind also die **Erfassungskriterien** festzulegen. Diese sind aus den zu erwartenden Verwendungszwecken, den spezifischen betrieblichen Gegebenheiten und den technischen Datenerfassungsmöglichkeiten unter Beachtung der Wirtschaftlichkeit abzuleiten. Aus Gründen der praktischen Handhabbarkeit und Wirtschaftlichkeit ist eine Beschränkung der grundsätzlich möglichen Abbildungsbreite unumgänglich (vgl. *Haun*, 1987, S. 21).

Für die produktionsbezogene Informationswirtschaft kommen als wichtigste **Erfassungskriterien für Güterverbrauch und Leistungserstellung** in Betracht (vgl. *Laßmann*, 1993, Sp. 1188 f.):

– Verbrauchs- bzw. Leistungsstelle (Betrieb, Kostenstelle, Arbeitsplatz, Fertigungsanlage),
– Verbrauchs- bzw. Leistungsempfänger (End- oder Zwischenprodukt, Kunden- oder Fertigungsauftrag, Los, Projekt),
– Güterart (bei Leistungen auch Güteklasse),
– Menge mit Dimensionsangabe,
– Bewertungsansatz,
– Zeitpunkt oder Zeitraum;

bei Güterverbräuchen außerdem:

– Zahlungszeitpunkt oder -zeitraum,
– Fristigkeit, mit der ein Kostenabbau möglich ist,
– wichtige verbrauchsbestimmende Einflußgrößen,
– Herkunft bei Verbrauchsgütern (eigene Vorbetriebe, Fremdbezug).

Als wichtigste **Erfassungskriterien für den Güterabsatz** kommen in Betracht:

– Erlösstelle (Unternehmungsbereich, Vertriebsorgan, Kunde bzw. Kundengruppe, Marktsegment nach Region, Vertriebsweg usw.),
– Erlösträger bzw. Absatzobjekt (Produktart, Produktgruppe, Gütergruppe, Projekt, Auftrag),
– Erlösart (positive und negative Teilkomponenten des Endverkaufspreises, z. B. Grundpreis für Basisqualität, Zuschläge für Sonderleistungen, Skonti, Rabatte, Korrekturgrößen),
– Absatzmenge,
– Absatzpreis,
– Erlöszeitpunkt bzw. -periode,

- Zahlungsbedingung,
- zeitliche Bindungsdauer bei längerfristigen Verträgen,
- wichtige Erlöseinflußgrößen (z. B. Umweltbedingungen, Einsatz absatzpolitischer Instrumente).

Außerdem sind Identifizierungsdaten (z. B. Belegnummer) und Datenart
(Plan- oder Istgrößen, Mengen, Zeiten, Kosten/Erlöse, Aufwendungen/
Erträge oder Zahlungen) zu erfassen. Die Auswahl der zur Beschreibung
bestimmter Vorgänge relevanten Kriterien ist auf die individuellen Gegebenheiten der Unternehmung abzustimmen. Dies gilt ebenso für die konkrete
Ausgestaltung eines Identnummernsystems zur Verschlüsselung von Bewe-
gungs- und Stammdaten, das für eine DV-mäßige Informationsverdichtung und
-verknüpfung geeignet ist.

Es lassen sich allgemeine **Grundprinzipien** aufstellen, wie eine den Anforderungen an die Informationswirtschaft entsprechende Urdatenerfassung und
-speicherung zu konzipieren ist:

- **Einmaligkeit der Datenerfassung und -vorhaltung (Redundanzfreiheit).**
  Ein erhebliches Rationalisierungspotential liegt in der Verwendung einmal
  erfaßter Daten für unterschiedliche Auswertungen. So müssen insbes. bei
  hohem Automatisierungsgrad zur **technischen** Abwicklung der Produktion
  zwangsläufig eine Vielzahl von Daten erfaßt werden, die quasi als Neben-
  produkt für die **betriebswirtschaftlich ausgerichtete Informationswirtschaft**
  nutzbar zu machen sind (vgl. *Kaiser*, 1991, S. 51 ff.). Werden bei der Erfassung primärer Kosten auch die zugehörigen Zahlungszeitpunkte festgehal-
  ten, können die Daten für Zwecke der Kostenrechnung ebenso wie für
  zahlungsorientierte Investitionsrechnungen ausgewertet werden (vgl.
  *Weber*, 1985, S. 122). Prinzipiell ist anzustreben, Daten möglichst am
  Anfang der Kette sie betreffender Verarbeitungsprozesse zu erfassen (vgl.
  *Back-Hock*, 1991, S. 95). Der Grundsatz der Einmaligkeit ist nach Möglichkeit auch auf die Datenvorhaltung zu beziehen. Dies betrifft Speicher-
  medium, Organisation der Informationsablage und Zugriffstechnik.
  Dadurch lassen sich neben dem Rationalisierungseffekt ein schneller
  Datenfluß erreichen und mit Mehrfacherfassungen verbundene Eingabe-
  fehler sowie Inkonsistenzen in der Datenbasis, beispielsweise aufgrund
  unterschiedlicher Aktualisierungszustände, verhindern.
  Voraussetzungen sind eine **einheitliche Datendefinition und -strukturierung**
  sowie die **Speicherung in möglichst unverdichteter Form** und die Trennung
  der Daten von einzelnen Anwendungen (**Datenunabhängigkeit**). Dies führt
  zu einer Datenhaltung in Form einer Datenbank. Unter einer **Datenbank**
  versteht man eine auf Dauer angelegte Datenorganisation, die einen nach
  zentralen Ordnungsregeln gespeicherten Datenbestand (Datenbasis) und
  die dazugehörige Datenverwaltung umfaßt, die den Datenbestand organisiert, schützt und verschiedenen Benutzern zugänglich macht (vgl. *Zehnder*,
  1989, S. 9 f.). Bei entsprechender Rechnervernetzung kann die physische
  Datenerfassung und -speicherung auch dezentral erfolgen, ohne auf eine
  zentrale Kontrolle und einen gesamtheitlichen Zugriff verzichten zu müssen

(Verteilte Datenbanksysteme, vgl. *Back-Hock*, 1991, S. 96). **Relationale Datenbanken** erlauben einen Zugriff auf die gespeicherten Daten nach beliebigen Ordnungskriterien und machen es so grundsätzlich möglich, alle Anwendungen aus einer gemeinsamen Datenbasis zu bedienen (**Unternehmungsdatenmodell**, betriebswirtschaftlich-technische Unternehmungsdatenbank, vgl. Schaubild IX.6; *Scheer*, 1990b, S. 3 ff.).
Die Verwirklichung einer vollständigen Datenintegration stößt in der Praxis jedoch noch auf erhebliche Schwierigkeiten aufgrund historisch gewachsener Insellösungen mit inkompatiblen Softwaresystemen und zumeist nur eingeschränkter Unabhängigkeit der Datenhaltung von bestimmten Anwendungen, da Anwendungsprogramme auch beim Einsatz von Datenbanken in der Regel bestimmte Anforderungen an die Organisation der Datenbestände stellen (vgl. *Back-Hock*, 1988, S. 27 f.; *Zehnder*, 1989, S. 10 f.). Außerdem benötigen verschiedene Anwendungen teilweise Daten auf **unterschiedlichen Verdichtungsstufen**. So sind für Zwecke der Kostenplanung und -überwachung bei weitem nicht so differenzierte Grunddaten erforderlich wie für die technisch ausgerichtete Produktionsplanung und -steuerung bzw. Prozeßsteuerung. Ist eine einheitliche Datenbasis noch nicht realisiert, versucht man in der Praxis den Grundsatz der Einmaligkeit der Datenerfassung dadurch zu realisieren, daß zwischen verschiedenen Anwendungssystemen ein automatischer Datentransfer erfolgt und bereits in den Systemen, die die Daten ursprünglich erfassen, eine Kennzeichnung für die späteren Auswertungen erfolgt (z.B. im System R/2 der SAP AG; vgl. *Scheer*, 1988a, S. 509 f.). Hierbei bestehen jedoch weiterhin Redundanzen in der Datenvorhaltung.

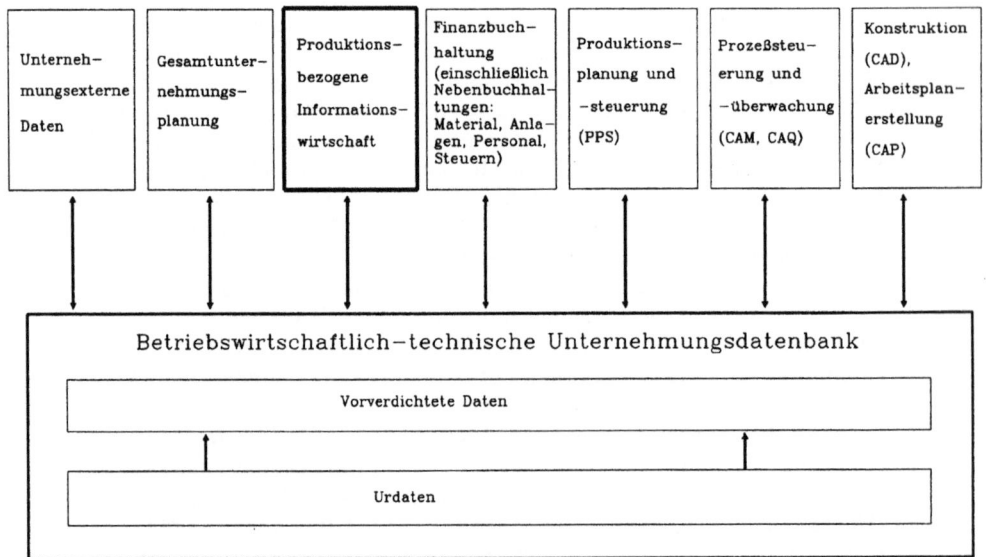

**Schaubild IX.6.** Betriebswirtschaftlich-technische Unternehmungsdatenbank

- **Vollständigkeit** und **Richtigkeit** der Datenerfassung. Beides zusammen wird auch als **Datenintegrität** bezeichnet. Der Grundsatz der Vollständigkeit ist durch besondere Erfassungstechniken sicherzustellen, beispielsweise fortlaufende Zeitaufschreibungen, die Aufschreibungslücken und Doppelerfassungen erkennbar machen, oder die Vorgabe von Checklisten, insbes. für Planungsüberlegungen. Eine weitgehende Vermeidung von Eingabefehlern erfordert die Festlegung möglichst benutzerfreundlicher und standardisierter Bildschirmmasken für die Dateneingabe, einheitliche Kontierungsvorschriften sowie formale und inhaltliche Prüfregeln auf Vollständigkeit und Plausibilität, d. h. die Einhaltung vorformulierter Bedingungen. Wirksame Eingabekontrollen sind umso wichtiger, je mehr Daten von organisatorischen Einheiten erhoben und gekennzeichnet werden, für die der Auswertungsnutzen nicht unmittelbar erkennbar ist. Eine Verbesserung der Vollständigkeit und Richtigkeit ist auch durch eine automatisierte Erfassung, z. B. über in Maschinen eingebaute Sensoren erreichbar. Sind exakte Messungen nicht möglich, im Hinblick auf die Anwendungszwecke des Informationssystems nicht erforderlich oder nicht wirtschaftlich, müssen Meß- bzw. Schätztoleranzen zur Sicherstellung einer **hinreichenden Genauigkeit** fixiert werden.
- **Intersubjektive Nachprüfbarkeit** (Objektivität, vgl. *Hummel*, 1970, S. 102) der Aufschreibungen. Erfassungstechnik und Dokumentation – falls erforderlich, auch der Datenherkunft – sollen dazu führen, daß eine gleichartige Behandlung und Interpretation von Eingangsinformationen durch jede sachverständige Person zu erwarten ist.
- **Unabhängigkeit** der Datenerfassung gegenüber den Informationsverursachern bzw. sonstigen einflußnehmenden betrieblichen Einrichtungen durch Übertragung der Verantwortlichkeit auf die Controlling-Abteilung als neutraler Instanz und den Einsatz automatisierter Datenerfassungseinrichtungen. Die Unabhängigkeit der Informationserfassung ist z. B. von besonderer Bedeutung, wenn die Daten Grundlage für Prämien oder Sanktionen sind.
- **Aktualität** der Datenerfassung und -verarbeitung. Grundsätzlich können die Daten fallweise, d. h. unmittelbar beim Auftreten des zu beschreibenden Ergebnisses (**Online**) oder stapelweise zu bestimmten Zeitpunkten (**Batchlauf**) in das Informationssystem eingegeben und dort verarbeitet werden. Während heute noch in vielen Bereichen, insbes. bei Massendaten, beispielsweise der Finanzbuchhaltung, die Stapelverarbeitung überwiegt, ermöglichen automatisierte Datenerfassungssysteme und immer leistungsfähigere und preiswertere Hardware zunehmend die Realisierung von Echtzeitsystemen, was vor allem für prozeßbegleitende Wirtschaftlichkeitsrechnungen (Online-Kennziffernrechnungen) von erheblicher Bedeutung ist. Im Hinblick auf einen weitgehend einheitlichen Aktualisierungsstand und eine konsistente Datenbasis ist eine möglichst echtzeitnahe Datenerfassung anzustreben. Für bestimmte, sehr rechenintensive Auswertungen mit geringeren Anforderungen an die Datenaktualität, beispielsweise periodenübergreifende Wirtschaftlichkeitsnachrechnungen, sind Stapelverarbeitungen zu Zeiten geringer Auslastung der DV-Systeme

sinnvoll. Aus Gründen der Verarbeitungsgeschwindigkeit insbes. für ad-hoc-Abfragen bei wahlfreiem Datenzugriff (Antwortzeitverhalten, Performance) kann es erforderlich sein, neben den Urdaten auch **verdichtete Daten** vorzuhalten (vgl. *Hahn*, 1985, S. 665; *Haun*, 1987, S. 14). Dabei sollte jedoch sichergestellt sein, daß im Bedarfsfall ein Durchgriff auf die unverdichteten Urdaten möglich ist (vgl. *Scheer*, 1988a, S. 508 f.) und Veränderungen der Urdaten automatische Aktualisierungen der Verdichtungen auslösen (vgl. *Kaiser*, 1991, S. 55).

–  **Sicherheit** der Datenerfassung und -vorhaltung vor Datenverlust, Manipulationen und unbefugtem Zugang durch Zugriffs- und Eingabekontrollen sowie regelmäßige und nach Möglichkeit automatische Datensicherungen.

–  **Flexibilität** der Datenerfassung und -vorhaltung. Da weder bei der Konzeption noch bei der Durchführung der Datenerfassung alle in Zukunft interessierenden Fragestellungen und daraus resultierenden Klassifikationsmerkmale bekannt sein können, sollte die Möglichkeit bestehen, Merkmale hinzuzufügen oder wegzulassen, ohne die übrigen Auswertungen verändern zu müssen (vgl. *Sinzig*, 1990, S. 49). Damit ist im Grunde eine Datenbankorganisation nach dem derzeit am häufigsten verwendeten relationalen Datenmodell (relationale Datenbanken, vgl. *Codd*, 1970, S. 377 ff.) erforderlich, die im Grundsatz auch beliebige neue Verknüpfungen bestehender Daten mit Hilfe einfach zu handhabender Abfragesprachen erlaubt.

–  **Wirtschaftlichkeit.** Wie für die Informationswirtschaft insgesamt, ist auch für die Datenerfassung und -vorhaltung das Prinzip der Wirtschaftlichkeit von grundlegender Bedeutung. Bezogen auf die Datenerfassung folgen daraus primär die Relativierung der Ansprüche an Vollständigkeit, Genauigkeit und Aktualität und das Bestreben, Mehrfacherfassungen und -speicherungen nach Möglichkeit zu vermeiden.

Aus den Prinzipien der Einmaligkeit, Aktualität, Flexibilität und Wirtschaftlichkeit folgt die Forderung nach einer Erfassung und Vorhaltung aller betriebswirtschaftlichen und technischen Daten, von denen zu vermuten ist, daß sie für mehrere Auswertungen relevant sind, in einer den angeführten Grundsätzen entsprechenden **betriebswirtschaftlich-technischen Unternehmungsdatenbank** (vgl. Schaubild IX.6). Diese sollte als gemeinsame Datenbasis aller betriebswirtschaftlichen und technischen Anwendungen dienen und als **relationale Datenbank** organisiert sein. Dabei sind neben den unverdichteten Urdaten teilweise auch vorverdichtete Daten dauerhaft zu speichern, beispielsweise Zusammenfassungen technischer Daten für betriebswirtschaftliche Auswertungen. Der Grundgedanke einer relationalen Datenbank für verschiedene Auswertungen wurde für den isolierten Bereich der Kostenrechnung bereits 1977 vorgeschlagen (vgl. *Wedekind/Ortner*, 1977, S. 533 ff.) und in der Literatur anschließend mehrfach aufgegriffen (vgl. z. B. *Sinzig*, 1983; *Haun*, 1987). Eine praktische Umsetzung für vielfältige betriebswirtschaftliche Anwendungen beinhaltet beispielsweise das ab 1992 eingeführte Softwaresystem R/3 der SAP AG (vgl. *SAP*, 1991).

Grundlage des **konzeptionellen Aufbaus einer Unternehmungsdatenbank** bilden die Untersuchung der wesentlichen Objekttypen und ihrer Beziehungen, die im Informationssystem beschrieben werden sollen. Zu deren Darstellung wird vielfach das **Entity-Relationship-Modell** (vgl. *Chen*, 1976, S. 9 ff.) verwendet, so etwa von Scheer zum Aufbau eines Unternehmungsdatenmodells (vgl. *Scheer*, 1989, S. 8 ff.). Entities sind reale oder abstrakte Objekte, die von Interesse sind, z. B. Lieferanten, Werkstoffe, Aufträge, Kostenarten, Kostenstellen, Bezugsgrößen usw. Werden Entities als Mengen betrachtet, spricht man von Entitytypen. So umfaßt beispielsweise der Entitytyp „Lieferant" alle Lieferanten einer Unternehmung. Von besonderer Bedeutung ist die Darstellung der Beziehungen (logischen Verknüpfungen) zwischen entities, etwa der Beziehungstyp „liefern", der alle Liefervorgänge zwischen Lieferanten und der Unternehmung symbolisiert (vgl. Schaubild IX.7).

Zu beschreibende Eigenschaften von Entities oder Beziehungen heißen Attribute (z. B. Lieferantennummer, Name, Liefermenge, Preis).

In einem nächsten Schritt sind die sachlogischen Datenstrukturen in ein **formales Datenmodell** umzusetzen (vgl. *Scheer*, 1989, S. 27), wobei prinzipiell zwischen hierarchischen Datenmodellen, Netzwerkmodellen und relationalen Datenmodellen unterschieden wird (vgl. *Stahlknecht*, 1989, S. 193 ff.; *Picot/Reichwald*, 1991, S. 356 ff.). In hierarchischen Datenmodellen werden Datenbeziehungen in Form eines hierarchischen Baumes dargestellt. Alle Objekttypen werden genau einem Objekttyp der nächsthöheren Hierarchiestufe zugeordnet, wobei auf der obersten Stufe genau ein Objekttyp auftritt. Auch im Netzwerkmodell werden explizit hierarchische Verknüpfungen der Objekttypen festgelegt, jedoch kann sich ein Objekttyp auf mehrere Objekttypen der nächsthöheren Ebene beziehen, so daß sich eine Netzstruktur ergibt. Relationale Datenbanken basieren auf dem **relationalen Datenmodell**; sie bestehen aus einer beliebigen Anzahl einzelner Dateien, die man als Relationen oder Tabellen bezeichnet. Eine Relation beschreibt Objekte oder Beziehungen zwischen Objekten durch Attribute, d. h. die Kriterien, nach denen anschließende Auswertungen vorgenommen werden können. Relationen lassen sich als Tabellen darstellen mit einer festen Anzahl von Spalten (Felder, Attribute) und beliebig vielen Zeilen (Datensätzen, vgl. Schaubild IX.8).

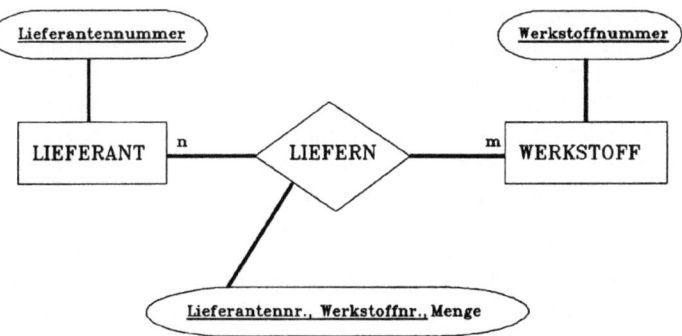

**Schaubild IX.7.**    Darstellung einer Beziehung im Entity-Relationship-Modell
(vgl. *Scheer*, 1989, S. 10)

Relation: Produkt (Produktstammsatz)

| Attribute → | Produktnummer | Bezeichnung | Produktgruppe | ... | Grundpreis |
|---|---|---|---|---|---|
| (Kriterien) | 001 | Monitor 70 | Fernseher | | 999,00 |
| | 002 | Monitor 80 | Fernseher | | 1.099,00 |
| | 150 | Super ES 5 | Videorecorder | | 899,00 |
| | 160 | Sedan HQ | Videorecorder | | 1.049,00 |
| Datensatz → | 161 | Sedan HQL | Videorecorder | | 1.149,00 |
| (Zeile) | 230 | Hifi 35 | CD-Spieler | | 498,00 |
| | • | • | • | | • |
| | • | • | • | | • |
| | • | • | • | | • |

Primärschlüssel            Feld (Spalte)

**Schaubild IX.8.**  Beispiel einer Relation (Produktstammsatz)

Durch aus einem oder mehreren Attributen bestehende Primärschlüssel (z. B. das Attribut „Produktnummer" für die Relation „Produkt"), die jeden Datensatz eindeutig identifizieren, werden Verknüpfungen zwischen verschiedenen Relationen ermöglicht. Beispielsweise könnte die Relation „Produkt" des Schaubilds IX.8 über die Produktnummer mit Kunden- oder Fertigungsaufträgen, zugehörigen Stücklisten zur Materialbedarfsermittlung oder Arbeitsplänen zur Produktionsplanung verknüpft werden. In relationalen Datenbanken erfolgt die Strukturierung der Daten nach bestimmten Normalisierungsregeln (vgl. *Codd*, 1970, S. 377 ff). Normalisierungen beinhalten die Beseitigung von Redundanzen und die Zergliederung von Relationen in mehrere einfachere Relationen, so daß alle Felder einer Relation nur von den Schlüsselfeldern direkt funktional abhängig sind. Dadurch können Daten mit nur einem Zugriff eingefügt, gelöscht oder geändert werden, ohne daß in der Gesamtdatenbank Inkonsistenzen auftreten. Mit Hilfe der relationalen Operationen Selektion (Auswahl bestimmter Zeilen einer Tabelle), Projektion (Auswahl von Spalten bzw. Attributen einer Tabelle) und der Verknüpfung von Tabellen zu einer neuen Tabelle (Relation) läßt sich der gesamte in Relationen abgelegte Datenbestand zu jedem Zeitpunkt für verschiedene Fragestellungen neu darstellen (vgl. *Picot/Reichwald*, 1991, S. 362 f.).

So könnte etwa aus den Relationen „Produkt" (vgl. Schaubild IX.8), „Kunde", „Rechnung" und „Rechnungsposten" eine monatliche Umsatzstatistik für eine Produktgruppe („Videorecorder") und eine bestimmte Kundengruppe („Großhandel") aufgebaut werden (vgl. Schaubild IX.9):

Aus der Relation „Rechnungsposten" werden diejenigen Datensätze ausgewählt, die den angegebenen Bedingungen entsprechen: Dem Attribut „Rechnungsnummer" müssen in der Relation „Rechnung" ein periodenzugehöriges Datum und eine Kundennummer zugeordnet sein, die in der Relation „Kunde" im Feld „Kundengruppe" die Ausprägung „Großhandel" hat; außerdem muß dem Attribut „Produktnummer" in der Relation „Produkt" die Produktgruppe „Videorecorder" zugeordnet sein. Für diese Datensätze werden die Felder „Produktnummer", „Aufpreis" und „Menge" aus der Relation „Rechnungsposten", „Datum" aus der Relation „Rechnung" sowie „Bezeich-

Relation: Kunde (Kundenstammsatz)

| Kundennummer | Name | Adresse | Kundengruppe | ... |
|---|---|---|---|---|
| 001 | Multimarkt | 4630 Bochum ... | Großhandel | |
| 002 | Shoping OHG | 4000 Düsseldorf | Facheinzelhandel | |
| 003 | Müller | 5000 Köln ... | Großhandel | |
| 004 | Imex AG | 2000 Hamburg ... | Exporteur | |
| . | . | . | . | |
| . | . | . | . | |

Relation: Rechnung

| Rechnungs-nummer | Datum | Kundennummer | ... | Betrag |
|---|---|---|---|---|
| 7014 | 01.06.92 | 003 | | 24.574,00 |
| 7015 | 01.06.92 | 001 | | 124.390,00 |
| 7016 | 01.06.92 | 002 | | 2.994,00 |
| . | . | . | | . |
| . | . | . | | . |
| 9596 | 30.06.92 | 003 | | 107.400,00 |

Relation: Rechnungsposten

| Rechnungs-nummer | Rechnungs-postennummer | Produktnummer | Fertigungsauf-tragsnummer | Auslieferungs-nummer | Aufpreis Sonderqualitäten | ... | Menge |
|---|---|---|---|---|---|---|---|
| 7014 | 1 | 002 | 0190 | 6148 | 0,00 | | 1 |
| 7014 | 2 | 150 | 1050 | 6149 | 0,00 | | 20 |
| 7014 | 3 | 160 | 1052 | 6149 | 50,00 | | 5 |
| 7015 | 1 | 161 | 1053 | 6150 | 0,00 | | 100 |
| 7015 | 2 | 150 | 1050 | 6150 | 50,00 | | 10 |
| 7016 | 1 | 230 | 2020 | 6151 | 0,00 | | 2 |
| 7016 | 2 | 150 | 1050 | 6151 | 100,00 | | 2 |
| . | . | . | . | . | . | | . |
| . | . | . | . | . | . | | . |
| 9596 | 1 | 160 | 1051 | 6992 | 0,00 | | 50 |
| 9596 | 2 | 002 | 0190 | 6992 | 0,00 | | 50 |
| . | . | . | . | . | . | | . |

Ergebnistabelle: Umsatzstatistik Juni 1992 Produktgruppe: Videorecorder, Kundengruppe: Großhandel

| Produktnummer | Bezeichnung | Datum | Menge | Grundpreis | Aufpreis | Umsatz |
|---|---|---|---|---|---|---|
| 150 | Super ES 5 | 01.06.92 | 20 | 899,00 | 0,00 | 17.980,00 |
| 150 | Super ES 5 | 01.06.92 | 10 | 899,00 | 50,00 | 9.490,00 |
| . | . | . | . | . | . | . |
| 160 | Sedan HQ | 01.06.92 | 5 | 1.049,00 | 50,00 | 5.495,00 |
| 160 | Sedan HQ | 30.06.92 | 50 | 1.049,00 | 0,00 | 52.450,00 |
| . | . | . | . | . | . | . |
| 161 | Sedan HQL | 01.06.92 | 100 | 1.149,00 | 0,00 | 114.900,00 |
| . | . | . | . | . | . | . |
| | | | | | Summe | 1.568.395,00 |

**Schaubild IX.9.**    Auswertungsbeispiel einer relationalen Datenbank

nung" und „Grundpreis" aus der Relation „Produkt" in die Umsatzstatistik eingestellt. Der Umsatz errechnet sich dort aus der Multiplikation der Menge mit der Summe aus Grundpreis und Aufpreis.

Wenn zusätzlich z. B. über das Attribut „Fertigungsauftragsnummer" Herstellkosten und über das Attribut „Auslieferungsnummer" Vertriebskosten zugerechnet werden, lassen sich auch Deckungsbeiträge in prinzipiell beliebiger Abgrenzung bestimmen. Im Unterschied zu hierarchischen Datenmodellen oder Netzwerkmodellen müssen die Verknüpfungen nicht bereits bei der Dateneingabe unwiderruflich festgelegt werden. Im relationalen Datenmodell stellen Auswertungen nur eine logische Sicht der Daten dar, die unabhängig von der physischen Datenspeicherung erzeugt werden und als Zugriffspfade in eigenen Dateien gespeichert werden. Daher sind grundsätzlich beliebige Datensichten (Auswertungen) eines gegebenen Datenbestandes möglich, die der Benutzer mit Hilfe bestimmter Abfragesprachen (insbes. SQL = Structured Query Language) vornehmen kann.

Im Anschluß an die Festlegung von Kriterien und Grundprinzipien der Datenerfassung und -vorhaltung sind dafür geeignete und rationelle **Techniken der Datenerfassung** zu bestimmen. Bei Wertgrößen ist im Hinblick auf die Art des Erfassungsobjekts zwischen der Erfassung der Mengenkomponente einerseits und der Wertkomponente andererseits zu unterscheiden (vgl. *Hummel*, 1970, S. 32 ff.).

Die **Mengenerfassung** kann durch direkte Erfassung unmittelbar am Entstehungsort der Informationen oder durch indirekte Erfassungstechniken auf Basis von Sollgrößen erfolgen (vgl. *Laßmann*, 1993, Sp. 1190 ff.). **Direkte Erfassungsmethoden** beinhalten Messungen durch Geräte, Zählungen durch Personen und dergleichen, wobei die physikalischen Eigenschaften der beobachteten Güter weitgehend bestimmen, welche Meßgeräte und -verfahren im einzelnen verwendet werden können. So gibt es in der Grundstoffindustrie eine Vielzahl mechanischer oder elektronischer Waagen, die das Einsatzgewicht von Werkstoffen feststellen. In der Montageindustrie genügt oftmals das Zählen oder behälterweise Wiegen von Bauteilen und Erzeugnissen. Für die Erfassung der Einsatzzeiten von Fertigungsanlagen und Arbeitskräften stehen Zeitmeßgeräte zur Verfügung. Vor allem die Automatisierung von Produktions- und Verwaltungsabläufen hat zu immer breiterem Einsatz zuverlässiger Informationserfassungsgeräte auf mechanischer oder elektronischer Basis geführt. Für den Produktionsbereich ist dabei die echtzeitnahe automatisierte Betriebsdatenerfassung durch **BDE-Systeme** (vgl. im einzelnen Kapitel 6.1) von größter Bedeutung. Im weiteren Sinne sind Betriebsdaten alle im Laufe der Produktionsprozesse anfallenden Istdaten sowie verwendeten Soll- und Identifikationsdaten, die Auskunft geben über Zustand und Verhalten, Input und Output der betrieblichen Teilsysteme (vgl. *Czeguhn/Franzen*, 1987, S. 170; *Roschmann*, 1990b, S. 4). Dazu gehören Auftrags-, Anlagen-, Material- und Bestands-, Personal-, Qualitäts- und Prozeßdaten. Die Dateneingabe erfolgt dann über spezielle Geräte, die BDE-Terminals, entweder

–    vollautomatisch durch Übernahme analoger, binärer und digitaler Signale von Sensoren an bestimmten Abtastpunkten im Produktionsprozeß;

- teilmechanisiert durch Lesegeräte, wenn Datenträger in maschinenlesbarer Form codiert vorliegen (z. B. Magnetstreifen, Barcodes oder maschinenlesbare Klarschrift an Werkstücken bzw. Aufträgen) oder
- manuell durch Eingabe über Tastaturen (vgl. Band 2, S. 244 ff.; *Kaiser*, 1991, S. 43).

In vielen Fällen geht jedoch noch immer der eigentlichen Dateneingabe in das computergestützte Informationssystem eine manuelle Datenerfassung auf Sekundärdatenträgern voraus (z. B. Stundenaufschreibungen in Konstruktionsbüros).

Aus Gründen der Wirtschaftlichkeit oder aufgrund von Schwierigkeiten direkter Erfassung kommt auch **indirekten Erfassungsmethoden** in der Praxis noch ein beachtlicher Anwendungsraum zu. So kann z. B. der Bauteileverbrauch in der Maschinenmontage retrograd über die Stücklistenauflösung in bezug auf gefertigte Maschinen festgestellt werden, wobei allerdings Ausschuß und fehlerhaftes Material zusätzlich direkt zu erfassen sind, wenn man den Gesamtverbrauch an Material und Erzeugniseinsatzstoffen feststellen will. Indirekt können auch Informationen über Bestände von Schüttgütern dadurch bestimmt werden, daß Volumen und spezifisches Gewicht eines Vorrates erfaßt werden und daraus dann die vorhandene Menge abgeleitet wird. Bei kalkulatorischen Kostenarten können i.d.R. reale Verbrauchsmengen nicht gemessen werden. Sie sind daher aufgrund betriebswirtschaftlich fundierter Annahmen zu schätzen, z. B. Abschreibungen für den Verbrauch von Fertigungsanlagen in Abhängigkeit von der geplanten Anlagennutzungsdauer oder Wagniskosten auf der Basis von Erfahrungswerten der Vergangenheit.

Die **Erfassung der Wertkomponente** beinhaltet die Bestimmung von (Verrechnungs-)Preisen, mit denen ermittelte Gütermengen multipliziert werden (vgl. *Laßmann*, 1993, Sp. 1192). Dabei ist einerseits die Bewertungskategorie zu klären (z. B. Anschaffungspreise, Tagespreise am Verbrauchs- oder Umsatztag, prognostizierte Durchschnittspreise einer Periode, Planvoll- oder Grenzkosten, Zahlungen), andererseits die Zusammensetzung aus Einzelkomponenten, etwa Einstandspreisbestandteile oder Kalkulationsbestandteile nach Kostenarten oder -kategorien (variabel/fix) bei innerbetrieblichen Verrechnungspreisen. Bewertungen erfolgen stets im Hinblick auf bestimmte Zwecksetzungen, sind also bereits Teil der Auswertungsrechnung (vgl. *Hummel*, 1970, S. 39 f.). Für die Datenerfassung folgt daraus die Forderung nach einer getrennten Erfassung und Vorhaltung von Mengen- und Wertkomponenten, die spätere Auswertungen nach verschiedensten Zwecksetzungen ermöglicht.

# 2 Periodenbezogene Erfolgsrechnungen als Grundlage des Betriebscontrolling

## 2.1 Grundstruktur der Kosten- und Erlösrechnung einschließlich kurzfristiger Erfolgsrechnung

### 2.1.1 Kostenarten-, Kostenstellen-, Kostenträgerrechnung

Als traditionelles Kerngebiet des betrieblichen Rechnungswesens dient die Kosten- und Erlösrechnung der wertmäßigen Abbildung sowie der Planung und Überwachung aller wirtschaftlich bedeutsamen betriebszweckbezogenen Unternehmungsaktivitäten in einem abgegrenzten Zeitraum. Zur Erfüllung dieser Zwecke in einer auf Dauer angelegten Unternehmung hat sich dabei aufgrund der Unübersehbarkeit der vielfältigen Unternehmungsaktivitäten mit offenem Zeithorizont die unmittelbare Verwendung der dadurch induzierten Aus- und Einzahlungen im Rahmen eines **pagatorischen Totalmodells** als **nicht praktikabel** erwiesen. Dies hängt auch mit immer wieder auftretenden inflationären Geldwertveränderungen zusammen, die die betriebswirtschaftliche Aussagekraft nominell addierter Zahlungsgrößen verschiedener Zeiträume einschränken. Die Unternehmungsleitung benötigt daher zur betriebswirtschaftlichen Planung und Überwachung der verschiedenen Unternehmungsaktivitäten im Beschaffungs-, Produktions-, Absatz- und Finanzbereich **im Zeitablauf Zwischenwerte über deren Erfolgswirkungen in der Gesamtunternehmung** (vgl. *Laßmann*, 1973, S. 16). In der Kosten- und Erlösrechnung werden zu diesem Zweck aufgrund von in der Praxis verbreitet anerkannten Konventionen alle Zahlungsgrößen bzw. betriebsbedingten Ausgaben und Einnahmen in periodenbezogene Kosten und Erlöse transformiert. Mit den Konventionen werden insbesondere Kriterien für die Erfolgsrealisierung von Absatzgeschäften und für Zurechnungsmodalitäten der mit den Güterumwandlungs- und -vermarktungsprozessen zusammenhängenden Ausgaben und Einnahmen auf Bezugsperioden und Kalkulationsobjekte fixiert. Als Bezugsperiode wird in der Regel der Monat, teilweise auch das Quartal, mindestens aber das Jahr zugrundegelegt. Kalkulationsobjekte können Produkte, Produktgruppen, Serien-/Sortenlose, Aufträge oder auch Projekte unterschiedlicher Art sein.

Für die Kostenrechnung hat sich in der Praxis in diesem Sinne der **güterwirtschaftliche (wertmäßige) Kostenbegriff** durchgesetzt. Man versteht darunter die mit aktuellen (Markt-)preisen **bewertete** und **betriebszweckbezogene Verwendung von** materiellen und immateriellen **Gütern in einer bestimmten Zeit** (Bezugsperiode). Betriebszweckbezogen bedeutet dabei, daß die Güter ursächlich oder final für die Erstellung der zum Sachziel der Unternehmung gehörenden Sachgüter und Dienstleistungen eingesetzt werden sollen (Plankosten) oder eingesetzt worden sind (Istkosten) (vgl. *Plinke*, 1991, S. 25 f.; *Heinen/Dietel*, 1991, S. 1165 ff.). Nicht zum Sachziel einer Industrieunternehmung zählen beispielsweise gesellschaftliche und karitative Aktivitäten der Unternehmungsleitung. Die Wertkomponente im Sinne des güterwirtschaftlichen Kostenbegriffs kann im Unterschied zum pagatorischen Kostenbegriff (vgl. *Koch*, 1959, S. 8 ff.) je nach Zwecksetzung von den tatsächlichen Zahlungen für einen Güterverbrauch abweichen. Grundsätzlich soll der im Zeitraum der Güterverwendung geltende Beschaffungsmarktpreis herangezogen werden, um damit eine für den jeweiligen Betrachtungszeitraum aktuelle Erfolgsermittlung sicherzustellen. Darüber hinaus können für spezielle Zwecke der Kostenrechnung geeignete Verrechnungspreise angesetzt werden.

Der güterwirtschaftliche Kostenbegriff hat sich seit seiner Formulierung durch *Schmalenbach* als leistungsfähig erwiesen. Ein Übergang auf einen – von einigen Wissenschaftlern geforderten – an Zahlungen anknüpfenden entscheidungs- (vgl. *Riebel*, 1990, S. 409 ff.) oder investitionsorientierten Kostenbegriff, mit dem insbesondere einheitliche Rechengrößen für Kosten- und Investitionsrechnungen geschaffen werden sollen (vgl. *Küpper*, 1985, S. 43), ist für die Bewältigung laufender erfolgswirtschaftlicher Steuerungs- und Überwachungsaufgaben im Produktions- und Absatzbereich nicht hilfreich. Im Grunde handelt es sich dabei um Varianten des Konzepts einer Totalerfolgsrechnung. So versteht *Riebel* unter Kosten die durch eine Entscheidung für eine bestimmte Maßnahme ausgelösten zusätzlichen Ausgaben. Zur Verfolgung finanzwirtschaftlicher Zielsetzungen besteht in den Unternehmungen ein eigenes Instrumentarium in Form der Finanzplanungs- und -überwachungsrechnung, die die Liquiditätsauswirkungen von Absatz- und Produktionsdispositionen abbildet (vgl. *Chmielewicz*, 1976).

Schaubild IX.10 gibt einen Überblick über den prinzipiellen Aufbau und die **Strukturelemente der Kosten- und Erlösrechnung sowie der** darauf basierenden **kurzfristigen periodischen Erfolgsrechnung**.

Die Kostenrechnung ihrerseits wird dem tatsächlichen Abrechnungsvorgang folgend üblicherweise in die drei Stufen Kostenartenrechnung, Kostenstellenrechnung und Kostenträgerrechnung eingeteilt (vgl. Schaubild IX.11).

Diese Rechnungsarten – das gilt auch bei Zurechnung der Kosten und Erlöse auf Objekte – sind grundsätzlich **periodenbezogen**, d. h. in der Regel monatsbezogen. Der **historische Zeitbezug** führt zu einer Bewertung der anzusetzenden materiellen und immateriellen Güterverbräuche zu den in der jeweiligen Bezugsperiode geltenden Preisen auf den Beschaffungsmärkten. Da sich Preise nicht nur aufgrund von Marktprozessen, sondern auch aufgrund von Geldwertschwankungen im Laufe der Zeit verändern können, haben die Ergebnisse der Kostenrechnung und der darauf aufbauenden kurzfristigen Erfolgsrechnung nur Aussagekraft für die jeweilige Bezugszeit. Die Kostengrößen für verschiedene historische Bezugszeiträume oder zukünftig geplante Bezugszeiträume sind prinzipiell nicht additionsfähig bzw. nur nach Umbasierung auf den gleichen Zeitraum aussagefähig. Hier löst sich die interne Kalkulationsrechnung von der im Externen Rechnungswesen geltenden Nominal-

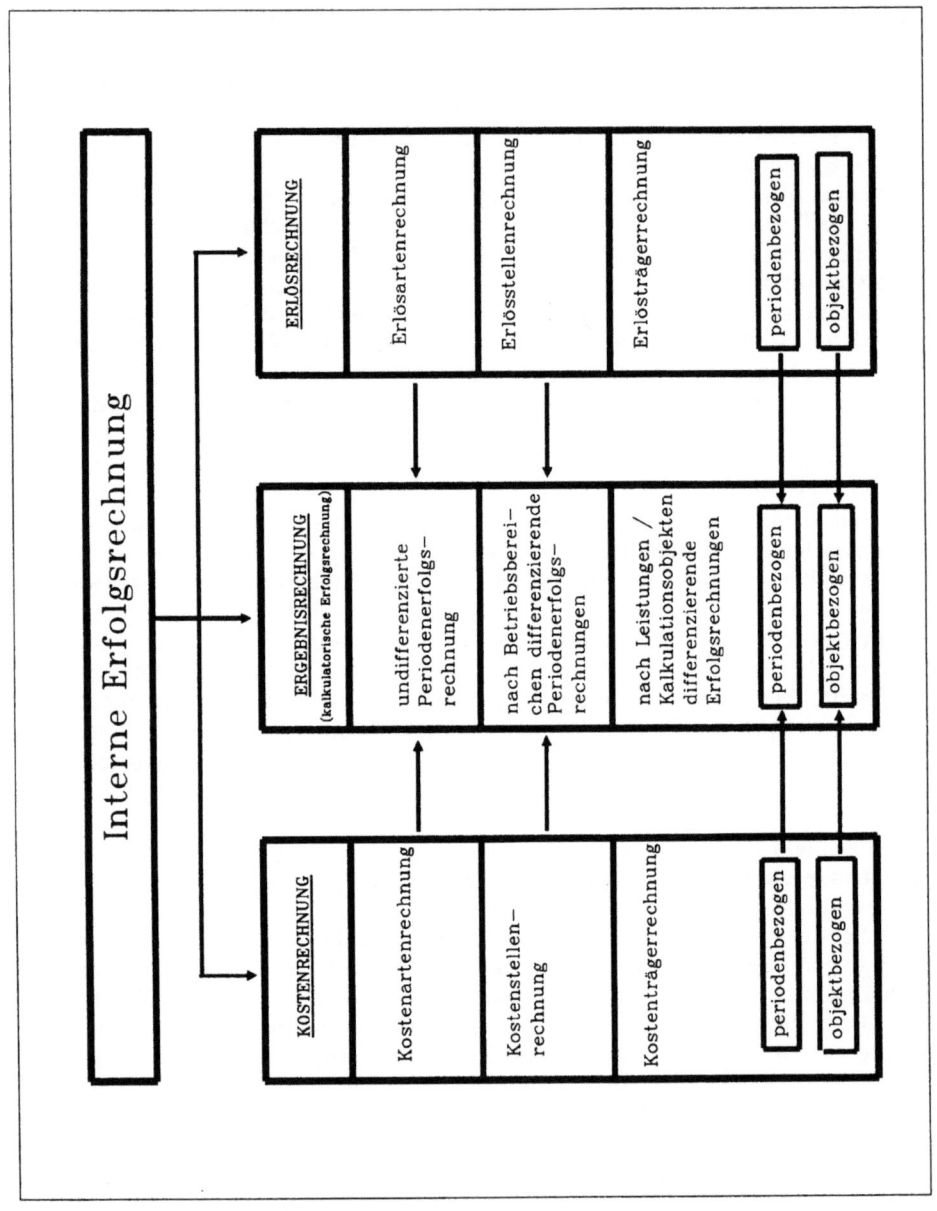

**Schaubild IX.10.**    Strukturelemente der internen Erfolgsrechnung (vgl. ähnlich *Männel*, 1983, S. 124)

rechnung, bei der die Endwerte eines Bezugszeitraums zugleich die Anfangs-
werte des folgenden Zeitraums sind, wodurch die **Kontinuität der Rechnungslegung** über alle Perioden hinweg herbeigeführt wird.

Die **Kostenartenrechnung** erfaßt und systematisiert die betriebliche Verwendung der materiellen und immateriellen Güterarten einer Bezugsperiode.

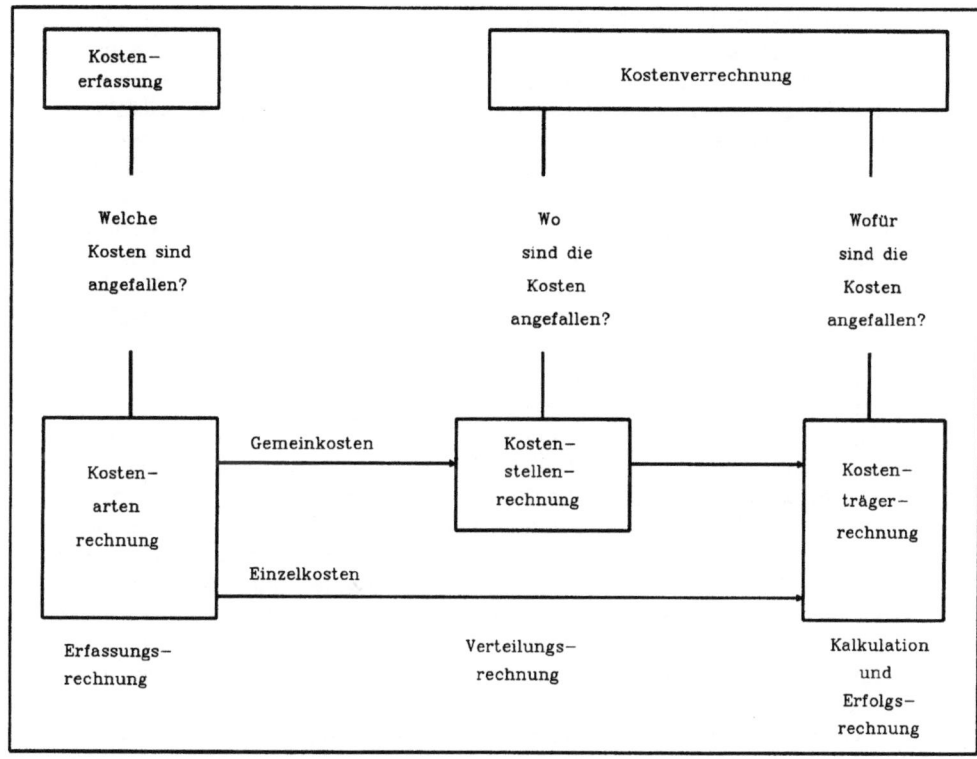

**Schaubild IX.11.**   Teilbereiche der Kostenrechnung (*Coenenberg*, 1992, S. 50)

Sie dient primär als Grundlage der Kostenverrechnung insbes. nach Verant-
wortungs- und Verursachungsgesichtspunkten neben eigenständigen Informati-
onszwecken durch Kostenstrukturanalysen sowie durch Zeit- und Betriebsvergleiche (vgl. *Plinke*, 1991, S. 62). In ihrer Ausgestaltung als vergangenheitsorientierte **Istrechnung** übernimmt die Kostenartenrechnung einen Großteil
ihrer Daten aus **vorgelagerten Erfassungssystemen** der **Finanzbuchhaltung**
oder **Nebenbuchhaltungen** wie Material-, Lohn- und Gehalts- sowie Anlagenbuchhaltung. Aufwandgleiche Grundkosten können direkt aus der Finanzbuchhaltung abgeleitet werden, Anderskosten werden mit aktuellen Preisgrö-
ßen, abweichend von der entsprechenden Aufwandgröße, zweckorientiert
bewertet (z. B. kalkulatorische Abschreibungen). Zusätzlich zu erfassen sind
Kosten, denen kein Aufwand gegenübersteht (Zusatzkosten, z. B. kalkulatorischer Unternehmerlohn, kalkulatorische Zinsen auf das Eigenkapital und kalkulatorische Vorlaufkosten bei Investitionen vgl. Kapitel 3.2). Erfolgt die zeitliche Abgrenzung des Aufwands in der Finanzbuchhaltung nur geschäftsjahres-
bezogen, sind bei der Überführung von Aufwand- in Kostenarten ggf. weitere
unterjährige Periodisierungen vorzunehmen (z. B. Ratenverrechnungen von
Urlaubsaufwand, Weihnachtsgeld u. dergl.).

Die systematische **Gliederung** in der Kostenartenrechnung erfolgt zunächst nach der Art der in Anspruch genommenen und von außerhalb der Unternehmung bezogenen Sachgüter und Dienstleistungen einschließlich betrieblicher Steuern und Abgaben (**primäre Kostenarten**). Die **wichtigsten primären Kostenartengruppen** sind Material und Fremddienste (Erzeugniseinsatz- und Betriebsstoffe sowie -dienste), Löhne und Gehälter einschließlich direkter Sozialleistungen, Abschreibungen auf Anlagegegenstände, Zinsen auf das betriebsnotwendige Kapital bzw. Vermögen, betriebliche Steuern und Abgaben sowie kalkulatorische Schätzgrößen für Wagnisse und bei Personengesellschaften für Unternehmerlohn (vgl. Schaubild IX.12 sowie Teil V in Band 1 und die Teile VII und VIII zur Material-, Personal- und Anlagenwirtschaft).

Diese Kostenartengruppen werden je nach ihrer Bedeutung für die betreffende Unternehmung unterschiedlich tief in eine große Zahl einzelner Kostenarten unterteilt. So gliedert sich etwa in der Montageindustrie die Kostenartengruppe Material in alle Erzeugniseinsatzstoffarten und Hilfsstoffarten. Daneben wird eine Vielzahl von Betriebsstoffarten wie verschiedene Energiearten, Verschleißwerkzeuge, Schmierstoffe u. dergl. unterschieden. Als Orientierungshilfe für die Aufstellung unternehmungsindividueller **Kostenartenpläne** dienen in der Praxis Empfehlungen von Verbänden und Wirtschaftsinstituten, beispielsweise der vom Bundesverband der Deutschen Industrie herausgegebene **Gemeinschafts-Kontenrahmen der Industrie** und der **Industrie-Kontenrahmen**, die Gliederungsvorschläge für Finanzbuchhaltung sowie Kosten- und Erlösrechnung enthalten (vgl. *Bundesverband der Deutschen Industrie*, 1951 und 1986).

Grundsätzlich werden in der Kostenartenrechnung nur primäre Kostenarten erfaßt. Teilweise ist es jedoch insbes. für die spätere Kostenverrechnung zwischen Teilbereichen der Unternehmung vorteilhaft, durch eine zweckorientierte Zusammenfassung primärer Kostenarten **sekundäre Kostenarten** zu bilden (vgl. Schaubild IX.12; *Seicht*, 1990, S. 75). So entsteht z. B. die sekundäre Kostenart „Verwaltungskosten" aus der Zusammenfassung aller primären Personal- und Sachmittelkosten, die Verwaltungsprozessen gewidmet sind, oder die sekundäre Kostenart Instandhaltungskosten in bezug auf selbsterbrachte Instandhaltungsleistungen aus der Zusammenfassung der primären und sekundären Kostenarten im Bereich der Instandhaltungswerkstätten. Letztere könnte dann die Basis für einen wirtschaftlichen Vergleich selbsterstellter und fremdbezogener Instandhaltungsleistungen bilden. Wenn auch die innerbetriebliche Leistungsverrechnung nicht generell zu Verrechnungspreisen auf Basis der sekundären Kosten – als Voll- oder Teilkosten – erfolgt, so spielt dieser Verrechnungsmodus in der Praxis eine wichtige Rolle. In den verschiedenen Erfassungsbereichen für Kostenarten – bspw. einer Werkstatt – finden sich im Rahmen der Kostenrechnung neben den bereits erläuterten primären Kostenarten auch sekundäre Kostenarten für die Inanspruchnahme von Leistungen anderer Teilbereiche (Kostenstellen) ein und derselben Unternehmung.

Die Erfassung und Systematisierung der verschiedenen Güterverbräuche im Rahmen der Kostenartenrechnung bildet die Grundlage für die weiteren Aufgabenbereiche der Kostenrechnung, also insbesondere die Zuordnung auf

**Primäre Kostenarten**

- Material und Fremddienste (Verbrauchsmengen, bewertet zu Einstandswerten, Lager-
  werten, innerbetrieblichen Verrechnungspreisen) unter Berücksichtigung von Ausschuß
  und Rest-/Abfallmengen und deren Bewertung
  = Erzeugniseinsatzstoffe und -dienste
  = Betriebsstoffe und -dienste

- Löhne/Gehälter, Sozialversicherungen, Altersversorgung und Unterstützung (Personal-
  primärkosten in Abgrenzung zu den Personalkosten gesamt)

- Abschreibungen (Abgrenzung von Anlageneinheiten und Aktivierungsumfang, Bestimmung
  der Nutzungsdauer und deren Anpassung, Verteilungsverfahren über Nutzungsdauer/
  Leistungsabgabe, Berücksichtigung von Veränderungen der Anschaffungskosten und der
  Technologie)

- Zinsen (betriebsnotwendiges Kapital/Vermögen bzw. durchschnittliche Kapitalbindung,
  Kapitalkostensatz)

- Wagnisse bei Halb- und Fertigfabrikatebeständen, Forderungen, Produktionsanlagen,
  soweit nicht durch Versicherungen abgedeckt

- Unternehmerlohn bei Personengesellschaften

- betriebliche Steuern (insbes. Vermögensteuer, Gewerbesteuer) und Abgaben


**Sekundäre Kostenarten**

- Unternehmungsleitung

- Verwaltung und Disposition/Arbeitsvorbereitung

- Sozialeinrichtungen (sekundäre Personalnebenkosten)

- Vertrieb

- Beschaffung, innerbetrieblicher Transport und Umschlag/Lagerhaltung (Logistik)

- Entsorgung

- Forschung und Entwicklung/Konstruktion

- Eigeninstandhaltung

- Qualitätssicherung

- Vorlaufaktivitäten bei Anlageninvestitionen (Aktivierungsumfang, kalkulatorischer
  Verteilungsmodus)

**Schaubild IX.12.**   Primäre und sekundäre Kostenarten

Kostenstellen und Verrechnung auf Kostenträger (vgl. Schaubild IX.11). Daher sind bereits bei der Kostenerfassung die hierfür wichtigen Merkmale festzuhalten wie z.B. Beschaffungs- und Verbrauchsquelle, Haupteinflußgröße auf den Verbrauch, Verbrauchszwecke, Verbrauchsveranlasser im Sinne der Verantwortlichkeit. Von besonderer Bedeutung sind dabei neben der Gliederung in primäre und sekundäre Kostenarten die Aufteilungen in **Einzel- und Gemeinkosten** sowie in **fixe und variable Kosten**. Das gilt speziell für die Planung von Kostenvorgaben (Soll- und Plankosten). Nur bei Kenntnis der wichtigsten Kostenverursachungs- oder -einflußgrößen und der Art der Abhängigkeiten von Variationen dieser Kosteneinflußgrößen können im Zuge der Absatz- und Produktionsplanung realistische Soll- und Plankosten ermittelt werden (vgl. *Laßmann*, 1991a, S. 162f.).

Bei der Unterscheidung von **Einzel- und Gemeinkosten** geht es um die verursachungs- oder veranlassungsgerechte Zurechnung von Kosten auf Objekte. Objekte können dabei auch Teilbereiche der Unternehmung (Kostenstellen) sein, vor allem aber Aufträge, Produktgruppen, Produkteinheiten (Stückrechnung), Projekte sowie auch andere Bezugsobjekte aufgrund spezieller Rechnungszwecke. Im Vordergrund stehen Aufträge und Produkte, deren Herstellkosten im Zuge der Kalkulation (**Kostenträgerrechnung**) ermittelt werden sollen. Hierbei wird darauf abgestellt, ob eine Kostenart nur durch die Herstellung **eines** Produktes (oder die Abwicklung eines Auftrages) in einer bestimmten wertmäßigen Größenordnung anfällt (**Einzelkosten**), oder aber ob sie nur im Zusammenhang mit dem Auftreten **mehrerer** Zurechnungsobjekte entsteht (**Gemeinkosten**). Ein besonderes Beispiel für die Unterscheidung von Einzel- und Gemeinkosten ist die Kuppelproduktion: In bezug auf den Kuppelprozeß bzw. das entstehende „Produktbündel" sind die Materialverbräuche Einzelkosten, in bezug auf das einzelne Kuppelprodukt stellen sie Gemeinkosten dar.

Im Mittelpunkt der Unterscheidung zwischen Einzel- und Gemeinkosten stehen in der Praxis des Rechnungswesens das **Verursachungsprinzip** und das **Finalprinzip**. Bei dem Verursachungsprinzip wird nach technisch-physikalischen Abläufen untersucht, ob z.B. mit der Herstellung eines Produktes der Verbrauch einer bestimmten Materialart und -menge zwingend gegeben ist, also durch den Produktionsvorgang dieser Verbrauch ursächlich ausgelöst wird. In diesem Fall stellen die Materialkosten Einzelkosten im Sinne des Verursachungsprinzips dar. Beim Finalprinzip wird danach gefragt, ob eine bestimmte Güterart von einem disponierenden Wirtschaftssubjekt für einen bestimmten Zweck, bspw. die Herstellung eines Produktes, eingesetzt wird. In vielen Fällen stimmen Einzelkosten gemäß Verursachungsprinzip und Finalprinzip überein. Es gibt jedoch auch finale Einzelkosten, bei denen sich eine naturgesetzliche Verursachung nicht nachweisen läßt, insbesondere im dispositiven Bereich (vgl. Kapitel 2.3.2).

Die Unterteilung in Einzel- und Gemeinkosten hat Auswirkungen sowohl auf die Abwicklung der Kostenverrechnung, da (Kostenträger-)Einzelkosten direkt, Gemeinkosten hingegen über den Umweg einer bereichsweisen Erfassung in der Kostenstellenrechnung auf die Kostenträger zugerechnet werden, als auch auf die Interpretation der Kostenzurechnungen, die bei Gemeinkosten teilweise nicht ohne eine gewisse Willkür möglich und vom jeweiligen Rechenzweck abhängig sind.

Die Einteilung in **fixe** und **variable Kosten** stellt auf die Beziehung zwischen Mengenvariationen eines Kostenzurechnungsobjekts und Variationen der dazu in Beziehung gesetzten Kostenarten ab. Fixe Kosten sind solche Kosten, die bei Zugrundelegung eines bestimmten Zeithorizonts unabhängig von Variationen einer bestimmten Kosteneinflußgröße in konstanter Höhe anfallen. In der Kostenrechnungspraxis stehen als **Fixkosten** die **beschäftigungsunabhängigen Kosten** bei kurz- und mittelfristigen Betriebsdispositionen im Mittelpunkt. Die Unterscheidung von fixen und variablen Kosten kann sich aber auch auf **Variationen anderer Kosteneinflußgrößen** beziehen. Sie ist nur für den jeweils zugrunde gelegten Zeithorizont gültig. Bei genügender Ausdehnung der Dispositionsfrist gibt es – abgesehen von vordisponierten Kosten – gar keine fixen Kosten in einer Unternehmung.

**Variable Kosten** sind solche, die bei Zugrundelegung eines bestimmten Zeithorizonts mit Mengenvariationen einer Kosteneinflußgröße bzw. eines Kostenzurechnungsobjekts variieren. In der Literatur werden unter variablen Kosten schwerpunktmäßig **beschäftigungsvariable Kostenarten** verstanden, die von Mengenvariationen produzierter Produkte oder Arbeitsstunden bzw. Nutzungszeiten von Maschinen (als Ausdruck der Beschäftigung) innerhalb eines bestimmten Bezugszeitraums abhängen. Dabei werden in der Kostenrechnungspraxis aus Vereinfachungsgründen in der Regel lineare Abhängigkeiten unterstellt (proportionale Kosten). Lineare Kostenverläufe entstehen allerdings teilweise auch aus anteiligen fixen und variablen Abhängigkeiten zwischen Einflußgrößenvariationen und Kostengüterverbräuchen.

Im Zusammenhang mit dem Begriff der variablen Kosten ist auch der Begriff der **Grenzkosten** anzusiedeln. Grenzkosten stellen die Kostenänderung bei Variation einer Kosteneinflußgröße um eine einzige Mengeneinheit dar (**Marginalbetrachtung**). Für den Fall linearer Kostenfunktionen ohne Fixkostenanteile ist der Durchschnittskostenbetrag je Einheit der unabhängigen Variablen (z. B. Produktmenge oder Maschinenstunde) gleich den Grenzkosten, d. h. in diesem Fall gilt:

Grenzkosten = variable Kosten = proportionale Kosten = konstante Stückkosten (Einheitskosten).

Eine Kostenzerlegung in fixe und variable Bestandteile erfolgt teilweise schon in der Kostenartenrechnung: Beispielsweise wird in einer Unternehmung die Kostenart Energie zu 80 % als (beschäftigungs-)variabel behandelt. Vielfach ist jedoch die Reagibilität einer Kostenart in verschiedenen Teilbereichen der Unternehmung unterschiedlich, so daß die entsprechende Aufteilung erst in der Kostenstellenrechnung vorgenommen werden kann (vgl. *Seicht*, 1990, S. 75 f.).

Mit der **Kostenstellenrechnung** erfolgt eine Systematisierung und Zuordnung von Kostenarten auf bestimmte Unternehmungsbereiche. Die Kostenstellenrechnung dient

– der **bereichsweise** differenzierten **Erfassung der Kostenträgergemeinkosten** als Grundlage ihrer möglichst **verursachungsgerechten Zurechnung auf Kalkulationsobjekte**. Insofern stellt die Kostenstellenrechnung das

Bindeglied zwischen Kostenarten- und Kostenträgerrechnung dar (vgl. Schaubild IX.11);
- der **nach betrieblichen Teilbereichen abgegrenzten Wirtschaftlichkeitskontrolle** durch bereichsweise Kostenplanung, -vorgabe (Budgetierung), -überwachung und -verantwortung.

In den üblichen Kostenrechnungssystemen werden Kostenträgereinzelkosten in der Kostenstellenrechnung nicht erfaßt, sondern direkt auf Kostenträger verrechnet (vgl. Schaubild IX.11). Grundsätzlich ist es aber möglich, auch Kostenträgereinzelkosten unternehmungsbereichsweise zu erfassen und zu überwachen. Dies kann für die Wirtschaftlichkeitskontrolle von Bedeutung sein, wenn beispielsweise in einer Fertigungskostenstelle die Höhe der Materialeinzelkosten wesentlich beeinflußbar ist.

Unter einer **Kostenstelle** versteht man einen unter einheitlicher Leitung stehenden Teilbereich einer Unternehmung, für den die dort verursachten Kosten erfaßt und ausgewiesen werden sollen. In Schaubild IX.13 sind die verschiedenen Arten von Kostenstellen dargestellt.

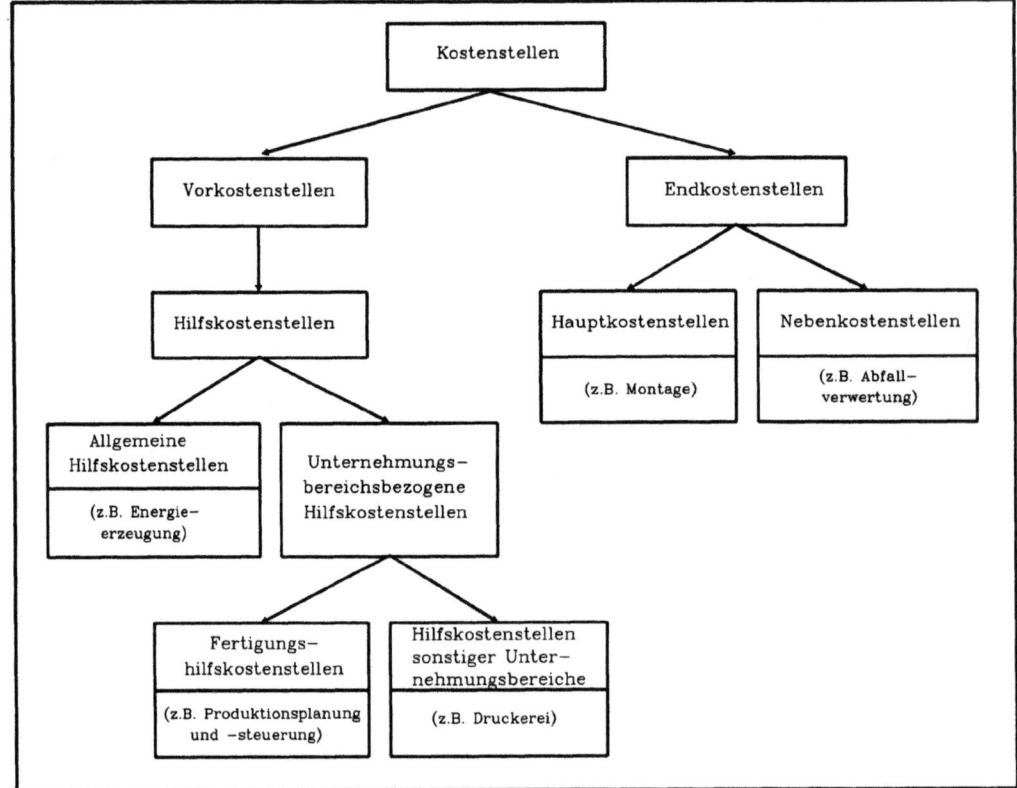

**Schaubild IX.13.**  Arten von Kostenstellen (vgl. *Hummel/Männel*, 1986, S. 192)

**Endkostenstellen** dienen ausschließlich oder überwiegend der Erstellung der am Markt abgesetzten Leistungen; Nebenkostenstellen dienen nicht dem Hauptzweck der Unternehmung. Hilfskostenstellen erbringen innerbetriebliche Leistungen, die von den Endkostenstellen beansprucht werden. Dabei wird unterschieden, ob diese Leistungen nur für bestimmte Unternehmungsteilbereiche erbracht werden oder von nahezu allen Kostenstellen in Anspruch genommen werden.

Die zweckmäßige Unterteilung der Gesamtunternehmung in Kostenstellen ist für die Aussagefähigkeit der Kostenrechnung von grundlegender Bedeutung (vgl. *Plaut*, 1989, S. 235 f.). In einer Kostenstelle sollen nur Einrichtungen und Arbeitsplätze zusammengefaßt werden, deren **Kostenverursachung keine gravierenden Unterschiede** aufweist und daher in eindeutigen Kosteneinflußgrößenfunktionen erfaßt werden kann (vgl. *Kilger*, 1988, S. 320). Für die Anwendung von Plankostenrechnungssystemen liegt hier eine wesentliche Voraussetzung. Als zweiter Grundsatz für die Kostenstellenbildung ist die Abgrenzung nach der **Verantwortung** des zuständigen Führungspersonals zu nennen. Für jede Kostenstelle sollen Kompetenz und Verantwortung bei einem Funktionsträger liegen, wobei dieser für mehrere Kostenstellen zuständig sein kann. Dieser Grundsatz kann bei Matrixorganisation durchbrochen werden. Dann sollten die Zuständigkeiten nach Kostenarten aufgeteilt werden. In der Praxis spielen vielfach auch räumliche Gesichtspunkte bei der Kostenstellenabgrenzung eine Rolle.

In den 60er und 70er Jahren bildete sich tendenziell eine sehr weitreichende Aufgliederung der Unternehmungen nach Kostenstellen heraus, da die Kostenverursachung je nach Maschinenart und Bedingungen an den Einzelarbeitsplätzen relativ große Unterschiede aufwies. Im Zuge **übergreifender Automatisierungsprozesse** wird dagegen eine Zusammenfassung verschiedener Arbeitsplätze, die in einer Fertigungslinie computergesteuert zusammenwirken, in einer Kostenstelle der Aufgabenstellung der Kostenrechnung besser gerecht. Bei heterogener Leistungserstellung (z. B. in flexiblen Fertigungssystemen) kann jedoch auch hier aufgrund der unterschiedlichen Inanspruchnahme der Systemkomponenten durch die verschiedenen Werkstücke eine verfeinerte Kostenstelleneinteilung angezeigt sein (vgl. *Siegwart/Raas*, 1991, S. 145 ff.). Allerdings ist vielfach in **hochautomatisierten komplexen Fertigungssystemen** der Teil beeinflußbarer und variabler Kostenarten gegenüber den früheren Einzelmaschinenarbeitsplätzen stark zurückgegangen. Die aus Kapitalbindung in flexiblen Fertigungssystemen folgenden Kosten sowie Bedienungspersonal-, Instandhaltungs- und Überwachungskosten sind weitgehend beschäftigungsunabhängig. Als variable Kostenarten sind Energieverbrauch und Werkzeugverschleiß sowie Kosten des Materialzu- und Produktabtransports zu betrachten. Die Wirtschaftlichkeit derartiger Fertigungssysteme wird maßgebend von der Ausnutzung der Potentialkapazitäten und Qualitätssicherung, d.h Minimierung der Stillstandszeiten und Fehlerraten beeinflußt. Hier kommt der Kostenstellenrechnung für Überwachungsaufgaben – d. h. den kostenstellenbezogenen Gemeinkosten-Soll-Ist-Vergleichen – nur noch eine verhältnismäßig geringe Bedeutung zu, während prozeßspezifischen betriebswirtschaftlichen Kennziffern in Ergänzung zur Kostenrechnung allergrößte Bedeutung beizumessen ist (vgl. Kapitel 4).

Im Rahmen der Kostenstellenrechnung sollte neben der Trennung in beschäftigungsfixe und -variable (Gemein-)Kosten eine Aufgliederung nach vom Kostenstellenleiter **beeinflußbaren** und **nicht beeinflußbaren Kostenbestandteilen** erfolgen (vgl. *Schwarz*, 1973, S. 24 ff.; *Kaiser*, 1991, S. 31). Auf diese Weise können sowohl die fixen als auch die variablen Kosten gezielter geplant bzw. budgetiert und nach Verantwortlichkeit für Plan-Istkosten-Abweichungen unterteilt werden. Dabei ist zu berücksichtigen, innerhalb welcher **Fristen** beeinflußbare Kostenarten durch Dispositionen der Kostenstellenverantwortlichen zu verändern sind. Personalkosten, die häufig zum Block der Fixkosten gehören, können z. B. nur entsprechend der Kündigungsfristen quartals- oder auch halbjahresweise verändert werden – wenn man von Mehr- und Kurzarbeit sowie Personalumsetzungen einmal absieht. Auf der anderen Seite sind Betriebsstoffkosten vielfach auch kurzfristig im Rahmen der täglichen Leistungsdispositionen zu beeinflussen.

Die **Durchführung der Kostenstellenrechnung** wird nach dem Instrument des Betriebsabrechnungsbogens (**BAB**) auch als Betriebsabrechnung bezeichnet. Äußerlich stellt der BAB eine Tabelle dar, die zeilenweise nach Kostenarten und spaltenweise nach Kostenstellen gegliedert ist (vgl. Schaubild IX.16). In der heutigen Praxis des Rechnungswesens besteht – bei einer größeren Anzahl von Kostenstellen – der Betriebsabrechnungsbogen i.d.R. nicht mehr aus einer Tabelle, sondern aus einer Vielzahl einzelner Kostenstellenblätter. Die Betriebsabrechnung erfolgt in drei Stufen. Zuerst werden die kostenartenweise ermittelten **primären** Kostenträgergemeinkosten auf Vor- und Endkostenstellen verteilt. In Systemen der flexiblen Voll- oder Teilplankostenrechnung ist außerdem das Volumen der Kostenstellenbeschäftigung als Ausdruck der Leistung jeder Kostenstelle zu bestimmen. Das geschieht mit Hilfe von Bezugsgrößen (Einflußgrößen) wie Arbeitsstunden, Maschinenstunden, Erzeugnismengen usw., von denen angenommen wird, daß davon die beschäftigungsvariablen Kosten proportional abhängig sind. In einem zweiten Schritt werden im Rahmen der innerbetrieblichen Leistungsverrechnung die Kosten der Vorkostenstellen mit Hilfe von Bezugsgrößen als **sekundäre Kosten** auf die Endkostenstellen verrechnet (vgl. Kapitel 2.4). Abschließend werden die Kosten der Endkostenstellen über Bezugsgrößen (Schlüsselgrößen) nach bestimmten Verfahren auf die Kostenträger verteilt (vgl. Kapitel 2.3).

Als **Kostenträger** werden Zurechnungsobjekte für Einzelkosten und für in Kostenstellen systematisch erfaßte Gemeinkosten verstanden. Im Vordergrund stehen Leistungsobjekte, denen die mit ihrer Herstellung verbundenen Kosten nach bestimmten Prinzipien in der Kostenträgerstückrechnung (**Kalkulation**) zugeordnet werden sollen. Kostenträger in diesem Sinne sind insbesondere einzelne Produkte, Produktgruppen, Kunden- und Betriebsaufträge, daneben auch Projekte, Produktionslose, Marktsegmente. Die Kostenträgerrechnung wird als **periodenbezogene und als objekt- bzw. stückbezogene** Rechnung durchgeführt (Kostenträgerzeit- und Kostenträgerstückrechnung). In der **Kostenträgerzeitrechnung** werden die Kosten eines Abrechnungszeitraums nach Kostenträgerarten differenziert ermittelt. Die **Kostenträgerstückrechnung** bestimmt hingegen die pro Mengeneinheit (durchschnittlich) angefallenen Kosten einer Periode. Durch Gegenüberstellung zu den jeweils zugehörigen Erlösen wird die Kostenträgerrechnung in die **kurzfristige perioden- und objektbezogene Erfolgsrechnung** übergeleitet (vgl. Schaubild IX.10).

Die Aussagekraft der Kostenträgerrechnung kann durch zweckbezogene **Untergliederungen der Kosten** wesentlich erhöht werden. So kann es im Zuge der Kostenträgerrechnung notwendig sein, die einzelnen primären und sekundären Kostenarten getrennt auf Kostenträger zuzurechnen. Weiterhin kann die Trennung nach Kostenträgereinzelkosten und -gemeinkosten die Aussagefähigkeit der objektbezogenen Rechnung verbessern. Schließlich ist auch die Erkennbarkeit variabler Kostenanteile und der auf Objekte (durchschnittlich) zugerechneten Fixkostenanteile in der Praxis zur Unterstützung von Dispositionen und Preisentscheidungen nützlich. Vor allem die objektbezogene Gliederung der Kosten in Fixanteile und Variablenanteile – wobei es unterschiedliche Abgrenzungen geben kann, je nach zugrundegelegtem Bezugszeitraum für die Beeinflußbarkeit der Kosten – führt unmittelbar zum **Ansatz der Teilkostenrechnung**. Diese spielt vor allem bei der Produktprogrammplanung und der Ermittlung von Deckungsbeiträgen sowie Preisober- und -untergrenzen eine wichtige Rolle.

Man geht dabei von der – allerdings nicht generell zutreffenden – Annahme aus, daß die variablen Kosten von Mengenvariationen der Produkte innerhalb des gewählten Bezugszeitraumes (linear) abhängig sind, bzw. bezogen auf die einzelne Produktart konstante Größen darstellen. Die (durchschnittlichen) Periodenfixkosten je Kalkulationseinheit sinken dagegen mit wachsender Produktmenge bzw. steigen mit sinkender Produktmenge.

Die **Aufgliederung** der Kostenträgerkosten **nach Primärkostenarten** kann bei marktbezogenen Entscheidungen und Dispositionen hilfreich sein. Man kann z. B. auf Grund unternehmungspolitischer Zielsetzungen auf die **vorübergehende** Deckung bestimmter auf die Produkte zugerechneter Kostenarten verzichten, etwa auf die Deckung von Abschreibungskosten, wenn man beispielsweise durch frühere in der Unternehmung zurückbehaltene Gewinne (z. B. durch einen überhöhten Ansatz der Abschreibungen) stille Reserven gebildet hat oder erwarten kann, daß man aufgrund zukünftiger Markt- und Absatzentwicklungen wiederum entsprechende kostenüberschreitende Erlöse erzielen kann.

Ein wichtiger Ansatzpunkt für betriebswirtschaftliche Aussagen aus einer Kostenträgerprimärdarstellung nach Kostenarten besteht auch darin, daß man bei Kostenverrechnungen über viele Funktionsstufen einer Unternehmung hinweg unmittelbar erkennen kann, welche Auswirkungen aus Beschaffungspreisänderungen auf die Produktkosten zu erwarten sind, z. B. bei Tarifveränderungen im Personalbereich im Zusammenhang mit Tarifverhandlungen und Neuabschlüssen von tariflichen Lohnabkommen. Außerdem könnte man bei z. B. importierten Rohstoffen unmittelbar die Auswirkungen von Wechselkursschwankungen auf die Produktkosten erkennen. Ist eine Kostenrechnung nicht als Primärkostendurchrechnung ausgebaut, müssen jeweils über die ganze Unternehmung hinweg Wiederholungen von Ist-Kostenrechnungen oder erneute Plankostendurchläufe vorgenommen werden, wenn man die Auswirkungen der beispielhaft genannten Preisveränderungen bei den Primärkostenarten auf die je Kalkulationsobjekt zugerechneten Kosten (Stückkosten) erkennen will (vgl. *Schubert*, 1965, S. 358 ff.; *Laßmann*, 1968, S. 46 ff.; *Ebbeken*, 1972).

## 2.1.2    Erlösarten-, Erlösstellen-, Erlösträgerrechnung

**Erlöse** sind die aktuell bewerteten Absatzleistungen einer Bezugsperiode, im weiteren Sinne zuzüglich kalkulatorischer Erlöse für die nicht am Markt verwerteten Leistungen (selbsterstellte Gebrauchsgegenstände und Bestandserhöhungen bei Halb- und Fertigfabrikaten). *Männel* spricht in diesem Zusammenhang vom **wertmäßigen Erlösbegriff** im Sinne des leistungsbedingten Wertzuwachses (zum Erlösbegriff vgl. *Laßmann*, 1991, S. 185; *Engelhardt*, 1992, S. 656; *Männel*, 1992, S. 633 f.). Nicht zu den betrieblichen Erlösen gehören einmalige Verkäufe außerhalb des laufenden Geschäftsbetriebes (z. B. Verkauf ausgedienter Maschinen). In der Kostenrechnungsliteratur wird anstelle von Erlösen vielfach von **betrieblicher Leistung** gesprochen. In stück- bzw. auftragsbezogener Betrachtung bildet der dem Kunden in Rechnung gestellte Endverkaufspreis als Summe aller Preisbestandteile einschließlich Zuschlägen für Sonder- und Zusatzleistungen den **Bruttoerlös**. Zieht man von diesem Betrag alle Erlösschmälerungen (Rabatte, Boni, Skonti usw.) und Erlöskorrekturen ab, so erhält man den **Nettoerlös**, der auf ein Absatzobjekt, ein Marktsegment, eine Kundengruppe oder andere Erlösträger bezogen sein kann. Häufig werden von diesem Nettoerlös auch noch die **Sondereinzelkosten des Vertriebs** abgezogen, so daß in der Praxis zwischen einem **Nettoerlös I** und einem **Nettoerlös II** (nach Abzug der Sondereinzelkosten des Vertriebs) unterschieden wird (vgl. Teil III, Kapitel 5.2 in Band 1).

Die **Erlösrechnung** bildet den grundsätzlich **gleichgewichtigen Gegenpol zur Kostenrechnung**, sie ist jedoch in Praxis und Wissenschaft bisher weniger weit entwickelt (vgl. *Laßmann*, 1979, S. 135; *Laßmann*, 1990, S. 318; *Engelhardt*, 1992, S. 656; *Männel*, 1992, S. 631). Einige in der Unternehmungspraxis eingesetzte **DV-gestützte Vertriebsinformationssysteme** ermöglichen zwar nachträgliche Analysen durchgeführter Absatzaktivitäten, differenziert nach Produkten, Marktsegmenten, Aufträgen usw., **systematische Planerlösrechnungen** werden aber auch damit bisher kaum erstellt. Plankosten- und -leistungsrechnungssysteme unterstellen in der Regel zur Leistungsmenge proportionale Erlösverläufe. Das wird jedoch den in der Praxis verwendeten Preissystemen bei wachsender Verschiedenheit der Marktbedingungen immer weniger gerecht, so daß **Erlösplanung und -kontrolle** ebenso **differenzierte Analysen erfordern** wie in der Plankostenrechnung üblich. Daher sollten die periodenbezogenen Erlöse analog Einflußgrößenanalysen unterzogen und nach Erlösarten, Erlösstellen (Marktsegmenten) und Erlösträgern aufgegliedert werden (vgl. *Kolb*, 1978, S. 30 ff.; *Laßmann*, 1979, S. 137 ff.; *Männel*, 1983, S. 59). Allerdings ist die Bestimmung von Einflußgrößenbeziehungen auf der Erlösseite erheblich schwieriger (vgl. *Riebel*, 1990a, S. 319). Bei der Isolierung von **Erlöseinflußgrößen** und ihrer Wirkungen kann überwiegend nicht auf technologisch und organisatorisch begründete Input-Output-Beziehungen zurückgegriffen werden. Häufig kommt eine Vielzahl potentieller Einflußgrößen in

Betracht, deren Wirkungen schwer abschätzbar sind. Außerdem sind laufende Veränderungen der Marktbedingungen zu berücksichtigen. Die praxisbezogene Forschung weist hier noch erhebliche Defizite auf. Daher sollte vorerst vermieden werden, dieses Rechensystem auf einen zu hohen Differenzierungsgrad und letzte Präzision auszulegen (vgl. *Laßmann*, 1979, S. 162). Zu den hauptsächlichen **Aufgaben der Erlösrechnung** zählen

- die **Dokumentation** der Erlöse nach Aufträgen, Produktarten, -gruppen, Marktsegmenten und anderen Planungs- und Überwachungsobjekten als **Basis der** perioden- und objektbezogenen **Erfolgsermittlung** einerseits sowie der differenzierten **Erlösanalyse** andererseits;
- die Bereitstellung von Unterlagen für **Erlösplanungen** und **Entscheidungsrechnungen** sowie
- die **Kontrolle** der Planerfüllung und Wirtschaftlichkeit im Vertriebsbereich.

Aus der Erlösdokumentation werden primär **Perioden- und Objekterfolge** abgeleitet, indem den Istnettoerlösen in bestimmter Weise abgegrenzte Istvoll- oder Istteilkosten gegenübergestellt werden. Im Vordergrund stehen dabei Produkt- und Auftragsnettoerfolge und -bruttoerfolge (Deckungsbeiträge); daneben können jedoch auch unternehmungsbereichsbezogene oder marktsegmentbezogene Erfolgsgrößen für Planungs- und Dokumentationszwecke bedeutsam sein.

Die Erlösdokumentation liefert außerdem die Ausgangsgrößen für gezielte **Erlösanalysen**, insbesondere Zeitreihenanalysen, aus denen sich Trends für Marktentwicklungen ableiten lassen. Dazu werden zeitraumbezogene Vergleiche für die wichtigsten Erlöskomponenten von Absatzgeschäften in ähnlichen Marktsegmenten durchgeführt, um die Gründe für unterschiedliche Nettoerlöse bei vergleichbaren Geschäften aufzudecken, vielfach auch um Analysen der Konkurrenzsituation zu unterstützen (vgl. *Laßmann*, 1979, S. 153 ff.). Im Mittelpunkt steht die Ergründung der Zusammenhänge zwischen der Höhe der Erlöskomponenten und dem Einsatz des absatzpolitischen Instrumentariums (Preis-, Mengen-, Qualitäts-, Distributions-, Konditionen- und Kommunikationspolitik), beispielsweise der Auswirkungen modifizierter Absatzkonditionen, veränderter Produktqualitäten oder zusätzlicher Serviceangebote auf die Absatzmengen. Von Interesse sind aber auch die durch die Unternehmung nicht disponierbaren Erlöseinflußgrößen, beispielsweise die gesamtwirtschaftliche Entwicklung, Veränderungen von Wechselkursen oder von erlösbezogenen Abgaben bzw. Steuern sowie Maßnahmen von Wettbewerbern. Die Vorgehensweise entspricht grundsätzlich derjenigen auf der Kostenseite, wo traditionell sehr differenzierte Einflußgrößenuntersuchungen durchgeführt werden, kann aber vielfach nicht den gleichen Genauigkeitsgrad erreichen. Erlösanalysen bilden auch eine Basis für die Erlösplanung und -kontrollrechnung im Sinne von Plan-Ist-Vergleichen.

Die **Erlösplanung** ist für eine Vielzahl unternehmerischer **Entscheidungen** von zentraler Bedeutung, beispielsweise Produktprogrammentscheidungen, Entscheidungen über den Ausbau der Aktivitäten auf Teilmärkten, über Investitionsprojekte (zumeist auf Basis der zugrundeliegenden Einzahlungen) oder über absatzpolitische Maßnahmen. Aufgrund der schwer vorhersehbaren Markteinflüsse ist der Grad der Unsicherheit bei Erlösprognosen vielfach größer als bei Kostenprognosen (vgl. *Engelhardt*, 1992, S. 657). Die Erlösplanung basiert auf bestimmten Annahmen über den Einsatz absatzpolitischer Instrumente, so daß Erlös- und Absatzplanung – ebenso wie Kosten- und Produktionsplanung – integriert oder zumindest in enger Abstimmung erfolgen sollten (vgl. *Engelhardt*, 1992, S. 668 f.).

Zur Steuerung des Vertriebsbereichs sind im Zusammenwirken von Controlling und Vertrieb sowohl für die Absatzleistungen als auch für die Preisansätze/Preisgrenzen Vorgabegrößen je Bezugsobjekt zu bilden. Soweit eine Unternehmung aufgrund ihrer Marktstellung Einfluß auf Preishöhe und sonstige Absatzkonditionen nehmen kann, sind im Zuge dieses Planungsprozesses die alternativen Erlösvorgabegrößen auf ihren Erfolgsbeitrag und ihre Realisierbarkeit hin zu überprüfen. Die für eine Planperiode geltenden **Sollerlöse**, die auf innnerbetrieblich vereinbarten Vorgaben für Absatzmengen, Absatzpreise, sonstige Vertragskonditionen, Werbemaßnahmen u.a.m. beruhen, bilden die **Meßlatte, mit der der Vertrieb aus betriebswirtschaftlicher Sicht zu beurteilen ist.**

Im Sinne des Regelkreisprinzips sind Erlösplanungsrechnungen durch entsprechende Erlöskontrollen zu ergänzen. **Abweichungen** zwischen Soll- und Isterlösen **bilden** den **positiven oder negativen Beitrag des Vertriebs zum Unternehmungsergebnis.** In der Praxis wird dagegen fehlerhafterweise vielfach der Deckungsbeitrag als Vertriebsergebnis herausgestellt, obwohl bei den Produktionsbetrieben nur die Abweichungen zwischen den Soll- und Istkosten als deren Beitrag zum Unternehmungsergebnis betrachtet werden.

Bisher werden in der Praxis vielfach die Erlösvorgaben (Sollerlöse) aus der Kostenrechnung abgeleitet (durchschnittliche Vollkosten oder Teilkosten verschiedenster Abgrenzung zuzüglich kalkulatorischer Gewinnmargen). Angemessener ist es, Erlösgrößen, die aus der Erlös- und Kostenplanung hervorgehen sollten, als Maßstab für den „Verkäufererfolg" heranzuziehen. Ein Verkäufer sollte marktsegmentweise für bestimmte Absatzmengen je Produktart innerhalb bestimmter Preisgrenzen verantwortlich gemacht werden. Dabei kann es zweckmäßig sein, einzelne Produktarten nach Mengen- und Preismargen zu einem bestimmten Erlösvolumen zusammenzufassen, das aus einem Teilmarkt „herauszuholen" ist. Die Realisierbarkeit der Vorgaben ist im Wege **kooperativer Planungen** zu überprüfen (**Zielvereinbarung** mit den Verkaufsverantwortlichen). Bisher ist es in der Praxis üblich, zwar das **Betriebsergebnis** durch Plan-Ist-Kostenabweichungen zu definieren, das **Verkaufsergebnis** jedoch als Erfolgsgröße darzustellen (Nettoerfolg bzw. Bruttoerfolg (Deckungsbeitrag) als Differenz aus Nettoerlösen und Selbstkosten bzw. Teilkosten je Periode und Produktgruppe). In Wirklichkeit sind Gewinn oder Verlust eine unteilbare Saldogröße aus allen (interdependenten) Vertriebs-, Herstell-, Beschaffungs-, Verwaltungs- und Finanzierungsaktivitäten. Daher ist es sachgerechter,

- die Abweichungen zwischen Planerlösen und Isterlösen für die auf den Teilmärkten in einer Bezugsperiode abgesetzten Erlösträger als „**Ergebnisbeitrag des Vertriebs**" und

– die Abweichungen zwischen Plankosten und Ist- bzw. Richtkosten als **„Ergebnisbeitrag der Betriebe"**

zu interpretieren. Das schließt nicht aus, durch **zusätzliche** Analysen abzuschätzen, **welche kostenmäßigen Folgen** aus Abweichungen des Verkaufs von der Absatzplanung (z. B. Leerkosten auf Grund von Minderabsatz) und **welche erlösmäßigen Folgen** aus Abweichungen der Betriebe von der Produktionsplanung (z. B. Pönalen aus Liefermängeln) entstanden sind. Eine exakte Isolation dieser Einflüsse ist jedoch wegen der Allverbundenheit der Einzelvorgänge in den verschiedenen Unternehmungsbereichen nicht erreichbar. Die wirtschaftlichen Wirkungen aller Vorgänge kommen insgesamt in der Abweichung zwischen Planerfolg und Isterfolg zum Ausdruck; jede Aufteilung der Erfolgsabweichung nach der Einzelverantwortung bleibt von begrenzter Aussagekraft. Für den Vertriebsbereich können jedoch die Plan-Ist-Erlösgegenüberstellung **(Erlöskontrollrechnung)** und die **Erlösanalyse** wichtige Hinweise für die Unternehmungsführung, insbesondere die Verkaufssteuerung geben.

Das Haupteinsatzgebiet der Erlösplanungs- und -überwachungsrechnung liegt in ihrer Zusammenführung mit der Kostenrechnung für Zwecke der Erfolgsermittlung. Hier ergibt sich eine bedeutsame **Schnittstelle zwischen Produktions- und Vertriebscontrolling**, insbes. wenn Maßnahmen in einem Bereich wesentliche Auswirkungen auf das andere Teilgebiet haben wie beispielsweise Veränderungen der Produktqualität oder der Variantenvielfalt. Für den **Aufbau einer differenzierten Erlösrechnung** empfiehlt sich daher in Parallelität zur Kostenrechnung eine Systematisierung der Erlöse nach Erlösarten, -stellen und -trägern.

**Erlösarten** sind die verschiedenen positiven und negativen Teilgrößen des Erlöses aus Absatzgeschäften, die sich im wesentlichen auf die Produkt- und Preisstruktur sowie auf die Lieferkonditionen zurückführen lassen (vgl. Schaubild III.36 in Band 1). Positive Teilgrößen sind z. B. der Listengrundpreis, Aufpreise für Mindermengen, gesondert in Rechnung gestellte Dienstleistungen wie Anlieferung frei Haus oder Kreditierung des Kaufpreises. Beispiele für negative Teilgrößen wären Boni, Skonti, Rabatte, Preisnachlässe für Gewährleistungen. Die Teilgrößen lassen sich im wesentlichen auf drei Grundkategorien zurückführen: produkt-, preis- und korrekturbezogene Erlösbestandteile. Die produktbezogenen Größen bilden das häufig aus Teilleistungen gebündelte Absatzobjekt, z. B. eine bestimmte Menge Blech aus einer speziellen Stahlqualität in einer festgelegten Abmessung mit bestimmter Oberfläche in vorgeschriebenes Verpackungsmaterial gehüllt, frei Haus geliefert mit einem Zahlungsziel von 60 Tagen. Hier wird zugleich deutlich, wie materielle und immaterielle Produktkomponenten zu einem Absatzobjekt zusammengeführt werden. In der Praxis tritt in den meisten Wirtschaftszweigen eine Vielzahl solcher positiver und negativer Erlösgrößen auf (vgl. *Laßmann*, 1979, S. 138), die variiert werden können.

Allerdings werden die Erlösarten im Rahmen der Erlösrechnung abrechnungstechnisch – mit wenigen Ausnahmen wie z. B. Gesamtumsatzrabatte, die erst am Jahresende feststehen – ganz überwiegend nicht in der gleichen Weise als originäre Größen wie die Kostenarten in der Kostenrechnung erfaßt, sondern unmittelbar erlösträgerbezogen (Einzelerlöse der Erlösträger ähnlich den Materialeinzelkosten, vgl. *Laßmann*, 1979, S. 138; zur Erlöserfassung vgl. im einzelnen *Männel*, 1992, S. 637 ff.). Systematische Erlösartenaufgliederungen sind inbes. dann bedeutsam, wenn Preisstellungsmodalitäten mit einer Vielzahl positiver und negativer Erfolgskomponenten bestehen und viele Teilmärkte mit divergierenden Marktbedingungen beliefert werden. Da Differenzen in den Bruttoerlösen keineswegs relationsgenau auf die Nettoerlöse durchschlagen müssen, können Bruttopreis- bzw. Bruttoerlösvergleiche zu erheblichen Fehleinschätzungen des Erlöspotentials der Teilmärkte führen (vgl. das Beispiel bei *Laßmann*, 1979, S. 154 ff.).

Die Erlösstellenrechnung dient in erster Linie der (entscheidungsorientierten) Beurteilung des Ertragspotentials von Teilmärkten (vgl. *Engelhardt*, 1992, S. 665). In einer **Erlösstelle** sollen daher Teilmärkte oder Marktsegmente mit möglichst homogenen Absatzbedingungen unter eindeutiger Vertriebsverantwortung zusammengefaßt werden. **Homogenität der Absatzbedingungen** darf dabei nicht zu eng ausgelegt werden, da die Vertriebsmodalitäten häufig kundenindividuelle Besonderheiten aufweisen und bei strenger Auslegung des Homogenitätskriteriums eine inoperational hohe Zahl von Erlösstellen entstehen würde. Wird die Erlösstellengliederung mit den im Rahmen der Absatzstrategie verwendeten Kriterien der **Marktsegmentierung** in Einklang gebracht, so können aus der Erlösrechnung unmittelbar für die Vertriebs- und Marketingplanung zielgerichtete Informationen abgeleitet werden. Werden zusätzlich die Kosten entsprechend dieser Segmentabgrenzung der Erlöse gegliedert, so wird eine **marktsegmentbezogene Erfolgsermittlung** und vergleichende Analyse ermöglicht. Schaubild IX.14 zeigt eine nach Regionen, Vertriebswegen, Branchen und Kundengruppen geordnete Erlösstellenbildung.

**Erlösträger** sind die verschiedenen Absatzobjekte der Unternehmung, d.h. solche Sachgüter, Dienstleistungen einschließlich Informationen und Rechte, die im Absatzprozeß aus Beschaffungs-, Herstell-, Vertriebs- und Finanzierungsleistungen erlösstellenbezogen zusammengeführt werden. Jedem Verkaufsgeschäft liegen solche Absatzobjekte zugrunde, die jeweils aus mehreren verschiedenen Sachgütern und Dienstleistungen bestehen können. Absatzobjekte, die in den für Erlösentstehung und Erfolgsabgrenzung wichtigen Charakteristika verwandt sind, bilden einen für Abrechnungs- und Analysezwecke geeigneten Kosten- und Erlösträger. In der höchsten Differenzierungsstufe wird jedes Absatzobjekt zu einem eigenständigen Kosten- und Erlösträger. Tendenziell wachsen mit zunehmender Untergliederung der Erlösträger die Probleme der Erlöszurechnung auf einzelne Erlösträgereinheiten (vgl. *Laßmann*, 1979, S. 141; *Männel*, 1983, S. 59).

Als **Gemeinerlöse** bezeichnet man in Analogie zu den Gemeinkosten solche Erlöse, die nur für mehrere Absatzleistungen gemeinsam erzielt werden (Erlösverbunde) – beispielsweise in Form komplementärer Sachgüter und/oder der Komplettierung von Sachgütern durch Dienstleistungen – und daher den einzelnen Teilleistungen nicht unmittelbar verursachungsgerecht zugerechnet werden können (vgl. *Engelhardt*, 1992, S. 666 f.). Da die Erlöse aber den jeweiligen Leistungs**bündeln** einzeln zurechenbar sind, bilden diese i.d.R. geeignete Erlösträger, vor allem wenn ihre Zusammensetzung im Zeitablauf

(1) Externe Erlösstellen

 A. Konzerneigene Abnehmer oder Abnehmergruppierungen
 B. Konzernfremde Abnehmer
  - Länder (Inland, EG-Markt, Drittländermärkte) und Regionen (Währungszonen,
   Frachtbasisgebiete, wirtschaftspolitische Sonderbereiche, z.B. die Neuen
   Bundesländer)
  - Vertriebswege und vertriebswegbedingte Abnehmerkategorien
   = Inlandshändler
   = = mit Lagergeschäft
   = = mit Streckengeschäft
   = Inlandsagenten
   = Exporteure
   = Endverbraucher
  - Abnehmerbranchen
  - Kundengruppen nach Ähnlichkeit des Käuferverhaltens und der Kaufbe-
   dingungen (unter besonderer Berücksichtigung von Großkunden)

(2) Interne Erlösstellen

 A. Lager für Halb- und Fertigfabrikate
 B. Selbsterstellte Großanlagen (Eigenleistungen)

**Schaubild IX.14.** Beispiel einer Erlösstellengliederung (vgl. *Laßmann*, 1979, S. 140)

weitgehend stabil bleibt. *Männel* schlägt in Anlehnung an *Riebel* unter bestimmten Bedingungen die Bildung einer Hierarchie von Zurechnungsobjekten vor (vgl. *Männel*, 1992, S. 644 f.).

## 2.1.3 Kurzfristige Perioden- und Stück-/Auftragserfolgsrechnung

Wie auch aus Schaubild IX.10 ersichtlich, werden in der kurzfristigen **kalkulatorischen Erfolgs- bzw. Ergebnisrechnung** wirtschaftliche Ergebnisgrößen als Differenzen aus periodenbezogenen Erlösen und zugehörigen Kosten in unterschiedlichen Abgrenzungen ermittelt. Von grundlegender Bedeutung ist die Aufteilung in die

- jahres-, quartals- und monatsbezogene Ermittlung des **Periodenerfolgs der Unternehmung** und ihrer erfolgsunabhängigen Bereiche (**Betriebserfolgsrechnung**) zur **globalen** Überwachung und Planung der Wirtschaftlichkeit sowie
- in **objektbezogene Erfolge**, insbesondere Produktstück- und -gruppenerfolge, Auftragserfolge, kunden- und marktsegmentbezogene Erfolge, Projekterfolge als Grundlage differenzierter Erfolgsanalysen und erfolgsorientierter Planungen.

Der **Unternehmungs- bzw. Bereichsperiodenerfolg** ist heute in der Praxis als die **wichtigste operative betriebswirtschaftliche Planungs-, Steuerungs- und Überwachungsgröße** zu bezeichnen. Nur im Periodenerfolg schlagen sich **alle** positiven und negativen Ergebniseinflüsse von Dispositionen und Leistungserstellungsprozessen eines Betrachtungszeitraums nieder. Da es in der Anwendungspraxis nicht möglich ist, für alle erfolgswirksamen Einzelentscheidungen ein umfassendes perioden- oder unternehmungsbezogenes Planungssystem einzusetzen, sind rechenzweckorientiert objekt- und projektbezogene Teilerfolgsrechnungen aufzubauen. Damit werden allerdings künstliche Informationsinseln geschaffen, für die vielfach nur aufgrund von Plausibilitätsüberlegungen die Einflüsse auf den übergreifenden Periodenerfolg transparent zu machen sind, um in der Planung und Analyse eine **gesamterfolgsorientierte Abstimmung zwischen den Objekterfolgen und dem Unternehmungsgesamterfolg** zu erreichen (vgl. auch *Hahn*, 1985, S. 70 ff.).

Eine konsequente Ausrichtung auf den Periodenerfolg als oberstes Zielkriterium bietet die Konzeption der Betriebsplanerfolgsrechnung, die unmittelbar für die Absatz- und Produktprogrammplanung sowie zur wirtschaftlichen Gestaltung der Produktionsbedingungen und Vertriebsaktivitäten (Erlösplanung, Vorgaben für Sollerlöse und Preisgrenzen der Absatzgüter) eingesetzt werden kann.

Die **periodengerechte Erfassung und Zuordnung von Kosten und Erlösen** kann problematisch werden, wenn sachlich zusammengehörige Vorgänge nicht innerhalb einer Periode beendet sind, wie beispielsweise der Einsatz von langfristig nutzbaren Potentialfaktoren, die Bevorratung von Verbrauchsfaktoren oder die für das Großanlagengeschäft typische mehrjährige Leistungserstellung. Besondere Probleme können sich auch bei Ersatz exakter Meßverfahren (z. B. Inventur zur Erfassung von Bestandsveränderungen) durch Schätzverfahren oder aufgrund jahreszeitbedingter Einflüsse auf das Periodenergebnis (z. B. höhere Energiekosten im Winter, Urlaubsschwerpunkte im Sommer, weniger Arbeitstage im Dezember) ergeben. In der Praxis bilden gesetzliche Vorschriften und Konventionen des Externen Rechnungswesens einen wichtigen Orientierungsrahmen für den Periodenbezug von Ausgaben und Einnahmen bzw. Kosten und Erlösen. Dadurch kann auch die Überleitung der kalkulatorischen Betriebsergebnisse in das Ergebnis auf Aufwand- und Ertragbasis unterstützt werden.

Bei Großserienfertigung spielt die Behandlung der Vorlaufausgaben für spezifische Forschungs- und Entwicklungsarbeiten, Anschaffung spezieller Produktionsanlagen, Fertigungsorganisation einschließlich Softwareerstellung, Markterschließungs- und Werbeaktivitäten sowie Personalschulung für die Aussagekraft der kurzfristigen Erfolgsrechnung eine wichtige Rolle, da sie gegenüber den zugehörigen Einnahmen aus dem Absatz der Produkte einen zeitlichen Vorlauf bis zu mehreren Jahren haben können (vgl. *Radomsky/Betzing*, 1977, S. 185 ff.; *Laßmann*, 1984, S. 960 ff.). Der Periodenerfolg wird schließlich durch Dispositionen in der Vergangenheit (z. B. bei Abschreibungen durch die Nutzungsdauerfixierung) und durch Zukunftserwartungen (z. B. Vorwegnahme erwarteter Verluste) mitbestimmt.

In der Praxis des Rechnungswesens werden üblicherweise zwei Formen der Periodenerfolgsrechnung unterschieden (vgl. Schaubild IX.15; *Hahn*, 1985, S. 384 ff.):

Das **Gesamtkostenverfahren** geht von den für eine Periode angefallenen Kosten aus und stellt ihnen die Umsatzerlöse und die kalkulatorischen Erlöse gegenüber. Damit sich Kosten und Erlöse auf dieselbe Leistungsmenge beziehen, sind auf der Erlösseite neben den Umsatzerlösen die zu Herstellkosten bewerteten Bestandserhöhungen von fertigen und unfertigen Erzeugnissen sowie aktivierten Eigenleistungen (kalkulatorische Erlöse) bzw. auf der Kostenseite dementsprechend die zu Herstellkosten bewerteten Bestandsminderungen einzubeziehen (vgl. *Plinke*, 1991, S. 160 f.). Eine Herleitung des Periodenerfolgs aus den Erfolgen der Kosten- bzw. Erlösträger (Fabrikate-/Stückerfolgsrechnung) ist beim Gesamtkostenverfahren zur Ermittlung des Betriebsergebnisses nicht erforderlich. Bei Bedarf können jedoch Objekterfolge in jeder Abgrenzung ermittelt werden, beispielsweise Brutto- oder Nettoerfolge einzelner Produktgruppen (vgl. *Laßmann*, 1984, S. 971).

Das **Umsatzkostenverfahren** (auch als Artikelerfolgsrechnung bezeichnet) geht hingegen von den am Markt abgesetzten Produkten aus und stellt den dabei erzielten Umsatzerlösen (Objektnettoerlösen) die dafür aufgewendeten Kosten (Umsatzkosten) gegenüber (vgl. Schaubild IX.16).

Abrechnungstechnisch ist die objektbezogene Erfolgermittlung beim Umsatzkostenverfahren notwendiges Bindeglied zur Bestimmung des Betriebsergebnisses. Je nach Kostenrechnungsverfahren werden dabei (beschäftigungs-)fixe Kosten entweder objektweise verrechnet (Vollkosten-

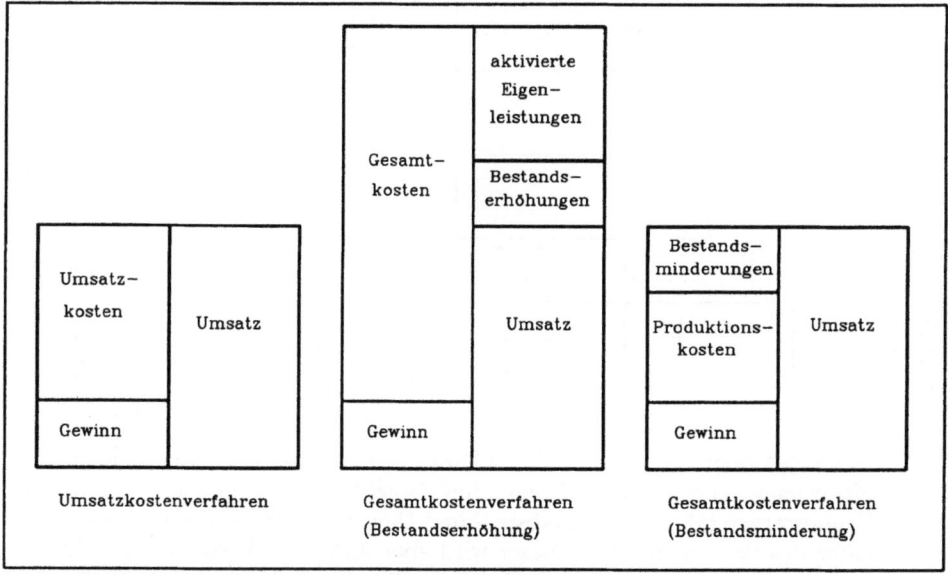

**Schaubild IX.15.**    Vergleich von Umsatz- und Gesamtkostenverfahren in der kalkulatorischen Erfolgsrechnung (*Coenenberg*, 1992, S. 108)

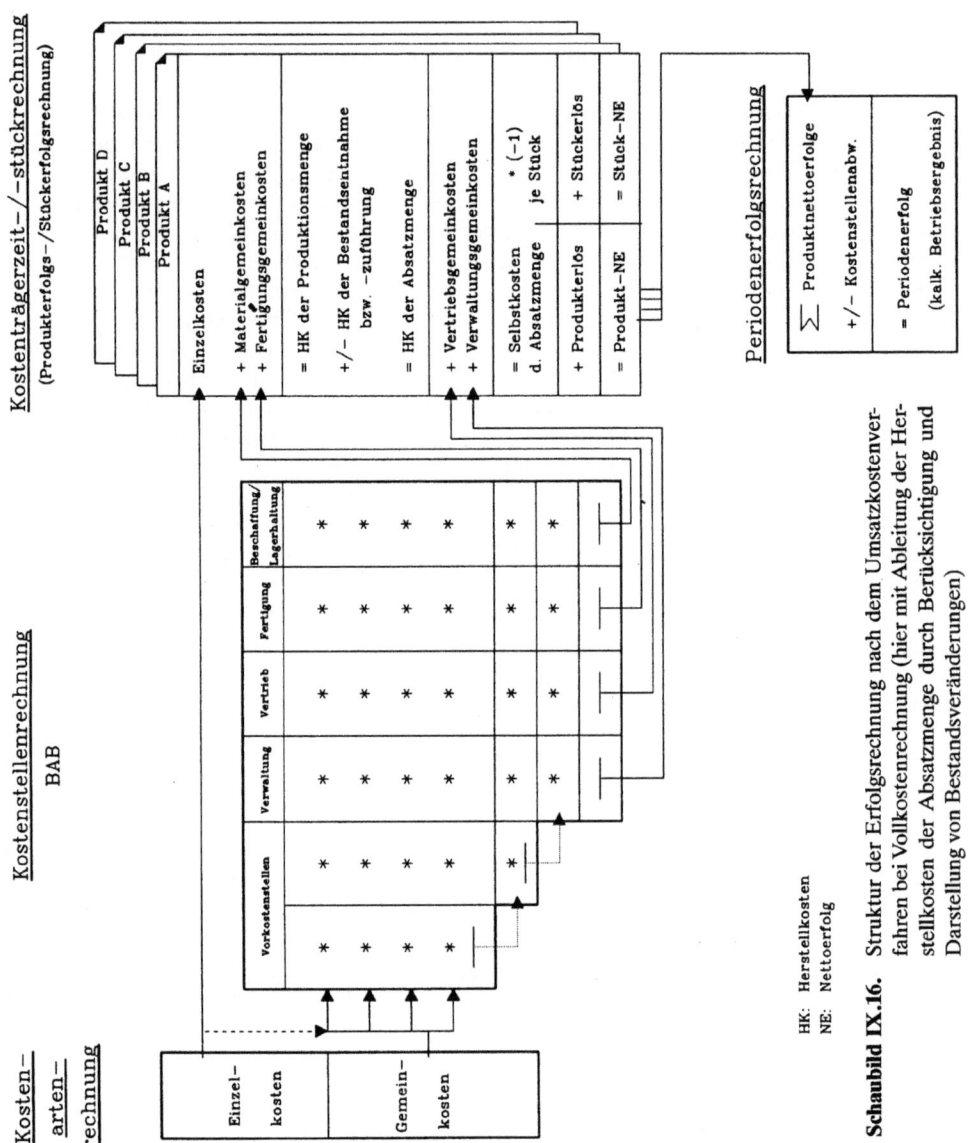

**Schaubild IX.16.**  Struktur der Erfolgsrechnung nach dem Umsatzkostenverfahren bei Vollkostenrechnung (hier mit Ableitung der Herstellkosten der Absatzmenge durch Berücksichtigung und Darstellung von Bestandsveränderungen)

HK:  Herstellkosten
NE:  Nettoerfolg

rechnung) oder als Fixkostenblock bzw. in Fixkostenschichten (stufenweise Fixkostendeckungsrechnung) von den Objektbruttoergebnissen abgezogen. Grundsätzlich führen Gesamtkosten- und Umsatzkostenverfahren zur gleichen Höhe des Periodenerfolgs. Dieser wird aber durch das Verfahren der Bewertung von Bestandszu- oder -abgängen (Voll- oder Teilkosten verschiedenster Abgrenzung) beeinflußt. Die Aussagekraft des Umsatzkostenverfahrens wird bei Serienproduktion umso stärker beeinträchtigt, je größer die Variantenvielfalt der Produkte ist, da dann eine kaum noch beherrschbare Anzahl von Erlös- und Kostenträgern mit relativ hohen Gemeinkostenanteilen entsteht (vgl. *Laßmann*, 1984, S. 960, 971).

Eine Gliederung des Periodenerfolgs nach betrieblichen Teilbereichen (**Profit-Center**) kommt für solche Bereiche in Frage, die am Markt eigene Leistungen anbieten (vgl. *Hahn*, 1985, S. 487 ff.; *Kilger*, 1988, S. 662; *Plinke*, 1991, S. 153 ff.). Ähnlich wie bei der Bestimmung objektbezogener Erfolge können dabei Probleme bei der möglichst verursachungsgemäßen Aufschlüsselung und Zurechnung von Gemeinerlösen und Gemeinkosten sowie bei der Bewertung des innerbetrieblichen Leistungsaustausches auftreten.

Bei der **objektweisen Erfolgsermittlung** spielt die Unterscheidung in

–  Nettoerfolge (= Nettoerlöse ./. Vollkosten),
–  Bruttoerfolge/Deckungsbeiträge (= Nettoerlöse ./. Teilkosten) und
–  entscheidungsfallabhängige (Grenz-)Erfolge (= entscheidungsfallabhängige Erlöse ./. entscheidungsfallabhängige Kosten) (vgl. Band 1, Teil III, Schaubild III.35 und Kapitel 5.4) eine wichtige Rolle.

Die entstehenden Erfolgsgrößen sind als die **wichtigsten betriebswirtschaftlichen Orientierungsgrößen** für Planung, Entscheidungsfindung und Überwachung in allen Unternehmungsbereichen zu bezeichnen. Sie sind daher auch **oberste Handlungskriterien für das Produktionscontrolling**. Allerdings sind die Erfolgsgrößen Salden aus vielen positiven und negativen Erlös- und Kostenkomponenten eines Abrechnungszeitraums. **Probleme** der Bestimmung und damit auch der Aussagekraft von Objekterfolgen folgen aus

–  der objektweisen **Zurechnung von Gemeinkosten und Gemeinerlösen** sowie
–  der **rechnerischen Proportionalisierung** (beschäftigungs-)**fixer Kosten und Erlöse** bei der Berechnung von Stücknettoerfolgen, die insoweit nur eine Durchschnittsgröße darstellen, deren Höhe jeweils von der angenommenen oder realisierten Gesamtmenge einer Objektart in der betrachteten Periode (Plan- oder Istbeschäftigung) wesentlich beeinflußt wird.

**Vollkostenorientierte Nettoerfolge** herrschen heute in der Praxis für **Vertriebsdispositionen** und die **Planung des Betriebsergebnisses** vor. Bei zunehmenden Gemeinkosten- und Fixkostenanteilen an den Gesamtkosten sinkt jedoch die Aussagekraft der so ermittelten Objekterfolge. So lassen sich insbes. die fixen Gemeinkosten (z. B. Abschreibungen für nicht vollständig ausgelastete oder ungenutzte Produktionsanlagen) nur rechenzweckabhängig zuordnen. Daraus kann eine betriebswirtschaftlich **fehlerhafte Signalfunktion** der Objekterfolgsgrößen entstehen. Gefährlich ist die Verwendung objektbezogener Nettoerfolge vor allem für Eliminationsentscheidungen im Rahmen der Produktprogrammplanung und für Entscheidungen über die Annahme oder Ablehnung von Aufträgen (vgl. *Laßmann*, 1976, S. 88 f.); Erzeugnisse oder Aufträge mit negativem Nettoerfolg, jedoch positivem Deckungsbeitrag tragen noch zur Steigerung des Periodenerfolgs bei.

Im Einzelfall ist – insbes. beim Auftreten von Kapazitätsengpässen oder sprungfixen Kosten – auf die entscheidungsabhängigen Grenzerfolge abzustellen. Hier hilft neben der Aufteilung in fixe und variable Kostenanteile die **Primärkostendurchrechnung** insofern weiter, als man bei Grenzgeschäften ersehen kann, welche Kostenarten nicht voll oder nur anteilig durch Erlöse gedeckt werden. Ein Nettoergebnis je Absatzobjekt für sich allein ist nur im Ausnahmefall als Entscheidungskriterium für Abschluß oder Ablehnung eines Auftrags ausreichend. Solange allerdings die Nettoerfolge bei Istvollkostenkalkulation **aller** Absatzgeschäfte **positiv sind**, besteht eine relativ sichere Gewinnerwartung für die periodenbezogene Betriebsergebnisrechnung. Sobald jedoch Geschäfte mit **positiven und negativen** Nettoerfolgen vorliegen, ist jeweils die Gesamtauswirkung der objektbezogenen Einzelentscheidungen auf das Bereichs- und Periodengesamtergebnis soweit wie praktisch möglich auszuloten.

Objektbezogene Bruttoerfolge (Deckungsbeiträge) spielen vor allem für die kurzfristige Produktprogrammplanung im Rahmen gegebener Produktionskapazitäten eine wichtige Rolle (vgl. Band 1, Teil IV). Jedoch können absatzbezogene Entscheidungen auf der Basis von Deckungsbeiträgen problematisch sein, da nicht erkennbar wird, ob ein positiver oder negativer Unternehmungsperiodenerfolg erzielt wird und die Auswirkungen der Einzelentscheidung auf schon getroffene sowie zukünftig ausstehende Entscheidungen beachtet werden müssen. Daher haben sich in der Praxis auch für Vertriebsdispositionen ausschließlich deckungsbeitragsorientierte Kostenrechnungsverfahren nicht bewährt. Nur wenn in diesem Fall ein ausgebautes System von Deckungsbeitrags**vorgaben** für Vertriebsdispositionen und deren Bezug zum geplanten Periodenergebnis vorhanden ist, können betriebswirtschaftlich fundierte Entscheidungen erwartet werden.

Für Einzelentscheidungen über Aufträge, Produktarten, Investitionsobjekte und andere Projekte müssen die spezifisch durch diese Teilaktivitäten ausgelösten Erfolgsbeiträge (**Grenzerfolge**) vom betrieblichen Informationssystem zur Verfügung gestellt werden. Da in derartigen Inselrechnungen nicht die Gesamtheit der bestehenden Interdependenzen zwischen den verschiedenen Entscheidungsobjekten und Aktivitäten in einer Unternehmung zu erfassen sind, bildet auch die Summe der isoliert ermittelten Objekterfolge nicht unmittelbar den Periodenerfolg, sondern es sind zusätzlich bereichs- bzw. segmentbezogene Kosten- und Erlösabweichungen zwischen Plan- und Istwerten zu berücksichtigen.

Soweit Einzelentscheidungen im Produktionsbereich nicht unmittelbar mit Absatzwirkungen verbunden sind, braucht keine Erfolgsgröße als betriebswirtschaftliches Orientierungskriterium herangezogen zu werden. Derartige Entscheidungen sind im Rahmen des Produktionscontrolling dann anhand der Kostenauswirkungen oder aber auf der Grundlage von kostenorientierten betriebswirtschaftlichen Kennziffern zu vollziehen. Verfahrensumstellungen oder Veränderungen der Prozeßtechnologie oder der Materialqualitäten können vielfach anhand der entstehenden Kostenveränderungen hinreichend beurteilt werden. Ist die Ermittlung der entscheidungsspezifischen Kosten durch das Informationssystem jedoch nicht möglich oder zu aufwendig, sind die wirtschaftlichen Wirkungen aufgrund von Plausibilitätsüberlegungen aus den Veränderungen der wichtigsten **Kosteneinflußgrößen** abzuleiten (vgl. Kapitel 4; Band 1, Teil I, Kapitel 1.2.3). Kann man z. B. Lagermengen und/oder Lagerzeiten von Zwischenprodukten verringern, so resultiert daraus – wenn keinerlei andere Auswirkungen im Betriebsablauf zu verzeichnen sind – eine Verminderung der Kapitalbindung und damit auch der Kapitalkosten. Allerdings sind dabei vielfach Nebenwirkungen zu beachten, z. B. erhöhter Planungs-, Dispositions- und Verwaltungsaufwand. Dann muß wiederum die positive gegen die negative Kosten- bzw. Ergebniswirkung abgewogen oder durch Plausibilitätsüberlegungen abgeschätzt werden.

In der Praxis sind laufende betriebliche Entscheidungen anhand von betriebswirtschaftlichen Kennziffern, die nicht unmittelbar auf der Kostenwirkung beruhen, vorherrschend. Probleme der Transportgestaltung in der Unternehmung, der Anlagenverfügbarkeit, der Einplanung z. B. von Instandhaltungsleistungen und Qualitätsprüfungen sowie Ausbildungsmaßnahmen, der Umrüstung von Produktionsanlagen sowie der Durchlaufterminierung gehören zu den täglich im Betriebsgeschehen zu lösenden Fragen anhand von **nicht originär kostenbezogenen betriebswirtschaftlichen Kennziffern**. Hierauf wurde in den vorangehenden Kapiteln zur Produkt-, Material-, Personal-, und Anlagenwirtschaft näher eingegangen. Damit wird die komplexe Aufgabenstellung für ein effizientes Controlling-Informationssystem sichtbar, nämlich in Form einer hierarchischen Strukturierung das Interdependenzgeflecht zwischen Periodenerfolg, Erlösen und Kosten sowie daruntergeordneten Kosten- und Erlöseinflußgrößen zu praktikablen Näherungslösungen zu instrumentalisieren und für die Vielzahl an laufenden Entscheidungsvorgängen einerseits verfügbar zu machen, andererseits aber in einer **Dokumentationsrechnung Online zu erfassen**, so daß daraus zu jeder Zeit die aktuelle wirtschaftliche Situation einer Unternehmung in allen Teilfunktionen und Objektbereichen abgelesen werden kann (vgl. *Kaiser*, 1991, S. 207 ff.).

In der Unternehmungspraxis ist die **Überleitung** des internen kalkulatorischen Ergebnisses **in das Aufwand- und Ertragergebnis des Externen Rechnungswesens** von großer Bedeutung. Dabei werden die einzelnen Kostenarten in Aufwandarten transformiert, soweit Unterschiede zwischen Kostenarten und Periodenaufwand bestehen, sowie positive und negative neutrale Ergebnisbestandteile hinzugefügt. Beide Erfolgsbereiche, der kalkulatorische und der aufwand- und ertragmäßige, geben wichtige eigenständige Einblicke in die wirtschaftliche Gesamtsituation einer Unternehmung. Sie gehören daher als untereinander abgestimmte Planungs- und Überwachungsgrößen unverzichtbar in ein übergreifendes Berichts- und Planungssystem der Unternehmung (vgl. die Schaubilder IX.17 und IX.20) und sollten möglichst weitgehend aufeinander abgestimmt sein.

Je mehr sich die periodenbezogenen kalkulatorischen Betriebsergebnisse von den entsprechenden Ergebnissen der Gewinn- und Verlustrechnung entfernen, desto weniger können diese Unterschiede den Entscheidungsträgern in der Unternehmung verständlich gemacht werden (vgl. *Laßmann*, 1984, S. 966). Das kalkulatorische Betriebsergebnis zeigt die wirtschaftliche Situation einer Unternehmung nach dem jeweils aktuell gegebenen Preisniveau auf

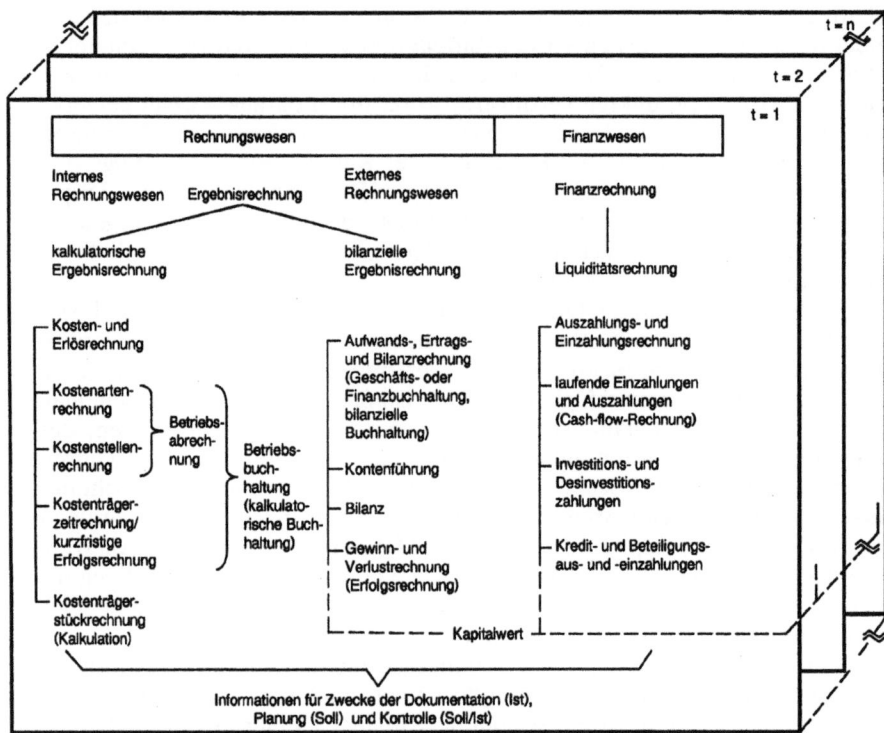

**Schaubild IX.17.** Teilgebiete der (traditionellen), (mehr-)periodigen und stückbezogenen Ergebnis- und Finanzrechnung (*Hahn*, 1993, Teil II, Abschnitt 1)

den relevanten Beschaffungs- und Absatzmärkten sowie nach den rechenzweckabhängigen betriebswirtschaftlichen Abgrenzungen der kalkulatorischen Rechnungen. Das Periodenergebnis der Gewinn- und Verlust-Rechnung beleuchtet dagegen die wirtschaftliche Lage der Unternehmung nach den Maßstäben einer reinen Nominalwertrechnung. Die auf den nominellen Aufwendungen und Erträgen beruhende Ergebnisrechnung kann ihrerseits mit der Finanzrechnung der Unternehmung verbunden und abgestimmt werden.

## 2.2 Systeme der Kosten- und Erlösrechnung einschließlich kurzfristiger Erfolgsrechnung

### 2.2.1 Einführung

Schaubild IX.18 gibt einen Überblick über die wichtigsten konzeptionell zu unterscheidenden Kostenrechnungssysteme im Rahmen **periodenbezogener Erfolgsermittlung**.

| Vollkostenrechnung | Grundformen | Istkosten | | Einzelkostenverbrauchsabweichungen | Preis- und Tarifabweichungen | Erlösabweichungen nach Leistungsarten und Preiskomponenten |
|---|---|---|---|---|---|---|
| **Istkostenrechnung** | mit Festpreisen für von außen bezogene Produktionsfaktoren | Istkosten bewertet zu Festpreisen | | | | |
| **Normalkostenrechnung** | mit geplanten Einzelkosten | Solleinzelkosten + Istkosten der Kostenstellen, bewertet zu Festpreisen | | | | |
| | | Solleinzelkosten + Normalkosten der Kostenstellen | Unter- und Überdeckungen der Kostenstellen | | | |
| **Plankostenrechnung** — starre Plankostenrechnung | | Solleinzelkosten + Plankosten der Kostenstellen | Plankostenabweichungen der Kostenstellen | | | |
| flexible Plankostenrechnung — Vollplankostenrechnung | | Solleinzelkosten + verrechnete Plankosten der Kostenstellen gemäß Istbeschäftigung | Beschäftigungsabweichungen der Kostenstellen | Verbrauchsabweichungen der Kostenstellen | | |
| Grenzplankostenrechnung | | Solleinzelkosten + variable Sollkosten der Kostenstellen gemäß Istbeschäftigung | fixe Plankosten der Kostenstellen | differenziert nach Kosteneinflußgrößen | | |
| Betriebs-/Grenz-/plan-/-kosten-/-erfolgsrechnung: flexible Vollkosten- und Erfolgsplanungsrechnung auf Basis von Betriebs- und Absatzmodellen | | Erfolgsabweichung = Σ Erlös- und Kostenabweichungen | | | | |

**Schaubild IX.18.**    Grundstruktur der Ist-, Normal- und Plankostenrechnungssysteme (in Anlehnung an *Kilger*, 1988, S. 115)

Nach Herkunft, Zeitbezug und Ermittlung der Kosten- und Erlösgrößen sind **Ist-, Normal- und Plankostenrechnungssysteme** zu unterscheiden, wobei es sich jeweils um Voll- oder Teilkostenrechnungen handeln kann (vgl. *Kilger*, 1988, S. 27 ff.; *Schweitzer/Küpper*, 1991, S. 201 ff.). Werden **alle** in einer Periode entstandenen bzw. dieser zugeordneten Kosten und Erlöse auf Kalkulationsobjekte bzw. Kosten- und/oder Erlösträger nach einem dem Verrechnungszweck entsprechenden Zuordnungsprinzip zugerechnet, so spricht man von **Vollkostenrechnung**. Wird dagegen nur ein Teil der periodenzugehörigen Kosten und Erlöse – wobei es unterschiedliche Abgrenzungen der Teilkosten je nach Rechenzweck gibt – auf die Kalkulationsobjekte bzw. Kostenträger zugerechnet, so verwendet man die Bezeichnung **Teilkostenrechnung**. Unabhängig davon werden in Systemen der Teilkostenrechnung alle in einer Periode angefallenen Kosten in die Kostenartenrechnung einbezogen und damit auch bei der Ermittlung des periodenbezogenen Betriebsergebnisses berücksichtigt. Treten von Periode zu Periode Änderungen des Bestandes an Halb- oder Fertigfabrikaten auf, werden allerdings die Periodenergebnisse aufgrund der unterschiedlichen Bestandsbewertung zu Voll- oder Teilkosten beeinflußt. Die entstehenden Ergebnisdifferenzen in den einzelnen Perioden gleichen sich jedoch periodenübergreifend aus (vgl. *Kilger*, 1988, S. 76 ff.).

Je nach Rechenzweck und Bezugsrahmen der Kostenträgerrechnung können Teilkostenzurechnungen mit unterschiedlichen Kostenkategorien und Kostenabgrenzungen vorgenommen werden. Als **besonders bedeutsame Teilkostenrechnungen** haben sich die Zuordnung nur

– der Einzelkosten (relative Einzelkosten- und Deckungsbeitragsrechnung),
– der Einzelkosten und der variablen Gemeinkosten (flexible Grenzplankostenrechnung), evtl. zusätzlich differenziert nach entscheidungsrelevanten Kostenarten (Primärkostenrechnung),
– der kurzfristig liquiditätswirksamen Kostenarten (wie insbesondere Material und Fremddienste, Löhne und Gehälter)

herausgebildet.

Werden in der Kosten- und Erlösrechnung nur effektiv angefallene Kosten- und Erlösgrößen der Vergangenheit angesetzt, so bezeichnet man dieses Erfolgsermittlungsverfahren als **Ist-Kosten- und Erfolgsrechnung**. Gehen in ein kurzfristiges Erfolgsermittlungssystem neben den Ist-Größen auch Soll-Größen mit Vorgabecharakter oder aus Planungsprozessen abgeleitete Planvorgaben ein, so wird dafür die Bezeichnung **Plankostenrechnung** verwendet. Dabei können die Vorgabegrößen

– **nach Ablauf** einer Dokumentationsperiode im Sinne von erreichbar gewesenen Idealgrößen (Sollgrößen i. e. S.) oder auch
– **vor Beginn** einer Dokumentationsperiode zur Unterstützung von Dispositionen und Entscheidungen sowie zur Formulierung detaillierter Prognosegrößen oder Zielgrößen im Zuge von Planungsprozessen

ermittelt werden.

Hierbei kann es sich wiederum um langfristig ausgerichtete Durchschnittszielgrößen handeln, die im Mittel mehrerer Monate oder eines Jahres zu erreichen sind, oder aber um kurzfristig für den Produktionsablauf geltende Soll-größen, die Online vorgegeben und überwacht werden.

In der Entwicklungsgeschichte der Kosten- und Erlösrechnung erfolgte die Herausbildung neuer Systeme insbesondere im Hinblick auf **veränderte Rechnungszwecke**, die jeweils in den Vordergrund gestellt wurden (vgl. Schaubild IX.19).

Vor allem in der Praxis wurden auch verschiedene Zwischenstufen der Grundformen entwickelt.

Bei der **Istkostenrechnung** steht das **Dokumentationsziel** im Mittelpunkt. In ihrer reinen Form werden Ist-Verbrauchsmengen mit aktuellen Ist-Preisen bewertet. In die Kostenermittlung gehen somit sämtliche Schwankungen und Zufälligkeiten der Preisentwicklung am Beschaffungsmarkt und bei der Leistungserstellung ein, beispielsweise Veränderungen der Kapazitätsauslastung, Auswirkungen von Maschinenstörungen oder von fehlerhaften Arbeitsleistungen.

Zur Vereinfachung und Beschleunigung der Ist-Kostenermittlung wurde schon in einem frühen Stadium der Entwicklung des internen Rechnungswesens von den sich laufend ändernden Ist-Beschaffungspreisen abgegangen und an deren Stelle mit tagesnahen Verrechnungspreisen gearbeitet, insbesondere für Erzeugniseinsatzstoffe, Betriebsstoffe und -dienste. Daneben wurden Normverbrauchswerte für aperiodisch anfallende Kostenarten wie Großreparaturen, Urlaubslöhne und dergleichen sowie normierte Größen für kalkulatorische Kostenarten wie Abschreibungen, Zinsen, Unternehmerlohn und Wagnisse verwendet. Im Zentrum stand dabei die Ist-Nachkalkulation und die insoweit normierte Erfolgsermittlung für die verschiedenen Kalkulationsobjekte. Dabei werden dann im Zuge der **Überleitung vom kalkulatorischen Betriebsergebnis zum nominalen Betriebserfolg** auf Basis von Aufwendungen und Erträgen (im Rahmen der Gewinn- und Verlustrechnung) die Abweichungen zwischen normierten und tatsächlichen Verbrauchswerten sowie kalkulatorisch angesetzten Preisen und effektiven Anschaffungspreisen erfaßt und sichtbar gemacht.

In einem weiteren Schritt der konzeptionellen Entwicklung wurden **alle** Kostenarten **auf der Basis von Durchschnittswerten der Vergangenheit** einer **Normierung** unterzogen. Dafür wurde nicht mehr die Bezeichnung Istkostenrechnung, sondern vielmehr **Normalkostenrechnung** verwendet. Mit der Normalkostenrechnung sollte **erstens** die **Kalkulation von Produkten/Aufträgen** und anderen Kalkulationsobjekten von Zufallseinflüssen freigehalten werden und damit die Aussagekraft der objektbezogenen Erfolgsgrößen erhöht werden. **Zweitens** sollte durch die Verwendung von Normverrechnungspreisen bei mehrstufiger Produktion eine Entkopplung der Produktkalkulationen von den bereichsweisen Kostenermittlungen erreicht werden, so daß dadurch eine wesentliche **Beschleunigung der Ergebnisermittlung** ermöglicht wurde. **Drittens** sollten auf dieser Basis **begrenzte Überwachungsmöglichkeiten** durch Vergleiche der Normalgrößen mit den Ist-Größen eröffnet werden. Da aber die verwendeten Durchschnittswerte auch Unwirtschaftlichkeiten der Vergangenheit enthielten und auf dieser Basis eine Ursachenanalyse für Abweichungen zwischen Normwerten und Ist-Werten nur sehr eingeschränkt bzw. in wichtigen

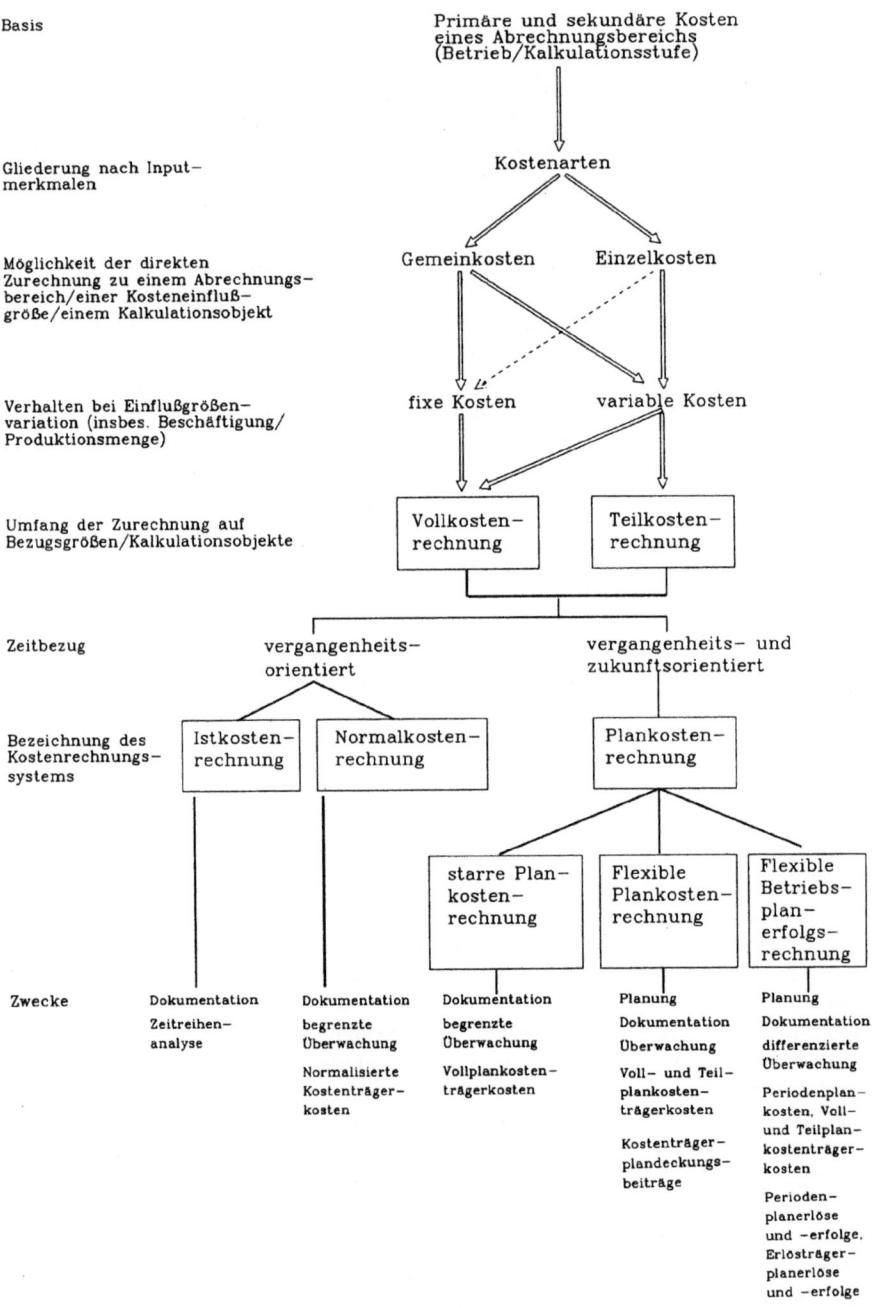

Basis

Gliederung nach Input-
merkmalen

Möglichkeit der direkten
Zurechnung zu einem Abrechnungs-
bereich/einer Kosteneinfluß-
größe/einem Kalkulationsobjekt

Verhalten bei Einflußgrößen-
variation (insbes. Beschäftigung/
Produktionsmenge)

Umfang der Zurechnung auf
Bezugsgrößen/Kalkulationsobjekte

Zeitbezug

Bezeichnung des
Kostenrechnungs-
systems

Zwecke

**Schaubild IX.19.**    Unterscheidung der periodenbezogenen Kostenrechnungssysteme nach
Kostenkategorien und Rechnungszwecken

Bereichen gar nicht durchgeführt werden konnte, entstand mit dem sich gleichzeitig vollziehenden Ausbau der betriebswirtschaftlichen Planungstechniken die Plankostenrechnung.

Mit der **Plankostenrechnung** wurden zunehmend **analytisch fundierte** Vorgabewerte in immer größerem Detaillierungsgrad entwickelt. Das Mengengerüst wurde aufgrund technischer Berechnungen (z. B. Materialbedarfsermittlung durch Stücklistenauflösung und die Verwendung technischer Übereinsatzkoeffizienten), Verbrauchsstudien (z. B. Ermittlung von Bearbeitungszeiten auf arbeitswissenschaftlicher Grundlage) und Schätzungen geplant und mit Planpreisen bzw. Planverrechnungssätzen bewertet. Da Kostenplanungen in der Praxis jedoch vielfach unter Rückgriff auf Istwerte der Vergangenheit erfolgen, ist der Übergang zwischen den Systemen der Normalkostenrechnung und der Plankostenrechnung fließend (vgl. *Kilger*, 1988, S. 48).

Hauptzweck der Plankostenrechnung war zunächst die **Wirtschaftlichkeitskontrolle**. Durch differenzierte Soll-Ist-Vergleiche wurden Abweichungsursachen (genauer) erkennbar gemacht und die spezifischen Verantwortlichkeiten für Unwirtschaftlichkeiten aufgezeigt. Im Sinne des Regelkreisprinzips (vgl. Kapitel 1.2.1) beinhalten Plankostenrechnungssysteme somit **stets auch vergangenheitsbezogene Istkostenrechnungen**. Im Hinblick auf die Ermittlung der Plangrößen in Plankostenrechnungen unterscheidet man zusätzlich zwischen **Prognosekosten**, d. h. auf Grundlage der betrieblichen Gesamtplanung zu erwartende Kosten, und **Standardkosten**, d. h. Vorgaben, die im Betriebsablauf eingehalten werden sollen (vgl. *Kosiol*, 1954, S. 657 ff.).

In der **starren Plankostenrechnung** werden die Kosten nur für ein ganz bestimmtes Niveau der relevanten Kosteneinflußgrößen geplant. Da in diesem System die Kostenwirkungen einer gegenüber der Planung abweichenden Einflußgrößenmenge – beispielsweise der Kapazitätsauslastung – nicht unmittelbar erkennbar sind, ist es für wirksame Wirtschaftlichkeitskontrollen nur bedingt geeignet. Daher wurden **flexible Plankostenrechnungen** entwickelt, in denen Plankosten für mehrere mögliche Niveaus der Kosteneinflußgrößen vorgegeben werden (Kostenfunktionen). In den meisten flexiblen Plankostenrechnungssystemen wird so allerdings nur für eine Haupteinflußgröße – üblicherweise die Beschäftigung – vorgegangen (**einfach-flexible Plankostenrechnung**). In erweiterten Formen der flexiblen Grenzplankostenrechnung (vgl. *Kilger*, 1973, S. 178 ff.), vor allem aber in der **flexiblen Betriebsplanerfolgsrechnung** (vgl. Kapitel 2.2.5) werden Variationsmöglichkeiten mehrerer Kosteneinflußgrößen berücksichtigt (**mehrfach-flexible Plankostenrechnung**). Flexible Plankostenrechnungen ermöglichen daher wesentlich aussagefähigere Soll-Ist-Vergleiche.

Unter **Sollkosten** versteht man dabei die bei den erreichten Istwerten der Einflußgrößen günstigsten Verbrauchsmengen und -zeiten, bewertet zu geplanten tagesnahen Verrechnungspreisen. Die Differenzen zwischen Soll- und Istkosten zeigen die **Verbrauchsabweichungen** als wesentliche Ansatzpunkte für die Wirtschaftlichkeitskontrolle.

Flexible Plankostenrechnungssysteme können außerdem für **Planungskalküle** als drittem Hauptzweck **zur Vorbereitung wirtschaftlich fundierter Entscheidungen** über Produkte, Produktprogramme, Produktionsverfahren und

Faktoreinsätze herangezogen werden; sie bieten den breitesten Anwendungsradius (vgl. Schaubild IX.19). Die **Planungs- und Entscheidungsunterstützung** als Aufgabe der Kosten- und Erlösrechnung hat sich zunehmend in den Vordergrund geschoben. Das führte zur Herausbildung verschiedener **Verfahren der Teilkostenrechnung**, die auch als **Deckungsbeitragsrechnungen** auf Basis verschiedener Varianten der **flexiblen Grenzplankostenrechnung** bezeichnet werden, bei denen vor allem der Fixkostenblock in bezug auf Periodisierung und einflußgrößenabhängige Strukturierung unterschiedlich behandelt wird (vgl. Kapitel 2.2.4, insbesondere zur **stufenweisen Fixkostendeckungsrechnung**). Besondere Formen stellen dabei die **flexible Betriebsplanerfolgsrechnung** (vgl. Kapitel 2.2.5) und die **relative Einzelkosten- und Deckungsbeitragsrechnung** dar (vgl. Kapitel 2.2.6). Allen Konzepten der Deckungsbeitragsrechnung ist die Zielsetzung gemeinsam, die durch Entscheidungen beeinflußbaren Kosten und Erlöse in differenzierter Form zu erfassen (**Marginalbetrachtung**). Damit unterscheiden sie sich von flexiblen **Vollkostenrechnungssystemen**, bei denen der Zurechnung sämtlicher Periodenkosten auf Kostenträger – primär für Zwecke der Preiskalkulation, aber auch der Bestandsbewertung – eine besondere Bedeutung beigemessen wird.

Die Unterschiede der Teilkostenrechnungssysteme resultieren wesentlich aus abweichenden Annahmen, welche Art von Planungen und Entscheidungen in den Mittelpunkt zu stellen sind und von welchen Produktionsbedingungen auszugehen ist. Grenzplankostenrechnung und Betriebsplanerfolgsrechnung sind insbesondere auf kurzfristige Entscheidungsprobleme im Rahmen gegebener Kapazitäten ausgerichtet, wobei die Betriebsplanerfolgsrechnung auf eine größere Zahl technisch-organisatorischer Freiheitsgrade in den Produktionsbedingungen zur Realisierung eines vorgegebenen Produktprogramms abstellt (vgl. *Chmielewicz*, 1983, S. 111 f., 116 f.; *Laßmann*, 1983, S. 90 ff.). Die **relative Einzelkosten- und Deckungsbeitragsrechnung** strebt hingegen eine Fundierung prinzipiell beliebiger Entscheidungen an und vermeidet daher eine Konzentration auf bestimmte Problemstellungen (vgl. *Riebel*, 1979, S. 785 ff.). Außerdem basiert diese Form der Deckungsbeitragsrechnung auf einem pagatorischen, nicht aber dem güterwirtschaftlichen (wertmäßigen) Kostenbegriff.

Konzeptionell unterscheiden sich die drei Gruppen von Teilkostenrechnungssystemen erheblich. In der Grenzplankostenrechnung steht auf der Grundlage weitgehend fixierter Produktionsbedingungen der **objekt- oder stückbezogene Bruttoerfolg** (Deckungsbeitrag) als **primäre Zielgröße** im Mittelpunkt, in der Betriebsplanerfolgsrechnung dagegen der **Periodenerfolg** (der Gesamtunternehmung oder relativ selbständig agierender Teilbereiche) als Zielgröße simultaner Planung von Produktion und Absatz sowie daraus resultierender Kosten und Erlöse. Die relative Einzelkosten- und Deckungsbeitragsrechnung rechnet alle Kosten und Erlöse nur auf die sie jeweils **verursachenden Entscheidungen** zu und geht daher vom Periodisierungsprinzip und dem damit verbundenen wertmäßigen Kostenbegriff (vgl. Kapitel 2.1.1) ab.

Die Unterscheidung der in den folgenden Abschnitten näher zu charakterisierenden Kostenrechnungssysteme hat nicht nur historischen Charakter. In der Praxis findet man noch heute fast alle Varianten der skizzierten Kostenrechnungssysteme verwirklicht. Unternehmungen der Industrie, vor allem

Klein- und Mittelbetriebe, besitzen zum Teil gar keine Kostenrechnung, sondern begnügen sich mit aufwandbasierten Kalkulationsrechnungen und einer monatlichen oder jährlichen Aufwand- und Ertragrechnung (Gewinn- und Verlustrechnung), die dem jährlichen Buchhaltungsabschluß zugrunde liegen. Soweit kalkulatorische Überlegungen etwas tiefergehend unterstützt werden sollen, wird die Aufwandrechnung durch eine Ist-Kostenrechnung ergänzt und für Zwecke der Nachkalkulation und Betriebsergebnisermittlung eingesetzt. Sehr verbreitet sind Formen der Normalkostenrechnung. Nur wenige Unternehmungen, vor allem Großunternehmungen, verfügen über ein Plankostenrechnungssystem, wobei auch innerhalb ein und derselben Branche unterschiedliche Varianten der Plankostenrechnung zu finden sind. Vielfach erfolgt in der Praxis eine kombinierte Anwendung von Voll- und Teilkostenrechnungen (**Parallelkalkulation**), da beide Informationen für verschiedene Zwecksetzungen, z. B. bei unterschiedlichem Zeithorizont, für bedeutsam gehalten werden (vgl. *Küpper*, 1990, S. 12, 84 ff.). Insofern ist es auch gerechtfertigt, wenn im folgenden die wichtigsten Systemvarianten erläutert werden.

**Aus theoretisch-konzeptioneller Sicht** – und das zeigt sich auch deutlich bei Betrachtung des Entwicklungsstands der Software im Kostenrechnungsbereich – ist für die Kosten- und Erlösrechnung eine **systeminvariante Form der kosten- und erlösbezogenen Informationserfassung und -aufbereitung** zu fordern (vgl. auch Kapitel 1.3 zur Informationswirtschaft insgesamt). Werden die für das **interne betriebswirtschaftliche Informationssystem** erforderlichen Daten im Zusammenhang mit den sachzielbezogenen Planungs- und Dokumentationsprozessen im Sinne relationaler Speicherung vorgehalten, so lassen sich daraus alle Aufgaben der kurzfristigen Erfolgsplanung, -überwachung und -dokumentation neben allen anderen Einsatzbereichen dieser Urdaten erfüllen. Die in der Kostenrechnungsliteratur und von Unternehmensberatern empfohlenen speziellen Kostenrechnungssysteme sind überwiegend auf ausgewählte Rechenzwecke ausgerichtet und erweisen sich daher in der Praxis häufig als zu eng angelegt und inflexibel im Hinblick auf das gesamte informationswirtschaftliche Aufgabenspektrum. Ihre Erweiterung bei Auftreten neuer Aufgabenstellungen ist häufig nur mit einem unvertretbar hohen Zusatzaufwand realisierbar.

Die Zukunft liegt daher in einer **zweckfreien Grundorganisation der originären Informationen für die Kosten-, Erlös- und kurzfristige Erfolgsrechnung** sowie andere betriebswirtschaftliche und technische Planungs- und Dokumentationsaufgaben (vgl. auch *Mertens/Haun*, 1988, S. 211 ff.; *Mertens/Back-Hock/Fiedler*, 1990, S. 268 ff.). Auf dieser Basis ist eine wahlfreie Verknüpfung der originären Informationen je nach Fragestellung möglich und damit eine betriebswirtschaftlich optimale Grundorganisation geschaffen. Wenn im folgenden die üblichen periodenorientierten Kostenrechnungssysteme – Istkostenrechnung, Normalkostenrechnung, Plankostenrechnung nach verschiedenen konzeptionellen Varianten – behandelt werden, so wird daraus erkennbar, daß bei der höchsten Ausbaustufe einer durch Plankosten angereicherten Istkostenrechnung allen Anforderungen praktischer Aufgabenstellungen Rechnung getragen werden kann. Die optimale Ausbaustufe besteht quasi in einer **systematischen Zusammenfassung der verschiedenen Teilsysteme**, wobei im

Zuge einer derartigen Integration der Kostenrechnungssystemvarianten in ein umfassendes Konzept Redundanzen zu eliminieren sind und Zwischenformen – insbesondere der Normalkostenrechnung – überflüssig werden.

Die Gestaltung der informatorischen Grundkonzeption – Organisation der Datenhaltung und -verarbeitung – ist eine Aufgabe der Programmierung bzw. Softwareentwicklung, der heute – unabhängig vom betriebswirtschaftlichen Inhalt der Kosten- und Erlösrechnung – eine wesentliche Bedeutung zukommt (zum Leistungsumfang bestehender Standardsoftwaresysteme vgl. *Warnick*, 1992 und die dort angegebene Literatur). Die Softwareentwicklung hat sich dabei in den Dienst der betriebswirtschaftlichen Aussagekraft zu stellen und den betriebswirtschaftlich zu formulierenden Anforderungen in möglichst rationeller Weise zu entsprechen.

## 2.2.2   Istvoll- und Istteilkostenrechnung

Die reine Istkostenrechnung schließt unmittelbar an die Aufwand- und Ertragrechnung an. Ihr Hauptziel ist die Dokumentation des tatsächlichen betrieblichen Werteverzehrs einer Periode durch tagesnahe Bewertung des effektiven Periodenverbrauchs an Produktionsfaktoren und Ergänzung der nominellen Aufwandgrößen um kalkulatorische Kostenarten, weiterhin die Aufteilung der angefallenen Kosten auf Verantwortungsbereiche bzw. örtlich abgegrenzte Betriebseinheiten (Kostenstellen) und auf Kalkulationsobjekte (Kostenträger) mit dem Ziel einer nach Bereichen und Objekten differenzierten Erfolgsermittlung. Die in der Bezugsperiode angefallenen Kostenarten werden dabei nach Einzel- und Gemeinkosten differenziert. Die Einzelkosten werden in der Regel unmittelbar bestimmten Kalkulationsobjekten wie Aufträgen, Produkten, Produktgruppen und dergleichen zugeordnet. Die Gemeinkosten werden nach Entstehungsbereichen untergliedert und dort nach Verrechnungsgrößen (Schlüsselgrößen), die einerseits Hauptursachen für die Kostenentstehung sind und andererseits eine quantitative Beziehung zu den Kalkulationsobjekten aufweisen, auf die Kalkulationsobjekte zugeordnet (Aufschlüsselung primär nach dem Verursachungsprinzip, teilweise auch nach dem Final- und/oder Tragfähigkeitsprinzip). Soweit keine quantitativen Beziehungen zwischen Verrechnungsgrößen und Gemeinkosten bestehen, erfolgt ihre Verteilung auf die Kalkulationsobjekte final-statistisch nach dem Durchschnittsprinzip; dies gilt vor allem für die produktmengenunabhängig entstehenden Bereitschaftskosten bzw. Fixkosten (zur Durchführung der Istkostenrechnung vgl. Kapitel 2.1.1; *Heinen/ Dietel*, 1991, S. 1206 ff.).

Die **Kernfrage der reinen Istkostenrechnung** lautet: Welche Kosten sind in einer Bezugsperiode in einer Unternehmung entstanden und wie sind sie den verschiedenen Verantwortungsbereichen (Kostenstellen) und Kalkulationsobjekten (Kostenträgern) zuzuordnen, damit der mit der Herstellung und dem Absatz von Leistungen erbrachte **Nettoerfolg** nach entsprechend abgegrenzter Zuordnung der zugehörigen Nettoerlöse ermittelt werden kann. Die Summe der Nettoerfolge der Kalkulationsobjekte ergibt dann unmittelbar den kalkulatorischen Periodenerfolg, der nach Ergänzung um Abweichungen zwischen

Kosten und Aufwand sowie zwischen Leistungen/Erlösen und Erträgen in das nominelle Betriebsergebnis laut Aufwand- und Ertragrechnung überführt werden kann (vgl. Schaubild IX.20).

Die an sich plausible Frage, was ein Produkt effektiv gekostet und welchen Erfolg es der Unternehmung gebracht hat, ist zwar als Kernanliegen der Unternehmungspraxis verständlich, jedoch mit einer reinen Istkostenrechnung nicht zu beantworten. Dies liegt vor allem daran, daß ohne eine tiefergehende **Analyse der Kosteneinflußfaktoren** und der **kostenmäßigen Auswirkungen von Dispositionen** der für das Betriebsgeschehen Verantwortlichen keine derartigen Aussagen möglich sind. Besonders problematisch ist die Zurechnung von fixen Gemeinkosten auf Kalkulationsobjekte, wenn man ihre Größenordnung

| Interne betriebswirtschaftliche Gewinn- und Verlustrechnung | | | PuK | | | | |
|---|---|---|---|---|---|---|---|
| 1991 Ist | 1992 Ist | | | | 1993 | | |
| | | | Jan.-Juli (kumuliert) Ist | Soll | Abweichung | Hochrechnung | Soll |
| | | 1 | Netto-Umsatzerlöse (aufgeteilt nach Hauptproduktgruppen) | | | | |
| | | 2 | Bestandsänderungen | | | | |
| | | 3 | Herstellkosten | | | | |
| | | 4 | Verwaltungskosten | | | | |
| | | 5 | Vertriebskosten | | | | |
| | | 6 | Forschungs- und Entwicklungskosten | | | | |
| | | 7 | **Betriebsergebnis der Kosten- und Erlösrechnung** | | | | |
| | | 8 | **Bewertungsbedingtes neutrales Ergebnis (vor Zinsen), davon:** | | | | |
| | | 8a | +/- Unterschiedsbetrag zwischen kalk. und bilanz. Abschreibungen | | | | |
| | | 8b | + kalkulatorische Zinsen | | | | |
| | | 8c | + kalkulatorische Wagnisse | | | | |
| | | 9 | **Betriebsergebnis nach handelsrechtlichen Wertansätzen vor Gewinnsteuern und vor Zinsen** | | | | |
| | | 10 | **Betriebsfremdes Ergebnis/Finanzergebnis, davon:** | | | | |
| | | 10a | +/- Beteiligungsergebnis | | | | |
| | | 10b | +/- Zinsergebnis | | | | |
| | | 11 | **Ergebnis der gewöhnlichen Geschäftstätigkeit** | | | | |
| | | 12 | **Außerordentliches Ergebnis** | | | | |
| | | 13 | Unternehmungsergebnis vor Steuern | | | | |
| | | 14 | Steuern vom Einkommen und vom Ertrag | | | | |
| | | 15 | **Unternehmungsergebnis nach Steuern (Jahresüberschuß/Jahresfehlbetrag)** | | | | |

**Schaubild IX.20.** Überleitung des kalkulatorischen Betriebsergebnisses der Kosten- und Erlösrechnung in das nominelle Betriebsergebnis der Aufwand- und Ertragrechnung (vgl. *Hahn*, 1993, Teil III, Abschnitt 5.2)

im Zusammenhang mit der Objekterfolgsermittlung nicht mehr erkennen kann. Das gilt speziell bei hohen Gemeinkostenanteilen an den Gesamtkosten, beispielsweise als Folge flexibel automatisierter Produktion (vgl. *Laßmann*, 1984, S. 959 f.). Zur Beantwortung der wichtigsten betriebswirtschaftlichen Fragen nach den Erfolgsursachen und der Verantwortlichkeit für Unwirtschaftlichkeiten im Betrieb ist daher die Ergänzung der reinen Istkostenrechnung durch **Kennziffern** und **Vorgabewerte** (Plan- oder Richtgrößen, Sollvorgaben auf Basis sorgfältiger Betriebsanalysen) unerläßlich. Die Erfassung von Istkosten nach Kostenarten, ihre Verteilung auf Kostenstellen und Kalkulationsobjekte müßte rein willkürlich bleiben, wenn nicht durch Ermittlung der wichtigsten Kostenbestimmungsgrößen und Kostenabhängigkeiten (Kostenfunktionen) die Kostenentstehung nach Kostenstellen und Produktions- und Absatzprozessen transparent gemacht wird. Eine von Zufallseinflüssen möglichst unabhängig operierende Kostenträgerrechnung wird in pauschaler Form durch die **Normalkostenrechnung**, in fundierter Ausprägung durch die **Plankosten- und Planerlös- bzw. kurzfristige Planerfolgsrechnung** erreicht.

Hinzu kommt, daß produktbezogene Nettoerfolge für sich keine ausreichende betriebswirtschaftliche Auskunft über die Erfolgsträchtigkeit von Kalkulationsobjekten geben können. Als Zusatzinformation sind **Bruttoerfolge** oder **Deckungsbeiträge** unverzichtbar, wenn man Entscheidungen über die Weiterführung eines Produktes im Absatzprogramm, über die Annahme eines Zusatzauftrages oder aber über Eigenerstellung und Fremdbezug treffen will. Daher hat sich **auch im Zuge der Istkostenrechnung** bereits die Auffassung herausgebildet, daß bei der Kostenträgerrechnung eine **getrennte Zuordnung von variablen und fixen** (produktmengen- oder beschäftigungsunabhängigen) **Kosten** erfolgen sollte. Allerdings ist eine Kostenspaltung in der reinen Istkostenrechnung durch Auswertung von Vergangenheitsdaten, z.B. mit Hilfe von Regressionsanalysen, als problematisch anzusehen, wenn sie nicht durch systematische Analysen der wichtigsten – und möglicherweise komplexen – Ursache-Wirkungszusammenhänge der Kostenentstehung abgesichert wird, wie es im Zuge von Plankostenrechnungen geschieht (vgl. *Heinen/Dietel*, 1991, S. 1243 ff.). So wird auch eine **Istkostenrechnung als Teilkostenrechnung** im Grunde erst dann brauchbar, wenn sie mit einer Plankostenrechnung verbunden wird (vgl. *Kilger*, 1988, S. 88 f.).

Weiterhin haben sich Modifikationen der Istkostenrechnung insofern ergeben, als die historisch zufällig anfallenden Verbrauchsgrößen für die Nachkalkulation weniger geeignet sind als **normierte Verbrauchsgrößen**, und daß bei bestimmten Inputgütern eine genaue Ermittlung von Verbrauchsgrößen physisch nicht gelingt. Das gilt insbesondere für die Erfassung und Bewertung des Verbrauchs von Produktionsanlagen, wobei zwangsläufig von geplanten Nutzungsdauern auszugehen ist. Daher werden auch bereits die kalkulatorischen Kostenarten in der Istkostenrechnung mehr oder minder stark losgelöst von der Aufwandverrechnung und dem realen Faktorverbrauch nach betriebswirtschaftlichen Gesichtspunkten ermittelt.

## 2.2.3  Normalkostenrechnung

Die Normalkostenrechnung diente von ihrer Entstehung her betrachtet primär der Beschleunigung und der Vereinfachung der Istkostenrechnung (vgl. *Kilger*, 1988, S. 33 f.). Da bereits in höherentwickelten Formen der Istkostenrechnung die Preise der Einzelkosten vorgeschätzt und diese nach Erfahrungssätzen auf die Kalkulationsobjekte zugerechnet wurden – z. B. in der Montageindustrie über die Stücklistenauflösung –, erstreckt sich die **Normalisierung** vornehmlich auf die **Gemeinkosten**, die in Kostenstellen und Kalkulationsstufen erfaßt werden. Bei Sorten- und Massenproduktion können Normalkostensätze aus den in den Kostenstellen für repräsentative Zeitabschnitte der Vergangenheit gesammelten – und von Sondereinflüssen bereinigten – **Kostendurchschnittssätzen je Kalkulationsobjekt** abgeleitet werden. Soweit Sorten- und Serienprodukte mit verwandter Prozeßtechnologie produziert werden, kann für die Kostenträgerrechnung – abgesehen von der Rüstkostenzurechnung – entweder mit sortenspezifischen Äquivalenzziffern oder entsprechenden Schlüsselgrößen wie z. B. beanspruchte Maschinenlaufzeiten gearbeitet werden. Man findet in der Praxis auch normierte Lohnzuschlagssätze auf die Fertigungslöhne in den Kostenstellen (zu den Kalkulationsverfahren vgl. im einzelnen Kapitel 2.3.3).

Normalisierte Gemeinkostensätze je Schlüsseleinheit bzw. je Produkteinheit eröffnen bei mehrstufiger Fertigung die Möglichkeit, die Produkt- bzw. Kalkulationsobjekterfolgsrechnungen nach Abschluß einer Monats- oder Quartalsperiode **unabhängig von der Istkostendurchrechnung** über alle Produktionsstufen und selbständig agierenden Betriebsbereiche hinweg durchzuführen. Hier liegt auch der wesentliche **Beschleunigungseffekt** für die Abrechnung und Erfolgsermittlung. Für jeden Auftrag, der absatzmäßig abgewickelt worden ist, kann man durch Abzug der Einzelkosten und der normalisierten Gemeinkosten vom Nettoerlös je Produkteinheit bzw. Auftrag den kalkulatorischen Stück- bzw. Auftragserfolg ermitteln. In entsprechender Weise kann das Erfolgspotential des Auftragsbestandes und von in Verhandlung stehenden Aufträgen beurteilt werden. Man erhält dabei **objektbezogene Ergebnisse, die unter den normalisierten Bedingungen einer vorausgeschätzten Beschäftigung bzw. Kapazitätsauslastung und durchschnittlichem Verbrauchsverhalten gelten**. Ihre betriebswirtschaftliche Aussagefähigkeit hängt davon ab, ob

– zum einen die effektive Kostenentstehung mit der Normalisierung zutreffend erfaßt worden ist und
– zum anderen die Beschäftigung in dem abzurechnenden Monat so hoch ist, wie sie bei der Ableitung der Normalkostensätze zugrundegelegt worden ist.

Neben der Beschleunigung der Ergebnisermittlung tritt auch eine **wesentliche Vereinfachung** ein, da nicht in jeder Abrechnungsperiode erneut eine differenzierte Zurechnung der in den Kostenstellen erfaßten Istkosten über unter Umständen viele Kalkulationsstufen hinweg durchzuführen ist', um Ist-Kalkulationssätze zu bestimmen. Bei derartigen Ist-Nachkalkulationen würden die Produkt- und Betriebsergebnisse erst einige Zeit nach Abschluß der Periode vorliegen und dadurch ihre Aktualität verlieren. Durch Verwendung von Normalkosten können normalisierte Ergebnisse aus der Summierung der Objektergebnisse unmittelbar nach Monatsende ausgewiesen werden. Allerdings entsteht eine gravierend fehlerhafte Aussage über die durch Absatzgeschäfte erzielten Erfolge, wenn die Beschäftigung, also Gesamtproduktions- und Absatzmenge, in einer abzurechnenden Periode von der zugrundegelegten „Normalbeschäftigung" erheblich abweicht. Dann entstehen aufgrund der genormten Fixkostenzuordnung auf Produkte **Kostenstellenüber- oder -unterdeckungen** (vgl. das Beispiel bei *Kilger*, 1988, S. 35 ff.). Überdeckungen entstehen, wenn die Beschäftigung in dem abzurechnenden Zeitraum höher ist als die normalisierte Beschäftigung, Kostenstellenunterdeckungen entstehen im Falle einer Unterbeschäftigung. Daraus folgt, daß bei Beschäftigungsabweichungen die periodenbezogenen kalkulatorischen Betriebsergebnisse nicht allein durch die Aufsummierung der Ergebnisse der Kalkulationsobjekte eines Betrachtungszeitraumes ermittelt werden können. Vielmehr sind diese summierten Bruttoergebnisse noch durch alle Kostenstellenüber- und -unterdeckungen zu ergänzen. Das (periodenbezogene) Betriebsergebnis auf Istkostenbasis leitet sich somit ab aus

Nettoerlöse aller abgewickelten Aufträge
./.  Normalkosten dieser Aufträge
+/– Kostenstellenabweichungen

---

=  kalkulatorisches Nettoergebnis der Unternehmung bzw. des betrachteten Unternehmungsbereiches zu Istkosten.

Die Kostenstellenabweichungen umfassen neben den Beschäftigungsabweichungen auch alle Differenzen zwischen Normal- und Istkosten (Verbrauchsabweichungen) auf Grund von Unterschieden zwischen dem Istgeschehen und den unterstellten (durchschnittlichen) Normalbedingungen. Werden in einer Periode die Halb- und Fertigfabrikatebestände über das zugrundegelegte Durchschnittsniveau hinaus aufgebaut oder darunter abgebaut, so folgen daraus weitere verzerrende Einflüsse auf den Ausweis des Periodenergebnisses. Das kalkulatorische Nettoergebnis ist – wie bei der Behandlung der Istkostenrechnung aufgezeigt – auch hier noch in das aufwand-/ertragbasierte nominelle Gewinn- bzw. Verlustergebnis durch Ausschalten kalkulatorischer Kosten- und Erlösgrößen überzuleiten.

Da die Kostenüber- und -unterdeckungen primär den Charakter von Schätzfehlern haben und in einem bedeutenden, aber in der Höhe nicht erkennbaren Ausmaß durch Beschäftigungsschwankungen beeinflußt werden, ist die (starre) Normalkostenrechnung **für eine kostenstellenweise Wirtschaftlichkeitskontrolle wenig geeignet** (vgl. *Kilger*, 1988, S. 37 f.). Das gilt grundsätzlich auch für Ansätze einer **flexiblen Normalkostenrechnung**, bei denen die normalisierten Kostenstellenkosten in (beschäftigungs-)fixe und variable Kosten aufgespalten werden, um Beschäftigungsabweichungen zu isolieren. Aufgrund der Orientierung an Durchschnittswerten der Vergangenheit können Unwirtschaftlichkeiten nicht systematisch nach Einzelursachen aufgedeckt werden.

Um die Ergebnisse der Objektkalkulationen betriebswirtschaftlich besser interpretierbar zu gestalten, ist eine Aufgliederung der Kostenträgerkosten nach Einzelkosten, zugeschlüsselten variablen Gemeinkosten und durchschnittlich verteilten Fixkosten notwendig. Dabei ist für die variablen Gemeinkosten eine Einflußgrößenanalyse vorauszusetzen, durch die die bestehenden Abhängigkeiten zwischen Variationen der Produktmengen bzw. der Beschäftigung und den wichtigsten Gemeinkostenarten angenähert berücksichtigt werden.

In der Praxis findet man im industriellen Bereich häufig eine **Proportionalkostensatzrechnung** auf der **Basis budgetierter Normalkosten**. Aus theoretischer Sicht handelt es sich dabei um eine **Übergangsform zur Plankostenrechnung**. Allerdings erfordert eine Plankostenrechnung eine sehr viel tiefergehende Einflußgrößenanalyse in den Kostenstellen nach einzelnen Kostenarten und Kostenartengruppen. Hierzu ist ein erheblicher Einführungsaufwand und Aktualisierungsaufwand für die Plankostensätze je Kostenstelle und je Kostenart und Bezugsgröße notwendig. Mit Hilfe so detaillierter Plankostensätze gewinnt man einen tiefergehenden Einblick in die Wirtschaftlichkeit der Produktionsabläufe und Faktorverbräuche.

Vielfach wird durch Einführung einer detaillierten Plankostenrechnung die Wirtschaftlichkeit der Betriebe in so hohem Maße verbessert, daß der Einführungsaufwand für eine Plankostenrechnung bei weitem kompensiert wird (vgl. auch *Kilger*, 1988, S. 529 ff.). Allerdings sind aufgrund ständiger Produkt- und Technologieveränderungen alle Plankostensätze ständig zu überprüfen und neu zu bestimmen, so daß bei Einsatz einer detaillierten flexiblen Plankostenrechnung neben dem Einführungsaufwand auch ein nicht unbeträchtlicher Begleitaufwand zu verzeichnen ist.

Aus diesem Grund begnügen sich viele Unternehmungen mit einer Normalkostenrechnung oder Budgetkostenrechnung, wobei für eine differenzierte Kalkulation von Standardprodukten ein etwas weitergehender Aufwand betrieben wird, während auf eine kostenartenweise Überwachung der Gemeinkosten in den Kostenstellen verzichtet wird. Der Einsatz einer derartigen **Normalkostenrechnung mit detaillierter Vorkalkulation und fallweiser Nachkalkulation zur Überprüfung der Kostensätze** kann sich vor allem dann als ausreichend erweisen, wenn zusätzlich über technisch-wirtschaftliche Kennziffern das laufende Betriebsgeschehen überwacht und gesteuert wird, so daß keine größeren Unwirtschaftlichkeiten im Betrieb entstehen bzw. unentdeckt bleiben. Diese Situation ist zunehmend bei fortschreitender Automatisierung von Produktions- und Verwaltungsabläufen – etwa im Rahmen eines CIM-Konzepts – zu konstatieren. Hier kann die Wirtschaftlichkeit der Produktion gewährleistet werden durch die Beobachtung der wichtigsten Leistungskennzahlen, wie z.B. Ausschußquoten, Stillstandszeiten der Produktionsanlagen bzw. der Anlagenverfügbarkeiten und damit im Zusammenhang stehender Kapazitätsnutzungsgrade, der Stundenleistungen, die im Produktionsbereich erreicht werden, sowie einer strikten Überwachung von Instandhaltungsmaßnahmen und einer ausgeprägten Qualitätssicherung. Die Einführung einer detaillierten flexiblen Plankostenrechnung wäre unter diesen Bedingungen wirtschaftlich nicht zu rechtfertigen. Vielmehr genügt eine entsprechend ausgebaute Normalkostenrechnung den Hauptanforderungen an das Interne Rechnungswesen, wenn sie für Zwecke der Wirtschaftlichkeitskontrolle **durch eine** in Kapitel 4 zu behandelnde **Online-Kennziffernrechnung ergänzt** wird, die die wichtigsten technischen Kenngrößen laufend erfaßt und wirtschaftlich interpretiert und damit für das **Prozeßcontrolling** als Steuerungsinformationen zur Verfügung stellt.

Für betriebswirtschaftliche Produkt- und Programmentscheidungen können mit einer Normalkostenrechnung auch hinreichend genaue Bruttoerfolgsgrößen (Deckungsbeiträge) als Differenzen aus den (erwarteten) Produktnettoerlösen und zugehörigen variablen Produktnormalkosten zur Verfügung gestellt werden, wenn sie als **Teilkostenrechnung** ausgelegt wird. In diesem Zusammenhang entstehen dann die weiter oben beschriebenen Probleme aufgrund einer von der Normalbeschäftigung abweichenden Istbeschäftigung nicht, da die auf Kostenträger zugerechneten Fixkostenanteile separat analysiert werden können. Problematisch wird die Anwendung von normalisierten Proportionalkostensätzen jedoch, wenn für einzelne Kostenarten(-gruppen) komplexe Beeinflussungsfaktoren gegeben sind und nichtlineare Abhängigkeiten gegenüber Produktmengen und -programmvariationen bestehen. In diesem Fall sind die globalen Normalkostensätze nach Kostenarten und Kosteneinflußgrößen zu differenzieren, wie es in höherentwickelten Plankostenrechnungssystemen, insbesondere in der flexiblen Betriebsplanerfolgsrechnung, geschieht.

## 2.2.4  Flexible Voll- und Teilplankostenrechnung

### 2.2.4.1  Grundsätzliche Charakterisierung

Zusätzliche Anforderungen in der betrieblichen Ursachenanalyse zur Überwachung und Verbesserung der Wirtschaftlichkeit sowie weitergehende Anforderungen bei der erfolgszielorientierten Planung führten zur Entwicklung der Plankostenrechnung. Dabei wurden die Grundgedanken der Normalkostenrechnung weiter ausgebaut, indem vor allem für eine differenziertere Gemeinkostenerfassung und -planung in den Kostenstellen die wichtigsten Kosteneinflußgrößen berücksichtigt wurden.

Unter **Plankosten** versteht man solche Kosten, bei denen sowohl das Mengen- und Zeitengerüst als auch die Wertansätze geplante Größen sind. Auf eine Erzeugniseinheit oder auch Einflußgrößeneinheit bezogene Plankosten bezeichnet man auch als Standardkosten (englisch: standard costs) oder kurz „Standards" (vgl. *Kilger*, 1988, S. 40 f.; *Haberstock*, 1991, S. 424 f.), insbesondere soweit es sich um für ein Jahr fixierte Kostenvorgaben und stückbezogene Verrechnungssätze/-preise handelt. Plankosten basieren auf einer analytischen Durchdringung der Leistungserstellungsprozesse zur Erfassung der quantitativ-funktionalen Beziehungen zwischen den verschiedenen Kostenarten und ihren wichtigsten Bestimmungsgrößen (**Kosteneinflußgrößenfunktionen**). Diese werden auch in der betriebswirtschaftlichen Produktions- und Kostentheorie modellmäßig untersucht (vgl. *Gutenberg*, 1983; *Busse von Colbe/Laßmann*, 1991, S. 72 ff.; *Schweitzer/Küpper*, 1991, S. 244 ff.).

In der **Plankostenrechnung** wird in Ergänzung zur Istkostenrechnung **für Überwachungszwecke** als **Vergleichsmaßstab** ein Kostenbetrag bestimmt, der bei wirtschaftlich optimalem Betriebsablauf zu erwarten ist (Plankosten i. e. S.). Durch Soll-Ist-Vergleiche lassen sich dann die realen Verbrauchswerte an Hand der Abweichungsgrößen beurteilen. Sollkosten sind dabei in der flexiblen Plankostenrechnung die zu festen Verrechnungssätzen bewerteten Planverbrauchsmengen und -zeiten bei Isteinflußgrößenwerten, insbesondere bei Istbeschäftigung. Zur **Unterstützung von Planungs- und Dispositionsaufgaben** wird eine **systematische, vorausschauende Planung der Kosten** zugrunde gelegt. Im Mittelpunkt stehen dabei Entscheidungen der **kurzfristigen Planung** im Rahmen gegebener Kapazitäten, vor allem der Produktionsplanung, einschließlich der Produktionsvollzugsplanung, und der Absatzplanung (Verfahrenswahl, Losgrößen, Eigenherstellung oder Fremdbezug bei vorhandenen Produktionseinrichtungen, Hereinnahme von Zusatzaufträgen, Ermittlung von Preisunter- und -obergrenzen).

Für die Prognose der Istkosten sind dabei die zu erwartenden Abweichungen von den Plankosten durch entsprechende Zu- und Abschläge zu berücksichtigen. Auf diese Weise kann die Plankostenrechnung in das Gesamtsystem der betrieblichen Planung integriert werden. Dabei ist zu berücksichtigen, daß die Güte der Plankosten auch von der Differenziertheit des Planungsumfeldes abhängt (vgl. *Weber*, 1990, S. 173). So erhöht ein häufiger Wechsel der Produktarten und der für sie erforderlichen Produktionsverfahren den Aufwand zur Bestimmung von aktuellen Plankosten erheblich und führt zwangsläufig zu Näherungsverfahren. Ungenauigkeiten bei der Plankostenermittlung vermindern zugleich deren Eignung für Kontrollzwecke.

**Im Vordergrund** der Anwendung stehen heute **Plankostenrechnungssysteme**, die **konzeptionell auf die Ermittlung kostenstellen-, bereichs- und gesamtbetriebsbezogener Kosten und Erfolge sowie auf die Bestimmung produktbezogener Erfolge** für die **Absatz- und Produktionsplanung** – Nettoerfolge bei Vollkostenrechnungen und Bruttoerfolge (Deckungsbeiträge) bei Teilkostenrechnungen – **ausgerichtet** sind (vgl. *Laßmann/Vogt*, 1989, Sp. 1345). In diesen Systemen wird primär aus den vielfältigen Kostenbestimmungsfaktoren die Ausbringung (**Beschäftigung**) betrieblicher Teilbereiche beachtet. Dabei wird unterstellt, daß sich alle in der Kalkulation auf Erzeugniseinheiten verrechneten Kosten durch eine **von den Produktions- und Absatzmengen linear abhängige Kostenfunktion** erfassen lassen (vgl. *Kilger*, 1988, S. 136, 141, 148 ff.; *Kloock*, 1991, S. 241). Bestehen **Wahlmöglichkeiten des Produktionsvollzugs** (z. B. Verfahrenswahl, Losgröße, Losreihenfolge, Schichtzahl, Lastgrad der Maschinen, Materialzusammensetzung), die die Kostenhöhe pro Erzeugniseinheit beeinflussen, werden durch **Vorabfestlegung** dieser Aktionsparameter alternative linear von der Beschäftigung abhängige (**konstante**) **Stückvoll- oder -teilkosten** bestimmt (vgl. *Kilger*, 1983, S. 65; *Kilger*, 1988, S. 161 ff.; *Laßmann/Vogt*, 1989, Sp. 1345).

In **höher entwickelten Systemen der Plankostenrechnung** wird der **Kostenbestimmungsfaktor Beschäftigung differenzierter erfaßt.** Die kostenstellenweise Planung und Kontrolle der Gemeinkosten erfolgt dabei mit Hilfe mehrerer Bezugsgrößen. **Bezugsgrößen** sind Kosteneinflußgrößen, zu denen sich die beschäftigungsabhängigen Kosten der Kostenstelle unter bestimmten Bedingungen weitgehend proportional verhalten. Von besonderer Bedeutung sind Fertigungszeiten oder auch Durchsatzgewichte (bspw. in der Gießerei-, Textil- sowie Chemischen Industrie) sowie Produktdimensionen wie Länge oder Volumen als einheitliche Bezugsgrößen bei Erstellung mehrerer Produktarten, daneben produzierte Stückzahlen im Einproduktfall (vgl. *Kilger*, 1988, S. 141, 324 ff.). Nach Möglichkeit versucht man zur Vereinfachung von Kalkulation sowie Kostenplanung und -kontrolle, die Kostenverursachung in einer Kostenstelle durch eine einzige Bezugsgröße auszudrücken (homogene Kostenverursachung). Hierfür ist eine entsprechende Unterteilung der Gesamtunternehmung in Kostenstellen – u.U. bis zum einzelnen Arbeitssystem (Platzkostenrechnung) – von entscheidender Bedeutung. Vielfach müssen jedoch mehrere Bezugsgrößen in einer Kostenstelle verwendet werden, beispielsweise wenn Fertigungszeiten und Rüstzeiten in erheblich schwankendem Ausmaß anfallen und sich der Kostenanfall beim Rüsten von dem beim Fertigen wesentlich unterscheidet (z.B. beim Rüsten kein Werkzeugverbrauch, geringerer Energie- und Hilfsstoffverbrauch) (vgl. *Plaut*, 1976, S. 14 f.). In der Kostenplanung und -kontrolle der Kostenstellenrechnung kann auf diese Weise mit **konstanten (Voll- oder Teil-) Kosten pro Bezugsgrößeneinheit** (z.B. Fertigungsminute und Rüstminute) gearbeitet werden.

Sollen unter diesen Voraussetzungen **konstante (Voll- oder Teil-) Kosten pro Erzeugniseinheit** ermittelt werden, benötigt man zusätzliche Informationen darüber, **wieviele** der unterschiedlichen **Bezugsgrößeneinheiten auf jede Erzeugnisart** (Los, Auftrag oder auch Erzeugniseinheit) **entfallen**. Das ist i.d.R. von kurzfristigen Entscheidungen über den Produktionsvollzug abhängig; so bestimmt beispielsweise die Wahl der Losgröße, welche Rüstzeiten je Erzeugniseinheit durchschnittlich anfallen (vgl. *Kilger*, 1988, S. 161 ff.). Daher sind für diese Wahlmöglichkeiten entweder entsprechende Planwerte vorab festzulegen (wobei diese Entscheidungen dann nicht mit Hilfe der Plankostenrechnung fundiert werden können) oder es sind für ausgewählte Planalternativen (z.B. häufig vorkommende Relationen von Fertigungs- zu Rüstzeiten) unterschiedliche Plankosten je Kalkulationseinheit zu berechnen. In der flexiblen Grenzplankostenrechnung werden diese als **alternativ-konstante Grenzkosten** bezeichnet. Grundsätzlich existieren für jede Erzeugnisart so viele alternativ-konstante Grenzkosten je Erzeugniseinheit, wie es Kombinationen unterschiedlicher kostenrelevanter Produktionsverfahren und -bedingungen gibt. Davon können aber in der Praxis nur wenige ausgewählt werden, da sonst eine unüberschaubar große Anzahl von Alternativkalkulationen entstehen würde (vgl. *Kilger*, 1988, S. 168). Die Anpassung dieser Kostensätze an veränderte Produktionsbedingungen oder Faktorpreise erfordert einen relativ hohen Rechenaufwand, da die erzeugnisbezogenen Grenzkosten über alle Produktionsstufen und Kostenstellen hinweg neu zu berechnen sind. **Alternative erzeugnisbezogene Erfolge** können auch aus je nach Absatzmarktsituation unterschiedlichen Stückerlösen resultieren. Die Verwendung konstanter oder alternativ-konstanter erzeugnisbezogener Kosten und Erfolge für Planungs- und Kontrollrechnungen ist daher nur bei relativ **invariablen Produktions- und Marktbedingungen** gerechtfertigt (vgl. *Laßmann/Vogt*, 1989, Sp. 1345; vgl. auch *Kilger*, 1983, S. 65 und *Kilger*, 1988, S. 167 f.).

Im Gegensatz zu den klassischen Formen der Plankostenrechnung sind die Systeme der **flexiblen Betriebsplanerfolgsrechnung** (vgl. Kapitel 2.2.5) und der **relativen Einzelkosten- und Deckungsbeitragsrechnung** (vgl. Kapitel 2.2.6) in ihrem konzeptionellen Aufbau nicht durch die Ausrichtung auf die Ermittlung erzeugnisbezogener Kosten und Erfolge geprägt, obwohl diese in beiden Systemen bei Bedarf ebenfalls bestimmt werden können, wie in den folgenden Abschnitten noch näher erläutert wird.

Die flexible Vollplankostenrechnung und die Teil- oder Grenzplankostenrechnung weisen in der Kostenarten- und -stellenrechnung weitreichende **Gemeinsamkeiten** auf, während konzeptionelle Unterschiede vor allem in der Kostenträgerrechnung bestehen (vgl. *Schweitzer/Küpper*, 1991, S. 410). Wesentliche Basis jeder Plankostenrechnung ist die in der Regel auf ein Jahr bezogene **Planung der einzelnen Kostenarten**. Dabei plant man die **Einzelkosten pro Kostenträger** und die **Gemeinkosten pro Kostenstelle**. Für die **Planerfolgsrechnung** werden die prognostizierten Absatzmengen, bewertet mit erwarteten Nettopreisen, als **Planerlöse** und die nach den gegebenen technischen Bedingungen für gerechtfertigt gehaltenen Produktionsfaktorverbräuche, bewertet zu Tagesdurchschnittspreisen der Bezugsperiode, als **Plankosten** angesetzt. Die Planwerte stellen **Periodendurchschnittswerte** dar, die im Normalfall während der laufenden Planperiode nicht geändert werden und damit als **konstante Meßlatte** dienen sollen (vgl. *Kilger*, 1988, S. 605 ff.).

In der flexiblen Plankostenrechnung unterteilt man sämtliche Plankosten in Abhängigkeit von der Beschäftigung bzw. daraus abgeleiteten Bezugsgrößen in fixe und variable Bestandteile (**Kostenauflösung**). Zumeist wird unterstellt, daß sich die variablen Kosten proportional zur Bezugsgröße verhalten und die fixen Kosten in der betrachteten Frist absolut fix sind, d.h. keine Kostensprünge auftreten (vgl. *Kilger*, 1988, S. 52). In der Plankostenrechnung haben die geplanten Kosten **Vorgabecharakter**, für deren Einhaltung der jeweilige **Kostenstellenleiter verantwortlich** ist. Es handelt sich jedoch nicht um Zielkosten (target costs), die durch die Steuerung der Produktions- und Verwaltungsabläufe erreicht werden sollen, wie sie vor allem in Japan in der Produkt- und Verfahrensentwicklung vorgegeben werden (vgl. *Tanaka*, 1989, S. 49 ff.). Zentrales Element der Kosten- und Wirtschaftlichkeitskontrolle ist der monatliche **Plan- bzw. Soll-Ist-Kostenvergleich**. Dabei werden die **Istkosten in Plan- bzw. Sollkosten und Abweichungen aufgespalten**, um daraus die wichtigsten Abweichungsursachen ableiten zu können (vgl. *Plaut*, 1992, S. 225).

Als Maßstab für die erreichte Wirtschaftlichkeit werden für jede Kostenart die **Verbrauchsabweichungen** der Istkosten gegenüber den geplanten Kosten bei Istbeschäftigung (Sollkosten) herangezogen. Da ein Kostenstellenleiter i.d.R. nur den mengenmäßigen Verbrauch, nicht aber Schwankungen der Faktorpreise beeinflussen kann, arbeitet man zumeist mit **festen Planpreisen** und weist Preisabweichungen getrennt aus (vgl. *Kilger*, 1988, S. 197 ff.; *Plaut*, 1992, S. 218). Auch die Istkosten ergeben sich dabei aus der Multiplikation der Istmengen mit den festen Planpreisen. Die Differenz aus Istkosten zu Istpreisen und Istkosten zu Planpreisen bildet dann die Preisabweichung. Aus der Sicht aktueller Planungsaufgaben und Preiskalkulationen erweist sich die Verwendung fester Planpreise als nachteilig. Bei größeren Preisabweichungen müssen daher die Planpreise angepaßt werden, was mit erheblichem Aufwand verbunden sein kann.

Im allgemeinen werden drei **Hauptformen der Plankostenrechnung** unterschieden: starre Vollplankostenrechnung, flexible Vollplankostenrechnung und flexible Grenzplankostenrechnung als Teilplankostenrechnung (vgl. Schaubild IX.21).

In der **starren Vollplankostenrechnung** werden die **Plankosten nur für einen bestimmten Beschäftigungsgrad** festgelegt; eine Aufgliederung in beschäftigungsproportionale und -fixe Anteile erfolgt nicht. Dadurch wird die Aussagefähigkeit für die Kostenkontrolle entscheidend beeinträchtigt, da vom Kostenstellenleiter zu verantwortende Verbrauchsabweichungen nicht isoliert werden können. Daher sind starre Plankostenrechnungen nur von geringer praktischer Bedeutung. Allerdings finden sich auch in flexiblen Plankostenrechnungssystemen Kostenstellen, in denen nicht oder nur schwer ein Beschäftigungsmaßstab als Kosteneinflußgröße gefunden werden kann und daher nur eine starre Kostenplanung durchführbar ist. Das gilt besonders für den Verwaltungs- und Vertriebsbereich (vgl. *Haberstock*, 1991, S. 426; *Coenenberg*, 1992, S. 343 ff.).

In der **flexiblen Vollplankostenrechnung** ermöglicht die Spaltung aller Kostenarten in beschäftigungsproportionale und -fixe Anteile für die Kostenkontrolle eine **spezifische Ausrichtung der Kostenvorgaben (Sollkosten) auf die jeweilige Istbeschäftigung** der Abrechnungsperiode. Die Verbrauchsabweichungen als auf der Kostenstelle zu verantwortende Abweichungen können dann kostenartenweise als Differenzen zwischen den jeweiligen Istkosten und Sollkosten – beide als mit den gleichen Planpreisen bewertete Verbrauchsgrößen – bestimmt werden. Charakteristisches Merkmal der flexiblen Vollplankostenrechnung ist, daß **in die Verrechnungssätze für den innerbetrieblichen Leistungsaustausch und in die Kalkulationssätze (Kostenträgerstückrechnung) auch die fixen Kosten einbezogen** werden. Angestrebt wird dabei in der Kalkulation vor allem für Zwecke der Preiskalkulation und -beurteilung eine **Aussage, welche Kosten insgesamt auf die Produkteinheit bzw. einen Auftrag oder ein anderes Kalkulationsobjekt entfallen.**

Die rechnerische Proportionalisierung der Fixkosten bildet den Kern der **Kritik** an diesem System. Da die fixen Kosten für die Bereithaltung von Kapazitäten zwar verursachungsgemäß spezifischen Kostenstellen, nicht aber bestimmten betrieblichen Leistungen zugeordnet werden können, kann **anstelle des Verursachungsprinzips nur das Finalprinzip bzw. Durchschnittsprinzip zur Anwendung gebracht werden** (vgl. Kapitel 2.3.2; *Kilger*, 1988, S. 59). Für dispositive Aufgaben der Kostenrechnung im Rahmen gegebener Kapazitäten, insbes. für die Produktprogrammpolitik und die Beurteilung von Zusatzaufträgen sind die Vollkostensätze und darauf basierende produktbezogene Nettoerfolge ungeeignet. **Gefahren fehlerhafter Anwendung** ergeben sich daraus, daß in der Praxis Adressaten von Kosteninformationen vielfach **stückbezogene Vollkosten** für wichtige produktions- und absatzpolitische Entscheidungen als **unmittelbar relevante Kosten** heranziehen und ihre Dispositionen nicht an den bei Ausweitung oder Einschränkung der Produktmenge zusätzlich anfallenden oder wegfallenden Kosten ausrichten. Gleiches gilt für die Verwendung von Vollkostensätzen bei innerbetrieblichen Leistungen für Entscheidungen über Eigenfertigung oder Fremdbezug und über Verfahrensalternativen (vgl. *Weber*, 1990, S. 222 ff.; *Plaut*, 1992, S. 208 f.). So entstehen beispielsweise bei höher automatisierten Maschinen relativ niedrige variable Kosten; dementsprechend führen die höheren fixen Bereitschaftskosten zu einem Vollkostensatz, der für die kurzfristige Produktionsvollzugsplanung nicht relevant ist; hierfür sind allein die Grenzkosten maßgebend. Die Auswahl der günstigsten Maschine nach Vollkostensätzen wäre eine Fehlentscheidung. In der flexiblen Vollplankostenrechnung ergeben sich außerdem aus der Verwendung mehrerer Bezugsgrößen zur Erfassung der Kostenverursachung in den Kostenstellen Probleme bei der Zuordnung der Fixkosten auf Kostenträger; hier führen weitgehend willkürliche Annahmen über Haupteinflußgrößen der Beschäftigung bei hohen Fixkostenanteilen zu wenig aussagefähigen Kostenträgerkosten (vgl. *Kilger*, 1988, S. 478). Bei vielschichtigem Leistungsaustausch zwischen den Kostenstellen werden außerdem die Plan-Istkostenvergleiche schwer interpretierbar, da die fixen Gemeinkosten weitgehend willkürlich geschlüsselt werden müssen.

Die **flexible Plankostenrechnung auf Basis von Teilkosten** entspricht in ihrer klassischen Form im Aufbau weitgehend der flexiblen Vollplankostenrechnung. Der **entscheidende Unterschied** besteht darin, daß **in die Kostenträgerrechnung nur die** (beschäftigungs-)**variablen Kosten eingehen** und damit die Stück- bzw. Auftragskalkulationen, Planverrechnungssätze für den innerbetrieblichen Leistungsaustausch und für die Bewertung von Halb- und Fertigfabrikaten auf Plangrenzkosten beruhen. Die fixen Kosten werden monatlich aus der Kostenstellenrechnung unmittelbar in die kurzfristige Periodenerfolgsrechnung übertragen. In Deutschland hat sich für dieses System die Bezeichnung „flexible Grenzplankostenrechnung", in den USA „direct costing", durchgesetzt (vgl. *Plaut*, 1953, S. 347 ff. und 402 ff.; *Kilger*, 1988, S. 70; *Harris*, 1936, S. 501 ff.). Da das Rechnen mit Grenzkosten beim Erfolgsausweis zwangsläufig zu Deckungsbeiträgen führt, spricht man auch von **Grenzplankosten- und Deckungsbeitragsrechnung.** Zwischen direct costing als Standardkostenrechnung und flexibler Grenzplankostenrechnung bestehen nur graduelle Unterschiede. Die Grenzplankostenrechnung basiert auf einer tiefergehenden analytischen Kostenplanung mit differenzierterer Erfassung der Kosteneinflußgröße Beschäftigung über spezifische Bezugsgrößen. Außerdem steht für die Kostenplanung und -kontrolle die Kostenstellenrechnung stärker im Mittelpunkt (vgl. *Schweitzer/Küpper*, 1991, S. 339). Die Bezeichnung „Grenzplankostenrechnung" ist allerdings theoretisch nur dann zutreffend, wenn **ausschließlich lineare Gesamtkostenverläufe** vorliegen, da nur unter dieser Voraussetzung die Grenzkosten je Bezugsgrößeneinheit in der Kostenstellenrechnung und je Produkteinheit in der Kalkulation konstant sind und damit mit den variablen (= proportionalen) Stückkosten übereinstimmen. Bei nichtlinearen Kostenfunktionen, etwa im Zusammenhang mit intensitätsmäßigen Anpassungsprozessen oder Verfahrensvariationen in Produktionsprozessen, führt die Grenzplankostenrechnung nur zu Näherungswerten in der Kostenträgerrechnung. Durch abschnittweise Linearisierung derartiger Kostenfunktionen können vielfach hinreichend genaue (alternativ-)konstante Stückkosten und Bezugsgrößenverrechnungssätze gebildet werden.

**Beispiel:**

| | |
|---|---|
| Bezugsgröße: | Fertigungsstunden / Monat |
| Planbeschäftigung | = 4.000 Fertigungsstunden / Monat |
| Planvollkosten | = 80.000 DM / Monat |
| Istbeschäftigung | = 3.000 Fertigungsstunden / Monat |
| Istvollkosten | = 75.000 DM / Monat |

| | Starre Vollplankostenrechnung | Flexible Vollplankostenrechnung | Flexible Grenzplankostenrechnung |
|---|---|---|---|
| **Kostenplanung auf der Kostenstelle** | Keine Aufgliederung der Plankosten in fixe und proportionale Anteile | (bezugsgrößen-) proportionale Plankosten:<br>(bezugsgrößen-) fixe Plankosten: | 60.000 DM<br>20.000 DM |
| **Kostenkontrolle auf der Kostenstelle**<br><br>Vergleichsmaßstab für die Kostenkontrolle (Kosten, die bei wirtschaftlichem Verhalten hätten entstehen sollen) | Plankosten | Sollkosten = fixe Plankosten + prop. Plankosten x (Ist-Beschäftigung / Plan-Beschäftigung)<br>Ks = 20.000 + 60.000 x (3.000 / 4.000) = 65.000 DM | Sollkosten = proportionale Plankosten x (Ist-Beschäftigung / Plan-Beschäftigung)<br>Ks = 60.000 x (3.000 / 4.000) = 45.000 DM |
| Isolierung von Preis- und Tarifabweichungen | | Umbasierung der Istkosten durch Bewertung der Ist-Verbrauchsmengen mit Planpreisen | |
| Bestimmung von Verbrauchs- und Beschäftigungsabweichungen als vom Kostenstellenleiter zu verantwortende Abweichungen | Nicht möglich, die Kostenabweichung enthält Verbrauchs- und Beschäftigungsabweichungen<br>Kostenabweichung = Istkosten ./. auf Kostenträger verrechnete Plankosten<br>15.000 = 75.000 ./. 60.000 | Verbrauchsabweichung = Istkosten ./. Sollkosten<br>10.000 = 75.000 ./. 65.000<br>Beschäftigungsabweichung = Sollkosten ./. auf Kostenträger verrechnete Plankosten<br>5.000 = 65.000 ./. 60.000 | Verbrauchsabweichung = var. Istkosten ./. Sollkosten<br>10.000 = 55.000 ./. 45.000 |
| **Kalkulation**<br><br>Planverrechnungssatz für die Kalkulation | Planvollkosten / Planbeschäftigung = 80.000 / 4.000 = 20 DM / Fertigungsstunde | Planvollkosten / Planbeschäftigung = 80.000 / 4.000 = 20 DM / Fertigungsstunde | Plangrenzkosten / Planbeschäftigung = 60.000 / 4.000 = 15 DM / Fertigungsstunde |
| Auf Kostenträger verrechnete Plankosten | Planverrechnungssatz x Istbeschäftigung = 20 x 3.000 = 60.000 DM / Monat | Planverrechnungssatz x Istbeschäftigung = 20 x 3.000 = 60.000 DM / Monat | Planverrechnungssatz x Istbeschäftigung = 15 x 3.000 = 45.000 DM / Monat |
| Differenz zwischen Kostenstellen- und Kostenträgerrechnung | Istkosten ./. verrechnete Plankosten der Kostenstelle<br>75.000 ./. 60.000 = 15.000 DM / Monat | Istkosten ./. verrechnete Plankosten der Kostenstelle<br>75.000 ./. 60.000 = 15.000 DM / Monat<br>(aufgrund von 5.000 DM Beschäftigungsabweichung und 10.000 DM Verbrauchsabweichung der Kostenstelle) | var. Istkosten ./. verrechnete Plankosten der Kostenstelle<br>55.000 ./. 45.000 = 10.000 DM / Monat<br>(aufgrund der Verbrauchsabweichung der Kostenstelle) |

**Schaubild IX.21.**  Vergleich der Kostenkontrolle und Kalkulation bei Vollplankostenrechnung und Teilplankostenrechnung

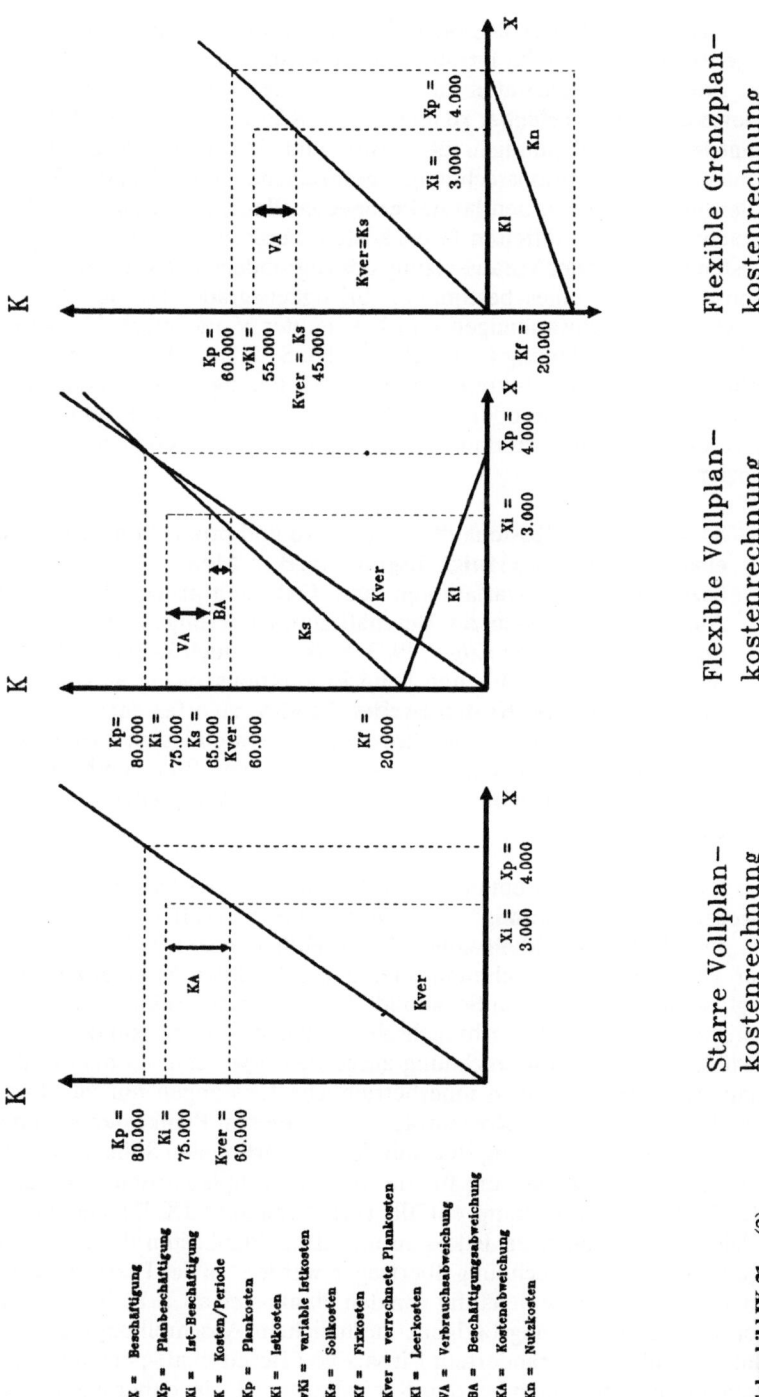

X = Beschäftigung
Xp = Planbeschäftigung
Xi = Ist-Beschäftigung
K = Kosten/Periode
Kp = Plankosten
Ki = Istkosten
vKi = variable Istkosten
Ks = Sollkosten
Kf = Fixkosten
Kver = verrechnete Plankosten
Kl = Leerkosten
VA = Verbrauchsabweichung
BA = Beschäftigungsabweichung
KA = Kostenabweichung
Kn = Nutzkosten

**Schaubild IX.21.** (2)

Grundanliegen der flexiblen Grenzplankostenrechnung ist es, **für kurzfristige Entscheidungen** im Produktions- und Absatzbereich im Rahmen gegebener Produktionskapazitäten mit den Grenzkosten **unmittelbar entscheidungsrelevante Kosten verfügbar zu haben** (vgl. *Kilger*, 1988, S. 73, 111, 186 ff.). Für langfristige Entscheidungen über Auf- und Abbau von Kapazitäten ist die dynamische Investitionsrechnung heranzuziehen (vgl. Kapitel 3.1 und 3.2). Allerdings sind die in den **jahresbezogenen Plankalkulationen** der Grenzplankostenrechnung ermittelten Grenzkosten unmittelbar entscheidungsrelevante Kosten nur unter der Voraussetzung des zugrundegelegten Planpreis- und Planlohnsatzniveaus, eines bestimmten Fristigkeitsgrades bei der Anpassung an Beschäftigungsschwankungen und bestimmter Vorabentscheidungen der Produktionsvollzugsplanung (vgl. *Kilger*, 1988, S. 111). Je häufiger in einer Unternehmung bei der Produktions- und Absatzplanung Entscheidungen für unterschiedliche Zeiträume oder über Wahlmöglichkeiten des Produktionsvollzugs zu treffen sind, umso stärker muß diese Grundkonzeption erweitert und differenziert werden:

– So sind bei der Kostenauflösung in fixe und proportionale Kosten **nebeneinander mehrere Fristigkeitsgrade** (z. B. 1 Monat, 3 Monate, 1 Jahr) in bezug auf Kostenvariationen und Fixkostensprünge bei quantitativen Anpassungsprozessen an Beschäftigungsänderungen zu berücksichtigen (vgl. das Beispiel bei *Kilger*, 1983, S. 80; vgl. auch *Seicht*, 1990, S. 204 ff.);
– die von Wahlmöglichkeiten beim Produktionsvollzug abhängigen Kosten sind als „**relevante Kosten zweiten Grades**" zu erfassen;
– mit einer **Primärkostendurchrechnung** der wichtigsten Kostenarten bis in die Kalkulation können die Auswirkungen von Preis- und Lohnsatzveränderungen unmittelbar bei den Kostenträgergrenzkosten erkennbar gemacht werden.

Kilger bezeichnet ein entsprechend modifiziertes System als „**dynamische Grenzplankostenrechnung**" (vgl. *Kilger*, 1988, S. 111 ff.).

Die **Wirtschaftlichkeitskontrolle** mit Hilfe des Soll-Ist-Vergleichs erfolgt in der Grenzplankostenrechnung analog zur flexiblen Vollplankostenrechnung (vgl. auch das Beispiel in Schaubild IX.24). Bei den sekundären Kostenarten unterscheiden sich die Verbrauchsabweichungen jedoch von denen, die in der flexiblen Vollplankostenrechnung ausgewiesen werden, da man in der Grenzplankostenrechnung auch innerbetriebliche Leistungen nur zu Grenzplankosten bewertet. Die auf Kostenträger verrechneten Plankosten stimmen in der Grenzplankostenrechnung stets mit den proportionalen Sollkosten der Kostenstellen überein, so daß die für die flexible Vollplankostenrechnung typische Beschäftigungsabweichung entfällt (vgl. Schaubild IX.21) und bei (fiktiver) Gleichsetzung von fixen Istkosten und fixen Plankosten diese unmittelbar in die Periodenerfolgsrechnung übertragen werden. In der Praxis weichen jedoch auch die fixen Istkosten häufig von den Plankosten ab, z. B. bei Überschreitungen der Instandhaltungsbudgets, zusätzlichem Abschreibungsbedarf auf Produktionsanlagen, verändertem Einsatz von Bereitschaftspersonal, bestandsbedingten Veränderungen bei den Kapitalkosten. Es ist daher auch eine Soll-Istkosten-Analyse für den Fixkostenbereich unverzichtbar, wobei es sich um quartals- und jahresbezogene Analysen handeln kann.

Erweiterungen der flexiblen Grenzplankostenrechnung beziehen sich weiterhin auf eine differenziertere Behandlung der Fixkosten in der Kostenträger- und Erfolgsrechnung. Durch eine **stufenweise Fixkostendeckungsrechnung** soll die Erfolgsermittlung nach Teilkapazitäten, die jeweils nur bestimmte Erzeugnisse oder Erzeugnisgruppen in Anspruch nehmen, differenziert werden. In Anlehnung an *Agthe* und *Mellerowicz* wird unterschieden zwischen Erzeugnisfixkosten, Erzeugnisgruppenfixkosten, Bereichsfixkosten und Unternehmungsfixkosten (vgl. *Agthe*, 1959, S. 404 ff.; *Mellerowicz*, 1961; *Kilger*, 1988, S. 98 ff. und 699). Dabei soll in der Erfolgsrechnung dargestellt werden, bis zu welcher „Produktionstiefe" jeweils die Deckungsbeiträge der Erzeugnisse zur Fixkostendeckung ausreichen (vgl. Schaubild IX.22).

Daraus sollen auch **Anregungen für notwendige mittel- bis langfristige Reduzierungen der Fixkosten** gewonnen werden. Negative Deckungsbeiträge können z. B. zeigen, daß aus wirtschaftlicher Sicht ganze Erzeugnisgruppen zu eliminieren und die zugehörigen Betriebsbereiche stillzulegen sind (im Beispiel des Schaubilds IX.22 etwa die Produktbereiche „Hitec" und „Videorecorder"). Die speziellen Fixkostenblöcke sind jedoch für Stillegungsüberlegungen nicht unmittelbar entscheidungsrelevant, sondern sie sind nach ihrer **Abbaufähigkeit** im Stillegungsfall zu differenzieren (vgl. *Seicht*, 1990, S. 200 ff.). Außerdem sind Verbundeffekte auf dem Absatz- und Beschaffungsmarkt zu untersuchen, so daß eine stufenweise Fixkostendeckungsrechnung zwar **Signalwirkung** haben kann, zur Entscheidungsfindung aber zusätzliche Analysen und Berechnungen – i.d.R. in Form einer Investitionsrechnung – durchzuführen sind (vgl. auch *Hahn*, 1985, S. 298; *Kilger*, 1988, S. 100; *Coenenberg*, 1992, S. 233 ff.).

Die **Kritik** an der flexiblen Grenzplankostenrechnung bezieht sich vor allem darauf, daß sie für die **betriebliche Preispolitik** ungeeignet sei, da von ihr der Anstoß für ruinöse Preissenkungen ausgehen könne, und daß sie den steuerrechtlichen Anforderungen der **Bestandsbewertung** nicht unmittelbar gerecht werde und daher eine Parallelkalkulation zu Vollkosten durchzuführen

Periodenerfolgsrechnung Juli 1992 (Werte in 1000 DM)

| Gesamt | Elektronik AG | | | | | |
|---|---|---|---|---|---|---|
| Bereich | Unterhaltungselektronik (Werk 1) | | | | | Computer (Werk 2) |
| Erzeugnisgruppe | Fernseher | | | Videorecorder | | Computer |
| Produktart | Monitor 70 | Monitor 80 | Hitec | Standard | Luxus | 386 |
| Nettoerlöse | 100 | 30 | 10 | 50 | 20 | 80 |
| ./. variable Kosten | 20 | 20 | 5 | 25 | 10 | 30 |
| Deckungsbeitragssumme I | 80 | 10 | 5 | 25 | 10 | 50 |
| ./. Erzeugnisfixkosten | -- | -- | 7 | 15 | 2 | 40 |
| Deckungsbeitragssumme II | 80 | 10 | ./. 2 | 10 | 8 | 10 |
| ./. Erzeugnisgruppenfixkosten | 40 | | | 20 | | – |
| Deckungsbeitragssumme III | 48 | | | ./. 2 | | 10 |
| ./. Bereichsfixkosten | 20 | | | | | – |
| Deckungsbeitragssumme IV | 26 | | | | | 10 |
| ./. Unternehmungsfixkosten | 25 | | | | | |
| Periodengewinn | 11 | | | | | |

**Schaubild IX.22.**   Gestufte Fixkostendeckungsrechnung (Beispiel)

sei (vgl. *Kilger*, 1988, S. 80 f.). Allerdings führt nur eine falsche Anwendung des Grenzkostenprinzips zu ungerechtfertigten Preissenkungen (vgl. *Laßmann*, 1976, S. 93; *Kilger*, 1988, S. 770 ff.; *Weber*, 1990, S. 246 f.). Im Vertrieb **dürfen proportionale Selbstkosten (Grenzkosten) der Erzeugnisse nicht generell als Preisuntergrenzen angesehen** (vgl. *Busse von Colbe/Hammann/Laßmann*, 1992, S. 230 ff. und 261 ff.) **und Deckungsbeiträge nicht mit Gewinnen verwechselt werden.** Es ist stets zu beachten, daß eine Unternehmung ihre Existenz und Weiterentwicklung nur absichern kann, wenn langfristig über alle Produkte bzw. Aufträge hinweg auch sämtliche Fixkosten gedeckt und ein angemessener Gewinn erzielt werden. Daher reichen Plangrenzkosten für eine erfolgsorientierte Absatz- und Preispolitik allein nicht aus. Den Erzeugnissen bzw. Erzeugnisgruppen sind neben den variablen Kosten für die Absatzplanung und für Vertriebsentscheidungen **Soll-Deckungsbeiträge** zuzuordnen, die ihrer Ertragskraft im Markt entsprechen und auf den gesamten Deckungsbedarf der Unternehmung auszurichten sind. Erfolgsoptimale Preise lassen sich durch kein System der Kostenrechnung allein von der Kostenseite her bestimmen. Bei Anwendung des Grenzkostenprinzips werden die Erzeugnisse jedoch nicht wie in der Vollkostenrechnung schematisch durch einen Deckungsbedarf in Höhe proportionalisierter Fixkosten zuzüglich einem kalkulatorischen Gewinnaufschlag belastet, sondern die Preispolitik kann flexibel unter Beachtung eines **kalkulatorischen Ausgleichs** betriebswirtschaftlich untermauert werden (vgl. *Laßmann*, 1976, S. 93; *Kilger*, 1988, S. 771).

Allerdings bestehen in der Praxis erhebliche Gefahren bei der Verwendung der reinen Grenzplankostenrechnung, die schon zu gravierenden Fehlentscheidungen geführt hat. Daher sollten erzeugnisbezogene Grenzplankosten nur als zusätzliche Informationen zu den Vollplankosten für ganz bestimmte Entscheidungen herangezogen werden. Verkaufsmitarbeitern auf unteren Hierarchieebenen sollten gar keine proportionalen Selbstkosten, sondern nur **Sollpreise** oder Richtpreise innerhalb bestimmter Bandbreiten vorgegeben werden (vgl. *Hahn*, 1964 und 1965, S. 221 ff. und S. 8 ff.; *Laßmann*, 1979, S. 142; *Kilger*, 1988, S. 772). Die primäre Verantwortlichkeit der Vertriebsleiter erstreckt sich auf Abweichungen zwischen den Soll- und Isterlösen als den primären Vertriebsergebnisbeiträgen, nicht aber zwischen Soll- und Istdeckungsbeiträgen.

Besondere Probleme der Anwendung der flexiblen Grenzplankostenrechnung als Universalinstrument für die kurzfristige Produktprogramm- und Produktionsvollzugsplanung ergeben sich bei zunehmender **Automatisierung** und **Flexibilisierung** der Produktion sowie steigender **Variantenvielfalt**, wie sie für die Produktion von Seriengütern in vielen Branchen kennzeichnend sind (vgl. *Laßmann*, 1984, S. 959 f.). Dadurch sinkt der Anteil kurzfristig beschäftigungsvariabler Kosten an den Gesamtkosten, so daß sich die differenzierte und aufwendige Planung und Kontrolle auf einen immer kleineren Kostenblock konzentriert. In der Kalkulation sinkt die Genauigkeit der Deckungsbeitragsbestimmung durch den steigenden Gemeinkostenanteil bei flexibler Nutzung von Produktionseinrichtungen zur Herstellung unterschiedlicher Erzeugnisse. Als Folge der Variantenvielfalt ergibt sich eine kaum noch beherrschbare Zahl an Kosten- und Erlösträgern.

Im Zuge der Entwicklung von Plankostenrechnungen gab es insbesondere in den 50er und 60er Jahren intensive und **kontroverse Diskussionen um Voll- und Teilkostenrechnungen**. Im Ergebnis wurde in der Wissenschaft weitgehend Einigkeit darüber erzielt, daß Teilkostenrechnungen als entscheidungsorientierte Systeme im Kurzfristbereich zu bevorzugen sind. In der Praxis hielten hingegen die meisten Unternehmungen an der (älteren) Vollkostenrechnung fest (vgl. *Küpper*, 1990, S. 12). Zunehmende EDV-Unterstützung ermöglicht eine kombinierte Rechnung (**Parallelkalkulation**), deren Bedeutung in der Praxis steigt (vgl. *Küpper/Winckler/Zhang*, 1990, S. 456). Bei **kombinierter Ermittlung und getrennter Darstellung der Planvollkosten und Plangrenzkosten** lassen sich unter weitgehend invarianten Produktionsbedingungen **alle Aufgaben der Kostenrechnung** mit Hilfe der Plankostenrechnung **erfüllen**. Für Planungsüberlegungen werden Grenzplankosten bzw. darauf beruhende Deckungsbeiträge herangezogen, insbesondere für Programmentscheidungen, Entscheidungen über Zusatzaufträge, über Eigenherstellung und Fremdbezug sowie über Verfahrensalternativen. Für die Unterstützung absatzpolitischer Maßnahmen sind Planvoll- und Plangrenzkosten je Kalkulationsobjekt von Interesse, für die steuerrechtliche, vielfach auch handelsrechtliche Bestandsbewertung sowie die Kalkulation öffentlicher Aufträge (nach LSP) sind Vollkostenkalkulationen erforderlich. Eine ergänzende Verteilung der Fixkosten auf Kostenträger entspricht nicht den ursprünglichen Grundsätzen der Grenzplankostenrechnung, wird aber inzwischen auch von deren Vertretern befürwortet (vgl. *Plaut/Müller/Medicke*, 1973, S. 269; *Kilger*, 1988, S. 607; *Plaut*, 1989, S. 240). Eine Verteilung der Fixkosten auf Produkte kann auch im Rahmen der stufenweisen Fixkostendeckungsrechnung vorgenommen werden. Damit hat der vielzitierte Gegensatz zwischen Voll- und Teilkostenrechnung an Bedeutung verloren. Eine Parallelkalkulation erfordert jedoch genaue Kenntnisse, welche Informationen für welche Fragestellungen zu verwenden sind. In der Praxis bestehen hierbei vielfach noch Unsicherheiten, die zu Fehlentscheidungen führen können (vgl. *Küpper*, 1990, S. 84).

### 2.2.4.2 Verfahren der Kostenplanung

Die in der Regel jährliche **Durchführung der Kostenplanung** erfolgt in den Systemen der Plankostenrechnung in mehreren Schritten (vgl. *Kilger*, 1988, S. 241 ff.; *Weber*, 1990, S. 145 ff.; *Seicht*, 1990, S. 424 ff.; *Schweitzer/Küpper*, 1991, S. 244 ff.; *Troßmann*, 1992, S. 236 ff.):

– Überprüfung der Voraussetzungen der Kostenplanung (Kostenstelleneinteilung nach möglichst einheitlicher Kostenverursachung; Einteilung der Kostenarten bzw. Kostenartengruppen nach gemeinsamen Einflußgrößen bzw. Bezugsgrößen);
– Bestimmung der Bezugsgrößen in jeder Kostenstelle nach Haupteinfluß auf Kostenarten (homogener und heterogener Kostenverursachung);
– Bestimmung der Planmengen der Bezugsgrößen (i.d.R. nach erwarteter langfristiger durchschnittlicher Beschäftigung/Kapazitätsnutzung);

– Planung des Mengen- und Zeitengerüsts der Kostenarten und dessen
  Bewertung mit erwarteten durchschnittlichen Preisen in der Planungsperi-
  ode, wobei Einzelkosten kostenträgerweise und Gemeinkosten kostenstel-
  lenweise geplant werden;
– Kostenauflösung der Kostenarten in den Kostenstellen, d.h. Festlegung
  der variablen und fixen Anteile für jede Bezugsgröße;
– Bildung von Kalkulationssätzen/Planverrechnungspreisen je Bezugsgrö-
  ßeneinheit und je Erzeugniseinheit;
– Durchführung der Kalkulation (Kostenträgerrechnung) und kurzfristigen
  Periodenerfolgsrechnung;
– Abstimmung der Kostenplanung zwischen den Kostenstellen und mit der
  Unternehmungsgesamtplanung.

Nach Ablauf einer (Teil-)Planperiode werden zunächst monatlich die tatsächlich entstandenen Kosten je Kostenstelle und -träger sowie die realisierten
Mengen der Bezugsgrößen ermittelt. Im Soll-Ist-Kostenvergleich werden die
Kostenabweichungen (speziell die Verbrauchsabweichungen) kostenartenweise ausgewiesen als Grundlage für die Ermittlung der Abweichungsursachen
und Einleitung von Maßnahmen zur Kostenbeeinflussung nach spezifischer
Kosten-/Leistungs-Verantwortlichkeit.

Die **Bestimmung der Bezugsgrößen** als Maßgrößen der Kostenverursachung für alle Kostenstellen kann mit Hilfe statistischer oder analytischer Verfahren erfolgen (vgl. *Kilger*, 1988, S. 324 ff.). Bei Anwendung statistischer Verfahren wird aus Istwerten der Vergangenheit ein vermuteter allgemeiner Ursa-
che-Wirkungszusammenhang abgeleitet (beispielsweise mit der Regressionsanalyse; vgl. *Laßmann*, 1981, Sp. 430 f.; *Backhaus u.a.*, 1990, S. 1 ff.). Voraussetzung ist dabei insbesondere, daß genügend Vergangenheitswerte vorliegen,
die nicht zu stark durch dispositive Einflüsse oder statistische Ausreißer ver-
zerrt sind. In der flexiblen Plankostenrechnung werden analytische Verfahren
bevorzugt, die auf Ermittlungen des Kostenplaners (im Produktionsbereich als
Kosteningenieur bezeichnet) beruhen, deren Basis naturwissenschaftlich-tech-
nische Beziehungszusammenhänge und organisatorische Festlegungen bilden.
Grundsätzlich treten in nahezu allen Kostenstellen vielfältige Kosteneinflußgrößen auf (vgl. *Kilger*, 1988, S. 144 ff.; *Laßmann*, 1991a, S. 163), praktisch
beschränkt man sich in der auf die Ermittlung erzeugnisbezogener Erfolge ausgerichteten Plankostenrechnung auf wenige, in der Regel nur eine Bezugsgröße, die Ausdruck der Beschäftigung der Kostenstelle ist (homogene
Kostenverursachung). Werden in einer Kostenstelle mehrere Bezugsgrößen
verwendet, ist eine gesonderte Kostenplanung für jede Bezugsgröße erforderlich (heterogene Kostenverursachung).

Die **Festlegung der Planmengen der Bezugsgrößen** (**Beschäftigungspla-
nung**) als Grundlage der Kostenplanung (vgl. *Kilger*, 1988, S. 345 ff.) ist bei
Vollkostenrechnungssystemen von großer Bedeutung, da sich in den einheits-
bezogenen Vollkostensätzen die Fixkostendegression auswirkt. In der flexiblen
Grenzplankostenrechnung sind hingegen die Grenzkostensätze bei dem unterstellten linearen Verlauf der variablen Kosten von der Beschäftigung unabhängig, was von den Vertretern dieses Systems als besonderer Vorteil herausge-

stellt wird. Die Planbeschäftigung in der Vollplankostenrechnung kann entweder an der Kapazitätsgrenze der Kostenstellen (**Kapazitätsplanung**, vgl. Teil VIII, Kapitel 2.2.2) oder an der gesamtbetrieblichen Jahresplanung mit ihren geplanten Absatz- und Produktionsmengen ausgerichtet werden (sogenannte **Engpaßplanung**). Beide Ansätze unterscheiden sich durch die Fixkostenweiterverrechnung in der Kostenträgerrechnung auf Grund der zugrundegelegten Kapazitätsauslastung. Der wesentliche Vorteil der Engpaßplanung besteht in der Einbindung der Stückkostenplanung in die jährliche Gesamtplanung, wobei diejenige Planbeschäftigung angesetzt wird, die man für die Planungsperiode unter Berücksichtigung der Kapazität, des prognostizierten Absatzes sowie aller sonstigen Engpässe im Beschaffungs-, Produktions- und Finanzbereich für durchschnittlich erreichbar hält. Für standardisierte Erzeugnisse läßt sich dann beispielsweise die Planmenge der Bezugsgröße „Fertigungsstunden" aus der Multiplikation der geplanten Produktionsmengen mit der jeweiligen Vorgabezeit, summiert über alle Produktarten, bestimmen.

Bei der **Planung des Mengengerüsts** der Kosten sind statistische Verfahren als alleinige Grundlage flexibler Plankostenrechnungen abzulehnen, da die Bereinigung der Vergangenheitswerte um dispositive Effekte und strukturelle Unwirtschaftlichkeiten vielfach schwierig bzw. unmöglich ist (vgl. *Kilger*, 1988, S. 352 ff.; *Seicht*, 1990, S. 426 ff.). Als **Methoden analytischer Kostenplanung** kommen in Betracht:

- **Berechnungen** auf der Grundlage von Stücklisten oder Rezepturen (insbes. Materialbedarf), Konstruktionszeichnungen, technischen Beschreibungen der Hersteller (z. B. Energiebedarf von Anlagen), Planungen (z. B. Personalkopfzahl, Stellenbesetzungspläne nach Lohngruppen differenziert), Verträgen (z. B. Mieten oder Langfristverträge für Fremdleistungen) oder gesetzlichen Vorschriften;
- **Messungen**, beispielsweise Arbeitsstudien, Multimomentaufnahmen, Probefertigungen oder Energieverbrauchsmessungen;
- **Schätzungen** durch den Kostenplaner, Kostenstellenverantwortlichen oder einen anderen Spezialisten;
- interne oder externe **Richtwerte** (z. B. von Branchenorganisationen).

Das **Mengengerüst** der Kosten ist mit den in der Planungsperiode durchschnittlich zu erwartenden Istpreisen zu **bewerten**. Teilweise muß auf die Ermittlung eines Mengengerüsts der Kosten verzichtet werden, etwa bei Steuern und Abgaben, bei Kleinmaterialverbrauch oder bei Verwaltungs- und Vertriebsaktivitäten, soweit deren Kostenanteile relativ gering sind. Man spricht dann auch von **Kostenbudgetierung**.

Die **Planung der Einzelkostenarten** (Materialeinzelkosten einschließlich Planabfallmengen, Lohneinzelkosten, Sondereinzelkosten der Fertigung, Forschung und Entwicklung sowie des Vertriebs) bezieht sich auf die Kostenträger der Unternehmung. Den Ausgangspunkt bildet das geplante Produktionsprogramm der Planungsperiode. Lohneinzelkosten werden vielfach kostenstellenweise geplant, auch wenn sie den Kostenträgern direkt zurechenbar sind, da eine Kontrolle der Lohneinzelkosten vielfach wirksamer über Kostenstellen möglich ist und die geleisteten Fertigungsstunden in vielen Kostenstellen geeignete Bezugsgrößen der Kostenverursachung darstellen.

Die **Planung der Gemeinkosten** in den einzelnen Kostenstellen sollte in Zusammenarbeit zwischen Kostenplanern (Kosteningenieuren) und Kostenstellenverantwortlichen (im Fertigungsbereich i.d.R. Meister) sowie unter Einbeziehung der Vorgesetzten (Werksleiter, Betriebsleiter) erfolgen. Kostenplanung bedeutet grundsätzlich Festlegung von Kostenzielen bei vorgegebener Leistung, wobei die **Planwerte** nach Möglichkeit so **realistisch anzusetzen** sind, daß sie auch **erreichbar** sind, so daß sie für die Kostenstellenleiter motivierend wirken (vgl. *Seicht*, 1990, S. 425) und auch für die Unternehmungsplanung und Erfolgsprognose eine geeignete Grundlage abgeben. Zur Bestimmung der innerbetrieblichen Verrechnungssätze sind vor den Endkostenstellen zunächst die Vorkostenstellen zu planen. Schaubild IX.23 zeigt ein Beispiel für die Kostenplanung einer Fertigungskostenstelle. (Zur Planung wichtiger Gemeinkostenarten im einzelnen vgl. auch *Kilger*, 1988, S. 241 ff.; *Seicht*, 1990, S. 428 ff.).

Im Rahmen der Mengenplanung der Gemeinkosten erfolgt die **planmäßige Kostenauflösung** aller Kostenarten einer Kostenstelle in fixe und proportionale Anteile im Hinblick auf die zugehörige Bezugsgröße. Diejenigen Anteile einer Kostenart, die auch dann noch anfallen, wenn die Beschäftigung einer Kostenstelle gegen Null geht, werden den fixen Kosten zugeordnet (vgl. *Kilger*, 1988, S. 361 f.). Dabei wird eine der Planungsperiode entsprechende, üblicherweise jährliche Fristigkeit des Kostenabbaus angenommen. Sprungfixe Kosten rechnet man zumeist den variablen Kosten zu, wenn die Intervalle nicht zu groß sind. Auch Abschreibungen auf Potentialfaktoren und Instandhaltungskosten können variable (d.h. nutzungsverschleißabhängige) Anteile enthalten. Als Ergebnis der Kostenplanung der Kostenstelle lassen sich für die Kostenträgerrechnung durch Division der Plankostensumme zu Voll- und/oder Grenzkosten durch die Planmengen der Bezugsgrößen die **Kalkulationssätze** (Planverrechnungskostensätze) zu Voll- und/oder Grenzkosten **pro Bezugsgrößeneinheit** bestimmen (vgl. Schaubild IX.23). Die Kostenpläne der verschiedenen Kostenstellen sind abzustimmen und zur Planung der Gesamtkosten der Unternehmung zu verdichten.

Für den **Soll-Ist-Kostenvergleich** wird in den meisten Unternehmungen der Kalendermonat als Kontrollperiode verwendet (vgl. im einzelnen *Kilger*, 1988, S. 536 ff.). Dazu sind auch die **Istkosten**, differenziert nach Kostenstellen und Kostenarten, und die **Istbezugsgrößen**, differenziert nach Kostenstellen und Bezugsgrößenarten, zu erfassen. Ein Problem bereitet dabei die Unterteilung der Istkosten in fixe und proportionale Bestandteile, da die Kostenauflösung dispositionsabhängig ist. Zumeist wird einfach unterstellt, daß die fixen Istkosten mit den fixen Plankosten übereinstimmen; die **variablen Istkosten** ergeben sich dann (fiktiv) als **Differenz zwischen Istkosten und geplanten Fixkosten** (vgl. *Kilger*, 1988, S. 539; *Seicht*, 1990, S. 446). Anschließend werden die variablen **Istkosten in Sollkosten und Abweichungen aufgeteilt** (vgl. als Beispiel Schaubild IX.24 für die Fertigungskostenstelle aus Schaubild IX.23).

Die Sollkosten ergeben sich für jede Bezugsgröße als Produkt der (Voll- oder Grenz-)Plankosten pro Bezugsgrößeneinheit und zugehöriger Ist-

| Kostenplan Zeitraum | | Kostenstellen-Bezeichnung | Fertigungsstelle A | | | | Ko. St. Nr. 501 Bez. Gr. Nr. | | Blatt |
|---|---|---|---|---|---|---|---|---|---|
| Planbezugsgröße je Ø Monat | | 4 500 Fertigungsstunden | | | | Ø Schichtzahl | Ko. St. Leiter Stellvertreter | | |

| Kostenarten | | Relativ-zahl | ME | Menge | DM/ME | Plankosten [DM/Monat] | | |
|---|---|---|---|---|---|---|---|---|
| Nr. | Bezeichnung und Unterteilung | | | | | Gesamt | Proportional | Fix |
| 4301 | Fertigungslöhne | | Std | 4500 | 13,60 | 61 200 | 61 200 | – |
| 4309 | Zusatzlöhne für Akkordarbeiter | | Std | 4500 | 0,29 | 1 305 | 1 305 | – |
| 4310 | Hilfslohn | | | | | 3 363 | 2 913 | 450 |
| | Einrichter | | Std | 115 | 14,70 | 1 691 | | |
| | Reinigung, Transport in der Kostenstelle | | Std | 160 | 10,45 | 1 672 | | |
| 4910 | Kalk. Personalnebenkosten für Arbeiter | | DM | 65868 | 0,745 | 49 072 | 48 737 | 335 |
| 4100 | Werkzeuge und Geräte | | Std | 4500 | 0,36 | 1 620 | 1 620 | – |
| 4110 | Hilfs- und Betriebsstoffe | | Std | 4500 | 0,12 | 540 | 510 | 30 |
| 4510 | Reparatur- und Instandhaltungs-kosten | | | | | 2 550 | 1 922 | 628 |
| | Reparaturwerkstatt | | Std | 48 | 25,00 | 1 200 | | |
| | Material | | | | | 750 | | |
| | Fremdleistungen | | | | | 600 | | |
| 4801 | Kalk. Abschreibungen | | | | | 7 863 | 4 441 | 3 422 |
| | 14 Maschinen (TW = 1 232 000 DM) (3 422 Fix + 5 134 x 0,865) | | | | | | | |
| 4810 | Kalk. Zinsen auf Anlagevermögen | | | | | 2 426 | – | 2 426 |
| | 14 Maschinen (RW = 485 300) | | 100DM | 4853 | 0,50 | | | |
| 4940 | Kalk. Raumkosten | | m² | 300 | 10,35 | 3 105 | – | 3 105 |
| 4951 | Kalk. Stromkosten (140 kW) | | kWh | 25125 | 0,094 | 2 362 | 2 362 | – |
| 4960 | Kalk. Transportkosten | | Std | 4500 | 0,70 | 3 150 | 3 150 | – |
| 4970 | Kalk. Leitungskosten | | Std | 4500 | 0,92 | 4 140 | 4 140 | – |
| 4999 | Kalk. sekundäre Fixkosten | | | | | 27 265 | – | 27 265 |

| Geplant | | Geprüft | | Abgelocht | | Plankostensumme | 169 961 | 132 300 | 37 661 |
|---|---|---|---|---|---|---|---|---|---|
| | | | | | | | | 37,77 | 29,40 | |
| Name | Datum | Name | Datum | Datum | Datum | Ko. St. Leiter einverstanden | Datum | Kalkulationssätze | |

**Schaubild IX.23.** Beispiel einer Kostenplanung für eine Fertigungskostenstelle (*Kilger*, 1988, S. 480)

| Maschinenbau GmbH | Betriebsabrechnung  Soll - Istkostenvergleich | Zeitraum: Oktober  Stellen-Nr.: 501  Stellen-Bez.: Ftg.St.A |
|---|---|---|

**A. Soll-Istkostenvergleich nach Kostenarten**

| KA Gr. | Nr. | Kostenart | Istkosten | Sollkosten | Abweichung | in % | Abw. seit Jahresbeginn | in % |
|---|---|---|---|---|---|---|---|---|
| 1 | 4301 | Fertigungslöhne | 66 217 | 65 851 | 366 | 0,56 | 2 060 | 0,33 |
| | 4302 | Löhne f. innerbetr. Leistungen | | | | | | |
| | 4309 | Zusatzlöhne | 1 896 | 1 404 | 492 | 35,04 | 1 165 | 8,67 |
| | 4310-15 | Hilfslöhne | 4 178 | 3 584 | 594 | 16,57 | 2 872 | 8,32 |
| | 4320 | Mehrarbeitszuschläge | | | | | | |
| | 4910 | Kalk. Personalnebenk. Arbeiter | 53 855 | 52 776 | 1 079 | 2,04 | 4 542 | 0,90 |
| 2 | 4350 | Gehälter | | | | | | |
| | 4911 | Kalk.Personalnebenk.Angestellte | | | | | | |
| 3 | 4100 | Werkzeuge und Geräte | 1 425 | 1 743 | ./. 318 | 18,24 | 823 | 4,93 |
| | 4110 | Hilfs- und Betriebsstoffe | 336 | 579 | ./. 243 | 41,97 | 412 | 7,42 |
| | 4200-10 | Heiz- und Treibstoffe | | | | | | |
| | 4250-50 | Fremdbezogene Energie | | | | | | |
| 4 | 4510-30 | Reparatur- u. Instandhaltung | 3 111 | 2 696 | 415 | 15,39 | 2 481 | 9,51 |
| | 4560 | Ausschuß- u. Nacharbeit | | | | | | |
| 5 | 4601-4750 | Verschiedene Gemeinkosten | | | | | | |
| 6 | 4801 | Kalk. Abschreibungen | 8 201 | 8 201 | | | | |
| | 4810-11 | Kalk. Zinsen | 2 426 | 2 426 | | | | |
| | 4940 | Kalk. Raumkosten | 3 105 | 3 105 | | | | |
| | 4951 | Kalk. Stromkosten | 2 816 | 2 542 | 274 | 10,78 | 678 | 2,79 |
| | 4960 | Kalk. Transportkosten | 3 389 | 3 389 | | | | |
| | 4970 | Kalk. Leistungskosten | 4 454 | 4 454 | | | | |
| | 4999 | Kalk. Sek. Fix-Kosten | 27 265 | 27 265 | | | | |
| | | Summe ohne Tarif- u. Preisabw. | 182 674 | 180 015 | 2 659 | 1,48 | 15 033 | 0,86 |
| 7 | | Tarifabweichungen | 5 044 | | 5 044 | | 13 417 | |
| | | Preisabweichungen | 119 | | 119 | | 852 | |
| | | Summe mit Tarif- u. Preisabw. | 187 837 | 180 015 | 7 822 | | 29 302 | |

**B. Soll-Istkostenvergleich nach Kostenartengruppen**

| | | Istkosten | Sollkosten | Abweichung | in % | Abw. seit Jahresbeginn | in % |
|---|---|---|---|---|---|---|---|
| 1 | Personalkosten Lohnempfänger | 126 148 | 123 615 | 2 533 | 2,05 | 10 639 | 0,90 |
| 2 | Personalkosten Angestellte | | | | | | |
| 3 | Werkzeuge, Hilfs- u. Betr.-Stoffe | 1 761 | 2 322 | ./. 561 | 24,16 | 1 235 | 5,63 |
| 4 | Innerbetriebliche Leistungen | 3 111 | 2 696 | 415 | 15,39 | 2 481 | 9,51 |
| 5 | Verschiedene Gemeinkosten | | | | | | |
| 6 | Kalk. Kostenarten | 51 656 | 51 382 | 274 | 0,53 | 678 | 0,13 |
| | Summe ohne Tarif- u. Preisabw. | 182 676 | 180 015 | 2 661 | 1,48 | 15 033 | 0,86 |

**C. Bezugsgrößen und Kostensätze**

| Bezugsgrößenbezeichnung | Ist | Plan | % | Vollkostensatz | | Grenzkostensatz | |
|---|---|---|---|---|---|---|---|
| | | | | Plan | Ist | Plan | Ist |
| Fertigungsstunden | 4 842 | 4 500 | 107,6 | 37,77 | 38,79 | 29,40 | 31,02 |

**Schaubild IX.24.** Beispiel eines Soll-Ist-Kostenvergleichs für eine Fertigungskostenstelle im Rahmen der flexiblen Vollplankostenrechnung (*Kilger*, 1988, S. 553)

Bezugsgrößenmenge. Die Preis- und Tarifabweichungen werden isoliert und getrennt ausgewiesen, so daß je Kostenstelle die nach Kostenarten differenzierten und zu verantwortenden **Verbrauchsabweichungen** sichtbar werden. In der Kostenabweichungsanalyse bestimmt man die relative Höhe der Abweichungen, kumuliert die Abweichungen im Zeitablauf, um zu erkennen, inwieweit sich Über- und Unterschreitungen zeitlich ausgleichen und nimmt ggf. Verdichtungen zu Kostengruppen vor (vgl. Schaubild IX.24). Ein **Soll-Ist-Kostenvergleich** kann auch **partiell** erfolgen, so daß z. B. die laufende Kostenkontrolle auf die vom Kostenstellenleiter **beeinflußbaren Kostenarten** (insbesondere Personal, Hilfs- und Betriebsstoffe einschließlich Energie, Instandhaltung) begrenzt wird.

Der hauptsächliche Zweck des Soll-Ist-Kostenvergleichs – die Überwachung der Wirtschaftlichkeit der Betriebsabläufe – kann nur erreicht werden, wenn alle Abweichungen, die bestimmte absolute und relative Grenzen überschreiten,

– auf ihre **Ursachen** hin untersucht werden (Quellen von Unwirtschaftlichkeiten in jeder Kostenstelle und Ursachen in vorgelagerten Kostenstellen, wie z. B. fehlerhaftes Material, fehlerhafte Zwischenprodukte oder schlechte Ablauforganisation; aber auch fehlerhafte Kostenplanung, z. B. Unterschätzung von Kostenremanenzen bei Minderbeschäftigung; Umdispositionen gegenüber der Kostenplanung, z. B. veränderte Zusammensetzung des Produktprogramms oder Rückwirkungen aus dem Vertrieb, wie z. B. geringere Absatzmengen als geplant oder Fehlerfolgekosten aus Reklamationen, verspäteter Auslieferung, Transportbeschädigungen der Produkte);
– die Grundlage bilden für **Kostendurchsprachen**, um das Kostenbewußtsein der Mitarbeiter zu stärken und sie zu wirtschaftlich verantwortlichem Handeln zu motivieren;
– notwendige **Korrekturmaßnahmen** auslösen (bspw. Einsatz anderer Werkstoffe, Verfahrensänderungen, Änderungen der Ablauforganisation, Personalschulung, Korrektur fehlerhafter Plankostenansätze; vgl. *Seicht*, 1990, S. 473 ff.).

Bei **Serienfertigung** standardisierter Erzeugnisse kann in einer voll ausgebauten Plankostenrechnung die **Istkostennachkalkulation** als Nachrechnung in der Kostenträgerstückrechnung **überflüssig** werden (vgl. *Kilger*, 1988, S. 648 ff.), da es i.d. R. unerheblich ist, bei der Herstellung welcher Erzeugniseinheit oder welches Auftrages in einer Kostenstelle Abweichungen von der wirtschaftlich optimalen Verhaltensweise aufgetreten sind. Die Vollkostenvorkalkulation basiert dabei auf Plankosten entsprechend den normalisierten Kostensätzen in der Normalkostenrechnung und die Kostenträgerergebnisrechnung auf der Differenz zwischen Ist-Nettoerlösen und Vollplankostenträgerkosten. Alle Gemeinkostenabweichungen werden in der Kostenstellenrechnung und die Einzelkostenartenabweichungen nach Produktgruppen oder Einzelaufträgen überwacht. Die Abweichungen gehen unmittelbar in die kurzfristige Erfolgsrechnung (Betriebsergebnisrechnung) ein. Die Betriebsergebnis-

rechnung kann ergänzend **erzeugnisgruppenweise** als Kostenträgerzeitrechnung unter Berücksichtigung aller Abweichungen der Periode – vielfach allerdings ohne Beschäftigungsabweichungen – aufgegliedert werden, so daß auf
dieser Ebene auch **Istkosten** ermittelt werden.

Nehmen die **Abweichungen** einen **relativ großen Umfang** ein, so kann es
vorkommen, daß die summierten Kalkulationsobjekt- oder Produkterfolge auf
Vollplankostenbasis einen Periodenbetriebsgewinn signalisieren, der jedoch
durch die Summe der Preis-, Material- und Kostenstellenabweichungen in der
Betriebsergebnisrechnung in einen **Periodenbetriebsverlust** umschlagen kann.
Dieser Tatbestand hat in der Praxis vor allem in Zeiten des Konjunkturrück-
gangs mit Unterbeschäftigung oder bei erheblichen Verfahrensmängeln im Produktionsablauf vielfach zu Irritationen geführt. Aufgrund der im Vertrieb verfügbaren Produktvoll**plan**kosten herrschte bei den Akteuren und Verantwortlichen im Vertriebsbereich die Auffassung vor, daß mit den erzielten Umsatzerlösen Gewinne entstanden sind. Vor allem die **Auswirkungen einer Unterbeschäftigung** wurden im Vertrieb nicht erkannt, wenn sich zwischen Planbezugs-
größenmengen aufgrund der Jahresplanung und den Ist-Bezugsgrößenmengen
aufgrund der realisierten Ist-Beschäftigung in einem Jahr große Differenzen
herausstellen. Es wird daher vielfach in der Praxis gefordert, auch auf Basis
von Istkosten parallel zur Plankostenträgerrechnung eine **Nachkalkulation**
durchzuführen (so auch *Kilger*, 1988, S. 649 f.).

Dies gilt insbesondere für größere Aufträge bei Serienproduktion (vgl.
auch Kapitel 3.2) und bei einzelkundenorientierter Großanlagenproduktion
(vgl. Kapitel 3.3.3.3). In diesen Fällen wird durch die Plankostenrechnung kein
Teilbereich der Istkostenrechnung kompensiert, vielmehr stellt die Plankostenrechnung eine wichtige Ergänzung der Istkostenrechnung für Planungs- und
Überwachungsaufgaben dar. Dann müssen die Kostenabweichungen auch auf-
trags- bzw. projektweise erfaßt werden, um Istkosten und Isterfolge bestimmen
zu können. In diesem Sinne werden in der Praxis teilweise auch im Planungsstadium neben den Produkt-/Auftragsplankosten bei Planbeschäftigung die
anteiligen Mehrkosten bei 10%-, 20%-, 30%iger Unterplanbeschäftigung
ermittelt. Auf diese Weise kann dem Vertrieb die Kostenprogressionswirkung
aus Unterbeschäftigung verdeutlicht werden und die **erlös- bzw. ergebnismä-
ßige Deckungslücke** bei vom Plan abweichendem Minderabsatz erkennbar
gemacht werden. Diese auftragsweise Darstellung des zusätzlichen (Kosten-)
Deckungsbedarfs spielt vor allem bei den Produktionsunternehmungen eine
besondere Rolle, bei denen z. B. auf Grund **hoher Automatisierung** der Anteil
der fixen Bereitschaftskosten an den Gesamtkosten relativ hoch ist bzw. die
variablen produkt-/auftragsabhängigen Kosten relativ niedrig sind (teilweise
erheblich unter 50% der Gesamtkosten). Eine **produkt- oder auftragsweise
Zuordnung von spezifischen Verbrauchs-, Leistungs- und Verfahrensabwei-
chungen** kann auch dann zu vertieften Analyseergebnissen führen, wenn
bestimmte Abweichungen in den Kostenstellen überwiegend oder sogar allein
von bestimmten Produktarten oder Aufträgen ausgelöst werden. Es wird dann
ein zusätzlicher Kostendeckungsbedarf für den Vertrieb sichtbar gemacht –
z. B. in Form von gezielten Preisaufschlägen in einzelnen Marktsegmenten –
oder der Nichtabschluß derartiger Aufträge zu fordern sein, sofern die Ursa-

chen der Kostenabweichungen in den Kostenstellen auf Grund besonderer Produktionsanforderungen für diese Erzeugnisse/Aufträge technisch oder organisatorisch nicht beseitigt werden können.

## 2.2.5    Flexible Betriebsplanerfolgsrechnung

### 2.2.5.1    Konzeptionelle Grundlagen

Die flexible Betriebsplanerfolgsrechnung stellt eine **Weiterentwicklung der flexiblen Grenzplankostenrechnung** dar (vgl. *Laßmann*, 1968, S. 72 ff.; *Laßmann*, 1983, S. 87 ff.; *Laßmann*, 1992, S. 300 ff.; so auch *Kilger*, 1983, S. 64). Als **Hauptziele** gelten auch für die **Betriebsplanerfolgsrechnung** die

–    Bestimmung entscheidungsrelevanter Kosten bzw. Erfolge für **kurzfristige Planungsüberlegungen** im Rahmen gegebener Kapazitäten und die
–    **periodische Überwachung** der Wirtschaftlichkeit der Leistungserstellung.

Beide Systeme basieren auf fundierten Ursache-Wirkungsanalysen der Kostenentstehung. Wesentliche **konzeptionelle Unterschiede** zeigt Schaubild IX.25.

Die Betriebsplanerfolgsrechnung berücksichtigt weitergehende **kurzfristige Wahlmöglichkeiten des Produktionsvollzugs und der Absatzpolitik**, insbesondere bei Variationen der Materialzusammensetzung, Losgrößen, Produktreihenfolgen, Produktionsverfahren, Produktqualitäten und -abmessungen, Rabatt- und Bonusgewährung, Vertriebswege und anderer Erlöskomponenten. Die flexible Grenzplankostenrechnung geht hingegen von (alternativ) vorfixierten Produktions- und Marktbedingungen aus; sie ist der Planung der Absatz- und Produktionsmengen vorgelagert, nicht aber integrierter Bestandteil dieses Planungsprozesses. In der **Grenzplankostenrechnung** wird grundsätzlich unterstellt, daß sich die variablen Kosten und Erlöse einer Bezugsperiode allein zu Produktmengenvariationen (Beschäftigungsveränderungen) unter jeweils vorfixierten Produktionsbedingungen proportional verhalten. Dies setzt voraus, daß entweder alle anderen Kosten- und Erlöseinflußgrößen **im Zuge vorgelagerter Planungsprozesse** festgelegt werden oder mittelbar durch den Ansatz **alternativ-konstanter Grenzplankosten** für bestimmte Produktions- oder Absatzalternativen berücksichtigt werden, was jedoch nur bei einer sehr begrenzten Zahl von Wahlmöglichkeiten praktikabel ist (vgl. Kapitel 2.2.4.1). Dagegen werden in der **Betriebsplanerfolgsrechnung alle wesentlichen Kosten- und Erlösabhängigkeiten** einer Unternehmung oder eines Unternehmungsteilbereichs mit Hilfe von multivariablen mathematischen Funktionen in Form von Betriebs- und Absatzmodellen integrativ **erfaßt** und in ihren **Wirkungen auf den Periodenerfolg unmittelbar und simultan berechenbar** gemacht. In diesem System sind dann zur Ermittlung des Periodenerfolgs produktbezogene Erfolge nicht erforderlich, sie können jedoch für die Erfüllung von anderen Aufgaben wie z.B. die Ermittlung von Preisgrenzen oder auftragsbezogene Erfolgsanalysen problemspezifisch bestimmt werden.

| | Betriebsplanerfolgsrechnung | flexible Grenzplankostenrechnung |
|---|---|---|
| zentraler Rechnungszweck | periodenbezogene Kosten- und Erlös- bzw. Erfolgsermittlung im Zusammenhang mit der kurz- bis mittelfristigen Planung und Kontrolle von Produktion und Absatz bei Sorten- und Serienfertigung; stückbezogene Kostenermittlung für die Kalkulation | stückbezogene Kosten- und Deckungsbeitragsermittlung für Kalkulation, Planung und Kontrolle von Produktion und Absatz |
| berücksichtigte Einflußgrößen in Kosten- und Erlösfunktionen | unmittelbare Einbeziehung aller wirtschaftlich bedeutsamen Einflußgrößen auf Kosten und Erlöse - multivariabler Ansatz | Einbeziehung nur der Kerneinflußgröße Beschäftigung bzw. daraus abgeleiteter Hilfsgrößen (z.B. Fertigungszeiten) - monovariabler Ansatz im Rahmen alternativer Produktions- und Absatzbedingungen (mittelbare Einbeziehung von wirtschaftlich bedeutsamen Kosten- und Erlöseinflußgrößen) |
| Art der Einflußgrößenfunktionen | multiple lineare Einflußgrößenfunktionen mit mehreren unabhängigen Variablen | einfache lineare Einflußgrößenfunktionen mit nur einer unabhängigen Variablen (Beschäftigung) |
| Zusammenhang zwischen Mengen- und Wertrechnung | strikte Trennung von flexibler Mengen- und Bewertungsrechnung mit laufender Preisaktualisierung (Tagespreisprinzip) | integrierte Mengen- und Bewertungsrechnung mit i.d.R. jahresbezogen festgelegten Planeinstands- und Verrechnungspreisen |
| Variabilität der Kostenverrechnungssätze | flexible Kostenverrechnungssätze je Einflußgrößeneinheit für verschiedene Konstellationen der Produktionsbedingungen auf Grund differenzierter Einflußgrößenfunktionen | (alternativ-)konstante Kostenverrechnungssätze je Beschäftigungs- bzw. Bezugsgrößeneinheit für bestimmte (alternative) Konstellationen der Produktionsbedingungen |
| Zusammenhang zwischen Produktions- und Absatz- sowie Kosten-, Erlös- und Erfolgsplanung | simultane periodenbezogene Planung von Produktion und Absatz und der daraus folgenden Plankosten, Planerlöse und Planerfolge | unabhängige Bereitstellung von bezugsgrößen- und stückbezogenen Kosten- und Deckungsbeitragsinformationen für die Produktions- und Absatzplanung |
| Abweichungsanalyse | nach technischen Einzelursachen (Einflußgrößen) und Verantwortlichkeiten untergliederte Abweichungen | Beschäftigungs- bzw. Bezugsgrößenabweichungen und Verbrauchsabweichungen nach globalen Ursachenkomplexen und Verantwortungsbereichen |

**Schaubild IX.25.** Konzeptionelle Unterschiede zwischen Betriebsplanerfolgsrechnung und flexibler Grenzplankostenrechnung (*Laßmann*, 1992, S. 316)

Für die Verflechtung des betrieblichen Rechnungswesens mit den Planungs- und Überwachungsprozessen in Absatz und Produktion ist eine wesentliche Voraussetzung, daß alle wichtigen quantitativen Einflußgrößen auf den Periodenerfolg im Produktions- und Absatzbereich erforscht und die für den Verbrauchs- und Potentialfaktoreinsatz sowie die Absatzleistungen maßgebenden Einflußgrößenbeziehungen in Form mathematischer Funktionen in **Betriebs- und Absatzmodellen** abgebildet werden. Dabei ist darauf zu achten, daß nur solche Einflußgrößenbeziehungen berücksichtigt werden, die für Zwecke der am Wirtschaftlichkeitsprinzip orientierten strukturellen Planung und Überwachung von Produktion und Absatz (integrierte Programm-, Verfahrens-, Faktoreinsatz- und Absatzleistungsplanung) sowie für die Produktkalkulation und Preisbeurteilung signifikant sind. Erfahrungsgemäß werden beim Aufbau von Betriebs- und Absatzmodellen für konkrete Unternehmungsbereiche zunächst mehr Einflußgrößen beachtet als für eine hinreichend genaue Planung und Überwachung notwendig. Im Zuge der Modellanwendung sind dann Einflußgrößenbeziehungen zu selektieren, die nur in geringem Maße zur Erhöhung der Genauigkeit der zu berechnenden Ergebnisse beitragen.

**Betriebsmodelle** basieren auf Prozeßmodellen, die zur Steuerung der technologischen Produktionsabläufe in Industriebetrieben eingesetzt werden, z.B. Hochofenprozeßmodell, Stahlwerksprozeßmodell, verfahrenstechnisches Prozeßmodell in der Chemieindustrie (vgl. das Beispiel in Band 1, Teil IV, Kapitel 2.3.2).

**Absatzmodelle** werden aus der Analyse vergangener Absatzprozesse und aus Projektionen für zukünftige Absatzaktivitäten abgeleitet. Insbesondere durch eine differenzierte Auftragsverfolgung – z.B. aufgegliedert nach Vertriebswegen, Regionen, Kundengruppen und Produktgruppen – kann Transparenz in die Entstehung einzelner mengenmäßiger Absatzleistungsarten sowie ihre Bewertung mit positiven und negativen Erlösarten gewonnen werden (vgl. Kapitel 2.1.2; *Kolb*, 1978; *Laßmann*, 1979, S. 153 ff.). Darauf aufbauend können dann marktsegmentspezifische Absatzmodelle erstellt werden, die die verschiedenartigen Absatzleistungen (z.B. Absatzprogramme, differenziert nach Standard- und Sonderqualitäten, Abmessungskriterien, Vertriebswegen, Transport-, Finanzierungs- und sonstigen Zusatzleistungen, Rabatt- und Bonusstaffeln) in Abhängigkeit von ihren Haupteinflußgrößen abbilden und eine Prognose über zukünftige Absatzentwicklungen unterstützen. Zur Ableitung von Absatz- und Erlösplänen sowie für spezifische Vorgaben im Vertriebsbereich kann auch auf die Daten bereits vorhandener Auftragsbestände zurückgegriffen werden; zusätzlich sind die Auswirkungen vorgesehener Absatzaktivitäten abzuschätzen.

**Wirtschaftliches Oberziel** von Unternehmungen im Rahmen der operativen Führung ist die Erreichung **möglichst hoher Periodenerfolge**. Daher stellt die auf Betriebs- und Absatzmodellen aufbauende Betriebsplanerfolgsrechnung die Ermittlung der **Auswirkungen von Handlungsalternativen auf den Periodenerfolg** in den Mittelpunkt optimaler Produktions- und Absatzplanung. Daneben bildet der als **Zielgröße** vorgegebene **Periodenerfolg** die **oberste Maßgröße für die Überwachung des Planvollzugs**, differenziert nach den wichtigsten Erfolgskomponenten. Auf Basis von Einflußgrößenfunktionen können zunächst für alternative Vorgaben des Produktions- und Absatzprogramms, der disponiblen Produktions- und Absatzbedingungen und/oder der Faktoreinsatzzusammensetzung bei zweckgerechter Bewertung die jeweils zu erwartenden Periodenkosten und -erlöse ermittelt werden. Soweit in der Praxis die Informationsbasis für **Optimierungskalküle** vorhanden ist, kann durch Einsatz der linearen Programmierung der Produktions- und Absatzplan mit dem maximalen Periodenerfolg oder – für ein vorgegebenes Produktions- und Absatzprogramm – mit den minimalen Plankosten bestimmt werden. Im Optimierungsansatz enthält die Zielfunktion die **gesamten** Planerlöse und geplanten primären

Kosten der betrachteten Bezugsperiode. Hier wird ein wesentlicher **konzeptioneller Unterschied** zu der auf **Stückbruttoerfolgen** (Deckungsbeiträgen) basierenden Zielfunktion in den Ansätzen zur Programmoptimierung bei flexibler Grenzplankostenrechnung erkennbar (vgl. *Laßmann/Vogt*, 1991, Sp. 1345).

Im Gegensatz zur flexiblen Plankosten- und Deckungsbeitragsrechnung, die unabhängig von der Produktions- und Absatzplanung durchgeführt wird und für diese lediglich stück- und bezugsgrößenbezogene Plankostensätze und Planerlöse bereitstellt, **wird in der Betriebsplanerfolgsrechnung uno actu die periodenbezogene Produktions- und Absatzplanung sowie die Planung und Überwachung der periodenbezogenen Produktionskosten und Absatzerlöse vollzogen.** Außerdem können aus der Gegenüberstellung von Plan- und Istkosten sowie Plan- und Isterlösen auf Basis von multivariablen Einflußgrößenfunktionen die Ursachen für Plan-Ist-Abweichungen genauer und detaillierter als in der flexiblen Plankostenrechnung festgestellt werden. Durch Einsetzen der Istwerte der Einflußgrößen am Ende einer Bezugsperiode in die Betriebsmodelle lassen sich z. B. im Hinblick auf jede interessierende Einflußgröße entscheidungsbedingte (Sollkosten ./. Plankosten) und ausführungsbedingte (Istkosten ./. Sollkosten) Abweichungen unterscheiden (vgl. Schaubild IV.10 in Band 1).

Neben Periodenkosten, -erlösen und -erfolgen können mit der Betriebsplanerfolgsrechnung auch **Stückkosten und -erlöse in beliebiger Abgrenzung** nach Voll- und Teilkosten bzw. -erlösen je Produktions- und Absatzbereich für **Zwecke der Preisbildung** und **-beurteilung** sowie **der Bestandsbewertung** ermittelt werden. Damit lassen sich auch **Stückbrutto-** und **-nettoerfolge** in jeder erforderlichen Abgrenzung bestimmen. Diese Stückerfolgsgrößen sind aber nicht Voraussetzung für eine periodenbezogene Produktions- und Absatzplanung wie in der flexiblen Plankostenrechnung, sondern werden bei Bedarf als sekundäre Zielgrößen abgeleitet. Diese Vorgehensweise entspricht dem **Gesamtkostenverfahren** im Unterschied zum in der flexiblen Grenzplankostenrechnung angewendeten **Umsatzkostenverfahren**. Neben den Planungs- und Überwachungsaufgaben können in der Betriebsplanerfolgsrechnung auch alle erforderlichen **Dokumentationsaufgaben**, differenziert nach den wichtigsten Erfolgskomponenten, erfüllt werden.

### 2.2.5.2  Aufbau der flexiblen Betriebsplanerfolgsrechnung

Der erste Schritt zum Aufbau einer Betriebsplanerfolgsrechnung besteht in der **Bestimmung der wesentlichen Kosten- und Erlöseinflußgrößen**. Einflußgrößen können als Ursachen von Kostengüterverbräuchen bzw. betrieblichen Faktoreinsätzen und von Absatzleistungen angesehen werden. Im mathematisch-statistischen Sinne bilden Einflußgrößen unabhängige Variablen. Sie lassen sich nach verschiedenen Kriterien einteilen.

Ein erstes Kriterium besteht in der **Disponibilität** von Einflußgrößen. Es gibt Einflußgrößen, die von der Betriebsleitung weitgehend frei disponierbar sind, und solche, die von dieser nicht zu verändern sind und damit als extern bestimmte **Daten** zu bezeichnen sind. Die Grenzen der internen Disponibilität folgen insbesondere aus der Einbindung des Betriebs in die Umwelt, der personellen Aufteilung der Entscheidungskompetenzen innerhalb der Gesamtunternehmung (Führungsorganisation) und aus der zeitlichen Ausdehnung des Entscheidungsfeldes (vgl. *Busse von Colbe/Laßmann* 1991, S. 209 ff.). Schaubild IX.26 enthält Beispiele für kurz- und langfristig disponible Kosteneinflußgrößen.

Auf der Absatzseite können z. B. Rabatt- und Bonusgewährung, Vertriebswegewahl oder Zusatzleistungen in bestimmten Grenzen kurzfristig disponierbar sein; langfristig ist es der Einsatz des gesamten absatzpolitischen Instrumentariums (insbesondere Kommunikations-, Produktsortiments- und Konditionenpolitik). Extern sind z. B. als Variablen oder Konstanten die Außentemperatur, die Zahl der Arbeitstage im Kalendermonat, die Sozialabgaben,

| | kurzfristig wirksame Einflußgrößen | langfristig wirksame Einflußgrößen |
|---|---|---|
| Personal | -Arbeitszeit (Dauer und Lage) <br> - Intensität (Leistungsgrad) | - Qualifikation <br> - Kopfzahl <br> - Lohnsätze, Entlohnungsform, Personalnebenleistungen (Sozialleistungen) |
| Produktionsanlagen | - Produktionszeit/Betriebszeit <br> - Intensität (Lastgrad) <br> - Anlagenanlauf und -auslauf | - qualitatives Leistungsspektrum, Präzision, Automatisierungsgrad <br> - Anlagenzahl in Bezug auf Produktionsbreite und -tiefe (Eigenherstellung) <br> - Anlagenpreise und Beschaffungsbedingungen |
| Material | - Qualität <br> - Bestände/Fehlmengen <br> - Beschaffungspreise und -bedingungen | - langfristige Lieferbindungen <br> - Relation Eigenherstellung/ Fremdbezug |
| Prozeßgestaltung | - Verfahrenswahl <br> - Produkt-/Auftragsreihenfolgen <br> - Auftragsdurchlaufzeiten mit (Zwischen-)Lagermengen <br> - Arbeitssystembildung und -nutzung (Nutz- und Leerzeiten) | - Technologie <br> - Produktionsorganisation (Lay-out) |
| Produktprogramm | - Produktqualität <br> - Produktmengen, ggf. in Losaufteilung <br> - Produktentstehungszeiten <br> - Produktbestände/-fehlmengen (Termintreue) | - Produktarten |

**Schaubild IX.26.**   Kurz- und langfristig disponible Kosteneinflußgrößen

Steuersätze, Wechselkurse und Konkurrenzmaßnahmen vorgegeben. Neben diesen von der Betriebsleitung oder von der „Umwelt" fixierten **primären Einflußgrößen** werden aus Gründen der rechnerischen Vereinfachung abgeleitete (**sekundäre**) Einflußgrößen verwendet, die im Rahmen der betrieblichen Einflußgrößenrechnung als Zwischenergebnisse anfallen (vgl. Band 1, Teil IV, Kapitel 2.3.1). So wird beispielsweise der Betriebsstoffbedarf einer Maschine aus der sekundären Einflußgröße „Einsatzzeit der Maschine" abgeleitet, die ihrerseits wiederum von der primären Einflußgröße „Produktprogramm nach Produktarten und -mengen" abhängig ist.

Für die Bestimmung der Wirkungsweise von Einflußgrößen auf ausgewählte Faktoreinsätze und Absatzleistungsarten, d. h. die **Aufstellung von Einflußgrößenfunktionen** gibt es statistische und analytische Verfahren (vgl. Kapitel 2.2.4.2). Sofern die Ursache-Wirkungs-Zusammenhänge noch nicht hinreichend erforscht sind oder sehr vielgliedrige Abhängigkeiten bestehen, hat sich die Anwendung der **multiplen Regressionsanalyse** bewährt (vgl. *Haller-Wedel*, 1973, S. 72 ff.). Da der Gültigkeitsbereich der statistisch ermittelten Koeffizienten auf die Spannweite des empirischen Erhebungsfeldes und auf die im Erhebungszeitraum geltenden technologischen, organisatorischen und absatzwirtschaftlichen Bedingungen begrenzt ist, sind **regelmäßige Überprüfungen der Einflußgrößenfunktionen** für die Aussagefähigkeit der Betriebsplanerfolgsrechnung unverzichtbar. Eine (automatisierte) Beobachtung von Mittelwertverschiebungen und steigenden Varianzen der Soll-Ist-Abweichungen im Zeitablauf kann eine Diskrepanz zu den realen Verhältnissen anzeigen, die eine Neubestimmung der Koeffizienten von Einflußgrößenfunktionen erforderlich macht (vgl. *Berning*, 1986, S. 107 ff.).

Schaubild IX.27 gibt einen Überblick über die Rechengrößen der Betriebsplanerfolgsrechnung.

Wird das System der linearen Einflußgrößenfunktionen in Form von Vektoren und Matrizen geschrieben, lassen sich die einzelnen Elemente zu einer übersichtlichen **Strukturmatrix** zusammenfassen (vgl. Schaubild IV.8 in Band 1 für ein Betriebsmodell). Die Strukturmatrix stellt ein allgemeines Ordnungsschema für Vektoren und Matrizen dar, mit dem Produktions- und Absatzprozesse abgebildet werden. In Japan sind hierfür die Softwarepakete MATPLAN und MATPLAN 2 sowie MATPLAN/400 entwickelt worden (vgl. *Sakate/Toyama*, 1989, S. 211 ff.; *Toyama/Endoh/Yasuda*, 1992).

Einen grundsätzlich analogen Aufbau sollte dabei die **Strukturmatrix eines Absatzmodells** aufweisen (vgl. Schaubild IX.28).

In einem ersten Rechenschritt wird das Absatz(mengen)programm, z. B. differenziert nach Qualitäten und/oder Abmessungen, bestimmt. Dazu sind folgende **Vorgaben für die primären Erlöseinflußgrößen** erforderlich (Kopfzeilenvektoren):

– die von der Betriebsleitung **nicht disponiblen**, aber für die Absatzmengenplanung zu berücksichtigenden marktsegmentspezifischen **Umfeldbedingungen** wie z. B. Bedarfsentwicklung bei den Abnehmern (Marktvolumen), Konkurrenzpreise und -aktivitäten, Konjunkturverlauf, Wechselkurs, Importmöglichkeiten, Witterungseinflüsse, gesetzliche Auflagen;

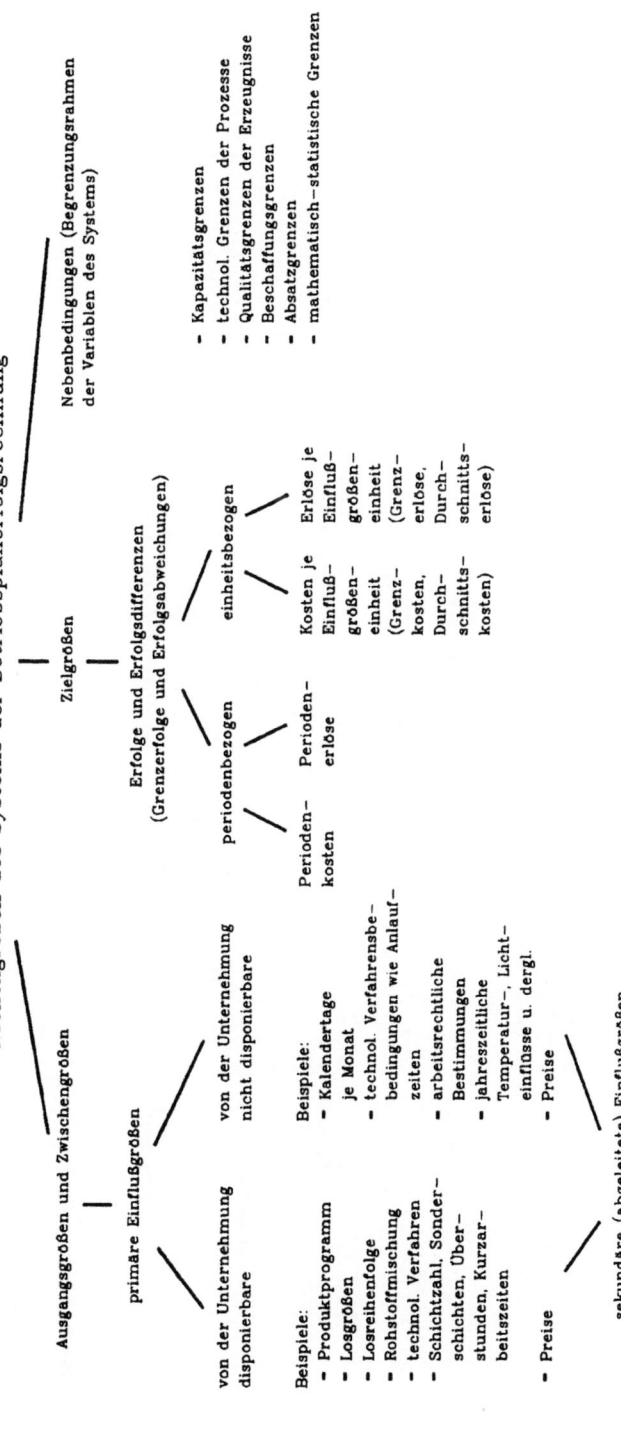

**Schaubild IX.27.** Rechengrößen der Betriebsplanerfolgsrechnung (in Anlehnung an *Laßmann*, 1983, S. 95)

| | | Primäre Einflußgrößen (Vorgaben) | | | Sekundäre Einflußgrößen/Zielgrößen | | | | |
| | | u | y | c | x | Y | Z | | |
| | | Umfeldeinflüsse | disponible Absatzbedingungen | Periodenzahl | Absatzprogramm nach Qualitäten, Abmessungen | Absatzprogramm nach preisgest. Zu-/Abschlägen | Absatzprogramm nach Zusatzleistungen | | |
|---|---|---|---|---|---|---|---|---|---|
| $\hat{q}_t'$ | Absatzprogramm differenziert nach Qualitäten, Abmessungen | Umfeldbedingte Leistungskoeffizienten des produktgestal. diff. Absatzprogramms U1 | Vollzugsbedingte Leistungskoeffizienten des produktgestal. diff. Absatzprogramms Y1 | Periodenbedingte Leistungskoeffizienten des produktgestal. diff. Absatzprogramms C1 | negative Einheitsmatrix $-I$ | | | = | 0 |
| qualitäts-/abmessungsbedingte Basispreise je Einheit | | | | | | | | | |
| $\hat{q}_r'$ | Absatzprogramm differenziert nach preisgestalterischen Zu-/Abschlägen | Umfeldbedingte Leistungskoeffizienten d. preisgestal. diff. Absatzprogramms U2 | Vollzugsbedingte Leistungskoeffizienten d. preisgestal. diff. Absatzprogramms Y2 | Periodenbedingte Leistungskoeffizienten d. preisgestal. diff. Absatzprogramms C2 | Absatzprogrammbedingte Leistungskoeffizienten des preisgestal.diff. Absatzprogramms X2 | negative Einheitsmatrix $-I$ | | = | 0 |
| Rabatt-/Bonussätze je (Basiswert-)Einheit | | | | | | | | | |
| $\hat{q}_z'$ | Absatzprogramm differenziert nach Zusatzleistungen (Vertriebsweg, Installation) | Umfeldbedingte Leistungskoeffizienten d.zusatzleistungsdiff. Absatzprogramms U3 | Vollzugsbedingte Leistungskoeffizienten d.zusatzleistungsdiff. Absatzprogramms Y3 | Periodenbedingte Leistungskoeffizienten d. zusatzleistungsdiff. Absatzprogramms C3 | Absatzprogrammbedingte Leistungskoeffizienten des zusatzleist.diff. Absatzprogramms X3 | Absatzprogrammbedingte Leistungskoeffizienten des zusatzleist.diff. Absatzprogramms Y3 | negative Einheitsmatrix $-I$ | = | 0 |
| Preise für Zusatzleistungen je (Wert-)Einheit | | | | | | | | | |
| | Restriktions-(un)gleichungen für Absatz-/Transport-/Produktionskapazitätsgrenzen | Umfeldbedingte Restriktionskoeffizienten für Absatz-/Transport-/Produktionskapazitätsausschöpfung U4 | Vollzugsbedingte Restriktionskoeffizienten für Absatz-/Transport-/Produktionskapazitätsausschöpfung Y4 | Periodenbedingte Restriktionskoeffizienten für Absatz-/Transport-/Produktionskapazitätsausschöpfung C4 | Absatzprogrammbe. Restriktionskoeffizienten für Absatz-/Transport-/onskapazitätsausschöpfung X4 | Absatzprogrammbe. Restriktionskoeffizienten für Absatz-/Transport-/Produktionskapazitätsausschöpfung Y4 | Absatzprogrammbe. Restriktionskoeffizienten für Absatz-/Transport-/onskapazitätsausschöpfung Z4 | ∨ = ∧ | minimale/maximale Absatz-/Transport-/Produktionskapazitäten |

**Schaubild IX.28.**   Strukturmatrix eines Absatzmodells

- von der Betriebsleitung **disponible Absatzbedingungen** wie insbesondere Produktqualitäten und -abmessungen, Rabatt- und Bonusgewährungsstufen, Vertriebswege und sonstige absatzpolitische Instrumente (z.B. Werbung, Service, Zahlungsbedingungen);
- die **Periodenlänge**, wenn damit periodisch wiederkehrende Grundabsatzleistungen (Grundgebühren) verbunden sind.

In der Praxis lassen sich allerdings die **Abhängigkeiten** zwischen den Einflußgrößen und dem Absatzmengenprogramm nur sehr viel **schwieriger als auf der Kostenseite bestimmen** (vgl. auch Kapitel 2.1.2). Das liegt daran, daß beim Absatzprozeß aufgrund des wechselvollen Marktverhaltens der Anbieter und Nachfrager nicht von für einen längeren Zeitraum unveränderten Gegebenheiten ausgegangen werden kann. Darüber hinaus wird es kaum möglich sein, bestimmte Ursache-Wirkungs-Beziehungen – etwa des Konjunkturverlaufs auf die differenzierten Absatzmengen – in einer funktionalen Form zu bestimmen. Das führt dazu, daß in **vereinfachenden Absatzmodellen** das nach Qualitäten/Abmessungen differenzierte Absatzprogramm selbst als modellexogene Vorgabe (Prognose) eingeführt wird (vgl. *Kolb*, 1978, S. 73 ff. und 1990, S. 164 f.; *Wittenbrink*, 1975, S. 95 ff.). Für Zwecke der Monats- und Quartalsplanung von Absatz und Produktion bzw. Kosten und Erlösen können in der Praxis vielfach die entsprechenden Vorgaben für den Absatzbereich aus den **vorhandenen Auftragsbeständen** nach den gegebenen Lieferzeitzusagen abgeleitet werden. Darüber hinaus sind Prognosen der Vertriebsabteilungen bzw. Projektionen der Geschäftsführung zugrundezulegen, die gegebene Spielräume im Absatz nach Produktarten festlegen.

Der **Planperiodenerfolg** ergibt sich aus der Zusammenführung von Betriebs- und Absatzmodellen als Differenz aus den Gesamtperiodenerlösen und -kosten. Für die **Verknüpfung aufeinanderfolgender Periodenmodelle** sind Bestandszuführungen und -entnahmen von Halb- und Fertigfabrikaten zu berücksichtigen (vgl. *Pohl*, 1978, S. 24 ff.). Betriebs- und Absatzmodelle einzelner Unternehmungsteilbereiche lassen sich auch zu Unternehmungsmodellen zusammenführen (vgl. Band 1, Teil IV, Kapitel 2.3.3). Da dabei das zu bewältigende Datenvolumen regelmäßig zu gezielten Vereinfachungen zwingt, ist eine differenzierte simultane Produktions- und Absatzplanung sowie Kosten- und Erlösplanung in der Praxis bisher nur innerhalb der einzelnen Bereichsmodelle durchführbar.

### 2.2.5.3 Anwendung der flexiblen Betriebsplanerfolgsrechnung für Planungs- und Überwachungszwecke

Die wichtigsten Anwendungsbereiche der Betriebsplanerfolgsrechnung sind:

- **Ermittlung der Auswirkungen kurzfristiger Maßnahmen** der Produktions- und Absatzprogrammplanung einschließlich Entscheidungen über Eigenherstellung/Fremdbezug bei gegebenen Potentialen sowie über Zusatzaufträge, der Produktionsvollzugsplanung und Absatzpolitik **auf den Periodenerfolg für Planungszwecke:**

= Ermittlungsrechnung,
= simultane Anpassung an Restriktionen,
= Optimierungsrechnung;
- **differenzierte Abweichungsanalyse für Dokumentations- und Kontrollzwecke:**
= Erfolgsabweichungen,
= Erlösabweichungen (Preis- und Mengenabweichungen),
= Kostenabweichungen (Preisabweichungen, entscheidungs- und ausführungsbedingte Mengenabweichungen);
- **fallbezogene Kalkulationen:**
= Preisbeurteilung und -kalkulation,
= Bestandsbewertung,
= Bestimmung von Produkt- und Auftragserfolgen.

Bei **Sorten- und Serienfertigung** erfordern die kurz- und mittelfristigen Veränderungen von Produktionsprogramm und Umfeldbedingungen vielfältige **Anpassungsmaßnahmen** im Fertigungsbereich wie z. B. Verfahrenswechsel, Einsatzstoff- und Betriebsstoffvariation, In- bzw. Außerbetriebnahme von parallel arbeitenden Fertigungsanlagen, Umsetzung von Personal, Variation der Fertigungslosgrößen sowie der Sorten- bzw. Serienfolgen, Veränderungen bei den Nutzungshaupt- und -nebenzeiten der Arbeitssysteme. Häufig stehen **alternative Maßnahmen** zur Erreichung eines angestrebten Produktionsziels oder zur Erfüllung einer neuen Umfeldbedingung (etwa in Form einer Umweltschutzvorschrift oder tarifvertraglichen Arbeitszeitvereinbarung) zur Auswahl. Ein maßgebendes wirtschaftliches Kriterium für derartige Auswahlentscheidungen bilden die Auswirkungen der verschiedenen Maßnahmen auf den Periodenerfolg.

Mit Hilfe von Betriebsmodellen kann der Primärbedarf an Kostengütern für jedes Produktionsprogramm unter bestimmten Fertigungsbedingungen und für jede konkrete betriebliche Durchführungsmaßnahme festgestellt werden (**Ermittlungsrechnung**, vgl. das ausführliche Beispiel in Band 1, Teil IV, Kapitel 2.3.2 und das Beispiel bei *Sugiura/Monden*, 1989, S. 127 ff.). Dazu wird in **zwei** getrennten **Rechenschritten** vorgegangen. Zunächst werden in der **Mengenrechnung** aus der Vorgabe eines Produktionsprogramms und den sonstigen disponiblen primären Einflußgrößen die erforderlichen Erzeugniseinsatzstoffmengen errechnet. Darauf aufbauend können die zugehörigen Planzeiten der Arbeitssysteme (Fertigungszeiten, Rüstzeiten usw.) ermittelt werden. Schließlich ergeben sich aus den primären Einflußgrößen, den Planerzeugniseinsatzstoff-Bedarfsmengen und den Planzeiten der Arbeitssysteme sowie aus der gewählten Planbezugsperiode nach den entsprechenden Matrizenoperationen die Planbedarfsmengen der Kostengüterarten des Betriebs (also der Bedarf an Betriebsstoffen, Instandhaltungsleistungen, Lohnstunden usw.). Durch einen **simultanen Abgleich mit den Nebenbedingungen** ist unmittelbar erkennbar, ob die Grenzen der Fertigungskapazitäten, der Beschaffungsmöglichkeiten und sonstiger Restriktionsarten eingehalten werden oder nicht. Durch **alternative Vorgaben** der primären Einflußgrößen können Anpassungen an aufgetretene Engpässe **simuliert** werden, so daß ein realisierbarer Produktionsplan entsteht.

Um die Periodenkosten zu ermitteln, werden im zweiten Schritt die Kostengüterbedarfsmengen in einer **Bewertungsrechnung** zweckorientiert mit spezifischen (Verrechnungs- oder Beschaffungs-)Preiskategorien bewertet. Dazu werden in der Strukturmatrix die Vektoren der Mengen des Erzeugniseinsatzstoff- und sonstigen Kostengüterbedarfs mit den zugehörigen Preisvektoren multipliziert. Damit werden sowohl die üblicherweise als fix behandelten als auch die variablen Kostenelemente in Abhängigkeit von ihren Hauptbestimmungsgrößen erfaßt und einer zuverlässigen, beliebig veränderbaren Planung sowie ursachengerechten Überwachung zugänglich gemacht. **Entscheidungsrelevante Kosten bzw.** **Erfolge** sind dabei die **Kosten- bzw.** **Erfolgsdifferenzen** verschiedener Alternativen (Grenzbetrachtung).

Im **Gegensatz** dazu arbeitet die **flexible Plankostenrechnung** unmittelbar mit bewerteten Faktoreinsatzgrößen (Kostensätzen), wobei grundsätzlich von jahresbezogen durchschnittlich erwarteten Planeinstandspreisen für alle Faktoreinsatzarten ausgegangen wird. Daraus resultiert vielfach im Jahresverlauf eine zunehmende Entfernung der Plankosten vom aktuellen Preisniveau, sofern nicht ausnahmsweise eine relativ rechenaufwendige Anpassung der Kostensätze an Preis- und Verfahrensänderungen vorgenommen wird.

Die **Ermittlung der Plankosten für eine konkrete Anpassungs- oder Programmalternative** spielt für Planungszwecke vor allem dann eine Rolle, wenn man die **Kostendifferenz** eines bestimmten in Aussicht genommenen Maßnahmenbündels gegenüber dem bestehenden Kostenniveau kennenlernen will, z. B. die Kostenwirkung einer Öl-Heizgas-Substitution bei gleichzeitiger Umstellung des Fertigungsverfahrens (Kostendifferenz gegenüber dem Ausgangsniveau, bspw. des Vormonats). Ebenso lassen sich aufgrund der strikten Trennung von Mengen- und Bewertungsrechnung **Preisveränderungen** einer Faktoreinsatzart unmittelbar in eine Periodenkostendifferenz umrechnen (z. B. bei tarifvertraglichen Lohnsatzänderungen), ohne daß vorher wie bei der flexiblen Plankostenrechnung alle innerbetrieblichen Plankostenverrechnungssätze zu korrigieren wären.

Häufiger dürfte der Fall auftreten, daß nicht nur **eine** konkret geplante Konstellation der Fertigungsbedingungen realisierbar ist, sondern daß ein bestimmtes Produktionsprogramm **mit verschiedenen Verfahrensweisen** herzustellen ist. Zur wirtschaftlichen Beurteilung ist die Kenntnis der **Gesamtkosten jeder Alternative** und der periodenbezogenen **Kostendifferenzen zwischen den Alternativen** notwendig. Auf Basis der Betriebsplanerfolgsrechnung können den Entscheidungsträgern diese Größen mit Hilfe gezielter Ermittlungsrechnungen zur Verfügung gestellt werden, wobei auch einzelmaßnahmenbezogene Grenzkosten ableitbar sind (Grenzwertkalküle).

Unter bestimmten Voraussetzungen können auch die kostenoptimalen Fertigungsbedingungen und Faktoreinsatzverhältnisse mit dem Modellansatz herausgefunden werden. **Optimierungsansätze** kommen z. B. bei Anpassungsentscheidungen an kurz- und mittelfristige Beschäftigungsschwankungen zum Tragen, wobei sich die Anwendung der **parametrischen linearen Programmierung** bewährt hat (vgl. *Bleuel*, 1980, S. 669 ff.).

Neben Alternativen im Produktionsvollzug sind **alternative Absatzmengen** und **sonstige Absatzleistungen** auf ihren Wirtschaftlichkeitseinfluß hin zu beurteilen. Z.B. lassen sich bei Überbeschäftigung nicht alle Absatzmengen in den gewünschten Abmessungen oder Qualitäten herstellen oder über die vorhandenen Vertriebswege ausliefern, so daß verschiedene **Absatzprogramme anhand ihrer Erlösdifferenzen** – bzw. bei Einbeziehung der Kostenseite der Erfolgsdifferenzen – **zu beurteilen** sind. Dazu werden die in der Mengenrechnung für eine Alternative ermittelten Mengen der einzelnen Absatzleistungsarten mit den entsprechenden Preisansätzen pro Absatzmengeneinheit multipliziert. Als Ergebnis erhält man den Periodenerlös des betrachteten Marktsegments, differenziert nach einzelnen Erlösarten. Darüber hinaus können anhand der Absatzmodelle für ein quantitativ und qualitativ vorgegebenes Absatzprogramm die **Einflüsse verschiedener** Rabattmengen- und Rabattsatzgestaltungen, Bonusgewährungen, Vertriebswegealternativen oder – bei Lieferungen ins Ausland – Wechselkursschwankungen auf die Periodenerlöshöhe **simuliert** werden.

Bei **gleichzeitiger Freigabe** von **Kosten- und Erlöseinflußgrößen**, die durch die Unternehmung **disponierbar sind**, lassen sich **periodenerfolgsmaximale** Produktions- und Absatzprogramme sowie -bedingungen ermitteln. Die Zielfunktion enthält dann die primären Erlösarten und Kostenarten des betrachteten Unternehmungsbereichs zur Bestimmung des Periodenerfolgs.

Die **Abweichungsanalyse** bildet einen wesentlichen Teil der kurzfristigen Erfolgsermittlung (Dokumentation) und -kontrolle. Sie kann mit der Betriebsplanerfolgsrechnung aufgrund der expliziten Berücksichtigung vielfältiger Kosten- und Erlöseinflußgrößen in jedem praktisch bedeutsamen Detaillierungsgrad durchgeführt werden (vgl. *Laßmann*, 1968, S. 137ff.; *Laßmann*, 1973, S. 14f.; *Wittenbrink*, 1975, S. 170ff.). Für die Aussagekraft der Abweichungsanalyse ist neben der jeweiligen Zielsetzung der **Differenzierungsgrad der Betriebs- und Absatzmodelle** maßgebend. Sind dabei alle wesentlichen Einflußgrößen berücksichtigt, so lassen sich **Ursachen und Verantwortung** für Abweichungen, beispielsweise differenziert nach Leistungs-, Verfahrens-, Materialmischungs-, Arbeitszeit-, Qualitäts-, Abmessungs- und Vertriebswegeeinflüssen aufzeigen. Wird dagegen aus Wirtschaftlichkeitsgründen ein geringerer Differenzierungsgrad bei den Faktoreinsatz- und Absatzleistungsfunktionen realisiert, so führt die Ursachenanalyse zu entsprechend eingeschränkten Aussagen.

Das System der Abweichungsarten der Betriebsplanerfolgsrechnung ist in Schaubild IV.10 in Band 1 dargestellt. **Oberste Zielgröße der Kontrollrechnung** ist die Abweichung zwischen Plan- und Isterfolg der Periode. Diese **Erfolgsabweichung** wird aufgegliedert nach den Komponenten **Erlös- und Kostenabweichungen**, und innerhalb dieser Bereiche wird grundsätzlich unterschieden nach **Preis- und Mengenabweichungen**.

Die Überwachung der Kostengütermengen dient der detaillierten Ermittlung und Unterscheidung von **Planänderungen** und von **Verbrauchsabweichungen**. Vor Beginn eines Monats können nicht alle Umstände und Entwicklungen vorausgesehen werden, daher sind im Sinne flexibler Planung laufend Revisionen von Vorgaben erforderlich (z.B. Programm-, Verfahrens-, Losgrößen- oder Betriebszeitveränderungen), die sich in den **entscheidungsbedingten Kostengütermengenabweichungen** niederschlagen (Sollkosten ./. Plankosten, jeweils bewertet zu Planpreisen). Unabhängig davon können die effektiven Fertigungsabläufe mit höherer oder geringerer Wirtschaftlichkeit vollzogen werden (**ausführungsbedingte Verbrauchsabweichungen** = Istkosten ./. Sollkosten, jeweils bewertet zu Planpreisen). In die Einflußgrößenfunktionen geht ein normalerweise erreichbarer Grad des wirtschaftlichen Verhaltens ein. Bei statistisch ermittelten Bedarfskoeffizienten handelt es sich um ein durchschnittliches Leistungsniveau. Abweichungen von den Sollgrößen (Standards) sind dann zu beachten, wenn sie außerhalb der engeren statistischen Streubänder liegen. Derartige Abweichungen können z.B.

- im unerwünschten Sinne durch Materialfehler, Betriebsstörungen, Fehlverhalten der Arbeitskräfte oder ähnliche Gründe entstehen,
- im erwünschten Sinne durch technische Verfahrensverbesserungen, wie sie laufend in Betrieben eingeführt werden, gestiegene Leistungen der Arbeitskräfte bzw. geringere Ausschußraten und Qualitätssteigerungen verursacht werden.

Die entscheidungsbedingten Abweichungen werden in der Weise ermittelt, daß die kostenstellenweise je Faktoreinsatzart ermittelten Plankosten aus der Planung vor Beginn eines Monats den Sollkosten gegenübergestellt werden, die sich aus einem Planungslauf nach Abschluß des Monats ergeben. Am Ende eines Monats sind das effektive Produktionsprogramm und die effektiven, für den erforderlichen Faktoreinsatz maßgebenden Fertigungsbedingungen bekannt. Auf Grundlage dieser Istwerte der Kosteneinflußgrößen kann mit dem Betriebsmodell ermittelt werden, welche Kostengüterbedarfsmengen und Nutzungen der Arbeitssysteme bei dem geforderten Leistungsstandard zu erwarten waren (Sollgrößen). Nach Bewertung dieser Sollmengen- und -zeitgrößen mit den zugehörigen Preisen der Kostengüter ergeben sich die Sollkosten je Kostenart und Kostenstelle. Werden nun diese Sollkosten den entsprechenden Istkosten gegenübergestellt, so erhält man die ausführungsbedingten Abweichungen. Bei der Aufgliederung nach Abweichungsarten sollte der Grundsatz Beachtung finden, daß jeweils nur **wesentliche Abweichungen**, die vom Berichtsempfänger **verursacht** worden sind und die dieser zu **verantworten** hat, ermittelt und in einer gezielten Berichterstattung dokumentiert werden.
Erzeugnis- und Auftragskosten und -erlöse werden in der Praxis insbesondere für die Bildung von **Angebotspreisen** und **zwischenbetrieblichen Verrechnungspreisen**, für die **Beurteilung von Marktpreisen**, für die **Bewertung von Lagerbeständen** an Halb- und Fertigfabrikaten sowie für die **Ermittlung von Produkterfolgen** (Deckungsbeiträgen und Durchschnittsnettoerfolgen) benötigt. Diese Aufgabenstellungen treten allerdings in den meisten Betrieben eher fallbezogen und nicht zyklisch (periodisch) auf wie die produktions- und absatzbezogene Programm- und Maßnahmenplanung.
Da in einem Betriebsmodell alle wesentlichen Kostengüter-Einflußgrößenbeziehungen erfaßt sind und eine tagesnahe Faktoreinsatzbewertung über die Preisvektoren sichergestellt werden kann, ist durch eine **Zusatzauswertung** die perioden- und stückbezogene **Kostenträgerrechnung** und **Kostenträger-**

**erfolgsrechnung in jeder gewünschten Kostenabgrenzung** vollziehbar – **Voll- und Teilkosten** jeder Abstufung, aufgegliedert nach den wichtigsten **Primärkostenarten** (vgl. *Wartmann/Steinecke/Sehner*, 1975; *Bleuel*, 1980; *Laßmann*, 1983). Hierzu müssen für alle Freiheitsgrade einwertige Vorgaben eingesetzt werden, d. h. bestimmte Rohstoffmischungen, Verfahrenskombinationen, Arbeitszeitstrukturen, Losgrößenstrukturen und dergleichen. Dabei kann man z. B. von im Durchschnitt erwarteten Jahresbedingungen oder aber auch von speziellen Auftragsvorgaben ausgehen. Hierbei ergeben sich die auch in der flexiblen Plankostenrechnung üblichen Plankostenverrechnungssätze je Einfluß- bzw. Bezugsgrößeneinheit. Hieraus wird erkennbar, daß die konzeptionell umfassendere **Betriebsplanerfolgsrechnung in die flexible Plankostenrechnung überführbar** ist, wenn die Produktionsbedingungen relativ undifferenziert sind und nur die **Beschäftigung** als dominierende primäre Einflußgröße vorherrscht. **Andernfalls gelten die Plankostenverrechnungssätze** ausschließlich **für eine spezielle Betriebssituation.**

Unter **Risiko**gesichtspunkten besteht weiterhin die Möglichkeit, **Alternativkalkulationen** durchzuführen, z. B. je eine Kostenträgerrechnung unter ungünstiger, durchschnittlicher und besonders günstiger Bedingungskonstellation. In der Praxis hat sich gezeigt, daß auf diese Weise zum Teil beachtlich breite „**Erzeugniskostenbänder**" entstehen. Aufgrund der geschilderten Trennung zwischen Mengen- und Bewertungsrechnung in der Endphase der Kostenermittlung können die **Auswirkungen von Preisänderungen** einzelner Faktoreinsatzarten auf die Herstellkosten unmittelbar aufgezeigt werden. Eine Fixierung von festen Planverrechnungspreisen für ein Jahr ist nicht ratsam und zweckgerecht für aktuelle Plankalküle. Hervorzuheben ist, daß Produktkalkulationen für die kurzfristige periodische monatliche Erfolgsrechnung anders als bei Anwendung des Umsatzkostenverfahrens im Rahmen der flexiblen Plankostenrechnung nicht erforderlich sind.

Neben der Kostenkalkulation läßt sich mit Absatzmodellen in analoger Form eine **Erlöskalkulation** zur Bestimmung spezifischer, nach primären Erlösarten differenzierter Brutto- und Nettoerlöse je Einheit des Absatzprogramms (Erlösträger) durchführen (vgl. *Kolb*, 1978, S. 202 ff.). Sie umfaßt die Zurechnung aller oder ausgewählter primärer Erlösarten auf die Absatzleistungen und dient damit vor allem der **Markterlösbeurteilung** und dem **Erlösvergleich** z. B. zwischen verschiedenen Marktsegmenten und Vertriebswegen. Aus dieser Analyse wird ersichtlich, welches Gewicht den einzelnen Erlösarten pro Absatzmengeneinheit zukommt und welche strukturellen Unterschiede zwischen einzelnen Produkten und Erlösstellen (Marktsegmenten) bestehen.

Durch Zusammenführung von Erlös- und Kostenkalkulation läßt sich eine **Erfolgskalkulation pro Erzeugniseinheit** oder **Auftrag** aufbauen, die den Stückerfolg in beliebigen Abgrenzungen – Brutto- und Nettoerfolge – berechenbar macht. Diese Stückerfolgsgrößen haben für die Betriebsplanerfolgsrechnung aber nur eine sekundäre Bedeutung, da sie für die periodenbezogene Produktions- und Absatzplanung nicht benötigt werden. Sie sind z. B. für längerfristige Entscheidungen über die Programmzusammensetzung (**Sortimentspolitik**) bedeutsam, wenn eine bestimmte Veränderbarkeit des Potentialfaktorbestands unterstellt werden kann. Darüber hinaus sind Stückdeckungsbeiträge bei der **Beurteilung von Zusatzaufträgen** nützlich, die nicht im Rahmen einer Periodenerfolgsplanung erfaßt worden sind.

**Erweiterungen** des Grundmodells der Betriebsplanerfolgsrechnung beziehen sich vor allem auf die Integration betrieblicher Teilbereiche in ein Unternehmungsmodell und die Verknüpfung von Einperiodenmodellen zu **Mehrperiodenmodellen** (vgl. auch *Pohl*, 1978; *Sakate/Toyama*, 1989, S. 219 ff.; *Toyama/Endoh/Yasuda*, 1992, S. 8 ff.). **Verbundmodelle über mehrere Betriebe und Produktionsstufen hinweg** bieten eine wesentliche Unterstützung der Produktionsvollzugsplanung (vgl. Band 1, Teil IV, Kapitel 2.3.3). Im Beschaffungsbereich bilden sie die Grundlage für programm- und prozeßbestimmte Bedarfsermittlungen von Rohstoffen, Teilen und Betriebsstoffen. Für die Maschinen- und Arbeitskräfteeinsatzplanung können daraus die Rüst- und Beschäftigungszeiten prognostiziert werden. Durch den übergreifenden Planungsansatz wird die Festlegung zwischenbetrieblicher Verrechnungspreise für Lenkungszwecke überflüssig.

Die Verknüpfung von Einperiodenmodellen zu **Mehrperiodenmodellen** stellt besondere Anforderungen an die flexible Betriebsplanerfolgsrechnung, da dabei aufgrund ihrer statischen Grundstruktur die Lagerbestandsbewegungen der Halb- und Fertigfabrikate gesondert zu berücksichtigen sind. Durch Sonderauswertungen können zusätzliche Aufgaben, wie z.B. die Ermittlung von Instandhaltungskosten, Qualitätssicherungskosten, Abfall- und Umweltschutzkosten, Ausbildungskosten u.dergl. erfüllt werden (vgl. *Laßmann*, 1980; *Kroesen*, 1983, S. 143 ff.; *Müller, H.*, 1991, S. 267 ff.). Schließlich bietet es sich auch an, mehrperiodige Betriebsplanerfolgsrechnungen in mehrperiodige ergebnis- und liquiditätsorientierte Gesamtunternehmungsmodelle zu integrieren (vgl. z.B. *Hahn*, 1985, S. 122 ff.).

## 2.2.6  Relative Einzelkosten- und Deckungsbeitragsrechnung

Bei der vor allem von *Riebel* – aufbauend auf dem Gedankengut von *Rieger* – entwickelten relativen Einzelkosten- und Deckungsbeitragsrechnung handelt es sich um einen **eigenständigen konzeptionellen Systemansatz**, der sich grundlegend von den periodenbezogenen Systemen der Ist-, Normal- und Plankostenrechnung unterscheidet. Als **Hilfsinstrument der Unternehmungsführung** soll das Interne Rechnungswesen primär die für Entscheidungen relevanten Erlös-, Kosten- und Erfolgsgrößen zur Verfügung stellen. Da es in einer Unternehmung je nach Ausgangsbedingungen und zeitlichem Wirkungshorizont viele unterschiedliche Entscheidungsarten gibt, sind die **durch Entscheidungen verursachten (Einzel-)Kosten und Erlöse** in einem Grunddatenspeicher verfügbar zu halten, der vielfältige Auswertungsrechnungen im Hinblick auf die gerade interessierende Fragestellung ermöglicht. *Riebel* spricht hier von einer **Grundrechnung**, in der alle Kosten- und Erlösarten – aufgegliedert nach Mengen- und Preiskomponenten – mit ihren Bestimmungsgrößen (Kosten- und Erlöseinflußgrößen) nach unternehmungsspezifischer Strukturierung (**Bezugsgrößenhierarchien**) enthalten sind. Grundaufgabe ist dabei „die **wirklichkeitsnahe Abbildung** sowohl des realisierten als auch geplanten bzw. erwarteten

**Unternehmensgeschehens"** und „seiner Einbettung in das natürliche und sozio-ökonomische Umfeld" (*Riebel*, 1992, S. 249, 251). Deren Lösung „stellt zahlreiche spezielle Aufgaben und Anforderungen konzeptioneller und pragmatischer Art" (*Riebel*, 1992, S. 251).

In der relativen Einzelkosten- und Deckungsbeitragsrechnung werden **besondere**, vom traditionellen Rechnungswesen abweichende **Begriffsinhalte und Rechenprinzipien** verwendet (vgl. *Riebel*, 1992, S. 252 ff.):

1. Kosten und Erlöse werden **pagatorisch** als reale oder erwartete Aus- und Einzahlungsgrößen bzw. Ausgaben und Einnahmen definiert.

2. Daraus folgend sind **Deckungsbeiträge Zahlungsüberschüsse** oder -**fehlbeträge**, die sich als Differenzen aus den durch eine unternehmerische Entscheidung ausgelösten **(entscheidungsrelevanten)** Ein- und Auszahlungen ergeben.

3. Eine **Periodisierung** von Aus- und Einzahlungen wird prinzipiell **nicht** vorgenommen, vielmehr ist der **zeitliche Wirkungsumfang** einer Entscheidung für den Zeitbezug von Ein-, Auszahlungen und Deckungsbeiträgen maßgebend (z. B. bei einer Investitionsentscheidung viele Jahre, bei einer Produktionsentscheidung eine Auftragsbearbeitungszeit von Tagen oder Stunden). Besondere Beachtung wird dabei aus Vertragsabschlüssen resultierenden **Bindungsintervallen** geschenkt (vgl. Schaubild IX.29).

Ein Periodenbezug der Zahlungsgrößen wird nur zusätzlich vorgenommen, um Anforderungen des Handels-, Steuer- und Preisrechts erfüllen zu können.

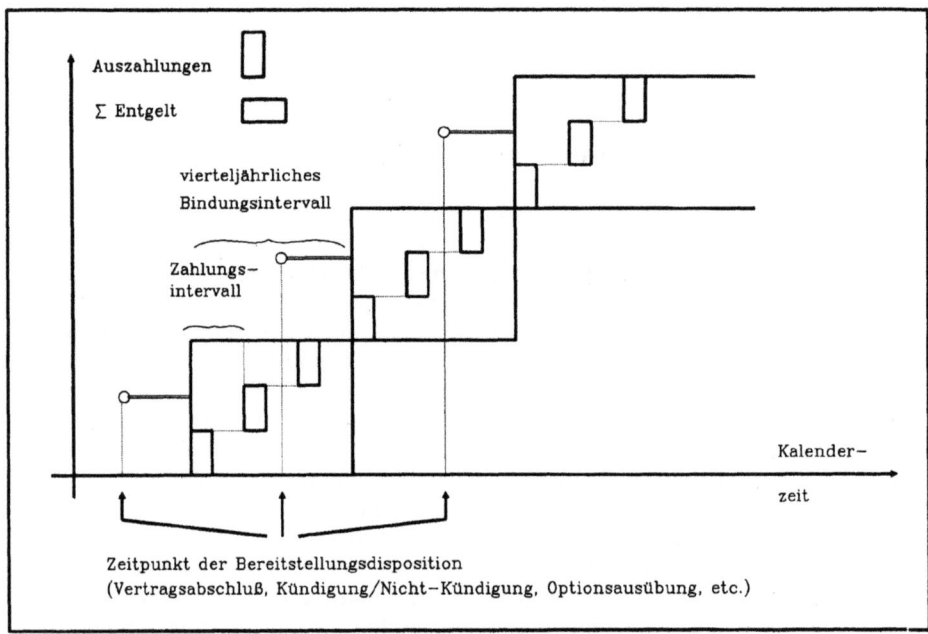

**Schaubild IX.29.** Vertragspotential mit konstanten Bindungsintervallen bei offener Zahl von Verlängerungsmöglichkeiten (*Riebel*, 1990, S. 681)

4. Durch Erfassung **der entscheidungsbestimmten Bezugsgrößen**(-hierarchien) können alle real anfallenden oder geplanten Kosten- und Erlösarten als Einzelkosten/-erlöse (Einzelkostenprinzip) in eine differenzierte Bruttoerfolgsrechnung **(Deckungsbeitragsrechnung)** eingehen; **echte** Gemeinkosten und -erlöse können unter diesen Bedingungen **nicht** auftreten. Eine nach Bestimmungsgründen und Abfolge aufgegliederte Kette von Entscheidungen zeigt Schaubild IX.30.

Bei einer **Kuppelproduktion** wird das Einzelkostenprinzip z. B. dadurch gewahrt, daß die Materialkosten nur auf den jeweils ausgelösten Kuppelprozeß (z. B. eine Charge) bzw. die dabei entstehenden Kuppelprodukte zugerechnet werden. Ein anderes Beispiel wäre die **Investition einer Maschine**, deren Einsatz nur zu Einzelkosten für alle während der Nutzung hergestellten Produkte (im Rahmen der Investitionsrechnung) führt, nicht aber für ein Einzelprodukt oder ein Produktionslos in der Vor- oder Nachkalkulation. Daher kann es in diesem Systemansatz keine Abschreibungskosten geben. „Ob bestimmte Kosten nach dem Kriterium eindeutiger Zurechenbarkeit Einzelkosten oder Gemeinkosten sind, hängt somit vom jeweils betrachteten Bezugsobjekt und seiner Stellung im hierarchischen oder sequentiellen Zusammenhang ab. Somit läßt sich grundsätzlich auch die **Forderung** realisieren, **alle Kosten eines Unternehmens als Einzelkosten** des jeweils speziellsten Bezugsobjektes **auszuweisen**, für das dies logisch zwingend möglich ist, – und sei es für das Unterneh-

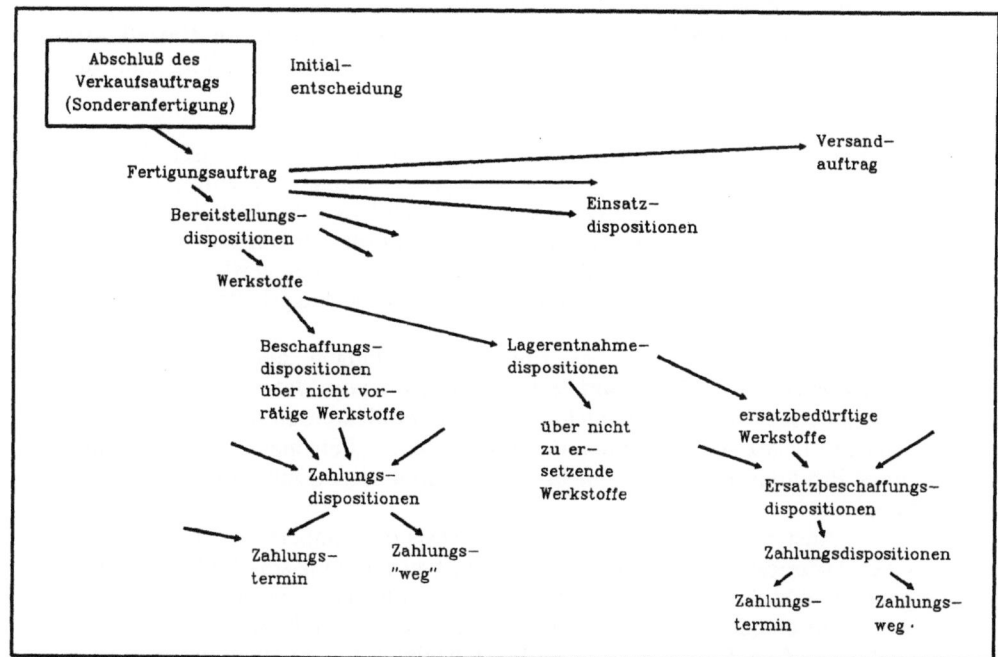

**Schaubild IX.30.** Durch Initialentscheidung ausgelöster Maßnahmen"baum" (vgl. *Riebel*, 1990, S. 423)

men als Ganzes und eine mehr oder weniger lange Phase seines Lebenszyklus" (*Riebel*, 1992, S. 253).

5. Das technisch-naturwissenschaftlich oder organisatorisch begründete Verursachungsprinzip wird durch das **Identitätsprinzip** ersetzt, wonach Kosten und Erlöse nur auf die sie auslösenden Entscheidungen zugerechnet werden, um daraus den **spezifischen Erfolgsbeitrag jeder Entscheidung** zum Unternehmungserfolg abzuleiten. *Riebel* spricht in diesem Zusammenhang auch von „**Relevanzprinzip**", nach dem bei der „vor- und rückschauenden Beurteilung einer Entscheidungsalternative nur die im Falle ihrer Realisierung gegenüber dem Unterlassen zusätzlich ausgelösten positiven und negativen Wirkungen zu berücksichtigen sind" (*Riebel*, 1992, S. 257; vgl. auch Schaubild IX.31 sowie *Hummel*, 1981, Sp. 968 ff.). „Nach diesem '**Identitätsprinzip**' lassen sich zwei Größen untereinander oder einem Bezugsobjekt dann und nur dann eindeutig zurechnen, wenn diese auf denselben dispositiven Ursprung, dieselbe Entscheidung zurückgeführt werden können" (*Riebel*, 1992, S. 259).

6. Der **Erfolg einer Unternehmung** ist der **nominelle Überschuß** oder Fehlbetrag nach Beendigung der Unternehmung (**Totalerfolgskonzept**). Jede Entscheidung ist prinzipiell im Hinblick auf ihren **Beitrag zum Totalerfolg** zu fällen, wobei die **Erfolgsmaximierung** das oberste Unternehmungsziel darstellt. *Riebel* spricht hier vom „**Deckungsprinzip**". Danach sollte

–  jede für den Markt bestimmte Leistung oder Leistungskombination mindestens ihre Einzelkosten in voller Höhe tragen und
–  zusätzlich einen Überschuß als Beitrag zur Deckung von Einzelkosten übergeordneter Bereiche (Gemeinkosten im üblichen Sinn) und zum finanziellen Überschuß (Unternehmungsergebnis) erzielen.

Wie hoch dieser (relative) Deckungsbeitrag als Differenz zwischen Einzelerlösen und Einzelkosten bei der jeweiligen Leistung sein sollte, „läßt sich nicht auf logisch zwingende Weise errechnen. Er läßt sich allenfalls nach unternehmenspolitischen Gesichtspunkten, etwa in Form von Deckungsbudgets für Leistungsgruppen und Geschäftsfelder, vorgeben, unter gewissen Voraussetzungen auch in Form von Mindest- oder Richtdeckungsbeiträgen" (*Riebel*, 1992, S. 254).

7. Demzufolge sind bei Einzelentscheidungen alle **vordisponierten Kosten (sunk-costs) irrelevant**, z. B. der Einsatz von Material in der Produktion aus Lagervorräten, die nicht wieder aufgefüllt werden sollen. Ebenso führen der Einsatz von Maschinen und unkündbarem Personal in der Kalkulation eines Produktionsauftrages **nicht** zu Abschreibungs-, Zins- und Personalkosten.

8. Anstelle eines Ansatzes von **sunk-costs** oder anderen Gemeinkosten in einer **Auftragskalkulation** für eine Verkaufsverhandlung sind **Solldeckungsvorgaben** vorzusehen, die – summiert über alle Aufträge und sonstigen Unternehmungsentscheidungen – für das angestrebte Unternehmungs(total)ergebnis maßgebend sind. Dabei kann es bei einzelnen Teilentscheidungen auch zu negativen Deckungsbeiträgen kommen.

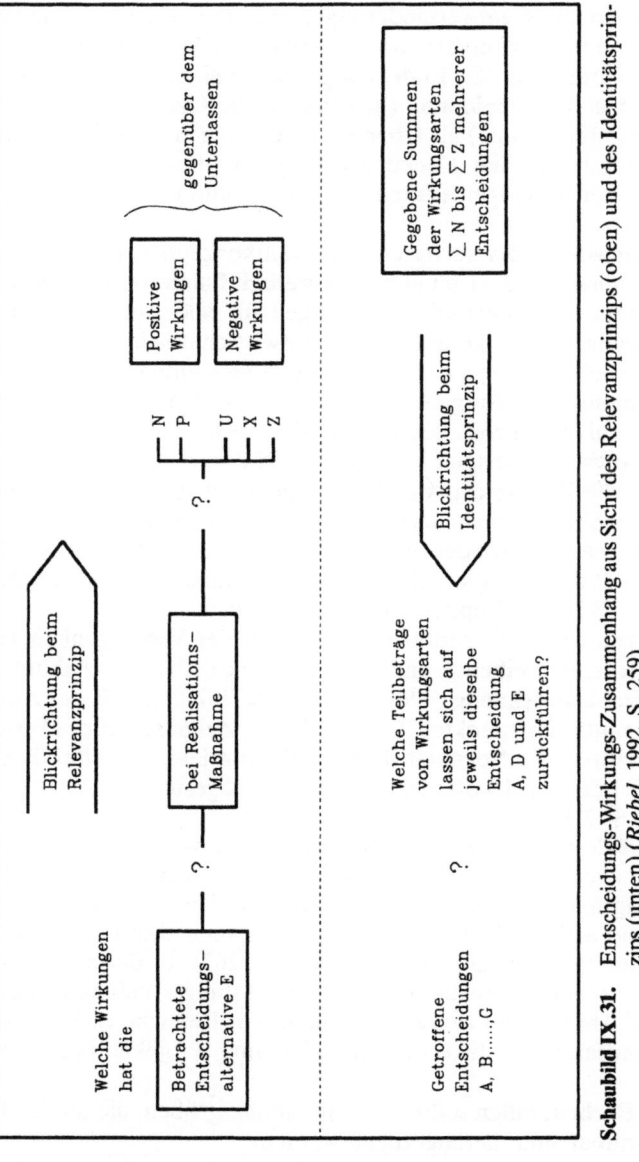

**Schaubild IX.31.**  Entscheidungs-Wirkungs-Zusammenhang aus Sicht des Relevanzprinzips (oben) und des Identitätsprinzips (unten) (*Riebel*, 1992, S. 259)

Mit dem Einzelkosten- und Deckungsprinzip werden alle **periodenübergreifenden Aktivitäten** und ihre finanziellen Wirkungen in der Weise erfaßt, daß „deren Abdeckung im Rahmen sequentieller, zeitlich fortschreitender Deckungsbeitragsrechnungen vor- und rückschauend periodenübergreifend verfolgt werden (muß). Ein mehreren (Teil)-Leistungen, Leistungskomplexen oder Perioden gemeinsamer Deckungsbeitrag darf ebenso wenig aufgeteilt werden, wie (echte) Gemeinerlöse und Gemeinkosten" (*Riebel*, 1992, S. 255).

9. **Inflationäre Geldwertänderungen** erfahren in der als **Nominalwertrechnung** konzipierten Erfolgsermittlung **keine** Berücksichtigung.

10. Da prinzipiell die **Endvermögensmaximierung** über die **gesamte Existenzzeit einer Unternehmung** (bzw. finanzielle Überschußmaximierung oder Fehlbetragsminimierung) als **Oberziel** angenommen wird, findet innerhalb der entscheidungsbezogenen Deckungsbeitragsermittlung auch **keine Auf- oder Abzinsung** der jeweiligen (durch die Entscheidungen ausgelösten Teilfinanzströme statt.

Bei der von *Riebel* vertretenen Gesamtkonzeption für das Interne Rechnungswesen handelt es sich um ein **theoretisch fundiertes** und **logisch geschlossenes System**, das gedankliche Lösungen für **alle** Aufgaben der Unternehmungsführung bietet, die an ein betriebswirtschaftliches Informationssystem zu stellen sind. Hierbei hat eine nach den genannten Prinzipien aufgebaute **Grundrechnung** die Aufgabe, vielfältig auswertbare Informationsbausteine (zweckneutral) bereitzustellen (vgl. *Riebel*, 1990, S. 149 ff., 430 ff. und 1992, S. 267 ff. sowie das Beispiel in Schaubild IX.32).

Durch die Kennzeichnung aller Rechengrößen nach dem jeweils speziellsten Bezugsobjekt kann nach hierarchisch übergeordneten Bezugsgrößen aggregiert bzw. auch wieder disaggregiert werden. Zur Erfassung der Mehrdimensionalität der Bezugsobjekte wird auf Techniken relationaler Datenbanken zurückgegriffen (vgl. Kapitel 1.3; *Sinzig*, 1990).

„**Zeitlich** ist die Grundrechnung eine in der Vergangenheit einsetzende, real-time fortzuschreibende und so weit wie möglich in die Zukunft hineingreifende **Zeitablaufrechnung**" (*Riebel*, 1992, S. 267), so daß bei Auswertungen auf bestimmte Zeitpunkte, kalendarische Zeitabschnitte (Perioden) und objektspezifische Zeitspannen (z. B. Produktprojekte mit effektiv gegebenem, geplantem oder (noch) offenem Zeitbedarf) abgestellt werden kann (vgl. *Riebel*, 1992, S. 279).

„**Sachlich** können grundsätzlich alle Ereignisse, Vorgänge und Gegebenheiten mit allen Merkmalen (Eigenschaften), von denen erwartet wird, daß sie auswertungsrelevant seien, aufgenommen werden – in welchen Funktionsbereichen und auf welchen Ebenen sie auch immer disponiert werden oder in Erscheinung treten mögen" (*Riebel*, 1992, S. 267). In Betracht kommen dabei insbesondere abgesetzte Leistungen und Leistungskombinationen, Marktsegmente auf Absatz- und Beschaffungsmärkten, Bereiche (z. B. Kostenstellen), Produktionsfaktoren, Investitionsobjekte und Projekte (vgl. *Riebel*, 1992, S. 279).

„Als **Rechengrößen** sollten nur Abbildungsgrößen, die im 'Ist' intersubjektiv nachprüfbar sind, herangezogen werden:

- Zahlungsmittel und Zahlungen,
- Entgelte sowie sonstige Ausgaben und Einnahmen (die Zahlungsverpflichtungen und Ansprüche einschließen),
- Mengen und Zeiten.

Praktisch wird man in begrenztem Umfang die Aufnahme von wertmäßigen Kosten und Leistungen – soweit sie den Charakter von Näherungswerten

| | | Kostenkategorien | Zurechnungsobjekte (Beispiele) / Kostenarten (Beisp.) | Leistungen interne: aktiv. pflichtig / nicht aktiv. pflichtig — externe: Artikelarten 1,2,...n / Artikelgruppe 1,2,...i / Auftragsarten 1,2,...k | Märkte: Kundengruppen / Absatzgebiete | Gesch.-art: Strecken-geschäft / Lagergeschäft | Bereiche: Kostenstellen / Kostenstellen-gruppen | Funktionen: Markterkundung / Werbung / Kundengewinnung, -erhaltung / Auftrags-gewinnung / Auftrags-abwicklung |
|---|---|---|---|---|---|---|---|---|
| 1. Leistungs-rechnung 1. perioden-gebunden oder 2. nicht perioden-gebundene auftrags-, partie- od. projekt-spez. Zeit-ablauf-rechnung | **absatz-bedingt** | umsatzwertabhängige absatzmengenabhängige auftragsbedingte Σ | Provisionen Kaffeesteuer Frachten, Packmittel | | | | | |
| | **manipula-tions-bedingt[*]** | manipulationsmengen-abhängige sortenwechselbedingte auftragsgebundene Σ | Material, Energie Material, Energie Sondervorrichtung | zusätzlich nach Erfassungsweise (direkt erfaßte EK – zugeschlüsselte unechte GK) bzw. Genauigkeit aufgliederbar | | | | |
| | **beschaf-fungs-bedingt** | beschaffungswert-abhängige beschaffungsmengen-abhängige partiegebundene auftragsgebundene Nebenkosten Σ | Wertzölle Wareneinstand Globalentgelte Frachten | | | | | |
| 2. Perioden-rechnung | *Mischkosten* | | | | | | | |
| | **geschlossener Perioden — aggr. Jahres-Einzelk.** | zeitl. ungebundene Kosten stundengebundene K. schichtgebundene Kosten tagesgebundene Kosten monatsgebundene Kosten | Strom zum Arbeitspreis Überstundenlöhne Schichtzuschläge Zins für Tagesgeld Löhne bei monatl. Kündigung | | | | | |
| Monatsrg. | | Σ = aggregierte Monats-Einzelkosten | | zusätzlich nach Erfassungsweise. Kündigungsfr. u. Zahlungsweise aufgliederbar | | | | |
| | | quartalsgebundene Kosten | Gehälter b. vj. Künd. | | | | | |
| Quartalsrg. | | Σ = aggregierte Quartals-Einzelkosten | | | | | | |
| | | jahresgebundene Kosten | Vermögenssteuer | | | | | |
| Jahresrechnung | | Σ = aggregierte Jahres-Einzelkosten | | | | | | |
| 3. überjährige nicht perioden-gebundene Zeitablauf-rechnung | **offener Perioden — Jahres-GK** | abgrenzungspflichtige Jahres-Gemeinkosten (Ausgabenverpflichtungen währ. gesamt. Bindungsdauer) | Mietvertrag vom 1.10. bis 30.9. 5-Jahresvertrag | | | | | |
| | | nicht aktivierungspflichtige Jahres-Gemeinausgaben (Kosten) (-ausgabenverpflichtungen) | Kauf geringwertiger Wirtschaftsgüter Werbeausgaben | | | | | |
| | | aktivierungspflichtige Jahres-Gemeinausgaben (Kosten) (-ausgabenverpflichtungen) | Großreparatur Fahrzeugkauf | | | | | |

*) bzw. erzeugungs- oder leistungsbedingt

**Schaubild IX.32.** Beispiel für eine tabellarische Grundrechnung mit hierarchischer Gliederung der Kostenkategorien (*Riebel*, 1990, S. 457)

haben – tolerieren müssen, und zwar unter der Voraussetzung, daß sie als solche besonders gekennzeichnet werden. In die zukunftsorientierte Grundrechnung sind darüber hinaus zunächst stark aggregierte Erwartungswerte mit ihren Ungewißheiten aufzunehmen und beim 'Näherrücken' zunehmend zu berichtigen und zu spezifizieren" (*Riebel*, 1992, S. 267 f.).

Grundsätzlich soll die **Grundrechnung zweckneutral** sein, so daß alle Hauptaufgaben des Internen Rechnungswesens daraus bedient werden können. Allerdings ist dies nicht dahingehend zu deuten, daß alle nur denkbaren und irgendwann auftretenden Zwecke und Fragestellungen bedient werden können, vielmehr sind die Strukturierung und Informationskennung auf alle bekannten Aufgaben hin vorzunehmen (vgl. im einzelnen *Riebel*, 1992, S. 268 f.). Aus Gründen der Überschaubarkeit ist aus dieser Grundrechnung

„ein ganzes Sortiment von verdichteten Übersichten, empfänger- oder problemgruppenorientierten Ausschnitten und Auszügen" abzuleiten (*Riebel*, 1992, S. 274). *Riebel* selbst kommt im Hinblick auf die Periodenrechnung abschließend zu folgender Feststellung: „Auf absehbare Zeit werden weiterhin Kosten- und Erfolgsrechnungen der gewohnten Art von externen und internen Adressaten gefordert werden. Das ist – sogar in beliebigen Varianten – auf Basis fallweiser oder standardisierter Auswertungen echter Grundrechnungen mit relationalen Datenbanken möglich. Die jeweiligen speziellen Anforderungen können teils bei den aufzunehmenden Eigenschaften, teils mit Hilfe von Methodenbanken befriedigt werden" (*Riebel*, 1992, S. 275).

**Schwerwiegende Probleme** ergeben sich allerdings bei der **Umsetzung des von *Riebel* vorgeschlagenen Konzepts in die Unternehmungspraxis.** In einer Unternehmung ist auf allen Ebenen eine **unübersehbare Zahl verschiedenartiger Entscheidungen** mit lang- und kurzfristiger Wirkung zu treffen. Es ist bisher organisatorisch und informationstechnisch nicht möglich, ein Informationssystem im Sinne einer Grundrechnung nach *Riebel* aufzubauen, aus der alle diese entscheidungsrelevanten Einnahmen und Ausgaben gewonnen werden können. Schon in einer mittelgroßen Unternehmung sind täglich, wöchentlich, monatlich usw. **viele tausend** Beschaffungs-, Produktions-, Vertriebs-, Finanz- und Personalentscheidungen zu treffen. Eine **isolierte Beurteilung** der **ökonomischen Qualität einer Entscheidung** anhand des zu erwartenden positiven oder negativen Deckungsbeitrages ist **nicht** möglich; jede Entscheidung hat in dem **interdependenten System Unternehmung** Auswirkungen auf andere, insbes. Folgeentscheidungen, die **nicht übersehbar** sind, so daß die Einflüsse der zu erwartenden entscheidungsinduzierten Deckungsbeiträge zum Gesamtunternehmungsergebnis nicht abschätzbar sind (vgl. auch *Kilger*, 1988, S. 17 f.). Das gilt in verstärktem Maße für eine ökonomische Beurteilung von Entscheidungsalternativen.

Als zusätzliche Problematik ist die **Offenheit des zeitlichen Entscheidungshorizonts** zu betrachten. Unternehmungen sind i.d.R. auf **unbegrenzte Dauer** eingerichtet. Daher ist zu einem bestimmten Zeitpunkt die prognostische Ermittlung einer **Totalerfolgsgröße** der Unternehmung weder theoretisch noch praktisch möglich. Somit lassen sich auch **keine erfolgsoptimalen Entscheidungen** zur Handlungsauswahl aus einem offenen Entscheidungsfeld mit **grundsätzlich unendlich vielen Alternativen** treffen.

In Erkenntnis dieser Situation ist von den Begründern der Betriebswirtschaftslehre – in Deutschland insbes. von *Schmalenbach* – der **Periodenbezug** von Einzahlungen und Auszahlungen bzw. Einnahmen und Ausgaben sowie die **periodische Erfolgsermittlung** auf Basis **güterwirtschaftlicher Kosten- und Leistungsbegriffe** entstanden. Es setzte sich die Auffassung durch, daß nur innerhalb eines Zeitausschnittes – gleichsam einer **Zeitscheibe** – die wirtschaftliche Situation einer Unternehmung beurteilbar ist und unternehmungspolitische Maßnahmen nur zeitbegrenzt in ihrer Erfolgswirkung erfaßt werden können. Zwar hat auch *Schmalenbach* die Vorstellung vertreten, daß sich aus der **Summe der Periodenerfolge** der **Totalerfolg** einer Unternehmung bei deren Auflösung ergeben müsse. Formal trifft dies grundsätzlich bei einer rein **nominellen** Perioden- und Totalerfolgsermittlung zu. Allerdings führen marktbedingte Preisverschiebungen und inflationäre Geldwertänderungen dazu, daß ein derartiger Totalerfolg keinerlei wirtschaftlich vernünftige Erkenntnisse erwarten läßt (außer bei sehr kurzlebigen Unternehmungen). Die wirtschaftliche Aussagekraft der Aufwand- und Ertragrechnung sowie der Kosten- und Erlösrechnung ist **grundsätzlich** auf die **Einzelperiode** und aufeinanderfolgende Einzelperioden begrenzt.

In einer marktwirtschaftlichen Wirtschaftsordnung wird die Aussagekraft des Rechnungswesens maßgebend durch **Konventionen** gestützt wie etwa die Grundsätze ordnungsmäßiger Buchführung und Bilanzierung. Wesentliche Rückwirkungen ergeben sich auch aus der **Periodenbindung von Einkommensgrößen** wie Gehältern, Gewinnausschüttungen, Zinsen und Ergebnisbesteuerungen. Die Bewertungen und Abgrenzungen zwischen Bestandsgrößen in der Bilanzierung und Strömungsgrößen in den Periodenerfolgsrechnungen (Gewinn- und Verlust-Rechnung, kurzfristige Erfolgsrechnung) beruhen ebenfalls zu wesentlichen Teilen auf Konventionen, die eine gefestigte Ausgangsbasis für die wirtschaftliche Urteilsbildung über alternative Handlungsmöglichkeiten und über die Erfolgs- und Liquiditätslage einer Unternehmung erlauben. Es erscheint weder denkbar noch ratsam, dieses **gewachsene Grundannahmensystem** unseres Rechnungswesens aufzugeben, zumal es sich in dem Sinne bewährt hat, als kein Nachweis dahingehend geführt werden kann, daß die Entwicklung der Unternehmungen im Rahmen der marktwirtschaftlichen Wirtschaftsordnung gravierend fehlerhaft gewesen ist bzw. daß die Unternehmungen bei einem rein entscheidungsorientierten Rechnungswesen mit offenen Zeithorizonten wesentlich bessere Ergebnisse erzielt hätten.

Ein **weiterer Einwand** gegen ein Internes Rechnungswesen, das ausschließlich auf entscheidungsorientierten Grenzwertkalkülen beruht, folgt aus der **Vernachlässigung verantwortungsbezogener Überwachung der Unternehmungsabläufe**. Nach dem Konzept der sunk-costs werden in einen Entscheidungsprozeß mit ökonomischer Zielsetzung nur die noch beeinflußbaren Einzelerlöse und Einzelkosten einbezogen. Dies bedeutet bei einem Investitionsobjekt oder auch bei der Bearbeitung eines Großauftrages im industriellen Anlagengeschäft, daß nur vor Beginn einer Investitionsmaßnahme oder vor der Auftragsannahme **alle** erwarteten zukünftigen Einzahlungen und Auszahlungen entscheidungsrelevant sind. Ist das Investitionsobjekt angeschafft und in Betrieb genommen worden bzw. ein Auftrag zur Hälfte abgewickelt, so wird in weiteren Betrachtungen zur Wirtschaftlichkeit dieser Objekte lediglich auf die **noch ausstehenden Ein- und Auszahlungen** abgestellt. Dies ist **ökonomisch sinnvoll**, wenn es darum geht zu überlegen, ob die Investition im Sinne der ursprünglich angenommenen wirtschaftlichen Nutzungszeit weitergeführt bzw. ein Auftrag abgeschlossen werden soll oder ob aus Veränderungen der Marktgegebenheiten oder Produktionsmöglichkeiten Modifikationen für den noch offenen Rest angezeigt sind oder eine Investition im Sinne einer Fehlinvestition völlig beendet bzw. ein Auftrag sistiert werden sollen, sofern eine entsprechende Übereinkunft mit dem Auftragnehmer erreichbar ist.

Derartige **Grenzwertkalküle** auf Basis der **noch beeinflußbaren Ein- und Auszahlungen** werden in **allen** Systemen des Internen Rechnungswesens gefordert, wenn auch aufgrund der jeweiligen Begriffsabgrenzungen mit unterschiedlichen Rechengrößen. Soll jedoch die **wirtschaftliche Qualität der Gesamtmaßnahme** beurteilt werden, so sind im Rahmen einer **Überwachungsrechnung** alle zu dem Betrachtungsobjekt in der Vergangenheit getätigten Ausgaben und Einnahmen sowie alle noch erwarteten Einnahmen und Ausgaben einzubeziehen. Nur auf Basis einer **umfassenden Wirtschaftlichkeitsrechnung** kann **wirtschaftliche Transparenz** über das **Gesamtobjekt** hergestellt und können auch die für diese Objekte zuständigen Entscheidungsträger zur **Verantwortung** gezogen werden. In den Abschnitten zum Produkt-/Projektcontrolling und zu Anlageninformationssystemen wird in diesem Sinne auf die Bedeutung der Wirtschaftlichkeits**vorausrechnung** im Planungsstadium, die wirtschaftliche **Begleitrechnung** während der Projektdurchführung und die objektbezogene **Nachrechnung** nach Projektabschluß verwiesen (vgl. Kapitel 3.2.1 und Teil VIII, Kapitel 6.1). Entsprechend wird im Abschnitt über industrielle Großanlagenprojekte auf **Begleit- und Nachkalkulation** hingewiesen (vgl. Kapitel 3.3.3.3).

Ein zukunftsorientiertes **entscheidungsbezogenes Internes Rechnungswesen** kann somit **nur eine Teilaufgabe der Unternehmungsführung** erfüllen. Daneben ist sowohl objekt- als auch periodenbezogen eine **Vollkosten- und Vollerlösrechnung** zur Überwachung der Wirtschaftlichkeit und Beurteilung der jeweiligen wirtschaftlichen Situation unverzichtbar. Hierfür genügt eine nur für Zwecke des Handels- und Steuerrechts sowie Preisrechts fallweise aufgestellte Periodenerfolgsrechnung im Sinne *Riebels* nicht.

Die vorgetragene **Kritik** an der Einzelkosten- und Deckungsbeitragsrechnung auf Basis von Einzahlungen und Auszahlungen bzw. Einnahmen und Ausgaben **richtet sich gegen den Anspruch**, dieses Rechnungssystem als **Grundrechnung** des Internen Rechnungswesens und damit der operativen Führung einzuführen und die **Periodenrechnung** quasi als notwendiges Übel im Sinne gesetzlicher Bestimmungen und gegebener Rechenkonventionen durchzuführen. Wir sind der Auffasung (vgl. Kapitel 1.2.3), daß in entwickelten Industriegesellschaften die bewährte **Periodenrechnung** auf Basis güterwirtschaftlicher Kosten- und Erlösgrößen **als elementare Grundrechnung** für wirtschaftliche Planungs-, Dokumentations- und Überwachungsaufgaben bestehen bleiben sollte; **objekt- und projektbezogene Wirtschaftlichkeitskalküle** auf Basis von Einzahlungen und Auszahlungen bzw. Einnahmen und Ausgaben werden als Entscheidungs- und Überwachungsrechnungen **ergänzend** durchgeführt, so wie es hier für die Erfüllung aller betriebswirtschaftlichen Aufgaben im Bereich des Projektcontrolling im einzelnen dargestellt wird (vgl. Kapitel 3).

Abweichend zu der Konzeption von *Riebel*, die – wie erläutert – eine nominale Totalerfolgsrechnung darstellt, sollten allerdings die projektbezogenen Rechnungen auf Basis von Ein- und Auszahlungen durch **Einsatz der Zinseszinsrechnung** in die von uns vertretene **Zeitpunkt- und Periodenbetrachtung eingebunden werden**. Derartige Projektrechnungen sind i.d.R. auch **nicht** für **alle** in einer Unternehmung vorkommenden Entscheidungen durchzuführen, sondern vielmehr nur für **abgrenzbare Entscheidungen mit großer Tragweite** über die auch hier behandelten Projekte wie Investitionen, industrielle Großaufträge der Einzelfertigung und Produktlebenszykluskalküle bei neu einzuführenden bzw. herzustellenden Produkten mit dazugehörigen Potentialen (vgl. Kapitel 3). Zu projektübergreifenden gesamtunternehmungsbezogenen Planungsansätzen für die **Beurteilung von Strategiealternativen auf der Basis von Kapitalwerten** sei auf die einschlägige Literatur verwiesen (vgl. *Hahn*, 1985, S. 9f. und S. 125; *Hahn*, 1993, Teil I, Abschnitt 1.1.2 sowie Teil II, Abschnitt 4.1).

Die hier vorgestellte **kombinierte Perioden- und Projektrechnung** kann nicht als theoretisch vollkommen geschlossenes System formuliert werden, sondern ist aus Gründen der Umsetzung in den praktischen Vollzug lediglich durch **Konventionen** und **pragmatische Überbrückungen** der Nahtstellen (Schnittstellen) zwischen nominaler Geldrechnung und güterwirtschaftlicher Periodenrechnung zu erreichen.

Wie auch in anderen betriebswirtschaftlichen Bereichen sind Problemlösungen mit befriedigendem Ergebnis auf Basis von **plausiblen Heuristiken** anzustreben. Damit kann die **Wirtschaftlichkeit der Unternehmungsführung** erfahrungsgemäß hinreichend sichergestellt werden; theoretisch exakte Ableitungen für die Auswahl optimaler Handlungen aus einem entscheidungsrelevanten Handlungsspektrum sind vielfach mit den derzeit verfügbaren Mitteln der Informationserfassung und Methodik **nicht** erreichbar. Dabei muß das gesamte betriebswirtschaftliche Informationssystem von einer **Vielzahl erfahrungsgestützter Konventionen** getragen werden, die stetig weiter zu entwickeln sind, deren Beseitigung jedoch aufgrund der weitreichenden **wirtschaftlichen Interdependenzwirkungen** zu einem völligen Zusammenbruch des Rechnungswesens führen müßte.

## 2.3  Bedeutung der Kalkulation für das Betriebscontrolling

### 2.3.1  Aufgaben und Erscheinungsformen der Kalkulation

**Aufgabe** der Kalkulation ist die Zuordnung von Kosten einer Abrechnungsperiode auf zeitzugehörige Kalkulationsobjekte nach bestimmten Prinzipien. Kalkulationsobjekte können Produkte (Stückkostenrechnung), Produktgruppen (Sorten-/Serienlose), Aufträge (z. B. Kundenaufträge, I+R-Großaufträge) und Projekte (z. B. Werbeaktion, Konstruktionsaufgabe) sein. **Als Zurechnungsprinzipien** kommen je nach Aufgabenstellung der Kalkulation vor allem das **Verursachungsprinzip bzw. Finalprinzip**, verbunden mit dem **Durchschnittsprinzip**, sowie das erlösorientierte **Tragfähigkeitsprinzip** in Betracht, wie im nachfolgenden Kapitel 2.3.2 näher erläutert werden soll.

Kalkulationen sind in allen Kostenrechnungssystemen, also im Rahmen der Istkostenrechnung, Normalkostenrechnung und Plankostenrechnung durchzuführen. Die Ausgestaltung der jeweils anzuwendenden Kalkulationsverfahren hängt einerseits von der Kalkulationsaufgabe, andererseits von den vorliegenden Produktions- und Absatzbedingungen sowie von der Organisationsstruktur der Unternehmung ab. Als **spezifische Aufgaben** der Kalkulation kommen vor allem in Betracht:

- Beurteilung des Erfolgspotentials von Marktpreisen (auch im Zusammenhang mit der strategischen Produktplanung);
- Unterstützung der Preis- bzw. Konditionenpolitik im Zusammenhang mit Preisverhandlungen auf unvollkommenen Märkten (in diesem Zusammenhang Ermittlung von Preisuntergrenzen für Absatzgüter und Preisobergrenzen für Beschaffungsgüter);
- Preisermittlung für Aufträge öffentlicher Auftraggeber;
- Bildung von Verrechnungspreisen für die Bewertung von zwischenbetrieblich bezogenen und gelieferten Sachgütern und/oder Dienstleistungen (sog. Zwischen- oder Vorprodukte) (vgl. Kapitel 2.4);
- Bewertung von Halb- und Fertigfabrikatbeständen im Rahmen der monatlichen/quartalsbezogenen Erfolgsrechnung und Jahresabschlußrechnung;
- Ermittlung von Zielkosten im Zusammenhang mit der entwicklungsbegleitenden Kalkulation (Target Costing; vgl. Kapitel 6.2.2);
- Bereitstellung von Informationen für die Programmpolitik, für Entscheidungen über Eigenfertigung oder Fremdbezug und für Wertanalysen.

Als **Erscheinungsformen** sind die Kostenträgerzeitrechnung und die **Kostenträgerobjektrechnung** zu nennen. In der **Kostenträgerzeitrechnung** wird ermittelt, welche spezifischen Kosten in einem Zeitraum für jede in der Bezugsperiode hergestellte Produktart insgesamt angefallen sind. Die Kostenträgerzeitrechnung bildet die Basis für die Kostenträgerobjektrechnung, die man auch als Kalkulation im engeren Sinn bezeichnen kann. In der **Kostenträgerobjektrechnung** werden die in einer Periode erwarteten/geplanten oder entstandenen betriebsbedingten bzw. produktartbezogenen Kosten nach einem Zurechnungsprinzip auf die einzelnen Kalkulationsobjekte zugerechnet. Die Kostenträgerobjektrechnung kann sowohl eine Vorkalkulation (Plankalkulation) als auch eine Nachkalkulation (Istkostenkalkulation) sein. Bei Gegenüberstellung von Vor- und Nachkalkulationen können die entstehenden Abweichungen für Wirtschaftlichkeitsanalysen, je nach Ausformung der Kalkulation, differenziert nach Kostenarten, besonderen Kostenkategorien, Ursachen und Verantwortlichkeiten ermittelt werden. Die Kostenträgerstückrechnung stellt sowohl in der klassischen Plankostenrechnung als auch in der Istkostenrechnung eine unverzichtbare Zwischenrechnungsstufe zwischen der Kostenerfassung nach Kostenarten je Kostenstelle und der kurzfristigen periodischen Erfolgsrechnung dar. Außerdem ist sie zur Erfüllung gesetzlicher Vorschriften im Rahmen der Jahresabschlußaufstellung für die Bewertung von Halb- und Fertigfabrikaten notwendig.

### 2.3.2    Kostenzurechnungsprinzipien in der Kalkulation

In der Praxis steht das **Verursachungsprinzip** im Mittelpunkt der Kalkulation, wonach ein Kalkulationsobjekt alle durch seine Herstellung entstehenden Kosten zugeordnet bekommen soll (Vollkostenrechnung). Im engeren Sinne wird das Verursachungsprinzip jedoch als Grenzwertprinzip verstanden, wonach nur die Kosten auf Kalkulationsobjekte zuzurechnen sind, die unmittelbar im Zusammenhang mit deren Erstellung anfallen bzw. die bei deren Nichterstellung nicht entstehen würden. In kurzfristiger Sicht handelt es sich um den Kostenanfall unmittelbar während der Entstehungszeit des Kalkulationsobjektes etwa in der Produktion oder bei der Güterbeschaffung. *Riebel* stellt jeweils auf die durch eine Entscheidung ausgelösten Kosten ab und spricht bei gleichzeitiger Berücksichtigung von zugehörigen Leistungsgrößen (Erlösen) von **Identitätsprinzip** (vgl. Kapitel 2.2.6; *Riebel*, 1990, S. 75 ff.).

Mit dieser **engeren Sicht der Kostenverursachung** können jedoch wesentliche Aufgaben der Kalkulation nicht erfüllt werden. In langfristiger Betrachtung werden auch die Kosten der Betriebsbereitschaft, d. h. der Bereitstellung von Produktionsanlagen und Personal in den Haupt- und Hilfsbetrieben mit erforderlicher Infrastruktur durch die Kalkulationsobjekte insgesamt verursacht. Daher sind bei einer entsprechenden Ausdehnung des Zeithorizonts auch die kurzfristig durch Leistungserstellungsprozesse nicht berührten Kosten (Fixkosten) nach dem Verursachungsprinzip mit in die Kalkulation einzubeziehen.

Man spricht in diesem Zusammenhang auch vom **Finalprinzip,** d. h. die Installation von Produktionsanlagen, Verwaltungs-, Handels- und Transporteinrichtungen geschieht zweckgerichtet im Hinblick auf die Erstellung von bestimmten Produkten bzw. Kalkulationsobjekten. Die Zuordnung der mit dem Potentialfaktoreneinsatz verbundenen Kosten auf Kalkulationsobjekte nach dem Verursachungsprinzip in diesem weiteren Sinn kann jedoch nur auf dem Wege einer Durchschnittsbildung erfolgen – *Helmut Koch* spricht in diesem Sinne auch vom **Durchschnittskostenprinzip** (vgl. *Koch*, 1953, S. 317 ff.). Können z. B. mit einer maschinellen Einrichtung 100.000 Stück einer Produktart hergestellt werden, so entfallen auf die einzelne Produkteinheit durchschnittlich 1/100.000 der entstehenden Fixkosten. In diesem Sinne spricht man bei Monoproduktion auch von Divisionskalkulation, indem die in einem Zeitraum für eine bestimmte Produktart entstehenden Kosten durch die in der jeweiligen Periode hergestellten (oder geplanten) Produktmengen dividiert und damit die durchschnittlichen Stückkosten je Kostenträgereinheit ermittelt werden. Bei Verwendung durchschnittlicher Stückkosten ist auf den **Progressionseffekt** zu achten, der bei einem geringeren Divisor auf Grund nicht voll ausgenutzter Potentialkapazitäten entsteht (statt 100.000 nur 90.000, 50.000 ... usw. Stück). Auf die damit zusammenhängenden Probleme von **Beschäftigungsabweichungen** und **Leer-/Nutzkostenanalysen** wird in diesem Werk an anderer Stelle eingegangen (vgl. Kapitel 2.2.4.1).

Im Zusammenhang mit dem Verursachungsprinzip werden als besondere Ausprägungen Entscheidungsrelevanz, Beeinflußbarkeit durch einzelne Handlungsträger im Betrieb und Einflußgrößenabhängigkeit diskutiert. Nach dem Kriterium der **Entscheidungsrelevanz** werden in der Kalkulation nur die von einer Einzelfallentscheidung ausgelösten Kosten berücksichtigt, z. B. bei einer Entscheidung über Eigenherstellung oder Fremdbezug von Vorfabrikaten wird je nach dem Entscheidungshorizont ein unterschiedliches Kostenvolumen in der Kalkulation berücksichtigt. Sind z. B. eigene freie Produktionskapazitäten vorhanden, so sind die bei einer Eigenfertigung zusätzlich zu erwartenden Kosten (Grenzkosten) den Kosten bei Fremdbezug (Bezugsnettopreise zuzüg-

lich Umschlags-, Zwischenlager-, Transportkosten frei Verbrauchsstelle) gegenüberzustellen. Ist jedoch die eigene Kapazität ausgelastet und soll trotzdem
eine weitere Eigenfertigung gegenüber einem Fremdbezug beurteilt werden,
so ist über die entscheidungsinduzierten Grenzkosten hinaus der Kostennach-
teil mit in die Kalkulation einzubeziehen, der dadurch entsteht, daß andere
Vorprodukte, die auch benötigt werden, nicht mehr hergestellt werden können
(z. B. verlorener Deckungsbeitrag). Sind für eine Eigenherstellung noch keine
Kapazitäten vorhanden, so sind alle mit einer Investition verbundenen Kosten
in den Entscheidungskalkül über Eigenherstellung oder Fremdbezug (zusätzlich) einzubeziehen (meist in Form einer auszahlungs-/einzahlungsorientierten
dynamischen Wirtschaftlichkeitsrechnung).

Bei der Variante **Beeinflußbarkeit** geht es darum, daß im Rahmen von kalkulatorischen Zurechnungen solche Kostenarten isoliert dargestellt werden,
die durch Handlungen einzelner Führungskräfte oder Arbeitskräfte verändert
werden können. Hierbei spielen organisatorische Verantwortungs- und Zustän-
digkeitsabgrenzungen eine wesentliche Rolle. Ein Werksleiter kann z. B. auf
lange Sicht alle in seinen Betrieben und deren Kostenstellen entstehenden
Kosten beeinflussen. Dagegen kann eine ausführende Arbeitskraft an einem
einzelnen Arbeitsplatz in der laufenden Produktion nur eine geringe Zahl von
Kostenarten beeinflussen wie z. B. Material- und Betriebsstoffverbrauch,
Werkzeugverschleiß, bestimmte Qualitätskosten; keinen Einfluß hat sie auf die
Anlagenkosten oder die allgemeinen Verwaltungskosten.

**Kosteneinflußgrößen** sind unabhängige (technische) Variablen, von denen
Kostengüterverbräuche unmittelbar abhängen. Dieser Zusammenhang wurde
im einzelnen bei der Behandlung der Betriebsmodelle erläutert (vgl. Kapitel
2.2.5.2). In Kosteneinflußfunktionen wird das Verursachungsprinzip (bzw.
Durchschnittsprinzip bei regressionsanalytisch ermittelten Koeffizienten) in
seiner strengsten Ausprägung umgesetzt. Allerdings gehören nicht nur Kalkulationsobjekte – insbesondere Produkte – zu den kostenverursachenden Einflußgrößen, sondern – wie an anderer Stelle im einzelnen erläutert – eine Vielzahl anderer betrieblicher Größen, so daß bei der Zuordnung von Periodenkosten auf Kalkulationsobjekte nur ein Teil der Kosten verursachungsgemäß kalkuliert werden kann und für den Rest ebenfalls das oben erläuterte Durchschnittsprinzip im Sinne einer Finalzuordnung herangezogen werden muß. Zu
beachten ist – wie an späterer Stelle zu zeigen ist –, daß für die Lösung verschiedener betriebswirtschaftlicher Aufgaben eine Objektzuordnung der nicht
kurzfristig verursachten Kosten gar nicht erforderlich ist, sondern daß man sich
mit der Zuordnung von Teilkosten im oben erläuterten Sinn begnügen kann –
z. B. nach kurzfristiger Verursachung (Grenzkosten), nach Entscheidungsrelevanz oder nach Beeinflussungsmöglichkeit durch diejenigen, für die Kalkulationen durchgeführt werden.

Neben dem Verursachungsprinzip mit den hier behandelten Varianten findet für die Lösung bestimmter Kalkulationsaufgaben das **Tragfähigkeitsprinzip**
Anwendung. Hierbei werden Kosten auf Kalkulationsobjekte nach deren
unterschiedlicher Ertragskraft – in der Regel gemessen an den Marktpreisen
oder Nettoprodukt- bzw. Kalkulationsobjekterlösen – zugerechnet. Dieses
Prinzip wird in der Praxis vor allem dann angewendet, wenn – wie etwa im Fall

der Kuppelproduktion – nur Gemeinkosten vorliegen und daher eine verursachungsgemäße Aufteilung von Kosten auf verschiedene (Kuppel-)Produktarten nicht durchführbar ist. Die Tragfähigkeit kann aber auch bei der Solldeckungsbeitragsvorgabe im Rahmen der Vertriebspolitik eine Rolle spielen. Außer bei verkaufspolitischen Überlegungen findet das Tragfähigkeitsprinzip unter bestimmten Voraussetzungen auch noch bei der Kostenaufteilung für Zwecke der Bewertung von Halb- und Fertigfabrikatbeständen im Rahmen der Jahresabschlußaufstellung Berücksichtigung (verlustfreie Bewertung, Bewertung von Kuppelproduktbeständen im Jahresabschluß).

### 2.3.3  Einzelkostenkalkulation und kostenstellenbasierte Gemeinkostenkalkulation

**Einzelkosten** entstehen unmittelbar für das einzelne Kalkulationsobjekt und können diesem daher auch verursachungsgerecht direkt zugerechnet werden. Alle Kosten, die – sei es aufgrund technischer oder wirtschaftlicher Verbunderscheinungen – gemeinsam für mehrere Kalkulationsobjekte entstehen, werden als Gemeinkosten bezeichnet und können nur auf indirektem Weg auf die einzelnen Kalkulationsobjekte verteilt werden. In der Praxis werden die **Einzelkosten** daher auch üblicherweise **kalkulationsobjektweise erfaßt**, wohingegen die **Gemeinkosten kostenartenweise in Kostenstellen gesammelt** und nach bestimmten Verfahren entsprechend der Beanspruchung der in den Kostenstellen vorhandenen Potentialfaktoren auf die Kalkulationsobjekte nach Verursachung bzw. durchschnittlicher Beanspruchung zugerechnet werden.

Aufgabe der **Einzelkostenkalkulation** ist die möglichst genaue Erfassung der einem Kalkulationsobjekt direkt zurechenbaren Kosten, worunter Kosten für Material, Fertigungslöhne sowie Sondereinzelkosten der Fertigung und des Vertriebs fallen. Zu den Materialeinzelkosten gehören alle Rohstoffe, Werkstoffe und Bauteile, die unmittelbar in ein Kalkulationsobjekt eingehen. Ihre Ermittlung erfolgt auf Basis von Stücklisten, Konstruktionszeichnungen, Rezepturen etc. Traditionell werden auch die Fertigungslöhne mit Hilfe von Ist- oder Vorgabezeiten und der zugehörigen Kosten je Lohnminute bzw. -stunde als Einzelkosten erfaßt. Im Zuge der Maschinisierung und Automatisierung ist jedoch der Anteil der produktspezifischen Bearbeitungsvorgänge so weit zurückgegangen, daß ein Großteil der im Fertigungsbereich anfallenden Personalkosten nur noch als Gemeinkosten über die Kostenstellenrechnung verrechnet werden kann. Kosten für Werkzeuge und Modelle bzw. Formen, die speziell zur Herstellung eines Produktes/Auftrages benötigt werden, lassen sich als Sondereinzelkosten der Fertigung direkt dem Kalkulationsobjekt zurechnen. Auch im Vertrieb fallen Sondereinzelkosten, beispielsweise für Verpackungsmaterial, Verkaufsprovisionen oder Fracht- bzw. Portokosten an.

Im Rahmen der **Gemeinkostenkalkulation** werden verschiedene **Kalkulationsverfahren** unterschieden, deren Anwendung vor allem durch die **Anzahl und Homogenität der** herzustellenden **Produkte** bestimmt wird. So sind die bei Einprodukt-Massenfertigung anzuwendenden Verfahren tendenziell einfacher als bei Kalkulation der Stückkosten von Sorten- und Seriengütern. Wird in einer Kostenstelle oder einer Folge von Kostenstellen in einem Betrieb nur eine Art von Kalkulationsobjekten, z. B. eine Produktart, hergestellt, so können die Gemeinkosten einer Bezugsperiode global auf die in dieser Periode hergestellten Einheiten verteilt werden (**Divisionskalkulation**). In diesem Fall wird das Durchschnittsprinzip im Sinne des erweiterten Verursachungsprinzips (bzw. Finalprinzips) realisiert. Fallen z. B. in einer Brauerei, die lediglich eine Biersorte herstellt, in einer Periode Gemeinkosten in Höhe von 500.000 DM an bei einer Produktionsmenge von 25.000 Hektolitern, so entfallen auf jeden Hektoliter Bier 20 DM Gemeinkosten. Addiert man 25 DM Einzelkosten hinzu, so ergeben sich die Selbstkosten eines Hektoliters Bier mit 45 DM. Die Trennung der Kosten in Einzel- und Gemeinkosten ist bei Anwendung der Divisionskalkulation nicht zwingend nötig: Die (durchschnittlichen) Selbstkosten je Hektoliter hätten auch über die Division der gesamten Kosten (1.125.000 DM) durch die Ausbringungsmenge ermittelt werden können.

Sobald in den Kostenstellen verschiedenartige Kalkulationsobjekte erstellt werden, kann die Kostenzuordnung nur über Zwischengrößen erfolgen. Die Zwischengrößen (**Schlüsselgrößen**) – in der Plankostenrechnung **Bezugsgrößen** genannt – sollen einerseits **signifikante Kosteneinflußgrößen** sein und andererseits einen **meßbaren Zusammenhang** zu den **Kalkulationsobjekten** aufweisen. Dies trifft überwiegend für produktions- und prozeßabhängige (variable) Gemeinkosten zu. Soweit Gemeinkosten zu den **fixen Bereitschaftskosten** gehören, können die Schlüsselgrößen nur im Sinne des Durchschnittsprinzips für die kalkulatorische Kostenzuordnung im Hinblick auf bestimmte ausgewählte Kalkulationszwecke eingesetzt werden.

Als **Zwischengrößen** sind insbesondere **Äquivalenzziffern**, **Kosteneinflußgrößen** und **Erlöskennziffern** zu nennen. Beanspruchen gleichartige Erzeugnisse der Sortenfertigung die Potentialfaktoren einer Kostenstelle mit unterschiedlicher Intensität, aber technisch in gleichbleibender Weise, so kann die Kostenaufteilung auf die verschiedenen Kalkulationsobjekte mit Hilfe **konstanter Verhältnisziffern** vorgenommen werden. Man spricht hier von **Äquivalenzziffernrechnung**. Typisches Beispiel einer Sortenfertigung, bei der sich die Kalkulation Äquivalenzziffern bedient, ist die Blech- oder Papierfertigung. Je dünner z. B. ein Blech gewalzt wird, umso intensiver nimmt es das Walzwerk in Anspruch. Man wählt eine Sorte als Bezugssorte und ermittelt, um das wievielfache die anderen Sorten die Produktionsanlage mehr oder weniger beanspruchen. Diese Verhältnisziffern stellen die Äquivalenzziffern dar. Dabei werden zunächst die Herstellmengen durch Gewichtung mit den jeweiligen Äquivalenzziffern vergleichbar gemacht; man erhält sogenannte **Äquivalenzmengen je Produktart** (siehe das Beispiel in Schaubild IX.33).

Aus der Division der Gemeinkosten durch die Summe der Äquivalenzmengen resultieren die Gemeinkosten je Äquivalenzmengeneinheit. Nach Multiplikation mit den Äquivalenzziffern der einzelnen Sorten ergeben sich die **durchschnittlichen Gemeinkosten je Kalkulationseinheit**. Zur Ermittlung der Vollkosten je Kalkulationsobjekt sind die Materialeinzelkosten und andere Einzelkosten direkt hinzuzurechnen. Auch bei Anwendung der Äquivalenzziffernkalkulation kann in einfachen Fällen auf die Trennung in Einzel- und Gemeinkosten verzichtet werden. Dagegen ist diese Trennung bei dem näch-

|  | Blechsorte A 5 mm | Blechsorte B 2 mm | Blechsorte C 1 mm | Summe |
|---|---|---|---|---|
| (1) Gemeinkosten gesamt | – | – | – | 270.000 DM |
| (2) Äquivalenzziffern | 1 | 4 | 5 | – |
| (3) Herstellmenge | 200 t | 50 t | 100 t | – |
| (4) Äquivalenzmengen (2)*(3) | 200 | 200 | 500 | 900 |
| (5) GK je Äquivalenz-mengeneinheit (1):(4) | – | – | – | 300 DM |
| (6) GK je t (5)*(2) | 300 DM | 1.200 DM | 1.500 DM | – |
| (7) GK je Sorte (6)*(3) | 60.000 DM | 60.000 DM | 150.000 DM | 270.000 DM |
| (8) Einzelkosten je t | 400 DM | 200 DM | 150 DM | – |
| (9) Herstellkosten je t | 700 DM | 1.400 DM | 1.650 DM | – |

**Schaubild IX.33.** Beispiel einer Äquivalenzziffernkalkulation

sten Kalkulationsverfahren, der **Zuschlagskalkulation**, das charakteristische Merkmal der Rechnung.

In Betrieben mit einer Vielzahl an Produkten, bei denen sich die Inanspruchnahme der Produktionsanlagen wesentlich unterscheidet und auch variieren kann, ist die Äquivalenzziffernkalkulation nicht mehr anwendbar. Für diese Konstellation wurde schon frühzeitig ein universell einsetzbares Kalkulationsverfahren entwickelt, das unter der Bezeichnung **Zuschlagskalkulation** in

weiten Teilen der Praxis Anwendung findet. Charakteristisch für die Zuschlagskalkulation ist die kalkulationsobjektweise Erfassung der Einzelkosten und die
Zurechnung der Gemeinkosten in Form eines prozentualen Zuschlagssatzes
auf die Einzelkosten. In Schaubild IX.34 ist das typische Kalkulationsschema
der Zuschlagskalkulation dargestellt:

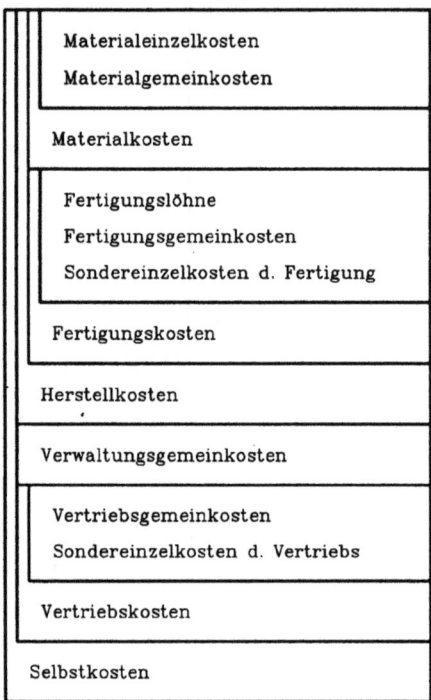

| Materialeinzelkosten |
| Materialgemeinkosten |
| Materialkosten |
| Fertigungslöhne |
| Fertigungsgemeinkosten |
| Sondereinzelkosten d. Fertigung |
| Fertigungskosten |
| Herstellkosten |
| Verwaltungsgemeinkosten |
| Vertriebsgemeinkosten |
| Sondereinzelkosten d. Vertriebs |
| Vertriebskosten |
| Selbstkosten |

**Schaubild IX.34.**   Kalkulationsbestandteile

Materialgemeinkosten werden als Zuschlag auf die Materialeinzelkosten,
Fertigungsgemeinkosten als Zuschlag auf die Fertigungslöhne verrechnet. Ver-
waltungs- und Vertriebsgemeinkosten werden den Kalkulationsobjekten in
Form eines Zuschlags auf die Herstellkosten zugerechnet. Fallen in einem
Betrieb z.B. 50.000 DM Materialgemeinkosten und 250.000 DM Materialein-
zelkosten an, so werden einem Produkt, das 20 DM Materialeinzelkosten ver-
ursacht, in der Kalkulation 4 DM Materialgemeinkosten zugerechnet
(Zuschlagssatz: 20%). Diese pauschale Vorgehensweise bei der kumulativen
Zuschlagskalkulation ist unter **Gesichtspunkten der Wirtschaftlichkeit des
Rechnungswesens** zu rechtfertigen, wenn die Gemeinkostenanteile unbedeu-
tend sind. Betragen bspw. die Materialgemeinkosten nur 3–5% der Materialeinzelkosten, so kann eine prozentuale Zurechnung von Gemeinkosten im
Sinne eines 3–5%igen Zuschlags auf die Einzelkosten eines Kalkulationsob-
jektes hinreichend genau sein.

Für die **meisten Kostenartengruppen** kann dieses Verfahren jedoch **nicht**
mehr empfohlen werden. So verändern sich die Gemeinkosten der Fertigung –

wie insbes. in Gestalt der Abschreibungen, kalkulatorischen Zinsen, wesentlichen Teilen der Instandhaltungskosten und der Personalkosten sowie Teilen der Energiekosten – weitgehend unabhängig von den Einzelkosten der Fertigung; außerdem hat sich die Größenordnung der Gemeinkosten gegenüber den Einzelkosten vor allem mit zunehmender Automatisierung und dem Ausbau von Fertigungshilfsstellen stark erhöht (vgl. Kapitel 2.5.1), so daß vielfach **Zuschlagssätze von weit über 100 %** anzuwenden wären. Derartige Prozentsätze führen jedoch zu erheblichen Kalkulationsfehlern; die Zuschlagskalkulation folgt damit keinem der behandelten Zurechnungsprinzipien mehr. Diese **willkürlich ermittelten Kalkulationsgrößen** können zu **schwerwiegenden Fehlurteilen** in Preis- und Programmpolitik führen. Da die Zurechnungsidee der Zuschlagskalkulation, die proportionale Beziehung von Einzel- und Gemeinkosten, oft nicht gegeben ist, versucht man bei einem hohen Gemeinkostenanteil eine verursachungsgerechtere Kalkulation durch Kostenzurechnung gemäß der Potentialinanspruchnahme zu erreichen. So kann man in den direkten Fertigungsstellen z. B. die Beanspruchung der Nutzungszeit der Anlagen zugrunde legen.

Hängen die Gemeinkosten im wesentlichen von der **Nutzungs- oder Laufzeit einer Produktionsanlage** ab, so kann man im Wege der Divisionskalkulation einen Kostensatz je Laufzeiteinheit bilden – im Maschinenbau spricht man hier vom **Maschinenstundensatz** – und kann dann diesen Stundengemeinkostensatz mit der geplanten oder tatsächlichen Inanspruchnahmezeit für ein Serienlos multiplizieren (**Verrechnungssatzkalkulation**). Als Ergebnis erhält man die Gemeinkosten des Serienloses und kann daraus die Stückdurchschnittskosten durch einfache Division ableiten. Bei Einzelfertigung ergeben sich aus der Gemeinkostenschlüsselung unmittelbar die anteiligen Kosten je Kalkulationsobjekt (Divisor 1). In Schaubild IX.35 wird anhand eines Beispiels die Vorgehensweise der Maschinenstundensatzrechnung zur Ermittlung der Herstellkosten eines Kostenträgers verdeutlicht.

Vielfach besteht in den Kostenstellen **heterogene Kostenverursachung**, d. h. die einzelnen Kostenarten reagieren auf unterschiedliche Kosteneinflußgrößen. Sofern man diese auch für die Zuordnung der Kosten auf die Kalkulationsobjekte verwenden kann, werden unterschiedliche Verrechnungssätze je Schlüsselgröße gebildet (**selektive Verrechnungssatzkalkulation**). Allerdings bleibt festzuhalten, daß in der Regel nicht die Gesamtheit der Gemeinkosten über derartige Schlüsselgrößen in Form von Kosteneinflußgrößen auf die Kalkulationsobjekte verursachungsgerecht zugemessen werden kann. Vielmehr reagiert ein Teil der Gemeinkosten auf Variationen von produktbezogenen Kosteneinflußgrößen nicht. Es handelt sich vielmehr um **fixe Bereitschaftskosten**, die nur **nach dem Durchschnittsprinzip** statistisch auf die Schlüsselgrößen (bspw. Nutzungszeiten) verteilt und auf dieser Basis **nach zeitlicher Inanspruchnahme** auf die **Kalkulationsobjekte** zugerechnet werden können.

Durch eine weitergehende Aufgliederung der **Haupt- und Neben-/Hilfsbetriebe** nach Kostenstellen und differenzierte Ermittlung der kostenauslösenden Faktoren – in der amerikanischen Literatur spricht man von **cost drivers** – kann auch die Zurechnung der **Gemeinkosten indirekter Bereiche** auf die Kalkulationsobjekte verfeinert und teilweise auch dem Verursachungsprinzip besser ent-

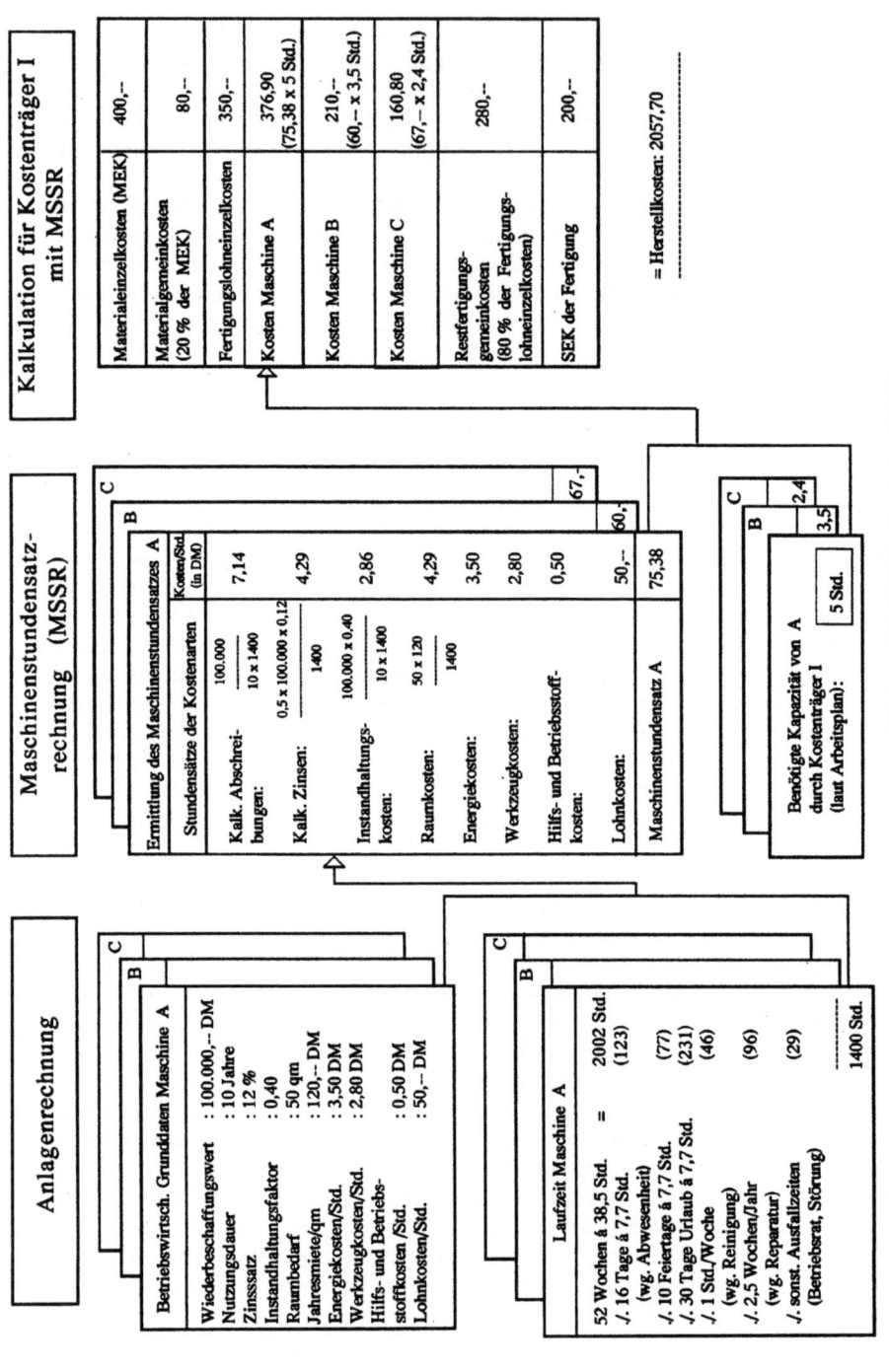

**Schaubild IX.35.** Beispiel einer Maschinenstundensatzrechnung (*Hahn*, 1993, Teil III, Abschnitt 4.3.3.2)

sprechend durchgeführt werden. Dabei kann es auch zweckmäßig sein, über **verschiedene Kostenstellen hinweg Abläufe zu sog. Prozessen** zusammenzufassen; so kann etwa ein Bestellvorgang für die Einkaufsabteilung, die Lagerhaltung und den innerbetrieblichen Transport zu einer **Prozeßkette** zusammengeführt und auf dieser Basis eine genauere Aufteilung der durch verschiedene Prozesse entstehenden Gemeinkosten erreicht werden. Dieser Kalkulationsansatz wird als **Prozeßkostenrechnung** bezeichnet (vgl. *Horváth/Mayer*, 1989; *Wäscher*, 1990; *Coenenberg/Fischer*, 1991). Zur Kalkulation werden die Kosten je Bezugsgrößeneinheit (**cost drivers unit**) bestimmt und anschließend den Kalkulationsobjekten gemäß ihrer **Verursachung von Bezugsgrößeneinheiten** zugerechnet. Wenn etwa das mit Materialbestellungen beauftragte Personal 20.000 DM an Kosten im Monat verursacht und maximal 1.000 Bestellungen je Monat ausführt, so werden einem Auftrag, der 3 Bestellungen verursacht, 60 DM zugerechnet. Hieran wird auch die Analogie zur Verrechnungssatzkalkulation deutlich (zur Ermittlung der Prozeßkostensätze vgl. Kapitel 2.5.3.1). Es handelt sich allerdings nicht um ein eigenständiges, zusätzliches Kalkulationsverfahren, sondern vielmehr um eine kosteneinflußorientierte – und damit stärker auf das Verursachungsprinzip ausgerichtete – Schlüsselung von Gemeinkosten. Durch die **weitergehende Differenzierung der Kostenbezugsgrößen** und die Zusammenführung von über verschiedene Kostenstellen verketteten Abläufen kann in der Praxis vielfach eine verbesserte kalkulatorische Behandlung der insbesondere bei Automatisierung anwachsenden Gemeinkosten erreicht werden.

Soweit Kuppelproduktion vorliegt, entstehen bis zum Spaltpunkt der Kuppelprodukte nur Gemeinkosten. Eine kalkulationsobjekt- bzw. produktartbezogene Kostenaufschlüsselung nach dem Verursachungsprinzip – in welcher Ausprägung auch immer – ist dann nicht mehr möglich. Unter diesen Produktionsbedingungen sind grundsätzlich zwei Kalkulationsverfahren anwendbar, die sog. **Restwertmethode** und die Kostenaufteilung nach dem absatzorientierten **Tragfähigkeitsprinzip**.

Die **Restwertmethode** wird angewendet, wenn aus dem Kuppelprozeß ein Hauptprodukt und daneben untergeordnete Neben- oder auch Abfallprodukte hervorgehen, die am Markt verwertbar sind. Die Erlöse der Nebenprodukte bzw. Abfälle werden von den zugehörigen Kostenstellenkosten abgezogen, der verbleibende Kostenrest dem Hauptprodukt zugemessen und ein Stückkostensatz wiederum im Wege der **Divisionskalkulation** im Sinne des **Durchschnittsprinzips** ermittelt.

Entstehen in einem Kuppelprozeß **mehrere gleichrangige Haupterzeugnisse**, so kann die Restwertrechnung nicht mehr angewendet werden. Eine Aufteilung der gesamten Material- und Verarbeitungskosten nach Verursachungsgrößen ist bei den vorherrschenden Produktionsbedingungen nicht möglich, so daß man sich primär an **Tragfähigkeitsüberlegungen** orientieren kann. Sofern für besondere Aufgaben – etwa die Bestandsbewertung für Halb- und Fertigfabrikate oder auch spezielle Preisüberlegungen – Kosten je Kalkulationsobjekt benötigt werden, kann die Aufteilung der Kuppelprozeßkosten im Verhältnis der Nettoerlöse bzw. der Marktpreise hilfreich sein. Man kann dann zwar aus der Differenz Nettoerlös minus so ermittelter „Stückkosten"

| | Divisionskalkulation | Äquivalenzziffern-kalkulation | Zuschlagskalkulation | Verrechnungssatz-kalkulation | prozeßorientierte Kalkulation | Restwertrechnung |
|---|---|---|---|---|---|---|
| Anwendungs-gebiet | eine Produktart <br><br> Massenfertigung | ähnliche Produktarten (homogenes Produktprogramm) Sortenfertigung | unterschiedliche Produktarten (heterogenes Produktprogramm) <br><br> Sorten-, Serien- und Einzelfertigung | | | Kuppelproduktion |
| | | | | insbesondere für Fertigungs-Gemeinkosten | insbesondere für Gemeinkosten der indirekten Bereiche | |
| Vorgehensweise zur Zurechnung der Gemeinkosten | Division der Gemeinkosten durch die Produktmenge | Division der Gemeinkosten durch die mit Äquivalenzziffern gewichteten Mengen der einzelnen Produktarten und anschließend Multiplikation mit der Äquivalenzziffer einer Produktart | kumulative oder elektive (differenzierte) Verrechnung der Gemeinkosten über Zuschlagssätze auf verschiedene Kostenbestandteile (z.B. auf Materialeinzelkosten, Herstellkosten) | Bildung von Verrechnungssätzen je Kapazitätseinheit und Zurechnung über Inanspruchnahme der Kapazität (Maschinenstundensätze) | Verrechnung über Bezugsgrößen, die 1. langfristig die Gemeinkostenhöhe beeinflussen und 2. eine quantifizierbare Beziehung zu den Produktarten aufweisen | Bestimmung der Kosten des verbundenen Produktbündels nach einem der nebenstehenden Verfahren. Nach Abzug der Netto-erlöse der Neben-/Abfallprodukte erhält man die (Stück-) Kosten des Hauptproduktes |
| Probleme | Stückkostenschwankungen bei Beschäftigungs-änderungen in der Vollkostenrechnung mit hohen Fixkostenanteilen | | Fehler bei kleinen Zuschlagsbasen | Vorgabe der Kapazitäts-auslastung in der Vor-kalkulation | Bestimmung geeigneter Bezugsgrößen; Prozeß-abgrenzungen über ver-schiedene Kostenstellen hinweg | bei mehreren Hauptpro-dukten nicht anwendbar; dann Kostenverteilung nach dem Tragfähig-keitsprinzip |

**Schaubild IX.36.**   Kalkulationsverfahren im Überblick

keinen aussagefähigen Gewinn oder Erfolg (Deckungsbeitrag) je Kalkulationseinheit ableiten, kann jedoch übergreifend im Zusammenhang erkennen, ob
bei den am Markt erreichbaren Erlösen und Aufteilung der Vollkosten auf die
Kuppelerzeugnisse noch insgesamt ein positives Betriebsergebnis erwirtschaf-
tet wird oder nicht. Für programm- und verfahrensbezogene Planungsüberlegungen kann ein integriertes Planungsmodell der Betriebsplanerfolgsrechnung, wie in Band 1 beschrieben (vgl. Teil IV, Kapitel 2.3), angewendet werden. Hierfür kann auf stück- bzw. kalkulationsobjektbezogene Kosten vollständig verzichtet werden.


## 2.3.4  Mehrstufige Kalkulationen

Bisher wurden für unterschiedliche Produktions- und Organisationsbedingun-
gen die grundlegenden Kalkulationsverfahren erläutert. Dabei wurde zunächst
von einstufigen Betrieben ausgegangen, bei denen neben den kalkulationsob-
jektbezogenen Einzelkosten nur Gemeinkosten aus einem Betrieb bzw. dessen
Kostenstellen je nach Beanspruchung und Zurechnungsprinzip weiterzuver-
rechnen waren. Viele Unternehmungen bestehen jedoch aus einer **größeren
Zahl von Fertigungsstufen**, zwischen denen häufig **Lager für Halbfabrikate**
angesiedelt sind. Hier ist je nach den in den einzelnen Stufen herrschenden
Produktionsbedingungen das geeignete Kalkulationsverfahren zu suchen und
die Kalkulation durchzuführen. Dabei kann sowohl eine **Vollkostenrechnung**
als auch eine **Teilkostenrechnung** zur Erfüllung der verschiedenen Kalkulati-
onsziele angebracht sein. Die im vorigen Abschnitt bereits erwähnte **Prozeßkostenrechnung** kann sich dabei für ganz bestimmte Produktions- oder Verwaltungsabläufe unmittelbar über mehrere Produktionsstufen erstrecken. Üblicherweise werden jedoch die Produktionsmengen der einzelnen Fertigungsstufen über Bestandskonten abgerechnet. Die **Kostenträgerkosten der Bestände**
können dabei als Voll- oder Teilkosten geführt werden. In den abnehmenden
Fertigungsstufen handelt es sich um Einsatzkosten für Verbrauchsfaktoren
(Materialeinzelkosten). Bei Gesamtunternehmungsbetrachtungen sind die
Kostenverrechnungssätze nach fixen und variablen Kostenanteilen aufzugliedern.

Eine Mehrstufigkeit der Kalkulation kann auch dann entstehen, wenn man
die Gemeinkostenzurechnung auf die Kalkulationsobjekte **getrennt nach
Hauptkostenarten** durchführen will. Sollen bspw. am Kalkulationsobjekt der
letzten Produktions- oder Lagerstufe die Hauptkostenarten erkennbar sein,
d. h. wieviel Personalkosten, Kapitaldienst, Materialkosten usw. über alle Stufen hinweg „in einem Produkt stecken", so muß in jeder Produktionsstufe die
Kostenzuschlüsselung (auf die Kalkulationsobjekte) getrennt nach Kostenarten durchgeführt werden. In vorgelagerten Produktionsstufen müssen dann
jeweils für Güter, die in Nachstufen weiterverarbeitet werden sollen, **nach
Kostenarten strukturierte Verrechnungspreise** ermittelt werden. Nur auf dieser
Basis kann eine mehrstufige Durchrechnung bzw. **Kalkulation nach Primärkostenarten** durchgeführt werden (vgl. im einzelnen Kapitel 2.1.1).

## 2.3.5    Kostenträgerrechnung als Basis
der periodischen Erfolgsrechnung

Die Produktkalkulation stellt neben der Erfüllung der erläuterten Aufgaben eine **Brücke zwischen Kostenstellenrechnung und kurzfristiger Periodenerfolgsrechnung** dar. Aus der Differenz zwischen Nettoerlös und Kosten je Kalkulationsobjekt ergibt sich der **Objekterfolg**, und zwar bei Ansatz der Objektvollkosten der **Nettoerfolg** und bei Ansatz der Teilkosten der Objektbruttoerfolg (**Deckungsbeitrag**, ggf. abgestuft nach unterschiedlichen Teilkostenabgrenzungen). Aus der **Summierung der Objekterfolge** wird der **Periodenerfolg** abgeleitet. Unmittelbar folgt der Periodengewinn oder -verlust bei Ansatz der Vollkosten der Kalkulationsobjekte (**Vollkostenrechnung**). Einen tiefergehenden betriebswirtschaftlichen Einblick in die unternehmungs- und produktspezifische Erfolgssituation und die wichtigsten Erfolgsbestimmungsfaktoren erhält man jedoch, wenn man von **Teilkosten** der Kalkulationsobjekte ausgeht – hierbei kann es sich je nach Fragestellung um die **Einzelkosten** oder aber um **Einzelkosten zuzüglich variabler Gemeinkosten (Grenzkosten)** oder aber auch nur **einzelne Kostenarten** (z. B. nur Material- und Fremddienstkosten oder Material- und Personalkosten) handeln. Die sich dabei ergebenden Objekt**bruttoerfolge (Deckungsbeiträge)** sind vor allem für Zwecke der Produkt- und Programmplanung, aber auch für eine Reihe anderer kurzfristiger Entscheidungen und Planungskalküle bedeutsam.

Der **Periodennettoerfolg** ergibt sich dann nach dem Rechengang: Summe der Kalkulationsobjekt-Deckungsbeiträge einer Bezugsperiode abzüglich nicht auf die Kalkulationsobjekte zugerechneter Kosten der gleichen Bezugsperiode (i.d.R. fixe Gemeinkosten). Dabei kann die Überleitung vom Bruttoerfolg zum Nettoerfolg **mehrstufig** vorgenommen werden, so daß je nach Fertigungsstufe, Kalkulationsbereich bzw. Unternehmungsbereich eine stufenweise Fixkostendeckungsrechnung durchgeführt werden kann (vgl. Schaubild IX.37; *Mellerowicz*, 1961).

Sofern kein Leistungsaustausch zwischen Kostenstellen oder Teilbetrieben stattfindet, läßt sich die Vorgehensweise der Deckungsbeitragsrechnung an Schaubild IX.38 veranschaulichen.

Man erkennt hierbei, daß die den Kalkulationsobjekten zurechenbaren Einzelkosten direkt in die Kostenträgerrechnung eingehen. Die Gemeinkosten werden kostenartenweise auf die Kostenstellen verteilt, wobei die variablen Gemeinkosten der Vorkostenstellen auf die Endkostenstellen weiterverrechnet werden und von dort ebenfalls in die Kalkulation eingehen. In der Praxis werden zum Teil auch die variablen Verwaltungs- und Vertriebsgemeinkosten auf die Fertigungskostenstellen weiterverrechnet, häufiger werden die variablen Verwaltungs- und Vertriebsgemeinkosten entsprechend der Darstellung im Schaubild aus den jeweiligen Kostenstellen direkt in die Kostenträgerrechnung in Form kumulativer Zuschlagskalkulation übertragen. Hieran wird auch die Bedeutung der Kalkulation in Form der Kostenträgerzeitrechnung als zwingendes Bindeglied zwischen Kostenstellenrechnung und Periodenerfolgsrechnung deutlich.

| | Unternehmungsbereich I | | | Unternehmungsbereich II | |
|---|---|---|---|---|---|
| | Produktgruppe 1 | | Produktgruppe 2 | Produktgruppe 3 | |
| | Produkt A | Produkt B | Produkt C | Produkt D | Produkt E |
| Nettoerlös | 120.000 | 80.000 | 200.000 | 240.000 | 70.000 |
| ./. variable Herstell– und Vertriebskosten | 60.000 | 50.000 | 160.000 | 110.000 | 30.000 |
| DB I | 60.000 | 30.000 | 40.000 | 130.000 | 40.000 |
| ./. Produktfixkosten | 5.000 | 3.000 | 20.000 | 16.000 | 4.000 |
| DB II | 55.000 | 27.000 | 20.000 | 114.000 | 36.000 |
| | 82.000 | | | 150.000 | |
| ./. Produktgruppen– fixkosten | 45.000 | | 27.000 | 88.000 | |
| DB III | 37.000 | | –7.000 | 62.000 | |
| | 30.000 | | | | |
| ./. Bereichsfixkosten | 20.000 | | | 20.000 | |
| DB IV | 10.000 | | | 42.000 | |
| | 52.000 | | | | |
| ./. Unternehmungsfix– kosten | 17.000 | | | | |
| Nettoerfolg | 35.000 | | | | |

**Schaubild IX.37.**  Beispiel einer stufenweisen Fixkostendeckungsrechnung

Entgegen der Darstellung im Schaubild, in dem der Kalkulationscharakter der Kostenträgerzeitrechnung hervorgehoben wird, ist die Ausgangsbasis der Produkterfolgsrechnung üblicherweise der Produkterlös, von dem dann sukzessive die verschiedenen Kostenblöcke abgezogen werden. Dabei greift man zur schnelleren Ergebnisermittlung oft auf normalisierte Kosten je Kostenträger zurück, die einerseits zur Entlastung der Kostenstellen und andererseits zur Belastung der Produkterfolgsrechnung – bei Bestandsänderungen auch der Bestandsrechnung – dienen. Bei diesem Vorgehen kommt es in den Kostenstel-

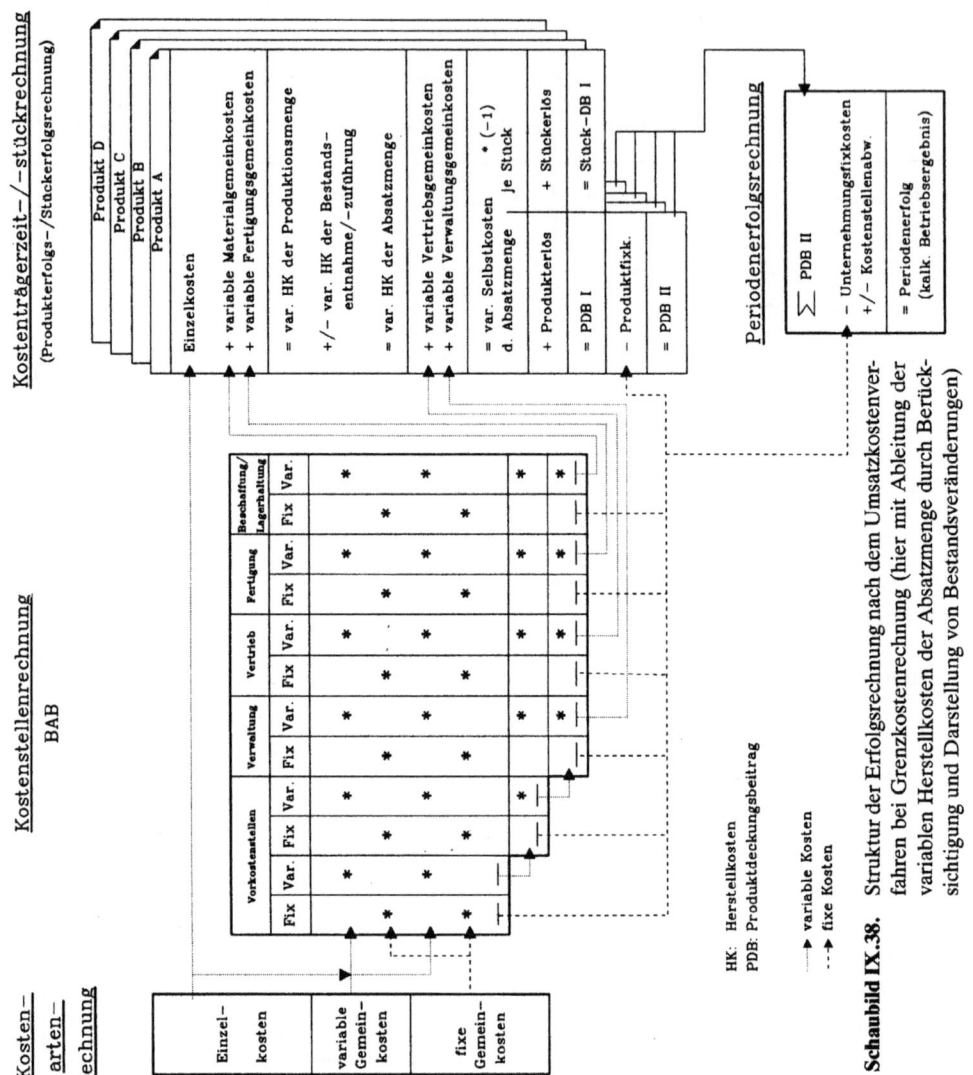

**Schaubild IX.38.** Struktur der Erfolgsrechnung nach dem Umsatzkostenverfahren bei Grenzkostenrechnung (hier mit Ableitung der variablen Herstellkosten der Absatzmenge durch Berücksichtigung und Darstellung von Bestandsveränderungen)

HK: Herstellkosten
PDB: Produktdeckungsbeitrag

len zu Abweichungen zwischen Istkosten und normalisierten Kosten, die nicht den einzelnen Produktergebnissen, sondern dem Periodenergebnis zugerechnet werden. In Schaubild IX.38 ist zur Darstellung der Grundzusammenhänge zwischen Kostenarten-, Kostenstellen- und Kostenträgerrechnung/kurzfristiger Erfolgsrechnung von einem zwischenbetrieblichen Leistungsaustausch abgesehen worden.

## 2.4    Bedeutung interner Verrechnungspreise für das Betriebscontrolling

### 2.4.1    Aufgaben und Ziele interner Verrechnungspreise

Sobald Leistungen von organisatorisch abgegrenzten Bereichen für andere Bereiche erbracht werden, für die eigene Erfolgs- bzw. Kostenrechnungen durchgeführt werden sollen, entsteht die Notwendigkeit der Bewertung dieser Leistungen mit einem Verrechnungspreis. Organisatorisch abgegrenzte Bereiche können dabei Kostenstellen, Haupt- und Hilfsbetriebe, rechtlich nicht selbständige Divisions einer Unternehmung und rechtlich selbständige Teilunternehmungen eines Konzerns sein. Dabei gibt es sehr unterschiedliche **Aufgaben und Ziele** von Verrechnungspreisen:

1. Bei der **innerbetrieblichen Leistungsverrechnung zwischen Kostenstellen** steht die Zurechnung und Weiterverrechnung von Kosten auf die verursachenden Kostenstellen und Kostenträger (auch Prozesse, vgl. Kapitel 2.5.3.1) zur Planung und Wirtschaftlichkeitskontrolle, Bewertung von Zwischen- und Endprodukten sowie Beurteilung von Absatz- und Beschaffungspreisen (bei Make or Buy – Entscheidungen) im Vordergrund (vgl. *Schierenbeck*, 1993, Sp. 912). Sobald an die Stelle pauschal geschlüsselter Umlagen von Vor- auf Endkostenstellen Kostensätze je weitergegebener Leistungseinheit treten, handelt es sich um **kostenbasierte Verrechnungspreise** (zu den einzelnen Verfahren der innerbetrieblichen Leistungsverrechnung vgl. *Hummel/Männel*, 1986, S. 211 ff.; *Schierenbeck*, 1993, Sp. 912 ff.). Aus der Analyse der Differenz zwischen Istkostenbelastung eines Bereichs und seiner Entlastung mit Sollkosten (Istleistungsmenge ∗ kostenorientierter Verrechnungspreis) lassen sich Schlüsse auf die Wirtschaftlichkeit des einzelnen Kostenbereichs ziehen, sofern die Verrechnungspreisstrukturierung die Isolierung von Beschäftigungsabweichungen zuläßt (vgl. Kapitel 2.2.4).

Bei einem umfangreichen **gegenseitigen Leistungsaustausch** ist die Bestimmung kostenorientierter Verrechnungspreise wegen der bestehenden Interdependenzen nicht möglich. Hier kann sowohl für die Kostenweiterverrechnung als auch für die Produktkalkulation im Rahmen der Plankostenrechnung – aber auch der Istkostenrechnung – ein **übergreifendes lineares Gleichungssystem** aufgestellt werden, mit dem ohne Verwendung von Verrechnungspreisen alle Aufgaben der Kostenrechnung erfüllt werden können (vgl. *Schweitzer/Küpper*, 1991, S. 174 ff.; *Chmielewicz*, 1991, S. 205 ff.; *Schierenbeck*, 1993, Sp. 915 f.). Auf diesen Fall soll hier nicht näher eingegangen werden, da durch die vollständige Kostenverrechnung mittels eines Gleichungssystems interne Verrechnungspreise überflüssig werden.

2. In vielen Unternehmungen werden zur Stärkung der Marktnähe und Flexibilität einzelner Produktbereiche relativ **selbständig agierende Unternehmungsbereiche** organisatorisch – jedoch nicht rechtlich – verselbständigt (**Divisionalisierung**). Dies gilt insbesondere für Mittelbetriebe und Großbetriebe, die unterschiedliche Produktarten herstellen, verschiedene Werksstandorte – etwa im internationalen Bereich – haben und weitgehend abgrenzbare Teil-

märkte beliefern. Bei verschiedenen Produktarten kann es sich um **horizontale** oder um **vertikale Diversifizierung** (d. h. um Produkte aus unterschiedlichen Fertigungsstufen wie Rohstoffgewinnung, -aufbereitung, -verarbeitung, -veredelung und Endprodukterstellung, die in einem (technischen) Produktionsverbund stehen) handeln. Mit dem Organisationsprinzip der Divisionalisierung will man den Führungskräften der Divisions einen **quasiunternehmerischen Handlungsspielraum** einräumen und dadurch zur Steigerung von Effizienz und Wirtschaftlichkeit in den organisatorischen Teilbereichen motivieren.

Die internen Verrechnungspreise dienen im Hinblick auf die Beziehungen, die zwischen den Divisions bestehen, als **Koordinationsinstrument** aus Sicht der Gesamtunternehmung. Sie haben zum einen die Aufgabe, das Streben der Divisions nach wirtschaftlichen Bereichsoptima möglichst weitgehend mit der Erfolgsoptimierung für die Gesamtunternehmung in Einklang zu bringen. Diese **Lenkungsfunktion** der Verrechnungspreise wurde intensiv von *Schmalenbach* untersucht. Er spricht bei dieser Übertragung des marktmäßigen Preismechanismus auf eine einzelne Unternehmung von „**pretialer Lenkung**". Einen Verrechnungspreis, der diese Aufgabe erfüllt, bezeichnet er als „**optimale Geltungszahl**" (vgl. *Schmalenbach*, 1948). Zum anderen soll eine betriebswirtschaftlich fundierte **Ergebnisermittlung** für die einzelnen Divisions gewährleistet werden, die der wirtschaftlichen Überwachung und vielfach auch der Bestimmung erfolgsabhängiger Vergütungsbestandteile für die Bereichsleitungen dient (vgl. *Coenenberg*, 1973, S. 374 f.; Hahn, 1985, S. 522 ff.).

Eine nach dem **Profit-Center-Prinzip** gestaltete Unternehmungsorganisation beruhte dann auf idealen Ausgangsbedingungen (mit minimalen gesamtunternehmungsbezogenen Koordinationsanforderungen), wenn keinerlei Leistungsbeziehungen zwischen den Divisions bestehen und diese damit sowohl von den Beschaffungsmärkten als auch von den Absatzmärkten her einschließlich Finanzierung und Verwaltung so gestellt wären wie völlig **selbständige Unternehmungen**. Für deren wirtschaftliche Planung und Erfolgsermittlung schlagen unter diesen Voraussetzungen bei gegebener Konkurrenz – d. h. funktionierendem Wettbewerb – die ökonomisch fundierten Marktkontrollen durch. Derartige Bedingungen herrschen bei Divisions, die zu einer Unternehmung gehören und nur organisatorisch ausgegliedert werden, i.d.R. nicht. Neben der **gemeinsamen obersten Unternehmungsleitung** existieren **zentral operierende** Finanz- und Personalabteilungen, daneben vielfach eine zentrale Unternehmungsplanung mit darauf fußender Verteilung der Investitionsmittel, zentrale Dienstleistungsabteilungen wie Rechtsabteilung, Steuerabteilung, Organisationsabteilung und Rechenzentrum sowie zentrale Beschaffung von Anlagegütern und ggf. auch von Material und Dienstleistungen (vor allem zum Abschluß von gesamtunternehmungsbezogenen Rahmenbeschaffungsverträgen). Dieser **Leitungs- und Verwaltungsverbund** führt zu einem Regelungsbedarf für die Beteiligung der Divisions an den Kosten der Zentralstellen, wobei im Sinne des Verursachungsprinzips soweit wie möglich auf die für die Divisions von den Zentralstellen erbrachten Leistungen abgestellt werden sollte, so daß der darüber hinaus verbleibende Gemeinkostenblock aus allgemeinen Führungsaufgaben möglichst gering wird.

Neben dem Leistungsverbund zwischen Divisions und Unternehmungsführung/-verwaltung bestehen in vielen Unternehmungen **Leistungsbeziehungen zwischen verschiedenen Divisions**, d. h. es werden von einer Division hergestellte Sachgüter und/oder Dienstleistungen von einer anderen Division zur Weiterverarbeitung bzw. für den Verkauf übernommen. Eine an der Erfolgsverantwortung orientierte Divisionbildung sollte zwar grundsätzlich festlegen, daß jede Division in der Wahl ihrer Bezugsquellen frei ist, d. h. daß sie sowohl von einer anderen Unternehmungsdivision als auch von dritten Anbietern außerhalb des Unternehmungskreises Produkte beziehen kann. Dadurch kann grundsätzlich die Wahrnehmung der günstigsten Beschaffungsquelle erreicht werden, so daß das in den Divisions erzielte Ergebnis objektiv vergleichbar bleibt mit Ergebnissen selbständiger Unternehmungen. Dieses Prinzip wird allerdings in der Praxis vielfach durchbrochen, weil es – insbesondere in Unterbeschäftigungssituationen – aus der Sicht der Gesamtunternehmung vorteilhafter sein kann, wenn die vorhandenen Produktionskapazitäten durch Wahrnehmung aller Belieferungs/Bezugsmöglichkeiten innerhalb der Unternehmungsgesamtgruppe möglichst weitgehend genutzt werden. Aus diesem Beispiel wird deutlich, welche besondere betriebswirtschaftliche Bedeutung den Verrechnungspreisen für Leistungen zwischen Unternehmungsteilen zukommt.

3. Bei der Verrechnungspreisbildung für Leistungen, die zwischen **rechtlich selbständigen Tochtergesellschaften eines Konzerns** ausgetauscht werden, sind handels- und steuerrechtliche Vorschriften zu beachten, da mit der Verrechnungspreisbildung direkt die Erfolge und damit Steuerbelastungen in den einzelnen Tochtergesellschaften beeinflußt werden (vgl. *Hahn*, 1992c, S. 22 ff.). So können z. B. Gewinnverlagerungen internationaler Konzerne in Niedrigsteuerländer erstrebenswert sein. Derartige **externe Verrechnungspreise** sollen im Folgenden außer Betracht bleiben, da sie für das Produktionscontrolling nicht unmittelbar relevant sind. Die für die hier zu behandelnden **internen Verrechnungspreise** geltenden betriebswirtschaftlichen Grundsätze sind jedoch auch für die Bildung externer Verrechnungspreise bedeutsam.

**Interne Verrechnungspreise** können grundsätzlich **marktorientiert, kostenorientiert** oder **für spezifische Lenkungszwecke zentral** bestimmt werden. Welche dieser Maximen zur Anwendung gelangt, kann nicht generell entschieden werden, sondern hängt von den unterschiedlichen **Rechenzwecken ab**, die mit Hilfe der Verrechnungspreise zur organisatorischen Schnittstellenüberwindung zu erfüllen sind, außerdem von den spezifischen Markt- und Unternehmungsbedingungen.

## 2.4.2   Marktorientierte Verrechnungspreise

Mit der Verwendung **marktorientierter Verrechnungspreise** soll der Marktmechanismus auf das Zusammenspiel von Divisions übertragen werden, wobei sowohl die **ökonomische Lenkungsfunktion** als auch die **bereichsweise Erfolgsermittlungsfunktion** erfüllt werden sollen. Voraussetzung hierfür ist die Existenz eines externen Marktes, an dem vergleichbare Güter unbeschränkt zu möglichst einheitlichen Preisen gehandelt werden und zu dem liefernde und abnehmende Divisions freien Zugang haben (zur Problematik marktorientierter Verrechnungspreise vgl. auch *Riebel*, 1973, S. 15f.; *Coenenberg*, 1992, S. 435ff.). Sofern die betreffenden Leistungen nicht von außerhalb der Unternehmung zu beziehen sind, können entsprechende Verrechnungspreise vielfach durch **marktähnliche Verhandlungen** zwischen liefernden und empfangenden Divisions näherungsweise bestimmt werden. Man spricht hier von einem **unternehmungsinternen** Markt, was sich jedoch in der Praxis als problematisch erweist, soweit es sich um die Situation eines bilateralen Monopols handelt und die Preisfindung dann erheblich von der Machtverteilung zwischen den Verhandlungspartnern abhängt.

Bei der Ausrichtung von Verrechnungspreisen am **externen Markt** ist zu unterscheiden zwischen fungiblen Gütern, die auf einem oder verschiedene Märkten mit funktionierendem Wettbewerb gehandelt werden, und kundenindividuellen Einzelleistungen. Liefert eine Division ein **fungibles Gut**, so richten sich die anzusetzenden Preise bei Lieferungen an andere Divisions an den allseits bekannten **Marktpreisen und Kaufvertragsbedingungen** aus. Bei der liefernden Division wird auf dieser Basis die Wertkomponente der Umsatzerlöse, bei der empfangenen Division die Wertkomponente des Materialverbrauchs bestimmt. Die Verwendung derartiger Verrechnungspreise hat zum Ziel, in jeder Division Erfolgsplanung und -ermittlung prinzipiell so wie bei selbständigen Unternehmungen zu gestalten. Handelt es sich **nicht um fungible Güter**, die zwischen Divisions gehandelt werden, sondern um **individuell gestaltete Leistungen**, so kann ein marktpreisorientierter Verrechnungspreis nur dadurch bestimmt werden, daß die empfangende Division mehrere Angebote für die qualitativ gleiche Leistung von Fremdunternehmungen einholt. Auch in diesem Fall ist Voraussetzung, daß es sich um marktwirtschaftlich funktionierende Wettbewerbsbedingungen handelt. Grundsätzlich sollte dann als Verrechnungspreis das **Preisangebot der günstigsten Fremdunternehmung** – unter Berücksichtigung der gebotenen Lieferbedingungen – herangezogen werden, sofern die geforderte Produktqualität und das benötigte Liefervolumen in der erforderlichen Lieferzeit von diesem Anbieter zu erwarten sind. Handelt es sich dagegen um Sonderkonditionen aufgrund einer nicht vollständig zu gewährleistenden Lieferqualität oder um zu besonders günstigen Konditionen angebotene relativ geringe Grenzmengen, so ist auf das Preisangebot eines mit der eigenen Unternehmungsdivision vergleichbar potenten Lieferanten zurückzugreifen. Die Marktpreiserkundung wird in diesem Fall ein wichtiger Anhaltspunkt für Vertragsverhandlungen zwischen liefernder und empfangender Division sein. Hier entsteht gleichsam eine **Mischform zwischen externer und interner Marktpreisbildung**.

Zu „unternehmerischen Bedingungen" der Verhandlungen kann es nur kommen, wenn die beziehende Division grundsätzlich frei ist, auch von einem Drittlieferanten zu kaufen. Andernfalls wäre kein Machtgleichgewicht zwischen liefernder und empfangender Division gegeben. Andererseits sind die **Interessen der Gesamtunternehmung** berührt, die aus Gründen der Gesamterfolgsoptimierung Lieferungen aus eigenen Unternehmungsdivisions vielfach solange fordert, wie freie eigene Kapazitäten verfügbar sind und die Verrechnungspreise einen positiven Deckungsbeitrag zum Gesamtunternehmungsergebnis enthalten. Häufig wird daher dem **Zentralcontrolling** eine **Schiedsfunktion** übertragen, mit der unterschiedliche Auffassungen über die Höhe der anzusetzenden (marktorientierten) Verrechnungspreise überwunden werden.

### 2.4.3   Kostenorientierte Verrechnungspreise

Bei **kostenorientierten Verrechnungspreisen** ist grundsätzlich zu unterscheiden zwischen **Vollkosten- und Teilkostenpreisen**. Sowohl vollkosten- als auch teilkostenorientierte Preise kommen in unterschiedlichen Varianten vor. Neben kostenorientierten Verrechnungspreisen kennt man in der Praxis auch **aufwandorientierte Verrechnungspreise**, wenn die Jahresabschlüsse der Divisions bzw. der Jahresabschluß der Gesamtunternehmung zentrale betriebswirtschaftliche Steuerungsinstrumente darstellen. Welche begriffliche Kategorie und welche inhaltliche Ausgestaltung derartiger Verrechnungpreise zu verwenden sind, hängt von den Rechenzwecken ab. So dienen kostenorientierte Verrechnungspreise neben Lenkungs- und Kontrollzwecken vor allem zur **Produktkalkulation über alle beteiligten Produktionsstufen (Divisions) hinweg**; auf dieser Grundlage wird die Ergebniskraft der Marktpreise für die Produkte jener Divisions erkennbar, die unter Einsatz von Vorprodukten aus anderen Divisions ein „Endprodukt" aus Gesamtunternehmungssicht am Markt anbieten. Handelt es sich dabei um ein Einzelgut wie z. B. eine **industrielle Großanlage**, so kann eine solche Auftragskalkulation auch zur **Preisfindung** dienen; dies gilt insbesondere bei **öffentlichen Aufträgen**, soweit hier nach dem öffentlichen Preisrecht eine kostenorientierte Preisbildung vorgeschrieben ist. Durchgerechnete Kosten werden auch für die **bilanzielle Bestandsbewertung** der Halb- und Fertigfabrikate sowie selbsterstellten Anlagen zu bilanzierungsfähigen bzw. -pflichtigen Herstellkosten benötigt. Voraussetzung für tragfähige, über verschiedene Divisions hinwegreichende Kostenkalkulationen sind **für alle Divisions geltende Kostenrechnungsrichtlinien**, die den Inhalt und die Begriffsabgrenzung der Kostenarten sowie die Struktur des Kostenrechnungssystems **einheitlich für alle Divisions** regeln.

Kostenorientierte Verrechnungspreise werden auch für Zwecke der **Planung und Erfolgsermittlung** angesetzt, wenn marktmäßige Preise nicht bestimmt werden können. Dies ist z. B. dann der Fall, wenn die Leistungen einer Division bei **vertikaler Spartenbildung** nur für abnehmende Divisions hergestellt, nicht aber auf dem Markt an Drittunternehmungen abgesetzt und auch nicht von der beziehenden Division von einer Drittunternehmung bezogen werden können. **Beispiele** finden sich hier in der Grundstoffindustrie, in der spezifische chemische Grundstoffe von einer Vorstufe innerhalb der Unternehmung an verarbeitende Nachstufen geliefert werden. In der Stahlindustrie gilt dies für die Roheisen- und Stahlherstellung; für die Produktion von Stahl besteht ein technisch-energiewirtschaftlich begründeter Verbund zur Roheisenproduktion. Stahl in unbearbeiteter Form wird in mehreren tausend unterschiedlichen Qualitäten hergestellt, am Markt jedoch im allgemeinen nur in sehr geringen Mengen (5–10 % der Weltstahlerzeugung) gehandelt. Ein **marktorientierter Verrechnungspreis** für **Stahl** zur Lieferung von der Stahl herstellenden Division an verarbeitende Divisions kann unter diesen Voraussetzungen nicht nach marktgesetzlichen Kriterien gebildet werden.

Mit der Verwendung von kostenorientierten Verrechnungspreisen lassen sich keine Divisionsergebnisse ermitteln, allenfalls **Ergebnisbeiträge** in Form von **Soll-Istkostenabweichungen**. Deshalb kann in diesen Fällen den liefernden Divisions auch als **Ziel** nicht Erfolgsoptimierung im Sinne der Gewinnmaximierung, sondern vielmehr nur **Kostenminimierung** vorgegeben werden.

Sofern Vergleichszahlen konkurrierender Unternehmungen durch externe Betriebsvergleiche zur Verfügung stehen, kann der liefernden Division das Ziel **Kostenminimierung in Form der Kostenführerschaft** gestellt werden. Die **Wirtschaftlichkeitskontrolle** in den einzelnen Bereichen kann unter diesen Voraussetzungen nur durch den Vergleich der Sollkosten (Istmenge ∗ Verrechnungspreis) mit den Istkosten (= kalkulatorisches Betriebsergebnis) bzw. zwischen Sollaufwand und Istaufwand (= wirtschaftliches Ergebnis laut GuV-Rechnung) erfolgen. Dabei kann man auch auf die (günstigeren) **Plankosten** eines gleiche Vorprodukte herstellenden Betriebes einer Drittunternehmung zurückgreifen oder die Plankosten auf analytischem Wege ermitteln.

Falls in einem **Vollkostensatz kalkulatorische Zinsen** auf das investierte Gesamtkapital enthalten sind, liegt darin eine Erlöskomponente, die der Division neben den Abschreibungen und anderen nicht kurzfristig finanzwirksamen Kostenbestandteilen einen Spielraum für eigenständige Investitionsentscheidungen zur Anlagenerneuerung und -rationalisierung geben kann. Darüber hinausgehender Investitionsmittelbedarf ist aus gesamtunternehmungsbezogener Sicht aus zentralen Unternehmungsmitteln zu decken.

**Vollkostenorientierte Verrechnungspreise** ermöglichen den liefernden Divisions einen ausgeglichenen Ergebnisausweis, wohingegen das zwangsläufig negative Ergebnis bei **teilkostenorientierten Verrechnungspreisen** demotivierende Wirkungen auslösen kann. Für **kurzfristige Lenkungszwecke** sind allerdings teilkostenorientierte Verrechnungspreise – vor allem bei der Durchführung **divisionsübergreifender Programmplanungen** – unverzichtbar. Auch für **Grenzgeschäfte** aus Sicht der gesamten Unternehmung sind divisionsübergreifende Grenzkosten – und bei voller Kapazitätsauslastung auch **Opportunitätskosten** – eine wichtige Entscheidungsgrundlage. Wie in Kapitel 2.2.4.1 näher erläutert führt nur eine auf variablen Produktkosten bzw. auf Deckungsbeiträgen beruhende kurzfristige Produktprogrammplanung zu einer optimalen Entscheidung. Daher sind je nach Fragestellung voll- oder teilkostenorientierte Verrechnungspreise anzuwenden.

In der Literatur zur integrierten Planung ist in diesem Zusammenhang darauf hingewiesen worden, daß beim Einsatz eines **integrierten Planungskonzepts** wie etwa der **linearen Programmierung für divisionsübergreifende Optimierungen** interne Verrechnungspreise überflüssig sind; sie ergeben sich einerseits aus der Optimierungsrechnung, werden andererseits nach Durchführung der Modellrechnung nicht mehr benötigt, da mit dem Ergebnis der Optimierungsrechnung auch die Liefer- und Leistungsströme zwischen den Divisions festgelegt sind (vgl. *Hax*, 1981, Sp. 1694 ff.). Da sich die in der Praxis vorfindbaren komplexen Bedingungen nicht hinreichend genau in den geforderten integrativen Modellansätzen abbilden lassen, kann auch auf diese Weise nicht das **Verrechnungspreiskonzept als Koordinationsinstrument** bei dezentraler Unternehmungsorganisation entbehrlich gemacht werden. Aus theoretischer Sicht handelt es sich dabei um ein mehr oder weniger bewährtes **heuristisches Instrumentarium** zur pragmatischen Lösung von erfolgsorientierten Planungs- und Überwachungsaufgaben in organisatorisch aufgegliederten Unternehmungen.

Aus der Abhängigkeit einer liefernden Division von der tatsächlichen Abnahme der Produkte durch die weiterverarbeitenden Divisions können sich Probleme bei der **langfristigen Kapazitätsplanung** ergeben, insbesondere wenn die mengenmäßigen und qualitativen Anforderungen, die von den abnehmenden Divisions an die liefernde Division gestellt werden, im Zeitablauf schwanken. Zur Lösung dieser Probleme, d.h. Sicherstellung einer fundierten Programm- und Kapazitätsplanung in den Divisions kann eine **Differenzierung des Vollkostensatzes** in der Weise hilfreich sein, daß die weitgehend **fixen Bereitschaftskosten getrennt** von den produktionsabhängigen Kosten weiterverrechnet werden (vgl. *Hahn*, 1985, S. 529).

Um dabei eine gewisse Sicherheit in die kurz- bis mittelfristige Kapazitätsplanung der liefernden Division zu tragen, sind die abnehmenden Divisions dazu zu verpflichten, das geforderte Leistungsvolumen nach Menge und Qualität für Zeiträume von 3–5 Jahren im voraus festzulegen. Die liefernde Division kann dann ihre **Kapazitätsplanung** daran ausrichten. Unter dieser Voraussetzung können die weitgehend fixen Bereitschaftskosten geplant und nach den vorgesehenen Abnahmemengen der beziehenden Divisions auf diese verteilt werden. Die abnehmenden Divisions müssen dann jahres- oder monatsbezogen – unabhängig von den tatsächlich abgenommenen Leistungsmengen – an die liefernde Division die auf sie entfallenden **fixen Bereitschaftskostenanteile entsprechend der vorbestellten Kapazitäten** vergüten. Bei Lieferung von qualitativ einwandfreien Gütern in den jeweils geforderten Mengen werden in diesem Fall als produktbezogene bzw. auftragsorientierte Verrechnungspreise nur noch die variablen Kosten zugrunde gelegt. Bei der liefernden Division ergeben sich auf diese Weise bei den fixen Bereitschaftskosten prinzipiell keine Abweichungen (vor allem keine Beschäftigungsabweichungen); in bezug auf die produktweise kalkulierten variablen Kosten können jedoch **Verbrauchs- und Leistungsabweichungen** sowie **Beschaffungspreisabweichungen** entstehen.

Probleme bei dieser Verrechnungspreisbildung ergeben sich in der Praxis daraus, daß eine **eindeutige Abgrenzung zwischen variablen und fixen Kosten vielfach nicht durchführbar** ist und – wie an anderer Stelle gezeigt – bei einer größeren Zahl von Kosteneinflußgrößen, die man vor allem in der Grundstoff- und Stahlindustrie findet, nicht unerhebliche Kostendifferenzen entstehen können. Dadurch kann das gesamte **Organisationskonzept der (vertikalen) Divisionalisierung** zur Schaffung wirtschaftlich in gewissem Umfang selbständig handelnder Teileinheiten der Unternehmung **gefährdet** werden. Bei erheblichen Kostendifferenzen, die aus dieser Verrechnungspreisbildung resultieren, kann das angestrebte unternehmerische Handeln der Divisions beeinträchtigt werden und zu einer Kette unliebsamer Auseinandersetzungen über die Lieferbedingungen zwischen liefernden und abnehmenden Divisions führen, da von diesen Bedingungen das Kosten- bzw. Erfolgsergebnis von liefernder und abnehmender Division linear abhängt. Beim **Nichtvorhandensein externer Märkte** gerät daher das Divisionalisierungskonzept in der Praxis häufig **an seine Anwendungsgrenze**.

Kostenorientierte Verrechnungspreise können auch **differenziert werden nach Kostenarten**. Ist es für die abnehmenden Divisions bedeutsam, welche primären Kostenarten von den liefernden Divisions in die Verrechnungspreise eingerechnet werden, so kann eine Spaltung der Verrechnungspreise in z.B. Personal-, Material- und Anlagenkostenteile – zuweilen auch nach Kapitaldienst- und Verwaltungskosten – sinnvoll sein. Die kostenorientierten Verrechnungspreise gliedern sich dann in **Teilpreise nach Kostenarten** unter. Grundsätzlich ist diese Vorgehensweise realisierbar; sie erhöht allerdings den Rechenaufwand erheblich, wenn auch bei den abnehmenden Divisions **nach Primärkostenarten untergliederte Verrechnungspreise** verwendet werden sollen (vgl. *Schubert*, 1965, S. 358 ff.). Ziel einer solchen kostenartenweisen Aufteilung der Verrechnungspreise können kalkulatorische Überlegungen der abnehmenden Divisions im Hinblick auf Preisbildung und Absatzmarktpreisbeurteilung sein. Weiterhin kann die Kenntnis der in die Kalkulation eingegangenen Primärkosten hilfreich bei der stufenübergreifenden verlustfreien und zwischengewinnfreien Bewertung der Halb- und Fertigfabrikate in konsolidierten Monats- und Jahresabschlüssen sein.

### 2.4.4  Autonome Lenkpreise

Neben marktpreisorientierten und kostenorientierten Verrechnungspreisen sind **zentral vorgegebene Verrechnungspreise mit spezifischem Lenkungscharakter** zu unterscheiden. Dieses Konzept soll gesamtunternehmerisch erwünschtes Handeln in den Divisions für solche Bedingungskonstellationen anregen, in denen sich markt- oder kostenorientierte Preise nicht sinnvoll ermitteln lassen oder die Vorgabe derartig bestimmter Verrechnungspreise zu unerwünschten Fehlentwicklungen führt. Wenn z.B. eine Division ein technologisch **neues Zwischenprodukt** herstellt, für das es ein preisgünstigeres Substitut am Markt gibt, die Unternehmungsleitung aber langfristig auf die technologische Überlegenheit des Zwischenproduktes setzt oder die Abhängigkeit von dem Substituthersteller scheut, so muß ein Verrechnungspreis gefunden werden, der die abnehmenden Divisions anregt, in der eigenen Unternehmung einzukaufen und gleichzeitig die Leitung der liefernden Division nicht durch laufend negative Ergebnisse demotiviert (insbesondere bei erfolgsabhängigen Vergütungsanteilen der Führungskräfte).

Im Grunde sind derart **zentral vorzugebende Verrechnungspreisgrößen** mit der gleichen **unlösbaren Problematik** behaftet, die auch in **zentralistischen Planwirtschaften** zu gravierenden Fehlentwicklungen geführt hat. Selbst in der marktwirtschaftlich organisierten Bundesrepublik haben z.B. volkswirtschaftlich begründete zentrale Preisvorgaben in der Landwirtschaft, Energiewirtschaft, im Verkehrswesen oder in der Wohnungswirtschaft zu erheblichen Fehlentwicklungen geführt (vgl. z.B. *Hamm*, 1978, S. 156 ff.; *Woll*, 1992,

S. 134 ff.). Der Grund dafür liegt vor allem in den unübersehbaren Interdependenzwirkungen von wirtschaftlichen Vorgängen, d. h. ein Eingriff in selbstregulierende wirtschaftliche Abläufe an einer Stelle führt zu Folgewirkungen an vielen nicht vorhersehbaren Stellen und löst einzelwirtschaftlich rationale Handlungen aus, die gesamtwirtschaftliche Defizite hervorrufen (etwa bei der Bundesbahn, im Kohlebergbau, in der Landwirtschaft).

In einer divisionalisierten Unternehmung können **zentrale Vorgaben** z. B. **das Ziel verfolgen**, nachteilige wirtschaftliche Entwicklungen aus **übergeordneter Sicht** zu verhindern oder aber abzumildern. Ein Beispiel aus der chemischen Grundstoffindustrie ist die **Abfallwirtschaft**. In manchen Großunternehmungen ist im Zuge der Divisionalisierung auch der Entsorgungsbereich verselbständigt worden. Auf Grund des gegebenen Sachziels sind die wirtschaftlichen Ergebnisse von Entsorgungsbetrieben negativ, d. h. die Entsorgungskosten übersteigen die Verwertungserlöse für Rückstände oder an andere Unternehmungen absetzbare Abfallstoffe. Sofern aus einem Abfallstoff aufgrund technischer Entwicklungen oder neuer Bedarfe unmittelbar oder durch Weiterverarbeitung wieder Produkte hergestellt werden können, die zu kostenübersteigenden Umsatzerlösen führen, werden derartige Aktivitäten aus dem Entsorgungsbereich ausgegliedert und in eigenständige Divisions mit potentiell positiven Bereichsergebnissen eingebracht.

Aus der Oberzielsetzung der Gesamtunternehmung steht i.d.R. als Teilziel der Abfallwirtschaft die **Abfallvermeidung bzw. -minimierung** im Vordergrund. Um nun in den Hauptbetrieben einer Unternehmung einen **wirtschaftlichen Anreiz** zu schaffen, möglichst wenig Abfälle durch die angewandte Technologie und/oder durch die zu verarbeitenden Einsatzstoffarten entstehen zu lassen, kann ein **besonders niedriger Verwertungserlös** für abgegebene Abfallstoffe an die Entsorgungsdivision festgelegt werden. Dabei wird es sich vielfach um einen **negativen Lenkverrechnungspreis** handeln, so daß mit der Höhe des Abfalls in dem produzierenden Betriebsbereich **variierende Abfallkosten** entstehen – u.U. auch dann, wenn am Markt für den Abfall noch ein positiver Erlös entsteht oder aber der Drittverwertungserlös nur in geringerem Umfang von den Beseitigungskosten überschritten wird. Bei einem relativ hohen negativen Lenkverrechnungspreis für die Abfallstoffe, die an die **eigene** Entsorgungsdivision abzugeben sind, kann zwar auf der einen Seite erreicht werden, daß in den produzierenden Betrieben nach **abfallminimierenden Technologien und Materialarten** gesucht wird. Aus der Interdependenzproblematik kann sich jedoch ergeben, daß der **Entsorgungsbetrieb** nunmehr **positive wirtschaftliche Ergebnisse** erzielt, je mehr der unerwünschten Abfallstoffe zu für diesen günstigen Verrechnungspreisen angeliefert werden. Es kann sogar dazu kommen, daß in diesem Fall insofern ein **falsches Lenkungssignal** ausgelöst wird, als der Entsorgungsbetrieb durch Investitionen in Verwertungstechnologien, die unter den gegebenen wirtschaftlichen Bedingungen zu positiven Ergebnissen führen, an einer Erhöhung entsprechender Abfallmengen interessiert ist und damit aus Gesamtunternehmungssicht unerwünschte Investitionsmaßnahmen durchführt. In solchen Fällen müßte ein **gespaltener Lenkungspreis** eingeführt werden, d. h. die **Lastschrift** im abgebenden Betrieb müßte zu einem hohen negativen Wert und der **Eingangslenkpreis** im verwertenden Abfallentsorgungsbetrieb müßte zu einem relativ hohen positiven Lenkverrechnungspreis (d. h. zu relativ hohen Stoffkosten) durchgeführt werden.

Wie aus dem Beispiel in Schaubild IX.39 ersichtlich wird, werden mit der **Verwendung gespaltener Lenkpreise Störgrößen** in das Gesamtsystem des Rechnungswesens eingeführt, die schwer beherrschbar sind.

Denn üblicherweise werden alle Teilergebnisse der Divisions nahtlos zu einem Gesamtergebnis der Unternehmung zusammengeführt, was in diesem Fall nicht erreichbar ist, da die **Differenz der Lenkpreise** (15 DM/ME) multipliziert mit der Abfallmenge (1.000 ME) nicht erfaßt wird. Bei gespaltenen Lenkpreisen muß deshalb ein **zentrales Konto** eingerichtet werden, auf dem die Ergebniswirkungen der gespaltenen Lenkpreise zur späteren Ergebnisermitt-

| | Lenkpreis | |
|---|---|---|
| | einheitlich<br>(10 DM/ME) | gespalten<br>(20 DM/ME; 5 DM/ME) |
| (1)  Produktionsmenge | 2.000 ME | |
| (2)  Abfallmenge | 1.000 ME | |
| **Division A** | | |
| (3)  Produktionskosten<br>(40 DM/ME) * (1) | 80.000 DM | |
| (4)  Abfallbelastung | 10.000 DM | 20.000 DM |
| (5)  Gesamtkosten (3) + (4) | 90.000 DM | 100.000 DM |
| (6)  Erlös (50 DM/ME) * (1) | 100.000 DM | |
| (7)  Ergebnis (6) – (5) | 10.000 DM | 0 DM |
| **Division B (Entsorgung)** | | |
| (8)  Entsorgungskosten<br>(10 DM/ME) * (2) | 10.000 DM | |
| (9)  Entsorgungsgutschrift | 10.000 DM | 5.000 DM |
| (10) Ergebnis (9) – (8) | 0 DM | – 5.000 DM |
| **Gesamtunternehmung** | | |
| (11) Summe der Teilergebnisse<br>(7) + (10) | 10.000 DM | – 5.000 DM |
| (12) Ergebniswirkung der<br>gespaltenen Lenkpreise | 0 DM | 15.000 DM |
| (13) Unternehmungsergebnis<br>(6) – (5) – (8) oder<br>(11) + (12) | 10.000 DM | 10.000 DM |

**Schaubild IX.39.**   Ergebniswirkung gespaltener Lenkpreise

lung und -dokumentation gesammelt werden. Das Problem entsteht vor allem dann, wenn für viele Hunderte oder Tausende von Stoffen derartige gespaltene Lenkpreise vorzugeben wären und damit das ganze Informationssystem schwer beherrschbar würde. Für **Einzelfälle** wäre aber durchaus eine **zweigleisige Verrechnungspreisbildung** für den abnehmenden und den empfangenden Betrieb denkbar, um einen Lenkungseinfluß in Richtung Abfallvermeidung bzw. -verminderung auszuüben.

## 2.4.5  Zusamenfassung

Insgesamt sollte in diesem Abschnitt verdeutlicht werden, daß es bei innerbetrieblichem Leistungsaustausch nicht **einen** Leistungsverrechnungspreis gibt, sondern daß je nach Rechenzweck und betriebswirtschaftlicher Aufgabenstellung **unterschiedliche Verrechnungspreise** nach Inhalt und formaler Abgrenzung zu bilden und bereitzuhalten sind. Je nach Aufgabenstellung und Organisationsstruktur können **nebeneinander** in einer Unternehmung **kosten**orientierte, **marktpreis**orientierte und **lenkungs**abhängige Verrechnungspreise in **unterschiedlichen Differenzierungsstufen** in Betracht kommen. Damit wird dieses Gebiet zu einer der wichtigsten und diffizilsten Controllingaufgaben.

| Verrechnungspreisart | Hauptverwendungszwecke |
|---|---|
| marktpreisorientiert | Ergebnisermittlung von Divisions bzw. Aufteilung von Unternehmungsergebnissen auf Divisions; ökonomische Koordinations- und Lenkungsfunktion in divisionalisierten Unternehmungen |
| vollkostenorientiert | Divisionsübergreifende Endproduktkalkulation für Preisbeurteilung/Preisfindung besonders im Großanlagengeschäft und bei öffentlichen Aufträgen; bilanzielle Bestandsbewertung von Halb- und Fertigfabrikaten sowie selbsterstellten Anlagegegenständen zu aktivierungsfähigen bzw. -pflichtigen Herstellungskosten; Ermittlung von kostenorientierten Ergebnisbeiträgen (Kostenüber/unterdeckungen bzw. -abweichungen) von Unternehmungsbereichen; gespaltene Verrechnung von anteiligen fixen Bereitschaftskosten laut Kapazitätsbedarfsplanung leistungsabnehmender Divisions und von produktabhängigen variablen Kosten. |
| teilkostenorientiert | Divisionsübergreifende kurzfristige Produktprogrammplanung; erfolgs(deckungsbeitrags-)orientierte Beurteilung von Grenzgeschäften aus Sicht der Gesamtunternehmung; kurzfristige make or buy-Entscheidungen bei freien Kapazitäten. |
| zentral- lenkungsorientiert | Indirekte autonome Beeinflussung des Bereichsverhaltens auf Grund strategischer Überlegungen (autonome wirtschaftliche Lenkpreise). |

**Schaubild IX.40.**  Übersicht über Arten und Hauptverwendungszwecke von internen Verrechnungspreisen

## 2.5    Gemeinkostencontrolling

### 2.5.1    Grundprobleme und Aufgaben des Gemeinkostencontrolling

In der betrieblichen Praxis läßt sich seit langem ein **Anstieg des Anteils der Gemeinkosten an den Selbstkosten** beobachten. Dabei ist ein Anstieg der Gemeinkosten sowohl im Verwaltungs- und Vertriebsbereich als auch in dem hier für das Produktionscontrolling besonders interessierenden Herstellungsbereich zu verzeichnen. Daraus folgen vor allem Probleme bei der innerbetrieblichen Leistungsverrechnung, der Kalkulation und der Wirtschaftlichkeitsüberwachung. Grundlage des Gemeinkostencontrolling zur wirtschaftlichen Lenkung der Gemeinkostenbereiche ist die Schaffung ausreichender Transparenz in Struktur und Bestimmungsgründe der wesentlichen Gemeinkostenarten.

Gemeinkosten können ex definitione einzelnen Bezugsobjekten nicht unmittelbar zugerechnet werden. In der Praxis stehen die **Probleme der Zurechenbarkeit** der Kosten auf einzelne Produkte, Produktgruppen und Aufträge im Vordergrund.

Der stetige **Anstieg der Gemeinkosten** läßt sich auf verschiedene Ursachen zurückführen:

1. Als Hauptgrund sind die **zunehmende Mechanisierung und Automatisierung** zu nennen, wodurch der Maschineneinsatz gegenüber dem Personaleinsatz im unmittelbaren Produktionsbereich ansteigt. Damit einher geht ein **Anwachsen der Personalkosten** in den fertigungsunterstützenden Bereichen Arbeitsvorbereitung, Produktionsplanung und -steuerung, Softwareerstellung, Instandhaltung, Qualitätssicherung und Logistik (**indirekte Betriebsbereiche**). In der automatisierten Fertigung werden dagegen an den Produkten kaum noch Einzelverrichtungen durch Arbeitskräfte vorgenommen. Der Gemeinkostenblock wächst somit aufgrund erhöhter Anlagenkosten bzw. aufgrund der Tätigkeitsverschiebungen im Fertigungsbereich von manueller Produktbearbeitung hin zu Vorbereitungs- und Überwachungsfunktionen (vgl. *Kaiser*, 1991, S. 20 f.), woraus sich ein **relativer Rückgang** der unmittelbaren zu Lasten **der mittelbaren Produktionspersonalkosten** ergibt. Als **variable Produkteinzelkosten** verbleiben im wesentlichen die Materialkosten für Erzeugniseinsatzstoffe, Teile der Energiekosten und Sondereinzelkosten der Fertigung. Bei den **Gemeinkosten** sind kurz- und mittelfristig nur noch **relativ geringe Teile beschäftigungsabhängig** (vgl. *Laßmann*, 1984, S. 959). Hier sind Prämienanteile, Mehr- und Kurzarbeitsgeld, Schwankungen beim Werkzeugverschleiß und den Betriebsstoffen (insbesondere Energieverbräuche) und nutzungsabhängige Instandhaltungskosten zu nennen.

2. Wegen der Notwendigkeit, schnell und flexibel auf individuelle Kundenwünsche zu reagieren, haben die Anforderungen an Vertrieb, Logistik, Forschung und Entwicklung sowie Konstruktion zugenommen (vgl. *Männel*, 1992b, S. 105 ff.; *Reichling/Köberle*, 1992, S. 489 f.). Vielfach ist daher – insbesondere bei **automatisierten mehrstufigen Produktionsprozessen** – ein mehrmonatiger bis mehrjähriger Einsatz qualifizierter Fachkräfte erforderlich, um

**Produktideen bis zur Serienreife** gelangen zu lassen und die erforderliche **Produktionsorganisation zu planen** und **aufzubauen.** Neben den damit verbundenen **Vorlaufauszahlungen** fallen bei der Einführung neuer Produkte **einmalige Markterschließungs- und Werbungskosten** an (vgl. *Laßmann*, 1984, S. 960).

3. Die **zunehmende überbetriebliche Bürokratisierung** verursacht bei den Unternehmungen zusätzlichen Verwaltungsaufwand. Für die Beachtung und Umsetzung tariflicher und gesetzlicher Bestimmungen müssen, ebenso wie für die Kommunikation mit Verbänden und staatlichen Institutionen, immer mehr Ressourcen bereitgestellt werden, woraus vor allem ein Anstieg der allgemeinen Verwaltungskosten resultiert.

Der **Anstieg der Gemeinkosten** ist in vielen Industrieunternehmungen durch eine **Reduzierung der Produktions- und Dienstleistungstiefe abgeschwächt** worden. Soweit es sich beim **Fremdbezug** um Erzeugniseinsatzstoffe und -dienstleistungen handelt, steigt aus Sicht der Produktkalkulation der Anteil der Einzelkosten an. Anders sieht dies bei fremdbezogenen Betriebsstoffen und -dienstleistungen aus, etwa im Zusammenhang mit Instandhaltung, Softwareerstellung oder Qualitätsüberwachung; hier handelt es sich zwar für die spezifischen Prozesse dieser Bereiche um Einzelkosten, jedoch in bezug auf die Produkterstellung in den Hauptbetrieben ebenfalls um Gemeinkosten.

**Gemeinkostenbereiche** sind vielfach durch eine **hohe Komplexität** und daraus folgende **Undurchsichtigkeit** gekennzeichnet, woraus sich die Gefahr der Ausweitung und Tätigkeitsverselbständigung ergibt. Daher ist die **wirtschaftliche Transparenz** zu verbessern und sind in besonderem Maße **Rationalisierungsmaßnahmen** einzuleiten. Dem **Gemeinkostencontrolling** kommen dabei vor allem **folgende Aufgaben** zu:

1. Planung **angemessener Potentialkapazitäten** und Überwachung ihrer **effizienten Nutzung**: Durch **Entscheidungen über Anlageninvestitionen** und **Personalbestand** wird ein Großteil der Gemeinkosten mittelfristig determiniert. Ein Hauptanliegen des Gemeinkostencontrolling muß deshalb in der möglichst **effizienten Auswahl** und **Nutzung** der betrieblichen Ressourcen liegen (vgl. *Männel*, 1992b, S. 109). Die zur Planung der Potentialkapazitäten und ihrer Auslastung nötige Messung der Arbeitsvorgänge und ihrer zeitlichen Ressourcenbeanspruchung erweist sich als problematisch, soweit die Aufstellung eines **durchgängigen Mengengerüstes** mit **adäquaten Zeitvorgaben** aufgrund der Vielfalt zu erbringender Leistungen nur sehr eingeschränkt möglich ist. Lediglich bei einem hohen Anteil repetitiver Vorgänge können die notwendigen (Plan-)Verbrauchsmengen und -zeitvorgaben mit vertretbarem Aufwand ermittelt werden. Bei einmaligen (z. B. Erstellung einer Sonderauswertung für die Geschäftsleitung) oder rein qualitativen Leistungen (z. B. Führen einer Abteilung) lassen sich dagegen nur in Ausnahmefällen entsprechende Vorgabegrößen – vielfach auch nur mit unvertretbar hohem Aufwand – bestimmen.

2. Sicherstellung einer **rationellen Leistungserstellung**: Für die Bewertung von **innerbetrieblichen Leistungen** werden i.d.R. **Durchschnittskostensätze** verwendet (z. B. Instandhaltungsstundensätze auf Basis der Planbeschäftigung unternehmungseigener Instandhaltungswerkstätten). Damit wird nicht sichergestellt, daß die Leistungen rationell erbracht werden. Nur wenige Leistungen (wie z. B. Materialtransporte zwischen zwei Werken oder Fremdbezug

bestimmter Instandhaltungsleistungen) sind auch am Markt erhältlich und machen Beschaffungspreis-Kostenvergleiche möglich (vgl. *Roever*, 1980, S. 687). Für andere Eigenleistungen können teilweise Betriebsvergleiche und Tätigkeitsanalysen zur wirtschaftlichen Beurteilung herangezogen werden (vgl. Kapitel 2.5.2).

3. Beurteilung des **Nutzens** bzw. der **Ergebnisbeiträge** von Tätigkeiten in **indirekten Bereichen**: Auch wenn Abteilungen mit Tätigkeiten voll ausgelastet sind und diese in rationeller Arbeitsweise erbringen, bleibt zu untersuchen, ob dadurch ein **positiver Beitrag zum Unternehmungsergebnis** geleistet wird. Bei Aufgaben, deren Erfüllung zur Erhaltung der Betriebsbereitschaft und zur Durchführung der Produktionsprozesse zwingend erforderlich ist (z. B. Lohn- und Gehaltsabrechnung, Reparaturen, Erstellung von Arbeitsplänen für die Produktion), ist lediglich die **Effizienz und Wirtschaftlichkeit** der Leistungser- stellung zu überprüfen und zu überwachen (vgl. Kapitel 2.5.3). Anders bei Lei- stungen, die nicht oder zumindest nicht in der gegebenen Detaillierung zwin- gend erscheinen. Um zu vermeiden, daß **unnötige** bzw. im Vergleich zu ihren Kosten mit **marginalem Nutzen verbundene Leistungen** erbracht werden (z. B. Produktion sog. Datenfriedhöfe in Form nicht mehr benötigter Auswertun- gen), sind **gesonderte Untersuchungen** anzustellen. Dabei handelt es sich i.d.R. um **einmalig** oder in **größeren Zeitabständen** durchzuführende **Sonder- analysen**, wie sie in den folgenden Kapiteln 2.5.2.1 über **Gemeinkostenwert- analyse** und 2.5.2.2 über **Zero Base Budgeting** näher beschrieben werden.

## 2.5.2    Methoden zur einmaligen Gemeinkostensenkung

### 2.5.2.1    Gemeinkostenwertanalyse

Die von der Unternehmungsberatungsfirma McKinsey entwickelte Methode **Overhead Value Analysis** wurde im deutschsprachigen Raum unter dem Begriff **Gemeinkostenwertanalyse (GWA)** eingeführt. Sie soll Einsparpoten- tiale im Gemeinkostenbereich aufzeigen. Im **Gegensatz zur Wertanalyse**, die als Ziel eine Erfolgssteigerung bzw. Verbesserung des Kosten-Erlös-Verhältnis- ses ausgewählter Objekte wie z. B. Produktkomponenten oder Teilprozesse der Fertigung verfolgt (vgl. Band 1, Teil III, Kapitel 2.3.3), stellt die GWA primär einseitig auf **Gemeinkostensenkungen** insbesondere **durch Personal- und Sach- mitteleinsparungen** in der **Unternehmungsverwaltung** ab. Während bei Wert- analysen die ausgewählten Objekte sehr genau untersucht werden, handelt es sich bei der GWA um eine **breit angelegte** und **auf Schnelligkeit ausgerichtete pauschale Gesamtuntersuchung aller Verwaltungsgemeinkosten**, bei der Unge- nauigkeiten teilweise bewußt in Kauf genommen werden (vgl. *Jehle*, 1992, S. 1516 ff.). Die Fertigungsgemeinkosten werden vielfach nur am Rande betrachtet (vgl. *Wein*, 1990, S. 378). Auch wenn sich die **Systemelemente** der Wertanalyse – **Funktionsanalyse, Teamarbeit, Phasenschema** und **Einsatz von Kreativitätstechniken** – bei der GWA wiederfinden, so handelt es sich doch um ein **eigenständiges Verfahren**.

Die Gemeinkostenwertanalyse vollzieht sich in drei Phasen:

In der **Vorbereitungsphase** werden die zu untersuchenden Verwaltungsbereiche bestimmt, die Untersuchungsteams und deren Leiter bestellt, Betriebsrat und betroffene Mitarbeiter informiert und der zeitliche Ablauf des Projektes festgelegt. Die **oberste Entscheidungsinstanz** ist der **Lenkungsausschuß**, bestehend aus Mitgliedern der Geschäftsführung und vielfach auch externen Beratern. Er genehmigt die Durchführung, kontrolliert Zwischenergebnisse sowie den zeitlichen Ablauf und entscheidet über die Realisierung. Die Zeitdauer richtet sich nach der Anzahl der Untersuchungsteams und der zu untersuchenden Unternehmungsbereiche. Da ein Team nicht mehr als drei Bereiche parallel betreuen sollte, erfolgt die Durchführung eventuell in mehreren zeitlich aufeinanderfolgenden Abschnitten (vgl. *Jehle*, 1992, S. 1509).

Die **Durchführungsphase** vollzieht sich in vier Schritten (vgl. *Roever*, 1980, S. 688 f.):

*Schritt 1: Funktions- und Kostenanalyse*

Die für die Untersuchungsbereiche verantwortlichen Führungskräfte dokumentieren die dort zu erfüllenden Aufgaben und die dafür entstehenden Kosten. Durch eine **hierarchische Gliederung** nach bereichsübergreifenden und bereichsinternen Haupt- und Nebenfunktionen entstehen **Funktionskataloge** für den gesamten Gemeinkostenbereich. Die mit den einzelnen Aufgaben verbundenen Personal- und Sachmittelkosten können zum Teil aus der Kostenstellenrechnung entnommen werden, überwiegend müssen sie mit Hilfe von Schätzverfahren oder auf Basis von Aufschreibungen durch die Mitarbeiter bestimmt werden (vgl. *Herzog*, 1988, S. 322 und 326 ff.). Die Bewertung der Funktionen wird in TDM p.a. oder getrennt nach Sachmittelkosten p.a. und Personenjahren vorgenommen (vgl. *Wein*, 1990, S. 378).

*Schritt 2: Einsparungsideen entwickeln*

Mit Hilfe von **Kreativitätstechniken** versuchen die für die Untersuchungsbereiche verantwortlichen Führungskräfte in Zusammenarbeit mit den Empfängern ihrer Leistungen und dem zugehörigen Untersuchungsteam Einsparideen zu entwickeln, wobei **jede Leistung** des Bereichs **vorbehaltlos in Frage zu stellen ist**. Als **Rationalisierungsidee** ist die **Leistungsreduktion** (Wegfall der Leistung, geringerer Umfang, geringere Frequenz) und die **effizientere Leistungserstellung** (z.B. durch organisatorische Änderungen, EDV-Einsatz) sowie die **Veränderung der Leistungsart/-qualität** zu prüfen. Die Beratungsunternehmungen empfehlen, jedem Bereich die Entwicklung von **Einsparideen** in Höhe einer **festen „Denkhürde"** (z.B. 40% der Kosten) vorzuschreiben, unabhängig von der bisherigen Effizienz der Leistungserstellung (vgl. *Roever*, 1980, S. 689).

*Schritt 3: Realisierbarkeit prüfen und Ideen bewerten*

Als realisierbar werden Ideen angesehen, die nicht mit wirtschaftlich negativen Folgewirkungen für die Unternehmung verbunden und innerhalb von maximal drei Jahren umsetzbar sind. Die Bewertung der Ideen erfolgt bei Sachmitteln in einzusparenden TDM und beim Personal in Personenjahren und ebenfalls in TDM. Dabei sind den Einsparungen durch Leistungsveränderungen **zusätzlich entstehende Kosten**, beispielsweise für anzuschaffende EDV, gegenzurechnen.

*Schritt 4: Ergebnisse dokumentieren und Aktionsprogramm entwickeln*

Im letzten Schritt der Durchführungsphase werden die Ergebnisse zur Vorlage vor dem Lenkungsausschuß dokumentiert. In Form eines **Aktionsprogramms** werden konkret terminierte Maßnahmen beantragt, denen Verantwortlichkeiten zugeordnet sind.

Die abschließende **Realisierungs- und Kontrollphase** beginnt mit der Entscheidung des Lenkungsausschusses über die Umsetzung des Aktionsprogramms. Da der Großteil der Rationalisierungsvorschläge eine **Reduktion des Personalbestands** zum Ziel hat, gilt es nun, unter Ausnutzung von Fluktuation, vorgezogenen Pensionierungen, Umsetzungen und Entlassungen die geschätzten Einsparungen zu realisieren. Dabei sind die Durchführung der Maßnahmen in sachlicher und zeitlicher Hinsicht ebenso zu kontrollieren wie ihre erfolgsmäßigen Auswirkungen.

Als **Ergebnis der GWA** werden von Beratungsfirmen **Einsparungen von 10–20% der Gemeinkosten** als realistisch angesehen. Als nicht quantifizierbare Ergebnisse werden **Motivationssteigerungen, Straffung der Organisation, analytische Schulung** der Beteiligten und Gewinnung von **verbesserten Unterlagen** für die **Gemeinkostenbudgetierung** angeführt (vgl. *Roever*, 1980, S. 689 f.).

Diese **Erfolge** sind **aus Sicht der Praxis zu relativieren** (vgl. *Wein*, 1990, S. 384 ff.). Das in Aussicht gestellte Einsparungspotential im Personalbereich ist vielfach nur teilweise und mit **erheblichen Verzögerungen** realisierbar, da vor allem Entlassungen kurzfristig kaum möglich sind und teilweise **Ganzzahligkeitsprobleme** auftreten (z. B. Einsparung von 0,3 Personen in einer Abteilung). Zudem wird in der **Betriebsvereinbarung zur GWA** häufig festgelegt, daß auf Grund einer GWA keine Entlassungen erfolgen dürfen. Statt motivatorische kann die GWA auch **demotivatorische Effekte** hervorrufen, wenn Abteilungsleiter spezifische Einsparungsideen über 40% der Kosten entwickeln müssen, durch die Mitarbeiter freigesetzt werden sollen, für die sie sich verantwortlich fühlen. Auch kann es zu **langfristigen Dissonanzen** zwischen den Teammitgliedern und anderen Mitarbeitern aufgrund der vorgeschlagenen Rationalisierungsmaßnahmen kommen. In vielen Fällen stößt die GWA auf massiven **Widerstand von Betriebsrat und Belegschaft**. Aus der Sicht der Unternehmung ist kritisch anzumerken, daß die GWA nur **einmalig wirkt** und nicht zur laufenden Überwachung der Gemeinkosten beiträgt. Vielfach wird auf die Nutzung vorhandener Informationen aus dem Rechnungswesen verzichtet, auch wenn diese als Grundlage zur Identifikation von ineffizienten Bereichen und damit zur Schwerpunktbildung für die Untersuchung geeignet wären. Die Durchführung einer Gemeinkostenwertanalyse mit Hilfe von **neutralen externen Beratern** dient vor allem der **Gewinnung von Rechtfertigungsgrundlagen** für Einsparungen im sensiblen Personalbereich. Andererseits sind

Rationalisierungsmaßnahmen in der Verwaltung vielfach nur mit einer Abstützung auf neutrale externe Berater realisierbar. Entscheidend dabei ist, daß

- die herangezogenen Berater **kompetent und erfahren** sind,
- die Rationalisierungsvorschläge **überzeugend begründet** werden und
- diese von den Beratern **gemeinsam** mit dem Führungspersonal in die Praxis **umgesetzt** werden.

## 2.5.2.2  Zero Base Budgeting

**Zero Base Budgeting** (ZBB) wurde Ende der sechziger Jahre in der US-amerikanischen Unternehmung Texas Instruments entwickelt. Die im deutschsprachigen Raum seit den siebziger Jahren vor allem durch die Beratungsgesellschaft A.T. Kearney angewendete Methode strebt neben der Senkung der Gemeinkosten den effizienteren Einsatz der Ressourcen in den Gemeinkostenbereichen an.

Ausgehend von der **Fiktion einer Unternehmungsneuplanung** erfolgt eine sehr differenzierte Neubudgetierung der Gemeinkostenbereiche, wobei **alle** bisher **vorhandenen** und **in Aussicht genommenen Leistungen** auf ihre **Notwendigkeit**, ihren **Umfang** und die **Wirtschaftlichkeit** ihrer Erstellung hin analysiert werden. Die Aufstellung einer Rangfolge aller Leistungen nach dem geschätzten Grenznutzen im Hinblick auf die mittel- bis langfristigen Unternehmungsziele entscheidet letztlich über die Mittelausstattung der einzelnen Bereiche (vgl. *Meyer-Piening*, 1982, S. 259). Ebenso wie die Gemeinkostenwertanalyse stellt das Zero Base Budgeting ein **Instrument** mit **einmaligem Charakter** dar, das i.d.R. in Zusammenarbeit mit externen Beratern eingesetzt wird.

Die Vorgehensweise des Zero Base Budgeting läßt sich in 7 Teilschritten beschreiben.

*1. Schritt: Vorbereitende Maßnahmen und Bildung von Entscheidungseinheiten*

Um eine stringente Ausrichtung aller Aktivitäten auf die mittel- bis langfristigen Unternehmungsziele (insb. Produktstrategien) zu erreichen, sind diese im Vorfeld klar zu formulieren. Zur Koordinierung und Durchführung sind **Arbeitsgruppen** zusammenzustellen und auszubilden. Weiterhin ist der **Untersuchungsbereich abzugrenzen** und in **Entscheidungseinheiten** einzuteilen. Eine Entscheidungseinheit sollte vom Arbeitsvolumen ein bis zehn Personen umfassen und hinsichtlich der Leistungen und Kosten gegenüber benachbarten Entscheidungseinheiten abgrenzbar sein. Die Bildung der Entscheidungseinheiten wird sich i.d.R. an der bestehenden Organisation orientieren und auf Gruppen bzw. Unterabteilungen zurückgreifen (vgl. *Marettek*, 1982, S. 258f.).

*2. Schritt: Funktionsanalyse*

Für jede Entscheidungseinheit sind die zu erfüllenden Ziele und Aufgaben sowie die dafür zu erbringenden Leistungen unter Angabe der damit verbundenen Kosten zu bestimmen und die Leistungsempfänger anzugeben. Die einzelnen Aufgaben werden daraufhin untersucht, ob sie **überhaupt erforderlich** sind und **in welchem Umfang** ihre Erfüllung notwendig erscheint. Mit Hilfe von **Kreativitätstechniken** (z. B. Brainstorming) werden alternative Vorgehensweisen zur Erfüllung der bisherigen Aufgaben und neue Leistungen zur besseren Zielerfüllung gesucht (vgl. *Meyer-Piening*, 1982, S. 261).

### 3. Schritt: Erstellung von Entscheidungspaketen

Die Ergebnisse der Funktionsanalyse sind im 3. Schritt zusammenzufassen und in einer entscheidungsfähigen Vorlage zu dokumentieren. Dabei werden für jede Entscheidungseinheit i.d.R. drei Leistungsniveaus unterschieden (vgl. Schaubild IX.41).

Schaubild IX.42 zeigt ein Beispiel für ein Entscheidungspaket.

Hierbei ist hervorzuheben, daß die mit den Leistungsniveaus verbundenen **Kosten quantifiziert** (Zeile 4), der **Nutzen** der Leistungsniveaus dagegen **verbal beschrieben wird** (Zeilen 5 und 7). Mögliche Alternativen in der Leistungserstellung werden unter Angabe der damit verbundenen Kosten- und Leistungsveränderungen in Zeile 6 ausgewiesen.

### 4. Schritt: Bildung einer Rangordnung

Als Voraussetzung für den **Budgetschnitt** sind die Leistungsniveaus aller Entscheidungseinheiten in eine vollständige Rangfolge zu bringen und die damit verbundenen Kosten zu kumulieren (vgl. Schaubild IX.43).

Da das **unterste Leistungsniveau** jeweils das **Minimum** zur Erhaltung der Betriebsbereitschaft darstellt und somit in jedem Fall erfüllt werden muß, kann man sich auf die Betrachtung der beiden höheren Niveaus beschränken, wobei das zweite Niveau einer Entscheidungseinheit stets vor dem dritten in die Rangfolge aufzunehmen ist, da ausgehend von der zwingend erforderlichen Basisleistung einer Entscheidungseinheit die weiteren Aktivitäten zur Erhöhung des Leistungsniveaus ensprechend ihrer Erfolgswirksamkeit herangezogen werden sollten.

|  | Prozentsatz der Leistungserfüllung | Anforderungen |
|---|---|---|
| Leistungsniveau 1 | ca. 80% | Basisniveau für Mindestzielerreichung (Sicherung der Betriebsbereitschaft) |
| Leistungsniveau 2 | ca. 100% | derzeitiges Niveau der Leistungserfüllung bei unveränderten Kosten |
| Leistungsniveau 3 | ca. 120% | Wünschenswertes Leistungsniveau mit höheren Kosten als beim derzeitigen Niveau |

**Schaubild IX.41.**   Leistungsniveau für ein Entscheidungspaket
(entnommen aus *Hitschler*, 1990, S. 291)

| 1 | Entscheidungspaket Nr. | 18 Abteilung Einkauf | | | | | |
|---|---|---|---|---|---|---|---|
| 2 | Ziel der Abteilung | Fristgerechte Beschaffung von Rohstoffen und Waren in richtiger Menge und vorgegebener Qualität zum günstigsten Preis zur Sicherstellung der Produktion | | | | | |
| 3 | Leistungsniveau | 1 | | 2 | | 3 | |
| 4 | Ressourcen und daraus resultierende Kosten | Budget 1981 | Budget 1982 Leistungsniveau 1 | zusätzliche Kosten des Leistungsniveaus 2 gegenüber Leistungsniveau 1 | Budget 1982 Leistungsniveau 2 (Gesamtkosten) | zusätzliche Kosten des Leistungsniveaus 3 gegenüber Leistungsniveau 2 | Budget 1982 Leistungsniveau 3 (Gesamtkosten) |
| | Personenzahl | 4 | 3 | 1 | 4 | - | 4 |
| | Personalkosten | 220000 | 170000 | 50000 | 220000 | - | 220000 |
| | Sachkosten | 40000 | 40000 | - | 40000 | 30000 | 70000 |
| | kalk. Kosten | 10000 | 10000 | - | 10000 | 30000 | 40000 |
| | Summe der Kosten | 270000 | 220000 | 50000 | 270000 | 60000 | 330000 |
| | Investitionen | - | - | - | - | 80000 | 80000 |
| 5 | Umfang der Aktivitäten | Einholen von Angeboten, Führen von Preisverhandlungen, Bestellabwicklung | wie 1, zusätzlich Marktbeobachtung, Terminüberwachung, Rechnungsprüfung und Mahnwesen | | Bestellabwicklung und Mahnwesen erfolgt über EDV. Marktbeobachtung wird durch Einholen zusätzlicher Angebote intensiviert. | | |
| 6 | Alternativen | Keine kostensparende Alternative. | Marktbeobachtungen nur durch Auswertung von Verbandszahlen. Kosteneinsparung DM 10000.-. Diese Daten sind jedoch weniger aktuell und stark aggregiert. | | Datenverarbeitung außer Haus, ist jedoch mit einem Verzug von 4 Tagen verbunden, dabei aber Kosteneinsparung von DM 2000,-/Jahr. | | |
| 7 | Vorteile der Aktivitäten gem. Zeile 5 | Dieses Niveau stellt das Kostenminimum dar. | Preisgünstiger Einkauf. Ausnutzen von Rabatten/Skonti. Die Terminüberwachung stellt sicher, daß die Rohstoffe rechtzeitig zur Verfügung stehen. Durch Rechnungsprüfung konnten im Vorjahr 20000,- DM eingespart werden. (Überzahlungen und entgangene Skonti) | | Durch EDV-Anlage Entlastung von Routinetätigkeiten. Intensivierung der Marktbeobachtung und der Preisverhandlungen. Aushandeln von Sonderkonditionen möglich. | | |
| 8 | Konsequenzen bei Nicht-Realisierung des Leistungsniveaus | Dieses Leistungsniveau kann weder entfallen noch eingeschränkt werden. Eine Einschränkung würde zu schweren Störungen im Produktionsablauf führen. | Langfristig gehen Rabatte verloren. Durch fehlende Rohstoffe können Produktionsstörungen auftreten. Werden die Rechnungen nicht geprüft, können Verluste von etwa 20000,-DM/Jahr entstehen. | | Aufgaben werden manuell erledigt, dadurch höhere Fehlerquoten und Zeitverlust, Schwächung der Verhandlungsposition. | | |

**Schaubild IX.42.** Beispiel für ein Entscheidungspaket mit drei unterschiedlichen Leistungsniveaus (entnommen aus *Marettek*, 1982, S. 260)

| Entscheidungs-<br>paket-Nr. | Leistungs-<br>niveau | Entscheidungs-<br>einheit | Einzelwerte | | Kumulierte Werte | |
|---|---|---|---|---|---|---|
| | | | Mitarbeiter | Kosten | Mitarbeiter | Kosten |
| alle | 1 | alle | 14 | 700.000 | 14 | 700.000 |
| 3 | 2 | Vertrieb | 1 | 80.000 | 15 | 780.000 |
| 18 | 2 | Einkauf | 1 | 50.000 | 16 | 830.000 |
| 6 | 2 | Kostenrechnung | 0 | 30.000 | 16 | 860.000 |
| 18 | 3 | Einkauf | 0 | 60.000 | 16 | 920.000 |
| 13 | 2 | Versand | 1 | 50.000 | 17 | 970.000 |
| 11 | 2 | Lagerhaltung | 0 | 30.000 | 17 | 1.000.000 |
| ------Budgetlinie--- | ---------- | ------------------ | -------------- | -------- | -------------- | ---------- |
| 3 | 3 | Vertrieb | 2 | 120.000 | 19 | 1.120.000 |
| 7 | 2 | Lohn- und Gehalt | 1 | 50.000 | 20 | 1.170.000 |
| 9 | 2 | Arbeitsvorbereitung | 0 | 30.000 | 20 | 1.200.000 |
| : | : | : | : | : | : | : |

**Schaubild IX.43.** Reihenfolge der Entscheidungspakete gemäß Prioritätenliste

Die **Bildung der Rangordnung** geschieht auf **drei Hierarchieebenen** sukzessive von unten nach oben (vgl. *Jehle*, 1992, S. 1513). Zunächst werden die Leistungsniveaus der Einheiten einer Abteilung durch den Abteilungsleiter in Diskussion mit den Gruppenleitern mit Prioritäten versehen. Da die **Leistungen** einzelner Entscheidungseinheiten oft **nicht unabhängig voneinander sind**, muß hier eine entsprechende Abstimmung erfolgen. Auf der **2. Stufe** werden alle Leistungsniveaus eines Bereiches von einem Gremium, bestehend aus den Abteilungsleitern und dem Bereichsleiter, in eine Rangfolge gebracht. Abschließend erfolgt die Zusammenführung der Prioritätenlisten der einzelnen Bereiche zu einer **Rangfolge für den gesamten Untersuchungsbereich** durch die Bereichsleiter in Zusammenarbeit mit der Geschäftsführung. Je nach Größe des Untersuchungsbereichs kann auf den letzten Schritt verzichtet werden; dann müssen allerdings **bereichsinterne Budgetschnitte** erfolgen. Die Aufgabe der Unternehmungsleitung besteht in diesem Fall in der Aufteilung des Gesamtbudgets auf die einzelnen Bereiche (vgl. *Meyer-Piening*, 1982, S. 263).

*5. Schritt: Budgetschnitt*

Die Höhe des für die Gemeinkostenbereiche bereitgestellten Mittelvolumens bestimmt, welche Pläne genehmigt und welche abgelehnt werden. Bei der **Festlegung des Budgetschnittes** ist einerseits zu beachten, daß die Gemeinkosten soweit wie möglich gesenkt werden sollen, um kurzfristig die Ertragskraft zu steigern, andererseits darf die langfristige Zukunftssicherung nicht durch eine zu starke Beschneidung strategischer Ressourcen, wie z. B. Forschung und Entwicklung, gefährdet werden (vgl. *Meyer-Piening*, 1980, S. 695 f.).

In der Praxis wird die Unternehmungsleitung i.d.R. vor Festlegung des Budgetschnittes bereits eine Vorstellung über die **angestrebte Einsparung im Gemeinkostenbereich** (z.B. 15 %) haben. Letztlich wird jedoch die Betrachtung und Wertschätzung der gerade nicht mehr zu realisierenden Pläne über die konkrete Budgetfestlegung entscheiden, so daß die gebotene **Elastizität** für die **endgültige Budgetfixierung** gegeben ist.

## 6. Schritt: Maßnahmenplanung

Mit der Budgetfestlegung wird über die Mitarbeiter und Sachmittelausstattung in den einzelnen Bereichen entschieden. Gemäß dem bewilligten Leistungsniveau muß in den einzelnen Abteilungen eine **Anpassung des Mitarbeiterbestandes an die Sollvorgabe** erfolgen. Die dazu nötigen Personalmaßnahmen wie Umsetzung, Umschulung, Entlassung, Einstellung, vorzeitige Pensionierung und Ausnutzung der Fluktuation sind unter Heranziehung der betroffenen Mitarbeiter in **Zusammenarbeit zwischen Unternehmungsleitung und Betriebsrat** durchzuführen. Hierfür ist ebenso wie für den Sachmittelbereich ein terminierter Durchführungsplan aufzustellen.

## 7. Schritt: Überwachung der Realisierung

Zur Sicherstellung der Realisierung des terminierten Durchführungsplans ist ein **Überwachungsteam institutionell zu verankern**. Da es sich bei der ZBB-Analyse um eine eher **zeitpunktbezogene Betrachtung** handelt, die Realisie-

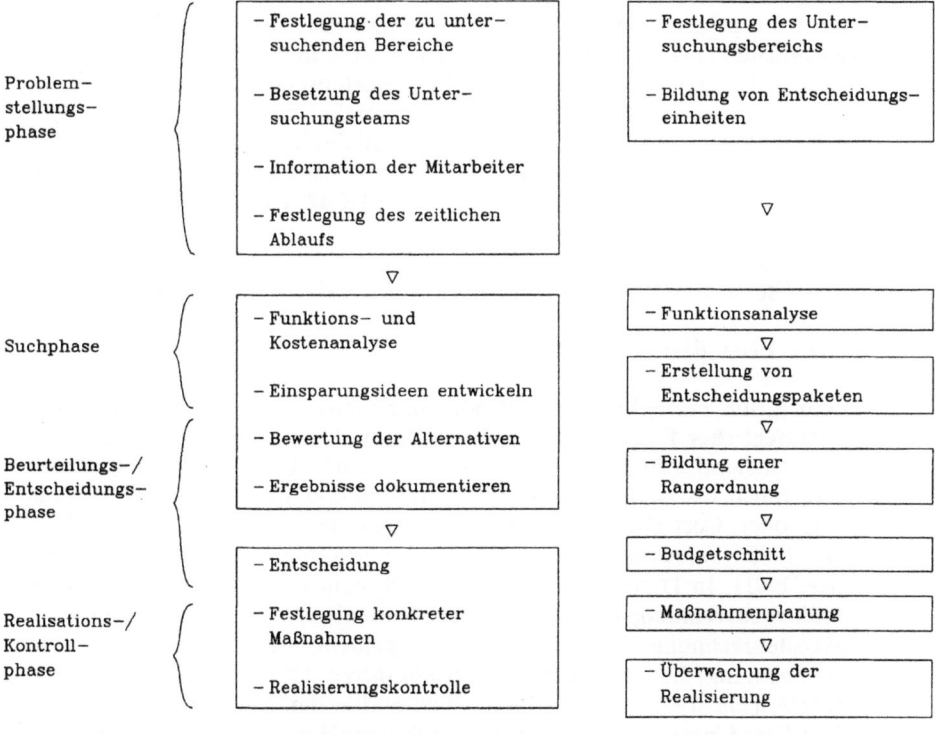

**Schaubild IX.44.** Gegenüberstellung der Vorgehensweise der Gemeinkostenwertanalyse und der Vorgehensweise des Zero Base Budgeting (ähnlich bei *Hahn*, 1985, S. 360)

rung aber ein bis zwei Jahre dauern kann, in denen sich einzelne Rahmenbedingungen ändern können, sind **Anpassungen** bei den beschlossenen Maßnahmen zuzulassen.

Als **Ergebnis einer ZBB-Analyse** werden von Beratungsfirmen Gemeinkostensenkungen um 10–20% in Aussicht gestellt (vgl. *Meyer-Piening*, 1982, S. 266), die mit den gleichen Vorbehalten zu betrachten sind wie bei der Gemeinkostenwertanalyse. Die Vorteile dieser Methoden liegen vor allem darin, daß bestehende Unwirtschaftlichkeiten aufgedeckt werden und jedes Budget von Grund auf neu zu begründen ist. Daneben sind die Überprüfung der Abteilungs- und Bereichsziele im Hinblick auf ihre Kompatibilität mit den Unternehmungszielen und die Schulung der Analyse- und Kooperationsfähigkeit sowie teilweise die zusätzliche Motivation der Mitarbeiter hervorzuheben. Auch die ZBB-Analyse stellt **kein Instrument zur laufenden Wirtschaftlichkeitsüberwachung** der Gemeinkostenbereiche dar.

Es darf nicht übersehen werden, daß auch mit der ZBB-Analyse eine **Reduktion der Mitarbeiterzahl** angestrebt wird und damit bei der Umsetzung die gleichen Probleme wie bei der GWA auftreten. Nachteile können aus den **Zusatzbelastungen der Mitarbeiter** während der Durchführung der Gemeinkostensenkungsprogramme und den entstehenden **innerorganisatorischen Reibungsverlusten** entstehen. Die zusätzlichen Kosten in der Unternehmung und für externe Berater sollten die angestrebten Kostensenkungen in erheblichem Maße unterschreiten. Die Frage, ob der Gemeinkostenwertanalyse oder dem Zero Base Budgeting unternehmungsindividuell der Vorzug zu geben ist, muß offen bleiben, da sich die Verfahren vor allem hinsichtlich der methodischen Vorgehensweise unterscheiden (vgl. Schaubild IX.44; *Hahn*, 1985, S. 359 f.).

### 2.5.3 Methoden zur laufenden Gemeinkostenüberwachung

### 2.5.3.1 Prozeßkostenrechnung

Aus der Kritik **mangelnder Entscheidungsrelevanz** und **fehlender Unterstützung strategischer Entscheidungen** durch die traditionellen Kostenrechnungssysteme entstand Mitte/Ende der 80er Jahre in den USA das **Activity Based Costing** (auch als Activity Accounting, Transaction Based Costing, Process Costing oder Cost-Driver Accounting System bezeichnet. Vgl. *Miller/Vollmann*, 1985; *Johnson/Kaplan*, 1987; *Cooper/Kaplan*, 1988; *Coenenberg/Fischer*, 1991). In Deutschland wird dieses System in modifizierter Form als **Prozeßkostenrechnung** (auch als aktivitätsorientierte Kostenrechnung, Vorgangskostenrechnung, Gemeinkostenmanagement oder prozeßorientierte Kostenrechnung) bezeichnet (vgl. *Horváth/Mayer*, 1989; *Wäscher*, 1990; *Coenenberg/Fischer*, 1991; *Lorson*, 1992). Während **in den USA** das Hauptaugenmerk auf der **Unterstützung strategischer Entscheidungen** mit Hilfe **stückbezogener Vollkosteninformationen** (strategische Kalkulation) liegt, versuchen deutsche Vertreter mit der Prozeßkostenrechnung zusätzlich die **Steuerung und Kontrolle der Gemeinkosten** in den **indirekten Bereichen** zu verbessern (vgl. *Horváth/Mayer*, 1989, S. 217; *Mayer/Glaser*, 1991, S. 296 ff.; *Biel*, 1991,

S. 86 f.). Bei der Prozeßkostenrechnung handelt es sich **nicht** um ein **neues Kostenrechnungssystem**; die bisherige Kostenarten- und Kostenstellenrechnung sowie Einzelkostenverrechnung in der Kostenträgerrechnung bleiben bestehen. Neu ist die Zuordnung der Gemeinkosten zu **kostenstelleninternen Teilleistungen** und **kostenstellenübergreifenden Hauptleistungen,** die als sachlich zusammenhängende Arbeitsabläufe oder „Prozesse"/"Aktivitäten" erfaßt und als Grundlage für eine **verursachungsgerechtere Verrechnung der Gemeinkosten** auf die Kalkulationsobjekte verwendet werden. Dadurch soll zugleich eine effizientere Nutzung der Ressourcen in den indirekten Betriebsbereichen angeregt werden.

Die **Vorgehensweise** des Gemeinkostencontrolling mit Hilfe der Prozeßkostenrechnung kann wie folgt beschrieben werden:

*1. Schritt: Tätigkeitsanalyse*

Analog zur GWA und zum ZBB bildet die Grundlage der Prozeßkostenrechnung eine **Erfassung** der in den einzelnen Kostenstellen **durchgeführten Tätigkeiten.** Die nötigen Informationen können über Aufschreibungen der Mitarbeiter, Befragung der Kostenstellenleiter, Multimomentverfahren oder Rückgriff auf bestehende Unterlagen (z. B. Ergebnisse einer GWA) erhoben werden (vgl. *Horváth/Renner*, 1990, S. 102). Für die **Abteilung Arbeitsvorbereitung** sind **beispielhaft** die Prozesse „Arbeitspläne erstellen", „Arbeitspläne ändern", „Arbeitspläne pflegen" und „Koordinations- und Leitungsaufgaben wahrnehmen" denkbar (vgl. Schaubild IX.45).

Die identifizierten Prozesse werden anschließend danach, ob sich ihr Umfang in Abhängigkeit vom Leistungsvolumen der Kostenstelle verändert, in **leistungsmengeninduzierte** (lmi) und **leistungsmengenneutrale** (lmn) Prozesse unterteilt. Alle nicht repetitiven und leitungsspezifischen Aufgaben werden im Beispiel der Arbeitsvorbereitung dem lmn-Prozeß „Koordinations- und Leitungsaufgaben wahrnehmen" zugeordnet. Hervorzuheben ist hierbei, daß dieses Kriterium der Veränderbarkeit des Arbeitsvolumens nicht mit dem Kriterium der Veränderbarkeit der Kosten gleichzusetzen ist, welches zur Trennung der Kosten in fixe und variable Bestandteile herangezogen wird (vgl. *Horváth/Mayer*, 1989, S. 217).

*2. Schritt: Festlegung von Bezugsgrößen*

Für die lmi-Prozesse werden im 2. Schritt **Bezugsgrößen** (sog. **Cost-Driver**) festgelegt, die den Prozeßumfang und die Anzahl der Prozeßdurchführungen bestimmen. Im Idealfall genügt eine Bezugsgröße je Prozeß, z. B. bestimmt die Anzahl neuer Produkte die Anzahl der Arbeitspläne, die neu erstellt werden müssen. Es sind aber auch mehrere Bezugsgrößen je Prozeß, z. B. Anzahl Transportvorgänge und Transportentfernung für den Prozeß „Material transportieren", denkbar. Die Bezugsgrößen müssen **quantifizierbar** sein und möglichst **in proportionaler Beziehung** zur Prozeßmenge bzw. zur Ressourceninanspruchnahme für diesen Prozeß stehen. Letztlich handelt es sich um die Erfassung von Zeiten für spezifische Prozesse zur Bildung von (verketteten) Kostensätzen.

**Kostenstelle: Arbeitsvorbereitung**

| Prozeß | Prozeßart | Bezugsgröße | Planprozeß-menge | Planprozeß-kosten | Prozeßkosten-satz (lmi) | Umlage-satz (lmn) | Gesamtprozeß-kostensatz |
|---|---|---|---|---|---|---|---|
| Arbeitspläne erstellen | lmi | Anzahl neue Produkte | 500 | 200.000 | 400 | 80 | 480 |
| Arbeitspläne ändern | lmi | Anzahl Produkt-änderungen | 1.200 | 90.000 | 75 | 15 | 90 |
| Arbeitspläne pflegen | lmi | Anzahl Produkte | 4.200 | 105.000 | 25 | 5 | 30 |
| Koordinierungs- und Leitungs-aufgaben wahrnehmen | lmn | — | — | 79.000 | — | — | — |

**Schaubild IX.45.** Ermittlung der Prozeßkostensätze

Die **prozeßorientierte Kalkulation** erfordert zusätzlich eine Abhängigkeit zwischen der Bezugsgröße und den einzelnen Kalkulationsobjekten. In der flexiblen Plankostenrechnung, die vergleichbare Bezugsgrößen zur Planung der variablen Gemeinkosten im Verwaltungsbereich benutzt (vgl. Kapitel 2.5.3.2), wird auf die Verwendung der Bezugsgrößen zur Kalkulation verzichtet, da die nötige Abhängigkeit zwischen Bezugsgröße und Kalkulationsobjekten als weitgehend nicht gegeben angesehen wird (vgl. *Kilger*, 1988, S. 337). Im **Einkauf** ist z. B. die **Anzahl an Bestellungen** eine typische Bezugsgröße zur Messung des Arbeitsvolumens (in der Prozeßkostenrechnung) bzw. zur Planung der variablen Gemeinkosten (in der flexiblen Plankostenrechnung). Umstritten ist, ob den Kalkulationsobjekten die Anzahl der für sie nötigen bzw. erfolgten Bestellungen genau zugerechnet werden kann. Geht eine Materialart in mehrere Produkte ein, so ist die Zurechnung der entsprechenden Materialbestellungen i.d.R. nicht möglich und damit die **Verwendung der Bezugsgröße zur Kalkulation nicht geeignet**.

*3. Schritt: Ermittlung von Hauptprozessen*

(Teil-)Prozesse aus verschiedenen Kostenstellen, die dieselbe Bezugsgröße haben, lassen sich zu **kostenstellenübergreifenden Hauptprozessen** zusammenfassen. Je nach Differenzierung der Untersuchung läßt sich eine mehr oder weniger große Zahl **gesamtunternehmungsbezogener Cost-Driver** erkennen, die das Kostenvolumen in den indirekten Bereichen bestimmen. Als Beispiel für einen Hauptprozeß sei die „Einführung neuer Produkte" genannt, die sich aus den (Teil-)Prozessen „Arbeitspläne erstellen" (Arbeitsvorbereitung), „NC-Programmierung" (Fertigungssteuerung) und „Prüfpläne erstellen" (Qualitätssicherung) zusammensetzt (vgl. Schaubild IX.46), die gemeinsam von der Bezugsgröße „Anzahl neuer Produkte" abhängen.

*4. Schritt: Bestimmung der Planprozeßmenge und der Planprozeßkosten*

Die für jeden Prozeß zu planende Prozeßmenge (mengenmäßige Ausprägung der Bezugsgröße) dient im Rahmen des Gemeinkostencontrolling auch der **Kapazitätsbestimmung** (vgl. *Coenenberg/Fischer*, 1991, S. 28). Die genaue Vorgehensweise zur Ermittlung der erforderlichen Prozeßmengen bleibt jedoch in der **bisherigen Literatur weitgehend unklar** (vgl. *Glaser*, 1992, S. 279). Es erscheint sinnvoll, die Planmengen der Teilprozesse einer Kostenstelle so anzusetzen, daß sie als Maßstab für die **Kapazitätsgrenze** herangezogen werden können. Problematisch erscheint allerdings der Sachverhalt, daß die **Mitarbeiter** einer Kostenstelle in der Regel **an mehreren Prozessen** beteiligt sind und in den Einzelperioden **unterschiedliche Teilprozeßumfänge** zu realisieren sind, so daß die Plankapazität nicht aus einer Linearaddition der maximalen Teilprozeßumfänge folgt.

Die **Bestimmung der Plankosten** sollte mit Hilfe der analytischen Kostenplanung erfolgen, wobei aufgrund der Dominanz der Personalkosten in den Gemeinkostenbereichen ggf. die analytische Planung der Personalkosten genügt. Die **normalisierten Werte** der weiteren Kostenarten (Gebäude-, Klimatisierungs-, Büromaterial-, EDV-Kosten usw.) werden **näherungsweise proportional zu den Personalkosten verteilt** (vgl. *Horváth/Mayer*, 1989, S. 217). Durch **Division der Planprozeßkosten** durch die **jeweilige Planprozeßmenge** erhält man einen **Prozeßkostensatz**, der die für jede Mengeneinheit der Bezugsgröße anfallenden Kosten eines lmi-Prozesses angibt. Nach Umlage der Plankosten der lmn-Prozesse auf die lmi-Prozesse **gemäß dem Durchschnittsprinzip** erhält man die **Gesamtprozeßkostensätze** (vgl. Schaubild IX.45), die allerdings **nicht unmittelbar für Zwecke der Wirtschaftlichkeitsüberwachung geeignet** sind, da die in ihnen enthaltenen Kosten der lmn-Prozesse unabhängig von dem Leistungsvolumen der Kostenstelle anfallen.

*5. Schritt: Durchführung der Abweichungsanalyse*

In der vorliegenden Literatur zur Prozeßkostenrechnung werden nur oberflächliche Aussagen zur **Abweichungsanalyse**, dem Kern der Wirtschaftlichkeitsüberwachung, gemacht (vgl. *Glaser*, 1992, S. 281). Vor Durchführung und Interpretation eines Soll-Ist-Vergleiches sollte man sich zunächst den Charakter des Prozeßkostensatzes vor Augen führen. In ihm sind **variable Kosten** (für Strom, Büromaterial, Porto, Telefongebühren) und größtenteils in bezug auf die Bezugsgröße **kurzfristig fixe Kosten** (insbes. Personal- und Gerätekosten) **vermischt**. Nur bei **langfristiger Betrachtung** sind alle Bestandteile variabel. Die Soll-Prozeßkosten erhält man durch Multiplikation der angefallenen Ist-Bezugsgrößenmenge mit dem Prozeßkostensatz. Die Abweichung zwischen Soll- und Ist-Prozeßkosten interpretieren die Vertreter der Prozeßkostenrechnung als **Beschäftigungsabweichung** (vgl. *Horváth/Renner*, 1990, S. 103). Hier wird offensichtlich ein kurzfristiger, z. B. monatlicher Soll-Ist-Vergleich unterstellt. Da in den Prozeßkostensätzen aber auch variable Bestandteile enthalten sind, werden hier **Beschäftigungs- und Verbrauchsabweichung vermengt**. Im Rahmen der flexiblen Plankostenrechnung, bei der die Kostensätze nur variable Kostenbestandteile enthalten, erhält man die Beschäftigungsabweichung als Differenz zwischen verrechneten Plankosten und Sollkosten, so daß aus dem Unterschied zwischen variablen Sollkosten und Istkosten die Verbrauchsabweichungen resultieren.

Aus der Entwicklung der Beschäftigungsabweichung im Zeitablauf sollen mittel- bis langfristig Informationen über notwendige Kapazitätsanpassungen gewonnen werden. Neben der üblichen kostenstellenbezogenen Abweichungsanalyse wird zusätzlich die Durchführung einer **hauptprozeßbezogenen Abweichungsanalyse** vorgeschlagen, wie sie in Schaubild IX.46 anhand des Hauptprozesses „neue Produkte einführen" dargestellt ist.

Als für den beeinflußbaren Teil der Kostenabweichung Verantwortliche werden neben den Kostenstellenleitern sog. **„Process Owner"** genannt.

Von dieser Art des Gemeinkostencontrolling erwarten die Vertreter der Prozeßkostenrechnung folgende Vorteile:

–    Erhöhung der Kostentransparenz in den indirekten Leistungsbereichen;
–    Sicherstellung eines effizienten Ressourcenverbrauchs;
–    Darstellung der Kapazitätsauslastung.

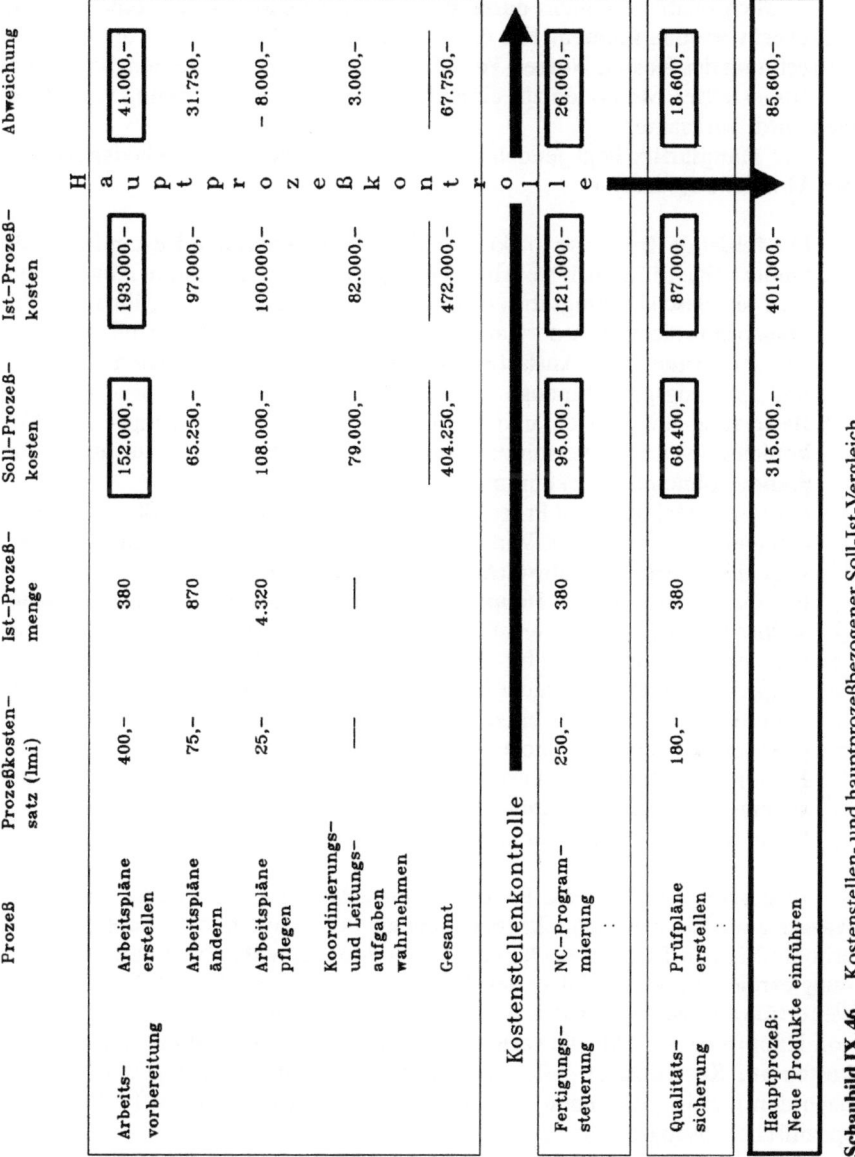

| Prozeß | | Prozeßkosten–satz (lmi) | Ist–Prozeß–menge | Soll–Prozeß–kosten | Ist–Prozeß–kosten | Abweichung |
|---|---|---|---|---|---|---|
| Arbeits–vorbereitung | Arbeitspläne erstellen | 400,– | 380 | 152.000,– | 193.000,– | 41.000,– |
| | Arbeitspläne ändern | 75,– | 870 | 65.250,– | 97.000,– | 31.750,– |
| | Arbeitspläne pflegen | 25,– | 4.320 | 108.000,– | 100.000,– | – 8.000,– |
| | Koordinierungs– und Leitungs–aufgaben wahrnehmen | — | — | 79.000,– | 82.000,– | 3.000,– |
| | Gesamt | | | 404.250,– | 472.000,– | 67.750,– |
| Fertigungs–steuerung | NC–Program–mierung ... | 250,– | 380 | 95.000,– | 121.000,– | 26.000,– |
| Qualitäts–sicherung | Prüfpläne erstellen ... | 180,– | 380 | 68.400,– | 87.000,– | 18.600,– |
| Hauptprozeß: Neue Produkte einführen | | | | 315.000,– | 401.000,– | 85.600,– |

Kostenstellenkontrolle

Hauptprozeßkontrolle

**Schaubild IX.46.** Kostenstellen- und hauptprozeßbezogener Soll-Ist-Vergleich

**Vorteile** der Prozeßkostenrechnung sind darin zu sehen, daß für das **Gemeinkostencontrolling** ein **laufend einsetzbares Instrumentarium** geschaffen wird, welches auch kostenstellenübergreifende Prozesse in ihrer Wirtschaftlichkeit betrachtet und so einen Beitrag zur höheren Kostentransparenz in den indirekten Bereichen leistet.

Fraglich bleibt, ob allein **durch die Tätigkeitsanalyse ineffiziente Abläufe aufgedeckt werden können**. Für die Lösung dieser Aufgaben ist die explizite Betrachtung des **Kosten-Nutzen-Verhältnisses** einzelner Tätigkeiten, wie sie bei den vorgestellten Methoden zur einmaligen Gemeinkostensenkung vorgenommen wird, wirksamer.

Die **Hauptkritik** liegt jedoch in der **konzeptionellen Vorgehensweise bei der Abweichungsanalyse**:

- Die **fehlende Trennung** in (kurzfristig) **fixe** und **variable** Bestandteile verhindert eine differenzierte Abweichungsanalyse. Die gesamte Abweichung wird als Beschäftigungsabweichung interpretiert, obwohl in ihr auch Verbrauchsabweichungen der variablen Bestandteile enthalten sind.
- Zur **Ermittlung der Auslastungssituation** würde ein Vergleich der Plan- und Istbezugsgrößenmenge – ausgedrückt in Zeiten – ausreichen. Die Bewertung mit Kosten und Vermengung der Beschäftigungs- und Verbrauchsabweichung vermindert nur die **Genauigkeit der Auslastungsinformation**, ohne neue Erkenntnisse zu liefern.
- Kostenstellenleiter und Process Owner sind für die beeinflußbaren Abweichungen verantwortlich. Wie hoch diese sind, läßt sich jedoch **ohne Ausweis einer Verbrauchsabweichung** nicht ermitteln.
- Für die Ermittlung der **Hauptprozeßistkosten** müssen die **Istkosten jedes Teilprozesses zusätzlich erfaßt werden**. Dies ist insbesondere in Situationen der Unterauslastung für die Kosten von Mitarbeitern, die für mehrere Teilprozesse tätig sind, nicht hinreichend genau bzw. nur mit unvertretbar hohem Aufwand zu bewerkstelligen. Auch die Erfassung der für die Teilprozesse angefallenen Sachmittel und Raumkosten verursacht zusätzliche Kosten. Hier kommt es bereits bei der Erfassung der Istkosten zu **Schlüsselungen**, die einen **Hauptkritikpunkt** an der Prozeßkostenrechnung überhaupt darstellen (vgl. *Glaser*, 1992, S. 287 f.).

**Insgesamt** erscheint die **Prozeßkostenrechnung** als ein **wenig geeigneter Ansatz zur Wirtschaftlichkeitsüberwachung** der Gemeinkostenbereiche. Das erhöhte Maß an Transparenz läßt sich auch durch eine **flexible Plankostenrechnung** erreichen, wie im folgenden Kapitel im einzelnen dargestellt. Durchaus weiterführend ist der Ansatz einer kostenstellenübergreifenden Betrachtung von Hauptprozessen **für die verursachungsgerechtere Zuordnung der Gemeinkosten auf Kostenträger**. Allerdings sind für die Durchführung in der Praxis nach den jeweils gegebenen organisatorischen und technischen Bedingungen spezifische Lösungsansätze zu entwickeln.

### 2.5.3.2   Gemeinkostencontrolling im Rahmen der flexiblen Plankostenrechnung

Die Entwicklung der **Plankostenrechnung** von einem starren hin zu einem **flexiblen System** mit Spaltung der Kosten in ihre variablen und fixen Bestandteile hat erheblich zur Verbesserung der Wirtschaftlichkeitsüberwachung beigetragen (vgl. Kapitel 2.2.4). Dabei dominierte ursprünglich die **Betrachtung der variablen Gemeinkosten** der Fertigungskostenstellen, in denen sich oft technisch determinierte oder naturwissenschaftliche Zusammenhänge zwischen den Kostengüterverbräuchen und einer Bezugsgröße finden lassen. Bei der **Wirtschaftlichkeitsüberwachung indirekter Bereiche** mit Hilfe der flexiblen Plankostenrechnung treten folgende Probleme auf:

– Die **Ermittlung geeigneter Bezugsgrößen** ist mit aufwendigen arbeitswissenschaftlichen Funktionsanalysen verbunden und in einigen Bereichen nur schwer möglich.

– Bei der üblicherweise monatlich durchgeführten Abweichungsanalyse verhalten sich **nur wenige Kostenarten variabel**, weshalb die Aussagefähigkeit des Soll-Ist-Kostenvergleichs gering ist.

Die verwendeten Bezugsgrößen und ihre Bestimmung sind vergleichbar mit der Prozeßkostenrechnung (vgl. Schaubild IX.47).

Im **Gegensatz zur Prozeßkostenrechnung** dienen die Bezugsgrößen der indirekten Leistungsbereiche in der Plankostenrechnung **vorrangig der Wirtschaftlichkeitsüberwachung** und i.d.R. **nicht der Kalkulation**, „da diese Stellen in der Regel nicht unmittelbar erzeugnisbezogen tätig werden, sind ihre Bezugsgrößen zwar zur Leistungsmessung (...) geeignet, nicht aber für die unmittelbare kalkulatorische Weiterverrechnung auf die betrieblichen Erzeugnisse" (*Kilger*, 1988, S. 337).

Im Rahmen der **analytischen Kostenplanung** der indirekten Bereiche steht die **Planung der Gehaltskosten** mit Hilfe differenzierter Funktionsanalysen im Vordergrund. Zur **Identifizierung von Unwirtschaftlichkeiten** werden die einzelnen Tätigkeiten zunächst auf ihre Notwendigkeit und rationelle Erfüllung hin untersucht. In einem zweiten Schritt stellt sich die Frage nach der Messung der Angestelltentätigkeit mit Hilfe der beschriebenen Bezugsgrößen. Soweit **repetitive Aufgaben** vorliegen, läßt sich unter Verwendung des erwarteten Arbeitsvolumens der erforderliche Personaleinsatz ableiten. Treten hier bereits Differenzen zum vorhandenen Personalbestand auf, so kann dies als Grundlage für Anpassungsmaßnahmen dienen. Der für zukünftige Perioden geplante Personalbestand führt nach Bewertung mit den aus den jeweils geltenden Tarifabschlüssen, Betriebsvereinbarungen und gesetzlichen Vorschriften abgeleiteten Vergütungen zum **Planwert der Gehaltskosten**.

Neben den Gehaltskosten fallen als **weitere Fixkosten** hauptsächlich Geräte- und Raumkosten an. Die geringen Anteile kurzfristig variabler Kosten (für Telefon, Porto, Büromaterial etc.) ergeben sich in Abhängigkeit von der geplanten Bezugsgrößenmenge.

Wegen des **hohen Anteils kurzfristig fixer (Gehalts-)Kosten** in den indirekten Bereichen ist im Rahmen der **Abweichungsanalyse** (vgl. das Beispiel in Schaubild IX.48) der **Auslastung besondere Beachtung** zu widmen.

Die durch den Soll-Ist-Kostenvergleich ermittelte Verbrauchsabweichung (vgl. Kapitel 2.2.4) deckt Unwirtschaftlichkeiten bei den kurzfristig variablen Kostengütern auf, die aber wegen ihres geringen Anteils an den gesamten Kostenstellenkosten **für das Gemeinkostencontrolling zweitrangig sind**. Zur

| Art der Kostenstelle | Art der Bezugsgröße |
|---|---|
| Laboratorien | Anzahl Proben<br>Anzahl Analysen<br>Anzahl bearbeitete Angebote<br>Anzahl Bestellungen<br>Anzahl geprüfte Rechnungen |
| Materiallager oder Fertigwarenlager | Anzahl Zugänge<br>Anzahl Abgänge<br>Mengenmäßiger durchschnittlicher Lagerbestand<br>Wertmäßiger durchschnittlicher Lagerbestand<br>Beanspruchte Lagerfläche in $m^2$<br>Beanspruchter Lagerraum in $m^3$, ltr oder hltr |
| Materialprüfung | Anzahl Proben<br>Anzahl Analysen |
| Finanzbuchhaltung | Anzahl Buchungen |
| Kalkulation | Anzahl Vorkalkulationen<br>Anzahl Plankalkulationen<br>Anzahl Nachkalkulationen |
| Betriebsabrechnungen | Anzahl abgerechnete Kostenstellen |
| Lohnabrechnungen | Anzahl Bruttolohnabrechnungen<br>Anzahl Nettolohnabrechnungen |
| Schreibbüro | Anzahl DIN A-4-Seiten 1 1/2 zeilig |
| Registratur | Anzahl Ablagen |
| Poststelle | Anzahl Postausgänge |
| Verkauf | Anzahl bearbeitete Kundenaufträge |
| Fakturierung | Anzahl Rechnungen<br>Anzahl Rechnungszeilen |
| Versand | Anzahl Versandaufträge |
| Datenverarbeitung | Anzahl Lochkarten<br>Rechenzeit<br>Tabellierzeiten |

**Schaubild IX.47.** Direkte Bezugsgrößen für primäre Kostenstellen, die nicht zum Fertigungsbereich gehören (*Kilger*, 1988, S. 338)

Bestimmung der Beschäftigungsabweichung werden bei einer flexiblen Vollplankostenrechnung verrechnete Kosten und Sollkosten miteinander verglichen, bei Durchführung einer Grenzplankostenrechnung ist eine Sonderrechnung durchzuführen (vgl. *Kilger*, 1988, S. 580 f.). Im **Gegensatz zur Prozeßkostenrechnung** handelt es sich hier um eine reine Beschäftigungsabweichung,

| Kostenstelle: Einkauf | | Monat: 07/92 |
|---|---|---|
| **Bezugsgröße: Anzahl Bestellungen** | | |
| (1) geplante Menge (= Kapazität) | 1.200 | Bestellungen |
| (2) proportionaler Kostensatz | 10 | DM/Bestellung |
| (3) proportionale Kosten (1)x(2) | 12.000 | DM |
| (4) Fixkosten | 60.000 | DM |
| (5) Plankosten (3)+(4) | 72.000 | DM |
| (6) Vollkostenverrechnungssatz (5):(1) | 60 | DM/Bestelllung |
| (7) Ist- Bezugsgrößenmenge | 1.000 | Bestellungen |
| (8) Ist-Kosten | 70.700 | DM |
| (9) Sollkosten (4)+(2)x(7) | 70.000 | DM |
| (10) **Verbrauchsabweichung** (9)-(8) | -700 | **DM** |
| (11) verrechnete Kosten (6)x(7) | 60.000 | DM |
| (12) **Beschäftigungsabweichung** (11)-(9) | **-10.000** | **DM** |
| (13) **Auslastung** [(7):(1)x100] | 83,3 | % |
| oder [(4)+(12)]:(4)x100 | | |

**Schaubild IX.48.** Beispiel zur Bestimmung von Verbrauchs- und Beschäftigungsabweichungen für Verwaltungstätigkeiten

die nicht mit Verbrauchsabweichungen vermengt ist. Die mehrmonatige Betrachtung der Auslastungsprozentsätze liefert die für eine wirtschaftliche Steuerung der Gemeinkostenbereiche wichtige Grundlage zur **mittelfristigen Kapazitätsanpassung** mit dem Ziel einer möglichst hohen Nutzung der betrieblichen Ressourcen.

Die Plankostenrechnung stellt ein **weitausgereiftes System zur laufenden Überwachung der Gemeinkosten** dar. Auch sie stößt **bei heterogener Kostenverursachung** und **nicht repetitiven Prozessen an Aussagegrenzen**. Daher sind **wiederholt** eingesetzte Verfahren zur **einmaligen Analyse** der Wirtschaftlichkeit von Verwaltung und indirekten Produktionsbereichen und die daraus abgeleiteten Maßnahmen zur Rationalisierung gegenüber den laufenden Verfahren zur Gemeinkostenüberwachung **vorzuziehen**. Bei besonders gewichtigen Gemeinkostenarten kann jedoch durch die flexible Plankostenrechnung – auch in Form der Prozeßkostenrechnung – die Genauigkeit der Gemeinkostenkalkulation verbessert werden.

# 3 Projekterfolgsrechnungen als Grundlage des Projektcontrolling

## 3.1 Investitionsrechnungen für Produktionsanlagen und Produktionsverfahren (Investitionscontrolling)

### 3.1.1 Aufgaben und Verfahren der Investitionsrechnung

Wie einführend in Kapitel 1.2.2.2 erläutert, liegt der traditionelle Anwendungsschwerpunkt von Investitionsrechenverfahren bei der **objektbezogenen Wirtschaftlichkeitsbeurteilung von Investitionen** in Sachanlagen und Finanzanlagen. Als Investition bezeichnet man dabei unter betriebswirtschaftlichen Kriterien autonome Auszahlungen für Objekte, mit deren Nutzung, Besitz oder Verkauf spätere Nettoeinzahlungen, Einsparungen anderer Auszahlungen oder sonstiger, häufig monetär schwer quantifizierbarer Nutzen erwartet werden (vgl. *Busse von Colbe/Laßmann*, 1990, S. 2ff.; *Blohm/Lüder*, 1991, S. 2). Im Rahmen der Produktionswirtschaft kommen neben Investitionen in **Produktionsanlagen und -verfahren** (Sachanlageinvestitionen) **größere Forschungs- und Entwicklungsvorhaben, Aus- und Weiterbildungsprogramme** sowie **Organisationsprojekte** zur Produktionsablaufgestaltung mit zugehöriger Software-Entwicklung in Betracht. Gleichrangig neben der **Beurteilung der Wirtschaftlichkeit von Investitionsobjekten im Zuge der Planung** steht als **Aufgabe des Investitionscontrolling** die **begleitende Überwachung** der Einhaltung von Planvorgaben in der Realisationsphase (vgl. dazu auch Teil VIII, Kapitel 6.1). Darüber hinaus ist eine Koordination der Entscheidungsprozesse aller am Investitionsvorhaben beteiligten Unternehmungsbereiche sowie die Abstimmung mit der strategischen und operativen Unternehmungsgesamtplanung herbeizuführen (vgl. auch *Lange/Schaefer*, 1992, S. 490f.)

Ein gemeinsames Wesensmerkmal aller Investitionsarten besteht in ihren **mehrperiodigen**, ökonomisch bedeutsamen **Folgewirkungen**, wobei mindestens zwei Zeitpunkte gegeben sein müssen, deren Abstand für die Bewertung einer Investition relevant ist (vgl. *Lüder*, 1977, S. 1; *Busse von Colbe/Laßmann*, 1990, S. 3). Dementsprechend müssen die einer erfolgswirtschaftlichen Vorteilhaftigkeitsbeurteilung zugrundegelegten **Verfahren der Investitionsrechnung periodenübergreifender Natur** sein. Sie basieren auf

- den mit einer Investition verbundenen, nach den Zahlungszeitpunkten geordneten Ein- und Auszahlungen (Zahlungsreihe),
- Nutzungsdauer-Erwartungen und

– einem wirtschaftssystemkonformen (Kalkulations-)Zinssatz (vgl. *Hax, H.*, 1985, S. 9 ff.; *Busse von Colbe/Laßmann*, 1990, S. 2 ff.; *Blohm/Lüder*, 1991, S. 2).

Neben diesen Ausgangsgrößen sind für die Beurteilung der Vorteilhaftigkeit einer Investition außerdem **Risikoaspekte** (vgl. Kapitel 3.1.2) und **monetär nicht bzw. schwer quantifizierbare Auswirkungen zu beachten** (vgl. Kapitel 3.1.3).

Durch die systematisch abgeleiteten Prognosen über die relative Vorteilhaftigkeit einzelner Investitionsobjekte sollen Investitionsentscheidungen unterstützt werden. Dabei geht es im Rahmen der wirtschaftlichen Beurteilung von Einzelprojekten grundsätzlich um die Frage, ob geplante Investitionsvorhaben unter rein ökonomischen Gesichtspunkten durchgeführt oder unterlassen werden sollen (**Akzeptanzentscheidung**). Stehen gleichzeitig verschiedene Investitionsprojekte zur Auswahl, die für sich dem Kriterium der wirtschaftlichen Vorteilhaftigkeit genügen, sind unter den gegebenen Zielbedingungen die günstigsten auszuwählen, wenn aufgrund finanzieller Budgetgrenzen und/oder anderer Restriktionen nur ein Teil der Investitionsprojekte realisiert werden kann (**Rangfolgeentscheidung**).

Die **wichtigsten statischen und dynamischen Verfahren der Investitionsrechnung** wurden bereits im Rahmen der Anlagenwirtschaft dargestellt (vgl. Teil VIII, Kapitel 2.3.3.3 sowie 5.3.2), so daß hier in Schaubild IX.49 nur ein zusammenfassender **Überblick** gegeben werden soll.

Die **statischen** (kalkulatorischen oder Einperioden-) Verfahren der Investitionsrechnung, die auf Schätzungen der durch die Investitionsobjekte verursachten durchschnittlichen Erlöse und Kosten einer Periode beruhen, **gewichten** die einbezogenen, zukünftig **erwarteten Periodenergebnisse gleich**. Vor allem für **Normalinvestitionen**, die durch Auszahlungsüberschüsse zu Beginn der meist jahresbezogenen Investitions-Zahlungsreihe und daran anschließende Einzahlungsüberschüsse bis zum Ende der erwarteten Nutzungsdauer charakterisiert werden, folgen daraus gegenüber den dynamischen Verfahren relativ günstigere Wirtschaftlichkeitskennzahlen. Zwar besteht gemäß dem „Lücke-Theorem" theoretisch die Möglichkeit, die sich aus dem zeitlichen Auseinanderfallen von Kosten und zugehörigen Auszahlungen ergebenden Wertunterschiede durch den Ansatz von kalkulatorischen Zinsen auszugleichen. Da jedoch zur Berechnung dieser Zinsen sowohl Höhe als auch Zeitpunkt der den Kosten zugrundeliegenden Auszahlungen erfaßt werden müssen, erweist sich die unmittelbare Verwendung der originären Zahlungsgrößen im Rahmen der dynamischen Verfahren als zweckmäßiger (zum Lücke-Theorem vgl. *Lücke*, 1955, S. 310 ff.).

In den **dynamischen Verfahren der Investitionsrechnung** wird durch Heranziehung finanzmathematischer Methoden der Zinseszinsrechnung die **zeitliche Verteilung der Aus- und Einzahlungen** bei der Ermittlung der wirtschaftlichen Beurteilungskriterien **berücksichtigt**. Probleme bei der Durchführung von dynamischen Investitionsrechnungen, die auch in der betrieblichen Praxis zunehmend Anwendung finden (vgl. dazu die empirischen Auswertungen bei *Freimann*, 1988, S. 17 ff.; *Blohm/Lüder*, 1991, S. 50 ff.), können einerseits bei

| | Verfahren | Entscheidungskriterium | Anmerkungen | |
|---|---|---|---|---|
| **S T A T I S C H** | Kostenvergleichsrechnung | durchschn. Kosten pro Periode | Voraussetzung: identische Anlagenleistung/-qualität sowie Periodenerlöse bei alternativen Investitionsobjekten | -Vernachlässigung der zeitlichen Verteilung der Kosten/Erlöse und der daraus folgenden Wertunterschiede |
| | Erfolgsvergleichsrechnung | durchschn. Erfolg pro Periode | Einbeziehung der Periodenerlöse | - Kapitalbindung ist anhand von Kosten und Erlösen nicht realitätsnah erfaßbar |
| | Rentabilitätsvergleichsrechnung | durchschn. Periodenerfolg ------------------------------------ durchschn. Kapitalbindung | Annahmen über Ergänzungsinvestitionen bei unterschiedlicher Kapitalbindung alternativer Investitionsobjekte erforderlich | - Zugrundelegung eines einperiodigen Erfolgsziels bei mehrperiodiger Problemstellung inadäquat |
| | (statische) Amortisationsrechnung | Kapitalrückflußdauer (Zeitpunkt, an dem das eingesetzte Kapital durch die nominellen Rückflüsse aus einer Investition wiedergewonnen wird) | Zahlungen nach dem Amortisationszeitpunkt bleiben unberücksichtigt; insofern nur ergänzendes (Risiko-)Kriterium | - fehlende Einbeziehung der sachlichen Interdependenzen zu anderen Planungen in der Unternehmung (Separationstheoreme) |
| **D Y N A M I S C H** | Kapitalwert | Summe der mit dem Kalkulationszinsfuß auf einen einheitlichen Betrachtungszeitpunkt ab- bzw. aufgezinsten Ein- und Auszahlungen einer Investition | Annahme des vollkommenen Kapitalmarktes liegt zugrunde | - ökonomische Gewichtung der zeitlichen Verteilung von Ein- und Auszahlungen |
| | Interner Zinsfuß | Zinssatz, bei dessen Anwendung als Kalkulationszinsfuß der Kapitalwert der Investition gleich null wird (durchschnittliche Verzinsung des während der Investitionsdauer gebundenen Kapitals) | | - exakte Erfassung der Kapitalbindung |
| | a) einfacher interner Zinsfuß | implizite Prämisse der Wiederanlage sämtlicher Einzahlungsüberschüsse zum jeweiligen internen Zinsfuß | unrealistische Wiederanlageprämisse; Mehrdeutigkeit | - fehlende Einbeziehung der sachlichen Interdependenzen zu anderen Planungen in der Unternehmung (Separationstheoreme) |
| | b) modifizierter interner Zinsfuß | explizite Prämisse der Wiederanlage sämtlicher Einzahlungsüberschüsse zum Kalkulationszinsfuß | bei Normalinvestitionen gleiche Auswahlentscheidung wie bei Kapitalwertmethode | |
| | (dynamische) Amortisationsrechnung | Kapitalrückflußdauer (Zeitpunkt, an dem das eingesetzte Kapital durch die diskontierten Rückflüsse aus einer Investition wiedergewonnen wird) | Zahlungen nach dem Amortisationszeitpunkt bleiben unberücksichtigt; insofern nur ergänzendes (Risiko-)Kriterium | |
| | Kapitalwert-Annuität | gleichmäßige Verteilung des Kapitalwertes auf die Laufzeit der Investition gemäß Zinseszinsrechnung (Kapitalwert x Kapitalwiedergewinnungsfaktor) | bei einheitlicher Dauer alternativer Investitionsobjekte gleiche Aussage wie Kapitalwert; insofern kein eigenständiges Kriterium | |

**Schaubild IX.49.**   Überblick über die wichtigsten Verfahren der Investitionsrechnung

der **Schätzung und Zurechnung von objektinduzierten Ein- und Auszahlungen** auftreten, andererseits bei der **Erfassung von Interdependenzen** zu anderen Investitionsprojekten und geplanten Aktivitäten in den übrigen Funktionsbereichen der Unternehmung. Insbesondere kann durch die theoretische Annahme eines vollkommenen Kapitalmarktes der Einfluß der realen Finanzierungsbedingungen nicht genügend sichtbar gemacht werden. Die Auswirkungen der Ertragsbesteuerung auf den Projekterfolg können nur durch ungenaue Pauschalannahmen abgeschätzt werden, da die Ertragsbesteuerung unternehmungsbezogen durch eine Vielzahl investitionsobjektunabhängiger Faktoren bestimmt wird, die von Periode zu Periode unterschiedlich wirken können.

Investitionspläne sollten in der Realisierungsphase überwacht und einer **Wirtschaftlichkeits-Nachrechnung** unterzogen werden. Trotz ihrer erheblichen

Bedeutung werden derartige Investitionskontrollrechnungen in der Praxis bisher nur ausnahmsweise durchgeführt; die Gründe hierfür dürften vor allem in den ungelösten Schnittstellenproblemen zwischen periodenübergreifenden objektbezogenen Investitionsrechnungen und laufender Periodenerfolgsrechnung liegen (vgl. auch Teil VIII, Kapitel 6.1.2).

Die objektbezogene Investitionsplanung wird i.d.R. dezentral in den einzelnen Betrieben vollzogen und in Form von Investitionsanträgen, die die wichtigsten Beschreibungsdaten und Beurteilungskennzahlen der Projekte beinhalten, den übergeordneten Entscheidungsinstanzen vorgelegt. Unter Berücksichtigung der finanziellen Budgetgrenzen, die die Realisierung nur eines Teils der Projekte zulassen, wird dort die im Hinblick auf die Unternehmungsziele günstigste Kombination von Investitionsvorhaben ausgewählt (zu **Investitionsprogrammentscheidungen** vgl. *Hahn*, 1993, Teil III, Abschnitt 3.1.3; *Busse von Colbe/Laßmann*, 1990, S. 197 ff.; *Blohm/Lüder*, 1991, S. 271 ff.). Gleichzeitig wird in der betrieblichen Praxis überwiegend noch eine relativ scharfe Trennungslinie zwischen der Kosten- und Erlösrechnung auf der einen und der Investitionsrechnung auf der anderen Seite gezogen. Während die Kosten- und Erlösrechnung als Routinerechnung laufend durchgeführt wird und von bestehenden Kapazitäten ausgeht, werden Investitionsrechnungen in Form von Sonderrechnungen fallweise durchgeführt; viele Investitionsprojekte haben dabei eine kapazitätsverändernde Wirkung.

Eine analoge **Differenzierung** zwischen **Kosten- und Erlösrechnung** bzw. **Investitionsrechnung** läßt sich auch innerhalb der Betriebswirtschaftslehre konstatieren. Wird die Kosten- und Erlösrechnung als Teilsystem des Rechnungswesens in enger Beziehung zur bilanziellen Erfolgsrechnung gesehen, so betrachtet man die Investitionsrechnung (als Mittelverwendungsrechnung) überwiegend im Zusammenhang mit finanzierungstheoretischen Überlegungen (zur Mittelbeschaffung) (vgl. *Franke/Hax*, 1990, S. 166 ff. und 265 ff.; *Küpper*, 1990b, S. 253 ff.). Die unterschiedliche Behandlung von Kosten- und Erlösrechnung bzw. Investitionsrechnung resultiert vor allem aus der **divergierenden Zwecksetzung** der Systeme: Während die Kostenrechnung die Informationsdefizite des Externen Rechnungswesens ausgleichen soll und daher eher dem operativen Bereich zugeordnet wird, unterstützt die (dynamische) Investitionsrechnung die strategische Unternehmungsplanung. Dementsprechend wurden für beide Rechnungssysteme auf die jeweilige Zwecksetzung ausgerichtete **eigenständige Begriffsabgrenzungen** für die eingehenden Rechengrößen und **spezifische Rechenverfahren** entwickelt. Erst in neuerer Zeit werden verstärkt Überlegungen im Hinblick auf eine **Integration beider Rechensysteme** angestellt (vgl. dazu insbes. *Kloock*, 1981, S. 873 ff.; *Küpper*, 1985, S. 26 ff.; *Küpper*, 1990b, S. 253 ff.; *Hahn*, 1993, Teil III, Abschnitt 3.1.2.1; ähnliche Überlegungen auch bei *Riebel*, 1980, S. 2 ff.). Einen allgemeinen Überblick über die wichtigsten Unterschiede zwischen Investitionsrechnung und Kosten-/Erlösrechnung gibt Schaubild IX.50.

Wie die Untersuchung von *Bröker* zeigt, ist auch unter Beibehaltung von Zahlungsgrößen in objektorientierten Wirtschaftlichkeitsrechnungen deren **Verzahnung mit der Periodenerfolgsrechnung** möglich und sinnvoll (vgl. *Bröker*, 1993, S. 241 ff.). Handelsrechtlich und steuerrechtlich wird die Einbin-

| Unterscheidungsmerkmal | INVESTITIONSRECHNUNG | KOSTEN-/ERLÖSRECHNUNG |
|---|---|---|
| 1) Ausgangsrechengrößen | zeitstrukturierte Aus- und Einzahlungen (Ausgaben /Einnahmen) | einzelperiodengültige Kosten und Erlöse |
| 2) Zeitbezug | langfristig/mehrperiodig (wirtschaftl. Nutzungsdauer) | kurzfristig/einperiodig |
| 3) Zielgröße | ab-/aufgezinster Finanzüberschuß/-fehlbetrag | Periodenerfolg aus Einzelperiodenerlös und -kosten |
| 4) Rechnungszweck | Entscheidungsvorbereitung (Planung) | zusätzlich Kontrolle, Ergebnisermittlung |
| 5) Entscheidungsart | An-/Abschaffungsentscheidung | Einsatz- oder Verwendungsentscheidungen |
| 6) Bezugsobjekt | Projekte/Vorhaben | Funktionsbereiche/Kosten-/Erlösstellen/-träger |
| 7) Durchführung | fallweise in Investitionsplanungsrunden | laufend |
| 8) externe Rechnungslegungsvorschriften | ohne Einfluß | begrenzter Einfluß |

**Schaubild IX.50.**    Unterschiede zwischen Investitionsrechnung und Kosten-/Erlösrechnung (in Anlehnung an *Bröker*, 1993, S. 115)

dung der Projektaufwand- und -erfolgsrechnung in die periodische Rechnungslegung (Jahresabschluß) bereits erzwungen – allerdings mit betriebswirtschaftlich teilweise bedenklicher Aussagekraft (vgl. *Höffken/Schweitzer*, 1991, S. 156ff.). Im internen Informationssystem der Unternehmung sind dagegen tragfähige Brückenrechnungen zwischen ein-/auszahlungsorientierten Projekterfolgsrechnungen und erlös-/kostenorientierten Periodenerfolgsrechnungen realisierbar und von hohem Aussagegehalt (vgl. dazu auch Kapitel 2.2.6 und 3.2 sowie 3.3). Hierzu sind allerdings auch noch einige theoretisch-konzeptionelle Entwicklungsbeiträge zu leisten.

### 3.1.2   Berücksichtigung von Risiken in Investitionsrechnungen

Bei der erfolgswirtschaftlichen Beurteilung von Investitionsobjekten auf Basis von Zahlungsreihen stellt die **Prognoseunsicherheit** das Hauptproblem dar. Die Höhe und zeitliche Struktur der mit einer Investition verbundenen Ein- und Auszahlungen ist überwiegend abhängig von Daten und Einflußgrößen, die von der Unternehmung nicht vorherbestimmt bzw. gesteuert werden können. Auf die Preis- und Mengenkomponenten eines zu einer geplanten Investition gehörigen Aus- und Einzahlungsstroms nehmen vor allem Marktentwicklungen auf Grund von Aktivitäten der öffentlichen Hand, der Banken, Kunden, Lieferanten und Konkurrenten sowie auf Grund des technischen Fortschritts und Wechselkursveränderungen schwer vorhersehbare Einflüsse.

Grundsätzlich lassen sich im Hinblick auf den Unsicherheitsgrad der Datenkonstellationen folgende **Informationszustände** unterscheiden (vgl. auch ähnlich *Hahn*, 1985, S. 39 ff.):

–   **Sicherheit**: Der Entscheidungsträger kennt die für die Investitionsplanung erforderlichen Daten. Generell kommt diesem Fall der sog. **vollkommenen Information** keine praktische Relevanz zu. Allerdings wird vielfach mit deterministischen Investitionsplanungsmethoden gearbeitet, wobei man unter der Fiktion **einwertiger Erwartungen** „eindeutige" Aus- und Einzahlungsgrößen schätzt.
–   **Unsicherheit**: Der Investor hält mehrere alternative Datenkonstellationen für möglich, so daß die geschätzte Zahlungsreihe einer Investition nicht aus eindeutigen Zahlungsbeträgen je Periode besteht; für jede Ausgangsgröße der Investitionsrechnung bestehen **mehrwertige Erwartungen**. Nach dem Grad der Unsicherheit kann weiter unterschieden werden in:
    =   **Ungewißheit** (Unsicherheit im engeren Sinne): Es ist dem Entscheidungsträger nicht möglich, Eintrittswahrscheinlichkeiten für die zukünftigen Datenkonstellationen anzugeben.
    =   **Risiko**: Kann der Investor den alternativen Datenkonstellationen Wahrscheinlichkeiten zuordnen, so spricht man von einer **Investitionsentscheidung unter Risiko**. Können die Eintrittswahrscheinlichkeiten aus Massendaten, die ein empirisches Phänomen relativ stabil charakterisieren (z. B. Sterbewahrscheinlichkeiten), statistisch abgeleitet werden, so liegen **objektive Wahrscheinlichkeiten** vor. Soweit Eintrittswahrscheinlichkeiten nur aufgrund subjektiver Einschätzungen des Entscheidungsträgers festgelegt werden können, spricht man von **subjektiven Wahrscheinlichkeiten**. Infolge der meist unzureichenden statistischen Datenbasis handelt es sich bei unternehmerischen Entscheidungen überwiegend um solche, für die nur subjektive Wahrscheinlichkeiten in Betracht kommen können (vgl. *Mag*, 1977, S. 17 ff.; *Bamberg/Coenenberg*, 1991, S. 17 ff.; *Busse von Colbe/Laßmann*, 1991, S. 35).

Der Fall der **Unsicherheit im engeren Sinne**, bei dem der Investor keinerlei Vorstellungen bezüglich der Eintrittswahrscheinlichkeiten der verschiedenen Datenkonstellationen besitzt, ist bei Investitionsentscheidungen in der Praxis kaum anzutreffen. Zu den hierfür entwickelten Entscheidungsansätzen wie insbes. die Maximin-, Hurwicz-, Laplace-, Savage-Niehans-Regel sei auf die entscheidungstheoretische Literatur verwiesen (vgl. z. B. *Mag*, 1990, S. 73 ff.; *Bamberg/Coenenberg*, 1991, S. 104 ff. mit den dort angegebenen Quellen).

Bei den meisten Investitionsentscheidungen in der Praxis unterbleibt allerdings eine explizite Berücksichtigung des Risikos, und es wird von einer für wahrscheinlich gehaltenen Datenkonstellation ausgegangen (quasi-sichere

Erwartungen) (vgl. *Hax, H.*, 1982, S. 50 ff.). Aber auch bei **Einbeziehung des Risikos** über die im folgenden erläuterten Verfahren kann keine Gewähr dafür gegeben werden, daß Investitionsentscheidungen „richtiger" getroffen werden. Die **Unsicherheit** kann durch derartige Verfahren lediglich **transparenter** gemacht, aber **niemals beseitigt** werden, so daß auch dann Fehlentscheidungen nicht auszuschließen sind. Die **Ursachen für Fehlinvestitionen** bestehen bei Erweiterungs- und Diversifikationsinvestitionen hauptsächlich in fehlerhafter Beurteilung

– neuer Technologien,
– erreichbarer Absatzmengen und Verkaufserlöse bzw. Kapazitätsauslastungen (auch auf Grund von Konkurrenzaktivitäten)

sowie in

– unvorhergesehenen Folgeinvestitionen und
– mangelhafter Personalqualifikation.

Teilweise werden die Eingangsdaten für Investitionsrechnungen durch **Eigeninteressen** von Unternehmungsabteilungen, allgemeine **Euphorie** für neue Techniken und andere **emotionale Einflußfaktoren** mehr oder minder **manipuliert**. Außerdem kann eine unzureichende Berücksichtigung von **Interdependenzen** zu anderen Projekten und Unternehmungsbereichen zu Planungsfehlern führen (vgl. *Honko*, 1983, S. 357 ff.). Derart begründete Fehlinvestitionen können durch **kritische Hinterfragung der Eingangsdaten** und durch die Anwendung von **im folgenden erläuterten Planungstechniken** nicht ganz verhindert, wohl aber **in vertretbare Grenzen** gebracht werden (vgl. *Busse von Colbe/Laßmann*, 1990, S. 158 ff.; *Bamberg/Coenenberg*, 1991, S. 66 ff.; *Blohm/Lüder*, 1991, S. 232 ff.).

*a) Korrekturverfahren:*

Die Eingangsgrößen von Investitionsrechnungen werden im Rahmen von **Korrekturverfahren mit Zuschlägen bzw. Abschlägen** versehen, um dadurch die Auswirkungen der Unsicherheit der Erwartungswerte auf die Zielwerte abzumildern. Einer **Korrektur** können **alle** Eingangsdaten der Investitionsrechnung unterzogen werden:

– Kalkulationszinsfuß

Der Kapitalmarktzins für risikoarme Geldanlagen (z. B. Bundesanleihen) wird um einen subjektiven Risikozuschlag erhöht. Dieser pauschale Zuschlag wird umso höher angesetzt, je größer und unspezifizierter die Unsicherheiten im Zusammenhang mit einem Investitionsobjekt eingeschätzt werden. Daraus folgt, daß der Kapitalwert einer Investition ceteris paribus sinkt, je risikobehafteter die Investition beurteilt wird. Das Verfahren einer pauschalen Erhöhung des Kalkulationszinssatzes wird in der Literatur heftig kritisiert (vgl. z. B. *Weston/Copeland*, 1986, S. 479 ff.). Insbesondere wegen der schematischen Wirkungsweise der Zinssatzkorrektur ist demgegenüber grundsätzlich eine spezifische Korrektur der Zahlungsgrößen und der erwarteten Nutzungsdauer vorzuziehen.

– Zahlungsgrößen

Unsichere Einzahlungen werden gezielt mit Risikoabschlägen, unsichere Auszahlungen entsprechend mit Risikozuschlägen versehen. Da sich die Höhe der Zu- und Abschläge ebenfalls nach dem Grad der Unsicherheit richtet, ist der Kapitalwert ceteris paribus umso niedriger, je unsicherer die Erwartungen sind (zur Modifikation der ursprünglichen Zahlungen durch Sicherheitsäquivalente vgl. auch *Mag*, 1990, S. 115 ff.).

– Nutzungsdauer

Eine umso kürzere Nutzungsdauer wird angesetzt, je höher man die Unsicherheit der in der fernen Zukunft liegenden Eingangsdaten der Investitionsrechnung einschätzt. Auch in diesem Fall wird der Kapitalwert mit steigender Unsicherheit ceteris paribus geringer.

Die genannten Korrekturverfahren weisen gemeinsam gravierende **Mängel** auf:

– Die Auswirkungen der Unsicherheit auf die jeweilige Zielgröße werden auch hierbei nur sehr **summarisch** ermittelt, so daß keine Anhaltspunkte vorhanden sind, die Relevanz von Änderungen einzelner Daten für die Zielgröße zu analysieren.
– Die Verrechnung von Zu- bzw. Abschlägen berücksichtigt i.d.R. nur negative Einschätzungen, d. h. mögliche Kompensationseffekte durch positive Entwicklungen werden meist vernachlässigt; dies ist jedoch nicht zwingend (z. B. beim Auftreten der erwähnten Interessenkonflikte und emotionalen Einflüsse).
– Sind mehrere Personen mit der Festlegung der Eingangsdaten befaßt, so kann es zu einer mehrfachen Berücksichtigung von negativen Einschätzungen bei den Korrekturen an den ursprünglichen Eingangsgrößen kommen. Durch derartige Kumulationseffekte, deren Folgen kaum mehr kontrollierbar sind, wird ein Investitionsprojekt in seiner erfolgswirtschaftlichen Beurteilung eher zu ungünstig dargestellt. In der Praxis spricht man in diesem Zusammenhang vielfach von einem „Totrechnen" eines Projekts durch kumulative Vorsichtsmaßnahmen.
– Werden die Eingangsdaten der Investitionsrechnung in pauschaler Weise mit Korrekturen versehen, so besteht die Gefahr einer **Vermengung** von allgemeiner **Zukunftsunsicherheit** und den **spezifischen Risiken** des Investitionsprojekts.

Angesichts der genannten Mängel können die Korrekturverfahren als Weg zur Berücksichtigung der Unsicherheit in Investitionsplanungen nur mit Einschränkung empfohlen werden. Vor allem kann dabei der Einfluß **bestimmter** Unsicherheitsfaktoren auf die Zielgrößen der Wirtschaftlichkeitsrechnung **nicht** erkannt werden; dies bildet den Anknüpfungspunkt für Sensitivitätsanalysen.

*b)  Sensitivitätsanalysen:*

Durch **Sensitivitätsanalysen** kann verdeutlicht werden, wie empfindlich die Ergebnisgrößen der Investitionsrechnung (z.B. der Kapitalwert und/oder interne Zinsfuß) auf Abweichungen besonders risikobehafteter Inputgrößen (z.B. Beschaffungs- oder Absatzpreise und/oder -mengen, Investitionsausgaben) von den zunächst geschätzten Werten reagieren (vgl. *Franke/Hax*, 1990, S. 190 ff.; *Kruschwitz*, 1990, S. 266 ff.; *Blohm/Lüder*, 1991, S. 234 ff.). **Ziel von Sensitivitätsanalysen** ist es somit, das Ausmaß des Ergebniseinflusses der wichtigsten Inputgrößen zu erkennen und bei besonders unsicheren Größen durch eine **optimistische** und eine **pessimistische** Prognose der zukünftigen Datenkonstellation den zu **erwartenden Schwankungsbereich der Ergebnisgrößen** zu bestimmen. Verändert sich eine Ergebniskennzahl bei relativ geringer Variation eines Inputwertes in sehr negativer Weise, so sollte durch **Beschaffung zusätzlicher Informationen** über diesen Eingangswert der Unsicherheitsbereich weiter eingeengt werden.

Von besonderem Interesse sind die über Sensitivitätsanalysen bestimmbaren **kritischen Werte** für sehr ergebnisrelevante Inputgrößen, die angeben, bei welchem Inputwert abweichend vom ursprünglichen Ansatz **Grenzwerte der Ergebnisgrößen** erreicht werden. Üblich ist hier die Ermittlung desjenigen (kritischen) Inputwertes (bei Konstanz aller übrigen Inputwerte), bei dem eine Investition an ihre **Akzeptanzgrenze** stößt, d.h.

- der Kapitalwert der Investition den Wert Null annimmt und
- der modifizierte interne Zinsfuß dem Kalkulationszinsfuß gleicht.

In der Praxis wird vielfach nur die **kritische Nutzungsdauer** bestimmt, bei der der Kapitalwert Null wird. Ergibt sich dabei eine erwartete **Amortisations- oder Kapitalrückflußzeit** von wenigen Perioden – z.B. bei geplanten Maschinenanschaffungen von maximal 2–3 Jahren – wird dies als Zeichen einer risikoarmen Investition gedeutet, da man die wirtschaftliche Entwicklung dieser Zeitspanne für relativ gut überschaubar hält.

Sensitivitätsanalysen werden gewöhnlich als **Partialanalysen** durchgeführt, d.h. es wird die Ergebniswirksamkeit jeweils **nur einer** Inputgröße bei Konstanz aller übrigen durchleuchtet. Eine **gleichzeitige Variation** verschiedener Einflußgrößen scheitert i.d.R. an der mangelnden Kenntnis bestehender Interdependenzen zwischen den variierten Inputgrößen. Einen begrenzten Lösungsansatz stellt hier die **Drei-Punkte-Schätzung** dar, bei der für die unsicheren Inputgrößen neben dem wahrscheinlichen jeweils ein optimistischer und ein pessimistischer Wert bestimmt werden. Zur Bestimmung dieser drei Werte der Eingangsgrößen können z.B. auch Gruppenbefragungen nach der

Delphi-Methode durchgeführt werden. Auf dieser Grundlage gelangt man für das betreffende Investitionsobjekt zu **drei Erwartungswerten für die Ergebnisgrößen.** Liegt bei der pessimistischen Variante der Kapitalwert noch über Null, dann könnte sich auch ein **risikoscheuer Investor** für dieses Objekt entscheiden. Umgekehrt dürfte ein **risikofreudiger Investor** i.d.R. Abstand von einer Investition nehmen, die bei der optimistischen Variante nur einen relativ geringen Kapitalwert aufweist – es sei denn, außerökonomische Gesichtspunkte sprechen für die Durchführung der Investition (z.B. Sozial- oder Umweltschutzziele).

Durch Sensitivitätsanalysen kann das Problem der Unsicherheit von Eingangswerten der Investitionsrechnung nicht beseitigt werden; sie vermitteln jedoch einen **differenzierten Einblick in die erfolgswirtschaftliche Relevanz der Unsicherheit**; außerdem kann dadurch die **Wirtschaftlichkeit der Datenbeschaffung** erhöht werden, da sie gezielt auf die kritischen ergebnisrelevanten Inputgrößen konzentriert werden kann (vgl. *Kilger*, 1965, S. 353; *Blohm/ Lüder*, 1991, S. 238ff.).

*c)  Risikoanalysen:*

Die Verfahren der Risikoanalyse dienen der Bestimmung einer **Wahrscheinlichkeitsverteilung** für die Ergebnisgröße, die aus sicheren und unsicheren Inputgrößen der Wirtschaftlichkeitsrechnung abgeleitet wird. Dazu werden i.d.R. zunächst die als unsicher erachteten Eingangsgrößen ausgewählt. Für diese Größen sind – unter Berücksichtigung der stochastischen Abhängigkeiten zwischen ihnen – **subjektive Wahrscheinlichkeitsverteilungen** zu schätzen. Aus den Verteilungen der Inputgrößen wird anschließend die **Wahrscheinlichkeitsverteilung für die Ergebnisgröße** (insbes. eine **Kapitalwertverteilung**) ermittelt. Angesichts der erforderlichen Bestimmung von Wahrscheinlichkeitsverteilungen der Inputgrößen werden die Probleme der Unsicherheit letztlich nur auf eine andere Ebene verlagert.

Da derartige analytische Modelle in komplexeren Fällen bei Vorliegen unterschiedlicher Verteilungstypen und einer Vielzahl von Einflußgrößen auf **rechentechnische Schwierigkeiten** stoßen, bietet sich für die Praxis eher das Verfahren der Risikosimulation an. Die **Risikosimulation** (Monte-Carlo-Simulation) erzeugt aufgrund geschätzter Wahrscheinlichkeitsverteilungen der einzelnen Einflußgrößen unter Benutzung von Zufallszahlen eine Wahrscheinlichkeitsverteilung der Ergebnisgrößen der Investitionsrechnung (vgl. ausführlich hierzu *Busse von Colbe/Laßmann*, 1990, S. 174ff.; *Kruschwitz*, 1990, S. 271ff.; *Blohm/Lüder*, 1991, S. 240ff.). Die praktische Anwendung einer Risikoanalyse mit Hilfe von Simulationsmodellen kann sich aufgrund des damit verbundenen **Rechenaufwandes nur auf Großprojekte** beschränken. Zur Verwendung von Risikonutzenfunktionen (Bernoulli-Prinzip) wird auf die entscheidungstheoretische Literatur verwiesen (vgl. *Mag*, 1990, S. 124ff.; *Bamberg/Coenenberg*, 1991, S. 70ff. mit den dort angegebenen Quellen). Auch hier kann eine Risikosimulation auf der Basis subjektiver Annahmen über die Eintrittswahrscheinlichkeit von Einflußgrößen erfolgen.

### 3.1.3 Berücksichtigung monetär schwer quantifizierbarer Kriterien bei Investitionsentscheidungen

Die ökonomischen Auswirkungen von Investitionen können in manchen Fällen nicht genügend abgeschätzt werden oder stehen gar nicht im Vordergrund der Entscheidung. Teilweise gehen auch von Investitionsvorhaben **Wirkungen** aus, die **monetär nicht oder nur schwer zu quantifizieren** sind, wie z. B. besondere

*1.  Absatzmarktwirkungen*

– Voraussetzung für den Eintritt in einen neuen (Teil-)Markt;
– Schließung einer Lücke im Sortiment;
– Voraussetzung für die Ausdehnung bestehender Marktanteile;
– Absatzsicherung durch höheren Lieferservice.

*2.  Arbeits- und Beschaffungsmarktwirkungen*

– Beseitigung von Engpässen bei Arbeitskräften;
– Beseitigung von Engpässen bei Einsatzstoffen und/oder Erschließung günstiger Bezugsquellen;
– Guter Kundendienst der Lieferunternehmung.

*3.  Wirkungen auf Arbeitssicherheit/-verhalten*

– Verringerung der Unfallgefahr;
– Verbesserung der Ergonomie am Arbeitsplatz;
– Höhere Akzeptanz bei den Arbeitskräften aufgrund einer Bereicherung der Arbeitsinhalte.

*4.  Wirkungen auf Produktionsprozeß/-organisation*

– Verbesserung des Material-/Betriebsstoffflusses (innerbetriebliche Logistik);
– Verbesserung des Informationsflusses;
– günstige Anlageninstandhaltung;
– Verbesserungen im Bereich der Entsorgung.

*5.  Wirkungen auf die Umwelt*

– verringerte Umweltbelastungen durch schädliche Emissionen;
– Vorgriff auf erwartete behördliche Vorschriften;
– Verbesserung des Unternehmungsimage.

Die beispielhaft genannten Auswirkungen können für Investitionsentscheidungen vielfach ebenso bedeutsam sein wie die Ergebnisse der vorher behandelten Investitionsrechnung, teilweise können sie diese sogar **dominieren**. So kann etwa die Durchführung einer Erweiterungsinvestition zur Herstellung eines neuen Produkts trotz eines sehr geringen oder sogar negativen Kapitalwertes geboten sein, wenn dies angesichts übergeordneter Sortiments- oder absatzpolitischer Überlegungen im Rahmen der strategischen Unternehmungsentwicklung von großer Wichtigkeit ist. Umgekehrt können nicht erfüllbare Umweltschutzanforderungen die Realisation einer hoch rentablen Investition verhindern. **Investitionsentscheidungen** sind somit stets unter **Einbeziehung der qualitativen Komponente** der jeweiligen Vorhaben zu treffen. Um eine systematische Erfassung und Beurteilung dieser verschiedenartigen Einflußgrößen auf Investitionsentscheidungen sicherzustellen, bedarf es neben **empirisch entwickelten Checklisten** eines formalisierten Verfahrens zur Unterstützung der Entscheidungsfindung. Die am stärksten verbreitete Methode zur Einbeziehung monetär schwer bzw. nicht quantifizierbarer Kriterien in den Entscheidungsprozeß stellt die **Nutzwertanalyse** dar, die in vorangegangenen Kapiteln bereits eingehend dargestellt worden ist (vgl. Teil II, Kapitel 1.2.2; Teil VI, Kapitel 7.4.3; Teil VIII, Kapitel 2.3.3.4 sowie zusätzlich *Blohm/Lüder*, 1991, S. 174 ff.). Schließlich sind Investitionsvorhaben auch auf der Basis der mehrperiodigen Ergebnis- und Finanzplanung im Hinblick auf die Erhaltung des finanziellen Gleichgewichts der Unternehmung und geforderte Periodenergebnisse zu prüfen (vgl. *Hahn*, 1993, Teil III, Abschnitt 3.1.3; *Hahn*, 1992a, S. 16 f.).

## 3.2 Produktlebensdauerplanungs- und -überwachungsrechnungen bei Großserienfertigung (Produktlebenszykluscontrolling)

### 3.2.1 Grundsätzliches

Ein weiterer zentraler Aufgabenkomplex des Projektcontrolling bezieht sich auf die **Fundierung von Entscheidungen über strategische Produktprojekte im industriellen Großseriengeschäft** und die **erfolgsorientierte Überwachung ihrer Durchführung**. Zur grundsätzlichen Einordnung des Produkt- und Projektcontrolling in das betriebswirtschaftliche Informationssystem sei auf die Ausführungen in den Kapiteln 1.2.2.2 und 1.2.3 verwiesen.

**Produkte** stellen eine **wesentliche Erfolgsquelle der Unternehmung** dar. In einigen Unternehmungssparten – insbesondere der Automobil- und Automobilzuliefer-, Maschinenbau-, Elektro-, Elektronik-, Chemie- und Pharmaindustrie – wird in einzelnen Unternehmungen bzw. selbständigen Unternehmungsbereichen ein Großteil des Umsatzes mit einer **geringen Anzahl verschiedener Serienprodukte** erzielt, wobei diese allerdings häufig in einer Vielzahl an Varianten angeboten werden. In der Automobilindustrie kann z. B. der Umsatzanteil einer Modellreihe bis über 50% des Gesamtumsatzes betragen, so daß Fehlentscheidungen bei einzelnen Produktprojekten die Existenz der ganzen Unternehmung gefährden können (vgl. *Schirmer*, 1990, S. 894). Das mit einem derartigen Produktprojekt verbundene Verlustrisiko kann erheblich höher als die Investitionssumme für Entwicklung und Produktionsanlagen sein. Daher ist für derartige Projekte ein umfassendes, **periodenübergreifendes Planungs- und Steuerungsinstrumentarium** aufzubauen, das Transparenz in alle damit verbundenen wesentlichen wirtschaftlichen Auswirkungen bringt und möglichst fundierte Entscheidungs- und Überwachungsgrundlagen verfügbar macht, die sich über die gesamte Projektlaufzeit (Projekt- bzw. Produktlebenszyklus) erstrecken (vgl. *Laßmann*, 1984, S. 967). Schaubild IX.51 zeigt die verschiedenen Phasen des Lebenszyklus und die darin anfallenden Aus- und Einzahlungen sowie deren Transformation in Kosten- und Erlösgrößen (zum Modell des integrierten Produktlebenszyklus vgl. auch Schaubild III.1b in Band 1; *Pfeiffer/Bischof*, 1975, S. 343 ff.).

Werden **Produktprojekte über ihre gesamte Lebensdauer** – von der Produkt- und Verfahrensentwicklung über die Produktions- und Absatzphase bis zu Garantie- und Entsorgungspflichten sowie dem Ersatzteilgeschäft –, die in der Automobilindustrie i.d.R. 20 Jahre und mehr, in der Elektronikbranche dagegen 3–5 Jahre beträgt, **als Investitionsvorhaben verstanden**, läßt sich deren Wirtschaftlichkeit mit Hilfe **dynamischer Investitionsrechenverfahren** beurteilen und überwachen. Dieses Instrumentarium ist im Grundsatz auch auf **andere strategische Projekte** anwendbar, z.B. die Einführung neuer Produktionstechnologien und -organisationen, Zweigwerkerrichtung, Beteiligungserwerb (vgl. Kapitel 1.2.2.2; *Hahn*, 1985, S. 245 ff.; *Alter*, 1991, S. 346 ff.).

**Industrielle Großserienfertigung** kann durch folgende, in diesem Zusammenhang relevante Charakteristika gekennzeichnet werden (vgl. *Laßmann*, 1984, S. 959 f.; *Kaiser*, 1991, S. 20 ff.):

–  weit fortgeschrittene Mechanisierung und Automatisierung der Produktion standardisierter Bauteile/Werkstoffe und variantenreicher Endprodukte bei (flexibel umstellbaren) Produktionsanlagen führen zu relativ hohen Anlagenkosten gegenüber verringerten Personalkosten im unmittelbaren Produktionsbereich, was wiederum mit einem hohen Anteil (beschäftigungs-)**fixer Herstellkosten** verbunden ist (teilweise über 50%); ein erheblicher Teil der Personalkosten wird in Hilfsbetriebe wie Arbeitsvorbereitung/Softwareentwicklung, Instandhaltung und Qualitätssicherung verlagert mit ebenfalls sehr hohen Fixkostenanteilen;

–  im Zusammenhang mit der Produktionsautomatisierung entstehen relativ hohe **Vorlaufauszahlungen vor Beginn der Serienproduktion** für Produkt- und Verfahrensentwicklung, Konstruktion, Fertigungsanlagen einschließlich Steuerungssoftware und Werkzeugbau, Produktionsorganisation und Personalschulung, Markterschließungsaktivitäten wie insbes. Werbung, Vertriebseinrichtungen, Vertriebsdienstleistungen u.dergl. (vgl. Schaubild IX.52).

Vorlaufauszahlungen betragen z.B. in der Automobilindustrie bei großvolumigen Modellen mehrere Milliarden DM und machen bis zu 25% der

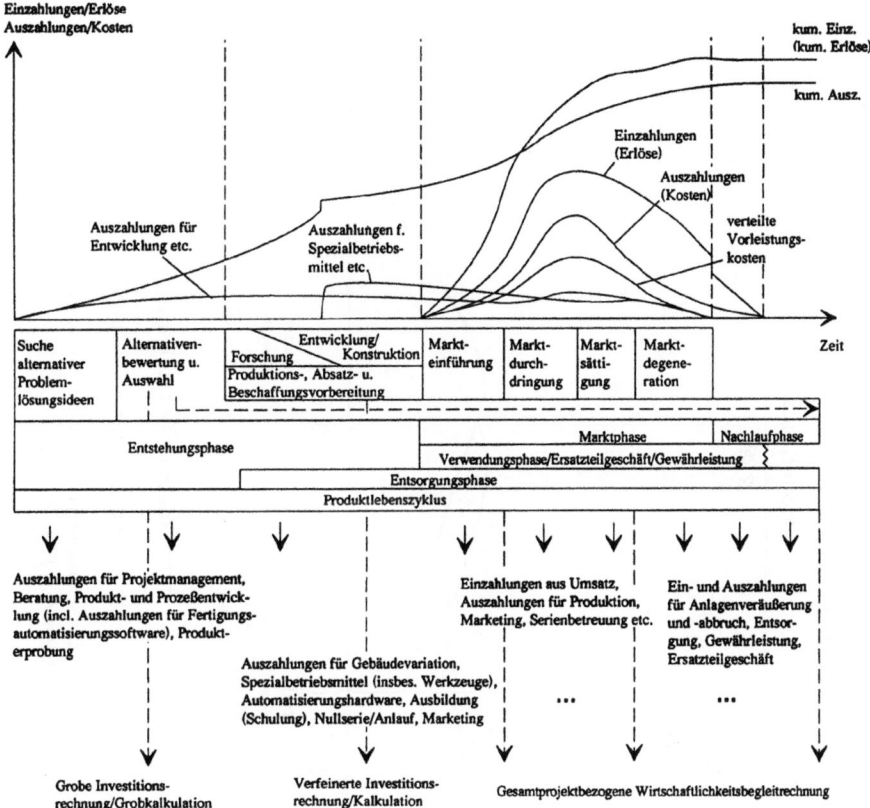

**Schaubild IX.51.** Lebenszyklusphasen und zugehörige Aus- und Einzahlungen sowie Kosten und Erlöse (vgl. auch *Hahn*, 1985, S. 199)

gesamten Herstellkosten eines Produktprojektes aus (vgl. *Laßmann*, 1984, S. 960 ff.; *Schirmer*, 1990, S. 894). Wie in Schaubild IX.53 verdeutlicht, folgt daraus ein sehr **unregelmäßiger Verlauf der Aus- und Einzahlungskomponenten im Produktlebenszyklus** und je Betrachtungsperiode. Außerdem führen die Vorlaufauszahlungen auch zu (beschäftigungs-)fixen kalkulatorischen Herstellkosten;

– ebenfalls als Folge der Bauteilestandardisierung und der Produktionsautomatisierung wird bereits **in der Entwicklungs- und Konstruktionsphase** von Produktprojekten **ein großer Teil der später anfallenden Kosten weitgehend festgelegt**, so daß während der eigentlichen Produktions- und Absatzphase nur noch ein relativ geringer Teil der Kosten und Erlöse beeinflußbar bleibt. Dies betrifft nicht nur die vorstehend herausgestellten

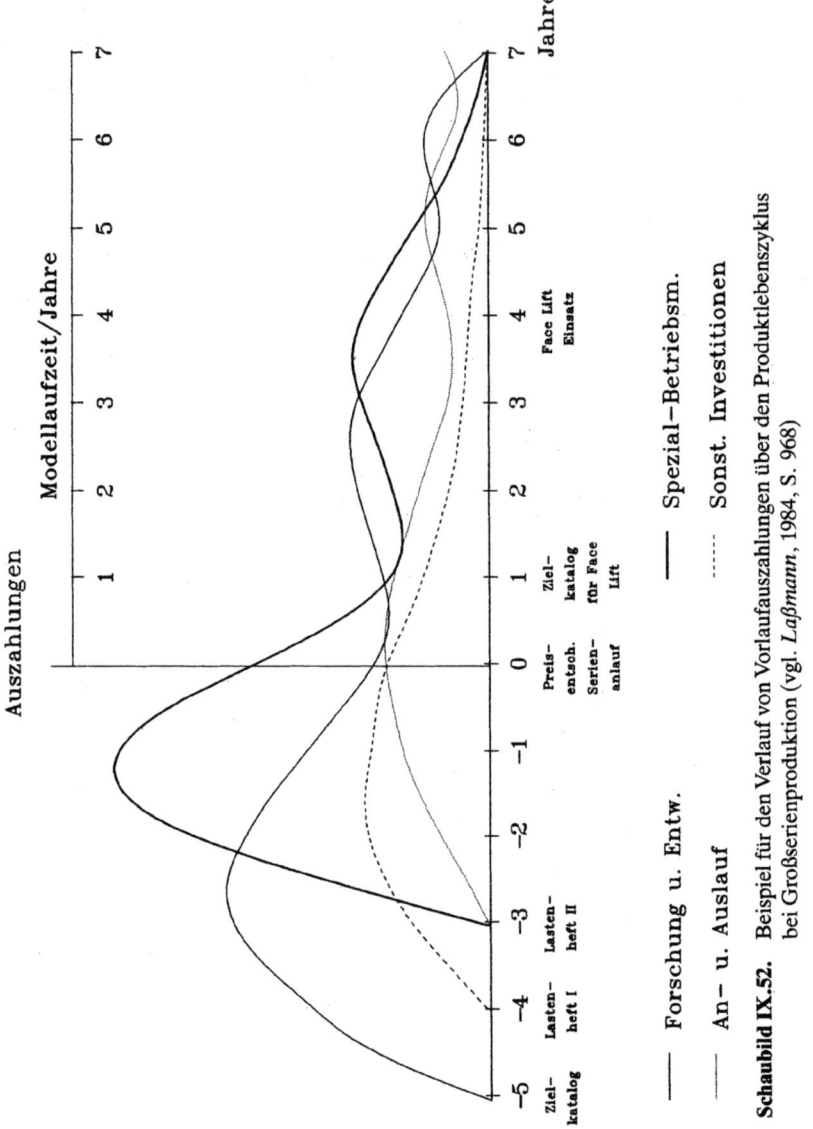

**Schaubild IX.52.** Beispiel für den Verlauf von Vorlaufauszahlungen über den Produktlebenszyklus bei Großserienproduktion (vgl. *Laßmann*, 1984, S. 968)

Fixkostenarten (im wesentlichen Kapitaldienstkosten), sondern auch die produktqualitätsbedingten Erzeugniseinsatzstoffkosten und die spezifischen Betriebsstoffkosten der Produktionsanlagen sowie wesentliche Teile der Bedienungs- und Überwachungspersonalkosten; die Erlöse werden durch die mit den Produkten erreichbaren Marktsegmente und die dort geltenden Absatzbedingungen in gewissem Umfang ebenfalls limitiert;

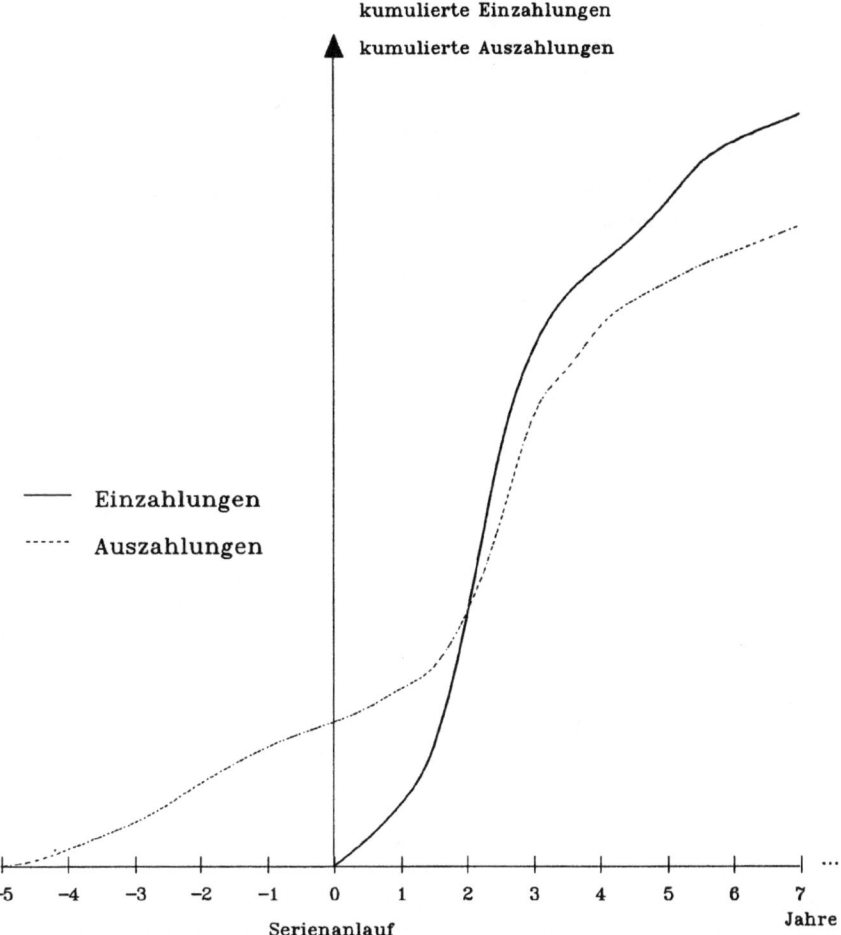

**Schaubild IX.53.**  Beispiel für den Verlauf der kumulierten Ein- und Auszahlungen bei Großserienproduktion

– die **Dauer der Marktzyklen** ist in den letzten Jahren bei vielen Serienpro-
dukten stark **zurückgegangen** (ohne Ersatzteilgeschäft i.d.R. 2–8 Jahre),
so daß in immer kürzeren Zeitspannen die Vorlaufauszahlungen über die
Projekt- und allgemeinen Unternehmungseinzahlungen zurückgewonnen
und der angestrebte Überschuß erzielt werden müssen;
– bei Anwendung des Baukastenprinzips und Einsatz flexibel automatisierter Produktionsanlagen **gehen die standardisierten Vor- und Zwischenprodukte in verschiedene Endprodukte** ein; dadurch entsteht vielfach eine
sehr große Anzahl an Erlös- und Kostenträgern, so daß durch sehr hohe
Gemeinkosten- und Gemeinerlösanteile die Kostenträgererfolgsrechnung
in ihrer Genauigkeit, Aussagekraft und Übersichtlichkeit erheblich beeinträchtigt werden kann.

Bei den genannten Ausgangsbedingungen wird die Aussagefähigkeit der üblichen periodenbezogenen Kosten- und Erfolgsrechnungsmethoden gravierend eingeschränkt und bedarf der Ergänzung durch periodenübergreifende, projektbezogene Methoden der Wirtschaftlichkeitsermittlung und -analyse. In der Praxis werden überwiegend **traditionelle Instrumente des Produkt-/Projektcontrolling** eingesetzt: **Investitionsrechnungen, begrenzt auf Sachanlageninvestitionen, periodenbezogene Produkt-/Auftragskalkulationen und auf die Vorlaufphase beschränkte projektweise Termin- und Kostenplanungen sowie -kontrollen**.

**Schwächen traditioneller Investitionsrechnungen** bestehen vielfach darin, daß sie

– aufgrund der fehlenden Integration mit dem übrigen Rechnungswesen häufig aufwendige und ungenaue **Sonderrechnungen** darstellen, die mit ihrer isolierten Betrachtungsperspektive nur sehr eingeschränkte Aussagen in bezug auf die gesamtunternehmungsbezogenen Ergebnisbeiträge zulassen;

– nur auf Sachinvestitionen bezogen werden, obwohl strategische Projekte daneben auch mit erheblichen, stoßweise anfallenden **immateriellen Vor- und Nachlaufauszahlungen** verbunden sein können;

– **durch** als nicht rechenbar angesehene **strategische und technologische Überlegungen überlagert** und daher mehr zur nachträglichen Rechtfertigung als zur Entscheidungsfundierung verwendet werden (vgl. *Kaplan*, 1986, S. 87; *Horváth*, 1988, S. 113);

– im Regelfall **nicht durch Investitionskontrollrechnungen ergänzt** werden, so daß eine Rückkopplung zwischen Planung und Realisierung kaum stattfindet (vgl. *Lutz*, 1981, S. 168 f.; *Weilenmann*, 1986, S. 15 f.).

Die grundsätzlich **periodenbezogenen Auftragskalkulationen** auf Basis von Kosten und Erlösen, die in der Praxis vielfach über die Absatzdauer zu Gesamtergebnisrechnungen kumuliert werden, sind für Zwecke der periodenübergreifenden Projektsteuerung dadurch nur eingeschränkt aussagekräftig, weil

– nicht zwischen projektursächlichen und den Projekten (final) zugeordneten Gemeinkosten und -erlösen unterschieden wird, also **keine Marginalbetrachtungen** ermöglicht werden; dadurch wird für wirtschaftliche Kontroll- und Steuerungsaufgaben keine ausreichende Transparenz darüber erreicht, welche der einbezogenen Rechengrößen in der Betrachtungsperiode beeinflußbar waren bzw. für zukunftsgerichtete Überlegungen noch **beeinflußbar** wären; außerdem wird eine Rückkopplung zur Investitionsplanung erschwert;

– im allgemeinen **projektbedingte Einmalkosten** bzw. Vorlaufauszahlungen für Produktentwicklung, Fertigungsorganisation, Anlauf u.dergl. nicht projektweise für die zukünftigen Produkte erfaßt, sondern als Gemeinkosten gleichmäßig über die in der Periode des Kostenanfalls gerade hergestellten und abgesetzten Güter nach dem Durchschnittsprinzip (vgl. Kapitel 2.3.2.) verteilt werden, obwohl sie von Projekt zu Projekt sehr unterschiedlich sein und auch die Projektlebensdauer sowie Seriengrößen erheblich differieren können (vgl. *Laßmann*, 1984, S. 962; *Betzing*, 1980, S. 683 ff.);

– **Normalisierungen für Zwecke der Periodenerfolgsermittlung** zu Verzerrungen für periodenübergreifende Projektbetrachtungen führen; so bereitet die kalkulatorische Verrechnung von Vorlauf- und Nachlaufkosten auf die eigentliche Produktions- und Absatzphase erhebliche Schwierigkeiten (vgl. *Betzing*, 1980, S. 681 ff.; *Laßmann*, 1984, S. 966 f.; *Lederle*, 1985, S. 194 ff.). Gleiches gilt für die Berechnung kalkulatorischer Zinsen, da das durch immaterielle Vorlaufauszahlungen gebundene Kapital nicht ermittelt wird (insbesondere wegen der Nichtaktivierung selbsterbrachter immaterieller Leistungen in der Bilanz; vgl. *Laßmann*, 1988, S. 228 ff.). Aus Sicht der periodenübergreifenden Projekterfolgsermittlung ist außerdem nachteilig, daß in langfristigen Auftragskalkulationen Zinseszinseffekte nicht berücksichtigt und Kostenstellenkosten zu Standardkosten mit Normal- oder Standardkostensätzen auf Aufträge verrechnet werden, so daß Kostenstellenabweichungen, die bei Serienanlauf durchaus projektbedingt anfallen können, i.d.R. zu Lasten der jeweiligen Periodenergebnisse ausgebucht werden (vgl. Kapitel 2.2.4.2);

– bei über mehrere Perioden kumulierten Auftragskalkulationen (insbesondere bei stückbezogenen Durchschnittsbetrachtungen) **Veränderungen der Preis- und Mengenkomponenten im Zeitablauf nicht genügend transparent** gemacht werden, soweit diese nur global aus dem Vergleich aufeinanderfolgender kumulierter Periodenergebnisse abzuleiten sind, was fundierte Ursachenanalysen erschwert.

Die **Vorlaufphase bis zum Beginn der Serienproduktion** (Systembereitstellungsphase) wird vielfach **isoliert als Entwicklungsprojekt mit Instrumenten des Projektmanagement geplant und überwacht**. Dazu zählen insbesondere die vorwiegend zur Struktur- sowie Terminplanung und -überwachung eingesetzte **Netzplantechnik** und die **Kostenbudgetierung**, verbunden mit projektweiser Kostenerfassung und -kontrolle (vgl. *Hahn*, 1985, S. 360 ff.; *Alter*, 1991, S. 104 ff.; *Coenenberg*, 1992, S. 405 ff.). Probleme bereitet dabei für die Projektüberwachung speziell die Aufspaltung der Kostenabweichungen einerseits in Verbrauchsabweichungen als Maßstab der Wirtschaftlichkeit der Leistungserstellung und andererseits in Mehr- oder Minderkosten, die durch einen vom Plan abweichenden Projektfortschritt bedingt sind (vgl. *Coenenberg*, 1992, S. 406 f., 416).

Für eine erfolgreiche Planung und Durchführung des gesamten Produktprojekts ist die **isolierte Betrachtung der Vorlaufphase nicht ausreichend**, da in dieser Phase ein erheblicher Teil der Kosten und Erlöse, die in der späteren Produktions- und Absatz- sowie Nachlaufphase entstehen, vorfixiert wird. Die Einbeziehung der Auswirkungen von Entscheidungen in der Vorlaufphase auf Kosten und Erlöse der nachfolgenden Phasen, die im Mittelpunkt der **Lebenszykluskostenkonzepte** stehen (vgl. *Pfohl/Wübbenhorst*, 1983; *Wübbenhorst*, 1984; *Alter*, 1991, S. 144 ff.), ist für eine betriebswirtschaftlich aussagefähige Projektplanung, -steuerung und -kontrolle unverzichtbar.

Daher wird auch in der Literatur eine **Ergänzung der** vorhandenen, kurzfristig ausgerichteten periodenorientierten **Kosten- und Erlösrechnung** mit ihrem **traditionellen Instrumentarium um eine umfassende, periodenübergreifende Planungs- und Überwachungsrechnung für strategische Projekte** gefordert (vgl. z. B. *Betzing*, 1980, S. 681; *Laßmann*, 1984, S. 967 ff.; *Weilenmann*, 1986, S. 15, 34, 38; *Back-Hock*, 1988; *Berliner/Brimson*, 1988, S. 139 ff.; *Weber*, 1990a, S. 203).

In Theorie und Praxis gibt es bisher nur vereinzelte **Ansätze zur Erweiterung des bestehenden Instrumentariums**, wobei es sich zumeist um Prototypen handelt. Diese betreffen

-   die Betrachtung einzelner Produktserien bzw. Modellreihen über ihren gesamten Lebenszyklus als Investitionsprojekte und die Beurteilung mit dynamischen Investitionsrechenverfahren für die Entscheidungsvorbereitung in der Automobilindustrie (vgl. *Höhn*, 1986, S. 87 ff. zur VW AG; *Schug*, 1987, S. 277 ff. zur Porsche AG);
-   die systematische Einbindung von Entscheidungen über einzelne Investitionsobjekte in den Gesamtzusammenhang strategischer Planungen (vgl. *Hahn*, 1993, Teil III, Abschnitt 3.1.3; *Altmann u.a.*, 1989, S. 896 ff.; *Hessenbruch*, 1991, S. 178 ff.);
-   die Verbesserung der Datenerfassungsmöglichkeiten für regelmäßige Investitions- bzw. Projektkontrollrechnungen mit Hilfe relationaler Datenbanken (vgl. *Müller-Merbach*, 1982, S. 382 ff.; *Back-Hock*, 1988; *Lange/Schaefer*, 1992, S. 499 ff.), wodurch grundsätzlich eine Verknüpfung zwischen Investitionsrechnung und periodenorientiertem Rechnungswesen erreicht werden kann;
-   die einen begrenzten Teilbereich betreffende konstruktionsbegleitende bzw. entwicklungsbegleitende Kostenkalkulation (vgl. Kapitel 6.2.2).

Die **Hauptschwierigkeiten periodenübergreifender Planungs- und Überwachungsrechnungen** und damit die Ursachen ihrer bisher geringen praktischen Realisierung liegen darin begründet, daß

-   die **Zurechnung von Auszahlungen und teilweise auch Einzahlungen auf Produktprojekte** – wie auch bei sonstigen strategischen Projekten – sehr problematisch sein kann, da
    =   viele Investitionen (insbes. Infrastrukturinvestitionen) nicht direkt umsatzwirksam sind,
    =   auf flexibel automatisierten Produktionsanlagen unterschiedliche Produkte gefertigt werden,
    =   Vor- und Zwischenprodukte (z. B. Motoren und Getriebe in der Automobilindustrie) in verschiedene Produkte eingehen und teilweise eigene Lebenszyklen haben;
-   die **Datenerfassung für Überwachungsrechnungen** sehr aufwendig ist, zu ungenauen Ergebnissen führen kann und daher in der Praxis als nicht lohnend angesehen wird, solange die erforderlichen Informationen **im laufenden Rechnungswesen** nicht objekt-/projektweise verfügbar gemacht werden können;

- sich Entscheidungsträger im Hinblick auf die i.d.R. **sehr hohe Planungsunsicherheit** bei langfristigen Projekten ungern auf überprüfbare Daten festlegen (vgl. *Gruber*, 1990, S. 278) und Überwachungsrechnungen als „Suche nach Schuldigen" empfunden werden (vgl. *Weilenmann*, 1986, S. 16);
- zum Überwachungszeitpunkt die ursprüngliche Entscheidung auf Grund veränderter Rahmenbedingungen und nachfolgender **Planrevisionen** so stark abgewandelt sein kann, daß sie als Beurteilungsmaßstab nicht ohne weiteres geeignet ist.

Die **Hauptaufgaben** einer zu entwickelnden umfassenden **Planungs- und Überwachungsrechnung für Produktprojekte** und andere strategische Projekte bestehen daher in der (vgl. Kapitel 1.2.2.2; *Laßmann*, 1984, S. 967 ff.; *Back-Hock*, 1988, S. 2 f.; *Alter*, 1991, S. 200 ff.; *Lange/Schaefer*, 1992, S. 490 f.)

- **betriebswirtschaftlichen Fundierung der** grundsätzlichen **Entscheidung über die Projektdurchführung** durch
  = die Zurverfügungstellung **geeigneter Methoden** zur Bewertung alternativer Projektkonzeptionen im Hinblick auf den Erfolg des Gesamtprojekts und den Projektbeitrag zum Unternehmungserfolg;
  = die Vorgabe von **Checklisten** zur Sicherstellung der Vollständigkeit der Planung;
  = die Bereitstellung von **Informationen über ähnliche Projekte** als Prognosehilfe, insbesondere in sehr frühen Projektphasen;
  = die Schaffung möglichst weitreichender **Transparenz** in die **Risikosituation** von Projekten, indem die für den Projekterfolg wesentlichen (unsicheren) Annahmen und Einflußgrößen aufgezeigt und die Auswirkungen von deren Änderungen durch **Sensitivitätsanalysen** berechenbar gemacht werden;
  = die Offenlegung wichtiger, mit dem Projekt verbundener **monetär nicht quantifizierbarer** Wirkungen und
  = das Aufzeigen der **Auswirkungen** des Projekts **auf die finanzielle Situation** der Unternehmung;
- übergreifenden und begleitenden **Preiskalkulation und -beurteilung** bei Produktprojekten, deren Schwergewicht am Beginn der Serienproduktion liegt, da die Preisstellung bei Produkteinführung später nur in relativ engen Grenzen veränderbar ist;
- **laufenden projektbegleitenden Erfolgsüberwachung**, indem die bis zum jeweiligen Betrachtungszeitpunkt von dem Projekt ausgehenden wirtschaftlichen Wirkungen zu messen und die zukünftig zu erwartenden Wirkungen aktuell zu schätzen sind; im einzelnen sind
  = für zukünftige Phasen aktualisierte Zielvorgaben zu setzen, um während der Projektlaufzeit Anpassungsflexibilität und (Gesamtprojekt-) Ergebnisorientierung sicherzustellen;
  = wichtige Rahmendaten zu überwachen und detaillierte Abweichungsanalysen vorzunehmen, um bei Fehlentwicklungen oder auf Grund veränderter Rahmenbedingungen zielgerechte Anpassungsmaßnahmen einzuleiten;

= Folgeentscheidungen im Projektverlauf zu fundieren, einschließlich der Entscheidung einer Projektbeendung auf Basis der jeweils noch beeinflußbaren projektinduzierten Aus- und Einzahlungen (sunk-cost-Konzept);

= Erfahrungswerte zur Verbesserung zukünftiger Planungen systematisch aufzubereiten.

**Im folgenden** soll eine **Grundkonzeption für periodenübergreifende Planungs- und Überwachungsrechnungen für strategische Projekte** – insbesondere Produktprojekte bei Großserienfertigung – dargestellt werden (vgl. *Laßmann*, 1984, S. 967 ff.; *Riezler*, in Vorbereitung). Als zentrales Instrumentarium soll die **dynamische Wirtschaftlichkeitsrechnung** auf der Grundlage aller in der gesamten Projektlaufzeit ausgelösten Ein- und Auszahlungen eingesetzt werden, und zwar sowohl für die **Vorbereitung der Entscheidung** über die Projektdurchführung als auch für die **laufende** betriebswirtschaftliche Begleitung (**Erfolgsermittlung**) und Überwachung (**Erfolgsanalyse**) des Projekts. Alle Ein- und Auszahlungen werden dabei analytisch unter Rückgriff auf die wichtigsten **Einflußgrößen des Projekterfolgs** geplant (vgl. die Beispiele in Schaubild IX.54), in deren Erwartungswerten sich die wesentlichen Planungsprämissen niederschlagen.

Die Verwendung von funktionalen Beziehungen zwischen Erfolgseinflußgrößen und Ein-/Auszahlungen ermöglicht Sensitivitätsanalysen und Simulationen zur Entscheidungsfundierung sowie differenzierte Abweichungsanalysen im Hinblick auf prämissenbedingte Abweichungen (Plan-Soll-Abweichungen) und die wirtschaftlichen Konsequenzen planverletzender Istabläufe (Soll-Istgrößen-Abweichungen bei Istbedingungen) im Rahmen der Projekterfolgsüberwachung.

Eine **Rückkoppelung der** ein- oder zweimal jährlich und vor wichtigen Anpassungsentscheidungen durchgeführten (**Investitions-**)**Nachrechnung zur** ursprünglichen oder revidierten **Planungsrechnung** mit detaillierten Abweichungsanalysen zeigt Rationalisierungspotentiale auf und weist auf speziellen Handlungsbedarf für Anpassungsmaßnahmen während der Projektdurchführung hin, deckt Fehleinschätzungen aus der Planungsphase auf und verdeutlicht die wirtschaftlichen Auswirkungen von möglichen Umplanungsmaßnahmen. Besonders kritische Einflußgrößen auf den Projekterfolg sollten als Frühwarnindikatoren (durch spezielle Kennziffern) in kürzeren Abständen überwacht werden.

Spielen bei der Investitionsentscheidung monetär nicht quantifizierbare Größen eine wichtige Rolle, sind auch diese während der Projektdurchführung aktuell zu beurteilen, insbesondere um bei veränderten Rahmenbedingungen angemessene Anpassungsmaßnahmen einleiten zu können. Um den zusätzlichen Aufwand für eine periodenübergreifende Planungs- und Überwachungsrechnung in vertretbaren Grenzen zu halten, ist diese möglichst eng **mit dem periodenorientierten Rechnungswesen zu verknüpfen.** Aus der (periodenübergreifenden) **Projektplanung** sind die die Einzelperioden betreffenden Ein- und Auszahlungen bzw. daraus abgeleitete Erlös- und Kostengrößen mit den periodenweise vorgenommenen Bereichs-, Produkt- und Gesamtunternehmungs-

| Einflußgröße | beeinflußte Zahlungen | Erläuterung |
|---|---|---|
| **Absatzbereich:** | | |
| jährliche Absatzmenge | Einzahlungen aus Umsatzerlösen | ggf. abhängig von weiteren Einflußgrößen, z.B. Marktvolumen, Marktanteil |
| Absatzpreis bei Serieneinführung | Einzahlungen aus Umsatzerlösen | |
| spätere Absatzpreisveränderungen | Einzahlungen aus Umsatzerlösen | |
| Zahlungskonditionen, sonstige absatzpolitische Maßnahmen | Einzahlungen aus Umsatzerlösen | |
| Absatzdauer in Jahren | Ein- und Auszahlungen | |
| spätere Produktqualitätsveränderungen | Ein- und Auszahlungen | z.B. face-lift bei Automobilen |
| **Produktionsbereich:** | | |
| Anlagennutzungsgrad, Fertigungszeit je Stück | Auszahlungen für Personal, Energie | Anlagennutzungsgrad und Fertigungszeit je Stück beeinflussen die für eine gegebene Produktionsmenge erforderliche Betriebszeit |
| Mitarbeiter je Schicht | Auszahlungen für Personal | |
| Ausschußanteil | beschäftigungsvariable Auszahlungen | abh. von Qualitätssicherungs- und Instandhaltungsmaßnahmen; ggf. unterteilt nach wichtigen Fehlerarten, -ursachen; beschäftigungsvariable Auszahlungen abhängig vom Durchsatz (Gutstücke + Ausschuß) |
| jährliche Faktorpreisveränderungen | laufende Auszahlungen | ggf. unterteilt nach Auszahlungsarten (z.B. Material, Personal, Sonstiges) |
| Anlagenmodernisierung | Auszahlungen für Ersatz-/ Rationalisierungsinvestitionen | abhängig von technischem Fortschritt/Innovationsrate |
| Anlagennutzungsdauer | Anlagenrestwerte bei Projektende | wirtschaftliche Nutzungsdauer, unabhängig von der Projektdauer; unterteilt nach wichtigen Anlagenarten |
| Anlagenweiterverwendungsgrade | Anlagenrestwerte bei Projektende | Wahrscheinlichkeit und Anteil der Weiterverwendung nach Projektende; unterteilt nach wichtigen Anlagenarten |
| Anlagen- und Produktentsorgungsverpflichtungen | Auszahlungen für Personal, Fremddienste | |

**Schaubild IX.54.**  Beispiele für wichtige Einflußgrößen auf den Projekterfolg

planungen abzustimmen. Bei der projektbezogenen **Istdatenermittlung** ist im wesentlichen auf die in der Unternehmung schon vorhanden Daten des laufenden Rechnungswesens im Rahmen eines datenbankorientierten Ansatzes zurückzugreifen, wobei das Projekt als eigenes Zurechnungsobjekt zu definieren ist (vgl. auch Kapitel 1.3). Überwiegend kann auf verdichtete Informationen aus der laufenden Kostenrechnung zurückgegriffen werden, für die zumeist nur bei wenigen Kostenarten die Unterschiede zwischen Auszahlungen und Kosten bzw. Einzahlungen und Erlösen/Leistungswerten auszugleichen sind, wobei auf buchhalterische Genauigkeit zu verzichten ist. Viele Istwerte der Einflußgrößen (z.B. Ausschußanteil, Anlagennutzungsgrad) können auch aus den operativen Kennzahlenrechnungen des Produktions- und Absatzbereichs übernommen werden (vgl. Kapitel 4.2.2.2).

**DV-technisch** läßt sich eine periodenübergreifende Planungs- und Überwachungsrechnung auf dem **Personal Computer** realisieren, wenn mit Hilfe einer Datenbankkomponente die Daten vom Großrechner überspielt werden können. Über das Rechenwerk hinaus ist das **Projektcontrolling institutionell so zu verankern**, daß klare personelle Verantwortlichkeiten für die laufende Projektüberwachung gegeben sind, gravierende Plan-/Istabweichungen automatisch in das Führungsberichtssystem eingehen (vgl. Kapitel 5) und wirtschaftlich begründete Anpassungsmaßnahmen auf allen betroffenen Unternehmungsebenen angestoßen und durchgesetzt werden.

### 3.2.2   Ein- und Auszahlungsplanung sowie Wirtschaftlichkeitsanalysen für die Produktlebenszeit

Zur Beurteilung der Wirtschaftlichkeit eines strategischen Projektes sind **sämtliche** durch die Entscheidung über seine Durchführung ausgelösten (**entscheidungsrelevanten**) **Ein- und Auszahlungen** sowie sonstigen, monetär schwer quantifizierbaren Wirkungen **in einen Planungskalkül über den gesamten Projektlebenszyklus einzubeziehen**. Hierbei handelt es sich um eine außerordentlich **anspruchsvolle Aufgabe**, die jedoch **für die Entscheidungsfundierung unabdingbar** und daher mit größter Sorgfalt zu lösen ist. **Probleme** bereitet dabei neben der zumeist viele Jahre umfassenden **Länge des Betrachtungszeitraums** insbesondere die Tatsache, daß die **grundsätzliche Entscheidung über die Projektdurchführung** sowie wichtige Gestaltungsparameter in einer sehr **frühen Projektphase** bei häufig **sehr geringem Informationsstand zu treffen** ist. So hat eine **erstmalige Wirtschaftlichkeitsabschätzung** bereits vor Entwicklungsbeginn zu erfolgen (vgl. *Betzing*, 1980, S. 683; *Voß*, 1988, S. 150 ff.; siehe auch Schaubild IX.51), beispielsweise in der Automobilindustrie 3–5 Jahre vor der Markteinführung und lange vor der Beschaffung der speziellen Produktionsanlagen (Sachanlageninvestitionen). Eine derartige **Grob-Investitionsrechnung**, verbunden mit einer **Grobkalkulation** auf Basis prognostizierter stückbezogener Kosten und Erlöse, ist während der Entwicklungszeit laufend zu überprüfen und durch Zielgrößenvorgaben (target-costing) zu beeinflussen (vgl. Kapitel 6.2.2). Vor Freigabe der Serienvorbereitung einschließlich der Beschaffung der Spezialproduktionsanlagen und zugehörigen (meist sehr wertvollen) Werkzeuge ist dann eine **verfeinerte Investitionsrechnung** bei etwas verbessertem Informationsstand durchzuführen (vgl. *Hahn*, 1985, S. 199), die dann auch der weiteren Projektüberwachung zugrundezulegen ist. Für bedeutsame Entscheidungen, die erst im Projektverlauf zu treffen sind (insbes. Serienanlaufentscheidung, Beschaffungsfreigabe für die Produktionsanlagen, Absatzpreis- und Konditionenfestlegung), sind alle bis dahin verfügbaren Informationen zu aktualisieren und durch verbesserte Prognosen zu untermauern (vgl. auch *Laßmann*, 1984, S. 968).

Die **Ein- und Auszahlungen** sollten **auf analytischer Grundlage geplant** werden entsprechend der periodenorientierten Plankostenrechnung. Die Planwerte basieren allerdings vielfach auf sehr unsicheren Prämissen. Für eine fundierte Beurteilung eines Projekts ist daher die **Bestimmung der wichtigsten Einflußgrößen auf den Projekterfolg** von besonderer Bedeutung (vgl. die Beispiele in Schaubild IX.54). Für sehr kritische Einflußgrößen kann eine Mehrpunktschätzung (wahrscheinlicher, optimistischer, pessimistischer Wert) hilfreich sein. Explizit zu berücksichtigen sind die zu erwartenden **Veränderungen der Zahlungsgrößen im Zeitablauf**, wobei bei mehrjährigen Projekten im Hinblick auf die erreichbare Genauigkeit Jahres- oder Halbjahreswerte ausreichend sind. Auf der Einzahlungsseite sind hierfür absatzpolitisch begründete Produktlebenszyklusprojektionen aufzustellen (vgl. *Pfeiffer/Bischof*, 1975, S. 343 ff.; *Hahn*, 1985, S. 198 ff.; *Busse von Colbe/Hammann/Laßmann*, 1992, S. 205 ff.). Auf der Auszahlungsseite sind insbesondere Mehrverbräuche in der Serienanlaufphase, beispielsweise mit Hilfe von Lernkurven (vgl. Band 2, Teil VI, Kapitel 4.1.6), sowie zu erwartende Rationalisierungen während der Vermarktungsphase – etwa auf Basis des Erfahrungskurvenkonzepts (vgl. *Henderson*, 1984; *Hieber*, 1991) – zu berücksichtigen. Bei Verwendung **nominaler Zahlungsgrößen** müssen auch erwartete Preisveränderungen im Zeitablauf beachtet werden, wobei teilweise wesentliche Abweichungen zwischen der Preisentwicklung auf der Einzahlungsseite gegenüber wichtigen Auszahlungsarten bestehen können. Besondere Probleme bereitet in diesem Zusammenhang auch eine Prognose von Inflations- und Wechselkursentwicklungen bei weltweit tätigen Unternehmungen auf sehr verschiedenen Beschaffungs- und Absatzmärkten.

Die Bestimmung der durch Projekte **zusätzlich ausgelösten** und damit entscheidungsrelevanten **Zahlungen** stößt insbesondere dann auf Schwierigkeiten, wenn bereits vorhandene Kapazitäten (Gebäude, maschinelle Einrichtungen, Personal usw.) in Anspruch genommen werden sollen oder neu aufgebaute Kapazitäten (z. B. flexible Produktionsanlagen) für verschiedene Produkte mit unterschiedlichen Absatzmärkten verwendet werden sollen. Dies ist nicht zu verwechseln mit der unter dem Gesichtspunkt der Abhängigkeit von kurzfristigen Beschäftigungsschwankungen vorgenommenen Einteilung in variable und fixe Kosten (Auszahlungen), da auch fixe Kosten teilweise projektbedingt sind (vgl. *Arbeitskreis Hax*, 1980, S. 713). Eine projektweise Zurechnung dieser Kosten ist für bestimmte betriebswirtschaftliche Aufgabenstellungen unverzichtbar. Daher empfiehlt es sich, getrennt neben den projektbedingten Zahlungen auch diejenigen **Gemeinauszahlungs- bzw. -kostenanteile** (z. B. Inanspruchnahme bereits vorhandener Potentiale, nicht produktweise zurechenbare allgemeine Verwaltungs- und Vertriebsauszahlungen) einzubeziehen, die von dem Projekt langfristig (mit) zu tragen sind (vgl. *Riezler*, in Vorbereitung; *Alter*, 1991, S. 154 ff.; *Hessenbruch*, 1991, S. 184 ff.). Diese Gemeinauszahlungsanteile sind zwar **nicht entscheidungsrelevant**, zeigen aber im Sinne von vorzugebenden **Soll-Deckungsgrößen**, inwieweit das Projekt zur langfristigen Deckung aller Auszahlungen bzw. Kosten einer Unternehmung beizutragen und darüber hinaus Gewinne zu erwirtschaften hat. Die Berücksichtigung von Gemeinkostenanteilen spielt insbesondere für die Preiskalkulation und -beurteilung eine wichtige Rolle (daneben als Merkposten, soweit die Abgrenzung projektbedingter Zahlungen schwierig und ungenau ist).

Die **Bestimmung der projektbedingten Zahlungen bei der Inanspruchnahme vorhandener Potentiale** ist auch abhängig von deren Beschäftigung und Abbaubarkeit (vgl. auch Band 1, Teil IV, Kapitel 2.6). Ist anzunehmen, daß die betroffenen Potentiale auch bei Nichtdurchführung des Projekts ausgelastet werden können, wären prinzipiell die zahlungswirksamen Opportunitätskosten entgangener anderer Nutzungen (entgangene Deckungsbeiträge) entscheidungsrelevant. Da diese aber praktisch im Regelfall auch nicht annähernd bestimmbar sind und andere Anhaltspunkte für die zugrundeliegende negative Erfolgskomponente nicht vorliegen, erscheint es als Näherungslösung vertretbar, hier innerbetrieblich verrechnete (Voll-)Kosten anzusetzen und gesondert auszuweisen (vgl. *Riezler*, in Vorbereitung). Ist hingegen zu vermuten, daß die vorhandenen Potentiale ohne ein geplantes Projekt nicht ausgelastet werden, führen sie nur dann zu den projektzurechenbaren (sekundären) Auszahlungen, wenn sie prinzipiell abbaubar sind (bspw. die Nutzung vorhandener, veräußerbarer Maschinen oder von Personal, das andernfalls unter Berücksichtigung insbes. rechtlicher und sozialer Rahmenbedingungen freigesetzt werden könnte). Aus theoretischer Sicht wären hier die entgangenen Einzahlungen aus der fiktiven Veräußerung von Maschinen anzusetzen, was jedoch nur in Ausnahmefällen praktikabel sein dürfte, so daß man auch hier ersatzweise nur auf innerbetriebliche (Voll-)Kostenverrechnungsgrößen zurückgreifen kann. Analog kann bei der Nutzung von Projektpotentialen für andere Produktprojekte vorgegangen werden, indem eine (sekundäre) Zahlungswirksamkeit der innerbetrieblich verrechneten Kosten unterstellt wird und entsprechende Anteile als (sekundäre) Einzahlungen des betrachteten Projekts angesetzt werden.

Für die Ein- und Auszahlungsplanung kommen verschiedene **Prognoseverfahren** in Betracht (vgl. *Alter*, 1991, S. 211 ff.). Von besonderer Bedeutung sind **Erfahrungswerte** aus laufenden oder abgeschlossenen ähnlichen Projekten (bei Kostenschätzungen in der Automobilindustrie kann z. B. auf Daten für Vorgängermodelle zurückgegriffen werden; vgl. *Voß*, 1988, S. 154). **Einzahlungs- bzw. Erlösprognosen** basieren vorwiegend auf Schätzungen des Vertriebs und Erkenntnissen der Marktforschung. Hierbei können auch Analysedaten von Vertriebsinformationssystemen hilfreich sein (vgl. *Laßmann*, 1990, S. 318). Absatzschätzungen sind auch in Abhängigkeit von Aktionsvariablen (z. B. Absatzvolumen der Vorperiode, Werbeausgaben der Vorperiode, Zusatzdienstleistungen, Absatzpreis) und gewichtigen Umweltdaten (z. B. Marktvolumen, Bedarfsstruktur, verfügbares Einkommen der Nachfrager) durchzuführen (vgl. *Busse von Colbe/Hammann/Laßmann*, 1992, S. 360 ff.). **Auszahlungsschätzungen** erfolgen in Zusammenarbeit zwischen technischen und betriebswirtschaftlichen Fachkräften, wobei insbesondere zu bewertende technische Zeiten- und Mengengerüste, Kenngrößen aus dem Rechnungswesen sowie teilweise auch aus Wettbewerbsanalysen resultierende Zielwerte (target costs) relevant sind.

Schaubild IX.55 gibt einen Überblick über die wichtigsten Ein- und Auszahlungsarten, die für die gesamte Produktlebenszeit in Betracht zu ziehen sind.

| Zahlungsarten | Beispiele für | |
| --- | --- | --- |
| | projektbedingte Zahlungen | auf das Projekt zugerechnete Gemeinanteile |
| **I. Vorlaufphase**<br>Grundstücke und Gebäude | (Investitions-)auszahlungen der für das Projekt neu **beschafften Objekte** (z.B. Fabrikgebäude, neue Lagerhalle mit Einrichtungen, Produktionsanlagen in vorhandenem Gebäude); | |
| Maschinen und maschinelle Anlagen | Auszahlungen für die Ausmusterung von Altobjekten (z.B. Gebäudeabbruch); | |
| Werkzeuge/sonstige Betriebs- und Geschäftsausstattung | Einzahlungen durch Verkauf von Altobjekten (z.B. ausgemusterter Produktionsanlagen) | |
| Forschung und Entwicklung/ Konstruktion (Produkt- und Verfahrensentwicklung) | Auszahlungen für fremdbezogene Leistungen (z.B. Material für Versuche, fremdvergebene F+E, Software, externe Beratung); | Auszahlungen für nicht direkt produkt-/projektweise zurechenbare Grundlagenforschung, allgemeine Werbung, Organisation, Weiterbildung usw. |
| Produktionsvorbereitung (einschließlich Softwareerstellung, Umrüstung von Produktionsanlagen) | Auszahlungen für neu aufgebaute Kapazitäten (z.B. zusätzlich eingestelltes Personal); | |
| Personalschulung (einschließlich Löhne und Gehälter in der Schulungsphase) | Inanspruchnahme vorhandener Kapazitäten (insb. Personal), die bei Nichtdurchführung des Projekts ausgelastet oder abbaubar wären. | Inanspruchnahme vorhandener Leerkapazitäten (insb. Personal, maschinelle Einrichtungen), die bei Nichtdurchführung des Projekts nicht abbaubar wären. |
| Produktwerbung und Markteinführung | | |
| Einzahlungen der Vorlaufphase | Subventionen, Einsparungen durch Steuervergünstigungen, Lizenzeinzahlungen | |
| **II. Produktionsphase**<br>Einzahlungen aus Umsatzerlösen | Einzahlungen aus Produktbruttoerlösen | |
| Erlösschmälerungen und Korrekturen | Rabatte, Boni, Skonti, Korrekturen aus  Mängelrügen | |
| Minder-/Mehreinzahlungen aus Umsatzerlösen anderer Produkte | bei substitutiven/komplementären Beziehungen auf dem Absatzmarkt | |
| Laufende Betriebsauszahlungen Material und Fremddienste | Erzeugniseinsatzstoffe, Materialgutschrift für Ausschuß, Energie, Entsorgung, laufender Werkzeugverschleiß, sonstige Hilfs- und Betriebsstoffe | |
| Löhne und Gehälter | ausschließlich/überwiegend **für das Projekt tätiges Personal** in allen Unternehmungsbereichen | |
| betriebliche Steuern | Vermögensteuer, Gewerbekapitalsteuer auf projektbedingtes Anlagevermögen | |
| Sekundäre Kosten-/Zahlungsarten | **zusätzlich ausgelöste Auszahlungen** (einschließlich beschäftigungsvariable Auszahlungen in Anspruch genommener betrieblicher Leistungen); | Auszahlungen für nicht direkt produkt-/projektweise zurechenbare Leistungen (insbes. allgemeine Verwaltung); |
| | **Inanspruchnahme vorhandener Kapazitäten**, die bei Nichtdurchführung des Projekts ausgelastet oder abbaubar wären | Inanspruchnahme vorhandener, auch dauerhaft nicht abbaubarer Leerkapazitäten |
| vorgelagerte Produktionsstufen | z.B. Motorenproduktion bei Produktprojekten der Automobilindustrie | z.B. Abschreibung auf nicht ausgelastete Anlagen |
| zentrale Fertigungssteuerung/ Betriebsleitung/Datenverarbeitung | z.B. bei projektbedingtem Kapazitätsausbau | z.B. anteiliges Gehalt des Betriebsleiters, wenn dort mehrere Produkte produziert werden |
| Instandhaltung/Qualitätssicherung | Material, Fremdleistungen, abbaubares Personal | z.B. nicht abbaubare Eigeninstandhaltung |
| Beschaffung/Transport/Lagerhaltung (Logistik) | beschäftigungsvariable Auszahlungen, laufende Auszahlungen bei Kapazitätsausbau | z.B. Abschreibungen vorhandener Gebäude |
| Vertrieb | Personal, produktbezogene Werbung | z.B. nicht abbaubares Personal |
| allgemeine Verwaltung | zusätzlich ausgelöste laufende Auszahlungen (Gehälter, Büromaterial usw.) | z.B. anteilig zugerechnete Raumkosten, Auszahlungen für Personal |
| Anlaufauszahlungen (nach Beginn der Serienproduktion) | anlaufbedingter Mehrverbrauch der Einsatzfaktoren durch längere Taktzeiten, höhere Ausschußanteile | |
| Sekundäre Einzahlungen ersparte Betriebsauszahlungen | projektbedingte Investitionen (z.B. im Zentrallager) ermöglichen Einsparungen in anderen Bereichen | |
| Leistungen für andere Produkte/Projekte | z.B. Nutzung für das Projekt beschaffter Anlagen auch für andere Projekte (zahlungswirksam, indem dort in die Preise einkalkuliert) | |
| Unterschiede Zahlungen/Kosten bei Vorräten | Bestandsaufbau bei Material, Werkzeug zu Beginn der Serienproduktion, Abbau am Ende | |
| **III. Nachlaufphase**<br>Restwerte Grundstücke/Gebäude/ Anlagen bei Projektende | Einzahlungen bei Veräußerung und kalkulatorische Einzahlungen bei Weiterverwendung für Folgeprojekte (z.B. Fabrikhallen, CNC-Maschinen) | |
| Abbruch/Entsorgung | z.B. Auszahlungen für die Sanierung belasteter Böden | |
| Gewährleistung/Wartung | einschließlich Einzahlungen aus Wartungsverträgen | |
| Ersatzteilgeschäft/Produktrücknahme | Folgeein- und -auszahlungen | |
| Lizenzeinzahlungen | z.B. durch Patente aus dem Projekt | |

**Schaubild IX.55.** Wichtigste Ein- und Auszahlungsarten in der Produktlebenszeit
(vgl. *Riezler*, in Vorbereitung)

Die Übersicht kann zugleich als **Checkliste** zur Sicherung der Vollständigkeit der Planung herangezogen werden, wobei Abwandlungen im Hinblick auf die konkreten Bedingungen der jeweiligen Unternehmung und Projektart vorzunehmen sind. In der **Vorlaufphase** ist bei der Ermittlung der Investitionssumme auf die möglichst vollständige Erfassung **projektbedingter nicht aktivierbarer Auszahlungen** für Forschung und Entwicklung, Konstruktion, Produktionsvorbereitung, Personalschulung, Produktwerbung, Markteinführung u.dergl. zu achten. **Einzahlungen** können in der Vorlaufphase beispielsweise aus dem projektbedingten Verkauf von Altobjekten, staatlichen Investitionszulagen, Steuervergünstigungen sowie der Finanzierung von Spezialwerkzeugen durch Großkunden als Bestandteil langfristiger Verträge resultieren.

In der **Produktions- und Absatzphase** sind bei der Einzahlungsplanung auch die Auswirkungen des Projekts auf das übrige Absatzprogramm der Unternehmung in Betracht zu ziehen, auch wenn genaue Angaben nur selten möglich sein werden. In vielen Branchen spielt aber die „Kannibalisierung" des bisherigen Absatzprogramms (vgl. *Schirmer*, 1990, S. 901 f.) eine bedeutende Rolle, wobei grundsätzlich nur entgangene Deckungsbeiträge bzw. Finanzüberschüsse entscheidungsrelevant sind. Unterschiede zwischen Erlösen und Einzahlungen sowie Kosten und Auszahlungen lassen sich durch Unterstellung durchschnittlicher Zahlungsbedingungen ausgleichen, sofern dies für die Genauigkeit einer i.d.R. jahresbezogenen Rechnung relevant erscheint. Zahlungsrelevant ist i.d.R. auch der Auf- und Abbau von Beständen im Umlaufvermögen (Material, Zwischenprodukte, Ersatzteile und Werkzeuge). Anlaufauszahlungen nach Beginn der Serienproduktion (Einfahrphasen für neue Produktionsanlagen, die Wochen, aber auch viele Monate in Anspruch nehmen können) sollten durch getrennten Ausweis besonders hervorgehoben werden.

Ein- und Auszahlungen in der **Nachlaufphase** nach Beendigung der Serienproduktion können sich z.B. aus Entsorgungs- und Gewährleistungsverpflichtungen (Produzentenhaftung, Produktrücknahmeverpflichtungen), mit den Produkten verbundenen Ersatzteilgeschäften und dem Verkauf der Altanlagen ergeben. Sehr häufig wird ein Teil der für das Projekt beschafften Gebäude und maschinellen Anlagen nach Projektende für Folgeprojekte weitergenutzt. Dieser Aspekt ist bereits bei der Auswahl zwischen eher spezialisierten oder aber flexibel umstellbaren – damit besser weiterverwendbaren, aber i.d.R. auch teureren – Anlagen zu berücksichtigen. Allerdings sind häufig im Planungsstadium die Weiterverwendungsmöglichkeiten nach Projektende und die daraus resultierenden Ein- und Auszahlungen nicht genügend bekannt. Daher können nur „kalkulatorische Restwerte" (kalkulatorische Zahlungen) für das Projektende geschätzt werden (vgl. *Laßmann*, 1984, S. 969). Diese bestimmen sich aus der geplanten wirtschaftlichen Restnutzungsdauer der Anlagen, multipliziert mit Weiterverwendungsgraden (vgl. auch *Wildemann*, 1987, S. 72), die die Wahrscheinlichkeiten weiterer Nutzungsmöglichkeiten (einschließlich Verkauf) und den Anteil erforderlicher Umbauten ausdrücken. Mögliche Fehlschätzungen sind hierbei eher in Kauf zu nehmen als ein völliger Verzicht auf die Bestimmung von Restwerten. Allerdings sind aufgrund der Zinseszinseffekte die Ergebniswirkungen in der

Projektplanungsrechnung in Abhängigkeit von der Zinssatzhöhe mehr oder weniger abgemildert.

Eine übersichtliche **Darstellung** der geplanten Ein- und Auszahlungen im Projektverlauf kann in Form von Tabellen und Graphiken erfolgen (zur graphischen Darstellung vgl. *Back-Hock*, 1988, S. 82 ff.). Die **Wirtschaftlichkeit von Produktprojekten** kann **mit Hilfe der aus der Investitionsrechnung bekannten dynamischen Methoden** (vgl. Kapitel 3.1.1) **beurteilt** werden: Der **modifizierte interne Zinsfuß** drückt dabei die zu erwartende Rendite des Gesamtprojekts aus, wobei alle Zahlungen der Vorlaufphase die Investitionsauszahlungen für das Projekt (Investitionssumme) bilden. Die Bestimmung des **Kapitalwerts** zeigt den für möglich erachteten Projektgesamtüberschuß auf; bei strategischen Projekten, denen keine Einzahlungen zugerechnet werden können, verdeutlicht der Auszahlungskapitalwert das Gesamtauszahlungsvolumen unter Berücksichtigung von Zinseszinsen. Daneben kann zusätzlich ein **Kapitalwert nach Zurechnung von Gemeinanteilen** berechnet werden, um – wie oben dargelegt – transparent zu machen, inwieweit das Projekt langfristig zur Deckung aller Auszahlungen der Gesamtunternehmung und zur Erwirtschaftung von Gewinnen beiträgt. Außerdem können Deckungszeitpunktrechnungen (Bestimmung der Kapitalwiedergewinnungszeit bzw. Rücklaufzeit für die gesamte Investitionssumme) zur Verdeutlichung des mit dem Projekt verbundenen Risikos beitragen (vgl. *Betzing*, 1980, S. 686; *Laßmann*, 1984, S. 970).

Bei Produktprojekten ist die **Preiskalkulation** eine zentrale Aufgabe des Informationswesens. Die Vorausschätzung erreichbarer Angebotspreise und die Beurteilung der Erlöswirkung alternativer Preis-Absatzmengenkombinationen unter den prognostizierten Marktbedingungen (Szenarien) kann auf der Basis der dynamischen Investitionsrechnung betriebswirtschaftlich untermauert werden, indem iterativ oder durch mathematische Umformung diejenige Preis-Absatzmengenkombination bestimmt wird, bei der (vgl. *Riezler*, in Vorbereitung; zur Rechenmethodik vgl. auch *Däumler*, 1991, S. 41 f.):

– der modifizierte interne Zinsfuß bzw. der Kapitalwert einen vorgegebenen Zielwert annimmt (angestrebter Angebotspreis) oder für Preisgrenzüberlegungen,
– der Kapitalwert des Projekts ohne Zurechnung von Gemeinauszahlungsanteilen bzw.
– der Kapitalwert nach Zurechnung von Gemeinauszahlungsanteilen gleich Null wird.

Die **dynamische Investitionsrechnung** liefert zur Bestimmung eines Angebotspreises sowie für Preisgrenzüberlegungen betriebswirtschaftlich besser abgesicherte Prognose- bzw. Sollgrößen als die traditionelle Vorkalkulation auf Basis durchschnittlicher stückbezogener Kosten und Erlöse, da sie Einmalauszahlungen, Zinseszinseffekte und die zeitliche Verteilung der Aus- und Einzahlungen (Kapitalbindung) bei unterschiedlichen Preis-Absatzmengenstrukturen einbezieht.

Bei strategischen Projekten ist die **Berücksichtigung der Planungsunsicherheit** durch umfassende **Risikobetrachtungen** von entscheidender Bedeutung (zu den Verfahren vgl. Kapitel 3.1.2). Von praktischer Relevanz sind insbesondere **Sensitivitätsanalysen** für die besonders unsicheren Haupteinflußgrößen auf den Projekterfolg. Außerdem können verschiedene **Szenarien** für unterschiedliche Einflußgrößenkonstellationen durchgespielt werden (vgl. *Back-Hock*, 1988, S. 83 f.), z. B. verschiedene Marktszenarien (vgl. *Voß*, 1988, S. 152) oder unterschiedliche Fertigungstechnologien. Liegen Mehrpunktschätzungen für kritische Einflußgrößen vor, lassen sich auch **Risikoanalysen** durchführen (vgl. das Beispiel bei *Scheer*, 1990b, S. 257), die jedoch bisher in der Praxis selten anzutreffen sind (vgl. auch Kapitel 3.1.2).

Neben den monetär quantifizierbaren und nichtquantifizierbaren Projektwirkungen, die für die Entscheidung relevant sind, sind auch die **Planungsprämissen** sorgfältig **zu dokumentieren** als Grundlage für die Erfassung ihrer Veränderungen im Projektverlauf (vgl. auch *Wildemann*, 1987, S. 180; *Alter*, 1991, S. 230). Aufgrund des bedeutsamen Gesamtvolumens strategischer Projekte ist weiterhin eine **Abstimmung mit der gesamtunternehmungsbezogenen** mehrperiodigen **Ergebnis- und Finanzplanung** herbeizuführen (vgl. *Hahn*, 1985, S. 379; *Alter*, 1991, S. 227 f.). Dazu sind die Zahlungsgrößen zu periodisieren bzw. um angesetzte kalkulatorische Zahlungen zu bereinigen.

### 3.2.3 Wirtschaftlichkeitsbegleitrechnung in der Produktlebenszeit und deren Verzahnung mit den Perioden- und Stückerfolgsrechnungen

Mit der Entscheidung über die Projektdurchführung als Ergebnis der Planungsüberlegungen sollte auch die Wirtschaftlichkeitsüberwachung nach personeller Verantwortlichkeit, Zeitpunkten bzw. Intervallen und Methoden verbindlich festgelegt werden. Die **Bedeutung einer Wirtschaftlichkeitsbegleitrechnung** für die zielgerichtete Abwicklung des Projekts, frühzeitige Erkennung von Fehlentwicklungen, Aufdeckung ursprünglich nicht erkannter Möglichkeiten sowie die Beurteilung und Initiierung von Anpassungsmaßnahmen und die Verbesserung zukünftiger Planungen – insbesondere auch die Begrenzung von Manipulationen durch Fachabteilungen in der Planungsphase – wird in Literatur und Praxis vielfach betont (vgl. *Lüder*, 1969, S. 54 ff. und 1980, S. 356; *Betriebswirtschaftlicher Ausschuß des Verbandes der Chemischen Industrie*, 1974, S. 49 ff., 58 ff.; *Hay*, 1977, S. 175 ff.; *Lutz*, 1981, S. 168; *Reichmann/Lange*, 1985, S. 458; *Staehelin*, 1988, S. 27; *Schwellnuß*, 1991, S. 12 ff., 177). Dennoch werden projektweise Wirtschaftlichkeitsbegleitrechnungen bisher in der Praxis in vielen Fällen gar nicht oder nur unzulänglich durchgeführt (vgl. *Lutz*, 1981, S. 168). Das **zentrale Problem** ist dabei zumeist die **Beschaffung der** zu den Planvorgaben korrespondierenden **Istgrößen** (vgl. *Reichmann/Lange*, 1985, S. 463), die aus dem laufenden (periodenorientierten) Rechnungswesen im allgemeinen nicht **projektweise** abgeleitet werden können. Die Daten für Zwecke der Periodenerfolgsermittlung auf Basis des güterwirtschaftlichen Kosten- und Erlösbegriffs sind von den Zahlungsvorgängen teilweise abgekoppelt, so daß einige der für eine Wirtschaftlichkeitsbegleitrechnung auf investitionstheoretischer Grundlage benötigten Ein- und Auszahlungsgrößen nicht unmittelbar aus der kalkulatorischen Erfolgsrechnung entnommen werden können.

Die hier vorgeschlagene Wirtschaftlichkeitsbegleitrechnung ist – analog zur mitlaufenden Kalkulation im industriellen Großanlagenbau (vgl. Kapitel 3.3.3.3) – entsprechend der Planungsrechnung als **Gesamtrechnung** über die Projekt-/Produktlebensdauer vorzunehmen, um die **Wirtschaftlichkeit des Gesamtprojektes** dokumentieren und überwachen zu können (vgl. *Laßmann*, 1984, S. 970). Sie ist in festzulegenden Zeitintervallen, z. B. ein- oder zweimal jährlich, etwa parallel zur jährlichen gesamtunternehmungsbezogenen Periodenplanung (vgl. Kapitel 7) durchzuführen sowie zusätzlich vor bedeutenden Entscheidungen im Projektverlauf und am Projektende. Dabei sind für die Einflußgrößen sowie die projektbezogenen Ein- und Auszahlungen jeweils die ursprünglichen Planwerte durch bis dahin verfügbare Istwerte des abgelaufenen Zeitraums und aktuelle Neuschätzungen über die restliche Projektlaufzeit zu ersetzen, wobei für Anpassungsentscheidungen nur die noch beeinflußbaren Aus- und Einzahlungsgrößen relevant sind (sunk-cost-Konzept). Grundsätzlich sollte dabei – soweit möglich – auf in der Unternehmung ohnehin verfügbare Daten zurückgegriffen werden, um Manipulationen – wie bei Sondererhebungen beobachtbar – weitgehend auszuschließen und den entstehenden Aufwand zu minimieren.

Die **Istdatenerfassung** kann **für absatzbezogene Einflußgrößen** (Absatzmengen und -preise, Marktvolumen, Marktanteil usw.) mit Hilfe von Vertriebsinformationssystemen, **für produktionsbezogene Einflußgrößen** (Ausschußanteile, Anlagennutzungsgrade, störungsbedingte Anlagenstillstandszeiten usw.) mit Hilfe der operativen Kennziffernrechnung für das laufende Prozeßcontrolling (vgl. Kapitel 4), der Anlageninformationssysteme und/oder PPS-Systeme vorgenommen werden. Besonders kritische Einflußgrößen auf den Projekterfolg sollten im Rahmen der Prämissenkontrolle und **Frühwarnberichterstattung** in wesentlich kürzeren Abständen überwacht werden (vgl. Kapitel 5.3; *Lutz*, 1981, S. 169; *Reichmann/Lange*, 1985, S. 463; *Alter*, 1991, S. 291 ff.; zu Frühwarn- und Früherkennungssystemen vgl. grundlegend *Hahn/ Klausmann*, 1986, S. 264 ff.; *Krystek*, 1987, S. 147 ff.).

**Istein- und -auszahlungen für ein Projekt** sind in den Fällen relativ einfach zu erfassen, in denen das Projekt einen eigenen Abrechnungskreis umfaßt (z. B. für ein Produkt neu errichtetes Zweigwerk) oder in speziellen Kostenstellen bearbeitet wird (z. B. auf einer verketteten Fertigungslinie wird nur ein Produkttyp in Serie hergestellt). Weitaus schwieriger ist die projektbezogene Datenerfassung, wenn Tätigkeiten für unterschiedliche Produkte/Projekte in einem Betrieb bzw. in gemeinsamen Kostenstellen ausgeführt werden, im Fertigungsbereich etwa bei nach dem Werkstattprinzip angeordneten flexiblen Anlagen oder bei Zwischenprodukten, die in verschiedene Endprodukte eingehen; gleiches gilt für indirekte Bereiche wie Instandhaltung, Fertigungsvorbereitung, Konstruktion, Materialwirtschaft, innerbetrieblicher Transport, Unternehmungsverwaltung. Dann ist es für eine effiziente Datenerfassung unabdingbar, das **Projekt im laufenden Rechnungswesen als eigenes Zurechnungsobjekt zu definieren** (so auch *Reichmann/Lange*, 1985, S. 463) und bei jeder das Projekt betreffenden Buchung als Auswertungskennzeichnung mit anzugeben (vgl. Kapitel 1.3). Begonnen werden sollte damit bereits ab dem Zeitpunkt der Entscheidung über die Projektdurchführung, da andernfalls eine Erfassung insbesondere der immateriellen Vorlaufauszahlungen und serienanlaufbedingter Mehrauszahlungen nur durch sehr aufwendige und zumeist ungenaue Sondererhebungen möglich wäre.

In einem solchen **datenbankorientierten Ansatz** ist grundsätzlich anzustreben, neben den periodisierten Größen auch die **originären Zahlungen** entsprechend zu kennzeichnen und zuzurechnen (so auch *Weber*, 1985, S. 122; *Bröker*, 1993). Nur solange dieses Konzept in der Praxis noch nicht zur Anwendung gelangt, muß ersatzweise auf die (nur näherungsweise zutreffenden) Werte aus der periodenbezogenen Kosten- und Erlösrechnung zurückgegriffen werden, ergänzt um Informationen aus der Finanzbuchhaltung (Zahlungsbedingungen), Anlagenbuchhaltung (Abschreibungsausgangsbeträge) und Materialbuchhaltung (Bestände). Dabei wird **näherungsweise unterstellt**, daß für die zugrundeliegenden Betrachtungszeiträume von Jahren oder Halbjahren in der periodenübergreifenden Projektrechnung **der überwiegende Teil der Kosten und Erlöse in der Produktions- und Absatzphase mit den korrespondierenden Zahlungsgrößen deckungsgleich** ist. Diese Annahme ist im praktischen Einzelfall kostenartenweise zu überprüfen (vgl. *Schwellnuß*, 1991, S. 110) und ggf. zu korrigieren. So ist beispielsweise die Aufstockung von Vorräten an Material, Werkzeugen und Reserveteilen nicht kostenwirksam, zumeist jedoch zahlungswirksam. Wie auch an anderer Stelle näher ausgeführt (vgl. Kapitel 2.1.1), wird in diesem Zusammenhang der **pagatorische Kosten- und Erlösbegriff** sowie die **entscheidungsabhängige Zurechnung** von Kosten und Erlösen auf die periodenübergreifenden Projekte zugrunde gelegt. Für die im Zentrum des operativen Controlling stehenden Periodenerfolgsrechnungen sind dabei die pagatorischen Erfolgskomponenten in die entsprechenden wertmäßig-güterwirtschaftlichen Größen (Kosten/Aufwand sowie Erlös/Ertrag) überzuleiten bzw. eine parallele Erfassung und Zuordnung auf Perioden und Projekte sicherzustellen, wobei die pagatorischen Größen zugleich ohnehin für die Finanzbuchhaltung der Unternehmung benötigt werden.

Probleme kann die projektweise Zurechnung und Bestimmung der Zahlungswirksamkeit von sekundären Kostenarten bei komplexen Leistungsbeziehungen zwischen Kostenstellen bereiten. In der Literatur wird zur projektweisen Kostenerfassung die Bildung projektbezogener Vorkostenstellen vorgeschlagen (vgl. *Reichmann/Lange*, 1985, S. 463; *Schwellnuß*, 1991, S. 123 f.). Ein flexiblerer und effizienterer Lösungsansatz besteht bei Einrichtung relationaler Datenbanken in der **Verwendung des Projektbezugs als zusätzlichem Kriterium** (insbes. neben den Kriterien Kostenart, Kostenstelle, Kostenträger), wie es mit leistungsfähiger Standardsoftware möglich ist (vgl. Kapitel 1.3; zur Erfassung einzelner Kosten-/Zahlungsarten vgl. *Schwellnuß*, 1991, S. 116 ff.).

Besondere Sorgfalt erfordert die Prüfung der Projektbedingtheit von Kosten/Zahlungen bei **Kostenstellen, aus denen Leistungen für mehrere Projekte/Produkte hervorgehen**. Dann sollten die Leistungen und Kosten der Kostenstelle entsprechend den in den Kapiteln 2.3 und 2.4 abgehandelten Prinzipien der Kalkulation und Verrechnungspreisbildung (z. B. nach den im Regelfall ohnehin originär erfaßten Fertigungsstunden) aufgeteilt werden, so daß innerbetriebliche Verrechnungspreise mit unterstellter (sekundärer) Zahlungswirksamkeit zur Verfügung stehen. Ein Teil der in die Planungsrechnung einzubeziehenden Ein- und Auszahlungen kann jedoch **gar nicht korrespondierenden Istwerten gegenübergestellt** werden (vgl. *Schwellnuß*, 1991, S. 140 f.). Beispielsweise wird in der Planungsrechnung angenommen, daß die Durchführung des Produktprojektes zu sprungfixen Auszahlungen im Verwaltungsbereich führt oder zum Rückgang der Einzahlungen aus dem Absatz anderer Produkte. Die in diesem Zusammenhang tatsächlich eingetretenen Ein- und Auszahlungen hängen von einer Vielzahl von Faktoren ab und sind daher kaum projektbezogen zerlegbar. In diesen Fällen sind die Planwerte auf ihre Plausibilität zu überprüfen und **aktualisierte Schätzungen** in die Wirtschaftlichkeitsbegleitrechnung einzusetzen. Das kann in gleicher Weise für die Überprüfung einiger monetär nicht quantifizierbarer Zielwerte gelten.

In eine Wirtschaftlichkeitsbegleitrechnung sollten bezugszeitbedingt neben den verfügbaren Istdaten **aktuelle Schätzwerte für die restliche Projektlebensdauer** eingehen (vgl. *Laßmann*, 1984, S. 967 ff.; so auch *Reichmann/Lange*, 1985, S. 463; *Alter*, 1991, S. 233 ff.). Dies sollte unter Rückgriff auf und in Abstimmung mit der jeweils aktuellen Periodenplanung erfolgen. Speziell nach der Einführung des Produktes am Markt und anlaufstörungsfreier Produktion können aufgrund der dabei gewonnenen Erfahrungen genauere Prognosen für die weitere Zukunft aufgestellt werden als zum ursprünglichen Planungszeitpunkt. Eine **Vorschau über den geplanten Projekterfolg** (bestehend aus Istdaten und aktualisierten Plandaten) wird **mit zunehmender Projektdauer** bei steigendem Anteil von Istdaten **immer genauer** möglich. Das gilt auch für daraus abgeleitete Preiskalkulationen und sonstige Angebotsbedingungen, was insbesondere dann von Bedeutung ist, wenn sich im Projektverlauf neue absatzpolitische Spielräume eröffnen oder aber der Wettbewerbsdruck auf Grund von Konkurrenzprodukten oder strukturellen Nachfrageveränderungen steigt. Für die Unterstützung von **Folgeentscheidungen** im Projektverlauf ist dabei die Bestimmung der noch **disponiblen zukünftigen Zahlungen** wichtig, da nur diese nach dem sunk-cost-Konzept **entscheidungsrelevant** sind (vgl. *Laßmann*, 1984, S. 970; *Back-Hock*, 1988, S. 102 f.).

Auf Basis der Wirtschaftlichkeitsbegleitrechnung sind **differenzierte Abweichungsanalysen** durchzuführen und für die (Führungs-)Berichterstattung systematisch aufzubereiten (vgl. auch Kapitel 5). Die Abweichungen zwischen dem aktuell zu erwartenden und dem ursprünglich geplanten Projekterfolg sind dabei – nach Ausgabenarten differenziert – aufzuspalten in (vgl. *Riezler*, in Vorbereitung)

– Abweichungen aufgrund von Veränderungen bei den Prämissen gegenüber den Planannahmen (**Plan-Soll-Abweichungen**) und
– Abweichungen der Istwerte gegenüber den bei tatsächlich eingetretenen Prämissenwerten zu erreichenden Sollgrößen (**Soll-Ist-Abweichungen**) im bisherigen Projektverlauf sowie
– Abweichungen, die aktuell für den restlichen Projektverlauf zu erwarten sind (**Ist-Vorschau-Abweichungen**), wobei auch hier prämissenbedingte Abweichungen isoliert werden sollten.

Die prämissenbedingten Abweichungen des Projekterfolgs sind durch sukzessive Eingabe der Istwerte aller Einflußgrößen bestimmbar. So läßt sich beispielsweise eine Aussage darüber treffen, welche Auswirkungen eine gegenüber der Planung höhere Ausschußquote in der Fertigung oder eine geringere Absatzmenge auf einem bestimmten Markt auf den Projekterfolg hatte. Empfehlenswert ist auch die Trennung zwischen einer **Istrechnung** mit ursprünglichen Planwerten für die restliche Projektlaufzeit und einer **Vorschaurechnung** mit aktualisierten Schätzwerten für die restliche Projektlaufzeit. In der Praxis tritt bei vielen Planungen das als „Hockey-Schläger-Effekt" bezeichnete psychologische Phänomen auf, daß im Falle einer bis zum Planungszeitpunkt negativen Entwicklung eine (Soll-)Trendwende angenommen wird (vgl. *Höffken*, 1990, S. 137 ff.; *Arbeitskreis „Integrierte Unternehmungsplanung"*, 1991, S. 824 ff.).

Aus der Sicht der **Projektüberwachung** ist eine **Rückkopplung der Wirtschaftlichkeitsbegleitrechnung zur ursprünglichen Projektplanung** durch eine differenzierte Abweichungsanalyse von wesentlicher Bedeutung. Übersteigen die Abweichungen vorgegebene Toleranzgrößen, so sollten eine **Ursachenanalyse und erläuternde Berichterstattung** in Zusammenarbeit zwischen Zentral- und Projektcontrolling erstellt und den Projektverantwortlichen zugeleitet werden. Abweichungen können prinzipiell resultieren aus:

- Fehleinschätzungen/Prognosefehlern in der Planungsphase,
- Umplanungen und Anpassungsmaßnahmen bei Soll-Istabweichungen im Projektverlauf sowie
- Unwirtschaftlichkeiten in der Projektdurchführung (wobei analytisch bestimmte Sollwerte bei Isteinflußgrößenwerten als Zielwerte zu betrachten sind).

Das Aufzeigen von Planungsfehlern sollte nicht als „Suche nach Schuldigen" verstanden werden, da bei strategischen Projekten genau zutreffende Planungen aufgrund der erheblichen Planungsunsicherheit nur in sehr seltenen Glücksfällen möglich erscheinen. Im Rahmen der Abweichungsanalyse sind die **Entwicklungen im Zeitablauf** von besonderem Interesse, speziell bezogen auf Serienanlaufphasen und die Auswirkungen von Anpassungsmaßnahmen (z. B. im Zeitablauf zu- oder abnehmende Fehlerfolgekosten, Ausschußanteile, Anlagennutzungsgrade, Absatzmengen usw.). Erforderliche Anpassungsmaßnahmen (einschließlich der Projektbeendigung) sind in diesem Zusammenhang wirtschaftlich zu beurteilen und ggf. zu initiieren, beispielsweise verbesserte oder vorverlegte Qualitätskontrollen, veränderte Anlageninstandhaltungen mit niedrigeren/höheren Eigen-/Fremdanteilen oder Veränderungen in der Produktionsablauforganisation zur Verminderung von Anlagenstillstandszeiten (vgl. auch *Schwellnuß*, 1991, S. 177 ff.).

Eine Wirtschaftlichkeitsbegleitrechnung ist abzuschließen mit einer systematischen Aufbereitung der Projekterfahrungen zur Verbesserung zukünftiger Projektplanungen (z. B. in einer Erfahrungsdatenbank). Das gilt besonders für eine Projektabschlußanalyse nach der Projektbeendigung (vgl. *Alter*, 1991, S. 323 ff.). Ziel des Projektinformationssystems sollte es grundsätzlich sein, alle Projektakteure in die Lage zu versetzen und anzuregen, wirtschaftlich ungünstige **Erfolgsabweichungen gar nicht erst entstehen** und Abweichungsanalysen damit zweitrangig werden zu lassen.

Von erheblicher Bedeutung ist auch die **Einbindung der projektbezogenen Wirtschaftlichkeitsbegleitrechnung in das umfassende Planungs- und Kontrollsystem der Gesamtunternehmung** (vgl. *Hahn*, 1985, S. 70 ff.), insbesondere die **Verzahnung mit den periodenorientierten und daraus abgeleiteten stückbezogenen Erfolgsrechnungen**. In einer Unternehmung sind zu einem bestimmten Zeitpunkt verschiedene, einzeln zu überwachende strategische Projekte in unterschiedlichen Entwicklungsphasen zu beachten, daneben ein Komplex nicht projektbezogener, überwiegend repetitiver Aktionen im Rahmen bestehender Potentiale (vgl. *Weilenmann*, 1986, S. 50; *Alter*, 1991, S. 162 ff.). Die Verknüpfung projektorientierter und periodenorientierter Rechnungen ist im Rahmen des Unternehmungsgesamtcontrolling in zweierlei Hinsicht sicherzustellen:

– **Datenversorgung der Projektrechnung aus dem laufenden periodenorientierten Rechnungswesen,** wie oben ausgeführt;
– **Ableitung von Periodenplänen aus der periodenübergreifenden Projektrechnung** zur Unterstützung bereichs- und produktweise vorgenommener Planungen (vgl. *Laßmann*, 1984, S. 969), wodurch auch eine Abstimmung der Teilpläne erfolgt. So sollte etwa bei überwiegend das Projekt betreffenden Kostenstellen die zumeist jährliche kostenstellenweise Kostenplanung unter Rückgriff auf die ursprüngliche Projektplanung zu aktuellen Einflußgrößenwerten und Faktorpreisen als Richtschnur vorgenommen werden, um Unwirtschaftlichkeiten schon im Planungsstadium zu vermeiden. Entsprechend lassen sich aus produktionsbezogenen Einflußgrößen der Projektrechnung (z. B. Anlagennutzungsgrade, Ausschußanteile) Sollvorgaben für ein kennzahlengestütztes operatives Prozeßcontrolling ableiten (vgl. Kapitel 4).

Als Brücke zur Periodenerfolgsplanung sind die projektbezogenen Zahlungsgrößen zu **periodisieren** und Gemeinanteile entsprechend abzugrenzen. Besondere Regelungen sind für **Ein- und Auszahlungen in der Vor- und Nachlaufphase** festzulegen, wobei die Vorgehensweise in der Praxis unterschiedlich ist (vgl. *Betzing*, 1980, S. 681 ff.; *Laßmann*, 1984, S. 962 ff.; *Lederle*, 1985, S. 194 ff.). Vielfach werden die Vor- und Nachlaufauszahlungen **als Gemeinkosten auf die in der gleichen Periode hergestellten und abgesetzten Produkte verteilt** und damit in der Periode ihres Anfalls in der Periodenerfolgsrechnung ergebniswirksam. Das entspricht aber nicht dem Verursachungsprinzip und führt dann zu einer Verzerrung von Periodenerfolgsrechnungen und Projekterfolgsrechnungen, wenn Vor- und Nachlaufauszahlungen von Produkt zu Produkt recht unterschiedlich sind und von Periode zu Periode in sehr unterschiedlicher Höhe anfallen, wie es bei zunehmender Automatisierung der Serienproduktion vielfach der Fall ist (vgl. *Betzing*, 1980, S. 683 f.; *Laßmann*, 1984, S. 962). Unter diesen Bedingungen ist eine **projektorientierte Verrechnung** der Vorlaufaus- und -einzahlungen sachgerechter. Dabei sind die geplanten oder bereits angefallenen Vor-/Nachlaufauszahlungen bzw. -einzahlungen anteilig auf die geschätzte Stückzahl eines Serienprodukts bis zu dessen Auslaufen kalkulatorisch zu verteilen (vgl. *Laßmann*, 1984, S. 966). Die periodenübergreifenden Projektrechnungen können hierfür die erforderlichen Informationen über die Höhe der Vor- und Nachlaufzahlungen sowie die geschätzten Gesamtstückzahlen – im Laufe eines Projektes immer treffsicherer – liefern.

Die periodenbezogene Stückerfolgsrechnung unterscheidet sich von der Projekterfolgsrechnung auf investitionstheoretischer Grundlage im wesentlichen dadurch, daß Zinseszinseffekte nicht, kalkulatorische Zinsen auf das gebundene Kapital zumeist ungenau enthalten sind und Kostenstellenkostenabweichungen sowie Vor- und Nachlaufkosten nicht (nach-)verrechnet werden. Daher ist auch eine Preiskalkulation auf investitionstheoretischer Grundlage als das betriebswirtschaftlich aussagefähigere Verfahren zu empfehlen.

Weitere wichtige **Schnittstellen** der projektbezogenen Wirtschaftlichkeitsbegleitrechnung bestehen zur **gesamtunternehmungsbezogenen strategischen Planung** und zur **gesamtunternehmungsbezogenen Finanzrechnung.** Die Verknüpfung der projektbezogenen Wirtschaftlichkeitsrechnung mit der Finanzrechnung bedarf vor allem der Herausrechnung der für die Projekterfolgsbeurteilung eingeführten (fiktiven) kalkulatorischen Zahlungen für Anlagenrestwerte am Projektende und der als „sekundäre Zahlungen" bei innerbetrieblicher Leistungsverrechnung angesetzten sekundären Kostenarten (vgl. *Riezler*, in Vorbereitung).

## 3.3  Projekterfolgsplanungs- und -überwachungsrechnungen bei langfristiger Einzelfertigung (Auftragscontrolling)

### 3.3.1  Besonderheiten und Phasen des Großanlagengeschäfts in ihrer Bedeutung für das Auftragscontrolling

Den klassischen Anwendungsfall der langfristigen Einzelfertigung stellt das **industrielle Anlagengeschäft** dar. Bei industriellen Anlagen handelt es sich um „Leistungsangebote, die ein durch die Vermarktungsfähigkeit abgegrenztes, von einem oder mehreren Anbietern in einem geschlossenen Angebot erstelltes, kundenindividuelles Hardware- oder Hardware-/Software-Bündel zur Fertigung weiterer Güter darstellen" (*Backhaus*, 1990, S. 388). Als Beispiele für industrielle Anlagen, die oftmals auch als **Großanlagen** bezeichnet werden, seien Chemieanlagen, Wasserentsalzungsanlagen, Kraftwerke, schlüsselfertige Fabriken wie Zementfabriken, Düngemittelfabriken, Stahl- und Walzwerke genannt. Für den Begriff Anlage wird im folgenden synonym auch der Begriff **Projekt** verwendet.

Das Anlagengeschäft zeichnet sich durch eine Vielzahl von **Besonderheiten** aus, die diesen Geschäftstyp in signifikanter Weise vom Massen-, Sorten- und Seriengeschäft unterscheiden. Der Aufbau eines anforderungsadäquaten Informationssystems zur Planung und Überwachung des wirtschaftlichen Erfolgs eines Anlagengeschäfts muß sich unter strenger Beachtung dieser besonderen Merkmale vollziehen, wobei vor allem die folgenden Punkte von besonderer Bedeutung sind (vgl. hierzu *Scherer/Seyfferth*, 1970, S. 4 ff.; *Thiele*, 1977, S. 79 ff.; *Hilkert/Krause*, 1978, S. 1602 ff.; *Milling*, 1984, S. 65 ff.; *Siepert*, 1988, S. 332 ff.; *Schwanfelder*, 1989, S. 14 ff.; *Backhaus*, 1990, S. 388 ff.; *Höffken/Schweitzer*, 1991, S. 4 ff. sowie Band 1, Teil II, Kapitel 2.4.1 mit den dort angebenen Literaturhinweisen):

## 1. Kundenorientierte Einzelfertigung

Da eine Industrieanlage in der Regel genau auf die Wünsche eines Kunden zugeschnitten wird, kommt für ihre Erstellung nur der Produktionstyp der Einzelfertigung in Betracht. Auch wenn einzelne Komponenten einer Anlage wiederholt eingesetzt und deshalb ggf. in Sorten- oder Serienfertigung hergestellt werden können, ist die Gesamtanlage aufgrund ihrer kundenindividuellen Liefer- und Leistungsspezifikation und den im Einzelfall gegebenen Umweltbedingungen jedoch als einmalig anzusehen. Der Rückgriff auf vorhandene Lösungen früherer Aufträge ist nur in recht begrenztem Umfang möglich, so daß wesentliche Anlagenteile gemäß den Kundenvorgaben neu zu konstruieren sind. Der Anteil der Konstruktionskosten an den Gesamtkosten einer Anlage ist dementsprechend hoch.

## 2. Langfristigkeit

Die Akquisition und Abwicklung eines Anlagengeschäfts erstrecken sich auf eine Zeitspanne von 2 bis über 10 Jahren, wobei die durchschnittliche Projektdauer erfahrungsgemäß bei ungefähr 3–5 Jahren liegt. Infolge dieser Langfristigkeit unterliegen die in eine Auftragsplanung eingehenden Daten großer Unsicherheit. Mit der Entscheidung über die Annahme eines Auftrags werden die Kapazitäten einer Unternehmung möglicherweise auf Jahre hinaus für andere Projekte blockiert, so daß sich Fehlentscheidungen hier als sehr folgenschwer erweisen können. Die mehrjährigen Abwicklungsdauern eröffnen allerdings auch die Möglichkeit von auftragsbezogenen Kapazitätsanpassungen.

## 3. Komplexität und Variabilität des Liefer- und Leistungsangebots

Eine industrielle Anlage besteht aus einer nahezu unüberschaubaren Vielzahl von einzelnen Komponenten und Teilsystemen, die technisch eng miteinander verzahnt sind. Neben der Beherrschung dieser technischen Komplexität wird vom Anlagenbauer in zunehmendem Maße verlangt, sein Dienstleistungsangebot auszuweiten (vgl. *Singer*, 1986, S. 84 ff.; *Höffken/Schweitzer*, 1991, S. 5 ff.). Das Leistungsspektrum reicht hier von Personalschulungen, Anlagenwartung, Hilfe bei der Betriebsführung, Vermarktung der mit der Anlage hergestellten Produkte, Zurverfügungstellung von Know-how bis zur Gewährung von Lizenzen und Abwicklung von Gegengeschäften. Um eine derartige Liefer- und Leistungsbreite, wie sie insbesondere bei der Erstellung schlüsselfertiger Anlagen (turn-key-job) erforderlich ist, zu erreichen, schließen sich häufig mehrere Anlagenbauer zu einer **Anbietergemeinschaft** zusammen (Konsortium, Arbeitsgemeinschaft, joint venture) (vgl. *Weiss*, 1981, S. 947 ff.; *Siepert*, 1988, S. 338 ff.). Im Rahmen der verschiedenen Formen einer Kooperation, die in der Regel zu einem deutlichen Anwachsen des Koordinationsaufwandes führt, ist durch vertragliche Regelungen eine genaue Aufteilung der jeweils zu erbringenden Leistungen sowie der Haftungsbedingungen sicherzustellen (vgl. *Molter*, 1984, S. 191 ff.). Während der Abwicklung eines Anlagengeschäfts äußert der Kunde oftmals Änderungswünsche sowohl hinsichtlich der technischen als auch der kaufmännischen Vereinbarungen. Aus der Variation der Liefer- und Leistungsspezifikation, die sowohl kunden- als auch anbieterbedingt sein kann, ergeben sich für den Anlagenbauer ständig neue Chancen, das Auftragsergebnis zu seinen Gunsten zu beeinflussen und Fehlentwicklungen frühzeitig zu korrigieren.

4.  Hohe Wertigkeit des Einzelauftrags

Der Wert eines einzelnen Projekts reicht im Anlagengeschäft von wenigen Millionen bis zu einigen Milliarden DM. Sogar bei größeren Unternehmungen kann der Wert eines einzelnen Auftrags den Jahresumsatz und die Ertragslage maßgeblich prägen. Kostenabweichungen von nur wenigen Prozentpunkten bewirken daher in der Regel eine spürbare Veränderung des absoluten Auftragsergebnisses.

5.  Fehlende Marktpreisvorgabe

Infolge der starken Individualisierung der Projekte existiert für Industrieanlagen gewöhnlich kein allgemein gültiger Marktpreis. Die in einer Vorkalkulation ermittelten Selbstkosten einer Anlage spielen somit für die Preisfindung eine außerordentlich große Rolle.

6.  Diskontinuität des Auftragseingangs

Die Schwankungen im Auftragseingang oftmals erheblichen Ausmaßes stellen die Unternehmungen vor besondere Probleme im Hinblick auf eine gleichmäßige Kapazitätsauslastung und kontinuierliche Entwicklung des Unternehmungsergebnisses.

7.  Auftragsfinanzierung

Bedingt durch die hohe Wertdimension eines Einzelauftrages bestehen für den Kunden vielfach Schwierigkeiten bei der Finanzierung des Anlagengeschäfts.

Ist der Anbieter hier in der Lage, dem Kunden eine Auftragsfinanzierung anzubieten oder zu vermitteln (financial engineering), so kann dies für die Auftragserlangung von ausschlaggebender Bedeutung sein. Internationale Unterschiede bei der staatlichen Kreditförderung führen in diesem Zusammenhang zu nicht unbeachtlichen Wettbewerbsunterschieden (vgl. hierzu *Reeder*, 1982, S. 121 f.; *Hombach*, 1987, S. 108 ff.)

## 8. Hohe Risiken

Das Industrieanlagengeschäft ist mit einer Vielzahl von Risiken verbunden, die den Chancen (Gewinnpotential) gegenüberstehen. Angesichts der Mannigfaltigkeit und erfolgswirtschaftlichen Tragweite dieser Risiken wird in ihrer Bewältigung häufig das zentrale Problem des Anlagengeschäfts gesehen (zum Risikomanagement vgl. insbesondere *Franke/Fürnrohr*, 1990; *Ternirsen*, 1990, S. 218 ff.; *Höffken/Schweitzer*, 1991, S. 17 ff.). Die Bewältigung der Risiken wird aber insbesondere dadurch erschwert, daß diese im Vorfeld der Auftragsabwicklung oftmals kaum abgeschätzt werden können. Risiken ergeben sich vor allem im Hinblick auf (vgl. im einzelnen *Feuerbaum*, 1979, S. 87 ff.; *Spiller*, 1979, S. 209 ff.; *Backhaus/Molter*, 1984, S. 36 ff.; *Endell*, 1984, S. 307 ff.; *Schoof*, 1984, S. 1 ff.; *Rinza*, 1985, S. 56 ff.; *Höffken*, 1986, S. 110 ff.; *Siepert*, 1988, S. 335 ff.; *Schwanfelder*, 1989, S. 73 ff.):

- technische Abwicklungsstörungen;
- vereinbarte Leistungsgarantien und integrale Funktionstüchtigkeit der Anlage;
- rechtliche Vorschriften und Genehmigungsverfahren;
- Entwicklungsanforderungen;
- Angebotserstellung;
- Kalkulationsungenauigkeiten/-unvollständigkeiten;
- Festpreiszusagen;
- kooperative Anbietergemeinschaften;
- Währungsentwicklungen, Steuergesetze und sonstige Gegebenheiten fremder Länder.

Neben diesen spezifischen Besonderheiten zeichnet sich das industrielle Anlagengeschäft dadurch aus, daß die Zeitspanne zwischen der ersten Kontaktaufnahme mit dem Kunden und der endgültigen Fertigstellung der Anlage in bestimmte **Phasen** zerlegt werden kann, in denen sich jeweils unterschiedliche betriebswirtschaftliche Problemstellungen ergeben. Die Ereignisse und Entscheidungen am jeweiligen Phasenende gehen als Vorgabe in die darauffolgende Phase ein. Schaubild IX.56 gibt einen Überblick über die Inhalte der einzelnen Phasen sowie deren wesentliche Ergebnisse (vgl. *Engelhardt*, 1977, S. 24 ff.; *Plinke*, 1985, S. 7 ff.; *Heger*, 1988, S. 9 ff.; *Backhaus*, 1990, S. 391 ff.).

Anhand der für das Anlagengeschäft typischen Phasenstruktur wird erkennbar, daß hier – im Gegensatz zur üblichen Auftragsabwicklung im Sor-

| PHASE | AKTIVITÄTEN | EREIGNIS/ENTSCHEIDUNG AM PHASENENDE |
|---|---|---|
| Vor-Anfragenphase | - Sammlung von Informationen über mögliche Projekte<br>- Erstellung von Bedarfsanalysen | - Eingehen einer Anfrage |
| Anfragenphase | - Anfragenbewertung<br>- Verhandlungen über die Erstellung einer Vorstudie | - Entscheidung über Angebotserstellung<br>- Eingehen einer Ausschreibung |
| Angebotsphase | - Erstellung eines technischen Lösungsvorschlags<br>- Angebotskalkulation<br>- Terminplanung<br>- Festlegung der Angebotsbedingungen<br>- ggf. Verhandlungen mit Angebotspartnern | - Abgabe eines Angebots an den Kunden<br>- ggf. Abgabe eines kooperativen Angebots an den Kunden |
| Verhandlungsphase | - Verhandlungen mit dem Kunden über das Angebot<br>- Modifizierung des Liefer- und Leistungsumfangs, des Preises und der sonstigen Angebotsbestandteile (insb. Zahlungsbedingungen) | - Vertragsabschluß |
| Erstellungsphase | - Projektierung, Fertigung, Montage und Inbetriebsetzung<br>- Auftragskalkulation (Budgetierung) und Begleitkalkulation | - Abnahmeerklärung durch den Kunden<br>- Auftragsabrechnung |
| Gewährleistungs- und Betreuungsphase | - Weitere Projektbetreuung<br>- Gewährleistungen und Finanzierungsabwicklung<br>- Ersatzteillieferungen<br>- Projektinstandhaltung/Wartung<br>- sonstige Serviceleistungen | - Ende der Gewährleistungs- bzw. der vereinbarten Liefer- und Leistungsfristen |

**Schaubild IX.56.**    Phasenstruktur industrieller Anlagengeschäfte

ten- und Seriengeschäft – die **Vertriebsprozesse zeitlich vor den Konstruktions- und Fertigungsprozessen** liegen. Erst nach Akquisition eines Auftrages (Vertragsabschluß) werden die detaillierte Planung und Herstellung einer Anlage aufgenommen. Die gesamte Auftragsabwicklung im Anlagengeschäft ist gekennzeichnet durch eine starke Integration von Vertriebs-, Konstruktions- und Produktionsaktivitäten sowie der damit verbundenen betriebswirtschaftlichen Aufgabenstellungen (vgl. dazu Band 1, Teil II, Kapitel 2.4.1).

### 3.3.2   Technisch-zeitliche Auftragsplanung und -überwachung

Nach Eingang einer Kundenanfrage ist darüber zu entscheiden, ob und in welcher Form ein Angebot ausgearbeitet werden soll. Da die Erarbeitung eines Angebots die unabdingbare Grundvoraussetzung für eine Auftragserlangung darstellt, kommt der Entscheidung über die Weiterverfolgung einer Anfrage sehr weitreichende Bedeutung zu. Zur Schaffung einer Entscheidungsgrundlage ist eine Anfrage im Rahmen der **operativen Anfragenbewertung** zu beurteilen in bezug auf

- grundsätzliche technische Durchführbarkeit;
- zu erwartende Kosten für die Erstellung eines Angebots;
- Umfang und zeitliche Lage der Kapazitätsinanspruchnahme;
- Risiken;
- Auftragswahrscheinlichkeit;
- wirtschaftliche Erfolgserwartungen.

In der **strategischen Anfragenbewertung** gilt es zu beurteilen, inwiefern das in Aussicht stehende Projekt im Einklang mit der Produktions- und Marketingstrategie des Anbieters steht (vgl. *Backhaus/Dringenberg*, 1984, S. 53 f.; *Heger*, 1988, S. 154 ff.). Dazu ist vor allem zu klären, ob

- der Anfrager der Zielgruppe des Anbieters angehört;
- die angefragte Anlage der Geschäftsfeldabgrenzung des Anbieters entspricht;
- sich das Projekt hinsichtlich seiner wirtschaftlichen Erfolgserwartungen und der verfügbaren Kapazitäten (Entwicklung, Konstruktion, Erstellung) in das bestehende Auftragsprogramm und in die Unternehmungserfolgsentwicklung problemlos einfügen läßt.

Angesichts der rudimentären Informationsgrundlage kann durch die Anfragenbewertung in der Regel nur eine grobe Einschätzung eines Projekts bezüglich der o.g. Beurteilungskriterien erfolgen. In der Praxis werden hierzu häufig Checklisten herangezogen, die als alleinige Grundlage einer Anfragenselektion jedoch nicht ausreichen (zu Verfahren der Anfragenbewertung vgl. *Heger*, 1988, S. 22 ff.).

Soll auf eine Anfrage hin ein Angebot unterbreitet werden, so ist im Vorfeld der erfolgswirtschaftlichen Planung eines Anlagengeschäfts eine technische Lösung zu erarbeiten (Projektierung). Eine zentrale Rolle spielt dabei das **Pflichtenheft** (Lastenheft), worin die Anforderungen an die technische Lösung sowie deren Parameter und Daten wie insbesondere Leistungen, Abmessungen, Toleranzen, Lebensdauer, Qualitätsanforderungen, Emissionsgrenzwerte sowie zu verwendende Materialien und Technologien zusammengefaßt sind (vgl. *VDMA*, 1985, S. 37). Da der Kunde zu Beginn der Angebotsbearbeitung häufig nur unvollständige und ungenaue Vorstellungen in bezug auf die technische Auslegung der Anlage hat, ist der Detaillierungsgrad des Pflichtenhefts in dieser Phase noch vergleichsweise gering. In Anbetracht einer durchschnittlichen Auftragsrate (Anzahl erhaltener Aufträge zu Anzahl abgegebener Angebote) von unter 10% und den erheblichen Kosten der Erstellung eines Angebots, die eine Höhe von 5% des Auftragswertes erreichen können, ist es für den Anbieter unter wirtschaftlichen Gesichtspunkten nicht vertretbar, bereits in der frühen Angebotsphase differenzierte Projektierungsunterlagen zu erstellen (vgl. *Höffken/Schweitzer*, 1991, S. 17 ff.). Im Rahmen der Akquisitionsbemühungen des Anbieters finden laufend Gespräche mit den Kunden zur technischen Angebotsklärung statt, die eine Verbesserung des Informationsstandes bezüglich der Projektauslegung, Lieferfristen und sonstiger Angebotsbedingungen bewirken.

Das komplexe Gebilde einer Industrieanlage besteht aus einer Vielzahl von Systemen, die ihrerseits wiederum in Teil- und Untersysteme zerlegt werden können. Um eine Anlage für die technische und wirtschaftliche Planung und Überwachung beherrschbar zu machen, ist sie in sinnvoller Weise in ihre Elemente aufzugliedern. Dazu empfiehlt sich das Aufstellen eines **Projektstrukturplans**, der die aufbauorganisatorische Gestalt eines Projekts in graphischer oder tabellarischer Form veranschaulicht. Die hierarchische Zerlegung der Anlage in ihre Bestandteile sollte in der Weise erfolgen, daß daraus Kalkulationseinheiten hervorgehen, an denen die Kosten- und Durchführungsplanung anknüpfen können. Als Kalkulationseinheit werden in der Regel Arbeitspakete (work packages) verwendet, die die unterste Ebene eines jeden Astes des Projektstrukturplanes bilden. Aus ihrer Zusammenfassung lassen sich Kostenaussagen zu jeder Ebene des Systems ableiten (vgl. *Withauer*, 1971, S. 614 ff.; *Nickel*, 1985, S. 134 ff.; *Bretschneider*, 1986, S. 559 ff.; *Kraus*, 1986, S. 141 ff.; *Höffken/Schweitzer*, 1991, S. 115 ff.).

Zur Schaffung einer zeitlich-organisatorischen Ablaufstruktur der Anlagenerstellung erweist sich die Anwendung der **Netzplantechnik** als zweckmäßig. Die Netzplantechnik ist ein in hohem Maße geeignetes Verfahren zur Planung, Steuerung und Kontrolle komplexer Projekte, das unter Verwendung der Graphentheorie die zeitlich-organisatorischen Abhängigkeiten eines Projekts offenlegt (zur vertiefenden Darstellung der Netzplantechnik vgl. insbesondere *Brand*, 1980; *Schwarze*, 1990 und die dort angegebene Literatur sowie Band 2, Teil VI, Kapitel 6.3.2). Infolge der Komplexität einer Industrieanlage erstellt man häufig zunächst Teil-Netzpläne für sinnvoll abgrenzbare Anlagenkomponenten, die dann zum Gesamt-Netzplan zusammengeführt werden.

Damit der Umgang mit der unüberschaubar großen Anzahl von Bauteilen und interdependenten Arbeitsgängen erleichtert wird, ist die gesamte aufbau- und ablauforganisatorische Projektstrukturierung mit einem leistungsfähigen **Nummernsystem** zu unterlegen. Hierdurch können die Anlagenteile und Vorgänge in systematischer Weise geordnet und eindeutig identifiziert werden.

Die technisch-zeitliche Aufgliederung des Projekts mittels Projektstruktur- und Netzplänen bildet aber nicht nur die wesentliche Voraussetzung für eine differenzierte Projektplanung, sondern dient darüber hinaus auch als **Richtschnur für die Projektsteuerung und -überwachung** in der Abwicklungsphase (vgl. hierzu im einzelnen *Höffken/Schweitzer*, 1991, S. 69 ff.). Die Einhaltung der im Vertrag festgeschriebenen **(Teil-)Liefertermine** spielt im Anlagengeschäft eine besonders große Rolle, da Terminüberschreitungen in der Regel mit Kostensteigerungen und/oder Konventionalstrafen verbunden sind. Die auf dem „kritischen Pfad" liegenden Vorgänge sind dementsprechend mit besonderer Sorgfalt zu überwachen. Die Steuerung und Überwachung muß neben der Termineinhaltung sicherstellen, daß die **vereinbarten Liefer- und Leistungsinhalte in quantitativer und qualitativer Hinsicht** erbracht werden. Die lange Abwicklungsdauer eröffnet dem Anlagenbauer hierbei die Möglichkeit, günstigere technische Lösungen zu entwickeln oder sonstige Maßnahmen zur

Ergebnisverbesserung (z. B. preiswertere Einkaufsquellen erschließen, Rationalisierungsmaßnahmen in der Produktion ergreifen u.dergl.) einzuleiten.

Es wird deutlich, daß die Dimensionen **Technik (Qualität), Zeit und wirtschaftlicher Erfolg** im industriellen Anlagengeschäft durch vielschichtige Abhängigkeiten miteinander verzahnt sind. Eine den Zielen des Anlagenbaus entsprechende Auftragsabwicklung kann aus diesem Grunde nur dann erreicht werden, wenn die technisch-qualitative, terminliche und erfolgswirtschaftliche Dimension eines Projekts während der Vorbereitungs- und Durchführungsphase in integrierter Weise erfaßt wird. Das Auftragscontrolling umfaßt infolge dieser Interdependenzen neben der wirtschaftlichen stets auch die technischzeitliche Projektplanung und -überwachung, wobei der Netzplan als Handlungsanleitung und integrierende Klammer fungiert.

### 3.3.3 Planung und Überwachung des Auftragserfolgs

#### 3.3.3.1 Grundlegende Charakterisierung der Erfolgsrechnung im industriellen Anlagengeschäft

Infolge der Wertdimension der Einzelprojekte sowie der Langfristigkeit der Akquisitions- und Fertigungsprozesse stößt die Periodenerfolgsrechnung im langfristigen Anlagengeschäft an die Grenzen ihrer Aussagefähigkeit. Zwar ist eine periodenbezogene Erfolgsrechnung für Zwecke der Unternehmungssteuerung auch im Anlagenbau unabdingbar (vgl. *Laßmann*, 1973, S. 16; *Laßmann*, 1978, S. 581 f.; *Plinke*, 1985, S. 42), sie ist jedoch um eine **projektbezogene Erfolgsrechnung** zu ergänzen. Nur eine periodenübergreifende Projekterfolgsrechnung ist in der Lage, betriebswirtschaftlich tragfähige Informationen zur Planung und Überwachung des Erfolgs einzelner Anlagengeschäfte zu liefern, so daß hier die Projekterfolgsrechnung gleichrangig neben der Periodenerfolgsrechnung steht.

Mit der Durchführung eines Anlagengeschäfts sind in der Regel Finanzmittelbewegungen erheblichen Ausmaßes verbunden. Über die erfolgswirtschaftliche Dimension eines Auftrags hinaus gewinnt deshalb die finanzwirtschaftliche Ebene – insbesondere im Rahmen von Auftragsfinanzierungsmaßnahmen – stark an Bedeutung. Eine besondere Rolle spielt im Anlagengeschäft grundsätzlich auch die Akquisitions- und Angebotsphase, da dort bereits entscheidende Weichen für den späteren Projektverlauf gestellt und eine Reihe von Vorleistungen wie Vorstudien, Grob-Projektierung u.dergl. erbracht werden, die bei der evtl. folgenden Auftragsplanung verwendbar sind. Die vor einem Vertragsabschluß anfallenden Kosten nehmen dabei in der Regel einen Umfang an, der ihre Einbeziehung in das Auftragscontrolling notwendig macht. Die **Aufgabe des Auftragscontrolling** besteht somit in der Informationsbereitstellung zur erfolgs- und liquiditätsorientierten Planung und Überwachung der zur Akquisition und vollständigen Abwicklung eines Anlagengeschäfts erforderlichen Prozesse. Dabei muß die Überführbarkeit der Projekterfolgsrechnung in die periodenbezogene Unternehmungsrechnung gewährleistet sein, um bei der **erfolgswirtschaftlichen Beurteilung eines Auftrags** dessen

Auswirkungen auf das Unternehmungsergebnis zukünftiger Perioden berücksichtigen zu können.

Zur Erfüllung der charakterisierten Anforderungen des Anlagengeschäfts haben sich aufgrund der Phasenstruktur **spezifische Kalkulationsformen** herausgebildet. So dient die **Vorkalkulation** (Angebots- und Auftragskalkulation) der projektbezogenen Erfolgsplanung und -beurteilung (z. B. auch für Auftragsselektionsentscheidungen), während die **mitlaufende Auftragskalkulation** zur laufenden zeitnahen Erfolgsüberwachung während der Erstellungsphase herangezogen wird. In der projektbegleitenden Kalkulation sind aber nicht nur Dokumentations- und Kontrollfunktionen wahrzunehmen, sondern darüber hinaus auch Planungsüberlegungen anzustellen, wenn es darum geht, die restliche Abwicklungsdauer auf der Grundlage des jeweiligen Informationsstandes in möglichst günstiger Weise zu gestalten. Die mitlaufende Auftragskalkulation mündet unmittelbar in die abschließende Nachkalkulation ein.

### 3.3.3.2   Vorkalkulation

#### 3.3.3.2.1   Angebotskalkulation

Eine Vorkalkulation bedeutet grundsätzlich die Planung von Kostenträgerkosten. Im Anlagengeschäft bildet der einzelne Auftrag den Kostenträger. Vollzieht sich die Kostenplanung für ein Projekt im Vorfeld des Vertragsabschlusses, so handelt es sich um die **Angebotskalkulation**. Die vorrangige Aufgabe der Angebotskalkulation besteht darin, die Selbstkosten einer Anlage zu ermitteln, um auf dieser Grundlage einen **Angebotspreis** abzuleiten, der den Zielen des Anlagenbauers entspricht. Bei der Angebotspreisfindung sind nicht nur die zur Anlage gehörenden Hardware- und Softwareleistungen, sondern auch die kaufmännischen und juristischen Angebotsbedingungen zu berücksichtigen wie Zahlungs- und Finanzierungsbedingungen, Gewährleistungsübernahmen, mögliche Pönalien, Kompensationsgeschäfte, Liefertermine u.dergl. Die Angebotspreisermittlung wird daneben von der Finanzkraft und Preisvorstellung des **Kunden** sowie durch die Angebote der **Wettbewerber**, soweit diese bekannt sind, beeinflußt. Bei konsortialer Zusammenarbeit sind zusätzlich die Preisvorstellungen der **Mitanbieter** einzubeziehen. Die Preisentscheidung des Anlagenbauers unterliegt somit einerseits einem **Preisdruck**, der von außen durch den Abnehmer, die Konkurrenten und ggf. die Mitanbieter ausgeübt wird. Andererseits besteht für den Anbieter intern die Notwendigkeit, die vorkalkulierten Kosten zu decken sowie in der Regel einen oberzielorientierten Gewinn zu erzielen (vgl. *Plinke*, 1982, S. 246).

Der Detaillierungsgrad der Selbstkostenermittlung im Rahmen der Angebotskalkulation nimmt mit zunehmender Dauer der Angebotsphase stetig zu. Die Komplexität und Unvollständigkeit der Konstruktion einer Anlage, die in der Regel geringe Auftragsrealisierungwahrscheinlichkeit sowie die hohen Kosten der Angebotserstellung schließen jedoch eine differenzierte Kalkulation für das gesamte Projekt vor Vertragsabschluß aus.

Besteht für den Anbieter die Möglichkeit, in größerem Umfang auf die Unterlagen früherer Angebote bzw. Aufträge zurückzugreifen, so können damit eine deutliche Verringerung der Planungsunsicherheit sowie ein wesentlich rationelleres Vorgehen bei der Angebotsbearbeitung erreicht werden. Dies erfordert jedoch eine systematische Aufbereitung und Speicherung der auftragsbezogenen Daten (vgl. *Backhaus*, 1980, S. 44; *Milling*, 1984, S. 71 f.).

Die Grundlage der Angebotskalkulation stellen die Projektunterlagen dar, die vom Vertrieb zusammengestellt und weitergeleitet werden. Die Projektunterlagen beinhalten insbesondere technische Spezifikationen, Mengengerüste sowie die kaufmännischen Angebotskonditionen und sind nach Liefer- und Leistungspositionen des zu erstellenden Angebots gegliedert. Die Kostenermittlung für die einzelnen Kalkulationseinheiten wird anhand von Kalkulationsschemata vorgenommen, die aus der Zuschlagskalkulation bekannt sind (vgl. Kapitel 2.3.3) und in Abhängigkeit des jeweiligen Auftragstyps modifiziert werden (vgl. *Höffken/Schweitzer*, 1991, S. 124 ff.). Schaubild IX.57 zeigt beispielhaft ein derartiges Kalkulationsschema für Hardware-Lieferungen.

Dem Mengengerüst der Anlage und den daraus abgeleiteten Stücklisten können die erforderlichen Materialarten und -mengen entnommen werden. Die Bewertung der Materialeinzelkosten orientiert sich an den voraussichtlichen Einkaufspreisen je Materialart. Bei hochwertigen Materialarten werden die Preise in der Regel von der Beschaffungsabteilung angefragt. Werden größere Fertigaggregate oder umfangreiche Fremdleistungen zugekauft, so sind dazu Angebote bei den Unterlieferanten einzuholen. Aufgrund mangelnder Feinheit des Mengengerüstes sind viele Bauteile, insbesondere Kleinteile mit einem pauschalen Erfahrungswert in Ansatz zu bringen. Bei Verwendung von Kalkulationsunterlagen früherer Aufträge sind diese in ihren Verbrauchsmengen und Bewertungen zu aktualisieren.

Zur Bestimmung der **Fertigungskosten** wird die geschätzte Anzahl an erforderlichen Fertigungsstunden mit einem an der erwarteten Unternehmungsbeschäftigung bzw. Ausnutzung der Engpaßkapazitäten ausgerichteten normalisierten Verrechnungssatz bewertet. Ein analoges Vorgehen findet sich in der Regel auch bei den **Konstruktions- und Montagekosten**. Werden innerhalb der Fertigungs-, Konstruktions- bzw. Montagetätigkeiten jeweils Arbeiten mit unterschiedlicher Wertigkeit durchgeführt, so ist dies durch differenzierte Verrechnungssätze zu berücksichtigen.

Die **Sondereinzelkosten der Fertigung** beinhalten im wesentlichen Vorrichtungskosten der Werkstatt, Kosten für Sonderbetriebsmittel und Zwischenfrachten bei Fremdfertigung.

Die **Gemeinkosten für Material, Entwicklung, Verwaltung und Vertrieb** werden als prozentuale Zuschläge auf die Materialeinzelkosten bzw. Herstellkosten verrechnet, sofern nicht auf Basis spezifischer Bezugsgrößen im Sinne der Prozeßkostenrechnung eine verursachungsgerechtere Zurechnung möglich ist. Die Höhe der Zuschlagssätze orientiert sich an den geplanten Periodenkosten bei Normalbeschäftigung, wobei die Normalbeschäftigung auch am Durchschnitt eines Konjunkturzyklus ausgerichtet werden kann. In einer Reihe von Fällen ist es zweckmäßig, die Zuschlagssätze nach Plausibilitätsüberlegungen zu differenzieren. Beispielsweise ist höherwertiges Material nur

| Zeile | | Kosten DM |
|---|---|---|
| 1 | Fertigungsstoffe | |
| 2 | Fertigteile | |
| 3 | Fertigaggregate, Anlagen u. Systeme | |
| 4 | Fremdleistungen f. d. Produktion | |
| 5 | Vorgefertigte Bestandteile | |
| 6 | Vom Kunden kostenlos beigestellte Stoffe | |
| 7 | Festpreiszuschlag Material | |
| 8 | Stoffgemeinkostenzuschlag | |
| 9 | **Stoffkosten** | |
| 10 | Fertigungskosten mechanische Bearbeitung | |
| 11 | Fertigungskosten Zusammenbau u. Handarbeitsplätze | |
| 12 | Fertigungskosten Schweißfertigung | |
| 13 | Sonstige Fertigungs- u. Montagekosten | |
| 14 | Vorgefertigte Bestandteile/Fertigungskosten | |
| 15 | Festpreiszuschlag Fertigung | |
| 16 | Sondereinzelkosten der Fertigung | |
| 17 | **Verarbeitungskosten Fertigung** | |
| 18 | Konstruktionskosten f. vorgefertigte Bestandteile | |
| 19 | Konstruktionskosten | |
| 20 | Fremdkonstruktion | |
| 21 | **Verarbeitungskosten Konstruktion** | |
| 22 | **Herstellkosten** | |
| 23 | Entwicklungsgemeinkostenzuschlag | |
| 24 | Verwaltungsgemeinkostenzuschlag | |
| 25 | Vertriebsgemeinkostenzuschlag | |
| 26 | Vertretergemeinkostenzuschlag | |
| 27 | Wagniskostenzuschlag | |
| 28 | Sonderwagnisse | |
| 29 | Sondereinzelkosten des Vertriebs | |
| 30 | Kalkulatorische Auftragszinsen | |
| 31 | **Selbstkosten** | |
| | | |

**Schaubild IX.57.** Kalkulationsschema (*Höffken/Schweitzer*, 1991, S. 127)

mit geringeren Materialgemeinkosten zu belasten, da die Kosten für Material-handling in der Regel nicht proportional zum Wert des Materials ansteigen.

Als Vorsorge für Gewährleistungen bis zum Ende der Garantiefrist sind **Wagniskosten** in die Kalkulation einzustellen. Diese werden üblicherweise als Zuschlag auf die Herstellkosten berechnet, wobei sich in der Praxis die jeweilige Höhe des Zuschlagssatzes, die z. B. länderspezifisch unterschiedlich sein kann, nach den durchschnittlichen Wagniskosten der Vergangenheit bemißt. Für auftragsbezogene Risiken sind für **Sonderwagnisse** geschätzte Einzelkosten zu kalkulieren.

Zu den **Sondereinzelkosten des Vertriebs** gehören insbesondere Kreditsicherungskosten (Hermes-Kreditversicherung), Kosten aus Kompensationsgeschäften, Frachten und Versicherungen sowie Provisionen. Sie nehmen im Industrieanlagengeschäft einen sehr viel größeren Umfang an als im Seriengeschäft und fallen im Zusammenhang mit Akquisitionsbemühungen teilweise bereits vor Vertragsabschluß an. Bei einer Auftragserlangungsrate von unter

10% gehören die Einzelkosten nicht erhaltener Aufträge zu den Vertriebsgemeinkosten der abgeschlossenen Aufträge.

Bei Maßnahmen der Auftragsfinanzierung sind die **Auftragszinsen** von erheblicher erfolgswirtschaftlicher Bedeutung. Auftragszinsen während der Bauzeit einer Anlage ergeben sich aus dem zeitlichen Auseinanderfallen von Zahlungseingängen und -ausgängen, wobei der Anbieter je nach den vereinbarten Zahlungsbedingungen vielfach einen erheblichen Teil der Anlagenerstellung vorfinanzieren muß. Angesichts der hohen Auftragswerte erreichen die Auftragszinsen in vielen Fällen eine Größenordnung, die den Auftragserfolg in signifikanter Weise mitbestimmt. Verschafft der Anbieter dem Kunden eine Auftragsfinanzierung, so muß der Anbieter aus Wettbewerbsgründen häufig Teile der Kreditkosten übernehmen und daher in seiner Kalkulation bzw. bei den Preisverhandlungen berücksichtigen.

Die Kosten für einige Leistungen des Anbieters wie z. B. Gesamtkoordination, Auftragsverwaltung und -überwachung werden als Umlage auf die übrigen Kalkulationspositionen verteilt. Insbesondere bei überschläglicher Kostenschätzung können nicht sämtliche Leistungen einzeln kalkuliert werden, sondern müssen als Prozentsatz vom Auftragswert bestimmt und den Kalkulationseinheiten über sogenannte Angebotsfaktoren zugeschlagen werden.

Da in der Angebotskalkulation die zukünftigen Preisentwicklungen für die verschiedensten Einsatzfaktoren geschätzt werden müssen, diese aber großer Prognoseunsicherheit unterliegen, wird der Anbieter versuchen, **Preisgleitklauseln** durchzusetzen, die eine Anpassung des Anlagenpreises an die aktuellen Preisentwicklungen wichtiger Einsatzfaktoren gewährleisten sollen. Wie erfolgreich der Anbieter bei seinen Bemühungen ist, Preisgleitklauseln in den Anlagenvertrag aufzunehmen, hängt von der jeweiligen Stärke der Marktpartner ab (vgl. *Backhaus*, 1979, S. 3 ff.).

Da die Angebotskalkulation die wesentlichen betriebswirtschaftlichen Informationen für die Auftragsselektions- und -annahmeentscheidung liefert, und einzelne Projekte die Ressourcen einer Unternehmung auf Jahre hinaus in Anspruch nehmen, wird durch die Qualität der Angebotskalkulation die Erfolgsentwicklung einer Unternehmung wesentlich beeinflußt. Wird ein zu niedrig kalkuliertes Projekt in Auftrag genommen oder bei den Verhandlungen über die Auftragskonditionen zu stark zu ungunsten der Unternehmung von den Plan-/Sollvorgaben abgewichen, so belastet dies das Unternehmungsergebnis der kommenden Perioden vielfach in gravierendem Ausmaß; andererseits wird durch überhöhte Kalkulations- und Angebotspreisansätze die Chance der Auftragserlangung herabgesetzt. Großaufträge beanspruchen die in Konstruktion und Fertigung vorhandenen Kapazitäten, so daß durch eine Hereinnahme ungünstiger Aufträge auch die Annahme von erfolgsgünstigeren Aufträgen in der Zukunft blockiert werden kann. Der Forderung nach hoher Genauigkeit der Angebotskalkulation stehen Unvollständigkeit und Unsicherheit der Informationen sowie der entstehende Bearbeitungsaufwand entgegen, so daß in der Praxis für die Qualität der Angebotskalkulation pragmatische Kompromisse gefunden werden müssen. Die Auftragsverhandlungen stellen an die Unternehmungsleitung aus betriebswirtschaftlicher Sicht ebenso hohe Anforderungen wie die spätere Auftragsdurchführung, bei der durch Rationalisierungs- und Entwicklungsmaßnahmen ungünstige Auftragskonditionen kompensiert werden können.

Falls der Angebotspreis im Rahmen eines Festpreisangebots keine flexiblen Bestandteile (Preisgleitklauseln o.ä.) enthält, darf er grundsätzlich nicht mehr ohne Änderung der zugrundeliegenden Leistung überschritten werden. Vor allem bei neuartigen Anlagen ist ein Festpreisangebot außerordentlich risikoträchtig. Auch das **Preisrecht für öffentliche Aufträge** in Deutschland sieht dementsprechend nur im Ausnahmefall fehlender Marktpreise für Anlagegüter **Selbstkostenerstattungspreise** vor, die auch eine vorgegebene Gewinnmarge enthalten (zu den Leitsätzen für die Preisfindung bei öffentlichen Aufträgen (LSP) vgl. insb. *Ebisch/Gottschalk*, 1987; *Sackerer*, 1988; *Michaelis/Rhösa*, 1990; *Franz*, 1992).

In der Praxis finden in der Vorverhandlungs- und Angebotsphase pauschale Verfahren zur Bestimmung der Herstellkosten Anwendung. Bei der **Kilokostenmethode** werden die Herstellkosten einer Anlage in Abhängigkeit vom geschätzten Gewicht bestimmt. Ein aus früheren Projekten bekannter Wert für die Herstellkosten je kg/Fertiggewicht (Kilokosten) wird mit dem geschätzten Gewicht des zu kalkulierenden Projekts multipliziert. Die **Materialkostenmethode** basiert auf der Annahme, daß ein nahezu konstantes Verhältnis zwischen Material-, Lohn- und Fertigungsgemeinkosten gleichartiger Anlagen besteht. Für die Bestimmung der gesamten Herstellkosten würde demnach die Prognose der Materialkosten ausreichen (vgl. hierzu *Kambartel*, 1973, S. 30 ff.; *Plinke*, 1991, S. 190 ff.).

Die Ergebnisse dieser beiden Kalkulationsmethoden sind aufgrund ihrer mangelnden theoretischen Fundierung und unzureichenden empirischen Absicherung allenfalls für die Ermittlung ungefährer Näherungswerte geeignet. Sie sind vor allem nicht imstande, die an Umfang und erfolgswirtschaftlicher Relevanz zunehmenden immateriellen Leistungen (FuE, EDV-Software, Dienstleistungen) hinreichend zu erfassen und in die Kalkulation angemessen einzubeziehen.

Eine Angebotskalkulation auf der Grundlage von **Kostenfunktionen** versucht, eine wesentliche Schwachstelle der Kilo- und Materialkostenmethode zu beseitigen, indem sie zur Ermittlung der Herstellkosten nicht nur eine einzige, sondern mehrere Kosteneinflußgrößen verwendet. Mit Hilfe der Regressionsanalyse werden funktionale Abhängigkeiten zwischen der Ausprägung einer Einflußgröße und der Höhe der Herstellkosten bei früheren Anlagen bzw. Baugruppen abgeleitet. Zur Ermittlung der Herstellkosten der neuen Anlage bzw. ihrer Baugruppen werden die Werte der Einflußgrößen festgelegt und in die – ggf. aktualisierten – Kostenfunktionen eingesetzt (vgl. *Eversheim/ Minolla/Fischer*, 1977, S. 41 ff.; *Laßmann*, 1991a, S. 162 ff.).

Zwar erlaubt die Angebotskalkulation auf der Grundlage von Kostenfunktionen genauere Prognosen der Herstellkosten als die beiden zuvor genannten Pauschalverfahren, aufgrund der oftmals nicht ausreichend empirisch abgesicherten Datenbasis und der Probleme bei der Kalkulation weiter- oder neuentwickelter Anlagenkomponenten kann sie als Verfahren zur zuverlässigen Herstellkostenermittlung jedoch nicht überzeugen (vgl. zur Darstellung und kritischen Beurteilung der Verfahren *Bröker*, 1993, S. 79 ff.). Eine Genauigkeit der Kalkulationsergebnisse, wie sie für die Erstellung verbindlicher Festangebote notwendig ist, kann nur über eine differenzierte Einzelkalkulation der Anlagenteile erreicht werden, wie sie nachfolgend erläutert wird. Andererseits ist im Hinblick auf die geringe Auftragserlangungsquote aus Wirtschaftlichkeitsgründen nur im Fall besonders erstrebenswerter Projekte die Anwendung genauerer Kalkulationsmethoden zu rechtfertigen.

Die Frage nach der Eignung von **Voll- und Teilkostenrechnungssystemen** wird im Anlagengeschäft einerseits bei der Auftragsselektionsentscheidung und andererseits bei der Angebotsfindung relevant. Bei einem Vergleich zweier potentieller Aufträge im Rahmen der **Auftragsselektionsentscheidung** benötigt der Anlagenbauer Informationen über die Höhe der Kosten, die **zusätzlich** durch einen Auftrag anfallen. Bei der Bestimmung dieser **auftragsvariablen** Kosten ist zu berücksichtigen, daß im Anlagengeschäft infolge der Langfristigkeit die meisten Kostenarten als variabel angesehen werden können (vgl. *Backhaus*, 1980, S. 80). Für die Abgrenzung zwischen auftragsfixen und -variablen Kostenanteilen ist der zeitliche Bezugsrahmen zu beachten. Projektbezogene Deckungsbeiträge sind dementsprechend nach unterschiedlichen Fristigkeiten zu differenzieren. Bei auftragsbedingt vorzunehmenden Kapazitätserweiterungen sollten die dafür anfallenden Kosten nach ihrer zeitlichen Erstreckung gestaffelt werden, da ein Auftrag mit vergleichsweise langer Durchlaufzeit mehr Möglichkeiten zur Kapazitätsanpassung eröffnet als einer von nur kurzer Dauer.

Die Vorkalkulation einer Anlage zum Zwecke der **Preisfindung** basiert grundsätzlich auf Vollkosten, d. h. neben den Projekteinzelkosten sind den Aufträgen auch anteilig Gemeinkosten zuzurechnen. Durch die Projektorganisation lassen sich die einzelnen Anlagenobjekte als Kostenträger weitgehend isolieren, so daß vor allem überbetriebliche Führungs- und Verwaltungskosten, allgemeine Forschungs- und Entwicklungskosten sowie Kosten für nicht erlangte Aufträge als Gemeinkosten zu verrechnen sind. Aufgrund der langen Kapazitätsbelegungsdauern liegt die Preisuntergrenze im Anlagengeschäft grundsätzlich erheblich über den auf kurze Sicht projektvariablen Kosten (vgl. *Kilger*, 1986, S. 133 ff.; *Zoller*, 1988, S. 39 ff.); sie ist anlagenbezogen aus den Unternehmungszielen unter Berücksichtigung der allgemeinen Auftragslage, Erfolgs- und Risikosituation der Unternehmung abzuleiten.

Um eine flexible marktorientierte Preispolitik zu ermöglichen, sollten mit der Vorkalkulation ziel- und bedingungsorientiert verschiedene **Preisuntergrenzen** ermittelt werden, wobei in den Deckungsbedarf verschiedene (sprung-)fixe Kostenbestandteile sukzessive einbezogen werden können. Dadurch wird auch erkennbar, welche Konsequenzen absatzwirtschaftlich bedingte Preisnachlässe für die Deckung einzelner Kostenkategorien sowie für den unternehmungsbezogenen Ergebnisbeitrag des Auftrages haben.

Die besondere Bedeutung der mit einem Anlagengeschäft verbundenen **Risiken** macht deren angemessene Berücksichtigung in der Kalkulation erforderlich. Die Risiken sind dabei stets zusammen mit den **Erfolgschancen** eines Projekts zu sehen, d. h. die Risikobeurteilung sollte auch das Gewinnpotential eines Auftrags einschließen. Unter dem Begriff des Risikos werden hier alle Gefahren verstanden, die den vorkalkulierten Auftragserfolg beeinträchtigen können (vgl. *Ternirsen*, 1990, S. 219 f.). Mit einem gezielten **Risiko-Management** sollen die Risiken

- erkannt (Risikoanalyse),
- in ihrer Eintrittswahrscheinlichkeit und erfolgswirtschaftlichen Relevanz beurteilt (Risikobewertung) und
- durch geeignete Maßnahmen abgewendet oder aber wirtschaftlich kompensiert werden (Risikobewältigung).

Ein entsprechend ausgebautes Informationssystem bildet eine wichtige Voraussetzung für die Lösung dieser Management-Aufgaben. Mit der **Risikoanalyse** sollen die Projektrisiken systematisch erfaßt werden, wobei die Verwendung von **Checklisten** zur möglichst vollständigen Einbeziehung der vorliegenden Erfahrungen mit Risikofaktoren beiträgt. Aufgrund der Unvorhersehbarkeit von auftragsspezifischen Ereignissen kann eine vollständige Erfassung aller Projektrisiken allerdings nicht erreicht werden. Langjährige Erfahrungen spielen in diesem Zusammenhang eine besondere Rolle (vgl. zu Risikochecklisten *Backhaus/Dringenberg*, 1984, S. 70 ff.). Aus den einmaligen Bedingungen der jeweiligen Auftragsabwicklung resultierende Risiken können nur durch einen Auftragsgewinn bzw. in übergreifender Sicht aus dem Unternehmungsgewinn aufgefangen werden.

Nachdem sämtliche erkennbaren Risiken aufgespürt sind, ist deren **Eintrittswahrscheinlichkeit** und **Relevanz für den Auftragserfolg** zu beurteilen, da Maßnahmen zur Bewältigung einzelner Gefahren nur dann sinnvoll sind, wenn diese von beachtenswerter wirtschaftlicher Tragweite sind. Der Einfluß einzelner Risikofaktoren auf die Erfolgshöhe kann dabei anhand von **Sensitivitätsanalysen** verdeutlicht werden. Für besonders ergebnisrelevante Risiken sollten die Aktivitäten zur Informationsbeschaffung intensiviert werden, um dadurch die datenmäßige Grundlage der Risikobewältigung zu verbessern. Eine Bewertung der Projektrisiken hinsichtlich ihrer Eintrittswahrscheinlichkeiten und zu erwartenden wirtschaftlichen Tragweite kann wie in Schaubild IX.58 dargestellt vorgenommen werden. Die Risiken 1 bis 4 unterscheiden sich hinsichtlich ihrer Eintrittswahrscheinlichkeit und erfolgswirtschaftlichen Wirkung, wobei die Bedeutung der Risiken von Fall 1 bis zum Fall 4 ansteigt.

Bei Projekten mit Risiken, deren Eintritt mit hoher Wahrscheinlichkeit bei erheblichen Erfolgseinbußen eingeschätzt wird (Fall 4), sollte die Auftragserlangung nur in besonderen Ausnahmefällen betrieben werden (z. B. zu gewinnender Technologievorsprung bei einem Pilotprojekt). Hieraus wird ersichtlich, daß sich der Anlagenbauer bereits zu Beginn der Projektbearbeitung Klarheit über die Risikosituation verschaffen muß, um rechtzeitig über Informationen zu einem risikobedingten Abbruch der Angebotserstellung zu verfügen (vgl. *Höffken/Schweitzer*, 1991, S. 31 ff.).

Zur **Bewältigung der ergebnisrelevanten Risiken** sind im dritten Schritt Maßnahmen vorzusehen und erfolgsrechnerisch zu berücksichtigen. Dabei ist zu unterscheiden, ob die Risiken auf andere zu übertragen sind oder aber selbst getragen werden müssen. Das **Abwälzen von Risiken** kann in erster Linie durch **Versicherungen** und risikoabsichernde Geschäfte (z. B. Hermes-

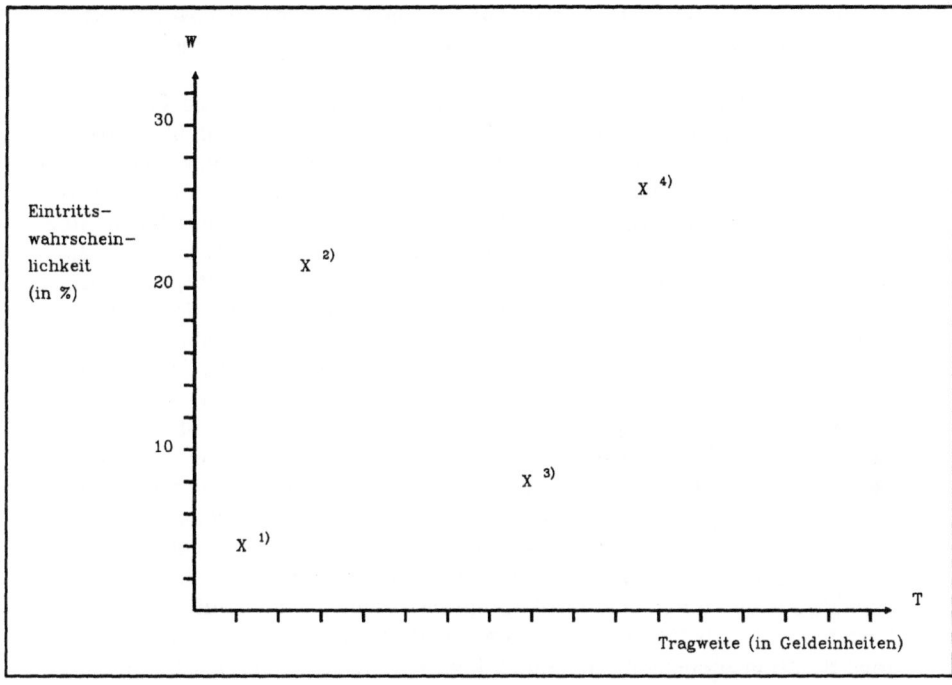

**Schaubild IX.58.** Risikobewertung (*Höffken/Schweitzer*, 1991, S. 32)

Kreditversicherung, Transportversicherung, Kurssicherungsgeschäfte) sowie durch den – gesetzlich erheblich eingeschränkten (vgl. *Schramm*, 1990, S. 140f.) – vertraglichen **Haftungsausschluß** für bestimmte Schäden erreicht werden, bei dem das Risiko auf den Kunden übergeht. In die Erfolgsrechnung gehen Versicherungen mit den jeweiligen Prämien bzw. Kosten des Sicherungsgeschäfts ein, während eine Risikoabwälzung auf den Abnehmer vielfach Preiszugeständnisse auslöst (vgl. *Ternirsen*, 1990, S. 226; zur Risikobehandlung im Vertragsrecht vgl. *Flocke*, 1986). Die bewußt oder mangels Absicherungsmöglichkeiten nicht abgewälzten Risiken sind **vom Anlagenbauer zu tragen.** Er hat hierfür die zu erwartenden wirtschaftlichen Folgen in der Kalkulation in gewissem Umfang zu berücksichtigen. Dabei sollte so weit wie möglich auf pauschale Risikozuschläge verzichtet werden, weil

– dadurch keine Aussagen über den erfolgswirtschaftlichen Einfluß einzelner Risiken möglich sind (vgl. *Backhaus*, 1980, S. 91; *Blohm/Lüder*, 1991, S. 234) und

– **Kompensationseffekte** durch ggf. günstige Veränderungen (wie z.B. Rohstoffpreissenkungen) vernachlässigt werden;

– es zu **Kumulationseffekten** kommen kann, wenn einzelne Risiken an verschiedenen Stellen durch pauschale Korrekturen der Kostengrößen Berücksichtigung finden;

– die Gefahr einer **Vermengung von allgemeiner Zukunftsunsicherheit** der Unternehmung insgesamt und **spezifischen Risiken** eines Projekts besteht.

Die meist nach Maßgabe rein subjektiver Einschätzungen festgelegten Sicherheitszuschläge sind in ihren Konsequenzen kaum mehr überschaubar und führen oftmals zu nicht durchsetzbaren Preisforderungen. Sie sollten daher nur sehr kontrolliert bei der Einbeziehung der Prognoseunsicherheit vorgenommen werden. Projektspezifische Risiken sind so weit wie möglich durch die Bildung gesonderter Risikoposten einzeln zu kalkulieren. Dabei können sämtliche Risiken nicht in ihrer vollen wirtschaftlichen Tragweite, sondern nur in Höhe ihres jeweiligen Erwartungswertes angesetzt werden, da für die Projekte sonst Kosten ermittelt würden, die weit über dem erreichbaren Preis liegen. Dennoch muß man bei der Beurteilung der Projektrisiken deren **gesamte** erfolgswirtschaftlichen Auswirkungen im Auge behalten, auch wenn entsprechende Posten in der Preiskalkulation nicht einzusetzen sind. Entscheidend ist stets die Frage, ob ein Auftrag für den Anbieter in Anbetracht seiner **Gesamtrisiken** sowie der **Risikosituation der übrigen Aufträge** noch akzeptabel ist (vgl. *Ternirsen*, 1990, S. 226, 230). Infolge der nicht vollständig abdeckbaren und zahlreichen unvorhersehbaren Risiken verbleibt für Anlagenbauer ein i.d.R. erhebliches **Restrisiko**, das unternehmerisch durch eine relativ höhere Eigenkapitalbasis und durch einen risikopolitisch ausgewogenen Auftragsmix aufzufangen ist, so daß Erfolgschancen und -risiken langfristig eine möglichst günstige Relation zueinander annehmen (vgl. *Höffken/Schweitzer*, 1991, S. 39 f.).

### 3.3.3.2.2 Auftragskalkulation

Die Auftragskalkulation erfolgt unmittelbar im Anschluß an den Auftragseingang auf der Grundlage des im Vertrag festgeschriebenen Liefer- und Leistungsumfangs. Da sich gewöhnlich noch in den letzten Vergabeverhandlungen Änderungen der Vertragsbedingungen ergeben, weicht die Auftragskalkulation häufig erheblich von der Angebotskalkulation ab. Unterschiede ergeben sich zusätzlich aus den Anforderungen an die Angebotskalkulation, da sie auch externen Informationsbedürfnissen genügen muß, wohingegen die Auftragskalkulation lediglich internen Steuerungs- und Überwachungsfunktionen dient (vgl. *Milling*, 1984, S. 74).

Die nach Vertragsabschluß nicht mehr bestehende Unsicherheit bezüglich der Auftragserteilung sowie die durch den Vertrag genau festgelegten Liefer- und Leistungsspezifikationen erlauben eine **differenziertere Untergliederung der Kalkulationspositionen** sowie eine genaue Erstellung aller Konstruktionszeichnungen (soweit nicht noch spezielle Entwicklungsaufgaben zu lösen sind), Stücklisten, Arbeitspläne u.dergl. (vgl. *Mellerowicz*, 1980, S. 331 f.; *Kilger*, 1988, S. 261, 653 ff.). In der Auftragskalkulation findet aber nicht nur eine tiefergehende Untergliederung der Kalkulationspositionen statt, sondern darüber hinaus auch eine **grundlegende Überprüfung und kritische Beurteilung der in der Angebotskalkulation angesetzten Werte** (vgl. *Höffken/Schweitzer*, 1991, S. 144 ff.). Die in der Auftragskalkulation festgelegten Mengen- und

Wertansätze bilden die **Basis für die Auftragsbudgetierung** und damit für die **Überwachung** der Auftragsabwicklung.

Im Rahmen der **Budgetierung** werden die in der Auftragskalkulation festgelegten Mengen- und Wertansätze den einzelnen Verantwortungsbereichen und durchführenden Stellen als Vorgaben (Sollgrößen) zugeordnet, wobei vielfach für technisch abgegrenzte „Arbeitspakete" Rahmenvorgaben, die für deren möglichst rationelle Abwicklung einen gewissen Handlungsspielraum gewähren, aufgestellt werden. An den positiven und negativen Abweichungen gegenüber den **Basisbudgets** wird der Beitrag der Einzelbereiche zum vorkalkulierten Auftragsergebnis gemessen. Modifikationen der Basisbudgets sind nur dann angezeigt, wenn der Liefer- und Leistungsumfang nachträglich geändert wird (**Budgetänderungen**) oder Leistungen von einer anderen als der ursprünglich geplanten Stelle erbracht werden (**Budgettransfer**). In einigen Fällen werden bei unvorhersehbaren Ereignissen oder außerordentlichen Entwicklungen wie z.B. außergewöhnlich hohen Preissteigerungsraten **Sonderbudgets** eingeräumt (vgl. *Saynisch*, 1979, S. 252; *Siepert*, 1988, S. 343 f.; *Höffken/Schweitzer*, 1991, S. 147), wobei die Umplanung in den Aufgabenbereich des Controlling, nicht aber der ausführenden Stelle gehört. Die durchführenden Stellen tragen die Verantwortung für alle Über- und Unterschreitungen des Budgets, wobei Unterschreitungen durch Prämien besonders angeregt und honoriert werden können.

### 3.3.3.3  Mitlaufende Auftragskalkulation

Die **Mitlaufende Auftragskalkulation** (Begleitkalkulation) soll als zeitnahe Erfolgsüberwachungsrechnung sicherstellen, daß der vorkalkulierte Auftragserfolg während der Abwicklung tatsächlich erreicht oder sogar übertroffen wird (vgl. *Wiederstein*, 1979, S. 51 f.). Der letzte Status der Mitlaufenden Auftragskalkulation nach Fertigstellung des Projekts dient gleichzeitig der Nachkalkulation. Im einzelnen übernimmt die Mitlaufende Auftragskalkulation folgende Aufgaben, auf die im weiteren eingegangen wird:

- Isterfassung,
- Änderungsmanagement,
- Soll/Ist-Vergleich,
- Abweichungsanalyse,
- Restkosten-/erlösermittlung.

*Isterfassung:*

Im Rahmen der Isterfassung werden sämtliche bis zu einem bestimmten Fertigstellungsgrad

- bereits angefallenen Projektkosten,
- vordisponierten Projektkosten und
- erhaltenen Anzahlungen des Kunden

ermittelt. Aufgrund der Komplexität der Abwicklungsprozesse, die auf viele weit auseinanderliegende in- und ausländische Standorte mit sehr unterschiedlichen Informationserfassungsbedingungen verteilt sein können, ist eine Dokumentationsrechnung im Anlagengeschäft mit nicht unbeachtlichen organisatorischen Problemen und die Genauigkeit beeinträchtigenden Friktionen verbunden.

Die erfaßten Istgrößen werden den Kontrollrechnungen zugrunde gelegt, so daß der **Aktualität** der Daten wesentliche Bedeutung für den Informationsgehalt der Dokumentationsrechnung zukommt (vgl. *Feuerbaum*, 1978, S. 1041). Bei der Erfassung und Zurechnung der überaus großen Anzahl von Einzeldaten wird das klassifizierende Nummernsystem, welches bereits bei der Projektstrukturierung Anwendung gefunden hat, auch hier zugrunde gelegt.

Die Aufgabe der Isterfassung beschränkt sich aber nicht allein auf die Dokumentation und Ergebnisermittlung; vielmehr sollten die erfaßten Daten dergestalt aufbereitet und gespeichert werden, daß sie als **Informationsquelle für Nachfolgeaufträge** verwendet werden können. Eine datenbankgestützte systematische Speicherung der Daten unter Verwendung des Klassifizierungssystems, welches eine genaue Zuordnung der Projektkosten zu den jeweils erbrachten Leistungen erlaubt, ermöglicht einen **gezielten Rückgriff auf vorhandene Problemlösungen und zugehörige Kalkulationen.** Der für Projektierung und Vorkalkulation erforderliche Arbeits- und Zeitaufwand verringert sich dadurch für Folgeaufträge ganz erheblich. Der Aufbau eines solchen **Datenpools**, der mit jedem neuen Auftrag wächst, verursacht zwar einen höheren Arbeitsaufwand, trägt jedoch zu erheblichen Einsparungen bei nachfolgenden Angebotskalkulationen verbunden mit einer höheren Kalkulationssicherheit bei (vgl. *Backhaus*, 1980, S. 44 ff.; *Madauss*, 1990, S. 301 ff.). Bei der Verwendung gleicher Anlagenteile für Folgeaufträge ist allerdings auf eine Aktualisierung der Bewertung – gegebenenfalls auch von Teilen der zugrundeliegenden technischen Lösungen – zu achten. Bei ähnlichen Anlagenteilen können die dokumentierten Daten vielfach auch über Äquivalenzziffernrechnungen zur Anpassung an die jeweiligen Projektgegebenheiten nutzbar gemacht werden (vgl. *Biel*, 1981, S. 94; *Milling*, 1984, S. 72; zur Kostenschätzung siehe auch die Literatur zur Relativkostenrechnung, insb. *Eberle/Heil*, 1989, S. 53 ff.).

*Änderungsmanagement:*

Im Verlauf der Auftragsabwicklung ergeben sich in der Regel zahlreiche Veränderungen des ursprünglich vereinbarten Liefer- und Leistungsumfangs. Bei **kundenbedingten Änderungswünschen** (change order) hat das **Claim-Management** dafür Sorge zu tragen, daß notwendig werdende Mehrleistungen kalkuliert und vom Kunden anerkannt sowie vergütet werden (vgl. *Wiederstein*, 1979, S. 62; *Höffken/Schweitzer*, 1991, S. 74 f.). Eine erfolgreiche Durchsetzung von claims kann nur dann gelingen, wenn eine genaue Dokumentation der vereinbarten, insbesondere aber der tatsächlich erbrachten Leistungen des Anbieters sichergestellt ist.

**Anbieterseitige Änderungen** resultieren zumeist aus Anregungen der Fachabteilungen für konstruktive und abwicklungstechnische Modifikationen, die auf eine Verbesserung der Ergebnissituation abzielen. Teilweise sind allerdings auch Veränderungen oder Ergänzungen des ursprünglichen Leistungsumfangs aufgrund von Vertragsmängeln (z. B. vergessenen Positionen) notwendig, was in der Regel mit Erfolgseinbußen verbunden ist (vgl. *Plinke*, 1985, S. 147 ff.; *VDMA* 1985, S. 64 ff.). Sämtliche Änderungen sowie deren Ursachen sind sorgfältig zu dokumentieren, um in den Soll/Ist-Vergleichen nur einander entsprechende Daten gegenüberzustellen und eine klare Ursachenbestimmung und Verantwortungszuweisung vornehmen zu können. Insbesondere sind bei erfolgreich durchgesetzten claims die Soll- bzw. Budgetwerte entsprechend anzugleichen.

*Soll/Ist-Vergleich:*

Die hohe Wertdimension einzelner Aufträge sowie die Langfristigkeit der Auftragsabwicklung erfordern eine zeitnahe wirtschaftliche Kontrolle der Projekterstellung um zu verhindern, daß die Kostenentwicklung unbemerkt nachteilig verläuft. Zur Offenlegung von Abweichungen sind je Leistungseinheit/Arbeitspaket die erfaßten Istkosten mit den jeweils aktualisierten Sollkosten zu vergleichen. Die Abweichungen werden nicht für einen bestimmten Zeitpunkt, sondern für einen genau definierten Fertigstellungsgrad der Anlage bzw. der Leistungseinheit ermittelt und sind insofern zeitraumbezogen. Die Aktualität der Soll/Ist-Vergleiche ist dabei von besonderer Wichtigkeit, da nur bei einem frühzeitigen Erkennen von Abweichungen ein rechtzeitiges Einleiten gegensteuernder Maßnahmen möglich ist (vgl. *Withauer*, 1971, S. 621; *Siepert*, 1988, S. 343). Durch eine identische Abgrenzung der Kalkulationseinheiten in der Planungs- und Dokumentationsrechnung kann die Einheitlichkeit der Vergleichsgrundlage gewährleistet werden (vgl. zu den organisatorischen Voraussetzungen *VDMA*, 1983, S. 16 ff.).

Die Abweichungen der Projektkosten von den Vorgabewerten sind danach zu unterscheiden, ob es sich um Mengen- oder Preisabweichungen handelt. Die Ursachen für **Preisabweichungen** sind gewöhnlich in unzutreffenden Annahmen bezüglich der Faktorpreis- und Wechselkursentwicklungen zu suchen, während bei den **Mengenabweichungen** eine differenziertere Betrachtung der Ursachen notwendig ist (vgl. *Laßmann*, 1968, S. 137 ff.; *Laßmann*, 1973, S. 13 ff.). **Entscheidungsbedingte** Mengenabweichungen treten bei Differenzen zwischen den ursprünglichen und den aktualisierten Sollkosten auf, woraus wichtige Erkenntnisse z. B. im Hinblick auf die Effizienz des Claim-Managements sowie auf Schwächen der Vorgabeermittlung gewonnen werden können. Daneben kann es zu **risikobedingten** Mengenabweichungen kommen, wenn die Risikovorsorge nicht den eingetretenen Risiken entspricht oder überhaupt keine entsprechende Vorsorge getroffen wurde. Die aktualisierten Sollkosten können schließlich **ausführungsbedingt** von den entsprechenden Istwerten abweichen, was in der Regel auf unvorhergesehene Veränderungen oder Fehleinschätzungen bei den Umfeldbedingungen (z. B. klimatische Einflüsse oder Fehlbeurteilungen von geologischen Gegebenheiten bei Baustellen im Ausland) sowie auf Qualitäts- und Leistungsmängel bei der Produktions- und Montagedurchführung zurückzuführen ist.

*Abweichungsanalyse:*

Soweit die Abweichungen eine gewisse Toleranz übersteigen, sind sie auf ihre Ursachen sowie auf die dafür verantwortlichen Stellen hin zu untersuchen (vgl. *Siepert*, 1988, S. 344). Aus den Ergebnissen der Abweichungsanalyse sind unverzüglich korrigierende Maßnahmen abzuleiten, die weitere Fehlentwicklungen verhindern sollen. Darüber hinaus sollten von der Abweichungsanalyse auch Lerneffekte für nachfolgende Aufträge ausgehen, damit die aufgedeckten Fehler nicht wiederholt auftreten. Eine leistungsfähige Fehleranalyse dient bspw. der Verdeutlichung von Schwachstellen bei der Projektplanung und -abwicklung und zeigt dem Vorkalkulator, inwiefern er Mengenverbräuche und Preisentwicklungen in richtiger Höhe geschätzt, Risiken vernünftig beurteilt oder Positionen vergessen hat (vgl. *Kraus*, 1986, S. 131; *Kilger*, 1988, S. 262). Die aktuelle Abweichungsermittlung und -präsentation bei den dafür Verantwortlichen durch das Controlling löst erfahrungsgemäß einen beachtlichen Rationalisierungsdruck aus, der vielfach zu entsprechenden Einsparungen bei noch zu leistenden Arbeitsoperationen führt, so daß das kalkulatorisch angestrebte Auftragsergebnis insgesamt auch noch erreicht oder sogar überschritten werden kann.

*Restkosten-/-erlösermittlung:*

Die Aufgabe der Mitlaufenden Auftragskalkulation erstreckt sich nicht nur auf eine vergangenheitsbezogene Dokumentation und Kontrolle der Projektkosten; gerade die bis zur Fertigstellung der Anlage **noch zu erwartenden (Rest-)Kosten** (cost to complete) sowie die noch ausstehenden Erlöse bzw. Einzahlungen sind aufgrund ihrer grundsätzlichen Beeinflussungsmöglichkeit für eine Verbesserung des Auftragsergebnisses von besonderem Interesse. Zusammen mit den bereits angefallenen (gebuchten) sowie den veranlaßten (vordisponierten) Kosten ergeben die erwarteten Restkosten zu einem Stichtag die **voraussichtlichen Gesamtkosten des Projekts** (vgl. *Milling*, 1984, S. 77 ff.; *Siepert*, 1988, S. 344 f.). Das Schwergewicht der regelmäßigen Ermittlung der Restkosten liegt allerdings nicht auf der Erstellung detaillierter Kostenvorgaben. Die Aufgabe besteht vielmehr darin, unter Einbeziehung des jeweils aktuellen Informationsstandes mögliche Einflüsse und Störpotentiale aufzuspüren, die auf die Höhe der Restkosten einwirken. Die geschätzten Gesamtkosten des Auftrags werden mit der aktualisierten Auftragskalkulation bzw. den aktuellen Budgets verglichen, um das **zu erwartende Auftragsergebnis** sowie die **voraussichtliche Gesamtabweichung** zu erhalten. Eine derartige **zukunftsbezogene Abweichungsbetrachtung** ist die Voraussetzung dafür, daß die Erfolgsentwicklung eines Projekts auch längerfristig unter Kontrolle bleibt (vgl. *Gerke*, 1979, S. 106; *Jaeschke/Feuerbaum*, 1984, S. 1633).

Einen zusammenfassenden Überblick über die verschiedenen Kalkulationsformen im industriellen Anlagengeschäft gibt Schaubild IX.59.

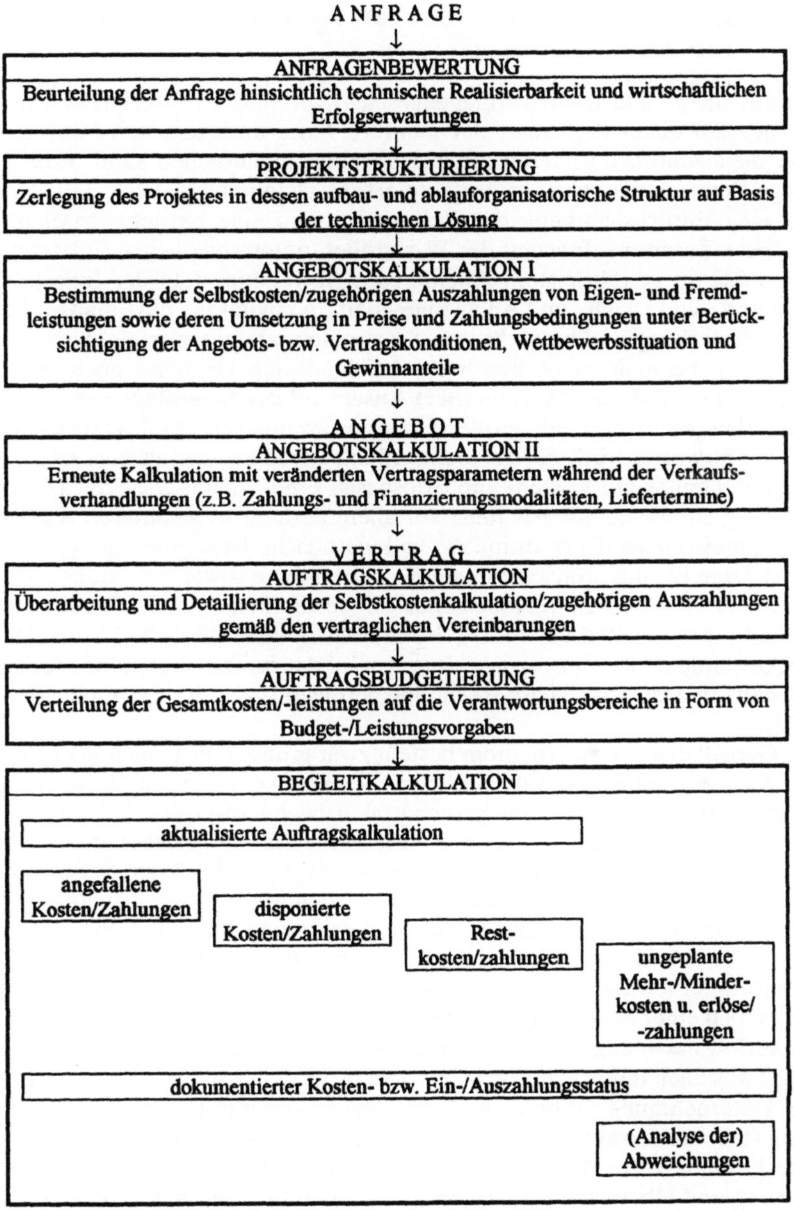

**ANFRAGE**

↓

| ANFRAGENBEWERTUNG |
|---|
| Beurteilung der Anfrage hinsichtlich technischer Realisierbarkeit und wirtschaftlichen Erfolgserwartungen |

↓

| PROJEKTSTRUKTURIERUNG |
|---|
| Zerlegung des Projektes in dessen aufbau- und ablauforganisatorische Struktur auf Basis der technischen Lösung |

↓

| ANGEBOTSKALKULATION I |
|---|
| Bestimmung der Selbstkosten/zugehörigen Auszahlungen von Eigen- und Fremd-leistungen sowie deren Umsetzung in Preise und Zahlungsbedingungen unter Berück-sichtigung der Angebots- bzw. Vertragskonditionen, Wettbewerbssituation und Gewinnanteile |

↓

**ANGEBOT**

| ANGEBOTSKALKULATION II |
|---|
| Erneute Kalkulation mit veränderten Vertragsparametern während der Verkaufs-verhandlungen (z.B. Zahlungs- und Finanzierungsmodalitäten, Liefertermine) |

↓

**VERTRAG**

| AUFTRAGSKALKULATION |
|---|
| Überarbeitung und Detaillierung der Selbstkostenkalkulation/zugehörigen Auszahlungen gemäß den vertraglichen Vereinbarungen |

↓

| AUFTRAGSBUDGETIERUNG |
|---|
| Verteilung der Gesamtkosten/-leistungen auf die Verantwortungsbereiche in Form von Budget-/Leistungsvorgaben |

↓

BEGLEITKALKULATION

aktualisierte Auftragskalkulation

| angefallene Kosten/Zahlungen | disponierte Kosten/Zahlungen | Rest-kosten/zahlungen | ungeplante Mehr-/Minder-kosten u. erlöse/ -zahlungen |
|---|---|---|---|

dokumentierter Kosten- bzw. Ein-/Auszahlungsstatus

(Analyse der) Abweichungen

**Schaubild IX.59.**  Formen und Struktur der Erfolgsrechnung im industriellen Anlagenge-schäft (in Anlehnung an *Bröker*, 1993, S. 66)

### 3.3.4   Dynamischer Ansatz des Auftragscontrolling auf Basis von Zahlungsgrößen

Die mit einem industriellen Anlagengeschäft verbundenen Wertgrößen vertei-len sich auf einen Zeitraum, der mehrere Jahre umfassen und beträchtlich über die eigentliche Erstellungszeit der Anlage hinausgehen kann. Eine trag-fähige Beurteilung einzelner Projekte erfordert angesichts dieser Langfristig-keit eine Berücksichtigung des Zeitaspekts, um eine betriebswirtschaftlich fundierte Zusammenführung der Wertgrößen unterschiedlicher Entstehungs-zeitpunkte zu gewährleisten. Analog zum Anwendungsfeld der Investitions-rechnung sind auch im Anlagengeschäft Aktivitäten mit maßgeblicher Zukunftswirkung und beträchtlichem Kapitaleinsatz unter erfolgswirtschaftli-chen Gesichtspunkten zu bewerten. Infolgedessen erscheint auch hier ein **dynamischer (finanzmathematischer) Ansatz auf der Grundlage von Ein- und Auszahlungen**, wie er mit großer Übereinstimmung in der Investitionsrech-nung befürwortet wird, der Problemstellung angemessener als eine kalkulato-rische Rechnung auf Kosten- und Erlösbasis. Eine dynamische Projekterfolgs-rechnung auf Zahlungsbasis führt vor allem deshalb zu **genaueren Kalkulati-onsergebnissen** als die traditionelle kalkulatorische Erfolgsrechnung, weil sie in der Lage ist, die projektbedingte Kapitalbindung sowie die daraus resultie-renden Auftragszinsen realitätsnäher zu bestimmen (vgl. *Laßmann*, 1978, S. 581 f.; *Bröker*, 1991, S. 192 ff.; *Höffken/Schweitzer*, 1991, S. 155 f.). Durch die Anwendung der Zinseszinsrechnung wird der Langfristigkeit des Anlagen-geschäfts in adäquater Weise Rechnung getragen (vgl. zum folgenden *Bröker*, 1993).

Gemäß dem Lücke-Theorem besteht zwar grundsätzlich auch die Möglich-keit einer Anwendung der dynamischen Verfahren der Wirtschaftlichkeitsrech-nung auf der Grundlage von Kostengrößen, wenn zusätzlich kalkulatorische Zinsen verrechnet werden, die eine Ausgleichsfunktion zwischen diskontierter Kosten- und Auszahlungsreihe wahrnehmen (vgl. *Lücke*, 1955, S. 310 ff.). Es erweist sich allerdings als zweckmäßiger, unmittelbar auf Zahlungsgrößen abzustellen, da die notwendig werdende Berechnung der kalkulatorischen Zin-sen in der erforderlichen Genauigkeit äußerst aufwendig ist und ohnehin die Kenntnis der jeweiligen Zahlungszeitpunkte und -beträge voraussetzt.

Neben einer höheren Kalkulationsgenauigkeit ist eine Ergänzung der Peri-odenerfolgsrechnung um eine dynamische Projekterfolgsrechnung auf Zah-lungsbasis auch mit erheblichen Vorteilen im Hinblick auf die Finanzrechnung der Unternehmung verbunden. Eine zahlungsorientierte Projekterfolgsrech-nung stellt bei Ausnutzung der sich bietenden Synergieeffekte eine ausgezeich-nete Grundlage für die Ableitung einer finanzwirtschaftlichen Rechnung zur Planung und Überwachung der projekt- und unternehmungsbezogenen Liqui-ditätsströme dar. Die dynamische Projekterfolgsrechnung steht zwischen der kalkulatorischen Periodenerfolgsrechnung und der Finanzrechnung der Unter-nehmung. Die Verbindung zur kalkulatorischen Periodenerfolgsrechnung wird durch Überleitung der Zahlungsgrößen in Kosten- bzw. Aufwandgrößen erreicht; bei der Verzahnung mit der Finanzrechnung der Unternehmung ist von den zeitstrukturierten Projektaus- und -einzahlungen auszugehen, ohne daß die für die Projekterfolgsermittlung notwendigen Auf- bzw. Abzinsungsrechnungen vorzunehmen sind.

Die **Ermittlung der auftragsbezogenen Ein- und Auszahlungen** (Projektzahlungen) kann entweder ausgehend von den Projektkosten, die auf ihre Zahlungswirksamkeit hin untersucht werden (vgl. dazu *Backhaus*, 1980, S. 74 ff.), oder in direkter Weise erfolgen, d. h. ohne vorherige Kostenermittlung. Grundsätzlich bereitet die Projektzahlungsermittlung auf der Einzahlungsseite keine Schwierigkeiten, da die Anzahlungen und Abschlußzahlungen des Kunden problemlos projektweise erfaßt werden können. Besondere Schwierigkeiten bei der projektweisen **Auszahlungsermittlung** bereiten vor allem die Sekundärzahlungen für Hilfsbetriebe wie z. B. Instandhaltungswerkstätten und Zentralstellen wie z. B. Grundlagenforschung, Rechenzentrum, Arbeitsvorbereitung, Verwaltungsstellen u. dergl. Primärauszahlungen weisen dagegen einen unmittelbaren Bezug zu den Beschaffungsmärkten auf, so daß Zahlungshöhe und -zeitpunkt ohne Probleme in der Finanzbuchhaltung bestimmbar und durch entsprechende Kontierung einem Auftrag zurechenbar sind. Bei den Primärvorgängen sind Kosten und Auszahlungen in ihrer Höhe bei reiner Anschaffungspreisorientierung weitgehend identisch; Abweichungen treten hier vor allem bei den jeweiligen Entstehungszeitpunkten auf, wenn man bspw. an die Bezahlung eines zugekauften Aggregats in mehreren Raten denkt (vgl. hierzu die empirische Untersuchung von *Bröker*, 1991, S. 197 ff.). Demgegenüber erfordert die projektorientierte Auszahlungsermittlung der **Sekundärvorgänge**, die sich innerhalb der Unternehmung vollziehen, eine Auflösung der innerbetrieblichen Leistungen in ihre primären Auszahlungselemente. Aber auch hier können die Auszahlungen durch die Einführung geeigneter Annahmen hinreichend genau bestimmt werden, insbesondere wenn man berücksichtigt, daß der überwiegende Anteil der Sekundärkosten auszahlungsnahe Personalkosten sind (vgl. auch *Feuerbaum*, 1978, S. 1041). Daraus folgt, daß vor allem bei im Anlagenbau vielfach anzutreffenden Unternehmungen mit geringer Fertigungstiefe die Projektauszahlungen weitgehend genau bestimmt werden können; durch die Einführung spezifischer Prämissen ist dies mit geringerer, aber i. d. R. ausreichender Genauigkeit auch bei Unternehmungen möglich, die über eine relativ große Fertigungstiefe verfügen.

Ein finanzmathematischer Ansatz des Auftragscontrolling auf Basis von Zahlungsgrößen erfordert grundsätzlich, daß die **Projektzahlungen zu ihren tatsächlichen Zahlungszeitpunkten** angesetzt werden. Nur dadurch kann eine geeignete Basis für die Anwendung der finanzmathematischen Verfahren geschaffen werden. Vor allem die im Anlagengeschäft für ein Projekt anfallenden **Akquisitionsauszahlungen** oft erheblichen Ausmaßes sind entsprechend ihres frühen Anfalls in die Projekterfolgsrechnung einzustellen. Durch die Anwendung der Zinseszinsrechnung kommt es zu einem entsprechend erhöhten Vorfinanzierungsaufwand, der in dem erfolgsorientierten Deckungsbedarf des Auftrags angemessen zu berücksichtigen ist. Vor allem die Akquisitionsauszahlungen für nicht erhaltene Aufträge werden dann als Vertriebsgemeinauszahlungen auf erhaltene Aufträge zugeschlüsselt. Ähnliche Überlegungen gelten auch für die **Gewährleistungswagnisse**, die nicht durch Wagniszuschläge gleichmäßig über die gesamte Abwicklungsdauer verteilt, sondern entsprechend ihrer effektiven Inanspruchnahme in der erst nach Auftragsabwicklung beginnenden Garantiefrist angesetzt werden sollten. Auch die **nach Kundenabnahme und Abrechnung eines Auftrags anfallenden Zahlungen** z. B. für die Hermes-Kreditversicherung, für noch zu erbringende Leistungen oder für eine Auftragsfinanzierung sind gemäß ihrer zeitlichen Entstehung zu berücksichtigen.

Nachdem in der skizzierten Weise die **auftragsbezogene Zahlungsreihe**, die sich von den ersten Akquisitionsbemühungen bis zur Abwicklung der letzten Finanzierungszahlung erstreckt, erstellt ist, wird anhand der Zinseszinsrechnung ein wertmäßiger Ausgleich zwischen den unterschiedlichen Entstehungszeitpunkten der Zahlungen herbeigeführt. Die insbesondere aus der Investitionsrechnung bekannten dynamischen Verfahren der Wirtschaftlichkeitsrechnung können auf das Auftragscontrolling im Anlagengeschäft allerdings nicht ohne weiteres übertragen werden. Vor allem durch das **Fehlen einer Kapitalbindung zu Beginn der Projektdauer**, die bei investitionstheoretischen Problemstellungen in der Regel durch die Anschaffungsauszahlung gegeben ist, wird der internen Zinsfußmethode, die der Ermittlung der durchschnittlichen Verzinsung des eingesetzten Kapitals dient, die Grundlage entzogen. Gleiches gilt für die Amortisationsdauer sowie die Kapitalwertrate. Bei einer Auftragsvorfinanzierung bzw. Ausrichtung der Auszahlungen am Verlauf der Auftragsabwicklung kann es auch zu gar keiner auftragsbezogenen Kapitalbindung kommen.

Die Anwendung der dynamischen Wirtschaftlichkeitsrechnung verfolgt im Rahmen des Auftragscontrolling industrieller Anlagengeschäfte allein das Ziel, die **Gegenwarts-/Zukunftspräferenz** von über Jahre verteilten Zahlungsgrößen bei der erfolgswirtschaftlichen Beurteilung eines Projekts adäquat zu berücksichtigen. Die Höhe des **Kalkulationszinsfußes** sollte sich dabei am durchschnittlich erwarteten **langfristigen Kapitalmarktzins**, nicht aber an der durchschnittlichen Unternehmungsrendite oder der Verzinsung von Alternativinvestitionen, wie es in der Investitionsrechnung teilweise vorgeschlagen wird, orientieren. Der Kalkulationszinsfuß dient hier nicht als Maßgröße für eine geforderte Mindestverzinsung des eingesetzten Kapitals.

Als Ergebniskennzahl kommt ein **diskontierter Überschuß oder Fehlbetrag** in Betracht, der sämtliche Projektzahlungen mit dem Kalkulationszinsfuß auf einen Bezugszeitpunkt auf- bzw. abzinst. Der **Auftragsendwert** als Summe sämtlicher mit dem Kalkulationszinsfuß auf den Zeitpunkt der Auftragsabrechnung bezogenen Projektzahlungen stellt die zentrale Kennzahl zur Bemessung des wirtschaftlichen Auftragserfolgs dar. Als relative Ergebniskennzahl kann eine **dynamische Umsatzrendite** gebildet werden, indem der aus den auf- bzw. abgezinsten Einzahlungen/Auszahlungen resultierende Auftragsüberschuß/Fehlbetrag auf die Einzahlungen bezogen wird, wobei der gleiche Bezugszeitpunkt zugrunde liegt. Als Bezugszeitpunkte kommen vor allem das Datum des Vertragsabschlusses und der Anlagenübergabe an den Kunden in Betracht.

Weil häufig nicht das für eine Auftragsrealisation erforderliche Kapital, sondern die verfügbaren Kapazitäten – soweit sie nicht beliebig erweiterbar sind – den Engpaß bilden, ist bei der Auftragsselektion zu berücksichtigen, in welchem Umfang ein Projekt die knappen Ressourcen beansprucht.

Zur Entscheidungsunterstützung kann eine engpaßkapazitätsbezogene dynamische Erfolgsgröße gebildet werden, bei der der auf-/abgezinste Überschuß/Fehlbetrag zu der Anzahl beanspruchter Engpaßkapazitäten ins Verhältnis gesetzt wird. Es sind dann diejenigen Projekte bevorzugt auszuwählen, die den höchsten spezifischen Erfolg/niedrigsten Fehlbetrag je Engpaßeinheit erbringen. Bei den Überschüssen/Fehlbeträgen kann es sich prinzipiell sowohl um Netto- als auch unterschiedlich abgegrenzte Bruttoerfolgsgrößen im Sinne von Deckungsbeiträgen handeln, worauf an späterer Stelle einzugehen ist.

Die Auftragsselektions- bzw. -annahmeentscheidung darf sich aber nicht allein auf eine projektbezogene Beurteilungsebene stützen. Infolge des Oberziels der Unternehmungserfolgsoptimierung ist letztendlich entscheidend, wie sich ein Projekt im Zusammenhang mit allen übrigen aktuellen und/oder zukünftig erwarteten Aufträgen darstellt. Daraus ergibt sich die Forderung nach einer **Überführbarkeit der projekt- in die periodenbezogene Unternehmungserfolgsrechnung**, aus der die erfolgs- und finanzwirtschaftlichen Auswirkungen eines Projekts auf das Unternehmungsgesamtergebnis abgeleitet werden können (vgl. auch *Hahn*, 1985, S. 360 ff.). Eine derartige Integration kann durch geeignete Ausgleichs- und Verrechnungsposten gewährleistet werden (vgl. im einzelnen *Bröker*, 1993).

Da der dynamische Ansatz stets die Erfassung der Zahlungen gemäß ihrer tatsächlichen Entstehung voraussetzt, baut die **Erfolgsplanungsrechnung** (Vorkalkulation) auf einem **zeitstrukturierten Mengengerüst** auf, das mit Hilfe der Netzplantechnik erstellt und auch für Zwecke der technisch-zeitlichen Ablaufplanung verwendet wird. Durch die **Bewertung** des Mengengerüstes mit den **erwarteten Anschaffungspreisen bzw. zahlungsorientiert festgelegten Verrechnungssätzen** kann der projektbezogene Auszahlungsstrom abgeleitet werden, wobei die projektspezifischen **Risiken** mit besonderer Sorgfalt aufzuspüren, in ihrer erfolgswirtschaftlichen Tragweite zu beurteilen und durch angemessene Maßnahmen, wie bereits im Zusammenhang mit der Behandlung der Kostenkalkulation dargestellt, zu berücksichtigen sind.

Da die **Höhe** des dynamischen Auftragserfolgs nicht nur von der Höhe, sondern maßgeblich auch vom **Verlauf der Ein- und Auszahlungen** (Zahlungsstruktur des Auftrags) beeinflußt wird, kommt den **Zahlungsbedingungen** als wesentlicher Determinante des Projekteinzahlungsverlaufs neben dem Preis **besondere erfolgswirtschaftliche Bedeutung** zu. Können bspw. in den Vertragsverhandlungen Zahlungsbedingungen durchgesetzt werden, die höhere Anzahlungen des Kunden beinhalten, so verbessert sich dadurch der diskontierte Auftragsüberschuß. Ein vom Kunden geforderter Preisnachlaß kann folglich durch eine entsprechende Anpassung der Zahlungskonditionen kompensiert werden, so daß es zu keiner Verschlechterung des Auftragsergebnisses kommt. Die genaue Quantifizierbarkeit der substitutionalen Beziehungen zwischen Preis- und Zahlungsbedingungen stellt für den Anbieter eine wichtige Entscheidungshilfe in den Verkaufsverhandlungen dar, die einen gezielten Einsatz der beiden Gestaltungsparameter ermöglicht. Darüber hinaus können Abwicklungsverzögerungen aufgrund der zeitlichen Strukturierung des Auszahlungsstroms in ihren wirtschaftlichen Wirkungen exakt beurteilt werden. Das Controlling sollte zur Unterstützung der Vertragsverhandlungen und Entscheidung über die Vertragsbedingungen PC-gestützte Kalkulationsmodelle zur Verfügung stellen, so daß alternative Konstellationen von Preis- und Zahlungsbedingungen in ihren Erfolgswirkungen laufend durchgespielt werden können (evtl. unterstützt durch Expertensysteme).

Die mit einem industriellen Anlagengeschäft einhergehenden Finanzmittelbewegungen begründen infolge ihrer Größenordnung und Diskontinuität auf der Einzahlungsseite die Notwendigkeit einer **Finanzplanungs- und -überwachungsrechnung** (*Feuerbaum*, 1979a, S. 25 ff.; *Klein*, 1984, S. 329 ff.; *Endell/Reichelt*, 1987, S. 194 ff.). Da der Aufwand für die Erstellung einer eigenständigen Finanzplanungs- und -überwachungsrechnung in der erforderlichen Detaillierung von seiten der Praxis überwiegend als zu aufwendig erachtet wird, stützt sich die Finanzplanung zumeist auf die Daten der Kostenrechnung. Infolge der im Anlagengeschäft oftmals gravierenden zeitlichen Unterschiede zwischen Kosten und Auszahlungen können hierdurch allerdings nur sehr grobe Näherungswerte ermittelt werden. Demgegenüber bildet das zahlungsorientierte Auftragscontrolling eine bessere Informationsbasis für die Ableitung einer projektbezogenen Liquiditätsrechnung. Unter Ausnutzung zahlreicher **Synergievorteile** können auf einfache Weise und mit hoher Genauigkeit die effektiven Ein- und Auszahlungsströme des Projekts über die gesamte Projektdauer hinweg bestimmt werden. Korrekturen sind lediglich bei solchen Projektzahlungen vorzunehmen, die aus kalkulatorischen Überlegungen historische Anschaffungspreise durch Tageswiederbeschaffungspreise (oder inflationsbereinigte Preise) ersetzen oder die in einer Periode nicht tatsächlich zahlungswirksam werden, wie dies insbesondere bei Abschreibungen der Fall ist.

Eine fundierte **projektbezogene Finanzrechnung** stellt wesentliche Informationen bspw. für eine **liquiditätsorientierte Preisstellung** zur Verfügung, die darauf abzielt, die Einzahlungsströme weitestmöglich an die Auszahlungsströme anzupassen, um hohe Liquiditätsbelastungen für die Unternehmung zu vermeiden. Zugleich stellen die projektbezogenen Finanzrechnungen die Grundlage für die Planung, Steuerung und Überwachung der unternehmungsbezogenen Finanzströme dar, die zusätzlich die projektunabhängigen Zahlungsvorgänge umfassen.

Ein zahlungsorientiertes Auftragscontrolling unter Anwendung der Zinseszinsrechnung schafft darüber hinaus günstige Voraussetzungen für eine Erweiterung der einzelprojektbezogenen Erfolgsrechnung um **projektübergreifende Rechnungsansätze**. Ein erster Erweiterungsansatz dient der **Einbeziehung der späteren Nutzungsphase beim Anlagenkäufer zur optimalen Auslegung von Anlagen** (vgl. auch Kapitel 3.2). Die Betriebskosten einer Anlage sind für den Anlagennutzer von großer Bedeutung; bei der Auftragsvergabe können sie bei sonst vergleichbaren Angeboten der Wettbewerber den Ausschlag geben. Kann der Anbieter günstige Betriebskosten seiner Anlage nachweisen, so stellt dies für ihn mithin ein wichtiges absatzpolitisches Argument dar. Da die Kosten der Nutzungsphase bereits bei der Anlagenkonstruktion in wesentlichem Umfang vorherbestimmt werden, ergibt sich für den Anlagenbauer die Notwendigkeit, schon bei der technischen Auslegung der Anlage den Blick auf die daraus resultierenden Betriebskosten (insbes. Energie- und Werkzeugverbräuche, Instandhaltungsaufwand) zu richten. Das **Konzept der Lebenszykluskosten** greift diesen Gedanken auf und versucht, die gesamten Kosten über die vollständige Lebensdauer eines Projekts (Herstellungs-, Anschaffungs-, Betriebs- und ggf. Stillegungs- sowie Entsorgungskosten) bei vorgegebener Leistung zu minimieren (vgl. *Wübbenhorst*, 1984). Eine lebenszyklusorientierte Rechnung gelangt angesichts ihres langfristigen Charakters unter betriebswirtschaftlichen Gesichtspunkten durch Verwendung eines finanzmathematischen Ansatzes auf Zahlungsbasis zu tragfähigen Aussagen (vgl. *Buskies/Ternirsen*, 1991, S. 244 ff.). Eine Ergänzung des Auftragscontrolling um eine solche, die Nutzungsphase der Anlage einbeziehende Rechnung dient aber nicht nur einer Optimierung der Projektauslegung; vielmehr sind die aus einer derartigen Betrachtungsweise hervorgehenden Informationen für den Anbieter auch deshalb relevant, weil von ihm in zunehmendem Maße verlangt wird, die Rentabilität der Anlagennutzung nachzuweisen, oder sich an Gesellschaften zum Betreiben der gelieferten Fertigungsanlagen zu beteiligen (vgl. *Weiss*, 1981, S. 949; *Höffken/Schweitzer*, 1991, S. 27 f.). Eine optimale Lösung über die gesamte Projektdauer hinweg erfordert eine intensive und vertrauensvolle Zusammenarbeit zwischen Anbieter und Abnehmer. Dies führt zu einer engeren Bindung der Marktpartner, die bei der Verhandlung über zukünftige Projekte eine wichtige Rolle spielen kann.

Durch eine zweite Erweiterung des Auftragscontrolling können bestehende **Interdependenzen zwischen verschiedenen Projekten** berücksichtigt werden. Nimmt die Unternehmungsleitung aus vertriebspolitischen und strategischen Gründen **Deckungsverzichte** bei (Referenz-)Projekten bewußt in Kauf, um für spätere (Referenz-)Folgeprojekte absatzwirtschaftlich Vorteile zu erzielen, so sind diese geplanten Verluste denjenigen Aufträgen anzulasten, für die daraus wirtschaftliche Vorteile erwartet werden. Eine projektübergreifende Erfassung und Verrechnung derartiger Verluste ermöglicht eine wirkungsvolle Kontrolle vertriebspolitischer Entscheidungen und bildet die Grundlage für die Bestimmung der erforderlichen zusätzlichen Erfolgsbeiträge der Folgeaufträge, durch die ein geplanter Deckungsverzicht auszugleichen ist (vgl. *Plinke*, 1985, S. 167 ff.; *Höffken/Schweitzer*, 1991, S. 162 f.). **Projektübergreifende Erfolgsverbunde** treten des weiteren bei **Einmalauszahlungen** z. B. für besondere technische Entwicklungen auf, die zwar durch einen bestimmten Auftrag induziert, in der Folge jedoch bei mehreren Aufträgen eingesetzt werden können. Auch hier sind die Einmalauszahlungen nicht allein einem Auftrag, sondern auch den begünstigten zukünftigen Aufträgen in angemessener Weise zuzurechnen (vgl. auch *Radomski/Betzing*, 1977, S. 185 ff.; *Laßmann*, 1984, S. 961 ff.).

# 4 Online-Kennziffernbildung als Grundlage des produktionsbegleitenden Controlling (Prozeßcontrolling)

## 4.1 Grundkonzept des Prozeßcontrolling

Aufgabe des **Prozeßcontrolling** ist die **kontinuierliche Unterstützung der laufenden Produktionsplanung, -steuerung und -kontrolle** durch aufgabenrelevante betriebswirtschaftliche Informationen und geeignete Informationsaufbereitungs- und -verarbeitungsmethoden (vgl. auch Kapitel 1.2.2.3; sowie Band 2, Teil VI, Kapitel 1.1 zu den Teilgebieten der Produktionsplanung, -steuerung und -kontrolle). Die im Zentrum des Internen Rechnungswesens stehende **periodische** Kosten- und Erlösrechnung kann derartige Informationen nur in begrenztem Maße zur Verfügung stellen. Durch das laufende Produktionsgeschehen werden nur die unmittelbar prozeßbezogenen Kostenarten in ihrer Höhe beeinflußt, während andere Kostenarten wie vor allem Abschreibungen, anlagenbezogene kalkulatorische Zinsen, Gehälter, zeitbezogen budgetierte Instandhaltungs-, Betriebsstoff- und Personalkosten zur Aufrechterhaltung der Betriebsbereitschaft durch laufende betriebliche Dispositionen und Produktionsabläufe in ihrer Höhe nicht berührt werden. Mit zunehmender Maschinisierung und Automatisierung der Produktion steigt der Anteil dieser längerfristig vorfixierten Kosten. Auf ihre Höhe kann im wesentlichen im Rahmen von Investitionsplanungen und von Entwicklungs-, Konstruktions- und Arbeitsvorbereitungsaktivitäten Einfluß genommen werden, wie im Rahmen des Projektcontrolling in Kapitel 3 dargestellt. Derartige Kostenarten werden i.d.R. zu Jahresbeginn für 12 Monate budgetmäßig geplant, den Betrieben als Vorgabegrößen bekanntgegeben und quartalsweise oder jährlich einem Soll-Ist-Vergleich unterzogen. Teilweise werden auch in der Istkostenrechnung kalkulatorische Vorgabegrößen verwendet, so daß sich dafür Soll-Istgrößen-Vergleiche erübrigen. Dies gilt vor allem für Abschreibungen, anlagenbezogene kalkulatorische Zinsen, kalkulatorische Vorlaufkosten und ggf. den kalkulatorischen Unternehmerlohn.

In der **monatlichen Kosten- und Erlösrechnung** werden bei Anwendung der Plankostenrechnung neben diesen kalkulatorisch vorfixierten Kosten **alle** laufend beeinflußbaren Kostenarten einem Soll-Ist-Vergleich unterzogen. Die entstehenden Beschäftigungs-, Verbrauchs- und Leistungsabweichungen geben Auskunft über Unter- und Überschreitungen der geplanten Sollgrößen. Bei Ermittlung der Ursachen und Verantwortlichkeiten für Abweichungen können die beteiligten Führungskräfte und deren Mitarbeiter zur Rechenschaft gezogen werden. Außerdem können Anhaltspunkte einerseits für Planrevisionen und andererseits für Vorkehrungsmaßnahmen zur Vermeidung von ausführungsbedingten Soll-Ist-Abweichungen in der Zukunft abgeleitet werden. Allerdings beinhalten solche **monatsbezogenen Abweichungsanalysen** zwei wesentliche Nachteile: Zum einen entstehen monatliche Abweichungen als **Saldogrößen** aus allen positiven und negativen laufenden (täglichen) Abweichungen. So kann beispielsweise eine Abweichung von Null beim Materialverbrauch oder bei einem Energiewirkungsgrad auch mehr oder minder zufällig entstehen, weil sich günstige und ungünstige Abweichungen im Laufe des Monats weitgehend kompensiert haben. In bezug auf die gewichtigsten laufend beeinflußbaren Kostenarten ist es jedoch zur wirtschaftlichen Prozeßsteuerung vielfach sehr bedeutsam, positive und negative Abweichungen **laufend erkennbar zu machen** und **den Beteiligten tagesnah bekanntzugeben**. Dies ist auch zur **Ergründung der Abweichungsursachen** und der **Feststellung der Verantwortlichkeit** hilfreich und vielfach unerläßlich, da sonst im nachhinein die Entstehungsgründe für Abweichungen im Laufe eines Monats nur aufwendig und häufig nicht mehr hinreichend genau und sicher festzustellen sind.

Ein weiteres Problem monatsbezogener Soll-Ist-Vergleiche liegt in der mangelnden **Aktualität** der 8–10 Tage nach Monatsende vorliegenden Informationen. Im Regelfall sind die Verantwortlichen umso weniger für eine Verbesserung der eigenen Tätigkeit zu motivieren, je längere Zeit nach Eintritt eines zur Abweichung führenden Ereignisses die wirtschaftlichen Folgen durch das Controlling aufgezeigt werden (vgl. auch *Kilger*, 1988, S. 538). Viel wirksamer im Hinblick auf die **Mitarbeitermotivation** ist es, wenn ihnen die wirtschaftlichen Auswirkungen unmittelbar bei Auftreten einer Produktionsstörung, eines Dispositions- oder Bedienungsfehlers sowie bei sonstigem Fehlverhalten verdeutlicht werden. Soweit keine Online-Informationsübermittlung aus wirtschaftlichen oder technischen Gründen möglich ist, sollten derartige Informationen bei den Hauptverantwortlichen und Verursachern spätestens nach Schichtende oder am Ende eines Arbeitstages vorliegen, um möglichst im Sinne des Regelkreisprinzips die erforderlichen Steuerungsmaßnahmen zur Anpassung der Istabläufe an die Sollvorgaben oder aber zur Neubestimmung von Sollvorgaben, insbesondere durch Planrevisionen, einzuleiten.

**Im Produktionsbereich** durch die Produktion **laufend beeinflußbare Größen** sind vor allem

- die **Erzeugniseinsatzstoffverbräuche**, insbesondere die vermeidbaren Mehrverbräuche wie z. B. Teile der Verschnittmengen, fehlerhaft bearbeitetes bzw. beim Materialzulauf nicht ausgesondertes fehlerhaftes Material;
- die **Betriebsstoffverbräuche**, insbesondere Energieverbräuche durch Abweichungen von technisch vorgegebenen Wirkungsgraden aufgrund der installierten Leistungen, regelwidrige Nutzung der Produktionsanlagen oder durch Abgehen von der optimalen Produktionsablauforganisation (z. B. durch Auftragsreihenfolge- und Losgrößenvariationen induzierte Verschiebungen optimierter Rüst- und Nutzungszeitrelationen) sowie Werkzeugmehrverbräuche durch vermeidbaren Verschleiß oder Werkzeugbruch;
- die **Bestandshöhe** für Material, Halbfabrikate und Fertigfabrikate (wobei z. B. durch eine Überdimensionierung Kapital für eine bestimmte Zeit in überflüssiger Weise gebunden wird und dadurch Zinskosten verursacht

bzw. eine anderweitige Verwendung der investierten Finanzmittel verhindert werden; andererseits können durch Unterdimensionierung Fehlmengenkosten verursacht werden);

- das **Qualitätsniveau der Produkte**, d. h. die Erstellung von Produkten mit Qualitätsmängeln unterschiedlicher Fehlerschwere bzw. von Ausschuß (wodurch Kosten der Nacharbeit oder einer erneuten Herstellung sowie der Entsorgung von Ausschußerzeugnissen verursacht werden; in diesem Sinne sind daher hier die laufend beeinflußbaren Teile der Qualitätssicherungskosten zu berücksichtigen);
- **Instandhaltungsanforderungen** aufgrund von Bedienungsmängeln bei den Produktionsanlagen oder besonderen Umstell- und Rüstprozessen aufgrund veränderter Produktionsdispositionen etwa bei der Auftragsfolge (wodurch erhöhte Instandhaltungskosten für zusätzliche Inspektions-, Wartungs- und Instandsetzungsmaßnahmen entstehen können);
- der **Personalbedarf** durch veränderten Arbeitskräfteeinsatz auf Grund von betrieblichen Umdispositionen im Zusammenhang mit Änderungen der Produktionsablaufplanung sowie störungs- oder kundenbedingten Auftragsumstellungen (z. B. zusätzliche Personalkosten für Mehrarbeit, durch zwischenbetriebliche Umsetzung von Personal oder durch den zusätzlichen Einsatz von Teilzeitarbeitskräften oder auch geringere Personalkosten durch Kurzarbeit, zwischenbetriebliche Umsetzung von Personal);
- die ablauforganisatorisch bedingten **Maschinenlaufzeiten** (wodurch vor allem Stillstands- und Leerlaufkosten beeinflußt werden, in Engpaßsituationen auch die Höhe entgehender Deckungsbeiträge).

Neben der laufenden Erfassung und Überwachung der genannten Kostenarten sind **spezifische Leistungsgrößen** in das Prozeßcontrolling einzubeziehen. Die maschinellen Leistungen sind in qualitativer und quantitativer Hinsicht laufend zu erfassen und zu analysieren. In diesem Zusammenhang ist auch die **Anlagenverfügbarkeit** bzw. der Anlagennutzungsgrad von besonderer Bedeutung, der im Rahmen der Betriebszeit durch die Relation zwischen Hauptnutzungszeiten, Nebennutzungszeiten (wie insbes. Rüst- und Umstellzeiten) und Stillstandszeiten bestimmt wird. **Hochautomatisierte Fertigungssysteme** binden i.d.R. **relativ hohe Kapitalbeträge** und verursachen erhebliche Kosten zur Sicherung der Betriebsbereitschaft. Daher sind im Rahmen der Investitionsplanung eine absatzgerechte Dimensionierung und entsprechend hohe Auslastung der verfügbaren quantitativen und qualitativen Kapazitäten zur Erreichung eines wirtschaftlichen Optimums anzustreben. Soweit es sich um flexible Fertigungssysteme mit einer Automatisierung von Umstellprozessen handelt und weitgehende Simultanität von Rüst- und Arbeitsvorgängen realisierbar ist, kann bei relativ hohen Auftragsbeständen eine hohe Nutzungsintensität verwirklicht werden. Dadurch entfallen die überwiegend fixen vordisponierten Bereitschaftskosten auf entsprechend größere Produktmengen und ggf. auch auf eine qualitativ breitere Produktpalette, so daß die daraus folgende Kostendegression zu relativ niedrigeren Stückkosten führt. **Diese unter dem Begriff der Leistung** zu erfassenden **Einflüsse auf die Wirtschaftlichkeit** erfordern die **Bildung von spezifischen Kennziffern**. Das operative Prozeßcontrolling soll daher für die betriebswirtschaftliche **Beurteilung von ablaufbezogenen Betriebsdispositionen** und **Überwachungsmaßnahmen** neben den laufend beeinflußbaren Kosten (einschließlich dispositionsbedingt entgehender Deckungsbeiträge) **die spezifischen Leistungskennziffern** und **deren Bestimmungsfaktoren** verfügbar halten.

Voraussetzung für die Einrichtung eines derartigen **Online-Kosten- und Leistungskennziffernsystems** ist eine **Real-Time-Erfassung, -Verarbeitung und -Speicherung** sowie **Online-Übertragung** von technisch-wirtschaftlichen Daten im Rahmen eines hochentwickelten CIM- und CAO-Konzepts. Ein derartiges **Prozeßcontrolling basiert** damit auf den technischen Produktionsplanungs- und -steuerungssystemen, auf der automatisierten Betriebsdatenerfassung, der computergestützten Konstruktion und Entwicklung, der Auftragsverwaltung im Rahmen der Produktionsplanung, der technischen Prozeßsteuerung sowie der Lager-, Personal- und Anlagenverwaltung bzw. den zugehörigen Informationssystemen. Dabei wird unter einem Prozeß der nach dem automatisierten Regelkreisprinzip verkettete Umfang von Produktions-, Planungs- und Überwachungsvorgängen zur Herstellung eines lager- bzw. absatzfähigen (Teil-) Produktes verstanden (vgl. Band 1, Teil I, Kapitel 3.2 (2); *Kaiser*, 1991, S. 60 ff.).

Neben der **Überwachung** durch laufende Soll-Istgrößen-Vergleiche und darauf basierenden Regelprozessen zur Adjustierung der Produktionsabläufe an jeweilige Zielvorgaben sollte ein derartiges Online-Kosten- und Leistungskennziffernsystem für die **Unterstützung von in der Produktion laufend**, d. h. insbesondere schicht- und tagesweise **zu treffenden Dispositionen** herangezogen werden können. Dabei geht es um Entscheidungen zur Ausfüllung bestehender Freiheitsgrade im Rahmen der durch die Arbeitsvorbereitung fixierten Produktionspläne sowie um Planänderungen aufgrund von Betriebsstörungen oder bewußten Umdispositionen bei der Auftragsbearbeitung, sei es in Form von Veränderungen der Produktqualität i.w.S., der Bearbeitungsweise oder Auftragsreihenfolge bzw. Maschinenzuordnung von Aufträgen, etwa auf Grund einer **ad-hoc Einplanung neuer, besonders wichtiger Aufträge**. Für den Benutzer dieses Informationssystems sind vor allem **Simulationen** der ablaufmäßigen und wirtschaftlichen Auswirkungen möglicher Umdispositionen von besonderer Bedeutung, die **im Bildschirmdialog abrufbar sein sollten**.

Insoweit laufende Planungsüberlegungen und die Entscheidungsfindung auf ein wirtschaftliches Optimum ausgerichtet werden sollen, ist grundsätzlich als **Zielgröße** das **Unternehmungsergebnis** bzw. ein **maßnahmenspezifischer Ergebnisbeitrag** zu verwenden (vgl. Band 1, Teil I, Kapitel 1.2.3). Diese prinzipielle Forderung ist jedoch im Rahmen eines Online-Prozeßcontrolling vielfach nicht zu erfüllen, da mit den verfügbaren Informationsinstrumenten derartige Ergebnisbeiträge in der Regel nicht zu erfassen sind. Das laufende Kostenrechnungs- und Kennziffernsystem kann daher nur als **heuristischer Ansatz** auf **Subzielgrößen** ausgerichtet werden. Durch Plausibilitätsüberlegungen sind dabei die zu erwartenden Ergebniswirkungen von **ausgewählten Kosten- bzw. Leistungseinflußgrößen** im Rahmen der jeweiligen Bedingungen und Entscheidungssituationen zu analysieren. Diese Vorgehensweise entspricht den aus der Produktionsablaufplanung bekannten **Prioritätsregelverfahren** (vgl. Band 2, Teil VI, Kapitel 3.3.1). Eine Verminderung von Verschnittanteilen oder Produktausschußmengen trägt bspw. dann zu einer Verbesserung des Unternehmungserfolges bei, wenn die Kosten der für die Verschnitt- oder Ausschußverminderung eingesetzten Verfahren und Instrumente nicht höher ausfallen als die dadurch erreichbaren Kostensenkungen (**entscheidungsfallbezogene Grenzbetrachtung**). In vielen Fällen lassen sich jedoch derartige Beziehungen zwischen den Subzielgrößen auf einer (unteren) Entscheidungsebene und den erfolgsmäßigen Oberzielen nicht nachweisen. Hier kann nur **durch Plausibilitäten im Sinne eines heuristischen Ansatzes** in Richtung **bestimmter Kennziffernvorgaben** geplant und entschieden werden.

Im folgenden Kapitel 4.2.2 werden in der Praxis häufig verwendete Kennziffern auf Basis von wesentlichen Kostenverursachungs- und -einflußgrößen beispielhaft dargestellt. **Generell gültige Kennziffern sind nicht aufstellbar;** vielmehr müssen je nach Produktions- bzw. Absatzbedingungen sowie den besonderen betrieblichen Gegebenheiten **für das jeweilige Prozeßcontrolling geeignete Kennziffernvorgaben** ermittelt werden. Entscheidend ist, daß nach Einzelvorgängen erfaßbare und zuordnungsfähige **Mengen- und Zeitgrößen** aufgespürt werden, aus denen ein **System von hierarchisch geordneten Kennzahlen** entwickelt wird, die die **wesentlichen Abhängigkeiten zwischen den Einflußmöglichkeiten des Entscheiders und der Wirtschaftlichkeit in seinem Dispositionsbereich sowie im Hinblick auf das oberste Erfolgsziel** der Unternehmung zum Inhalt haben. Damit sollen die übergreifenden Beziehungszusammenhänge und Auswirkungen von betrieblichen Dispositionen auf den Unternehmungserfolg über die verschiedenen Entscheidungsbereiche einer Unternehmung hinweg und für die Ausführungskräfte hinreichend transparent gemacht werden. Mit derartigen heuristischen Ansätzen können jedoch **i.d.R. keine optimalen Lösungen gefunden werden;** erfahrungsgemäß kann aber eine **wesentliche Verbesserung der Wirtschaftlichkeit** gegenüber Dispositionen auf Grund spontaner Augenblicksentscheidungen, die nicht auf einem derart **systematisch fundierten Prozeßcontrolling** basieren, erreicht werden.

**Konzeptionell bedeutsam** ist, daß **zwischen dem Prozeßcontrolling und der periodischen Erfolgsrechnung klare Verbindungen hergestellt werden.** Soweit auch periodisch relevante Kosten- und Leistungsgrößen Online erfaßt werden, sind diese grundsätzlich so zu speichern und aufzubereiten, daß sie als Bausteine oder Basisinformationen in die monatliche Kosten- und Erlösrechnung sowie darauf aufbauende Periodenerfolgsrechnungen eingehen können. Nur dadurch kann ein **geschlossenes System der laufenden und periodischen betriebswirtschaftlich fundierten Planung und Überwachung** geschaffen werden. Aus den durch laufende Erfassung und Überwachung im Prozeßcontrolling berücksichtigten Qualitäts-, Mengen- und Zeitgrößen setzt sich in vielen Fällen auch das Mengen- und Zeitengerüst der periodischen Kosten und Erlöse zusammen, wobei diese in der monatlichen Kosten- und Erlösrechnung mit beschaffungs- und absatzmarktorientierten Preisen oder entsprechenden Verrechnungspreisen zu bewerten sind.

Die Forderung nach einem **integrativen prozeß- und periodenbezogenen Informationssystem** stößt in der Praxis z.Zt. noch auf **erhebliche Realisationsprobleme.** Dort herrschen überwiegend **Insellösungen** vor, bei denen wesentliche Kosten- und Erlöseinflußgrößen statistisch erfaßt, geplant und auch in

Soll-/Istvergleichen überwacht werden. Die **Gefahr isolierter Kennziffernaus-wertungen** liegt jedoch darin, daß die Gesamtwirkungen auf Kosten und Erlöse bzw. den Unternehmungserfolg nicht erkennbar werden und derartige Ziffern auch von den Mitarbeitern in den Betrieben nicht ausreichend ernst genommen werden, so daß die angestrebten Motivationswirkungen in Richtung effizienteren Handelns zur Verbesserung der Wirtschaftlichkeit verlorengehen können.

**Zusammenfassend** kann als oberste **Zielsetzung** des **Prozeßcontrolling** im hier verstandenen Sinne herausgestellt werden, daß für die laufende wirtschaftliche Planung, Disposition und Überwachung technisch und organisatorisch abgegrenzter Produktionsprozesse kosten- und leistungsorientierte Mengen- und Zeitkriterien im Rahmen eines **Kennziffernsystems** Online ermittelt und den Dispositionskräften der verschiedenen Ebenen in der Unternehmung im Rahmen von Simulationsansätzen bzw. Alternativrechenmodellen sowie nach Möglichkeit auch EDV-gestützten (Sub-)Optimierungssystemen – insbesondere in Form des Bildschirmdialogs – bei Bedarf auf Abruf zur Verfügung gestellt werden sollen.

## 4.2 Produkt-, produktionsfaktor- und ablaufbezogene Kennziffern im Rahmen des Prozeßcontrolling

### 4.2.1 Definition, Zweck und Arten von Kennzahlen und Kennzahlensystemen

**Kennzahlen** dienen der Darstellung quantitativ erfaßbarer Sachverhalte für eine bestimmte Anwendung in verdichteter Form (zur Definition vgl. *Hahn*, 1985, S. 55 u. 167; *Reichmann*, 1990, S. 15; *Kaiser*, 1991, S. 92 f.). Durch Kennzahlen sollen komplexe betriebswirtschaftliche sowie betriebswirtschaftlich-technisch relevante Zusammenhänge in ihrer jeweils aufgabenspezifischen Bedeutung erkennbar und beurteilbar dargestellt werden, wobei je nach Führungsebene ein unterschiedlicher Aggregations- bzw. Differenzierungsgrad anzustreben ist.

Nach der Ausprägung lassen sich als **Kennzahlenarten absolute und relative Kennzahlen** unterscheiden (vgl. insbesondere *Staehle*, 1969, S. 52 f.; *Staudt u.a.*, 1985, S. 24 ff.; *Groll*, 1991, S. 12 ff.; *Kaiser*, 1991, S. 92 ff.). Im Gegensatz zu dieser Auffassung verwenden einige Autoren den Kennzahlenbegriff allerdings nur für relative Zahlen (vgl. *Schott*, 1988, S. 19; *ZVEI*, 1989, S. 13). **Absolute Zahlen** sind **Einzelzahlen**, **Summen**, **Differenzen**, **Mittelwerte** und **Streuungsparameter**. Sie fassen quantifizierbare Sachverhalte zusammen, während **Verhältniszahlen** Relationen zwischen absoluten Zahlen abbilden. Generell werden drei Arten von Verhältniszahlen unterschieden: **Gliederungszahlen**, **Beziehungszahlen** und **Indexzahlen**. Gliederungszahlen stellen eine Teilgröße der entsprechenden Gesamtgröße gegenüber, Beziehungszahlen geben das Verhältnis wesensverschiedener statistischer Massen wieder und Indexzahlen stellen die Beziehungen zwischen wesensgleichen, zeitlich unterschiedlichen Größen her, wobei eine Größe als Basis gewählt wird. Der Vorteil der Verhältniszahlen ist darin zu sehen, daß hier das Zusammenwirken mehrerer Komponenten ersichtlich wird. Bei Beziehungszahlen ist die Interpretation jedoch abhängig von dem vermuteten dahinterstehenden sachlogischen Zusammenhang, z.B. in Form einer Ursache-Wirkungs-Beziehung. Maßgebend für die Bildung von Kennzahlen ist die jeweilige Aussagefähigkeit im Hinblick auf eine zu erfüllende Aufgabe bzw. zu klärende Fragestellung. Aus betriebswirtschaftlicher Sicht ist dabei **grundsätzlich** zu fordern, daß **Kennzahlen direkt oder indirekt eine Verbindung zu den Unternehmungszielen aufweisen sollten**. Kennzahlen können die Dimensionen **Wert bzw. Geld, Zeit** oder **Menge** tragen, nach der **zeitlichen Dimension zeitpunkt-** oder **zeitraumbezogen** sein (vgl. Schaubild IX.60), aber auch in dimensionsloser Form auftreten (z.B. Wirkungsgrade oder Ausbeuteziffern in %).

Für das Prozeßcontrolling dienen als Basis für die Ermittlung von Kennzahlen schwerpunktmäßig die im technischen Ressort verankerten Informationssysteme (PPS, CAM, CAQ); daneben wird auf originäre Informationen der Kosten- und Erlösrechnung sowie auf sonstige betriebswirtschaftliche Unterlagen wie Personal-, Material-, Anlageninformationssysteme und Produkt- sowie Vertriebsinformationssysteme zurückgegriffen.

Zu den wichtigsten **Grundsätzen für die Verwendung von Kennzahlen** gehört (vgl. Blohm, 1970, S. 45 ff.; Mertens/Griese, 1991, S. 52 f.), daß

–   Kennzahleninformationen empfängeradäquat zu gestalten und an deren Auswertungszwecken zu orientieren sind;
–   Kennzahlen nicht isoliert dargestellt, sondern durch Vergleichsgrößen einer Beurteilung zugänglich gemacht werden sollten;

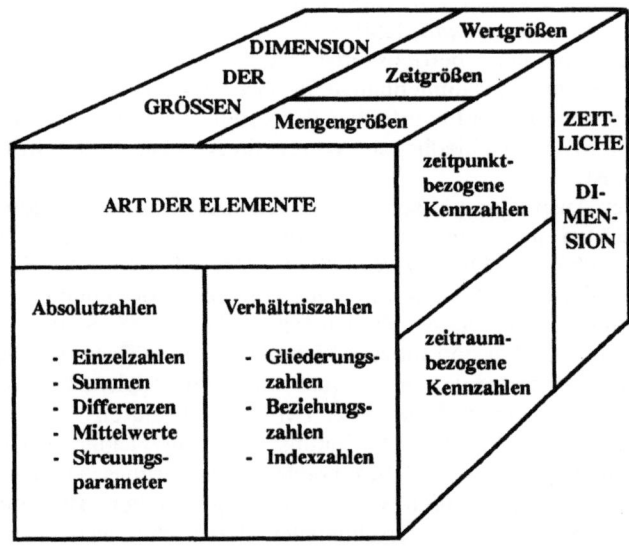

**Schaubild IX.60.**   Dreidimensionales Schema zur Charakterisierung von Kennzahlenarten

– formal in einer Unternehmung auf einheitliche Kennzahlendefinitionen und -strukturen zu achten ist.

**Die Darstellung** von Kennzahleninformationen kann **graphisch, tabellarisch** und **textlich** erfolgen. Eine Grundform der Aufbereitung und Darstellung von Kennzahlen bilden Tabellen, die durch Graphiken ergänzt werden können. Hierbei sind in den Graphiken und Tabellen in einem einheitlichen **Zeitraster** (z. B. Schicht-, Tages-, Wochen-, Dekaden- und Monatsangaben) zeitpunkt- oder zeitraumbezogen Soll- und Istzahlen sowie Abweichungen anzugeben. Insbesondere Abweichungen und Maßnahmen sind auch textlich zu kommentieren.

Eine Einzelkennzahl besitzt nur begrenzte Aussagekraft, da sie nicht die Zusammenhänge erkennen läßt, die hinter dem durch sie ausgedrückten Sachverhalt stehen, die ihn beeinflussen oder durch ihn beeinflußt werden (vgl. *Lachnit*, 1976, S. 216). Um die Möglichkeit vieldeutiger Interpretationen auszuschließen und die Abhängigkeitsbeziehungen zwischen den Einzelkennzahlen erfassen zu können, werden **Kennzahlensysteme** verwendet (vgl. *Reichmann*, 1990, S. 18). Unter einem Kennzahlensystem versteht man die **geordnete Gesamtheit von Kennzahlen, die untereinander in (sinnvollen) Beziehungen stehen, einander ergänzen oder erklären und auf einen gemeinsamen übergeordneten Sachverhalt ausgerichtet sind** (vgl. *Staehle*, 1969, S. 69; *Kern*, 1971, S. 703).

Von solchen hierarchisch aufgebauten Kennzahlenverbindungen lassen sich **Kennzahlenübersichten** unterscheiden, die durch die fehlende Beziehungshierarchie gekennzeichnet sind, d. h. es bestehen keine direkten, insbesondere rechenbaren Über- bzw. Unterordnungsbeziehungen zwischen den Kennzahlen, und sie sind nicht explizit auf einen übergeordneten Sachverhalt ausgerichtet.

Die **Vorteile solcher Kennzahlenübersichten** liegen in der großen Flexibilität und in der Möglichkeit, nur solche Kennzahlen auszuwählen, die für die Führung in einer bestimmten Situation von besonderer Relevanz sind. Ein **Nachteil** ist darin zu sehen, daß der Aufbau ungeordnet, d. h. ohne strenge Zielorientierung, erfolgt. Dagegen ermöglicht der hierarchische Aufbau eines Kennzahlensystems, verbunden mit einer rechnerischen Verknüpfung der Zahlen, eine Erhöhung der Aussagekraft des gesamten Systems. Die Stärke der Zusammenhänge zwischen den einzelnen Elementen wird verdeutlicht (vgl. *Lachnit*, 1976, S. 221 f.), insbesondere die Zielbezogenheit der einzelnen Kennzahlen. Der Nachteil mancher Kennzahlensysteme mit mathematischen Beziehungen besteht darin, daß sie aufgrund der mathematischen Ableitung aller Kennzahlen sehr umfangreich sind. Die notwendige Aufnahme zahlreicher Hilfskennzahlen, die oftmals selbst keinen Aussagewert liefern, beeinträchtigen dann vielfach die Übersichtlichkeit des Kennzahlensystems (vgl. *Lachnit*, 1979, S. 293 f.; *Groll*, 1991, S. 31).

Nach der **Art der Elemente** lassen sich Kennzahlensysteme (und Kennzahlenübersichten) danach unterscheiden, ob überwiegend Absolutzahlen oder Verhältniszahlen verwendet werden; nach den Dimensionen der dargestellten Größen danach, ob Wert- oder Zeit- und Mengengrößen im Vordergrund stehen. In der Regel beinhalten Kennzahlensysteme verschiedene Arten von Kennzahlen.

Zur Sicherstellung der bestmöglichen Aufgabenerfüllung hat ein Kennzahlensystem insbesondere den **Grundanforderungen** der

- Zielbezogenheit,
- Vollständigkeit,
- Aktualität,
- Flexibilität und
- Wirtschaftlichkeit

zu genügen (vgl. dazu auch die grundsätzlichen Anforderungen an Informationssysteme in Kapitel 1.1.2; *Hahn*, 1985, S. 53 ff.).

Aufgabe des hier interessierenden Kennzahlensystems ist es, den Führungskräften im Produktionsbereich entscheidungsrelevantes Wissen in verdichteter Form zur Verfügung zu stellen. Da Entscheidungen aber nur anhand eines Zielkriteriums oder mehrerer Zielkriterien getroffen werden können, muß das Kennzahlensystem **zielbezogene Kennzahlen** bereitstellen. Die einzelnen Kennzahlen sind daher zu den Sach-, Wert- und/oder Humanzielen der Unternehmung bzw. des Produktionsbereiches in Beziehung zu setzen.

Ein Kennzahlensystem des Produktionsbereiches soll nach Möglichkeit das gesamte Geschehen dieses Bereiches durch für die Führung relevante Informationen aufzeigen. Da die verschiedenen zu erfassenden Informationen in einem wechselseitigen Abhängigkeitsverhältnis zueinander stehen, lassen sich aus dem Kennzahlensystem nur sinnvolle Aussagen gewinnen, wenn es **vollständig** ist. Eine isolierte Betrachtung einzelner Kennzahlen führt in der Regel nur zu begrenzten Aussagen.

Der Wert von Kennzahlen wird wesentlich von dem Grad ihrer **Aktualität** bestimmt. Kennzahlen sind dann aktuell, wenn durch sie eine im Entscheidungszeithorizont liegende Planung gewährleistet wird (vgl. auch *Hahn*, 1975, S. 84). Außerdem ist das Kennzahlensystem so **flexibel** zu strukturieren, daß es mit möglichst geringem Aufwand an neue oder veränderte Anforderungen angepaßt werden kann. Auch der Aufbau eines Kennzahlensystems hat sich am Grundprinzip der **Wirtschaftlichkeit** des Informationswesens zu orientieren, was in der Regel nur tendenziell erfolgen kann, da eine Quantifizierung des Nutzens schwer oder meistens gar nicht möglich ist. Die Erfüllung der genannten Anforderungen durch das Kennzahlensystem muß daher einer ständigen Überprüfung unterzogen werden.

## 4.2.2 Beispiel eines Kennziffernsystems für das Prozeßcontrolling

### 4.2.2.1 Allgemeine Anforderungen für Struktur und Einbindung des Kennziffernsystems in das Informationssystem

Bei Automatisierung kommt auf Grund der hohen Anteile von vorfixierten Kosten – insbesondere durch Investitions- und Entwicklungsmaßnahmen – der laufenden Beeinflussung und Überwachung der Wirtschaftlichkeit im Produktionsbereich besondere Bedeutung zu. Im Mittelpunkt stehen dabei Produktionsleistung, Produktqualität einschließlich Ausschußanteile, vermeidbare Material- und Energieverbräuche, Produktivität des Anlagen- und Personaleinsatzes sowie der Anteil laufend beeinflußbarer faktoreinsatzbedingter Kosten. Mit einem betriebsspezifischen Kennzahlensystem sind diese Einflußkomplexe auf die Wirtschaftlichkeit von Produktion und Betriebsführung transparent und für laufende Betriebsdispositionen in Form von Sollvorgaben und Prioritätsregelungen verfügbar zu machen.

Als **Zeitbezug** für diese Kennziffern kommen je nach Produktionstyp und -organisation die tägliche Betriebs- oder Arbeitszeit, Schichtzeit, Chargenzeit, aber auch der Arbeitstag, die Wochenarbeitszeit oder Dekade (10 Arbeitstage) in Betracht. Welcher Zeitbezug für eine Kennziffer zweckmäßig ist, hängt vom Gewicht des erfaßten Einflusses auf die Wirtschaftlichkeit und dem herrschenden Dispositionsfreiheitsgrad ab. Beispielsweise kann im Hinblick auf die Qualitätsüberwachung bei Nullfehlervorgabe ein kontinuierlicher Soll-Ist-Vergleich erforderlich sein, wie er bei automatisierter Produktionssteuerung üblich ist. Qualitätskennziffern mit Fehlerraten je Faktorart und Ausschußraten beziehen sich dann z. B. auf Betriebsstunden. Dagegen können die wirtschaftlichen Auswirkungen von Mehrarbeit nur je Schicht, Arbeitstag, Dekade und/oder Monat zu verdeutlichen sein. Neben Soll-Ist-Vergleichen für die Kennziffern spielen für das Prozeßcontrolling Zeitvergleiche der Istwerte eine wichtige Rolle. Berichte über die zeitliche Entwicklung, z. B. das Aufzeigen von auf- und absteigenden Trends können einen bedeutsamen Einfluß auf die Mitarbeitermotivation ausüben.

In der Praxis werden z. B. **Qualitätsregel- und -kontrollkarten** in dieser Weise eingesetzt. Allerdings handelt es sich dabei vielfach nur um eine eng begrenzte Informationsinsel. Eine Verbindung von Qualitätskennzahlen mit weiteren Kriterien wirtschaftlicher Gestaltung der Betriebe im Sinne eines umfassenden Kennzahlensystems wird nicht hergestellt. Weiterhin erfolgt keine ergebnisorientierte Bewertung.

Die Sensibilisierung der Mitarbeiter für wirtschaftliche Zusammenhänge kann jedoch wesentlich gesteigert werden, wenn z. B. zusätzliche Verluste oder Gewinne beziffert werden (Grenzergebnisbeiträge), die durch das Absinken bzw. Ansteigen von Fehler-, Ausschuß- oder Ausbringungsraten entstehen. Entsprechendes gilt für Veränderungen von Energiewirkungsgraden, Verschnittmengen, Anlagenstillstandszeiten bzw. Relationen zwischen Rüst- und Nutzungszeiten, Personaleinsätzen u.dergl. Allerdings sind **ergebnisorientierten Bewertungen** qualitativer, mengen- und zeitorientierter Kennziffern erhebliche Grenzen gesetzt. Dies folgt aus der Problematik einer tief gestaffelten Zielgrößenhierarchie, wie in Band 1, Teil I, Kapitel 1.2.3 ausführlich behandelt. Unabhängig davon sollten in Ergänzung eines Kennzahlenberichtssystems bei wirtschaftlich gewichtigen Einflußgrößen näherungsweise geschätzte Bewertungen vorgenommen werden. Dadurch kann die Motivation der Mitarbeiter im Sinne wirtschaftlichen Verhaltens wesentlich stimuliert werden. Diese in der Praxis nur mit Schwierigkeiten zu lösende betriebswirtschaftliche Aufgabe entspricht dem Ansatz pretialer Lenkung im Sinne *Schmalenbachs* (vgl. *Schmalenbach*, 1947, S. 22 ff.). Eine laufende Überwachung und Überprüfung derartiger Bewertungsgrößen nach wirtschaftlichen Plausibilitäten ist unerläßlich. So kann beispielsweise durch eine tendenziell überhöhte negative Bewertung von Abfallmengen in den Produktionsbetrieben die Abfallvermeidung durch Veränderungen der Produktionstechnologie oder den Einsatz anderer Erzeugniseinsatzstoffe gefördert werden. Liegen für den Abfallverwertungsbetrieb jedoch die Abfallbeseitigungskosten wesentlich unter den verrechnungspreisbedingten Erlösen, die gegenüber dem Produktionsbetrieb (Entfallstelle) erzielt werden, so werden in diesem Unternehmungsbereich wirtschaftlich falsche Signale gesetzt: Es wird dort Interesse an mehr Abfall geweckt. Trotz dieser Problematik sollten die nicht unmittelbar in Kosten, Erlösen und Erfolgen ausgedrückten Kennziffern in angemessener Weise wirtschaftlich nach dem zu vermutenden Ergebniseinfluß gewichtet werden, um damit die Betriebsführung durch wirtschaftliche Signale aus dem Controllingbereich zu beeinflussen.

Neben der Lösung der Bewertungsproblematik ist für eine Verbindung des Kennziffernsystems des Prozeßcontrolling mit der (monatsbezogenen) Perioden-Kosten-, Erlös- und Erfolgsrechnung sowie betrieblichen Berichterstattung zu sorgen (vgl. *Kaiser*, 1991, S. 207 ff.). Das Periodenergebnis eines im Rahmen der Unternehmungsorganisation relativ selbständig operierenden Unternehmungsbereichs resultiert aus der Vielzahl der im operativen Kennzahlensystem erfaßten Einzelvorgänge, die im Laufe einer Berichtsperiode wechselnd ergebnispositive und -negative Beiträge erbringen können. Daher sind die Analyse der die Wirtschaftlichkeit der Produktion bestimmenden Ursachen, die Feststellung der Verantwortlichkeiten sowie die Ableitung von Sollvorgaben auf allen betrieblichen Ebenen auf Basis der historisch-operativen Entwicklung der wesentlichen Kennziffern und ihrer periodenbezogenen Monatssalden am besten zu fundieren und abzusichern.

Da es sich um betriebswirtschaftlich-technische Kennzahlen handelt, ist das betriebswirtschaftliche Controllingsystem auch unmittelbar mit der technischen Datengewinnung und -verarbeitung zu verbinden. Dies gebietet die Rationalität **im Sinne der einmaligen Informationserfassung** und **-speicherung**, da die benötigten Grundgrößen überwiegend für technische Steuerungszwecke schon heute in vielen Betrieben, vor allem bei höherer Automatisierung, verfügbar sind (vgl. Kapitel 1.3). Erfahrungsgemäß sind allerdings die Differenzierung und der Umfang der technischen Informationen für betriebswirtschaftliche Auswertungen viel zu weitreichend, so daß durch auf die spezifischen Belange des Prozeßcontrolling zugeschnittene Selektionsprozesse die benötigten Informationen aus dem technischen Informationspool zu gewinnen sind, insbesondere durch eine problemadäquate Zusammenfassung von Einzelinformationen. Nur soweit zwischen den betriebswirtschaftlichen Kennzahlen für das Prozeßcontrolling und den technischen Informationen und Kennzahlen für die laufende Produktionsplanung, -steuerung und -kontrolle eindeutige und jederzeit nachvollziehbare Brücken bestehen, kann ein angemessenes Verständnis bei den technischen Fachkräften für die Aufgabenstellung und Methodik des Prozeßcontrolling erwartet und gefördert werden, zumal auch die betriebswirtschaftlichen Informationen von den Arbeitsvorbereitern, Produktionsplanern und Überwachungskräften der Produktionsprozesse zielführend verwendet werden sollen. Durch das Prozeßcontrolling als Institution werden neben die rein technischen Informationen Kennzahlen gestellt, die die wirtschaftlichen Auswirkungen alternativer Dispositionen erkennbar machen und möglichst weitreichende Transparenz in die wirtschaftlichen Auswirkungen von Abweichungen zwischen Vorgabe- bzw. Sollgrößen und Istgrößen bringen sollen.

## 4.2.2.2  Darstellung des Kennziffernsystems für das Prozeßcontrolling

Für eine teilautomatisierte Montage von Personal-Computern bzw. den entsprechenden Automatisierungstyp der Produktion ist von *Kaiser* beispielhaft ein umfassendes operatives Kennzahlensystem entwickelt worden (vgl. *Kaiser*, 1991, S. 107 ff.). Der durch das Kennzahlensystem abzudeckende Informationsbedarf ist aus den konkreten Entscheidungs- und Kontrollaufgaben der Produktionsprozeßführung abzuleiten, d. h. den operativen Freiheitsgraden für Dispositionen des Prozeßverantwortlichen, und übergeordnet festgelegten Vorgaben, die auf ihre Einhaltung zu kontrollieren sind (vgl. Schaubild IX.61).

Schaubild IX.62 zeigt den grundsätzlichen Aufbau, die inhaltliche und hierarchische Strukturierung sowie die zeitliche Dimensionierung des für den Produktionstyp teilautomatisierte Montagefertigung konzipierten Kennziffernsystems zum Prozeßcontrolling.

Die wichtigsten Datenquellen für die operative Kennzahlenrechnung sind in Schaubild IX.63 dargestellt (vgl. dazu auch *Groth/Kammel*, 1992, S. 8).

Die erforderlichen Bewegungsdaten je Material-, Personal-, Anlagen- und Auftragsnummer lassen sich primär aus den Prozeßsteuerungs-, PPS- und BDE-Systemen ableiten. Die zugehörigen Stammdaten sind insbesondere in den CAD-, Auftrags-, Lager-, Personal- und Anlagenverwaltungssystemen enthalten (vgl. *Kaiser*, 1991, S. 191 f.). Die aus diesen technischen Datenquellen resultierenden Informationen sind vorwiegend zur Beurteilung der tatsächlich erreichten Wirtschaftlichkeit geeignet. Neben der reinen Dokumentation sind eine Gegenüberstellung zu Soll- oder Vorgabegrößen und eine entsprechende Abweichungsermittlung und -beurteilung durchzuführen. Darauf aufbauend kann für zukunftsbezogene Maßnahmen eine Planung bzw. Gegenüberstellung von Alternativlösungen bis hin zu Suboptimierungen durchgeführt werden, soweit aus den technischen Unterlagen und zusätzlichen betriebswirtschaftlichen Überlegungen tragfähige Vorgabe- oder Sollgrößen abgeleitet werden können.

**Inhaltlich** wird das operative Kennzahlensystem **strukturiert** nach dem Einsatz der Produktionsfaktoren, nach Bereichen des Transformationsprozesses und nach Kriterien des Produktionsergebnisses (vgl. Schaubild IX.64).

Entsprechend werden **faktoreinsatz-, prozeß- und produktbezogene Kennziffern** gebildet. Dabei ist prinzipiell jedes Kennzahlenfeld zweigeteilt nach Plan- bzw. Sollwerten und Istwerten. Außerdem werden einerseits nach Teilbereichen, andererseits nach primären Inputfaktoren zusammengefaßte Kennzahlen gebildet. Weiterhin kann durch eine Zusatzauswertung die zeitliche Entwicklung ausgewählter Kennziffern dargestellt werden.

| Freiheitsgrade | Beispiele für Kennzahlen zur Alternativenbeurteilung und Durchführungskontrolle |
|---|---|
| - Planmäßige Anpassung an Über-/Unterbeschäftigung durch Kapazitätsangebots- und Bereitschafts-veränderung<br>= Personalumsetzung<br>= Mehrarbeit/Kurzarbeit<br>= Wartezeitenauf-/-abbau | Kapazitätsbedarfe, Kapazitätsangebote, Auslastungen, Zeitarten, Ausbeute, Ausschuß, Nacharbeit, Fehlzeiten, Lohnkosten |
| = Auf-/Abbau der Betriebsbereitschaft von Arbeits-stationen<br>= Prozeßbedingungen/Produktionsgeschwindigkeit<br>= Fertigungszeitgrad/Instandhaltungsanteil | Hilfs- und Betriebsstoffverbrauch, Auslastungen, Produktionszeiten, Liefertermine, Ausschuß, Nacharbeit<br><br>Störungs-, Wartungs-, Durchlaufzeiten |
| - Reaktion auf Störungen<br>= Auftragsreihenfolgeveränderung<br>= Anlagen-/Arbeitsstationenwechsel<br>= Produktionsstillstand/Rückstandsaufbau | Erzeugnisfehlmengen, Anlagenausfälle<br>Auslastungen, Hilfs- und Betriebsstoffverbrauch<br>Stillstands-, Durchlaufzeiten, Termineinhaltung |
| - Qualitätssicherung<br>= Prüfumfang (Voll-/Stichprobenprüfung, Prüfdauer)<br>= Qualitätsverbesserungsmaßnahmen | Fehlerhäufigkeiten, Fehlergründe, Nacharbeits-, Aus-schußmengen<br>Materialfehler, Fehlerhäufigkeiten, Fehlergründe, Fehlerorte, Reparaturzeiten |

| Vorgaben | Beispiele für Kennzahlen zur Durchführungskontrolle |
|---|---|
| - Determinanten des Kapazitätsbedarfs<br>= Tages- und Wochenproduktionsprogramm (Art, Menge, Termin) inklusiv Rückstandsabbau | Leistungsmengen, Liefertermine, Termineinhaltung, Durchlaufzeiten, Fertigerzeugnisbestände, Losgröße |
| - Determinanten des Kapazitäts- und Bereitschafts-angebots<br>= maximale Betriebszeit<br>= Schichtanzahl<br>= Instandhaltungsintervalle<br>= Ausfallzeiten | Anlagen-, Personalkapazitäten, Auslastungsgrade,<br>Schichtanzahl<br>Instandhaltungs-, Stillstands-, Störungszeiten<br>Ausfallquoten |
| - Qualitätssicherung<br>= Ausschuß- und Nacharbeitsquoten<br>= Materialqualität<br>= Fertigungsqualität | Ausschuß-, Nacharbeitsmengen, Materialmehrver-brauch, Materialfehlerhäufigkeiten, Produktionsfehler-häufigkeiten |
| - Lagerhaltung<br>= Durchschnittsbestand<br>= Sicherheitsbestand<br>= Höchstbestand | Lagerdauer, Bereitschaftsgrade, Bestände,<br>Stillstandszeiten |

**Schaubild IX.61.**   Freiheitsgrade und Vorgaben für die operative Produktionsprozeßführung (*Kaiser*, 1991, S. 110)

Die inhaltliche Strukturierung richtet sich nach den Ursache-Wirkungs-Zusammenhängen, die für den Produktionsprozeß maßgebend sind und deren Kenntnis für Dispositionsentscheidungen bedeutsam ist. Die zeitliche Struktu-rierung richtet sich nach dem Rhythmus der Auswertungen und der Berichter-stattung. Bei der hierarchischen Aufgliederung folgt man den Organisations-ebenen, in denen die Empfänger der spezifischen Kennzahlen tätig sind, soweit sie auf die entsprechenden Ursache-Wirkungs-Zusammenhänge Einfluß nehmen können. Damit sollen die Kennzahlen „Transparenz in den Produk-

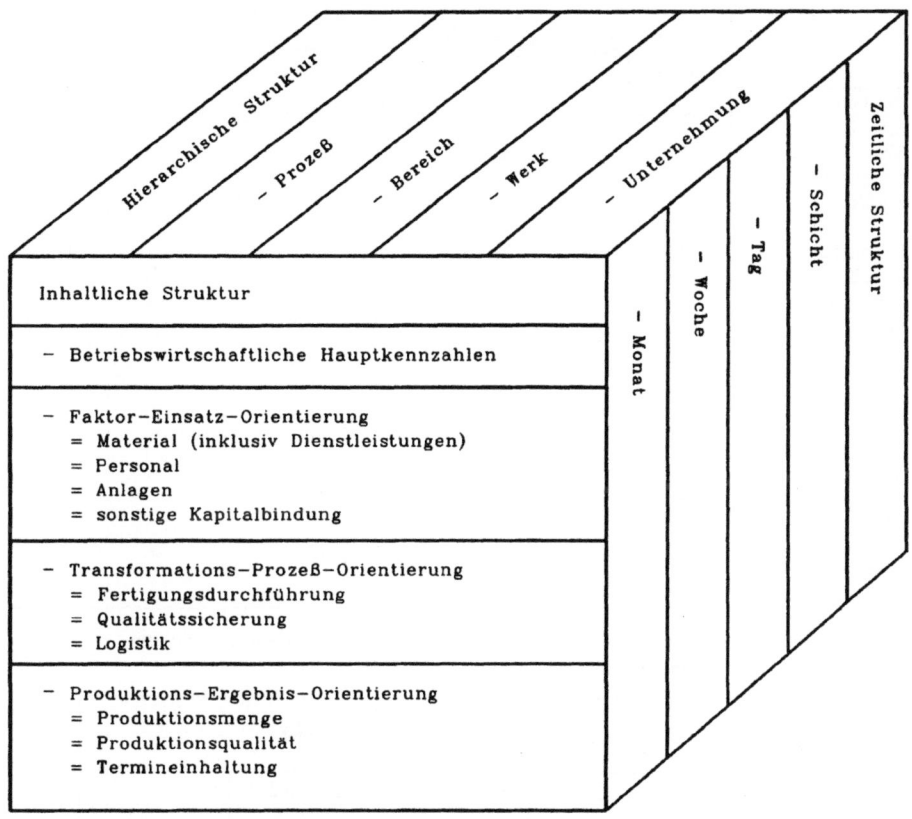

**Schaubild IX.62.**    Struktur des operativen Kennzahlensystems
(in Anlehnung an *Kaiser*, 1991, S. 179)

tionsprozeß bringen, indem sie Einzelinformationen über den Produktionsprozeß in einen betriebswirtschaftlichen Gesamtzusammenhang stellen, sozusagen
ein Abbild oder ein betriebswirtschaftliches Prozeßmodell darstellen" (*Kaiser*,
1991, S. 112).

Für den Beispielfall können neben der eigentlichen Fertigungsdurchführung die **Teilprozesse** Qualitätssicherung mit Prüfung und Fehlerbeseitigung
sowie Logistik mit Transport und Lagerung in gewissem Umfang **separiert** werden. In anderen Fällen könnten prozeßspezifische Instandhaltung oder auch
Umrüst- und Anlaufprozesse mit Probe- und Vorlauffertigung unterschieden
werden. Diese Sekundärgliederung der Kennzahlen ist jedoch nur in begrenztem Maße möglich. Einmal muß es sich um Teilprozesse handeln, die nicht in
automatisierter Form simultan, sondern in verketteter Form sukzessiv ablau-
fen. Außerdem lassen sich nur prozeßspezifische Kosten**anteile** separieren,
soweit durch Maßnahmen und Dispositionen in diesem Bereich **bestimmte
Kostenanteile** wie Demontagekosten, Transportkosten, Lagerkosten, Prüf-
und Instandhaltungskosten berührt werden.

| Relation | EDV-System | | | | | | | |
|---|---|---|---|---|---|---|---|---|
| | Prozeß-steuerung | PPS | BDE | CAD | Auftrags-verw. | Lager-verw. | Personal-verw. | Anlagen-verw. |
| Materialbestand | | | | | | X | | |
| Materialverbrauch | X | X | X | | | X | | |
| Materialwert | | | | | | X | | |
| Zinssatz | | | | | X | X | | |
| Personaleinsatz | X | X | X | | | | | |
| Mitarbeiter | | | | | | | X | |
| Lohn-/Gehaltsko-sten | | | | | | | X | |
| Anlage | | | | | | | | X |
| Anlageneinsatz | X | X | X | | | | | |
| Auftragstermin | | X | | | | | | |
| Auftragszeit | X | X | | | | | | |
| Auftragsmenge | X | X | X | | | | | |
| Auftrag | | | | | X | | | |
| Produkt | | | | X | | | | |
| Produktstückliste | | | | X | | | | |

**Schaubild IX.63.** Originäre Datenquellen der operativen Kennzahlenrechnung (in Anlehnung an *Kaiser*, 1991, S. 192)

| Zusammenfassung der Hauptkennzahlen | | | | |
|---|---|---|---|---|
| Faktor-Einsatz-Orientierung | Transformations-Prozeß-Orientierung | | | Produktions-Ergebnis-Orientierung |
| | Fertigungs-durchführung | Qualitäts-sicherung | Logistik | |
| Zusammen-fassung | Zusammen-fassung | Zusammen-fassung | Zusammen-fassung | Zusammen-fassung |
| Material (in-klusiv Dienst-leistungen) | -------->-------- | ---------->------- | --------->------- | Quantität |
| Personal | -------->-------- | ---------->------- | --------->------- | Qualität |
| Anlagen | -------->-------- | ---------->------- | --------->------- | |
| sonstige Kapitalbindung | -------->-------- | ---------->------- | --------->------- | Termin |

**Schaubild IX.64.** Inhaltliche Grundstruktur des operativen Kennzahlensystems (*Kaiser*, 1991, S. 116)

Diese

- innerhalb des Bezugszeitraums (Schicht, Tag, Woche) durch den Prozeßverantwortlichen beeinflußbaren
- und auf die Teilfunktion zugeordneten Kostenanteile

dürfen jedoch nicht mit der **Gesamtheit der fertigungs-, qualitäts- und logistikinduzierten Faktoreinsätze** und **-kosten** verwechselt werden (vgl. *Kaiser*, 1991, S. 115).

Nach Erfassung und Darstellung der Einzelkennzahlen in den Blöcken Input, Transformation und Output erfolgt eine zusammenfassende Darstellung der Hauptkennzahlen in einer Kennzahlenpyramide, wie in Schaubild IX.65 dargestellt.

Die vorgestellte Sekundärgliederung ist allerdings **nicht** mehr möglich für den Extremfall eines **hochautomatisierten Produktionsprozesses**, bei dem alle Vorgänge und Funktionen in einem komplexen Arbeitssystem integriert sind. Dann werden in der operativen Kennzahlenrechnung lediglich die beeinflußbaren Faktoreinsatz- und Produktionsergebnis-Kennzahlen bereitgestellt; ein Ausweis transformationsprozeßorientierter Kennzahlen muß unterbleiben (vgl. *Kaiser*, 1991, S. 117).

Im folgenden werden für den von *Kaiser* untersuchten **Beispielfall** der **teilautomatisierten Montage** für das Prozeßcontrolling bedeutsame **Einzelkennzahlen** wiedergegeben. Bei den Materialarten wird zwischen in die Produkte eingehenden Erzeugniseinsatzstoffen und -diensten und nicht in diese eingehenden Betriebsstoffen und Betriebsdiensten unterschieden. Der Aufriß der in diesem Beispielfall gebildeten **Kennziffern für den Materialbereich** ist in Schaubild IX.66 dargestellt.

Wesentlich ist die Unterteilung nach Kennziffern des Materialverbrauchs und des Materialbestands, da damit Materialkostenelemente aus Verbrauchs-

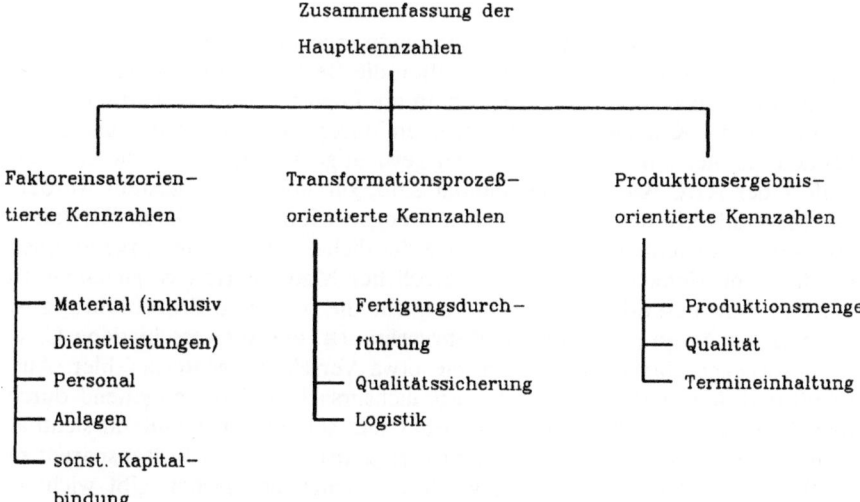

**Schaubild IX.65.**    Kennzahlenpyramide des operativen Kennzahlensystems
(*Kaiser*, 1991, S. 174)

| MATERIAL -<br>(inklusiv DIENSTLEISTUNGS-)<br>KENNZAHLENBLOCK | Summe | Sachgüter<br>eingehend<br>xx yy zz | Sachgüter<br>nicht ein-<br>gehend<br>xx yy zz | Dienst-<br>leistung<br>xx yy zz |
|---|---|---|---|---|
| Materialkosten insgesamt<br><br>Kosten des Materialverbrauchs<br>  produktprogrammwirksamer Verbrauch<br>    Produktionsmenge, nach<br>      Erzeugnisarten<br>  prozeßwirksamer Verbrauch<br>    Verbrauch/ Produktionsstunde<br>    Prozeßbedingungen, z.B.<br>    Mehrarbeitsanteil<br>    An- und Auslaufanteil<br>    Rüstzeitanteil<br>    Leerlaufzeitanteil<br>  Mehrverbrauch<br>    Verschnittanteil<br>    Materialfehleranteil, nach<br>      Fehlerarten<br>    Produktionsausschuß, nach<br>      Ausschußgründen<br>    Schwundanteil<br><br>Kosten des Materialbestands<br>  Ø-Bestand<br>    Ø-Lagerdauer<br>    Lagerzugang<br>    Verbrauch<br>  minimaler Bestand<br>  Höchstbestand | | | | |

**Schaubild IX.66.**   Materialkennzahlen (vgl. *Kaiser*, 1991, S. 119)

vorgängen von den Kosten der Kapitalbindung aus der Vorratshaltung unterschieden werden können. Dabei betreffen die Bestandszahlen lediglich materielle Stoffe, nicht aber isoliert beschaffbare Dienstleistungen. Um die Differenzierung der Kennzahlen nach einzelnen Materialarten nicht zu stark auszudehnen, können wirtschaftlich weniger gewichtige Materialarten, die z.B. mit Hilfe einer ABC-Analyse bestimmbar sind, summarisch dargestellt werden. Bei Materialverbräuchen kann neben Mengenziffern i.d.R. durch Einstandspreis- bzw. -kostenbewertung eine wirtschaftliche Gewichtung vorgenommen werden, um Mengengrößen unterschiedlicher Materialarten vergleichbar zu machen. Von besonderer Signalwirkung für die operative Prozeßführung ist der **von der Norm abweichende Mehrverbrauch**, der auf verschiedene Ursachen zurückgeführt werden kann wie etwa Verschnitt, Materialfehler, Ausschuß und Schwund. Diese Mehrverbrauchsursachen sind weitgehend durch den Prozeßverantwortlichen beeinflußbar und sollten daher laufend sichtbar gemacht und bewertet werden, um ihr wirtschaftliches Gewicht transparent zu machen. Eine Unterscheidung nach Mehrverbrauchsursachen gibt wichtige Hinweise auf Ansatzpunkte für Anpassungsmaßnahmen, beispielsweise verschärfte Eingangskontrollen bei hoher Materialfehlerquote, differenziert nach Fehlerarten, oder Veränderungen der Prozeßbedingungen wie Intensitätsgrad oder Nacht-/Mehrarbeit, wenn ein hoher Ausschußanteil auf Konzentrationsmängel bei Montagetätigkeiten hindeutet (vgl. *Kaiser*, 1991, S. 122 f.).

Über die kennziffernmäßige Erfassung des Material**bestandes** können vor allem die **Kapitalbindungskosten** und **Fehlmengenkosten** betrachtet werden. Da Bewertungsfaktoren für die Ermittlung der Kapitalbindung in kurzfristig schwankenden Lagerbeständen schwer zu ermitteln sind bzw. nur grob geschätzt werden können, spielen hier Mengenkennziffern wie **Servicegrad**, **Minimal- und Höchstbestände** im Zeitablauf sowie **Durchschnittsbestände** eine besondere Rolle. Auch hier kann es geboten erscheinen, die Kennzifferndifferenzierung für A- und ggf. auch B-Materialien stärker auszudehnen.

Für den **Personalbereich** sind in der Praxis umfangreiche Kennziffernsysteme eingeführt (vgl. Teil VII, Kapitel 5.3.2; *Grünefeld*, 1981). Für das Prozeßcontrolling geht es lediglich um Kennzahlen, die laufende Dispositionen des Personaleinsatzes für die Abwicklung von Produktionsprozessen zum Inhalt haben. Im Rahmen von Betriebszeitschwankungen kann es zu Mehrarbeit oder aber Kurzarbeit sowie zu Personalumsetzungen kommen; ein gewisses Spektrum für Personaldispositionen bieten daneben die verschiedenen Ansätze der Arbeitszeitflexibilisierung (vgl. Teil VII, Kapitel 3.3). Aggregierte Kennzahl für den Personalbereich bildet daher der beeinflußbare Teil der Lohn- und Gehaltskostensumme des betrachteten Produktionsgesamtprozesses und seiner Teilprozesse, in dem sich alle wirtschaftlichen Auswirkungen operativer Personaleinsatzentscheidungen widerspiegeln. Wesentliche Teile der Personalkosten liegen jedoch vorfixiert fest und können durch laufende betriebliche Dispositionen nicht verändert werden. Die Haupteinflußfaktoren der im laufenden Betriebsgeschehen beeinflußbaren Lohn- und Gehaltskosten werden nach Kosten für den produktiven Personaleinsatz und Kosten für Ausfallzeiten differenziert. Auch hier kann nicht für jede einzelne Arbeitskraft eine Kennziffer gebildet werden, sondern vielmehr sind Zusammenfassungen nach gleichartigen Bedingungen und Beeinflussungsmöglichkeiten notwendig. Schaubild IX.67 gibt einen Überblick über wichtige Personalkennzahlen bei dem behandelten Produktionstyp (vgl. im einzelnen *Kaiser*, 1991, S. 128 ff.).

Neben Soll-Ist-Vergleichen für die Kennziffern spielen hier Zeitvergleiche eine große Rolle, da durch sie die Auswirkungen von Produktivitätsveränderungen und Lohnsatzveränderungen im Laufe der Zeit sichtbar gemacht werden. So können beispielsweise steigende Anteile für Mehrarbeitsstunden, Leerstunden und krankheitsbedingte Ausfallzeiten erforderliche Anpassungsmaßnahmen signalisieren, etwa durch Veränderungen der Mitarbeiteranzahl, Mitarbeiterumsetzungen innerhalb des Prozesses oder zwischen Prozessen oder Abbau belastender Arbeitsbedingungen.

Schaubild IX.68 enthält ein Beispiel für die Bildung von Anlagenkennzahlen (vgl. im einzelnen Teil VIII, Kapitel 6; *Kaiser*, 1991, S. 138 ff.; *Hildebrand/ Mertens*, 1992, S. 69 ff.).

Von besonderer Bedeutung für die operative Prozeßführung ist die **Überwachung der Anlagenstillstandszeiten**, da i.d.R. bei automatisierten Produktionsanlagen eine relativ hohe Kapitalbindung besteht und Produktionstechno-

| PERSONAL-KENNZAHLENBLOCK | Summe | Gehalts-empfänger | Lohn-empfänger |
|---|---|---|---|
| **Lohn-/Gehaltskosten (beeinflußbar)** | | | |
| **Anzahl Mitarbeiter** Umsetzungen (+/-) | | | |
| **Lohn-/Gehaltskosten für geleistete Stunden** geleistete Stunden insges. geleistete Stunden/MA Normalarbeitsstunden Mehrarbeitsstunden Stunden in 2. (3.) Schicht benötigte Stunden insges. Leerstunden, nach Gründen Lohn-/Gehaltskosten der Zeitart i pro Stunde der Zeitart i | | | |
| **Lohn-/Gehaltskosten für Ausfallzeiten** Ausfallstunden insges. Ausfallquote Lohn-/Gehaltskosten der Ausfallart i Ausfallstunden der Ausfallart i Ausfallquote der Ausfallart i | | | |
| **max. mögliche Stunden (Kapazität)** Beschäftigungsgrad Effizienzgrad | | | |

**Schaubild IX.67.**   Personalkennzahlen (*Kaiser*, 1991, S. 130)

logien eine begrenzte Lebensdauer besitzen. Eine Unternehmung muß daher aus wirtschaftlicher Sicht daran interessiert sein, die Anlagenstillstandszeiten zu minimieren und die verschiedenen Ursachen bzw. Einflußfaktoren für Stillstandszeiten in ihrer wirtschaftlichen Bedeutung separat erfassen und überwachen. Soweit Anlagen aufgrund der bestehenden Absatzlage – insbes. vorhandener Auftragsbestände – einen Engpaß bilden, kann für die Minderauslastung aufgrund von Betriebsstörungen, Umrüstprozessen oder Instandhaltungszeiten pro Stunde Stillstand ein Opportunitätskostensatz in Form entgangener Deckungsbeiträge je Laufstunde geschätzt und einer wirtschaftlichen Gewichtung zugrunde gelegt werden. Bei mehrstufiger Fertigung ist für die Vorstufenproduktion die Schätzung derartiger Opportunitätskostensätze je Laufstunde vielfach schwierig; hier muß wiederum im Sinne pretialer Betriebslenkung als Heuristik mit möglichst plausiblen Schätzgrößen gearbeitet werden. Stellen die stillstehenden Produktionsanlagen keine Engpässe dar, bestehen somit längerfristige Überkapazitäten, so kann die Stillstandszeitbewertung aus den Gewinnentgängen durch überdimensionierten Kapitaleinsatz in Produktionsanlagen angenähert hergeleitet werden.

Betriebsstoff-, insbes. Energieverbräuche sind von der Arbeitsphase der Produktionsanlagen abhängig. Soweit dies von wirtschaftlich hoher Bedeutung ist, sollten spezifische Kennziffern für die verschiedenen Zustandsphasen – wie

| ANLAGEN-KENNZAHLENBLOCK | Summe | Gruppe 1 | Gruppe 2 | Gruppe 3 |
|---|---|---|---|---|
| Anlageneinsatzzeit insgesamt | | | | |
| Zeit außer Einsatz | | | | |
| einsatzfähig | | | | |
| nicht einsatzfähig, davon | | | | |
| Rüstzeiten | | | | |
| Instandhaltungszeiten | | | | |
| Störzeiten (nach Gründen) | | | | |
| Ø-Störzeit | | | | |
| Ø-Deckungsbeitragsentgang | | | | |
| Betriebspausen | | | | |
| Betriebsbereitschaftszeit | | | | |
| An-/Auslauf | | | | |
| Leerlauf, davon | | | | |
| Werkstückwechselzeiten | | | | |
| Wartezeiten (nach Gründen) | | | | |
| Ø-Wartezeit | | | | |
| Produktionszeit | | | | |
| Kapazität | | | | |
| Nutzungsgrad | | | | |
| Betriebsbereitschaftsgrad | | | | |
| Beschäftigungsgrad | | | | |

**Schaubild IX.68.**  Anlagenkennzahlen (*Kaiser*, 1991, S. 140)

Leerlauf, Anlauf, Auslauf und eigentliche Nutzungs- oder Produktionszeit –
gebildet werden. So sind Anlaufzeiten z. B. in der Grundstoffindustrie für
Hochöfen und Stahlwerksöfen sowie chemische Großanlagen von erheblicher
Relevanz. Schwachstellen im Anlageneinsatz sowie Ansatzpunkte zu Potential-
nutzungserhöhungen zeigen sich insbesondere im Zeitvergleich einzelner Zeit-
arten und deren Anteilen an der Gesamtzeit (z. B. Stillstandsquote, Rüst-
quote, Störungsquote, Nutzungsgrad) (vgl. *Kaiser*, 1991, S. 142). Werden diese
Zeitgrößen bewertet, lassen sich Opportunitätskosten der Stillstandszeiten bilden und als deren Kehrseite Opportunitätserträge des Abbaus derartiger Stillstandszeiten, z. B. durch Verminderung von Störungen, Verkürzung von
Instandhaltungszeiten oder aber durch Simultanität von Rüst- und Arbeitspro-
zessen. Kennziffern im Anlagenbereich können auch für Entscheidungen bei
der Verfahrenswahl und Zuordnung von Aufträgen auf maschinelle Einrichtungen unterschiedlicher Wirtschaftlichkeit und Effektivität hilfreich sein.

   **Kapitalbindungskosten** spielen auch im Zusammenhang mit **Beständen
von Halb- und Fertigfabrikaten** eine wichtige Rolle, denen in Logistikkonzep-
tionen – speziell in Just-in-Time-Konzepten – besondere Beachtung geschenkt
wird. Daher sind auch für diesen Bereich Kennziffern bezüglich der laufenden
Bestandsentwicklung für Betriebsdispositionen und die Überwachung der
Wirtschaftlichkeit von Bedeutung. In Schaubild IX.69 ist beispielhaft eine

| KAPITALBINDUNGS-KENNZAHLENBLOCK | Summe | Erzeugnis-gruppe A | Erzeugnis-gruppe B | Erzeugnis-gruppe C |
|---|---|---|---|---|
| Kapitalkosten Halb-/Fertigfabrikatebestand | | | | |
| Kapitalkosten Halbfabrikatebestand<br>Ø-Bestand<br>  Ø-Auftragsdurchlaufzeit<br>    Liegezeit<br>      Liegezeitanteil<br>    Transportzeit<br>      Transportzeitanteil<br>    Auftragszeit<br>    Flußgrad<br>  Ø-Losgröße | | | | |
| Kapitalkosten Fertigfabrikatebestand<br>Ø-Bestand<br>  Ø-Lagerdauer<br>  Lagerzugang<br>  Lagerabgang<br>  minimaler Bestand<br>  Höchstbestand | | | | |

**Schaubild IX.69.**   Kennzahlen zur sonstigen Kapitalbindung (*Kaiser*, 1991, S. 146)

Übersicht über derartige Kennziffern gegeben (vgl. im einzelnen *Kaiser*, 1991, S. 145 ff.; vgl. auch *Hildebrand/Mertens*, 1992, S. 56 ff.).

Da die Bewertung von Beständen im Sinne einer Kapitalbindungsgröße problematisch ist, sind Kennziffern über Durchschnittsbestände, minimale/ maximale Bestandshöhen, Auftragsdurchlaufzeiten, Liegezeiten und Transportzeiten als Einflußgrößen auf die Kapitalkosten hilfreich. Besonders ist in diesem Zusammenhang die Auftragslosgröße in ihrer Bedeutung für die Erzeugnisdurchlaufzeiten zu beachten. So führt eine Verringerung der Losgröße zu einer Reduzierung der Kapitalbindung während der Auftragsbearbeitungszeit, i.d.R. jedoch auch zu vermehrten Rüstzeiten.

Je nach Automatisierungsgrad des Prozesses und betrieblichen Organisationsstrukturen kann es sinnvoll sein, die dargestellten faktoreinsatzorientierten **Kennziffern nach Prozeßabschnitten aufzuteilen**, beispielsweise Montage (Fertigungsdurchführung), Qualitätssicherung und Logistik (vgl. Schaubild IX.64; *Kaiser*, 1991, S. 150 ff.). Dabei sind dann nur die durch die jeweiligen Prozeßabschnitte unmittelbar beeinflußbaren Kostenanteile bzw. Mengen-, Zeit- und Qualitätseinflußgrößen aus den Bereichen Material, Personal, Anlagen und Prozeßabwicklung in die Kennziffernbildung einzubeziehen. In vielen Betrieben in der Unternehmungspraxis muß hierfür die Betriebsdatenerfassung entsprechend ausgebaut werden.

Ein weiterer besonders wichtiger Teil des Kennziffernsystems für das Prozeßcontrolling sind **produktionsergebnischarakterisierende Kennziffern** (vgl. Schaubild IX.70; *Kaiser*, 1991, S. 164 ff.).

| PRODUKTIONSERGEBNIS-KENNZAHLENBLOCK | Summe | Erzeugnis-gruppe A | Erzeugnis-gruppe B | Erzeugnis-gruppe C |
|---|---|---|---|---|
| Leistungswert Gutstücke aus Produktionsprozeß | | | | |
| wertmäßige Leistung Folgeprozeß | | | | |
| wertmäßige Bestandsänderung Fertigerzeugnisse | | | | |
| Gutstückmenge | | | | |
| Losgröße | | | | |
| Liefermenge | | | | |
| Bestandsänderung Fertigerzeugnisse | | | | |
| | | | | |
| Werteinfluß Qualität | | | | |
| Wertverluste | | | | |
| 2. Wahl-Wert | | | | |
| Ausschußwert | | | | |
| Qualitätsmängelprodukte | | | | |
| Qualitätsmängelquote | | | | |
| primäre Gutstückmenge | | | | |
| Nacharbeitsmenge | | | | |
| Gutstückmenge | | | | |
| 2. Wahl | | | | |
| Fehlerhäufigkeiten nach Arten | | | | |
| Ausschußmenge | | | | |
| Fehlerhäufigkeiten nach Arten | | | | |
| | | | | |
| Werteinfluß Termineinhaltung | | | | |
| Anzahl fertiggestellter Aufträge | | | | |
| zu früh | | | | |
| Terminabweichung (+) | | | | |
| termingerecht | | | | |
| Gesamtdurchlaufzeit | | | | |
| Liegezeit | | | | |
| Transportzeit | | | | |
| Auftragszeit | | | | |
| verspätet | | | | |
| Terminabweichung (-) | | | | |
| Gesamtdurchlaufzeit | | | | |
| Liegezeit | | | | |
| Transportzeit | | | | |
| Auftragszeit | | | | |

**Schaubild IX.70.**   Produktionsergebniskennzahlen (*Kaiser*, 1991, S. 166)

Diese geben die Produktionsleistungen wieder, wobei die Dimensionen mengenmäßige Leistung, Qualitätsniveau und Termineinhaltung im Vordergrund stehen. Erfassungsgrundlage bilden die Daten des einzelnen Fertigungsauftrags, die zu Erzeugnisgruppen und ggf. auch Empfängergruppen zusammengefaßt werden. Die Gutstückmenge beinhaltet alle Produktionsergebnisse (Fertigerzeugnisse oder an den Folgeprozeß abgegebene Zwischenprodukte), die die an sie gestellten Qualitätsanforderungen erfüllen; sie wird mit Markt- oder Verrechnungspreisen bewertet. Eine globale Beurteilung der Güte der Prozeßdurchführung ermöglicht die Beobachtung der Qualitätsmängelquote. Eine differenzierte Darstellung, insbesondere nach den wichtigsten Fehlerarten, gibt bedeutsame Hinweise für die Fehlerursachenanalyse und fehlerverhütende Maßnahmen. Für den Prozeßverantwortlichen ist daneben auch die

Kenntnis der Termineinhaltung als weiterer Leistungsaspekt des Produktionsprozesses besonders wesentlich (vgl. auch *Hildebrand/Mertens*, 1992, S. 31 ff.).

Grundsätzlich ist anzustreben, die **Online-Kennziffernrechnung** nach dem
Prinzip relationaler Datenbanken **datenmäßig mit der monatsbezogenen
Kosten- und Erlösrechnung zu integrieren.** Beide Rechnungen greifen dann
auf unterschiedlicher Aggregationsebene auf eine gemeinsame Datenbasis zu.
Mit Hilfe eines Attributs „Auswertungskennzeichnung" ist für alle Datenobjekte festzulegen, in welche Auswertungsrechnungen sie einfließen (vgl. *Kaiser*, 1991, S. 184, 187, 208 ff.). Datenobjekte der Online-Kennziffernrechnung,
die auch in die monatliche Kosten- und Erlösrechnung eingehen, können durch
monatsweise Aggregation in die Kosten- und Erlösrechnung übernommen werden, wobei Kosten- und Leistungsgrößen direkt eingehen, Mengen- und Zeitgrößen zweckgerecht zu bewerten sind. Eine derartige Integration der Teilrech-
nungen ermöglicht es auch, monatsbezogene Soll-Ist-Abweichungen für Analysezwecke bei Bedarf in Teilabweichungen kürzerer Zeiträume aufzuspalten,
wie sie in der Online-Kennziffernrechnung dokumentiert sind.

# 5 Führungsberichtssysteme unter besonderer Berücksichtigung des Produktionsbereichs

## 5.1 Grundkonzeption von Führungsberichtssystemen

Das **Führungsberichtssystem** stellt eine spezifische Auswertung verschiedener für die Lösung von Führungsaufgaben relevanter Informationsmodule dar und ist insoweit bedeutsamer Bestandteil des Informationssystems der Unternehmung. Es ist **formal** so zu konzipieren, daß es einen möglichst **schnellen** und **flexiblen Informationszugriff nach individuellen Ansprüchen** erlaubt. Hierzu ist – ausgehend von der Aufgabenanalyse einer jeden Stelle in der Organisations- bzw. Führungshierarchie – zu untersuchen, **welche Informationen** die Stelleninhaber zur Erfüllung ihrer Aufgaben benötigen. Wesentlich für die Sicherung der Führungseffizienz ist dabei insbesondere, daß nicht sämtliche vorhandenen, sondern nur die für die jeweilige Zielgruppe und Fragestellung **relevanten Informationen** herangezogen werden. Allerdings ist der führungsrelevante Informationsbedarf nur zum Teil standardisierbar, da viele Führungsaufgaben spontan und unter nicht voll vorhersehbaren Bedingungen zu lösen sind. Es ist daher insoweit nicht möglich, generell vorherzusagen, welche Informationen in welcher Genauigkeit, Verdichtung und Filterung von welchen Personen zu welchem Zeitpunkt benötigt werden, um die auftretenden Entscheidungsprozesse rational abzuwickeln. Unabhängig davon gibt es einen beachtlichen Teil standardmäßig zu erfassender und systematisch zu strukturierender Führungsinformationen.

Die wichtigste Form der Verdichtung von Informationen stellt die Bildung von **Kennzahlen** dar. Kennzahlen für die Führung von Unternehmungen sind in Zahlen ausgedrückte Informationen, die quantitativ darstellbare Sachverhalte für bestimmte Zwecke in verdichteter Form erfassen (vgl. zur Kennzahlendefinition Kapitel 4.2.1; *Staehle*, 1969, S. 50; *Reichmann/Lachnit*, 1976, S. 706; *Hahn*, 1985, S. 55 u. 167; *Reichmann*, 1990, S. 15; *Kaiser*, 1991, S. 92 f.). Kennzahlen für die Unternehmungsführung bilden betriebswirtschaftlich relevante Informationskonzentrate. Zur Entscheidungsunterstützung können für alle Kennzahlen Plan- und Istwerte sowie gegebenenfalls im Zeitvergleich aufgetretene Abweichungen angegeben werden. Eine Einzelkennzahl besitzt allerdings nur begrenzte Aussagekraft, da sie nicht die Zusammenhänge erkennen läßt, die hinter dem durch sie ausgedrückten Sachverhalt stehen (vgl. *Lachnit*, 1976, S. 216). Die Darstellung der Abhängigkeitsbeziehungen zwischen den Einzelkennzahlen erfolgt in **Kennzahlensystemen**.

In der Praxis werden in diesem Sinn für die Beurteilung der **Ertragskraft ganzer Unternehmungen** und für die **betriebswirtschaftliche Unterstützung** von grundlegenden **Führungsentscheidungen** verschiedene **Kennzahlensysteme** angewendet. Das älteste und häufig verwendete unternehmungsbezogene Kennzahlensystem ist das bereits 1919 beim amerikanischen Chemiekonzern E. J. Du Pont de Nemours & Co. entwickelte „**Du Pont-System of Financial Control**" (vgl. Schaubild IX.71).

Ausgehend von der Spitzenkennzahl **Return on Investment** wird ein System sachlich und funktional verketteter Teilkennzahlen „von oben nach unten" angeboten, die für Beurteilungszwecke als Istgrößen und für Entscheidungen als Plangrößen ausgestaltet werden können. Das Du-Pont-System ist hierarchisch aufgebaut und besteht durchgängig aus rechnerisch verknüpften Einzelkennzahlen. Wesentliche Zweige konzentrieren sich auf die wichtigsten Kostenarten als Erfolgskomponenten und auf die Zusammensetzung des Vermögens nach unterschiedlicher Kapitalbindung (vgl. *Hahn*, 1984, S. 144 ff.). Daraus folgen auch Kennziffern, die für den Produktionsbereich bedeutsam sind. Im Du-Pont-System werden grundsätzlich drei Arten von Kennzahlen ermittelt und miteinander verglichen:

–    Ist-Kennzahlen der laufenden Periode,
–    Ist-Kennzahlen der letzten 5 Jahre,
–    Soll-Kennzahlen aus dem Budget.

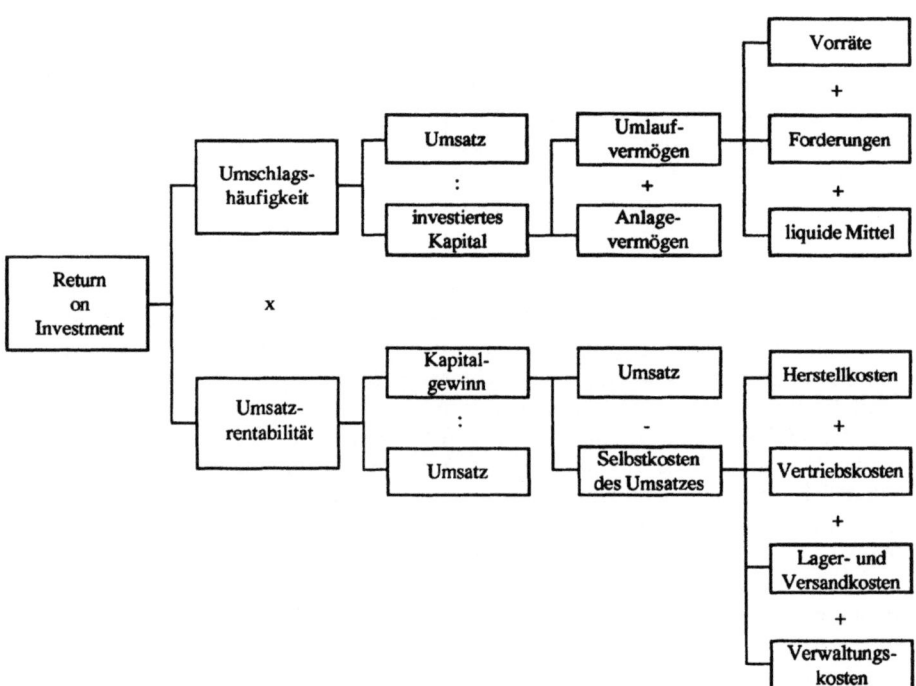

**Schaubild IX.71.** Grundstruktur des Du Pont-Systems of Financial Control

Man kann es damit auch als Grundmodell eines rentabilitätsorientierten Kennzahlensystems bezeichnen (vgl. *Küting*, 1983, S. 291). Andere im deutschsprachigen Raum entwickelte Kennzahlensysteme basieren auf dem Du-Pont-System, teilweise mit Modifikationen (vgl. *Serfling*, 1983, S. 210; *Kaiser*, 1991, S. 97 ff.) und/oder mit wesentlichen Ergänzungen (vgl. *Hahn*, 1984, S. 144 ff.; *Hahn*, 1985, S. 117 ff.). In diesem Sinn sind besonders zu erwähnen das **ZVEI-Kennzahlensystem** (vgl. *ZVEI*, 1989), das **Rentabilitäts-Liquiditäts-Kennzahlensystem** (RL-Kennzahlensystem) (vgl. *Reichmann/ Lachnit*, 1976; *Reichmann*, 1990) und das **erweiterte RoI-/Cash-flow-Kennzahlensystem** (vgl. *Hahn*, 1976; *Hahn*, 1985).

Das **ZVEI-Kennzahlensystem** wurde erstmalig im Jahre 1970 vom betriebswirtschaftlichen Ausschuß des Zentralverbandes Elektrotechnik- und Elektronikindustie (ZVEI) e.V. vorgestellt. Das Kennzahlsystem, das nicht nur in der Elektrotechnik- und Elektronikindustrie, sondern auch in anderen Branchen anwendbar ist (vgl. *ZVEI*, 1989, S. 8), unterteilt die Elemente des Systems in 88 Hauptkennzahlen und 122 Hilfsgrößen, die der mathematischen Verknüpfung des Systems dienen. Das ZVEI-System verwendet gleichzeitig Wert-, Mengen- und Zeitgrößen und soll die Führung einer Unternehmung bei Wirtschaftlichkeitsanalysen und bei Planungs- und Kontrollaktivitäten unterstützen (vgl. *ZVEI*, 1989, S. 35 ff.). Zur Beurteilung der Erfolgskraft und der Risiken einer Unternehmung finden vor allem Zeit- und Betriebsvergleiche Anwendung. Als Planungsinstrument soll das ZVEI-System der Quantifizierung von Zielvorgaben dienen und alternative Möglichkeiten zur Planzielerreichung aufzeigen (vgl. im einzelnen dazu *ZVEI*, 1989, S. 39 f.).

Das **RL-Kennzahlensystem** wurde von *Reichmann* und *Lachnit* vor dem Hintergrund einer Kritik an Kennzahlensystemen entwickelt, die einseitig rentabilitätsorientiert und insoweit aus betrieblicher Sicht unvollständig ausgestaltet sind, andererseits redundante Informationen enthalten und in ihrer logischen Strukturierung Mängel aufweisen (vgl. *Reichmann/Lachnit*, 1976, S. 710). Im Vordergrund des Interesses stehen bei dem RL-Kennzahlensystem alle wesentlichen Entscheidungsbereiche der gesamten Unternehmung sowie ihre wechselseitigen Beziehungen zueinander. Für die entscheidungsrelevanten Kennzahlen werden bestehende Interdependenzen dargestellt, ohne auf mathematische Verknüpfungen einzugehen (vgl. *Reichmann*, 1990, S. 30). Das RL-Kennzahlensystem beschränkt sich dabei auf relativ wenige Kennzahlen. Sein Hauptzweck ist es, der Unternehmungsführung ein Instrument zur Lenkung der Gesamtunternehmung zur Verfügung zu stellen. **Zentrale Größen** sind **Erfolg** und **Liquidität**. Die Entscheidungsfindung der Unternehmungsführung wird durch regelmäßige **Soll-Ist-Vergleiche** und **Zeitvergleiche** unterstützt. Dabei lassen sich die voraussichtlichen Wirkungen von erwogenen Maßnahmen auf Erfolg und Liquidität auch in Form von **Soll-Soll-Vergleichen** im Rahmen von Simulationen aufzeigen.

Das erweiterte **RoI/Cash-flow-Kennzahlensystem (PuK-Kennzahlensystem)** ist neben der **Orientierung auf die oberen monetären Ziele Ergebnisstreben und Liquiditätssicherung** charakterisiert durch die **integrale Verzahnung mit allen qualitativen und quantitativen Teilplanungen des Planungs- und Kontrollsystems einer Unternehmung** (vgl. *Hahn*, 1976, S. 46). Es erweitert die in

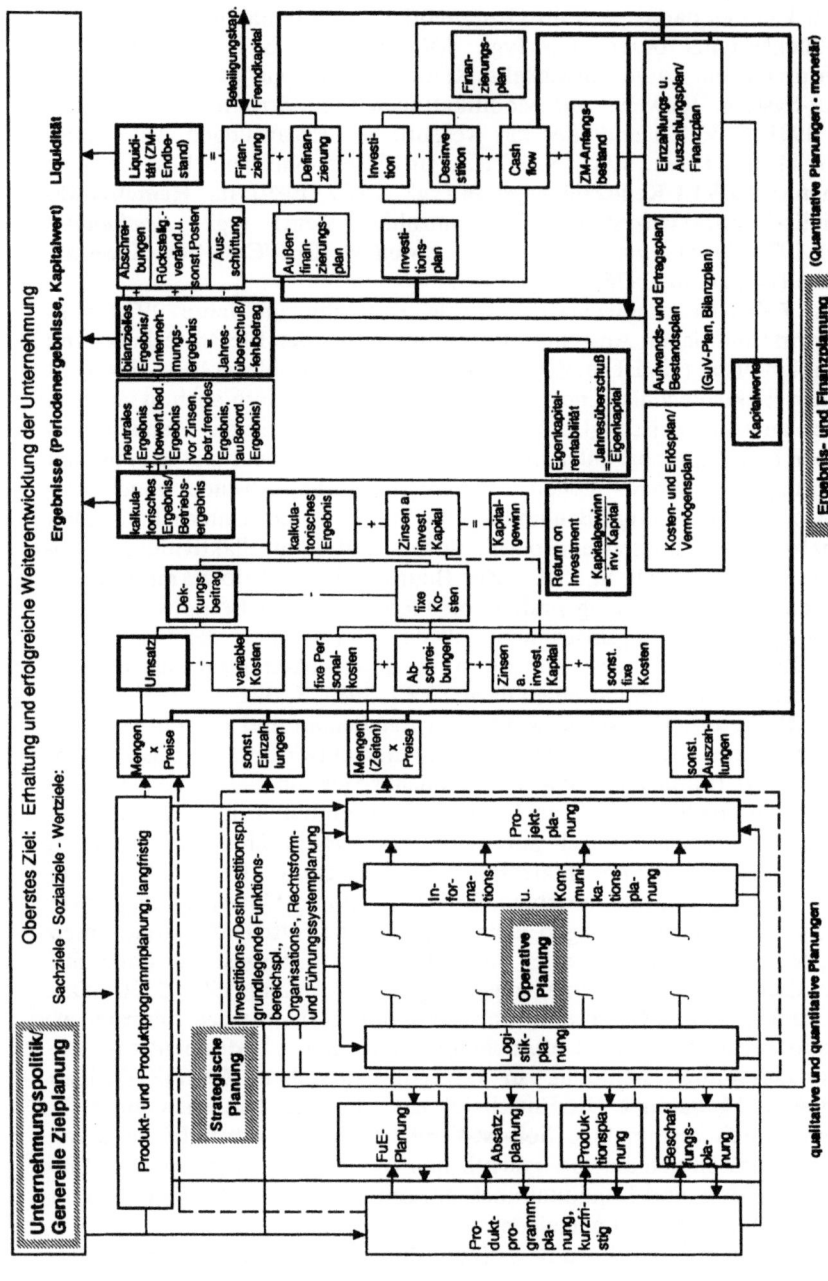

**Schaubild IX.72.**    Grundschema des Soll/Ist-Zahlenwerks der periodischen ergebnis- und liquiditätsorientierten Planungs- und Kontrollrechnung (PuK) (vgl. ähnlich *Hahn*, 1985, S. 122a)

dem Du-Pont-System in ähnlicher Form verwendete RoI-Kennzahlenpyramide um einen liquiditätsorientierten Teil und die sie (indirekt) verbindende bilanzielle Ergebnisplanung (vgl. Schaubild IX.72).

Bestandteile des Systems sind der RoI (Return on Investment) und der Cash-flow sowie deren Komponenten, die als Soll- und Ist-Wertgrößen des Rechnungs- und Finanzwesens für organisatorische Einheiten und für einzelne Entscheidungsprobleme zeitraum- und zeitpunktbezogen gebildet werden können (vgl. *Hahn*, 1985, S. 117). **Primäre Kennzahlen** des Systems sind:

*a)  Ergebnisorientierte Kennzahlen*

- Kalkulatorischer Gewinn oder Verlust = kalkulatorisches Ergebnis (Betriebsergebnis)
- Kapitalgewinn = kalkulatorisches Ergebnis + kalkulatorische Zinsen (Gewinn auf investiertes Kapital)
- RoI (Return on Investment) = $\dfrac{\text{Gewinn auf inv. Kap.}}{\text{Erlös}} * \dfrac{\text{Erlös}}{\text{Vermögen}}$
- Jahresüberschuß vor Steuern
- Jahresüberschuß nach Steuern
- Bilanzieller Gewinn oder Verlust
- Eigenkapitalrentabilität
- Kapitalwerte

*b)  Ergebnis- und liquiditätsorientierte Kennzahlen*

- Cash-flow

*c)  Liquiditätsorientierte Kennzahlen*

- Liquidität
- Liquiditätsreserve oder Außenfinanzierungsbedarf

Für die oberste Führung haben als Kennzahlen neben Kapitalwerten (Gesamtkapitalwert, Eigenkapitalwert, residualer Kapitalwert) die absoluten Periodenergebniszahlen sowie der RoI, der Cash-flow und die stets zu sichernde Liquidität herausragende Bedeutung. Das Zahlenwerk vermittelt Transparenz in den Grundzusammenhang zwischen kalkulatorischer und bilanzieller Ergebnisplanung sowie Finanzplanung. In dem integrierten ergebnis- und liquiditätsorientierten Kennzahlensystem wird das monetäre Zahlenwerk mit den Teilplanungskomplexen des gesamten Planungssystems zielorientiert verknüpft.

Die besondere Bedeutung des integrierten PuK-Kennzahlensystems als Führungsinstrument ergibt sich daraus, daß alternative Planungen hinsichtlich ihrer Wirkungen auf die generellen monetären Ziele beurteilt werden können und sich im Hinblick auf gewünschte monetäre Zielausprägungen erforderliche Planungen initiieren lassen (vgl. *Hahn*, 1985, S. 119 u. 125). Das System dient vor allem dem Zweck, möglichst optimale Entscheidungsresultate zu ermitteln, diese als Ziele (Sollinformationen) vorzugeben und deren Erreichung durch frühzeitiges Aufdecken von tatsächlichen oder möglichen Abweichungen (Soll-/Ist-Differenzen) zu kontrollieren, um ggf. Korrekturmaßnahmen (Gegensteuerungen, Neuplanungen) vornehmen zu können (vgl. *Hahn*, 1985, S. 127).

## 5.2 Aufgaben und Gestaltungsmöglichkeiten von Führungsberichtssystemen für das Produktionscontrolling

Im folgenden sollen die allgemeinen Grundanforderungen und Gestaltungsmöglichkeiten von Führungsberichtssystemen insbesondere im Hinblick auf die **Aufgaben des Produktionscontrolling** untersucht und konkretisiert werden.

Wesentliche Aufgaben eines Führungsberichtssystems sind:

–    Vermittlung von **Transparenz** in die wirtschaftliche (Ist-)Situation eines Unternehmungs(bereiches) oder eines anderen Betrachtungsobjekts (z. B. eines in Abwicklung befindlichen Großauftrags) durch **problemspezifisch ausgewählte** und **verdichtete** Informationen (Kennzahlen);
–    Präsentation von **zukunftsweisenden (Trend-)Informationen** über interne Entwicklungen eines Betrachtungsobjekts oder -bereichs und relevante externe Umfeldveränderungen für Planungs- bzw. Entscheidungsprozesse; hierbei spielen mehr oder minder gesicherte Prognosen und Frühindikatoren für kritische Vorgänge und Entwicklungen (z. B. Trendbrüche) eine besondere Rolle.

Ein Führungsberichtssystem für den Produktionsbereich kann gegliedert werden

–    **inhaltlich** nach übergeordneten Unternehmungsziel-Kennzahlen, den Gebieten Faktoreinsatz, Prozeß/Funktionen, Leistung/Output;
–    **zeitlich** nach der Bezugsperiode (Jahr, Quartal, Monat, Woche, Dekade, Tag, Schicht) und
–    **hierarchisch** nach Unternehmungsführung mit Gesamtzuständigkeit, Ergebnis-/Verantwortungsteilbereichen (Profit-Center), Sachbereichen, Prozessen/Vorgängen.

Umfang und Vielschichtigkeit eines betrieblichen integrierten Informationssystems erzwingen für ein rationelles Führungsberichtssystem eine weitreichende Selektion und Verdichtung von Einzelinformationen; der Zugriff auf alle verfügbaren Einzelinformationen durch die Entscheidungsträger aller Hierarchieebenen einer Unternehmung müßte wegen **Informationsüberflutung** zu

Unübersichtlichkeit bei der Situationsbeurteilung und Lähmung bei der Entscheidungsfindung führen. Insofern ist durch ein **gezieltes Informationsmanagement** über **Auswertungen** und **Berichtsgestaltungen** das für jede Problemlösung notwendige Wissen in einer nach (entscheidungs-)hierarchischen Ebenen gewichteten und spezifisch verdichteten Form bereitzustellen. Ein Vertriebsbeauftragter benötigt z. B. für einen Kundenbesuch alle verfügbaren Kalkulationsunterlagen und Detailinformationen über den Kunden und das zugehörige Marktsegment, soweit diese für einen Geschäftsabschluß bedeutsam sind; dagegen sind für den Verkaufsvorstand bei normalem Geschäftsverlauf nach Abschluß eines Verkaufsgeschäfts keinerlei Einzelinformationen bedeutsam – der mit dem Auftrag verbundene Erlös geht dann z. B. nur in die Berichtsgröße „Planerlös einer Sparte" mit ein.

In diesem Sinne ist ein Führungsberichtssystem **hierarchisch zu strukturieren**: **Spitzenführungskräfte** erhalten **hochverdichtete Ergebniskennzahlen** über Erfolg, Umsatzerlös, Auftragsbestand und -eingang, Beschäftigte u.dergl. als Plan- (Budget-) und Istgrößen für einen Bezugszeitraum; die **nachgeordnete Führungsebene** erhält darüber hinaus Einzelinformationen und Kennziffern über die Größen, aus denen die Topzahlen resultieren, sowie detaillierte Kennziffern über Teilmärkte, Produktgruppen, Großkunden u.dergl. Die **darunter liegenden Führungsebenen** bekommen alle relevanten Detailinformationen für ihren engeren Verantwortungsbereich, aufgegliedert nach Plan-/Soll-/Budgetgrößen, zugehörigen Istgrößen und Abweichungen. Bei neuen **"flachen" (hierarchiearmen) Führungsorganisationen** ist die Zahl der Berichtsstufen entsprechend geringer, im Extremfall existiert neben einem einzigen „Spitzenbericht" nur noch **ein** umfassender, in viele Segmente aufgeteilter „Basisbericht".

Schaubild IX.73 zeigt ein hierarchisch strukturiertes Berichtssystem mit den Informationsverknüpfungen zwischen den verschiedenen Funktionsbereichen der Unternehmung und den einzelnen Ebenen des Berichtssystems.

Die Pläne und Berichte sind entsprechend der Führungshierarchie pyramidenförmig aufgebaut, so daß die Informationen mit höher gelegenen Hierarchieebenen einen größeren Aggregationsgrad aufweisen. Wegen der Komplexität der Informationsstruktur in einer Unternehmung ist es jedoch sehr schwierig und zum Teil nicht möglich, alle Informationen bzw. Berichte in einer hierarchischen Struktur darzustellen. Dies ist unter anderem bei solchen Berichten der Fall, die aufgrund spezifischer Empfänger und Verwendungen (z. B. Berichte an Konzernabteilungen) im Inhalt nicht verändert werden können. Diese Berichte lassen sich i.d.R. nicht eindeutig in die Informationspyramide integrieren, so daß Redundanzen im Berichtssystem nicht völlig beseitigt werden können. Das wesentliche Problem liegt jedoch in der dargestellten Mehrdimensionalität der Informationsstruktur. Der Informationsbedarf einer bestimmten Ebene in der Hierarchie der Führungskräfte läßt sich im allgemeinen **nicht starr in inhaltlicher und zeitlicher Ausprägung** festlegen. So ist z. B. die **Geschäftsführung** zwar im wesentlichen an jährlichen oder monatlichen Hauptkennzahlen interessiert. Dieses schließt aber im Einzelfall (z. B. bei Abweichungsanalysen) die Möglichkeit eines Zugriffs auf inhaltlich detailliertere oder zeitlich kurzfristiger abgegrenzte Informationen nicht aus.

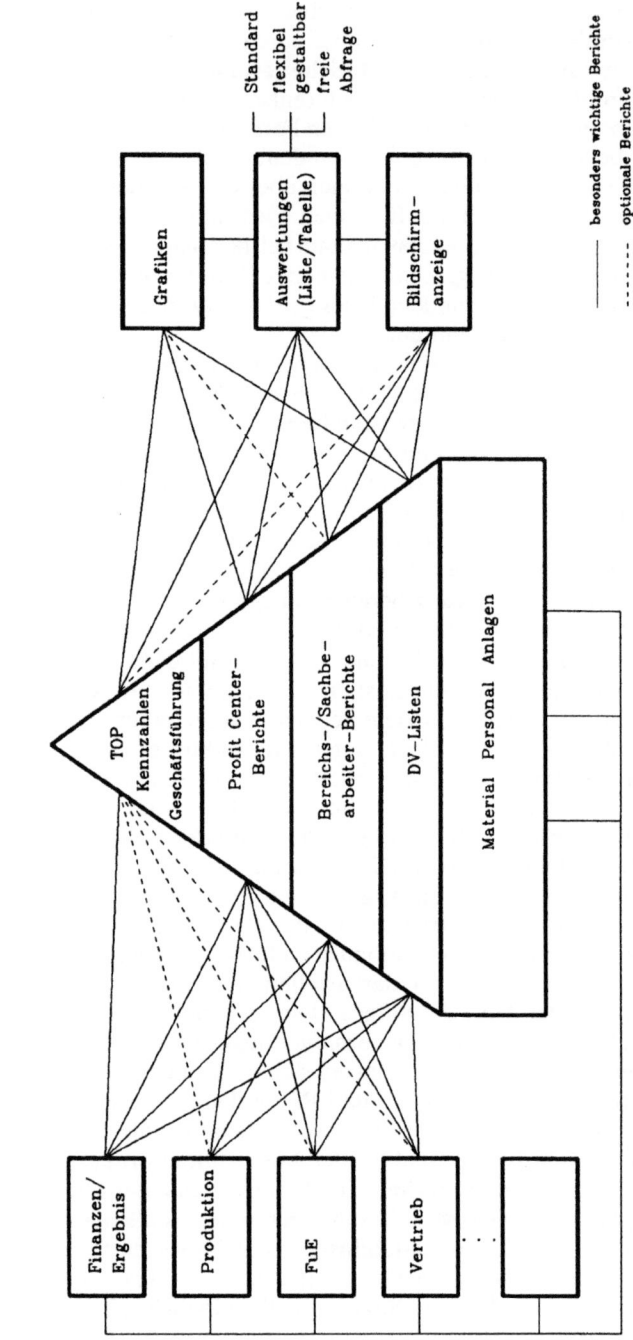

**Schaubild IX.73.**  Hierarchische Struktur des Berichtssystems

Die wichtigsten Gesichtspunkte und Einzelmerkmale für die **Ausgestaltung eines Führungsberichtssystems** sind in Schaubild IX.74 aufgeführt, wobei davon ausgegangen wird, daß es sich um ein computergestütztes Berichtssystem handelt.

Zur gezielten Auswertung von Berichten benötigt der Benutzer wegen der Vielzahl von Informationen ein Instrumentarium, das ihn beim Auffinden und Bereitstellen der gesuchten Informationen unterstützt. Ein **EDV-gestütztes Berichtssystem** bietet in der Regel die Möglichkeit, Informationen in Form von **Standardberichten, flexibel gestalteten Berichten** und **frei programmierbaren Abfragen** anzufordern.

**Standardberichte** sind vorformulierte Berichte, die nach Kennzahlenart und -differenzierung längerfristig gleichbleiben. Sie werden entweder

– **laufend erstellt** (z. B. Umsatzstatistik mit Auftragsbestand und Auftragseingang nach Produktionsbereichen und Ländern),
– auf eine **standardisierte Anfrage oder auf Abruf erstellt** oder
– nur **bei besonderen Anlässen** wie z. B. wichtigen Abweichungen zwischen Plan-/Budget- und Istgrößen oder Trendbrüchen in Zeitreihen etwa bei Auftragseingängen in einzelnen Marktsegmenten **automatisch bereitgestellt**.

| Gestaltungsaspekte von Berichtssystemen | Ausgestaltungsmöglichkeiten | | | |
|---|---|---|---|---|
| Berichtsart | Standardberichte<br>- laufend<br>- fallweise<br>- auf Abruf | flexibel gestaltete Berichte gemäß Anforderungen | frei programmierbare Abfragen | |
| Differenzierungsgrad des Berichtsinhalts | hohe Aggregation | mittlere Aggregation für Bereichsleitung | Urdaten für Sachbearbeiter | |
| Berichtsform | Liste/Tabelle | Bildschirm | Grafik | |
| Vergleichsmaßstab | Prognose-/Plan-Vergleich | Soll-/Ist-Vergleich | Zeitvergleich | Werksvergleich |
| Berichtsperiode/-zeitraum | täglich<br>Woche | wöchentlich<br>Monat | monatlich<br>Jahr | quartalsweise<br>5 Jahre |
| Berichtsausgestaltung | Aufbau neuer Berichte auf gemeinsamer Datenbasis mit einheitlicher Kennzahlensystematik | Ergänzung vorhandener Berichte | Beibehaltung bestehender Berichte | |

**Schaubild IX.74.** Ausprägungsformen von Berichtssystemen

Die Festlegung von **spezifischen Toleranzgrenzen** (z. B. auf Basis vergangenheitsbezogener Durchschnittswerte) für **Abweichungsanalysen** kann als **Informationsfilter** wirken, so daß der Anwender nur die Berichtsinhalte **automatisch** angezeigt bekommt, bei denen eine signifikante Abweichung aufgetreten ist. Hierdurch wird der Benutzer **von Routinearbeit entlastet** und kann vereinheitlichte entscheidungsrelevante Situationen definieren (vgl. *Kaiser*, 1991, S. 203 f.; *Back-Hock*, 1991a, S. 41). Neben dieser **Filterung von Informationen** dienen solche Toleranzgrenzen insbesondere in hierarchisch aufgebauten Kennzahlensystemen zur Verhinderung von Informationsverlusten durch kompensatorische Effekte: Relevante Abweichungen werden auch dann vom System automatisch angezeigt, wenn sie sich auf der nächsthöheren Verdichtungsstufe aufheben, also keine entsprechenden Auswirkungen bei Kennzahlen höherer Ebenen erkennbar sind (vgl. *Reichmann*, 1990, S. 57). In diesem Zusammenhang können **Expertensysteme** unterstützend wirken (vgl. Kapitel 6.3).

Neben standardisierten Berichten mit Informationen für die Lösung von Routineaufgaben spielen für die Unternehmungsführung **flexibel gestaltete Berichte** eine große Rolle, die **auf besondere Anforderung** computergestützt sehr kurzfristig erstellt werden können. Auf diese Weise können Kennzahlen nach speziell ausgewählten Berichtsparametern wie z. B. Leistungen pro Schicht bei ausgewählten Produkten verschiedener Produktionsstandorte oder Deckungsbeiträge für bestimmte Absatzleistungen bei ausgewählten Kundengruppen (Marktsegmenten) im Sechsmonatsvergleich zusammengestellt werden. Mit dieser Berichtsform werden **auf Anforderung** Auszüge aus vorhandenen (gespeicherten) Berichten, die routinemäßig nicht oder nur in Teilen auf unteren Leitungsebenen verwendet werden, angefertigt und **nach den vorgegebenen Berichtsparametern inhaltlich geordnet**.

**Frei programmierbare Abfragen** bieten prinzipiell die Möglichkeit, beliebig auf die Informationen der Unternehmungsdatenbank und auf alle Auswertungen bzw. Berichte der verschiedenen Leitungsebenen zuzugreifen. Z.B. kann der Verkaufsvorstand Einzelinformationen über einen bestimmten (kritischen) Kundenauftrag wie Durchlaufzeit, Störeinflüsse aus verzögerter Materialanlieferung, Terminverzögerung der Auslieferung, benötigte Überstunden, Qualitätsmängel, Netto- und Bruttoerlös, Garantieleistungen auf Grund einer Mängelrüge, Deckungsbeitrag, Nettoergebnis u.dergl. abfragen, um diese für Kundennachverhandlungen und/oder die Überprüfung der Kalkulation eines Nachfolgeauftrages zu verwenden. Allerdings sind Informations- und Berichtssysteme, die der obersten Hierarchiestufe einen **Durchgriff auf Basiseinzelinformationen** ermöglichen, außerordentlich aufwendig und mit unvertretbar langen Antwortzeiten verbunden. Daher kann bisher in der Praxis i.d.R. nur ein **mehrstufiges Abfrageverfahren** praktiziert werden. Entsprechend der Berichtspyramide existieren **mehrere Informationsverdichtungsebenen**; Vorstände haben unmittelbaren Zugriff auf die Profit-Center- und Bereichsleiterebene. Von da aus müssen dann die notwendigen Detailinformationen aus darunterliegenden Speicherebenen abgerufen werden, wobei allerdings bei großen Informationsmassen **begrenzte Aufbewahrungsfristen** einschränkend zur Geltung kommen können.

Neben der Heranziehung von Expertensystemen (vgl. Kapitel 6.3) gibt es beim Computereinsatz unterschiedliche Formen der **Benutzerunterstützung**. **Interaktive Dialogsysteme** führen den Anwender in fortwährenden Abfragen durch das Auswertungssystem, wobei stets nur zulässige Auswahlmöglichkeiten angegeben und somit Fehleingaben ausgeschlossen werden. **Cursor-Pick-up-Funktionen** bieten die Möglichkeit, durch die Markierung einer bestimmten Position bzw. Kennzahl in einem Bericht am Bildschirm direkt, d.h. ohne den Umweg über die übergeordnete Menüebene, diese Position in ihrer nächstdetaillierten Auswertungsform darzustellen oder andere Detailinformationen zu dieser Position abzufragen.

Der **Aggregations- und Differenzierungsgrad** der vom Führungsberichtssystem bereitzustellenden Kennzahlen ist ein wesentliches Gestaltungsmerkmal und hängt zum einen vom Berichtsinhalt, zum anderen vom Berichtsempfänger ab. In bezug auf die unterschiedlichen Berichtsempfänger ist der Differenzierungsgrad am Informationsbedarf auszurichten.

Die **Form der Bereitstellung** der Berichte hängt wesentlich vom **Empfänger**, vom **Aktualisierungsrhythmus** und vom **Zeilen- bzw. Spaltenumfang der Berichte** ab. Die Informationen sind möglichst kompakt und übersichtlich darzustellen.

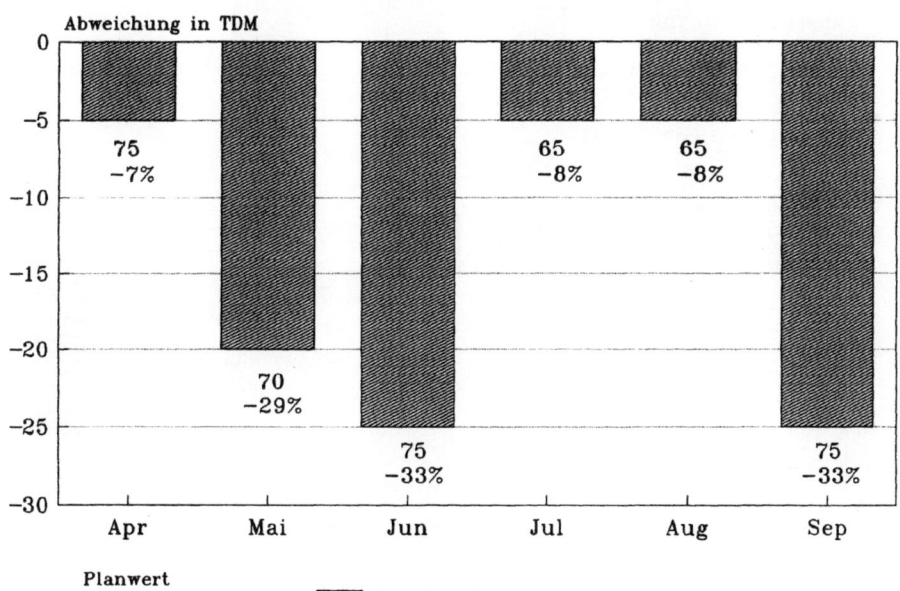

## Ist−Plan−Abweichung
### der letzten 6 Monatswerte, Stand Sep. 92

**Schaubild IX.75.**   Rollierende Darstellung des wirtschaftlichen Ergebnisses der letzten 6 Monate

Die Darstellung der Berichte sollte i.d.R. sowohl über eine **Bildschirmausgabe** als auch über einen **Ausdruck** möglich sein. Für die Bildschirmausgabe ist meist eine Teilung der Berichte in überschaubare Blöcke bzw. „Fenster" erforderlich, die von der äußeren Form der Listendarstellung abweichen. Bei nur monatlich aktualisierten Berichten ist eine Bildschirmdarstellung u.U. nicht sinnvoll.

Insbesondere **Graphik-Darstellungen** sind als Ergänzung zu oder anstelle von Tabellen eine **Visualisierungshilfe**. Sie bieten sich bei Berichten mit einem Zeitvergleich der Istwerte oder der Soll-Ist-Abweichungen an, um Entwicklungstendenzen „auf einen Blick" offenzulegen. Z.B. informieren die Schaubilder IX.75 und IX.76 in direkter und zugleich übergreifender Weise über die Entwicklung des wirtschaftlichen Ergebnisses einer Sparte.

Die Null-Linie in Schaubild IX.75 repräsentiert die **Ziellinie** des geplanten Monatsergebnisses; die rollierend für ein Halbjahr je Monat gezeigten Abweichungsblöcke geben die (negativen) Differenzen zum Planergebnis in absoluter Höhe an; die darunter angeführten Zahlen nennen das Planergebnis und die relative Größenordnung der Ergebnisabweichung – so betrug im Monat Mai die Ergebnisabweichung mit 20.300 DM 29 % des Planergebnisses von 70.000 DM. Schaubild IX.76 zeigt dazu übergreifend die **kumulative Entwicklung** der monatlichen Ergebnisabweichungen seit Beginn des Geschäftsjahres.

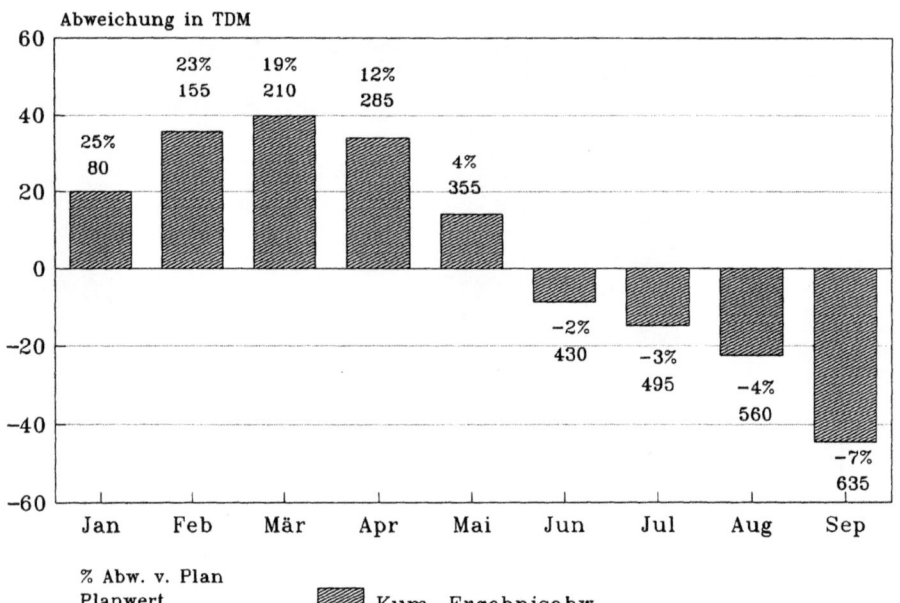

## Ist–Plan–Abweichung
### der kumulierten Werte, Geschäftsjahr 92

**Schaubild IX.76.** Kumulierte Abweichung des wirtschaftlichen Ergebnisses des laufenden Geschäftsjahres

Die Schaubilder IX.77 und IX.78 geben **analoge Darstellungen für Plan-Ist-Abweichungen** bei Auftragseingang und Umsatz.

Vor allem Schaubild IX.78 läßt ein Auseinanderlaufen von Umsatz- und Auftragseingangsentwicklung erkennen, so daß daraus im Sinne eines **besonderen Abweichungssignals** eine Eingriffsnotwendigkeit bei den Produktionskapazitäten bzw. der Ablauforganisation zur Beschleunigung der Auftragsdurchlaufzeiten erkennbar wird.

Die **Länge des Berichtszeitraumes** gibt an, wie weit innerhalb des Führungsberichtssystems auf Vergangenheitswerte zurückgegriffen werden kann. Insbesondere bei solchen Berichten, die auch als Bildschirmausgabe erstellt werden, ist dies für den **Umfang der Datenhaltung** (und damit indirekt auch für die **Länge der Zugriffszeiten**) bedeutsam, da alle benötigten historischen Daten im Speicher verfügbar gehalten werden müssen. Die Länge der Berichtsperiode hängt vor allem auch vom **Aktualisierungsrhythmus** und **Aktualisierungsstatus** der einfließenden Daten ab.

Als Vergleichsmaßstab kommen Prognosewerte, Plan-/Soll-/Budgetwerte, Vergangenheitswerte (**Zeitvergleiche**) und korrespondierende Istwerte gleichartiger Betriebe (**Werks- u. Betriebsvergleiche**) in Betracht. Bei Soll-Ist-Vergleichen werden für alle Kennzahlen die Istwerte und, wenn vorhanden, Plan- bzw. Vorgabewerte korrespondierender Perioden sowie Abweichungen ausgewiesen.

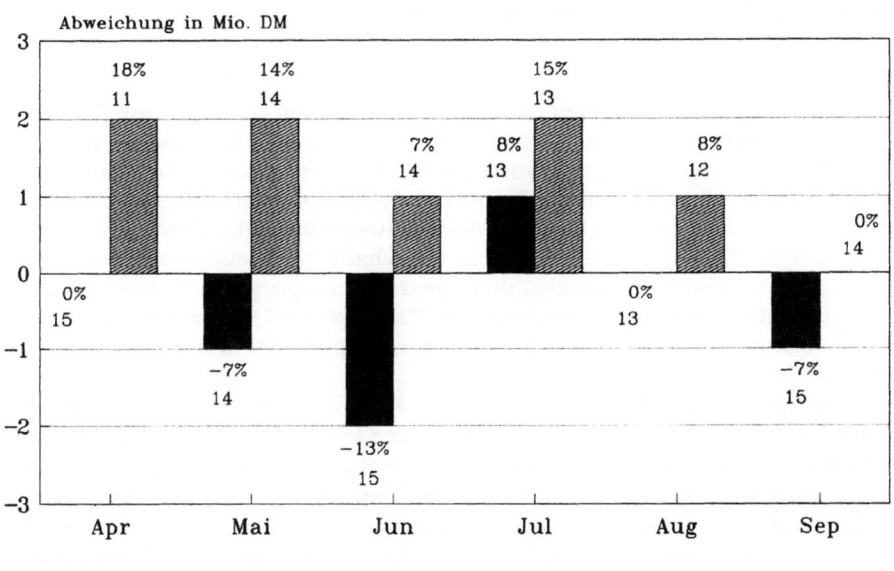

**Schaubild IX.77.** Rollierende Darstellung der Auftragseingangs(AE)- und Umsatzabweichungen der letzten 6 Monate

# Ist–Plan–Abweichung
## der kumulierten Werte, Geschäftsjahr 92

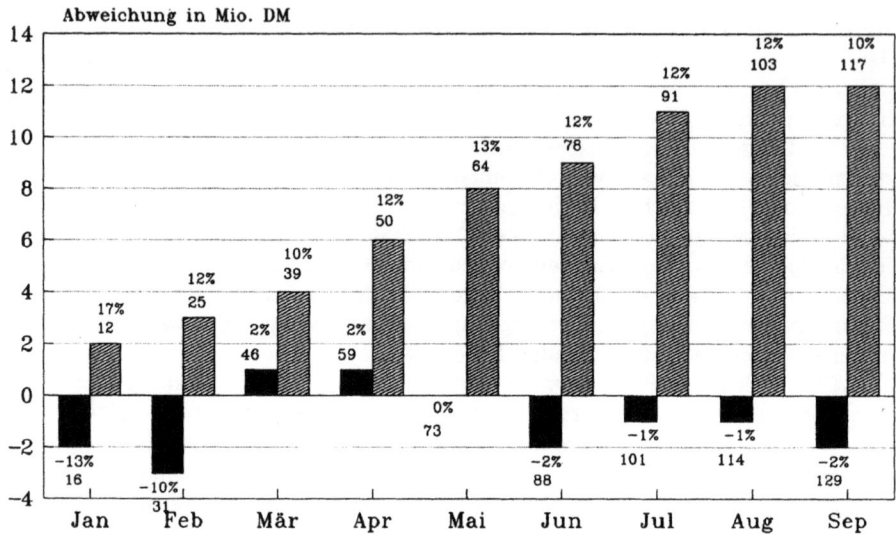

Abweichung in Mio. DM

% Abw. v. Plan
Planwert    ■ Kum. Umsatz–Abw.    ▨ Kum. AE–Abweichung

**Schaubild IX.78.** Kumulierte Auftragseingangs(AE)- und Umsatzabweichungen des laufenden Geschäftsjahres

Die Vergleichsmöglichkeit ist von der Detaillierung der Plan- bzw. Budgetwerte abhängig. Häufig ist es nicht möglich oder sinnvoll, **Planwerte für die
höchste Differenzierungsstufe** vorzugeben. Ein Periodenvergleich kann auf
Basis von Standardberichten oder von gezielten Detailauswertungen vorgenommen werden, um vor allem **Entwicklungstendenzen** erkennbar zu machen.
**Werks-** oder **Betriebsvergleiche** zeigen wirtschaftliche Unterschiede zwischen
verschiedenartigen Technologien und Unternehmungsorganisationen auf. Vor
allem **Produktivitätsunterschiede** und **Differenzen im Qualitätsniveau** geben
Hinweise auf ein vorhandenes **Rationalisierungspotential** in einzelnen Betrieben.

Bei Führungsberichtssystemen bilden **Jahres-, Quartals- und Monatsbe-
richte** den Schwerpunkt, wobei innerhalb des Geschäftsjahres neben **rollieren-
den Drei- bis Sechsmonatsdarstellungen** vielfach die bis zum Berichtszeitpunkt
**kumulierten Werte seit Beginn des Geschäftsjahres** und **zeitgleiche Vorjahres-
einzelwerte** in die Berichterstattung aufgenommen werden; außerdem werden
meist **Prognosewerte** für bevorstehende Monate und Quartale sowie **Frühindikatoren** für Veränderungen bei bedeutsamen externen und internen Einflußgrößen auf Betriebsergebnisse und Liquidität angegeben (vgl. das Beispiel im
folgenden Abschnitt). Es kommen jedoch auch **Tagesberichte**, etwa für Umsatz-
entwicklung, Auftragseingang u.dergl. als Spitzeninformationen in Betracht.

Beim **Aufbau computergestützter Führungsinformationssysteme** wird in der Praxis aus pragmatischen Gründen vielfach so vorgegangen, daß die vorhandenen konventionell erstellten Berichte lediglich – um Zusatzinformationen ergänzt – auf elektronische Bearbeitung mit Eröffnung einer Bildschirmabfrage übertragen werden. Dieses Verfahren erweist sich vielfach insofern als unrationell, als die verschiedenen Teilberichte aus Vertrieb, Produktion, Beschaffung, Forschung und Entwicklung, Personalwesen, Rechnungswesen usw. weitgehend unabhängig voneinander in den verschiedenen Fachressorts entstanden sind, häufig **unabgestimmte Überlappungsbereiche** aufweisen und dadurch entweder **Informationsredundanzen** oder sogar **Informationswidersprüche** enthalten. Vorteile können sich dagegen bei **Übertragung** allseits bekannter und für die laufende Auswertung **vertrauter Berichtsformen** auf Computer vorübergehend dadurch ergeben, daß die **Akzeptanz** elektronischer Datenverarbeitung und damit die Informationsnutzung gefördert werden. Langfristig erweist sich jedoch ein **geschlossenes und systematisch abgestimmtes Führungsberichtssystem,** das auf einer umfassenden Unternehmungsdatenbank aufsetzt, als optimales Controllinginstrument. Zur Vermeidung von Informationsüberflutungen, -redundanzen und -widersprüchen sollten daher computergestützte Führungsinformationssysteme **originär** unter weitgehender Nutzung am Markt angebotener und laufend gepflegter **Standardsoftware** aufgebaut werden, wobei **unternehmungsindividuelle Anforderungen ergänzend zu programmieren** sind. Eine Informationsüberflutung ist hierbei durch vorherige Bestimmung der entscheidungsrelevanten Informationen vermeidbar, soweit sich der Informationsbedarf für zukünftige Entscheidungssituationen vorsehen läßt. Zur Vermeidung bzw. **Minimierung von Informationsredundanzen** sind ein systematischer Aufbau der Berichtsinhalte und die Speicherung der Daten in einer **relationalen Datenbank** notwendig. Eventuell existierende Informationswidersprüche in der Unternehmung können durch eine systematische Ist-Analyse vor Einführung eines computergestützten Führungsinformationssystems erkannt und beseitigt werden. Die Entstehung von neuen Informationswidersprüchen muß durch klare **Regelungen der Verantwortlichkeiten** für die **Pflege der Berichte** ausgeschlossen werden.

## 5.3  Darstellung eines Führungsberichtssystems für das Produktionscontrolling

Im Produktionsbereich dient als Basis für die Ermittlung von Kennzahlen die betriebswirtschaftlich-technische Unternehmungsdatenbank (vgl. Schaubild IX.6). Bei EDV-gestützten Führungsinformationssystemen erfolgt die Datengewinnung vielfach über Modularprogramme, die Bestandteile integrierter Anwendungsprogramme darstellen. Durch die Einrichtung von Schnittstellen wird der Datenaustausch zwischen den standardisierten Modularprogrammen und den benutzerindividuellen Anwendungsprogrammen ermöglicht. Zusätzlich zu den internen Daten haben EDV-gestützte Führungsinformationssysteme häufig einen **Anschluß an externe elektronische Nachrichten-/Informa-**

**tionssysteme** (z. B. Reuters). Je nach Bedarf lassen sich für Planungsrechnungen oder Branchenvergleiche beispielsweise Konjunktur-, Markt- oder Brancheninformationen abfragen.

Solche externen Informationen werden beispielsweise innerhalb von sog. betrieblichen **Frühwarnsystemen** zur frühzeitigen **Signalisierung von latenten Risiken und Chancen** für die Unternehmung benötigt (vgl. *Krystek*, 1987). Schaubild IX.79 zeigt den Aufbau eines Berichts zur Früherkennung zukünftiger, für die Unternehmung relevanter Entwicklungen einer Maschinenbau-Unternehmung.

Der Bericht enthält unternehmungsinterne und -externe Informationen. Intern stehen dabei **Kapazitätsauslastungs- und Ergebnisentwicklungsindikatoren** im Vordergrund. Auftragsbestand und -reichweite sowie Lieferrückstände/-verspätungen und durchschnittliche Auftragsdurchlaufzeiten im Zeitvergleich und gegenüber Planvorgaben geben – zusätzlich verdeutlicht durch einen **Trendindikator** – Hinweise auf Unterauslastung, Normalauslastung oder Überbeanspruchung der vorhandenen personellen und maschinellen Produktions- und Verwaltungskapazitäten. (Bevorstehende) gravierende Unterauslastungen

Führungs-Kennzahlen-System

| TOP-FRÜHINDIKATOREN<br><br>Werk ................... | | Ist<br>Vormonat | Ist<br>lfd. Monat | Budget<br>bzw. Plan<br>lfd. Monat | Abweichung<br>gegenüber<br>Plan | Trend -<br>indikator |
|---|---|---|---|---|---|---|
| Kapazitätsauslastungsindikatoren | | | | | | |
| Auftragsbestand insg. | TDM | | | | | |
| Auftragsreichweite Maschinen | Monate | | | | | |
| Lieferrückstände Neumaschinen | Wochen | | | | | |
| Lieferverspätung über 1 Woche | TDM | | | | | |
| über 1 Monat | TDM | | | | | |
| Auftrags-Durchlaufzeit | * | | | | | |
| Ergebnisindikatoren | | | | | | |
| Ø Deckungsbeitrag in AB | % | | | | | |
| Ø Ergebnisrendite im AB | % | | | | | Ø Verände- |
| AB mit negativem Ergebnis | TDM | | | | | rungsrate |
| erwartete negative Rendite | % | | | | | rollierend |
| Auftragseingang Maschinen | TDM | | | | | über die |
| Ø Deckungsbeitrag im AE | % | | | | | letzten 6 |
| Ø Ergebnisrendite im AE | % | | | | | Monate |
| AE mit negativem Ergebnis | TDM | | | | | |
| erwartete negative Rendite | % | | | | | |
| Konkurrenzindikatoren | | | | | | |
| Stornierungen (ohne Verschiebungen) | Stück | | | | | |
| netto | TDM | | | | | |
| Angebotserfolgsquote | % | | | | | |
| Marktentwicklungsindikatoren | | | | | | |
| Marktanteil, differenziert nach | | | | | | |
| Segmenten | % | | | | | |
| Ø Zahlungsziel Neumaschinen-AE | Tage | | | | | |
| Außenstände über 30 Tage fällig | % | | | | | |
| über 60 Tage fällig | % | | | | | |
| Kundenmarktvolumen | TDM | | | | | |

\* von Auftragsbestätigung bzw. Betriebsauftragserstellung bis Auslieferung

**Schaubild IX.79.** Frühindikatoren

fordern im Hinblick auf die **fixen Bereitschaftskosten** zu Anpassungsmaßnahmen heraus wie vor allem Verstärkung der Vertriebsaktivitäten und/oder Abbau von Mehrarbeit, Kurzarbeit, Schichtkürzungen, Verringerung der Fremdbezüge von Vorprodukten u.dergl.; bei Erwartung einer **längerfristigen (strukturellen) Unterbeschäftigung** ist ein partieller Kapazitätsabbau durch Desinvestitionsmaßnahmen einzuleiten. Im Fall von **Überbeanspruchungen vorhandener Kapazitäten** sind Anpassungsmaßnahmen in umgekehrter Richtung zu ergreifen.

**Indikatoren zur Beurteilung der Ergebnislage** eines Unternehmungsbereichs und seiner kommenden Entwicklung können aus den **erwarteten Deckungsbeiträgen im Auftragsbestand** (AB) und im **Auftragseingang** (AE) abgeleitet werden. Auch dabei können aus dem Zeit- und Plan-Ist-Vergleich sowie dem Trendindikator entsprechende Schlüsse gezogen werden – umso ausgeprägter, je größer die Auftragsreichweite ist. Besonders herausgestellt werden **Grenzgeschäfte** durch die Kennzahlen Auftragsbestand und -eingang mit **negativem** Ergebnis/**negativer** Umsatzrendite.

**Externe Frühindikatoren** für Veränderungen der **Konkurrenzsituation** und **Marktentwicklung** sind Kennziffern über Auftrags**stornierungen, Auftragserfolgsquote** (Anteil der Aufträge am Gesamtumfang der in einem Bezugszeitraum abgegebenen Verkaufsangebote/geführten Verkaufsverhandlungen), **Marktanteile je Marktsegment**, durchschnittliche **Zahlungsziele** und **Außenstände** mit über 30 bzw. 60 Tagen nach Fälligkeit. Hier sind vielfach schon aus kleineren Veränderungen der Durchschnittsgrößen im Zeitablauf Hinweise auf wesentliche konjunkturelle oder strukturelle Umbrüche bei den Markt- und Absatzbedingungen zu entnehmen.

In der **Topübersicht für die Geschäftsführung** zur Beurteilung der Ergebnis- und Produktionssituation im laufenden Geschäftsjahr und abgelaufenen Monat sind die in Schaubild IX.80 enthaltenen Kennziffern mit Zeitvergleich und Prognosen für die drei Folgemonate besonders bedeutsam:
Wirtschaftliches Ergebnis laut GuV-Rechnung aus der ordentlichen Geschäftstätigkeit (WE), kalkulatorisches Betriebsergebnis (BE), Nettoerlöse aus Verkauf von Neumaschinen (NE), Kundendienstleistungen (KD) und Ersatzteilen sowie sonstigen Absatzleistungen, Exportanteil insgesamt, Gesamtleistung laut GuV-Rechnung aus Umsatzerlösen, Bestandsveränderungen für Halb- und Fertigfabrikate sowie aktivierten Eigenleistungen; besonders signifikante **Kennziffern zur relativen Ertragsentwicklung** eines Unternehmungsbereichs stellen die Vergleichszahlen zur Umsatzrendite (BE I/ME), die Größe des **Fixkostenblocks** (Kf) **und** seiner **Veränderungen** bzw. der zugehörigen Budget-Ist-Abweichungen sowie die **Deckungsrate der Fixkosten** dar (Gesamtdeckungsbeitrag einer Periode zu Fixkosten dieser Periode: DB/Kf). Schließlich sind für die Beurteilung der **Wirtschaftlichkeit im Produktionsbereich** die Kennziffern zum Auftragseingang und -bestand, zur Vorräteentwicklung bei Roh-, Hilfs- und Betriebsstoffen (RHB), Halbfabrikaten (HF) und Fertigfabrikaten (FF) sowie zur Belegschaft sehr aussagekräftig. Die Schaubilder IX.81 und IX.82 zeigen, wie die unter den Topkennzahlen im Produktionsbereich angesiedelten Hauptkostenarten und Teilproduktivitäten nach ihren **Haupteinflußgrößen aufgegliedert** und in einem **geschlossenen Kennzahlensystem** erfaßt werden können.

Blatt 1.0:     Topübersicht/Werk ...................     Verteiler:
Berichtszeitraum:     Monatsbericht     Datei:

| TOP-KENNZAHLEN Werk ................ | | Ist Vorjahr | Budget Ber. Jahr | Ist lfd. Monat | Abweichung geg. Budget | Ist kumuliert | Abweichung geg. Budget | Vorschau 3 Folgemonate 1. 2. 3. | voraus. Ist kumuliert | Abweichung geg. Budget |
|---|---|---|---|---|---|---|---|---|---|---|
| Wirtschaftliches Ergebnis (WE) | TDM | | | | | | | | | |
| Betriebsergebnis I (BE I) | TDM | | | | | | | | | |
| Nettoerlös Neumaschinen (NE) | TDM | | | | | | | | | |
| KD u. Ersatzteile | TDM | | | | | | | | | |
| sonstiges | TDM | | | | | | | | | |
| insgesamt | TDM | | | | | | | | | |
| davon Export | TDM | | | | | | | | | |
| Gesamtleistung | TDM | | | | | | | | | |
| Umsatzrendite (BE I/ME) | % | | | | | | | | | |
| Fixkostenblock (Kf) | TDM | | | | | | | | | |
| Deckungsrate (DB/Kf) | % | | | | | | | | | |
| Auftragseingang insg. (netto) | TDM | | | | | | | | | |
| Neumaschinen | Stück | | | | | | | | | |
| Auftragsbestand Masch. (netto) | TDM | | | | | | | | | |
| Neumaschinen | TDM | | | | | | | | | |
| Vorräte insg. (RHB, HF, FF) | TDM | | | | | | | | | |
| Belegschaft incl. Azubi | Ø Köpfe | | | | | | | | | |
| rechnerisch Beschäftigte | Ø Köpfe | | | | | | | | | |

**Schaubild IX.80.**   Einheitlicher Berichtsaufbau der Top-Kennzahlen aller Profit-Center für die Geschäftsführung

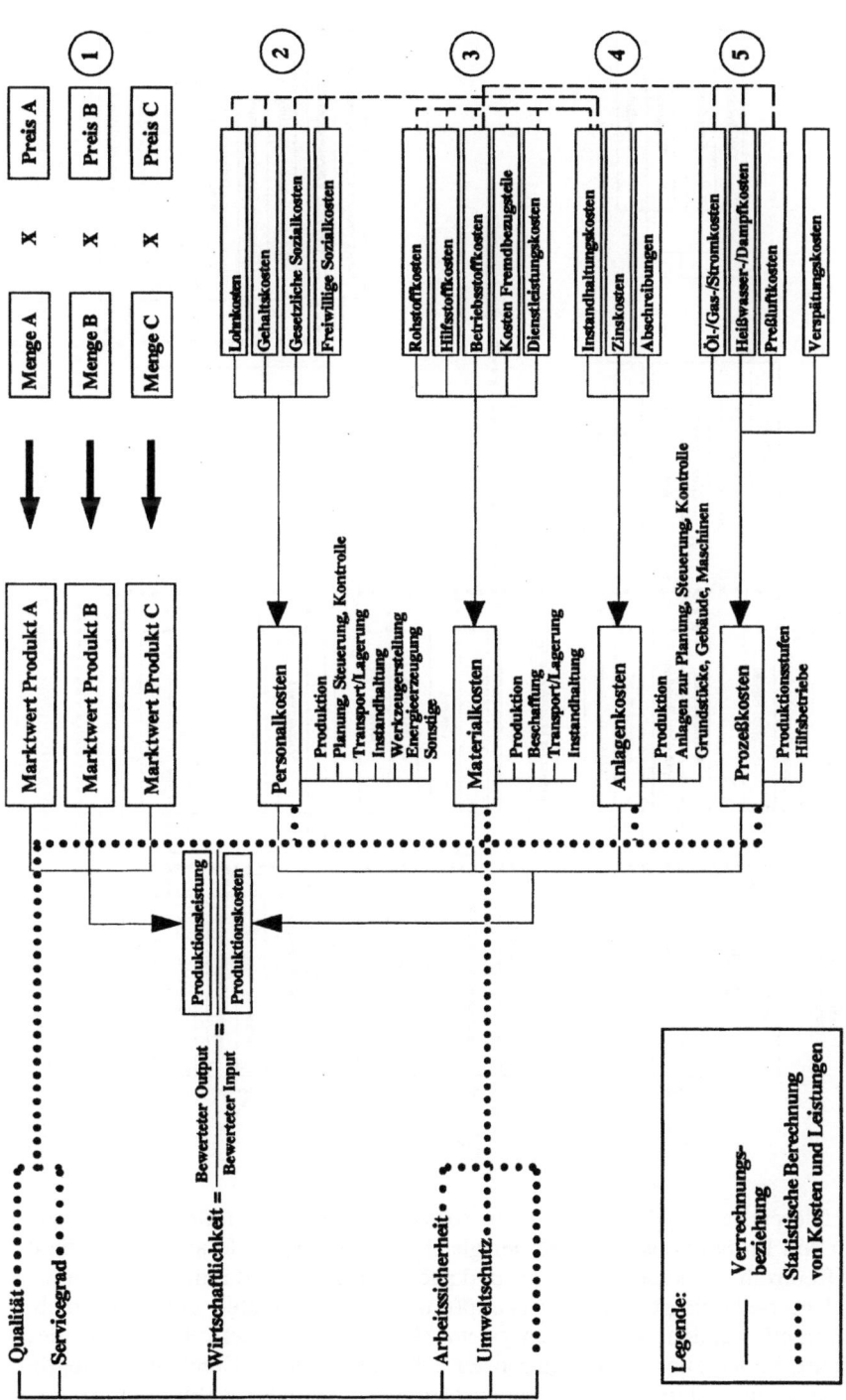

**Schaubild IX.81.** Primär monetäre Kennzahlen und Kennzahlenkomponenten im Rahmen eines sach-, wert- und sozialorientierten Kennzahlensystems für den Produktionsbereich

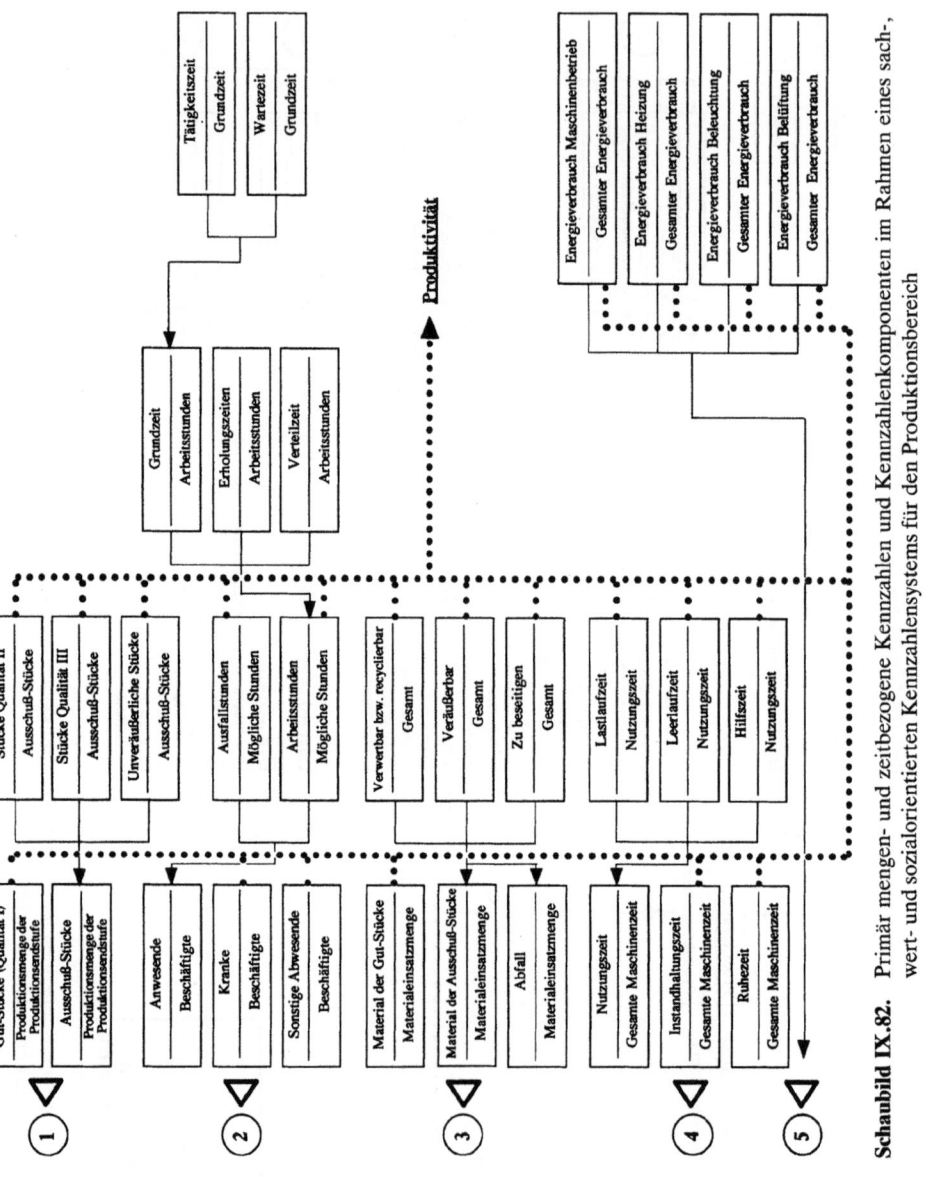

**Schaubild IX.82.** Primär mengen- und zeitbezogene Kennzahlen und Kennzahlenkomponenten im Rahmen eines sach-, wert- und sozialorientierten Kennzahlensystems für den Produktionsbereich

Dieses Kennzahlensystem kann sowohl **horizontal** mit Kennzahlensystemen von Produktionsbereichen der gleichen Fertigungsstufe als auch **vertikal** mit Kennzahlensystemen ggf. vor- und nachgelagerter Produktions- oder anderer Unternehmungsbereiche verknüpft und als Bestandteil eines unternehmungsumfassenden Kennzahlensystems konzipiert werden. Die Basis des Systems bilden zum einen differenzierte Kostenarten als Ergebniseinflußgrößen und zum anderen die Zusammensetzung des Vermögens. Für den Produktionsbereich lassen sich aus diesem System geeignete Kennzahlen für Planungs-, Steuerungs- und Kontrollzwecke ableiten.

Die **Wirtschaftlichkeit** als wertbezogene Kennzahl wird durch das jeweilige **Preisniveau** auf den Absatz- und Beschaffungsmärkten und durch die **Produktivität** der Produktionsprozesse beeinflußt. Neben der Wirtschaftlichkeit sind für den Produktionsbereich auch **Qualität** und **Servicegrad** Subzielgrößen, die den Unternehmungserfolg maßgebend mitbestimmen (vgl. auch *Hoitsch*, 1990, S. 605 ff.; *Zahn/Huber-Hoffmann*, 1990, S. 57 ff.).

Informationen, die der Schaffung und Einhaltung von bestimmten **Qualitätsanforderungen** dienen, sind in allen Phasen der Produktentstehung, -verwendung und -entsorgung von zunehmender Bedeutung für den Erfolg einer Unternehmung (vgl. Kapitel 6.2.4; Band 1, Teil III, Kapitel 1.2). Der Servicegrad wird primär durch die zeitbezogenen Kriterien wie

- Lieferzeit,
- Termintreue,
- Liefergenauigkeit nach Art und Menge und
- Lieferflexibilität

beeinflußt (vgl. grundlegend *Pfohl*, 1988, S. 26 ff.; *Schulte*, 1991, S. 4 ff.).

Spezifische **Produktionskosten** können, ausgehend von den Hauptkostenkategorien sowie Angaben der Personal-, Material-, Anlagen- und Prozeßwirtschaft, für den gesamten Produktionsbereich und für Teilbereiche hiervon (Kostenbereiche, Kostenstellen) ermittelt werden. Bei einer **Aggregation der Kennzahlenwerte** für die einzelnen Bereiche ist zu beachten, daß **Doppelerfassungen** verrechneter sekundärer Kostengrößen vermieden bzw. eliminiert werden müssen.

Neben der Bildung (teil-)bereichs- und kostenstellenspezifischer Kennzahlen sind in Schaubild IX.81 je nach vorliegender Fragestellung weitere Unterteilungsmöglichkeiten dargestellt. Bei einer **Differenzierung nach Tätigkeitsbereichen** können z. B. die Personalkosten danach unterschieden werden, ob sie durch Personaleinsatz in der eigentlichen Produktion, für Planungs-, Steuerungs- und Kontrollaufgaben oder für sonstige Tätigkeiten (Transport/Lagerung, Reparatur/Instandhaltung, Werkzeugerstellung) entstanden sind. Nach den Bestandteilen können **Personalkosten** z. B. weiter in Löhne, Gehälter, gesetzliche/tarifvertragliche und freiwillige Sozialleistungen **unterteilt** werden.

Lassen sich relevante Kostenelemente nicht hinreichend genau erfassen, so kann auf **mengen- oder zeitbezogene Kennzahlen** wesentlicher **Kosteneinflußgrößen** zurückgegriffen werden.

Die **geplanten Umsätze** der Produktgruppen bzw. Produkte sind neben dem Preis und neben anderen Einflußfaktoren vor allem von den erzeugten Mengen der jeweiligen Qualitätsstufen abhängig. Der gesamte mengenmäßige Output kann in verschiedene Klassen, z. B. **Gut-Stücke** und **Ausschuß-Stücke** unterteilt werden, wobei bei den Ausschußstücken weiter 2. und 3. Wahl sowie unveräußerliche Stücke unterschieden werden können. Durch **Kennzahlen** wie z. B. „**Ausschuß-Stücke/Produktionsmenge der Produktionsendstufe**" lassen sich grundsätzlich Aussagen über das erreichte Qualitätsniveau der Produktion machen.

Im **Personalbereich** kann der mengenmäßige Input durch Kennzahlen wie Anwesenheits-/Abwesenheitsquote (z. B. besonderer Krankenstand) oder die sich aus der Zahl der durchschnittlich Anwesenden ergebende Summe der möglichen Arbeitsstunden einer Periode in Relation zu den tatsächlich geleisteten Arbeitsstunden erfaßt werden.

Zur **Charakterisierung des Materialverbrauchs** kann die gesamte eingesetzte Materialmenge (für alle Materialarten) in den Materialverbrauch für

- Gutstücke (Qualität I),
- Ausschuß (unerreichtes Niveau der Qualität I durch Materialfehler) und
- Abfall (Verschnitt) aufgeteilt werden.

Weitere Unterscheidungen für die Abfall- und Ausschußmengen hinsichtlich einer Weiterverwendbarkeit sind denkbar.

Die Beschreibung des **Anlagen- bzw. Maschineneinsatzes** erfolgt mit Hilfe von Kennzahlen auf der Basis von Maschinenlaufzeiten, z. B. dem Verhältnis von Nutzungszeit und gesamter Maschinenlaufzeit.

Der Einfluß der mengen- und zeitbezogenen Kennzahlen auf die wertbezogenen Kennzahlen ist durch die großen Pfeile in Schaubild IX.82 symbolisiert. Im dargestellten Kennzahlensystem für den Produktionsbereich wird auch der Grundzusammenhang zwischen Produktivität und Wirtschaftlichkeit deutlich, wenn man von konstanten Faktoreinsatzpreisen ausgeht (vgl. *Laßmann*, 1975, Sp. 3164 ff.; *Pedell*, 1985, S. 810 ff. und 1985a, S. 1078 ff.).

# 6 Integration der technischen und betriebswirtschaftlichen Informationserfassungs- und -verarbeitungssysteme im CIM-Konzept

## 6.1 Bedeutung von BDE-Systemen für technische und betriebswirtschaftliche Aufgaben

Zur Durchführung der Programm- und Prozeßplanung, -steuerung und -kontrolle einschließlich Regelung der Produktion und Qualitätsüberwachung sind **alle relevanten Daten** im Produktionsbereich zu erfassen (vgl. Band 2, Teil VI, Kapitel 1; vgl. auch *Binner*, 1991, S. 60). Je schneller und genauer die Ist-Daten zur Verfügung stehen, desto besser können Zielerreichungen bezüglich Qualität, Menge und Zeit (Durchlaufzeit, Kapazitätsauslastung und Termintreue) sowie darauf aufbauend Kosten, Deckungsbeiträge und Ergebnisse überwacht und Maßnahmen bei Soll-Ist-Abweichungen eingeleitet werden. Als Instrument hierfür dient die **Betriebsdatenerfassung** (vgl. zur Definition von Betriebsdaten Kapitel 1.3 sowie Band 2, Teil VI, Kapitel 1.3). Grundsätzlich können folgende **Arten von Betriebsdaten** unterschieden werden (vgl. *Geitner* 1987, S. 203; *Link*, 1990, S. 58):

*Auftragsdaten:*

Sie beschreiben den Prozeß der Auftragsabwicklung und umfassen z. B. produzierte Mengen nach Arten/Auftragspositionen, Termine und Durchlauf-/Bearbeitungszeiten in bestimmten Arbeitssystemen für die betrachteten Aufträge.

*Anlagendaten:*

Sie informieren über den Zustand und die Nutzung von Produktionsanlagen (Maschinen und sonstige Anlagen) und umfassen z. B. Angaben über die qualitative und quantitative Kapazität, Nutzungszeiten, Stillstands-/Störzeiten, Umstell-/Rüstzeiten.

*Material- und Bestandsdaten:*

Sie informieren über Bestände und Verbräuche an Roh-, Hilfs- und Betriebsstoffen sowie über Art, Menge und Zustand übriger Bestände, wie z. B. Zwischen- und Endprodukte, Reserveteile, Werkzeuge.

*Qualitätsdaten:*

Sie informieren über die Beschaffenheit von Produkten und Herstellprozessen im Hinblick auf die angestrebte Produktqualität. Produktbezogene Qualitätsdaten sind z. B. Fehler nach Art und Schwere, Abmessungstoleranzen und Funktionsmerkmalsangaben. Prozeßbezogene Qualitätsdaten sind z. B. Angaben über Toleranzeinhaltung bei Betriebsdruck oder Temperaturen.

*Personaldaten:*

Sie informieren über An- und Abwesenheit der Mitarbeiter und über die Zuordnung von Mitarbeitern zu Aufträgen und/oder Produktionsanlagen.

Schaubild IX.83 zeigt ein Beispiel für Betriebsdaten, die grundsätzlich in **Stammdaten und Bewegungsdaten** eingeteilt und durch Aufbereitung in **Analysedaten** bzw. **Datenübersichten** überführt werden können.

Neben Programm- und Prozeßregelung sowie Rechnungswesen können **weitere Interessenten für Betriebsdaten** auftreten wie insbesondere (vgl. *Roschmann*, 1987, S. 90 f. und 1990, S. 4 ff.; *Scheer*, 1990a, S. 235):

–  die **Qualitätssicherung** zur Ermittlung aktueller produkt- und prozeßbezogener Qualitätsdaten (vgl. Kapitel 6.2.4);
–  **Personalinformationssysteme** etwa für die Ermittlung von Anwesenheits- und Leistungsdaten der Mitarbeiter (vgl. Teil VII, Kapitel 5);
–  **Anlageninformationssysteme** (vgl. Teil VIII, Kapitel 6);
–  die **Online-Kennziffernrechnung** zur Ermittlung aktueller Daten über Materialverbräuche, Maschinenbelegungen und -stillstände sowie -leistungen, Energieverbräuche und Instandhaltung (vgl. Kapitel 4; *Kaiser*, 1991).

**Die Betriebsdatenerfassung umfaßt die Gewinnung (Sammlung, Aufzeichnung), Speicherung, Aufbereitung und Übermittlung/Bereitstellung von Betriebsdaten.** Die Bereitstellung von Soll-Daten wird auch als **Betriebsdatenvorgabe** bezeichnet. Bedingt durch die EDV-technische Weiterentwicklung wird heute in der Regel unter Betriebsdatenerfassung (BDE) nur die EDV-gestützte Gewinnung (Sammlung, Aufzeichnung), Speicherung, Aufbereitung und Übermittlung/Bereitstellung von Betriebsdaten verstanden, wobei die Gewinnung der Daten möglichst nahe am Ort ihrer Entstehung erfolgen sollte (vgl. *Roschmann*, 1979 und 1990b).

Im Sinne einer ganzheitlichen Betrachtungsweise umfaßt ein **BDE-System** die Betriebsdatenerfassungs- und Aufbereitungsaktionen, die Betriebsdaten als Objekte sowie die beteiligten Potentiale (Mitarbeiter und EDV-Komponenten) und deren zielorientierten Beziehungszusammenhang. **Rechnergestützte BDE-Systeme** bestehen aus den Grundelementen Mensch, Hardware, Systemsoftware und BDE-Software (vgl. auch *Link*, 1990, S. 59 ff.; vgl. ferner *Roschmann*, 1979, S. 40 ff.; *Budde/Maas*, 1986, S. 26 ff.).

Wesentlicher **Hardware-Baustein** ist der **BDE-Zentralrechner**, der z. B. ein Prozeßrechner oder in jüngster Zeit auch ein Mikrorechner sein kann. Er

| Datenart / Datenobjekt | Stammdaten | Bewegungsdaten | Analysedaten (Datenübersicht) |
|---|---|---|---|
| **Aufträge** | - Auftragsnummer<br>- Bezeichnung des Auftrags<br>- Sachnummer des zu fertigenden Teils<br>- Stückzahl<br>- Anzahl und Nummer der geplanten Arbeitsvorgänge<br>- Beschreibung der geplanten Arbeitsvorgänge | - Anfang, Unterbrechung und Ende von Arbeitsvorgängen<br>- Gutstückzahl<br>- zusätzliche Qualitätsdaten<br>- Freigabe und Fertigmeldungen von Fertigungsaufträgen<br>- Anfang und Ende von Gemeinkostenaufträgen | - Fertigungsübersichten<br>- Auftragsfortschrittsübersichten |
| **Maschinen** | - Maschinennummer<br>- Bezeichnung der Maschine<br>- Kostenstelle<br>- Kapazitätsangebot | - Belegung der Maschine<br>- Anfang und Ende von Maschinenstörungen (Stillstandszeiten)<br>- Anfang und Ende von Instandhaltungen<br>- Stillstandsgründe | - Maschinenübersichten<br>- Maschinenbelegungsübersichten<br>- Instandhaltungsübersichten |
| **Material** | - Sachnummer der Lagerposition<br>- Lagerort<br>- evtl. Fachnummer<br>- Mindestlagerbestand | - Lagerzu- und -abgänge<br>- Reservierungen | - Lagerbestandsübersichten<br>- Lagerbewegungsübersichten |
| **Personal** | - Personalnummer<br>- Name<br>- Kostenstelle<br>- Beschäftigungsverhältnis<br>- Lohngruppe<br>- Lohnart<br>- Arbeitszeit/Schichtzugehörigkeit<br>- Ein-/Mehrmaschinenbediener | - Kommt-Geht-Meldungen<br>- Anfang und Ende von Fehlzeiten<br>- Daten zur Prämienentlohnung | - Personalübersicht<br>- Anwesenheits-/Abwesenheitsübersicht<br>- Tätigkeitsübersichten<br>- Stundenlisten (mit Aufschlüsselung verschiedener Zeitkonten)<br>- Fehlzeitenübersichten<br>- Zeitgradauswertungen |

**Schaubild IX.83.** Betriebsdatenarten und -objekte (vgl. *Hackstein*, 1984, S. 234)

nimmt die an **peripheren (Eingabe-)Einheiten bzw. Betriebsdatenerfassungsstationen** erfaßten Betriebsdaten auf, verarbeitet sie, speichert sie auf **Externspeicher** (i.d.R. Plattenspeicher) und leitet sie durch **periphere (Ausgabe-)Einheiten** (z. B. Bildschirm oder Drucker) an die jeweiligen Interessenten weiter. Hierzu sind i.d.R. **BDE-Datenübertragungs-Einrichtungen** erforderlich.

**System-Software** (Betriebssystem, Dienstprogramme) ist für den allgemeinen Betrieb des BDE-Rechners notwendig und nicht BDE-spezifisch, sondern für verschiedene Anwendungsfälle universell einsetzbar. Dagegen ist **BDE-Software** anwenderorientiert und zur Lösung von BDE-Problemen konzipiert. Hierbei können entweder **Standard-Software-Pakete** eingesetzt oder **eigene Programme** entwickelt werden. Grundsätzlich ist hierbei auf die **Schnittstellenproblematik zwischen BDE-Anwendungssoftware und Programmen im Rahmen des CIM-Konzeptes**, d. h. Programmen für PPS, CAD, CAP, CAM und CAQ zu achten. Ist das CAM-System in der Lage, Betriebsdaten in der Form aufzubereiten, wie sie z. B. von der Produktionsplanung und -steuerung, der Lohnerfassung oder der Online-Kennziffernrechnung benötigt werden, so ist grundsätzlich auch eine **direkte Koppelung** dieser Systeme mit der Produktionssteuerung möglich (vgl. *Scheer*, 1990b, S. 97). Am Markt angebotene PPS-Systeme beinhalten vielfach die Betriebsdatenerfassung als eine Komponente.

In Abhängigkeit von der Art der Datenerfassung, -verarbeitung und -übertragung, der Standorte der Datenerfassungsstationen sowie der Organisation des Rechnersystems lassen sich unterschiedliche **Konfigurationen von rechnergestützten BDE-Systemen** unterscheiden (vgl. auch *Hackstein*, 1984, S. 235 ff.):

In Abhängigkeit von der **Art der Datenerfassung** können manuelle, automatische und akustische Datenerfassung unterschieden werden (vgl. Kapitel 1.3; *Stahlknecht*, 1989, S. 55 ff.).

Nach der **Art der Datenübertragung** zwischen den Betriebsdatenerfassungsstationen und der BDE-Zentraleinheit kann in Off-Line-BDE-Systeme und On-Line-BDE-Systeme differenziert werden. Bei **Off-Line-BDE-Systemen** besteht keine direkte Koppelung zwischen den Erfassungsstationen und der BDE-Zentraleinheit. Zur Eingabe der erfaßten Daten in die Zentraleinheit ist ein regelmäßiger, körperlicher Transport eines Datenträgers erforderlich. Als **Datenträger zur Integration des realen Prozesses mit dem Prozeß der Datenverarbeitung** kommen hierbei grundsätzlich zum Einsatz (vgl. *Link*, 1990, S. 83 ff.):

- **Belege** als vorgangsweise erstellbare Datenträger für niedrige Verwendungsfrequenz (z. B. Barcodebelege, Klarschriftbelege, Markierungsbelege, Magnetbelege, Etiketten);
- **Ausweise** als über eine längere Zeit nutzbare Datenträger für hohe Verwendungsfrequenz (z. B. lochcodierte Ausweise, Barcode-Ausweise, Klarschriftausweise, Infrarotausweise, Magnetstreifenausweise) sowie
- **elektronische (programmierbare) Datenträger** (z. B. Chip-Karte, mobile Datenspeicher).

Bei **On-Line-BDE-Systemen** besteht eine direkte Koppelung zwischen Erfassungsstationen und Zentraleinheit, so daß erfaßte Daten unmittelbar an die Zentrale weitergeleitet werden können.

Nach der **Art der Datenverarbeitung** können die sofortige Verarbeitung der Daten zum Zeitpunkt ihrer Entstehung, die sog. **Real-Time-(Echtzeit-)Verarbeitung**, und die **Stapel-(Batch-)Verarbeitung** unterschieden werden. Bei **Stapel- bzw. Batchverarbeitung** werden die erfaßten

Daten zunächst gesammelt und später gemeinsam in der Zentraleinheit verarbeitet. Bei Off-Line-Systemen ist nur Batchverarbeitung möglich.

In Abhängigkeit von den **Standorten der Erfassungsstationen** unterscheidet man zentrale und dezentrale Datenerfassung. Bei **dezentraler Datenerfassung** sind die Erfassungsstationen entweder direkt den Maschinen zugeordnet oder zumindest maschinennah für mehrere nahe beieinanderliegende Maschinen installiert. Vielfach kommen neben **stationären Erfassungsstationen** auch **mobile Erfassungsstationen** zum Einsatz. Bei **zentraler Datenerfassung** erfolgt die Datenerfassung innerhalb bestimmter betrieblicher Bereiche, wie z. B. Meisterbüro oder Leitstand, über ein gemeinsames Datenerfassungsgerät.

Je nach **Organisation des Rechnersystems** können dezentral und zentral organisierte BDE-Systeme unterschieden werden. Bei **zentral organisierten BDE-Systemen** ist die Anwendungssoftware in der BDE-Zentraleinheit konzentriert, die Datenerfassungsstationen/Terminals fungieren als reine Eingabestationen. Bei **dezentral organisierten BDE-Systemen** ist die BDE-Anwendungssoftware auf mit Mikroprozessoren ausgestattete Datenerfassungsstationen/Terminals verteilt. Diese intelligenten Terminals übernehmen z. B. die Bedienerführung, führen Formalkontrollen der einzelnen Eingabedaten durch und stellen diese zu kompletten Datensätzen zusammen.

In Literatur und Praxis gewinnen **On-Line-BDE-Systeme mit primär automatischer Datenerfassung und Real-Time-Verarbeitung sowie kombiniert zentral-dezentralen Organisationsformen des Rechnersystems** immer stärkere Bedeutung. Hierbei werden die BDE-Systeme analog zu den PPS-Systemen unter Berücksichtigung BDE-spezifischer Anforderungen beurteilt (vgl. Band 2, Teil VI, Kapitel 7).

Als **Anforderungen an BDE-Systeme** werden in der Literatur insbesondere Richtigkeit, Vollständigkeit, Sicherheit, Rechtzeitigkeit/Aktualität, Zielorientierung, Genauigkeit und Wirtschaftlichkeit genannt (vgl. Kapitel 1.3; vgl. auch z. B. *Czeguhn/Franzen*, 1987, S. 171; *Kraemer/Wiechmann*, 1990, S. 12 f.). Aufgrund der engen Beziehungen zwischen Betriebsdatenerfassung und Kosten- und Erlösrechnung sollte bei der Gestaltung der BDE-Systeme bereits auch auf **kostenrechnerische Anforderungen** (z. B. Datenerfassung mit integrierter kostenrechnerischer Kontierung) geachtet werden (vgl. *Link*, 1990, S. 290).

Um die Vorteile des EDV-Einsatzes umfassend zu nutzen, ist bei Einführung von Betriebsdatenerfassungssystemen deren **Integration in das übrige EDV-gestützte Informationssystem im Produktionsbereich** sicherzustellen (vgl. auch *Hasse*, 1987, S. 243 ff.). Grundsätzlich sollten rechnergestützte BDE-Systeme als Schnittstelle zur Ausführungsebene **entsprechend der Rechnerhierarchie in der Unternehmung** aufgebaut sein (vgl. *Czeguhn/Franzen*, 1987, S. 171 f.; vgl. auch *Mosler*, 1988, S. 278 ff.). Die Einzelleitebene als unterste Stufe der Hierarchie bilden einzelne BDE-Terminals. Sie können auf der Gruppenleitebene mit Gruppenterminals verbunden werden, die die Daten der Einzelterminals zusammenfassen. Auf der Prozeßleitebene werden Bereichsterminals zur maschinenunabhängigen Datenerfassung eingerichtet. Einzel-, Gruppen- und Bereichsterminals werden über BDE-Schnittstellen oder BDE-Konzentratoren mit BDE-Leitrechnern, dem Produktionsleitsystem oder anderen Rechnersystemen verbunden (vgl. zu den einzelnen Rechnerhierarchiestufen Band 1, Teil II, Kapitel 2.4.2; *Hahn*, 1989a, S. 38 f.).

Darüber hinaus entwickeln sich BDE-Systeme im CIM-Konzept durch Übernahme zusätzlicher Aufgaben und Funktionen von übergeordneten Systemen auch zu **Produktionsleitsystemen** (vgl. *Czeguhn/Franzen*, 1987, S. 171; *Polke*, 1989, S. 378 ff.).

## 6.2    Ausgewählte Integrationsgebiete von technischen und betriebswirtschaftlichen Informationssystemen

### 6.2.1    Grundsätzliches

Die **Relevanz betriebswirtschaftlicher Informationen** bzw. primär betriebswirtschaftlicher Aufgabenstellungen **im CIM-System** wurde bisher vor allem im Rahmen der Produktionsplanung und -steuerung gesehen (vgl. *AWF (Ausschuß für wirtschaftliche Fertigung e.V.)*, 1985, S. 8) – dies insbesondere im Hinblick auf Auftragsdurchlaufzeiten und Auftragstermine in Verbindung mit dazugehörigen Kapazitätsauslastungen der Arbeitssysteme. Um die Aufgaben des PPS-Systems und der technischen CA-Funktionen auch im Hinblick auf ihre Ergebniswirksamkeit beurteilen zu können, bedarf es jedoch zusätzlich einer engen **Verbindung zwischen den CIM-Komponenten und dem Internen Rechnungswesen**, insbes. der Kosten- und Erlösrechnung (vgl. *Steffen*, 1987, S. 10 und 1990, S. 198).

Die erforderlichen **Informationsströme verlaufen wechselseitig** (vgl. hierzu *Knoop*, 1986, S. 71; *Scheer*, 1990b, S. 17; *Müller*, 1990, S. 92 f.; *Schmieder*, 1990, S. 17; *Steffen*, 1991, S. 360). Zum einen sind kosten- und erlösrelevante Informationen aus den CIM-Komponenten für die Kosten- und Erlösrechnung erforderlich, um die stück- oder periodenbezogenen Ergebniswirkungen der verschiedenen Alternativen aufzuzeigen. Außer den Grunddaten aus den im Rahmen von CAD erstellten Stücklisten und Rezepturen sowie den im Rahmen von CAP erstellten Arbeitsplänen benötigt die Kosten- und Erlösrechnung dafür Informationen aus allen Teilplanungskomplexen der Produktionsplanung und -steuerung sowie aktuelle Ist-Daten aus den Betriebsdatenerfassungssystemen der Produktion.

Zum anderen hat die Kosten- und Erlösrechnung die Aufgabe, die erforderlichen Informationen zu liefern, um die technisch und kapazitativ realisierbaren **Konstruktions- und Ablaufalternativen unter Ergebnisgesichtspunkten beurteilen** und den ablaufenden Produktionsprozeß möglichst permanent im Sinne der Ergebniszielfunktion kontrollieren und gegebenenfalls steuernd beeinflussen zu können.

In diesem Zusammenhang ist die **behelfsweise Heranziehung von Ersatzzielen** anstelle des Ergebnisziels im Rahmen der Produktionsplanung und -steuerung **kritisch zu betrachten**. Das z. B. häufig in der Praxis verwendete Ziel Zeitenminimierung führt nicht zwingend zu einer verbesserten Erreichung des Ergebnisziels. Daher sollte im Rahmen der Produktionswirtschaft eine weitestmögliche Ausrichtung aller Entscheidungen unmittelbar am relevanten Wertziel angestrebt werden (vgl. *Adam*, 1986, S. 328 f.; *Hahn*, 1987, S. 26). Dies erübrigt nicht nur die Heranziehung der problematischen Ersatzziele, sondern löst auch zugleich das ansonsten entstehende Problem konfliktärer Zielbeziehungen (zum Dilemma der Ablaufplanung vgl. *Schweitzer*, 1967, S. 291 ff.; *Mensch*, 1968, S. 25 ff.; *Gutenberg*, 1983, S. 215 ff.). Andernfalls sind Heuristiken wie z. B. Prioritätsregeln heranzuziehen, mit denen die Abstimmung zwischen wirtschaftlichen Unter- und Oberzielen erreicht werden kann bzw. Plausibilitätsprüfungen über bestehende Zielharmonien/-disharmonien durchgeführt werden können.

**Ziel** muß daher eine **Integration der verschiedenen technischen und betriebswirtschaftlichen Informationssysteme** für die Führungskräfte **im Produktionsbereich** sein. CIM richtig verstanden und umgesetzt muß bedeuten, den Führungskräften im Produktionsbereich sämtliche führungsrelevanten Informationen für alle technischen und betriebswirtschaftlichen Entscheidungen **in einem geschlossenen und umfassenden Informationssystem zur Verfügung zu stellen**. Neben der logischen und physischen Verkettung der gesamten Hard- und Software für eine computerintegrierte Fertigung erfordert dies ebenso die **logische** und **physische Integration der CIM-Komponenten** mit der **Kosten- und Erlösrechnung** in einem **gemeinsamen betrieblichen Planungs- und Abrechnungssystem** (vgl. *Siegwart/Raas*, 1989, S. 14; *Müller*, 1990, S. 105; *Müller*, 1991a, S. 119). Für jede Entscheidungssituation müssen jeweils unmittelbar auch die ergebnismäßigen Wirkungen der verschiedenen Entscheidungsalternativen deutlich werden. Dies erfordert, daß auch die Kosten- und Erlösrechnung selbst integrierter Bestandteil des CIM-Konzeptes wird bzw. in ein an den Zielen der integrierten Datenverarbeitung ausgerichtetes unternehmungsbezogenes EDV-Gesamtkonzept einbezogen wird (vgl. *Knoop*, 1986, S. 78; *Steffen*, 1987, S. 12).

PPS-Systeme und Kosten- und Erlösrechnungssysteme benötigen eine Vielzahl identischer Informationen. Statische und dynamische Mengendaten sowie Zeitdaten bilden einerseits die Grundlage der Planungs- und Steuerungsfunktionen des PPS, andererseits stellen sie bewertet, abgegrenzt und um kalkulatorische Größen ergänzt die Grundlage der Kosten- und Erlösrechnung dar. Die sich ergebenden **Vorteile einer Datenintegration** werden bereits dadurch deutlich, daß sowohl für die Kosten- und Erlösrechnung als auch für produktionstechnische Aufgaben Stücklisten, Arbeitspläne und Betriebsmitteldaten erforderlich sind. Ziel muß es daher sein, durch den Einsatz entsprechend aufgebauter Datenbanksysteme die von beiden Systemen genutzten Daten redundanzfrei zu erfassen, zu speichern und zu verwalten (vgl. auch *Müller*, 1991a, S. 119).

Die vielfach noch übliche Zuordnung betrieblicher Grunddaten zu einzelnen Funktionen bzw. funktionsbezogenen Informationssystemen mit jeweils getrennter Datenverwaltung führt zu einer **hohen Datenredundanz** mit entsprechenden Kosten. Ziel muß die Zusammenfassung der für die verschiedenen Aufgaben erforderlichen technischen und betriebswirtschaftlichen Daten in einer gemeinsamen Datenbasis sein. Bei einer Integration in CIM kann und muß sich das Interne Rechnungswesen von der herkömmlichen, arbeitsintensiven Eigenerhebung und -verwaltung der relevanten Informationen zugunsten einer direkten, maschinellen Übernahme der Daten aus der **gemeinsamen betriebswirtschaftlich-technischen Unternehmungsdatenbank** in CIM lösen (*Scheer* sieht in der Datenintegration einen von zwei Effekten, die das hohe Rationalisierungspotential von CIM bilden; vgl. *Scheer*, 1990b, S. 3 ff.; vgl. weiter *Scheer*, 1983, S. 145; *Knoop*, 1986, S. 79 ff.; *Lackes*, 1989, S. 116 f.; *Scheer/Kraemer*, 1989, S. 82 f.; *Lackes*, 1990, S. 334; Mertens/Back-Hock/ Fiedler, 1990, S. 269; *Steffen*, 1991, S. 363 f.).

Durch eine solche Datenintegration entsteht neben der **Einheitlichkeit der Datenbasis** für die verschiedenen Funktionen zugleich eine **höhere Datenaktualität**, die es auch ermöglicht, für einzelne Teilentscheidungen im Rahmen der Produktionsplanung und -steuerung im Dialogverfahren direkt auf aktuelle Daten des Rechnungswesens zugreifen zu können. Automatisierte Betriebsdatenerfassungssysteme ermöglichen Online die Bereitstellung von Ist-Daten über Prozeßabläufe und deren Vergleich mit den Soll-Daten. Neben einer verbesserten Produktionssteuerung wird durch die zur Verfügung stehende breite, aktuelle Ist-Datenbasis auch eine verbesserte Planung möglich. Die steigende Geschwindigkeit und Flexibilität bei Konstruktion und Produktion erfordern eine gleichgerichtete Entwicklung der Kosten- und Erlösrechnung. Die CIM-Fähigkeit einer Kostenrechnung wird sich nicht zuletzt daran messen lassen müssen (vgl. *Scheer*, 1988a, S. 8 ff.; *Scheer/Kraemer*, 1989, S. 83; *Steffen*, 1991, S. 360 ff.).

### 6.2.2  Entwicklungsbegleitende Kalkulation

Wesentliche Voraussetzung für die Sicherung des Bestandes und die erfolgreiche Weiterentwicklung der Industrieunternehmung ist eine **ergebnisorientierte Ausrichtung aller Tätigkeiten im Zusammenhang mit der Produktentstehung.** Je frühzeitiger dabei eine Ermittlung der voraussichtlichen Kosten und Erlöse eines Produktes erfolgt, um so größer sind die Möglichkeiten zu deren Beeinflussung und um so geringer die damit verbundenen Änderungskosten (vgl. *Becker*, 1991, S. 190).

Diese Tatsache führte zur Entwicklung von **Verfahren der entwicklungsbegleitenden bzw. konstruktionsbegleitenden Kalkulation** als Grundlage möglichst frühzeitiger Kosten- und Erlöseinflußgrößengestaltung im Rahmen der Konzeption von Erzeugnissen. Die große Bedeutung der entwicklungsbegleitenden Kalkulation zeigt sich darin, daß bei der Entwicklung und Konstruktion im Durchschnitt bereits 70–80 % der gesamten Herstellkosten sowie die wesentlichen Erlöskomponenten eines Produktes festgelegt werden. Demgegenüber ist der Anteil der Kostenentstehung im Entwicklungs- und Konstruktionsbereich selbst relativ gering (vgl. *Scheer*, 1985, S. 249; *Gröner*, 1989, S. 427 f.; *Hagen*, 1991, S. 205).

Bei der **Konstruktion bestehen Einflußmöglichkeiten auf die Kostenstruktur** in der Festlegung von Fertigungsverfahren, Materialarten, -abmessungen, -mengen und -qualitäten sowie der Eigenfertigungs- und/oder Fremdbezugsmöglichkeiten bzw. -notwendigkeiten von Materialien und Baugruppen (vgl.

*Scheer*, 1987, S. 155 f.). Auch die **erzielbaren Preise und damit Erlöse** werden in hohem Maße bereits in den frühen Phasen des Entwicklungsprozesses determiniert. Zu deren Ermittlung ist im Bereich der Massen- und Großserienproduktion vor allem eine enge Zusammenarbeit zwischen Entwicklung/CAD und Marktforschung, im Bereich der Einzel- und Kleinserienproduktion insbesondere zwischen Entwicklung/CAD und technischem Vertrieb erforderlich (vgl. *Steffen*, 1990, S. 208 ff.). Die erzielbaren Erlöse sind dabei abhängig von der geplanten Produktqualität im Sinne der Eignung des zu entwickelnden Produktes zur Erfüllung spezifischer Kundenwünsche.

Aufgabe einer in das CIM-Konzept **integrierten konstruktionsbegleitenden Kalkulation als Gestaltungs- und Steuerungsinstrument** ist es, im Rahmen eines Simulationsprozesses die Kosten- und Erlöswirkungen unterschiedlicher Konstruktionsalternativen nach jedem Konstruktionsschritt sichtbar zu machen, um eine **ergebnisorientierte Alternativenauswahl unter Beachtung von Restriktionen** zu ermöglichen (vgl. *Becker*, 1990, S. 353; *Kiewert*, 1990, S. 353).

Diese Vorgehensweise kann als eine Art **entwicklungsbegleitender Wertanalyse (value engineering)** interpretiert werden und steht in engem Zusammenhang zu einem Ansatz der Kostenermittlung, der in der englischsprachigen Literatur als **target costing** bezeichnet wird und japanischen Ursprungs ist (vgl. zum Begriff des target costing z. B. *Kaplan/Atkinson*, 1989, S. 429; *Tanaka*, 1989, S. 49 ff.).

Die Grundidee des target costing besteht in der Bestimmung eines **Zielwertes für die Herstellkosten eines geplanten Produktes**, der sich **aus dem am Markt erzielbaren Preis** unter Abzug der angestrebten Gewinnmarge sowie den geplanten Verwaltungs- und Vertriebskosten je Produkteinheit ableiten läßt (allowable costs; vgl. *Niemand*, 1992, S. 118; *Franz*, 1992a, S. 132). Dieser Ansatz stellt einen **wesentlichen Unterschied zur traditionellen Vorgehensweise** dar, bei der von den geplanten Herstellkosten ausgehend ein Verkaufs-(-angebots-)preis unter Berücksichtigung der Marktlage festgesetzt wird. Wichtig ist bei diesem Verfahren eine **umfassende und konsequente Marktorientierung der Aktivitäten im Rahmen der Produktentwicklung**, d. h. eine Ausrichtung an den vom Kunden geforderten Produktfunktionen, die sich in den entsprechenden Produktmerkmalen und -merkmalsausprägungen bzw. in den Produktkomponenten ausdrücken und mit Hilfe von Marktforschungsmethoden, insb. dem neueren Ansatz der Conjoint-Analyse, zu ermitteln sind (vgl. *Horváth/Seidenschwarz*, 1992, S. 145; zur Conjoint-Analyse vgl. *Backhaus u.a.*, 1990, S. 345 ff.). Bei der **Zielkostenvorgabe** für ein Produkt sind neben den vom Markt erlaubten Kosten auch die sich aus dem technologischen Stand einer Unternehmung ergebenden sog. Standardkosten zu beachten (vgl. *Horváth/Seidenschwarz*, 1992, S. 144). Sind die Zielkosten für das geplante Produkt summarisch festgelegt, erfolgt ein **Herunterbrechen der Zielkosten** auf kleinere Einheiten, bspw. auf **Baugruppen und Teile** (Komponentenmethode) oder Funktionen (Funktionenmethode) (vgl. *Franz*, 1992a, S. 132). Hierbei kommt der Aufspaltung der Zielkosten auf die Produktfunktionen gerade bei innovativen Produkten besondere Bedeutung zu (vgl. *Tanaka*, 1989, S. 53).

Folgendes Vorgehen wird in der Literatur vorgeschlagen: Zunächst ist die Funktionsstruktur des Produktes aus den Kundenanforderungen abzuleiten. Die Funktionen werden unterschieden in sog. **harte Funktionen**, die auf die technische Seite des Produktes abzielen, und sog. **weiche Funktionen**, welche die Benutzerfreundlichkeit sowie den Geltungsnutzen (Wertschätzung) beschreiben (vgl. *Tanaka*, 1989, S. 56). In einem zweiten Schritt müssen für alle Funktionen **Bedeutungsgrade (degrees of importance)** aus Befragungen der potentiellen Kunden ermittelt werden, die als **Grundlage zur Gewichtung** der einzelnen Teilfunktionen dienen (vgl. *Tanaka*, 1989, S. 60). Gemäß der **Gewichtung werden den jeweiligen Funktionen anteilige Zielkosten zugeordnet.** Aus den Funktionen wird dann im Rahmen des Konstruktionsprozesses eine Produktkonzeption entwickelt, die sich durch entsprechende Produktkomponenten beschreiben läßt. Auf dieser Grundlage sind die Kosten für die Realisierung der Produktkomponenten zu schätzen. Um einen **Zielkostenvorgabewert für die Komponenten** festlegen zu können, müssen diese ebenfalls entsprechend ihrer Bedeutung bezüglich der Funktionserfüllung gewichtet werden. Hierzu werden Komponenten und Funktionen in Form einer Matrix gegenübergestellt (vgl. *Horváth/Seidenschwarz*, 1992, S. 146; *Niemand*, 1992, S. 121). Aus den einzelnen **Teilgewichten und den Zielkosten der Funktionen können nun die Zielkosten der Komponenten bestimmt werden.** Hierbei gilt, daß jede Komponente idealerweise einen Kostenanteil an den Gesamtkosten gemäß ihres Gewichtes an der Funktionserfüllung aufweisen sollte. Aus pragmatischer Sicht wird jedoch eine **Zielkostenzone** definiert, wobei im Bereich geringer Kostenanteile und Gewichtung eine größere Bandbreite erlaubt ist als im umgekehrten Fall (vgl. *Tanaka*, 1989, S. 68 ff.). Liegen die geschätzten **Kosten für eine Produktkomponente außerhalb der Zielkostenzone**, sind aufgrund der Signalfunktion **konstruktive Maßnahmen**, etwa im Rahmen einer Wertanalyse, zur Kostenanpassung einzuleiten.

Für die Kostenanpassung bietet die CAD-gestützte Durchführung des Konstruktionsprozesses besonders gute Voraussetzungen. Durch eine **Variation der CAD-erstellten Stücklisten** kann eine Senkung der Materialkosten erreicht werden. Erfolgversprechende Ansatzpunkte bieten z. B. die Übertragung von Funktionen auf andere Produktbestandteile, der Ersatz von Individualteilen durch Normteile, die Veränderung von Dimensionen und Toleranzen sowie ggf. das Weglassen von einzelnen Teilen bzw. Produkteigenschaften. Dabei sind stets auch evtl. Auswirkungen auf die Erlöse zu beachten. Eine Senkung der Fertigungskosten kann auch durch eine **Variation der im Rahmen von CAP zu erstellenden Arbeitspläne** erreicht werden. Hier geht es um die Bestimmung von Art, Anzahl und Dauer der Arbeitsoperationen und damit zusammenhängend auch um die Verfahrens- und Potentialwahl.

Kritisch anzumerken zu den Ansätzen des target costing sind auf der einen Seite die **Ermittlung und Aussagekraft des relevanten Marktpreises** für ein geplantes Produkt, auf der anderen Seite die **Verteilung der Zielkosten auf die Produktfunktionen und -komponenten**, insb. unter Berücksichtigung von Gemeinkosten, deren Höhe und Struktur durch einzelne Bestandteile eines Produktes nicht direkt beeinflußbar sind. Ferner dürfte eine völlige Unabhängigkeit der Funktionen/Komponenten untereinander in vielen Fällen nicht vorliegen. In der Praxis findet das target costing bei deutschen Unternehmungen, von Einzelfällen abgesehen, bislang noch wenig Beachtung (vgl. *Niemand*, 1992, S. 122).

Grundsätzlich kann bei der entwicklungsbegleitenden Kalkulation zwischen **synthetischen (pauschalen) und analytischen Verfahren** unterschieden werden, die im folgenden kurz erläutert werden sollen.

*(a)  Synthetische Kalkulation*

Im Rahmen der **synthetischen Vorgehensweise**, auch als Top-down-Vorgehen bezeichnet, sollen die Produktkosten als Ganzes unter Rückgriff auf spezifische technische Kenngrößen ermittelt werden (vgl. *Alter*, 1990, S. 211).

Diese **Kalkulation aufgrund von Kenngrößen** (auch als Kurzkalkulation bezeichnet) bietet sich insbesondere für eine erste grobe Abschätzung von Kostenkomponenten in der Konzipierungs- und frühen Entwurfsphase an, in denen detaillierte Informationen wie z. B. Stücklisten/Rezepturen und Arbeitspläne noch nicht vorliegen (vgl. *Scheer*, 1987, S. 162 f.). Ein Verfahren zur Ableitung von Kenngrößen ist z. B. die auf Kosten-Input-Relationen basierende **Kilo-Kosten-Methode**, die insbesondere im Maschinen- und Anlagenbau Anwendung findet (vgl. Kapitel 3.3.3.2.1). Dabei werden unter Rückgriff auf Erfahrungswerte die Materialkosten pro Kilogramm Maschinengewicht geschätzt. In der Bauwirtschaft wird beispielsweise mit Kenngrößen wie DM pro Quadratmeter oder DM pro Kubikmeter umbauten Raumes gearbeitet.

Erleichtert wird eine synthetische Kostenermittlung, wenn das neu zu entwickelnde Produkt als Variante eines bereits früher entwickelten Produktes interpretiert werden kann. Das bereits vorhandene Erzeugnis, das den Anforderungen an die neue Variante am nächsten kommt, wird als **Referenzprodukt** für die Kalkulation zugrunde gelegt. Das Auffinden eines Referenzproduktes setzt allerdings eine Klassifizierung und Speicherung bereits entwickelter Produkte nach konstruktiven und funktionalen Kriterien voraus (vgl. *Bock/Kraemer/Scheer*, 1991, S. 122). Die Herstellkosten des neuen Produktes können dann mit Hilfe einer **Veränderungskalkulation** unter Berücksichtigung abweichender Eigenschaften aus den Referenzproduktkosten abgeleitet werden (vgl. *Becker*, 1990, S. 354; *Keller/Teichert*, 1991, S. 234 f.). Zu diesem Zweck können die in der zentralen betriebswirtschaftlich-technischen Unternehmungsdatenbank gespeicherten CAD-erstellten Stücklisten und CAP-erstellten Arbeitspläne des Referenzentwurfs abgerufen und entsprechend modifiziert werden. Daran anschließend hat eine aktuelle Bewertung des Mengen- und Zeitengerüstes zu erfolgen.

Die Durchführung einer Veränderungskalkulation kann nach folgendem Schema erfolgen:

Herstellkosten des Referenzproduktes
./.   Herstellkosten wegfallender Merkmale/Merkmalsausprägungen
+    Herstellkosten hinzukommender Merkmale/Merkmalsausprägungen
   *    vorhandene Werte für bekannte Merkmale/Merkmalsausprägungen

   \*  aus Erfahrungswerten ableitbare Werte für neue Merkmale/Merkmalsausprägungen
   \*  Schätzwerte für völlig neue Merkmale/ Merkmalsausprägungen

=  Herstellkosten des neuen Produktes

 

Die Veränderungskalkulation eignet sich vor allem für die auf dem Baukastenprinzip basierende Variantenkonstruktion.

### (b)  Analytische Kalkulation

Bei der **analytischen Vorgehensweise**, auch als Bottom-up-Vorgehen bezeichnet, wird das zu entwickelnde Produkt gedanklich in seine einzelnen Elemente (Baugruppen und Einzelteile) und deren Beziehungen zerlegt. Dies kommt in der **Bildung von Stammsätzen für Teile und Strukturen** zum Ausdruck. Der Teile-Stammsatz enthält alle relevanten Angaben zur Identifikation und Charakterisierung der Teile (insbesondere Teilenummer, Teilebezeichnung, technisch-physikalische Eigenschaften, geometrische Angaben, Oberflächenbeschaffenheit). Der Struktur-Stammsatz gibt Auskunft über die Beziehungen zwischen über- und untergeordneten Teilen.

Auf der Grundlage dieser Daten sowie zu ermittelnder Kostensätze für alle zur Verfügung stehenden Materialien und realisierbaren Prozesse lassen sich mit Hilfe statistischer Verfahren **Kostenfunktionen zum Zwecke der entwicklungsbegleitenden Kalkulation** generieren (vgl. *Lackes*, 1989, S. 323 f.; *Steffen*, 1991, S. 364 ff.). Um eine möglichst hohe Genauigkeit der entwicklungsbegleitenden Kalkulation zu erreichen, empfiehlt sich zur Ermittlung der voraussichtlichen Fertigungskosten eine nach Hauptkostenstellen differenzierte Ableitung von Kostenfunktionen (vgl. *Lackes*, 1991, S. 98 ff.).

Grundlage für die Ermittlung der Kostensätze bilden die entsprechenden Daten aus der Nachkalkulation bereits abgeschlossener Entwicklungsprojekte (vgl. *o. V.*, 1990, S. 375), zum Teil auch Informationen von Lieferanten, die in der zentralen betriebswirtschaftlich-technischen Unternehmungsdatenbank zu speichern sind. Für Neukonstruktionen werden im Rahmen des CIM-Konzeptes die erforderlichen Materialien mit Hilfe von CAD, die erforderlichen Prozesse mit Hilfe von CAP ermittelt, wobei Abhängigkeiten der Produktionsprozesse von der Art und Beschaffenheit der jeweils gewählten Materialien zu beachten sind. Schaubild IX.84 gibt einen Überblick über die prinzipiellen Zusammenhänge zwischen Kostenermittlung und CAD-/CAP-Daten im Rahmen der analytischen Kalkulation.

Zur besseren Übersicht über bestehende Kostenunterschiede zwischen unterschiedlichen Materialarten sowie alternativen Produktionsverfahren wird in der Literatur der Aufbau von **Relativkostenkatalogen** empfohlen (vgl. z. B. *Eberle/Heil*, 1989, S. 53 ff., und die dort angegebene Literatur; *Männel*, 1991, S. 13). Dadurch werden kostenorientierte Entscheidungen über die Vorteilhaftigkeit unterschiedlicher Konstruktionsalternativen wesentlich erleichtert.

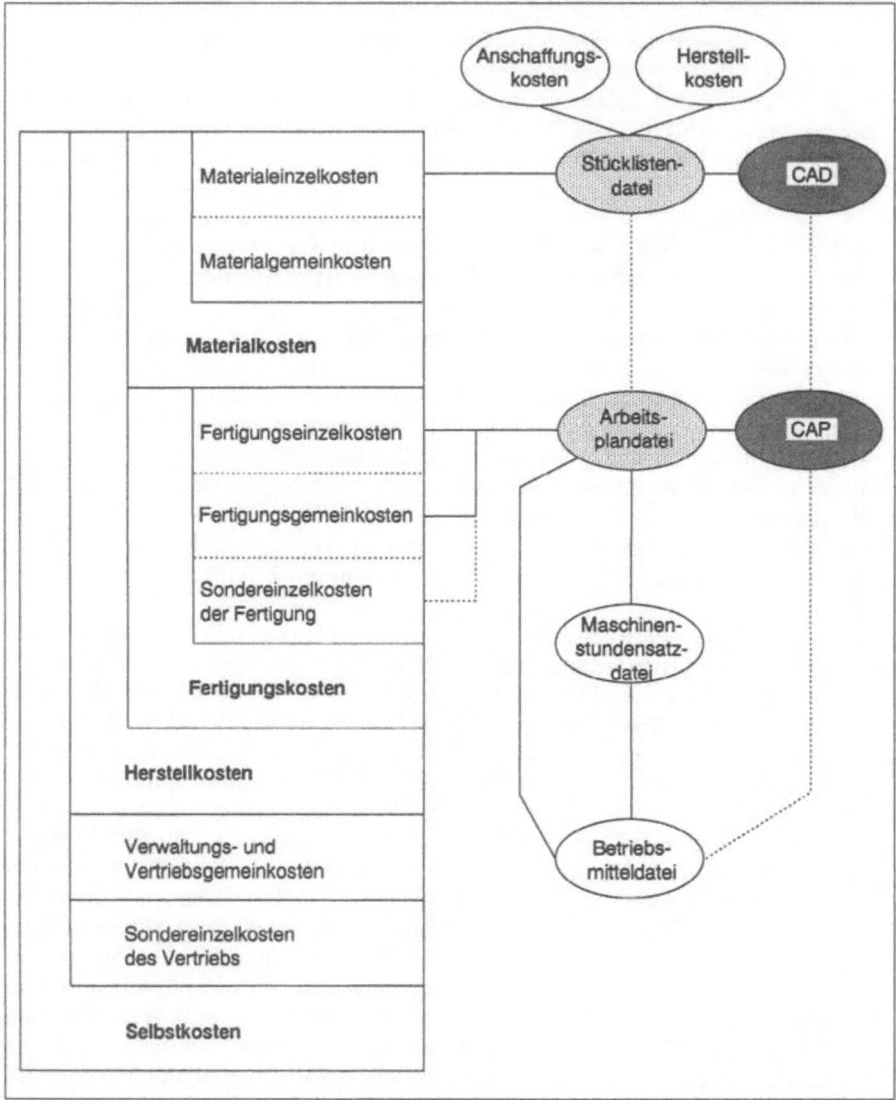

**Schaubild IX.84.**  Verbindung zwischen Kalkulation, Stücklistendatei, Arbeitsplandatei, CAD und CAP (*Hahn*, 1992, S. 164)

Noch einen Schritt weiter gehen **in das CIM-Konzept zu integrierende Expertensysteme**, die auf der Basis einer Erfahrungsdatenbank dem Konstrukteur konkrete Empfehlungen zur ergebnisoptimalen Produkt- und Prozeßgestaltung geben (vgl. *Becker*, 1988, S. 123 ff.; *Siegwart/Raas*, 1991, S. 252; vgl. auch Kapitel 6.3).

Grundsätzlich läßt sich jedoch anmerken, daß der Einsatz von Verfahren der entwicklungsbegleitenden Kalkulation in Industrieunternehmungen insbesondere aus datentechnischer Sicht noch mit großen Problemen verbunden ist. Andererseits bieten sie auch eine wichtige Basis der immer bedeutungsvoller werdenden Produktlebenszyklus-/Projektwirtschaftlichkeitsrechnungen, wie in Kapitel 3.2 näher ausgeführt worden ist.

### 6.2.3 Integration von PPS-Systemen mit der produktionsbezogenen Informationswirtschaft

Die **Produktionsplanung und -steuerung (PPS)** beinhaltet die Aufgabenbereiche Produktionsprogrammplanung, Materialbedarfsplanung (Mengenplanung) und Produktionsprozeßplanung (auftrags- und potentialorientierte Termin- und Kapazitätsbelegungsplanung mit integrierter Materialeinsatz- und Instandhaltungsplanung) sowie die dazugehörigen Steuerungs- und Kontrolltätigkeiten (vgl. *Hahn*, 1989a, S. 7 ff.). Das hier festgelegte **Arten-, Mengen- und Zeitengerüst** bildet in Verbindung mit den entsprechenden Wertansätzen eine wesentliche Grundlage für die periodenorientierte Kostenplanung und -kontrolle sowie für die Online-Kennziffernrechnung im Produktionsbereich (vgl. Kapitel 4).

Die im Internen Rechnungswesen auf dieser Basis ermittelten **Erfolgsgrößen dienen zur Beurteilung der Resultate des PPS-Systems** und sollen im Wechselspiel Ansatzpunkte und Hinweise zur **ergebnisorientierten Produktionsplanung und -überwachung** geben (vgl. auch *Weber*, 1991a, S. 119 f.). Als Idealfall wäre eine jeweils simultane Mengen-/Zeiten- und Werteplanung bei entsprechender Integration der Systeme im Rahmen eines Optimierungskalküls wünschenswert, was jedoch auf die Praxis zugeschnitten zu einer nicht mehr beherrschbaren Modellgröße führen würde und deshalb für PPS-Systeme nicht in Betracht zu ziehen ist (vgl. *Glaser/Geiger/Rohde*, 1991, S. 38). **Ansatzpunkte zur Integration** bietet die auf Betriebsmodellen aufbauende **Betriebsplanerfolgsrechnung**, die mit der Produktionsplanung und -überwachung untrennbar verbunden ist (vgl. Kapitel 2.2.5; *Laßmann*, 1990, S. 314). Die bislang in der Praxis vorhandenen PPS-Systeme weisen die Verknüpfung mit dem Internen Rechnungswesen in der Regel nicht auf. Integrationsbestrebungen könnten daher in der sukzessiven Bewertung des Mengen- und Zeitengerüsts durch das Interne Rechnungswesen bestehen, wobei diese Ergebnisse dann als Basis für eine erneute, verbesserte Programm- und Prozeßplanung im Rahmen von Simulationsrechnungen dienen sollten.

Die Kostenplanung des Produktionsbereiches beruht zum einen auf den **Ergebnissen der Programm- und Prozeßplanung**, abgebildet durch die Teilplanungskomplexe in PPS-Systemen. Zum anderen erfolgt die Planung eines Teils der Gemeinkosten, insbesondere der (zeitabhängigen) kalkulatorischen Abschreibungen und Zinsen je Stelle und Bereich, auf der Grundlage der - **strategischen Kapazitätsplanung** und der **gesamtunternehmungsbezogenen Ergebnisplanung** (z. B. Abschreibungsbasis und Abschreibungsmethoden, Kapitaleinsatz und kalkulatorische Zinsen) ohne Berücksichtigung von

Ergebnissen der Produktionsplanung und -steuerung (vgl. *Hahn*, 1985, S. 322 ff.).

Bei einem in ein CIM-Konzept integrierten PPS-System lassen sich die für die Planung notwendigen **Mengen- und Zeitgrößen sowie entsprechende Bewertungsansätze des Internen Rechnungswesens direkt aus der betriebswirtschaftlich-technischen Unternehmungsdatenbank** entnehmen, in der neben den Planerzeugnismengen der Periode u.a. im Rahmen von **CAD-Systemen** aus Konstruktionszeichnungen abgeleitete Stücklisten sowie von **CAP-Systemen** erzeugte **Arbeitspläne** gespeichert sind.

Für die **Produktionsprogrammplanung** zur Ermittlung des Primärbedarfes an Erzeugnisarten und -mengen, die im allgemeinen als Vorgabedaten und nicht als Entscheidungsgrößen in bestehende PPS-Systeme einfließen, werden entsprechende Deckungsbeiträge bzw. relevante Kosten und Erlöse aus dem Internen Rechnungswesen benötigt (vgl. Band 1, Teil IV, Kapitel 1.2). Die aus der **Kostenträgerrechnung bereitgestellten (Vor-)Kalkulationssätze pro Produktart/Produktgruppe** sollten auf standardisierten Festlegungen der in der Produktion auftretenden Freiheitsgrade basieren. Unter Berücksichtigung von **groben Kapazitäts- und Absatzrestriktionen** könnte eine erfolgsorientierte Programmplanung erfolgen, deren Ergebnisse von den anderen Teilplanungsbereichen im PPS-System herangezogen werden sollten.

Die Angaben der **Material-/Verbrauchsfaktorbedarfsplanung bei festgelegtem Produktionsprogramm** sind als Ausgangsgrößen für die Ermittlung der in der Periode anfallenden **Materialkosten** des Produktionsbereiches zu verwenden. Hierzu werden die erforderlichen Planeinzelmaterialmengen der verschiedenen Erzeugniseinsatzstoffe einschließlich unvermeidbarer Ausschußmengen je Objekt/Produkt aus den Stücklisten abgeleitet und mit einem Materialkostensatz bewertet. Aus den ebenfalls der betriebswirtschaftlich-technischen Unternehmungsdatenbank zu entnehmenden **Teileverwendungsnachweisen** lassen sich unmittelbar die Auswirkungen von Planpreisänderungen auf die Materialkosten und damit auf das Betriebsergebnis beurteilen.

Die für die **Produktionsprozeßplanung** notwendigen Daten zur Ermittlung der Belegungszeit von Kapazitätsträgern (maschinelle Anlagen und/oder Personal) können mit Hilfe der Arbeitspläne bereitgestellt werden. Multipliziert mit den entsprechenden Kostensätzen je Stelle ergeben sich die für das geplante Produktionsprogramm erforderlichen **(variablen) Bearbeitungskosten**. Für die Bildung der Auftragsreihenfolge im Rahmen der Terminplanung werden u.a. Angaben über Rüst- und Lagerkosten aus dem Internen Rechnungswesen benötigt (vgl. *Weber*, 1991a, S. 120). Das in dieser Form ermittelte **Mengen- und Zeitengerüst ist im Hinblick auf seine Ergebniswirksamkeit zu beurteilen**. Anpassungen der Programm- und Prozeßplanung sollten über **Simulationsrechnungen nach Erfolgsdifferenzbetrachtungen** vorgenommen werden.

Die **Prozeßsteuerung und -kontrolle** liefert aus der Betriebsdatenerfassung aufbereitete Ist-Daten über Arten-, Mengen- und Zeitgrößen und bildet zusammen mit der Prozeßplanung und den jeweiligen Bewertungsansätzen des Internen Rechnungswesens die **Grundlage für eine Kostenkontrolle mit verschiedenen Abweichungsanalysen**. Hierbei ist auch auf die Bedeutung einer **Online-Kennziffernrechnung** hinzuweisen, die insbesondere in Verbindung mit

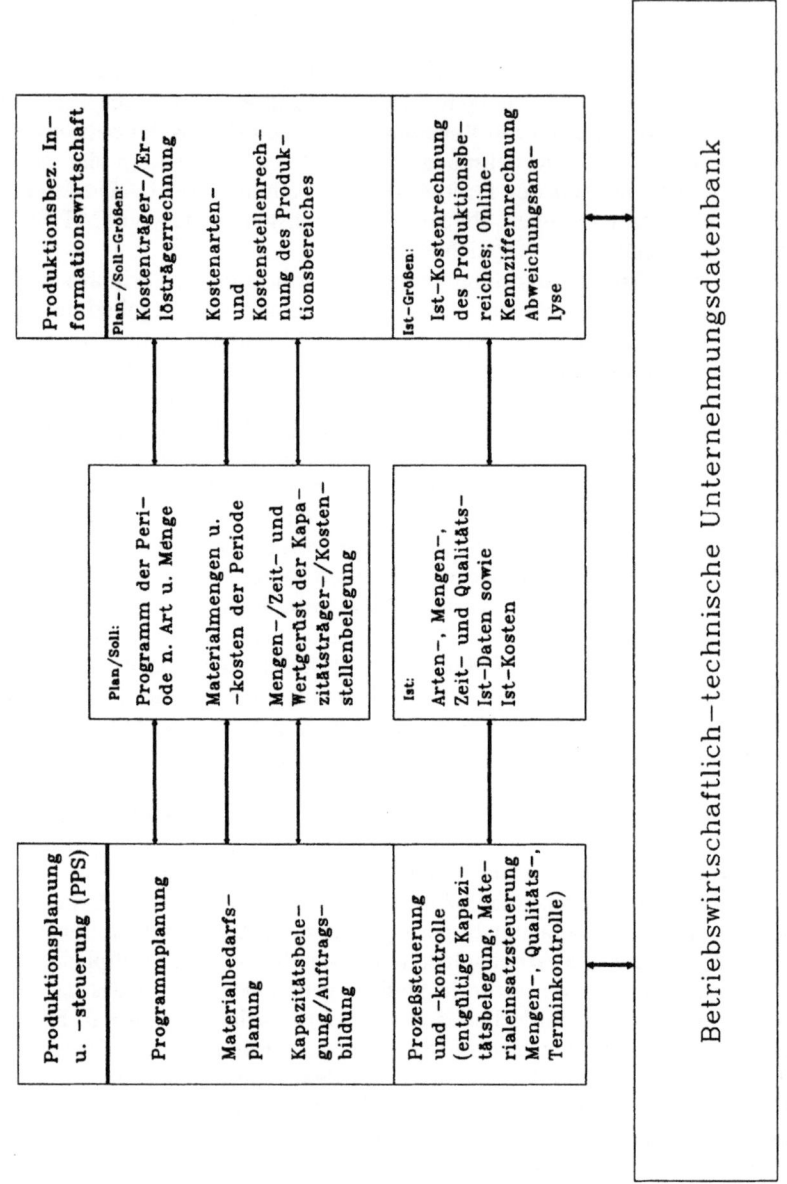

**Schaubild IX.85.**  Integration von PPS-Systemen mit der produktionsbezogenen Informationswirtschaft

Produktionsleitständen eine wichtige Grundlage für die wirtschaftliche Steuerung und Überwachung der Produktion darstellt (vgl. dazu im einzelnen Kapitel 4).

Generell gilt, daß die Bedeutung und der Nutzen einer Integration von PPS-Systemen und dem Internen Rechnungswesen davon abhängen, wie

genau und aktuell die geplanten und tatsächlichen logistischen Mengen- und
Leistungsflüsse der Unternehmung erfaßt und bewertet werden, so daß daraus
aussagekräftige Informationen für die verschiedenen Aufgabenbereiche bei
der Produktionsplanung, -steuerung und -überwachung ableitbar sind. Dazu
ist eine gemeinsame Datenbasis in Form der betriebswirtschaftlich-technischen
Unternehmungsdatenbank zwingend erforderlich (vgl. *Müller*, 1990, S. 311).

## 6.2.4 Integration von CAQ-Systemen mit der produktionsbezogenen Informationswirtschaft

### 6.2.4.1 Grundstruktur eines betriebswirtschaftlichen Qualitätsinformationssystems

Produkte in Form von Sachgütern und Dienstleistungen sind die Erfolgsträger
in Industrieunternehmungen (vgl. zum folgenden auch *Hahn/Schramm*, 1992,
S. 163 ff.). Sie dienen der Befriedigung von Kundenbedürfnissen im Hinblick
auf gewünschte Verwendungszwecke. **Die Eignung von Produkten zur Erfüllung gewünschter Verwendungszwecke und ideeller Ansprüche charakterisiert
dabei ihre Qualität, ausgedrückt durch die bedarfsrelevanten Merkmale und
Merkmalsausprägungen des Produktes.** Hierbei ist die Produktqualität –
neben dem Preis und dem Liefertermin – eine entscheidende Determinante für
den Kaufentschluß (vgl. Band 1, Teil III, Kapitel 1.2; *Masing*, 1983, S. 94;
*Schramm*, 1990, S. 44 ff.).

Von besonderer Bedeutung für eine erfolgreiche Unternehmungsführung
sind daher Informationen, die der Schaffung und Einhaltung der Produktqualität – d. h. der Qualitätssicherung – dienen. Die entsprechenden **Qualitätsinformationen sind durch ein betriebswirtschaftliches Qualitätsinformationssystem**
als Teil der produktionsbezogenen Informationswirtschaft bereitzustellen.
Dabei handelt es sich um Informationen, die sowohl für die **wirtschaftliche Planung und Steuerung von Qualitätssicherungsmaßnahmen** als auch für die
**Dokumentation** der erreichten Produktqualität und **Analyse** der Abweichungen zwischen Plan- und Ist-Produktqualität aus wirtschaftlicher Sicht herangezogen werden können.

**Qualitätssicherungsaktivitäten fallen grundsätzlich in jeder Phase der Pro-
duktentstehung und -verwendung an.** Sie können einerseits als integraler
Bestandteil der jeweiligen Prozesse bspw. im Rahmen der Konstruktion oder
Fertigung auftreten, andererseits auch in konkreten Einzelmaßnahmen zur
Veränderung der Produktqualität bei gegebenem Produktkonzept bestehen.
Sofern Qualitätssicherung **prozeßintegriert** abläuft, ist eine Abgrenzung und
wirtschaftliche Analyse im allgemeinen nicht oder nur in Verbindung mit der
Prozeßgestaltung möglich. Laufende Qualitätssteuerungsmaßnahmen erfolgen
hierbei in der Fertigung Online über die Einstellung von Prozeßparametern
anhand technischer Kenngrößen, die z. B. über Statistical Process Control-Ein-
richtungen oder Qualitätsregelkarten ermittelt und überwacht werden können
(vgl. z. B. *Kring*, 1989, S. 4; *Bläsing*, 1990, S. 114; *Waldmann*, 1992, S. 869).
Aus den Daten von CAQ- und PPS-Systemen können auf Tages- oder Schicht-

basis qualitätssicherungsrelevante Kennziffern wie Ausschuß- oder Nacharbeitsquoten abgeleitet werden, die für eine aktuelle Steuerung des Qualitätsniveaus der jeweiligen Prozesse verwendet werden können (vgl. zur Kennziffernbildung Kapitel 4). Hierbei greifen Qualitätsinformationssystem und Online-Kennziffernrechnung auf die in der **betriebswirtschaftlich-technischen Unternehmungsdatenbank** bereitgestellten Daten aus PPS und CAQ gleichermaßen zu.

Zur Aufdeckung von wirtschaftlich gewichtigen Qualitätsschwachstellen an den Produkten und damit verbunden auch an den Herstellprozessen, ist es notwendig, die vorhandenen Grunddaten einer betriebswirtschaftlichen Bewertung zu unterziehen, um daraus Schwerpunkte für Qualitätssicherungsmaßnahmen im Sinne einer ABC-Analyse abzuleiten. Auf diese Weise **abgegrenzte Qualitätssicherungsaktivitäten** sollen über das betriebswirtschaftliche Qualitätsinformationssystem erfaßt und beurteilt werden, wobei es nicht Ziel sein kann, vorhandene technische und kaufmännische Informationssysteme insb. PPS, CAQ, CAD sowie das Interne Rechnungswesen aufgabenbezogen zu überlagern oder zu ersetzen (vgl. z. B. bzgl. der Forderung nach einer sog. Qualitätskostenrechnung *Hahner*, 1981; *Steinbach*, 1988, S. 886). Vielmehr bestehen die Anforderungen darin, **durch Zugriff auf die betriebswirtschaftlich-technische Unternehmungsdatenbank die relevanten Daten herauszufiltern und anwendungsgerecht dem Entscheidungsträger zur Verfügung zu stellen.**

Grundsätzlich gilt, daß **alle mit einer anstehenden Qualitätserhaltungs- oder Qualitätsänderungsentscheidung verbundenen Kosten- und Erlöswirkungen** durch das Qualitätsinformationssystem ausgewiesen werden müssen, da Maßnahmen der Qualitätsplanung, die z. B. zu Veränderungen von Konstruktion, Produktionsanlagen und/oder Erzeugniseinsatzstoffen führen, **nicht nur Kosten für diese Planungstätigkeiten** verursachen, sondern zudem Konsequenzen für einen Großteil der **Herstellkosten** und ggf. auch Auswirkungen auf die Erlöse haben. Bei einer zu engen Abgrenzung und isolierten Betrachtung der „Qualitätskosten" besteht die Gefahr, daß qualitätsbezogene Entscheidungen auf der Basis unvollständiger Entscheidungsgrundlagen zu treffen sind.

Die **Qualitätskosten** werden in der Literatur üblicherweise unterteilt in (vgl. z. B. *DGQ*, 1985, S. 13; DIN 55350, Teil II, S. 11):

- Fehlerverhütungskosten für vorbeugende Maßnahmen,
- Prüf- und Beurteilungskosten sowie
- Fehler-/Fehlerfolgekosten.

Insbesondere im Hinblick auf die **Fehlerverhütungskosten ergeben sich Abgrenzungsprobleme**, da gemäß dem Konzept des Qualitätskreises die Produktqualität nahezu von allen Unternehmungsbereichen direkt oder indirekt beeinflußt wird und somit im weitesten Sinne in allen Unternehmungsbereichen Kosten für Maßnahmen der Qualitätssicherung entstehen, die aber überwiegend nicht zu isolieren sind, weil sie mit Entwicklungs- und Produktionsaktivitäten unmittelbar verbunden sind. Fehlerverhütungskosten im engeren Sinne folgen dann nur aus der Erfüllung von speziellen Aufgaben der Qualitätssicherung und umfassen insbesondere nicht Veränderungen der Herstellkosten und Erlöse des Produktes, die aus Neuerungen bei Fertigungstechnologien und -organisationen mit **zugleich** fehlerverhütenden bzw. -senkenden Einflüssen folgen.

Auch Prüfkosten lassen sich bei **zunehmender Integration von Kontrolltätigkeiten in (automatisierte) Produktionsprozesse** zum Teil nicht eindeutig abgrenzen. Hier können Überlagerungen zwischen Prüf- und Fehlerverhütungskosten auftreten – etwa im Bereich Design Reviews, Quality Audits u.dergl. (vgl. *Wildemann*, 1992, S. 762).

In der neueren Literatur wird aus diesen Gründen vorgeschlagen, Qualitätskosten in Kosten der Übereinstimmung, welche zur Schaffung und Erhaltung von Produktqualitäten dienen (Fehlerverhütungskosten und Teile der Prüfkosten), und Kosten der Abweichung, die aus Fehler-/Fehlerfolgekosten sowie Kosten für Sortierung, Wiederholprüfung u.dergl. bestehen, zu gliedern (vgl. *Crosby*, 1990; *Brunner*, 1991, S. 35; *Wildemann*, 1992, S. 762 f.). Dadurch werden zwar die beschriebenen Problempunkte insbesondere bei automatisierter Fertigung nicht beseitigt, jedoch werden die Fehlerkosten bzw. Fehlerfolgekosten speziell zur **Identifikation von Schwachstellen** stärker hervorgehoben. Kosten infolge fehlerhafter Produktqualität haben vielfach eine herausragende Bedeutung für den Unternehmungserfolg (vgl. *Wildemann*, 1992, S. 767).

Qualitätsschwachstellen, die durch die **ermittelten Fehler am herzustellenden oder hergestellten Produkt bzw. Zwischenprodukt** aufgedeckt werden, können zum einen bei Realisierung eines vorgegebenen Produktkonzeptes ihre Ursache in der Fertigung und/oder in Fehlern beim Vormaterial haben, zum anderen aber auch in einem aus Sicht der Fertigung mängelbehafteten Produktkonzept begründet sein. Im weiteren Sinne können **Schwachstellen auch auf eine unzureichende Erfassung und Umsetzung von Marktanforderungen in die Entwurfsqualität** zurückzuführen sein, die jedoch im Rahmen der produktionsbezogenen Informationswirtschaft nicht weiter untersucht werden sollen.

Die für die Ermittlung und Analyse von potentiellen Qualitätsschwachstellen am geplanten Produkt notwendigen **präventiven Qualitätssicherungsmaßnahmen – wie z. B. Fehlermöglichkeits- und -einflußanalysen (FMEA), Design Reviews – müssen ebenfalls durch das Qualitätsinformationssystem betriebswirtschaftlich begleitet und in ihren Wirkungen beurteilt werden** (vgl. *Gilles*, in Vorbereitung). Dies betrifft insbesondere die hierdurch induzierten Konzeptanpassungen, die i.a. Veränderungen bei den geplanten Herstellkosten und Erlösen hervorrufen. Für die Bestimmung der wirtschaftlichen Wirkungen kann über die betriebswirtschaftlich-technische Unternehmungsdatenbank auf Daten der Konstruktion zurückgegriffen werden, die im Rahmen der entwicklungsbegleitenden Kalkulation entstanden sind bzw. erzeugt werden (vgl. hierzu Kapitel 6.2.2).

**Fehler- bzw. Fehlerfolgekosten als Indikatoren stellen einen wichtigen Bestandteil des betriebswirtschaftlichen Qualitätsinformationssystems dar.** Aus ihrer Analyse lassen sich wesentliche Anhaltspunkte für Mängel bei der realisierten Produktqualität erkennen und erste Ansätze für die wirtschaftliche Planung und Steuerung von Qualitätssicherungsmaßnahmen ableiten. Fehler-

bzw. Fehlerfolgekosten sind zu unterscheiden nach der **Art der Fehlerwirkung (direkt-indirekt)**, die den betriebswirtschaftlich zu erfassenden Sachverhalt reflektiert, und nach dem **Ort der Fehlerfeststellung (intern-extern)**, der insbesondere für die Marktbeziehungen der Unternehmung eine große Bedeutung aufweist (vgl. z. B. *Siegwart/Raas*, 1991, S. 205). Schaubild IX.86 gibt einen Überblick über einzelne Bestandteile der Fehler- bzw. Fehlerfolgekosten.

Für eine differenzierte Beurteilung von Fehler- bzw. Fehlerfolgekosten ist es erforderlich, über einen entsprechend gestalteten Fehlerschlüssel der vorgelagerten Systeme (i.w. PPS und CAQ) die aufgetretenen Fehler am Produkt nach bestimmten Kriterien zu analysieren. **Wesentliche Kriterien sind in diesem Zusammenhang neben der Fehlerschwere die Fehlerart/Fehlerbeschreibung und der Ort der Fehlerverursachung in Verbindung mit der (technischen) Fehlerursache.** Als Verursacher können sowohl die einzelnen Arbeitssysteme (Anlage oder Personal) und Lieferanten als auch die Entwicklung/Konstruktion auftreten. Ferner kann eine Untersuchung der Strecke zwischen Feststellungs- und Entstehungsort eines Produktfehlers wichtige Hinweise aus wirtschaftlicher Sicht für die Wirksamkeit des installierten Systems zur Qualitätskontrolle abgeben. Durch eine so gestaltete Fehlerdokumentation und ggf. Zurechnung der entstandenen Fehler- bzw. Fehlerfolgekosten auf die jeweiligen Verursacher ist es möglich, über den Ausweis der entstandenen Verluste eine **Qualitätsverantwortung an den Arbeitssystemen** zu erzeugen und im Sinne einer **kontinuierlichen Verbesserung das Ziel einer weitgehend fehlerfreien Produktqualität (Nullfehlerforderung im Hinblick auf Kritische- und Haupt-Fehler)** zu begründen.

Die Fehlerdokumentation und -analyse kann beispielsweise nach den folgenden Kriterien aufgebaut werden (vgl. *Gilles*, in Vorbereitung):

- Eine **produktbezogene** Betrachtung aller festgestellten Fehler läßt besonders qualitätskritische Produkte erkennen, so daß eine Überprüfung des Konzeptes angestoßen werden kann.
- Aus einer **arbeitssystembezogenen** Untersuchung der aufgetretenen Fehler an den Produkten ist es möglich, qualitätskritische Anlagen bzw. Bearbeitungsschritte zu ermitteln, die qualitätssichernden Maßnahmen zu unterziehen sind.
- Die **Analyse der einzelnen Fehlerarten** gibt Aufschluß darüber, nach welchen Prioritäten eine Beseitigung der Fehlerursachen vorzunehmen ist und inwieweit z. B. untergeordnete (Neben-)Fehler aus wirtschaftlicher Sicht toleriert werden können.

Sofern nur der **interne Bereich** von aufgetretenen Produktfehlern betroffen ist, kann eine wirtschaftlich günstige Alternative vielfach einfacher bestimmt werden. Kann der **Fehler am Produkt jedoch zum Abnehmer gelangen**, erweist sich eine wirtschaftliche Beurteilung in vielen Fällen als sehr schwierig, da die indirekten Fehlerfolgen wie Imageverluste, Bereitschaft zu Wiederholkäufen u.dergl. kaum zu quantifizieren sind. In diesen Fällen sind überwiegend qualitativ fundierte Entscheidungen zu treffen. Wichtig in diesem Zusammenhang ist auch die **Fehlerschwere**, da bei Kritischen Fehlern und in

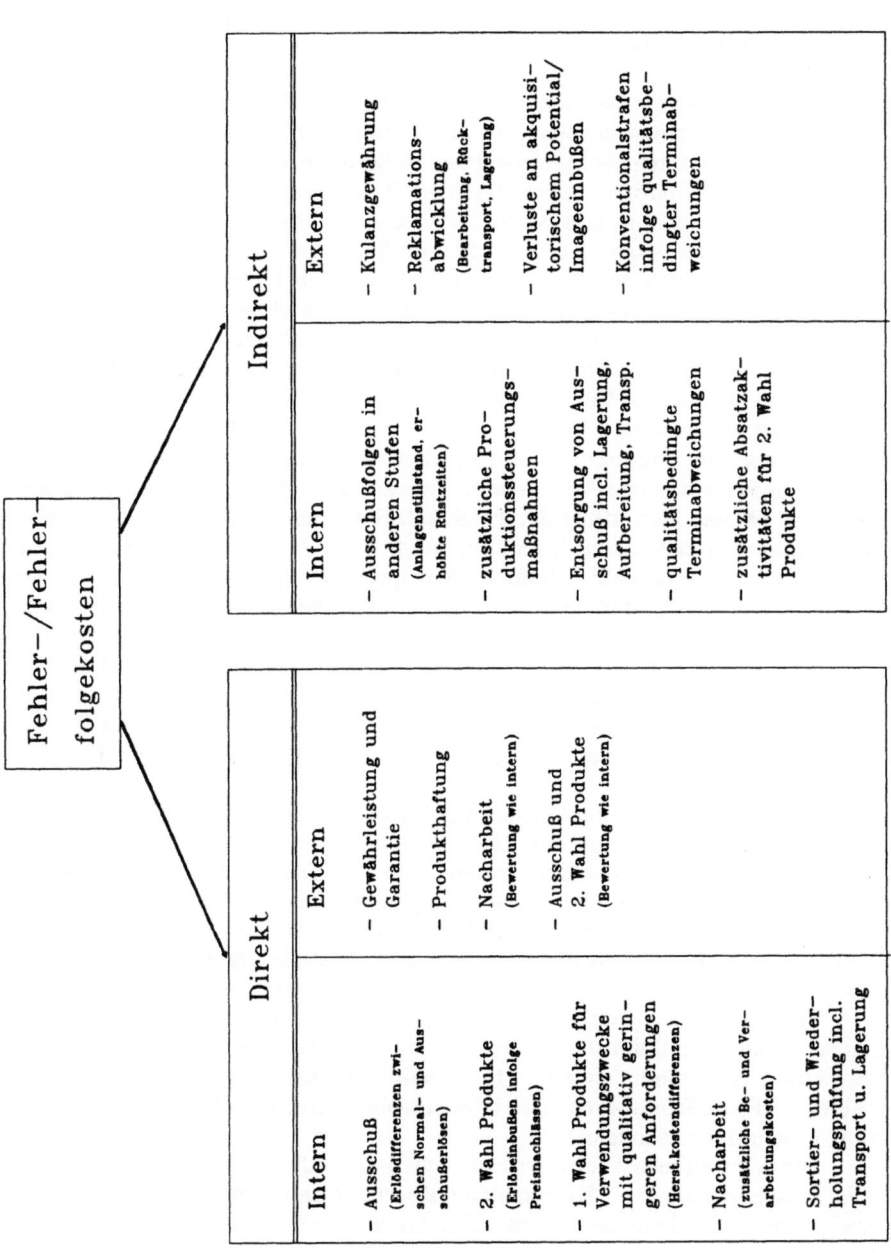

**Schaubild IX.86.**   Systematisierung der Fehler-/Fehlerfolgekosten (vgl. *Gilles*, in Vorbereitung)

der Regel auch bei Hauptfehlern eine Fehlerursachenbeseitigung in jedem Fall vorzunehmen ist.

Aus betriebswirtschaftlicher Sicht sind bei der Ermittlung von Fehlerkosten einige Bewertungsprobleme zu diskutieren (vgl. *Gilles*, in Vorbereitung). Grundsätzlich können **Fehler mit Plan-/Sollgrößen oder Istgrößen** bewertet werden. Plan-/Sollgrößen haben den Vorteil des **konstanten Wertgerüsts** über einen bestimmten Zeitraum, so daß ausschließlich die **Mengen-/Zeitseite des Fehlergeschehens** betrachtet werden kann. Sie weisen aber unter Umständen nicht die tatsächlich entstandenen Verluste für die Unternehmung aus und reflektieren möglicherweise nicht die aktuellen Entwicklungen auf Absatz- und Beschaffungsmärkten. Die Bewertung mit Istgrößen kann dann problematisch sein, wenn bestimmte **Istgrößen wie z. B. Isterlöse für 2. Wahl Produkte durch Verkäufergeschick und Marktsituationen beeinflußt werden** und deshalb kurzfristig stark schwanken.

Bestehen für Produkte in Abhängigkeit von Ausprägungen der Qualitätsmerkmale **verschiedene Verwendungszwecke (z. B. bei veredelten Stahlprodukten), ist eine Bewertung der Produktfehler grundsätzlich über eine Differenzbildung vorzunehmen.** Dies können im Einzelfall **Herstellkostendifferenzen** sein, wenn das fehlerbehaftete (Vor-)produkt einem Kundenauftrag mit entsprechend geringeren qualitativen Anforderungen zugeordnet wird oder wenn zur Erfüllung des Kundenauftrages ein qualitativ höherwertiges anstelle des mit Qualitätsabweichungen versehenen niederwertigeren Produktes verwendet wird (z. B. aufgrund fehlender Vorrätigkeit zur Einhaltung des Liefertermins). Entgeht ggf. der Unternehmung als Folge des aufgetretenen Produktfehlers dieser Kundenauftrag, sind zusätzlich **Differenzen zwischen den Erlösen** anzusetzen.

Ferner müssen bestimmte **Einflußgrößen** wie etwa die Auslastungssituation einer Unternehmung bei den Bewertungsansätzen berücksichtigt werden. Besteht beispielsweise **Unterauslastung**, sind Nacharbeiten lediglich mit **Teilkosten** zu bewerten, da infolge vorhandener Kapazitäten keine Deckungsbeiträge anderer Aufträge verdrängt werden. Hilfreich kann vielfach die **Darstellung der Fehler- bzw. Fehlerfolgekosten nach ihrer Primärkostenstruktur** sein, um Rückschlüsse auf die Beeinflußbarkeit einzelner Kostenarten ziehen zu können.

Bei Einordnung des betriebswirtschaftlichen Qualitätsinformationssystems in das produktionsbezogene Informationssystem der Unternehmung im Schaubild IX.5 nimmt es eine **Querschnittsfunktion** insofern ein, als es die Bereiche Prozeßcontrolling, Betriebscontrolling und Projekt-/Produktcontrolling gleichermaßen tangiert.

Die relevanten betriebswirtschaftlichen Qualitätsdaten werden zweckmäßigerweise in Form von **Kennzahlen aufbereitet und in die Berichterstattung aufgenommen,** wie im folgenden näher erläutert werden soll.


### 6.2.4.2  Kennzahlenorientierte Qualitätsberichtssysteme

Qualitätsinformationen über wesentliche Qualitätsmerkmale und deren Ausprägungen bei Produkten und ihren Herstellprozessen können komprimiert und spezifisch durch **betriebswirtschaftlich-technische Qualitätskennzahlen** (zahlenmäßige Abbildungen qualitätsbezogener Sachverhalte) ausgedrückt werden. Durch Qualitätskennzahlen können im Planungsprozeß **angestrebte Produktqualitäten** als Sachzielkomponenten vorgegeben und im Überwachungsprozeß die **realisierten Produktqualitäten** dargestellt werden, um ggf. **Eigenschaftsabweichungen (Fehler)** sichtbar zu machen, durch gezielte Analysen betriebliche **Schwachstellen** aufzudecken und Korrekturmaßnahmen einzuleiten. Die hierfür geeigneten Qualitätskennzahlen sind als Soll- und Ist-Größen für jede Produktionsstufe/jedes Arbeitssystem zu bilden und nach Abweichungsursachen zu analysieren.

Qualitätskennzahlen können auch aus einer betriebswirtschaftlich-technischen Unternehmungsdatenbank im Rahmen des **CIM-Konzeptes** abgeleitet werden. Hierbei sind die führungsrelevanten Informationen aus den erfaßten Qualitätsdaten zu Kennzahlen höherer Stufen zu verdichten.

Eine isolierte Ermittlung und Darstellung von Qualitätskennzahlen besitzt nur sehr begrenzte Aussagekraft. Erkenntnisse über die Qualitätslage und -entwicklung von Produkten/Produktgruppen und ihren Herstellprozessen können nur aus einem **kennzahlenorientierten Qualitätsberichtssystem** gewonnen werden, das auch die vielfältigen Interdependenzen der Qualitätssicherungsaufgaben berücksichtigt. Dieses Berichtssystem kann als eine geordnete Gesamtheit von Qualitätskennzahlen, die sachlogisch und/oder rechentechnisch in Beziehung zueinander stehen, charakterisiert werden. Neben **Wert-, Mengen- und Zeitgrößen** (Variablen) umfaßt es auch nicht quantifizierbare Kenngrößen (Attribute).

Zur Ermittlung von wesentlichen **Qualitätsschwachstellen** an Produkten und Prozessen sind die **Fehler-/Fehlerfolgekosten** nach Haupteinflußgrößen **in verschiedenen sachlichen und zeitlichen Differenzierungsstufen (Hierarchien) und nach Fehlerverursachung zu systematisieren und zu analysieren.** Hierbei sollten grundsätzlich die entsprechenden Berichtsinhalte auf den notwendigen Informationsbedarf der jeweiligen Empfänger zugeschnitten sein, um eine Informationsüberfrachtung zu vermeiden und als Grundlage für effiziente Qualitätssicherungsentscheidungen zu dienen.

Als **Standardberichtszeitraum** empfiehlt sich für die Abstimmung mit den Kostenstellenberichten sowie der Kostenträgerzeit- und -stückrechnung der Kalendermonat. Kürzere Berichtszeiträume etwa auf **Wochen- und Schichtzeitbasis** sind in Verbindung mit der Online-Kennziffernrechnung denkbar, damit auch Kompensationseffekte innerhalb eines Monats bei den Fehler-/Fehlerfolgekosten herausgefiltert werden können und laufend betriebliche Anpassungsmaßnahmen zur Fehlervermeidung angestoßen werden. Für längerfristige Qualitätssicherungsentscheidungen über investive Einrichtungen kommen auch **Quartals- bzw. Jahreskennzahlen** in Betracht.

In **sachlicher Hinsicht** sind Fehler-/Fehlerfolgekosten zunächst in ihre Bestandteile (z. B. Ausschuß, Nacharbeit, Kundenreklamationen usw.) zu gliedern, nach Fehlerfeststellung und -verursachung (intern-extern) in der Gesamtunternehmung zu ordnen und in einer **Top-Übersicht für die Unternehmungsleitung** zusammenzustellen. Hieraus lassen sich die wirtschaftlich bedeutenden Fehlerkostenbereiche erkennen, die Anlaß für tiefergehende Analysen

| Top-Übersicht | | Zeit | | | | | | Ø Jahr | Ø Vor-jahr | Plan-wert |
|---|---|---|---|---|---|---|---|---|---|---|
| Jahr:                    Monat: | | Jan. | Feb. | März | April | Mai | ...... | | | |
| Summe Produktfehlerkosten | | | | | | | | | | |
| vormaterialbedingt<br>  interne Feststellung<br>  Feststellung durch Kunden | | | | | | | | | | |
| ausführungsbedingt<br>  interne Feststellung<br>  Ausschußkosten<br>  Nacharbeitskosten<br>  Absatzaktivitäten für 2.<br>    Wahl Produkte<br>  Ausschußfolgekosten in<br>    anderen Stufen<br>  ....... | | | | | | | | | | |
| Feststellung durch Kunden<br>  Gewährleistung/Garantie<br>  Nacharbeit<br>  Produkthaftung<br>  Imageverluste<br>  Kulanzgewährung<br>  ....... | | | | | | | | | | |
| Bezugsgrößen:<br>  Herstellkosten<br>  Erlöse (Durchschnitt Quartal)<br>  (Erzeugung; Absatzmenge)<br>  (ggf. Prüfkosten) | | | | | | | | | | |
| Kennzahlen:<br>  Fehlerkosten/Periodenerfolg<br>  Fehlerkosten/Herstellkosten<br>  Interne Fehlerkosten/ Verarbei-<br>    tungskosten<br>  Externe Fehlerkosten/Herstell-<br>    kosten<br>  Externe Fehlerkosten/Dek-<br>    kungsbeitrag<br>  vormaterialbedingte Fehler-<br>    kosten/Materialkosten<br>  Ausschußquote<br>  Nacharbeitsquote<br>  (ggf. weitere mengen- und<br>  zeitbezogenen Kennzahlen) | | <u>Berichtsempfänger:</u><br><br>Unternehmungsleitung,<br>Controlling | | | | | | | | |

**Schaubild IX.87.** Top-Übersicht eines Qualitätsberichtes (vgl. *Gilles*, in Vorbereitung)

geben können. Für eine **globale Trendermittlung** sind mehrere Berichtsperioden zu dokumentieren. Neben Absolutwerten besitzen relative Kennziffern durch Bezugnahme von gewichtigen Fehlerkostenarten auf die gesamten Herstellkosten, Umsatzerlöse, Ergebnisgrößen u.dergl. besondere Aussagekraft. Daneben sollten **Veränderungen der Prüfaktivitäten** und **eingeleitete Maßnah-**

**men der Fehlerbeseitigung** Berücksichtigung finden, da diese Einfluß auf die zukünftige Höhe und Struktur der Fehler-/Fehlerfolgekosten ausüben. Schaubild IX.87 enthält ein Beispiel zur Gestaltung einer Top-Übersicht für die Unternehmungsleitung.

Auf der Basis der Top-Übersicht können weitergehende Analyseschritte eingeleitet werden. Für die Beurteilung der (wirtschaftlichen) **Qualitätsfähigkeit und Auswahl von Lieferanten** sowie der Wareneingangskontrolle müssen die aus Vormaterialfehlern entstehenden Verluste weiter insbesondere nach Fehlerarten und Fehlerfeststellung, Lieferanten und ggf. Transport sowie nach der Verteilung auf die Produkte unterschieden werden.

Bei der Fehlerursachenanalyse sind die beteiligten **Arbeitssysteme bzw. Kostenstellen sowie die Produktentwicklung/Konstruktion** in die Betrachtungen einzubeziehen, insbesondere soweit die Entstehung von Produktfehlern auf diese zurückzuführen ist. Dazu ist es erforderlich, die aufgetretenen Produktfehler über einen **Fehlerschlüssel systematisch nach Entdeckungsort und Entstehungsursache sowie Verantwortlichkeit zu erfassen** und in den Berichten für die verschiedenen Empfänger entsprechend differenziert auszuweisen. Durch Bewertungskalküle sind dem Fehlerverursacher die wirtschaftlichen Folgen transparent zu machen, um dadurch das „**betriebswirtschaftliche Qualitätsbewußtsein**" zu stärken. Schaubild IX.88 stellt ein Beispiel für einen an Kostenstellenleiter bzw. Prozeßverantwortliche gerichteten Qualitätsbericht dar, der die durch das Arbeitssystem verursachten Fehler mit betriebswirtschaftlicher Bewertung aufzeigt.

Als weiteres Unterscheidungskriterium kann eine **produktbezogene Darstellung** der Fehler-/Fehlerfolgekosten innerhalb eines Berichtszeitraumes global nach einzelnen Kostenkomponenten oder nach einzelnen Fehlerarten der Arbeitssysteme bzw. der Entwicklung/Konstruktion dienen. Hieraus lassen sich **wirtschaftlich bedeutende Fehlerquellen an den Produkten** sowie besonders **qualitätskritische Produkte** ermitteln, so daß der Qualitätssicherung eine geeignete Grundlage für Qualitätssicherungsmaßnahmen in Abstimmung mit der Entwicklung/Konstruktion und dem Vertrieb geboten werden kann.

Eine erhebliche Bedeutung kommt ferner der Darstellung und detaillierten Analyse der externen Fehler-/Fehlerfolgekosten zu. Kosten für Gewährleistung und Produkthaftung sollten absolut und in Relation zu den betreffenden Produkterlösen und -ergebnissen im Zeitvergleich gezeigt werden. Ferner ist sicherzustellen, daß die zum Abnehmer gelangten Fehler am Produkt in der Zukunft nach Möglichkeit vermieden werden, damit schwer quantifizierbare indirekte Wirkungen wie Imageverluste u.dergl. nicht auftreten.

In **Ergänzung** zu den erläuterten **Wertgrößen** können nicht monetäre, **zeit- und mengenorientierte Qualitätskennzahlen** herangezogen werden, die einen Teil der Einflußgrößen auf die qualitätsbezogenen Kosten und Erlöse repräsentieren.

Die Umsätze der Produkte/Produktgruppen sind in besonderem Maße von dem Produktqualitätsniveau – neben Preis und den übrigen Verkaufsbedingungen – abhängig. Der gesamte **mengenmäßige Output** kann in **Gut-Stücke** und **Ausschuß-Stücke** unterteilt werden, die wiederum von unterschiedlicher Beschaffenheit in bezug auf die erzielbaren Erlöse sein können (2. und 3. Wahl

| Übersicht Kostenstelle | Zeit | | | | | | Ø Jahr | Ø Vor-jahr | Plan-wert |
|---|---|---|---|---|---|---|---|---|---|
| Jahr:            Monat: | Jan. | Feb. | März | April | Mai | ...... | | | |
| Summe Produktfehlerkosten der Kostenstelle | | | | | | | | | |
| Feststellung selbst vormaterial-/vorstufenbedingt Fehler 4612 Fehler 4711 ...... | Anstelle der Zeitachse ist auch eine Verteilung der Fehler-/Fehlerfolgekosten auf die wichtigsten Produkte bzw. Produktgruppen innerhalb einer Berichtsperiode denkbar. Allerdings könnte in diesem Fall die Trendentwicklung nicht mehr ohne weiteres ermittelt werden. | | | | | | | | |
| ausführungsbedingt Fehler 4810 Fehler 4813 ...... | | | | | | | | | |
| Feststellung fremd intern (Folgestufen) Fehler 4810 Fehler 4812 ...... extern (Kunde) Fehler 4811 Fehler 4814 ...... | | | | | | | | | |
| ---------------------------- Kritische Fehler Hauptfehler ---------------------------- | | | | | | | | | |
| Bezugsgrößen: Herstellkosten Verarbeitungskosten (Erzeugung; Absatzmenge) (ggf. Prüfkosten) | | | | | | | | | |
| Kennzahlen: Fehlerkosten/Ergebnis der Produkte Fehlerkosten/Herstellkosten Fehler 4810/Verarbeitungs-kosten Fehler 4812/Verarbeitungs-kosten Fehler 4711/Materialkosten Kundenreklamationen/Erlöse Ausschuß-/Nacharbeitsquoten (ggf. weitere mengen- und zeitbezogene Kennzahlen) | Berichtsempfänger: Kostenstellenleiter, Controlling, Meister, Qualitätssicherung | | | | | | | | |

**Schaubild IX.88.**  Qualitätsbericht für eine Kostenstelle in der Produktion (vgl. *Gilles*, in Vorbereitung)

sowie unveräußerliche Stücke; vgl. *Bartels*, 1979, Sp. 240 f.; *Kaiser*, 1991, S. 171 f.). Die Kennzahl „Ausschuß-Stücke/Produktionsmenge der Produktionsendstufe" kann als **Ausschußquote** bezeichnet werden; sie macht eine Aussage über die Anteile der Gut- und Ausschußstücke an der gesamten Produktion des betrachteten Zeitraumes in der jeweiligen Produktionsstufe (vgl. auch zum generellen Kennzahlensystem im Produktionsbereich Kapitel 5.3).

Zur Charakterisierung der Materialeinsatzqualität kann der **Abfall bzw. die Verschnittmenge zur Materialeinsatzmenge** in Beziehung gesetzt werden (in Form von Zeit- und Soll-Ist-Vergleichen). Zur Beschreibung der Prozeßqualität können je Produktionsstufe jeweils **Gut-Stücke** und **Ausschuß-Stücke zur Produktionsmenge** in Beziehung gesetzt werden. Für die Abfall- und Ausschußmengen kann weiterhin unterschieden werden, ob eine Weiterverwendung (unmittelbar oder mittelbar, d. h. ohne oder mit zusätzlicher Bearbeitung) möglich ist, welche Mengen weiterveräußerbar sind und welche angefallenen Abfall- und Ausschußmengen zu beseitigen sind mit welchem (meist negativen) Ergebnisbeitrag (vgl. *Müller, H.*, 1991, S. 287 ff.).

Durch die Ermittlung von **Nacharbeitszeiten** an den jeweiligen Produktionsstufen wird aufgezeigt, inwieweit die verfügbare Kapazität durch (vermeidbare) Arbeitsgänge beansprucht wird, die in Abhängigkeit von der Auslastungssituation ggf. zu Deckungsbeitragsverlusten führen können. Neben der Qualitätssicherung stellt hierbei die **Nacharbeitsquote** eine für die Kapazitätsdisposition wichtige Kennzahl dar – ausgedrückt durch die Relation Nacharbeitszeit zu Produktionszeit.

Im Hinblick auf die Fehler-/Fehlerfolgekosten interessiert die **Anzahl der Reklamationen bezogen auf die Absatzmenge** (getrennt nach Produkten/Produktgruppen). Ausgehend von einer an möglichen Fehlerfolgen ausgerichteten Fehlerklassifizierung in **kritische Fehler, Hauptfehler und Nebenfehler** nach ISO 2859 (vgl. Band 1, Teil III, Kapitel 3.2) kann getrennt die Anzahl je Fehlerart auch auf die Absatzmenge bezogen werden. Bei den kritischen Fehlern folgt daraus eine Kennzahl für die Gefährlichkeit einzelner Produktarten als eine wesentliche Bestimmungsgröße der Produkthaftung(-skosten). Eine weitere **produkthaftungsbezogene Kennzahl** ergibt sich durch die Anzahl der Produkthaftungsverfahren bezogen auf die Anzahl der kritischen Fehler. Hierdurch kann das Anspruchsbewußtsein der Verbraucher charakterisiert werden (vgl. *Schramm*, 1990, S. 7). Aus der Multiplikation beider Kennzahlen folgt ein Indikator für die Produkthaftungswahrscheinlichkeit.

Die **konkrete** Ausgestaltung eines kennzahlengestützten Qualitätsberichtssystems hängt, wie jedes anderen Berichtssystems auch, immer von den **Informationsbedarfen** der Entscheidungsträger sowie der Ausführungsorgane in den Betrieben ab. Es sind hierbei viele **Berichtsvarianten** denkbar und auch verhältnismäßig einfach zu realisieren, wenn die Datenbasis geschaffen worden ist. Besonderes Augenmerk ist darauf zu legen, daß das Qualitätsberichtssystem, welches als **Querschnitt ein bestimmtes Segment der Unternehmung** wiedergibt, in das gesamte Berichtswesen eingebunden wird und keine inhaltlichen Überschneidungen bzw. Doppelausweise (Informationsredundanzen) entstehen. Beispielhaft können hier die Kosten des innerbetrieblichen Transportes angeführt werden, die standardmäßig durch das Logistikinformationssystem zu erfassen sind, jedoch etwa bei Transporten für durchzuführende Nacharbeiten als (indirekte) Fehler-/Fehlerfolgekosten über einen Qualitätsbericht darzustellen sind. Daher ist eine **wechselseitige Abstimmung** zwischen den Teilbereichen in besonderem Maße geboten; allerdings muß auch ein fallbezogener Zugriff der Fachressorts auf problemrelevante Informationen aus anderen Unternehmungs-/Betriebsbereichen gewährleistet sein.

Zur **Gestaltung der Berichtsinhalte** und **Auswahl von relevanten Berichtsvarianten** ist in Zukunft zunehmend der Einsatz von **Expertensystemen** möglich (vgl. *Gilles*, in Vorbereitung; zu Expertensystemen im einzelnen vgl. Kapitel 6.3). Treten bspw. Soll-Ist-Abweichungen auf, die einen bestimmten Schwellenwert überschreiten (z. B. eine vorgegebene Ausschußquote), könnte durch das Expertensystem eine besondere **visuelle Verdeutlichung** erfolgen sowie bei Bedarf eine **genauere Analyse und Kommentierung** dieser Abweichungen durchgeführt werden. Ferner könnten Berichte für **spezifische qualitätsrelevante Fragestellungen** wie bspw. die Untersuchung von Fehlerfolgewirkungen über mehrere Produktionsstufen wissensbasiert zusammengestellt werden, um so eine maßgebliche Unterstützung des Qualitätscontrollers zu erreichen.

Die hier beispielhaft dargestellten Qualitätskennzahlen zeigen, daß man ausgehend von einem kennzahlenorientierten Qualitätsberichtssystem für alle qualitätsrelevanten Fragestellungen in einer Unternehmung spezifische Qualitätskennzahlen generieren kann. Allerdings müssen auch die **Aussagegrenzen** der Qualitätsberichte beachtet werden. Dabei ist besonders auf die erläuterten **Bewertungsprobleme** gerade im Hinblick auf die Bestimmung von Opportunitätskosten in Form von entgangenen Deckungsbeiträgen, Imageeinbußen u. dergl. hinzuweisen. Ferner können sich häufig im Bereich der externen Fehler-/Fehlerfolgekosten **Zeitverschiebungen** ergeben, die den angegebenen Kennzahlen eine gewisse Ungenauigkeit verleihen. Im Bereich der Fehlererfassung können unter Umständen auch **mehrere Fehler** gleichzeitig auftreten. Hier erweist sich eine **Zuordnung von Kosten auf die Fehler** als mehr oder weniger **willkürlich**, ähnlich wie bei der Kalkulation von Kuppelprodukten, so daß man häufig unter Inkaufnahme von Informationsverlusten die gesamten Kosten dem bedeutsamsten Fehler anlasten wird. Die vorhandenen Zeitverschiebungen bei mittel- und langfristig abzuwickelnden Kundenaufträgen zwischen Produktauslieferung/Rechnungsstellung und Eintreten eines Haftungs-/Gewährleistungsfalles können in der Berichterstattung nur dadurch Berücksichtigung finden, daß abgewickelte Kundenaufträge über mehrere Perioden hinweg im Speicherzugriff bleiben, so daß später auftretende externe Fehler-/Fehlerfolgekosten diesen Aufträgen zugeordnet und das (früher) ausgewiesene Auftragsergebnis entsprechend berichtigt werden kann. Gravierende Haftungsverluste sollten auftragsweise auch im Qualitätsberichtssystem für die Unternehmungsführung dargestellt werden als Hinweis auf potentielle zukünftige Risiken und Verantwortlichkeiten bei derartigen Auftragsgeschäften.

# 6.3 Einsatzmöglichkeiten von Expertensystemen in der Informationswirtschaft

## 6.3.1 Aufbau von Expertensystemen

Der EDV-Einsatz in Unternehmungen beschränkte sich bisher vielfach auf die Entlastung der Mitarbeiter bei relativ gut strukturierten Entscheidungsproblemen. **Schlecht strukturierte Entscheidungsprobleme** mit Ungewißheit bezüglich Art, Anzahl und Beziehungen zwischen entscheidungsbestimmenden Faktoren **erfordern i.d.R. menschliche Intelligenz von Experten in der Unternehmung.** Dies gilt z. B. für das Auffinden von Fehlerursachen und -behebungsmöglichkeiten im Rahmen des Qualitäts- und Instandhaltungswesens. Für diese und ähnliche Aufgaben ist nunmehr seit jüngster Zeit ein EDV-Einsatz durch sog. Expertensysteme möglich. Es handelt sich primär um computergestützte, automatisch oder auch im Dialog arbeitende Wenn-Dann-Modelle für Zwecke der Analyse und ggf. zielorientierten Gestaltung von definierten Aufgabenkomplexen auf der Basis einer besonderen Wissensbank.

**Expertensysteme,** vielfach auch **wissensbasierte Systeme** genannt, sind also **spezifische Computerprogramme.** Sie befassen sich auf einem eng abgegrenzten Anwendungsbereich mit der **Erfassung, Speicherung, Verarbeitung und Weitergabe fachlicher Kompetenz eines Experten insbesondere zur automatischen Analyse, Diagnose und Lösung von Problemen** (vgl. *Krallmann*, 1986, S. 100; *Scheer/Steinmann*, 1988, S. 6; *Stahlknecht*, 1989, S. 372; vgl. auch *Schmitz*, 1992, Sp. 611 ff.).

Die **Kompetenz eines Experten** drückt sich in **Sachwissen** (Fakten, Regeln) und – ggf. auch mit Unsicherheiten behaftetem – **Erfahrungswissen** bzw. „vagem" Wissen (Heuristiken, Verallgemeinerungen, Annahmen, Analogien) aus. Expertensysteme unterscheiden sich hierbei von konventioneller Software durch die **Trennung und Aufbereitung des Wissens über ein spezifisches Anwendungsgebiet** (z. B. über die Produktionsplanung und -steuerung) **von dem allgemeinen, anwendungsunabhängigen Problemlösungswissen** z. B. dargestellt in Algorithmen (vgl. *Kurbel*, 1989, S. 22).

Expertensysteme bestehen grundsätzlich aus mehreren **Funktionskomponenten** (vgl. Schaubild IX.89). Wesensbestimmend für ein Expertensystem sind die Wissenskomponente bzw. Wissensbasis sowie die Inferenz- bzw. Problemlösungskomponente. Ergänzende Komponenten sind die Wissenserwerbskomponente, die Erklärungskomponente sowie die Dialogkomponente (vgl. *Savory*, 1988, S. 9; *Gabriel/Frick*, 1991, S. 545 ff.; vgl. auch *Harmon/King*, 1986, S. 40 ff.; *Scheer/Steinmann*, 1988, S. 7 ff.; *Kurbel*, 1989, S. 27 ff.).

In der **Wissenskomponente bzw. Wissensbasis** ist das Sach- und Erfahrungswissen des menschlichen Experten in einer EDV-gerechten Form abgespeichert. Für die Darstellung des Wissens existieren insbesondere folgende **Wissensrepräsentationsformen**:

– **prozedurale bzw. anwendungsbezogene Wissensdarstellung** durch z. B. Produktionsregeln (regelbasierte Wissensdarstellung durch Wenn-Dann-Regeln);

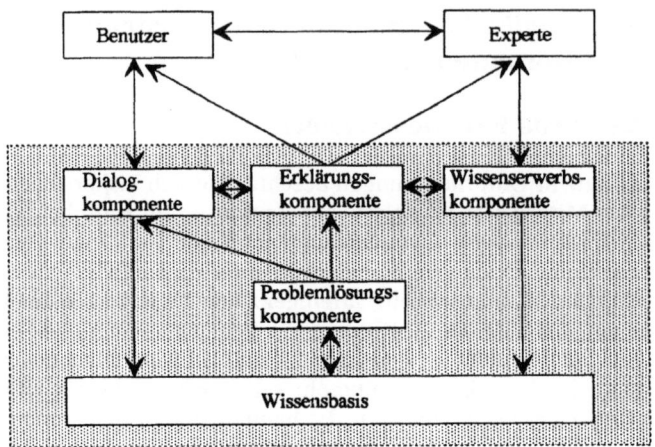

**Schaubild IX.89.** Komponenten eines Expertensystems (vgl. *Stahlknecht*, 1989, S. 373)

- **deklarative bzw. beschreibende Wissensdarstellung** durch z. B. semantische Netze (gerichtete Graphen, in denen spezifische Objekte als Knoten und die zwischen ihnen bestehenden Beziehungen durch Kanten dargestellt werden) sowie
- **prozedurale und deklarative Wissensdarstellung** (sog. Frames).

Die meisten heute bekannten Expertensysteme basieren auf der regelbasierten Wissensdarstellung. Derartige Wenn-Dann-Regeln bestehen aus einem Bedingungsteil und einem Ausführungsteil. Wenn der Bedingungsteil erfüllt ist, dann wird eine im Ausführungsteil spezifizierte Aktion ausgeführt (vgl. *Scheer/Steinmann*, 1988, S. 9).

Die **Inferenz- bzw. Problemlösungskomponente** hat als Aufgabe, aus dem Sach- und Erfahrungswissen Schlußfolgerungen zur Lösungssuche zu ziehen. Nach dem Umfang der Lösungssuche können **Tiefensuche** und Breitensuche unterschieden werden. Bei der Tiefensuche wird die Lösung im Rahmen einer Regelkette gesucht. Dahingegen werden bei der Breitensuche zunächst mehrere Regeln, die zu einem Ergebnis führen können, eingesetzt. Nach der Steuerung der Lösungssuche unterscheidet man Vorwärtsverkettung und Rückwärtsverkettung. Bei der **Vorwärtsverkettung** (forward chaining oder datengetriebene Suche) wird von Bedingungen auf Konklusionen geschlossen. D.h. nach Untersuchung der Bedingungsteile der Regeln wird die Regel zur Ausführung ausgewählt, deren Bedingungsteil erfüllt ist. Bei der **Rückwärtsverkettung** (backward chaining oder zielgetriebene Suche) werden die zur Erreichung eines gegebenen Endzustandes erforderlichen Fakten/Bedingungen ermittelt. D.h. wenn der Zielzustand als Ergebnis einer Regel vorhanden ist, wird diese aktiviert. Ein **Konfliktlösungsmechanismus** entscheidet z. B. darüber, welche Regel angewendet wird, wenn mehrere Regeln zur Auswahl anstehen (vgl. *Scheer/Steinmann*, 1988, S. 9 ff.).

Durch die **Wissenserwerbskomponente** erfolgt die Erfassung, Änderung oder Löschung von Sach- und Erfahrungswissen im Expertensystem. Ein automatischer Wissenserwerb durch sog. „lernende" Expertensysteme ist bis heute nur in einigen Prototypen von Forschungsinstituten verwirklicht.

Mit der **Erklärungskomponente** kann der Anwender des Expertensystems die Vorgehensweise im Rahmen der Problemanalyse und Problemlösung nachvollziehen. Hier können z. B. Begründungen für die Ableitung spezifischer (Zwischen-)Ergebnisse oder für die Formulierung spezifischer Fragen an den Benutzer angefordert werden.

Die **Dialogkomponente** steuert die Kommunikation zwischen Benutzer und Expertensystem. Ihre primäre Aufgabe liegt in der Aufbereitung der systeminternen Darstellung des Wissens in eine dem jeweiligen Benutzer verständlichen Form sowie in der benutzeradäquaten Abwicklung der Kommunikationsprozesse.

Die **Entwicklung von Expertensystemen** sollte grundsätzlich in einem spezifischen **phasenweisen Entwicklungsprozeß** erfolgen. Wichtige Phasen sind hierbei (vgl. *Kurbel*, 1989, S. 92 ff.):

- **Projektvorbereitungsphase:** Hier werden insbesondere die Anforderungen an das Expertensystem definiert, ein grober Zeit- und Kostenrahmen festgelegt und die Projektorganisation bestimmt.
- **Wissenserhebungsphase:** Hier wird das Expertenwissen in enger Zusammenarbeit von Fachexperte und Systementwickler erhoben und in einem konzeptionellen Wissensmodell dargestellt.
- **Realisierungsphase:** In dieser Phase wird das konzeptionelle Wissensmodell mit Hilfe von spezifischen Entwicklungswerkzeugen (z. B. Programmiersprachen, Wissensverarbeitungssprachen oder Expertensystem-Shells, d. h. „leere" Expertensysteme) schrittweise in eine computergestützte Darstellung überführt, d. h. eine Expertensystem-Version erstellt.
- **Abnahmephase:** Hier erfolgt eine Überprüfung der entwickelten Expertensystem-Version im Hinblick auf die Erreichung der zuvor formulierten Anforderungen.
- **Diskussionsphase:** Aufbauend auf den Ergebnissen der Abnahmephase erfolgt hier die Beseitigung von Mängeln in der Systemrealisierung oder die Revision des konzeptionellen Wissensmodells.
- **Präsentationsphase:** Als abschließende Phase erfolgt hier die Vorstellung der Ergebnisse des Projektes „Expertensystementwicklung", an die sich die Einführung des Expertensystems in der Unternehmung anschließt.

Empirische Untersuchungen der Abteilung Wirtschaftsinformatik an der Universität Erlangen-Nürnberg zeigen einen starken Anstieg der Anzahl an entwickelten Prototyp-Expertensystemen von 120 im Juli 1986 bis 2059 im Januar 1990, wobei hier Systeme für die Industrie mit 1688 stark dominieren. Als bedeutendste Einsatzbereiche für Expertensysteme wurden hierbei Produktion (528), Forschung/Entwicklung/Produktgestaltung (378) und Vertrieb (360) sowie auch die Verwaltung (218) festgestellt. Bei den laufenden Systemen im deutschsprachigen Raum konnte zwar ein Anstieg von ca. 10 Installationen im Juli 1986 auf ca. 140 Installationen im Januar 1990 festgestellt werden, im Vergleich zu der Anzahl der Prototypen zeigt sich in der Wirtschaftspraxis allerdings ein bisher eher zurückhaltender Einsatz (vgl. *Mertens/Borkowski/Geis*, 1990, S. 24 ff.).

## 6.3.2  Anwendungsgebiete von Expertensystemen

Als Einsatzfelder für Expertensysteme kommen in der Regel schlecht strukturierbare Entscheidungs- und Handlungsbereiche in Betracht. Bei der Entwicklung von Expertensystemen sind daher die unternehmungsspezifischen Gegebenheiten des betreffenden Anwendungsbereiches zu beachten. Für den Einsatz im Rahmen der produktionsbezogenen Informationswirtschaft lassen sich auf der einen Seite Expertensysteme mit Ausrichtung auf die technischen Aufgabengebiete, auf der anderen Seite Expertensysteme zur Unterstützung betriebswirtschaftlicher Problemstellungen unterscheiden.

### *(a)  Technisch orientierte Expertensysteme*

Der Einsatz von Expertensystemen ist grundsätzlich in allen Bereichen des CIM-Konzeptes möglich (vgl. *Mertens/Borkowski/Geis*, 1990). Am weitesten entwickelt sind Anwendungen zur Unterstützung von CAD- und CAQ-Aktivitäten sowie der Instandhaltungsplanung und -steuerung, die nachfolgend beispielhaft beschrieben werden sollen.

**Expertensysteme im Rahmen von Computer Aided Design (CAD)** versuchen, die CAD-Systeme enger an das gedankliche Vorgehen des Konstrukteurs zu binden und komfortabler zu gestalten. Als mögliche Einsatzgebiete von zu entwickelnden Expertensystemen im Rahmen von CAD können z. B. genannt werden (vgl. *Specht*, 1989, S. 107 ff.; vgl. auch *Zelewski*, 1986, S. 863 ff.; *Scheer*, 1990b, S. 148 f.):

- Analyse, Präzisierung und Zerlegung von konstruktiven Problemstellungen in Teilprobleme, Teilfunktionen, Komponenten;
- Aufstellung eines Pflichtenheftes oder -kataloges mit präzisierten und spezifizierten Anforderungen und Eigenschaften;
- Generierung eines Funktionsmodells;
- Suche nach Analogien, vergleichbaren Problemlösungen, Varianten oder sonstigen bekannten Lösungen;
- Generierung von Lösungsvorschlägen oder Lösungsschritten einer möglichen Gesamtlösung;
- Synthese, Verfeinerung, Bewertung und Auswahl von konstruktiven Teillösungen;
- Berücksichtigung von Anforderungen z.B der Fertigung, der Montage, der Qualitätssicherung, der Instandhaltung;
- Lieferung von Kosteninformationen über alle Stufen des Konstruktionsprozesses.

In der wissenschaftlichen Diskussion bezüglich der Entwicklungsrichtung wissensbasierter Systeme in der Konstruktion kristallisieren sich insbesondere drei Entwicklungspfade heraus (vgl. *Specht*, 1989, S. 111):

– Entwicklung automatisierter Konstruktionssysteme, die als **autonome Systeme** auf der Basis einer zu entwickelnden Theorie der Konstruktion selbständig Lösungen für vorgegebene Aufgabenstellungen suchen;
– Entwicklung von intelligenten Werkzeugen, die als sog. **Partnermodelle oder wissensbasierte Assistenzmodelle** den Konstrukteur als Gestalter des Konstruktionsprozesses vielfältig unterstützen oder
– Entwicklung von Expertensystemen, die als **Beratungsexpertensysteme** einzelne Arbeitsschritte der Konstruktionstätigkeit unterstützen. Derartige Expertensysteme enthalten spezifisches Expertenwissen für z.B. ein Produkt, eine Komponente, eine Baugruppe oder ein in der Gestaltung besonders anspruchsvolles Einzelteil.

**Expertensysteme für die Computer Aided Quality Assurance (CAQ)** können z.B. zur Bestimmung von Qualitätsstandards, zur Generierung von Prüfplänen, zur Auswahl von Meß- und Prüfmitteln, zur Suche nach Ursachen und Beseitigungsmöglichkeiten von Qualitätsabweichungen oder zur Beratung bei der Prüfung von Produkten und Prozessen sowie zur Dokumentation der Prüfergebnisse entwickelt und eingesetzt werden (vgl. *Wildemann*, 1987, S. 36f.; *Specht*, 1989, S. 128; vgl. ferner *Zelewski*, 1986, S. 839ff.; *Behr u.a.*, 1991, S. 64ff.; *Krickhahn/Schachter-Radig/Stangl*, 1991, S. 60ff.).

Als geeignete **Einsatzfelder für Expertensysteme in der Instandhaltung** lassen sich insbesondere die **Unterstützung der Fehlerdiagnose** für Maschinen und sonstige Anlagen, auch unter Beachtung von Meßfehlern, sowie die **Unterstützung der Instandhaltungsplanung** nennen (vgl. *Weiß*, 1988, S. 537ff.; *Specht*, 1989; *Specht/Weiß*, 1989).

**Expertensysteme zur Diagnose von Fehlern** können hierbei in vier Kategorien eingeteilt werden:

– Expertensysteme, die Fehlermöglichkeiten insbesondere auf der Basis von statistisch abgesicherten Wahrscheinlichkeitsverteilungen bestimmen;
– Expertensysteme, die ausgehend von Symptomen assoziativ auf Fehlerursachen schließen und damit unmittelbar das empirische Vorgehen des Instandhaltungs-Experten abbilden;
– Expertensysteme, die ein Realobjekt mit einem rechnerinternen Modell vergleichen und bei auftretenden Unterschieden auf Fehler schließen (sog. modellbasierte Diagnosesysteme) sowie
– gemischte Expertensysteme, die assoziative und modellbasierte Vorgehensweisen verwenden.

Die meisten in der Industrie einsetzbaren Diagnose-Expertensysteme stützen sich auf die assoziative Darstellung des Diagnosewissens des Instandhaltungs-Experten in der Form von Wenn-Dann-Regeln. Deren Gültigkeit kann hierbei durch Wahrscheinlichkeitswerte oder Angabe von Ausnahmen eingeschränkt werden. Als Beispiel für ein Diagnose-Expertensystem sei das am Fraunhofer-Institut für Produktionsanlagen und Konstruktionstechnik in Berlin entwickelte System **INSPEKTOR** genannt, das insbesondere Ursache und Auswirkungen von Fehlern an Karosseriebaugruppen in der Rohkarosserieproduktion bei der PKW-Herstellung ermittelt (vgl. *Specht*, 1989).

### (b)    Betriebswirtschaftlich orientierte Expertensysteme

Expertensysteme sind im Controlling bislang noch nicht so verbreitet wie im technischen Bereich. In der Literatur finden sich **Ansätze von Systemen zur Expertenunterstützung und zur Expertisenerstellung,** die dem jeweiligen Controller bzw. Entscheidungsträger als Hilfsmittel zur **Diagnose von controllingrelevanten Fragestellungen sowie zur problemgerechten Aufbereitung von Informationen** dienen sollen (vgl. *Mertens*, 1989, S. 835 ff.; *Scheer/Kraemer*, 1989a, S. 157 ff.). Diese Systeme sind als Variante von Expertensystemen aufzufassen, da Experte und System kooperativ eine Problemlösung erstellen (vgl. *Kraemer/Spang*, 1989, S. 78). Als besonders geeignetes Aufgabengebiet für den Expertensystemeinsatz im Controlling hat sich die **Abweichungsanalyse** und darauf aufbauend die **Gewinnung von erfolgsorientierten Führungsinformationen** herausgestellt, da aufgrund der Fülle von Daten, die durch ein EDV-gestütztes Kostenrechnungssystem bereitgestellt werden, ein Erkennen von relevanten Sachverhalten nur schwer möglich ist bzw. häufig zu lange dauert, um ein effektives und schnelles Gegensteuern zu ermöglichen (vgl. *Fiedler/Mertens/Wenzlaw/Ziegler*, 1989, S. 353; *Kraemer/Scheer*, 1989, S. 9 ff.). Deshalb ist es zur **Verbesserung der Effizienz von Entscheidungsabläufen notwendig, die Informationsüberflutung durch Interpretationshilfen sowie Filter- und Selektionsmechanismen in Form von Expertensystemen** einzudämmen und dahingehend zu kanalisieren, daß Chancen und Risiken bzw. Fehlentwicklungen in Teilbereichen der Unternehmung oder auf bestimmten Märkten rechtzeitig erkannt werden können (vgl. *Laßmann*, 1990, S. 321 f.).

Daraus ergeben sich für die **Gestaltung und den Funktionsumfang eines Expertensystems** die folgenden Anforderungen (vgl. *Kraemer*, 1991, S. 27; vgl. auch *Kaiser*, 1991, S. 205):

– **standardisiertes Aufzeigen** von gravierenden Abweichungen beim Soll-Ist-Vergleich, Trends beim Zeitvergleich, Frühwarnindikatoren u.dergl.;
– **Analyse der wichtigsten Abweichungsursachen** unter Berücksichtigung möglicher Interdependenzen;
– **gezielte individuelle Analysestrategien** zur Senkung des Zeitbedarfes und der Kosten für Auswertungen im Rahmen einer Detailanalyse;
– Unterstützung bei der **Entwicklung von Steuerungsmaßnahmen** nach Ermittlung der Abweichungsursachen;
– **Integrierbarkeit**/Schnittstellen in bezug auf Standardsoftwarepakete.

Als **Analyseobjekte** können beispielsweise Kostenstellen, Produktgruppen, Marktsegmente, Großkunden u.dergl. betrachtet werden, die in verschiedene Hierarchieebenen zu gliedern sind. Die **Analyseschärfe** sollte über bestimmte Schwellenwerte bzw. Toleranzbereiche definiert werden. Ihr kommt für das Herausstellen der primär zu untersuchenden Abweichungen besondere Bedeutung zu.

Als Beispiele für **Prototypen von Controlling-Expertensystemen** sind das an der Universität des Saarlandes entwickelte System **CEUS** sowie das an der Universität Erlangen-Nürnberg erstellte System **CONTREX** zu nennen, das im folgenden kurz beschrieben werden soll (ausführlich bei *Fiedler*, 1990a sowie zu CEUS *Kraemer/Spang*, 1989).

Das System CONTREX, als Expertisesystem konzipiert, besteht aus den Modulen BETREX zur Analyse des Betriebsergebnisses sowie KOSTEX zur Kostenstellenanalyse und verarbeitet Rechnungswesendaten aus den Modularprogrammen eines großen Software-Anbieters. Die Aufgaben von CONTREX liegen in der **Navigation durch den Datenpool, in der Selektion von relevanten Berichtsdaten und Beurteilung der gefundenen Abweichungen** (vgl. *Mertens/Back-Hock/Fiedler*, 1991, S. 51).

Das Modul BETREX untersucht auf der Basis eines relativ einfachen Deckungsbeitragsschemas in verschiedenen Hierarchiestufen das Betriebsergebnis hinsichtlich wesentlicher Abweichungen und filtert im Sinne eines **Exception Reporting** über vorzugebende Schwellenwerte die wichtigsten Informationen kennzahlenbezogen aus dem Datenbestand heraus. Im Rahmen einer Deckungsbeitragsanalyse werden Preis- und Mengenabweichungen für ein Bezugsobjekt (z. B. Kunde, Produktgruppe etc.) aufgezeigt. Ferner sind eine break-even-Analyse sowie eine Untersuchung des Deckungsbeitragssatzes möglich. Über die verschiedenen Vergleichsarten lassen sich **vergangenheits- und zukunftsbezogen** weitere wichtige Steuerungsinformationen generieren. Die Präsentation der Ergebnisse erfolgt in Form einer Expertise, die sich aus erläuternden Texten und Zahlentabellen zusammensetzt (weitergehende Ausführungen bei *Fiedler u.a.*, 1989, S. 353 ff.).

KOSTEX analysiert auf der Grundlage der durch die flexible Plankostenrechnung bereitgestellten Abweichungsarten **Kostenstellenkosten** auf verschiedenen Hierarchieebenen. Für die Entdeckung von Mißständen in den betrieblichen Abläufen wird hierbei als wichtigste Vergleichsart der Soll-Ist-Vergleich herangezogen. Als Frühwarnsignale zur Aufdeckung von möglichen zukünftigen Fehlentwicklungen können **Kostenprognosen** auf der Basis von erwarteten Beschäftigungsgraden erstellt werden. Ferner bestehen Analysemöglichkeiten hinsichtlich der **Kapazitätsauslastung (Nutz-Leerkostenvergleich) sowie der Abbaubarkeit von Bereitschaftskosten.** Das Vorgehen bei der Anwendung von KOSTEX entspricht dem von BETREX (nähere Erläuterungen bei *Fiedler/Hamann/Riedel*, 1989, S. 26 ff.).

Neuere Entwicklungen im Bereich Expertensystemeinsatz im Controlling sind in den Bemühungen zu sehen, sog. **intelligente Controlling-Leitstände** zu definieren, die versuchen, die **Konzeptionen der technischen Fertigungsleitstände und der Online-Kennziffernrechnungen zur kurzfristigen erfolgsorientierten Steuerung der Prozesse** miteinander zu verbinden (vgl. *Kraemer/Scheer*, 1991, S. 18 ff.; *Kraemer*, 1992, S. 206 ff.). Hierbei sollen den verschiedenen Benutzergruppen (Kostenstellen-/Prozeßleitung, Zentral-Controlling, Projekt-

leitung) dezentral relevante Informationen durch wissensbasierte Selektions-
und Aufbereitungsabläufe zur Verfügung gestellt werden. Inwieweit sich diese
Überlegungen in die Praxis umsetzen lassen, hängt insbesondere von der weiteren Entwicklung der Expertensystemtechnologie, aber auch von der Akzeptanz bei den jeweiligen Anwendern ab.

### 6.3.3    Grenzen des Einsatzes von Expertensystemen

Expertensysteme können bisher grundsätzlich nur in einem **eng abgegrenzten
Anwendungsbereich** eingesetzt werden. Darüber hinaus bereitet ihre Einbindung in die vorhandenen EDV-Systeme und die Verbindung zu anderen Expertensystemen noch Probleme, so daß die eingesetzten Systeme **häufig Insellösungen** darstellen. Erst wenn diese technischen Schnittstellenprobleme gelöst
sind, werden sich Expertensysteme auch als bedeutsame Bestandteile des
CIM-Konzeptes erweisen (vgl. auch *Krallmann*, 1986, S. 106). Für den Expertensystemeinsatz im Controlling ist ein entsprechender Ausbau der vorhandenen Rechnungswesen-Standardsoftware zu fordern, da beim derzeitigen Ent-
wicklungstand Expertensysteme noch nicht mit der gebotenen Effizienz zu verwenden sind (vgl. *Mertens/Fiedler/Sinzig*, 1989, S. 154). So wie sich das Wissen
eines Experten ständig weiterentwickelt, ist auch die **Wissensbasis** eines Expertensystems laufend zu aktualisieren und zu erweitern. Selbstlernende Expertensysteme befinden sich bisher noch in der Entwicklung und können kommer-
ziell noch nicht genutzt werden. Auch aus diesem Grund können vorerst nur
relativ eng eingegrenzte Teilprobleme mit Expertensystemen bearbeitet werden. Übergreifende Lösungsansätze erfordern ein technisch und wirtschaftlich
zur Zeit noch nicht beherrschbares Regelwerk (vgl. *Kraemer*, 1991, S. 33;
*Krcmar*, 1991, S. 159).

Die Akzeptanz von Expertensystemen kann durch die Einsicht gefördert
werden, daß menschliche Experten nicht ersetzt, sondern bei der Entscheidungsfindung unterstützt werden sollen, um schneller zu einer besser fundierten Problemlösung zu gelangen. Andererseits ist vor unkritischer Übernahme
von Entscheidungsempfehlungen der Expertensysteme zu warnen. Aufbau und
Implementierung eines Expertensystems sowie Beschaffenheit der verwendeten Wissensbasis und die Inferenzkomponente sind vor dem Einsatz auf ihre
Problemadäquanz zu überprüfen (vgl. auch *Zelewski*, 1991, S. 238 ff., der
einige kritische Faktoren zum Einsatz von Expertensystemen aufzeigt).

### 6.4    Integration aller Teilbereiche der Informationswirtschaft
im Informationsmanagement

Während in den vorangegangenen Kapiteln die Grundzüge einzelner Informationssysteme aufgezeigt und deren Funktionen zur Erfüllung bestimmter Aufgaben beschrieben worden sind, soll nachfolgend auf die übergreifende Bedeutung und institutionelle Einordnung des Informationsmanagement in die

Unternehmungsführung eingegangen werden. Die **zunehmende Tragweite einer wirtschaftlichen Planung und Kontrolle der Informationsversorgung** in Industrieunternehmungen hängt mit der steigenden **Informationsintensität** bei der Entwicklung, Herstellung und Vermarktung von Produkten zusammen, wobei die Bewältigung komplexer Informationsprozesse erst durch die immer schneller verlaufende **Weiterentwicklung der Informationstechnik** ermöglicht worden ist (vgl. *Picot/Reichwald*, 1991, S. 265 f.). Da die Qualität der Informationsversorgung in starkem Maße die Entscheidungen der Unternehmungsführung beeinflußt, kann Informationsmanagement nicht ausschließlich als Aufgabe einer DV-Abteilung angesehen werden, sondern muß in strategischer Hinsicht stärkere Bedeutung als Aufgabe im Bereich der Unternehmungsführung gewinnen (vgl. *Seibt*, 1991, S. 213; vgl. auch *Krcmar*, 1992, S. 61; *Krüger/Pfeiffer*, 1991, S. 21 ff.).

Das **Informationsmanagement als Institution** hat durch die **Gestaltung der technischen, organisatorischen und personellen Bedingungen** dafür Sorge zu tragen, daß **konsistente und substantiell abgesicherte Informationen zielorientiert und mit angemessenem Aufwand am Bedarfsort bereitgestellt werden** (vgl. Kapitel 1.1.2; vgl. auch *Picot/Franck*, 1992, Sp. 886 f.). Als Hauptaufgaben seien herausgestellt (vgl. *Seibt*, 1990, S. 213 f.; *Picot/Franck*, 1992, Sp. 889):

a) Ermittlung der Informationsbedarfe von Informationsnachfragern (Führungs- und Ausführungspersonen) und Analyse der Möglichkeiten zur Informationsbedarfsdeckung durch adäquate Informationssysteme.

b) Aufbau und Umsetzung eines Unternehmungsdatenmodells (Gestaltung von betriebswirtschaftlich-technischen Unternehmungsdaten- und Methodenbanken; vgl. auch Kapitel 1.3).

c) Mittel- bis langfristige Planung eines rationellen Einsatzes vorhandener und zu beschaffender Informationssysteme unter Einschluß der Gestaltung der gesamten informationstechnischen Infrastruktur.

d) Koordination und Überwachung der gesamten Informationsversorgung in einer Unternehmung.

zu a)  Der **Informationsbedarf** eines Bedarfsträgers läßt sich theoretisch unterscheiden nach den zur Erfüllung einer bestimmten Aufgabe notwendigen **„Soll"-Informationen** und nach den von der betreffenden Person verwendeten bzw. ihr bereitgestellten **„Ist"-Informationen**, wobei die jeweilige Aufgabe nach ihrer Positionierung und Konstanz bzw. Veränderlichkeit unterschiedliche Informationsanforderungen stellt (vgl. Picot/ *Reichwald*, 1991, S. 277; vgl. auch Kapitel 1.1.2). Insbesondere bei höherangesiedelten Führungsaufgaben erweist sich vielfach die Ermittlung des Informationsbedarfes als schwierig; der nach **objektiven und subjektiven Kriterien anzusetzende Informationsumfang** kann hier nur in Abstimmung mit dem Aufgabenträger bestimmt werden. Zur Informationsbedarfsdeckung sind aktuelle und/oder potentielle Informationsquellen heranzuziehen (vgl. auch Kapitel 1.3). Unter Berücksichtigung der Leistungsfähigkeit von vorhandenen

Systemen geht es insbesondere um die Analyse von Zugriffsmöglichkeiten auf Datenbanken und Programmbibliotheken; für die Aufgabenträger sind spezifische Schulungskurse und ein Benutzer-Service einzurichten (vgl. auch *Martiny/Klotz*, 1989, S. 116 f.). Besonders zu beachten sind in diesem Zusammenhang auch **Fragen der Datensicherheit und des Datenschutzes**.

zu b)    Aufbau und Inhalt von Unternehmungsdatenmodellen sind aus theoretischer Sicht in der deutschen Literatur vor allem von *Scheer* und *Mertens* beschrieben worden. **Unternehmungsdatenmodelle** stellen eine zusammenhängende Datenstruktur dar, die sich an den **wesentlichen Vorgangsketten** in der Unternehmung ausrichtet (vgl. *Scheer*, 1990b, S. 438). Eine Vorgangskette kann z. B. durch den Geschäftsprozeß „Material bestellen" ausgedrückt werden (vgl. auch Schaubild IX.7). Wesentliches Merkmal ist hierbei eine datenorientierte Sichtweise dieses Geschäftsprozesses. Ein Unternehmungsdatenmodell kann sowohl mit klassischen hierarchischen als auch mit relationalen bzw. netzwerkorientierten DV-Ansätzen realisiert werden, wobei sich relationale Datenbanksysteme besonders bewährt haben. Als wichtiges Hilfsmittel wird das **Entity Relationship Modell** angesehen (vgl. *Scheer*, 1989, S. 8 ff. und 1992, S. 14). Einen weiterführenden Ansatz stellt das von *Scheer* vorgelegte Konzept **ARIS (Architektur integrierter Informationssysteme)** dar, das auf verschiedenen Sichtweisen der Informationsprozesse in der Unternehmung, ausgedrückt durch die Komponenten Datenbasis, Funktionen und Ablaufsteuerung sowie Benutzer/ Organisationsstruktur, beruht (vgl. *Scheer*, 1992, S. 8 ff.).
Ein Vorschlag für die **Integration des Rechnungswesens in das CIM-Konzept** wird durch das System **REMBA (Rechnungswesen-Methodenbank)** beschrieben (vgl. *Mertens/Haun*, 1988, S. 211 ff.). REMBA basiert auf einer **zweckneutralen Datenerfassung und -speicherung in einer Grundrechnungsdatenbank** und einer darauf aufbauenden **zweckpluralistischen, entscheidungssituationsbezogenen Auswertung mit Hilfe von Methoden- bzw. Modellbanken**. Die in die Grundrechnungsdatenbank aufzunehmenden Daten sind aus vorgelagerten DV-Systemen wie z. B. Finanzbuchhaltung, Personalbuchhaltung, Materialabrechnung, Fakturierung und Betriebsdatenerfassung zu übernehmen. Diese Grundrechnung entspricht einem von *Riebel* entwickelten Konzept im Rahmen der relativen Einzelkostenrechnung (vgl. Kapitel 2.2.6; *Riebel*, 1990, S. 149 ff.; zu dem Konzept der zweckneutralen Kostenerfassung und einer problemspezifischen Datenauswertung vgl. auch *Horváth/Kleiner/Mayer*, 1987, S. 93 ff.). Eine unverdichtete, problem- bzw. auswertungsneutrale Datenbasis für relative Einzelkosten, die kostenartenweise nach zugrundeliegenden Mengen- und Zeitgrößen aufbereitet sind, stellt in **Abhängigkeit von der jeweiligen Entscheidungssituation** die relevanten Daten bzw. Informationen zur Verfügung. Die Grundrechnung, die auch der in diesem Werk vertretenen Konzeption entspricht (vgl. Kapitel 1.2.3), bildet hier die **Schnittstelle**

zwischen den **datenliefernden administrativen Programmen und den Methoden- bzw. Führungsmodellen**, mit denen diese ausgewertet werden können. Über ein Steuerungssystem können durch den Benutzer aus der Methoden-/Modellbank die jeweils benötigten Auswertungsinstrumente im Dialogverkehr zum Einsatz abgerufen werden. Im System REMBA werden die **Bereiche 'Abrechnung und Analyse', 'Planung, Kalkulation und Entscheidungsunterstützung' sowie als Sondermethodenbereich 'Produktlebenszyklus-Controlling'** unterschieden. REMBA zeichnet sich insbesondere durch Flexibilität und Benutzerunterstützung bei der Bearbeitung unterschiedlicher Problemstellungen aus.

zu c)   Systementscheidungen mit mittel- bis langfristigem Charakter basieren weitgehend auf **Ergebnissen von Informationsbedarfs- und -bedarfsdeckungsanalysen** sowie auf Überlegungen zur **Gestaltung eines Unternehmungsdatenmodells.** Grundsätzlich geht es hierbei um die Festlegung unternehmungsweiter Standards, um die Bestimmung der Technologie zur Informationsversorgung und um den Einsatz (inklusive Pflege) aller informationstechnischen Objekte (vgl. *Martiny/ Klotz*, 1989, S. 112). Dabei kann es sich beispielsweise um Fragen der **Einführung einer unternehmungsweiten Standard-Software** handeln, die möglichst viele Funktionsbereiche wie Rechnungswesen, Produktionsplanung und -steuerung bzw. Logistik und Materialwirtschaft sowie Absatzplanung und Vertrieb **integrativ** umfassen sollte. Im Bereich der Verwaltung kommen vor allem die Beschaffung einheitlicher Software zur Textverarbeitung und visuellen Darstellung von Sachverhalten (Graphikprogramme) und der Einsatz durchgängiger Planungssprachen für verschiedene Zwecke in Betracht (vgl. zu Planungssprachen z. B. *Chamoni/Wartmann*, 1990, S. 352 ff.). In diesem Zusammenhang sind Entscheidungen über Eigenentwicklung oder Kauf von Programmen (inklusive Installation und Anpassung) zu treffen. Auszugehen ist dabei von der Feststellung, **welche (neuen) Informationssysteme**, die bestimmte Ausschnitte der Unternehmung näher beleuchten sollen (wie z. B. Qualitätsinformationssysteme, Anlageninformationssysteme oder auch Führungsinformationssysteme), benötigt werden und wie diese **mit welcher Hard- und Software** zu realisieren sind. Aus wirtschaftlicher Sicht hat sich in der Praxis die **Verwendung von Standard-Software**, die von den Herstellerfirmen laufend an neue Entwicklungen angepaßt wird, bewährt; in der Regel ist die Vorhaltung von hochqualifiziertem Systemanalyse- und Programmierpersonal zur Eigenbearbeitung dieser Aufgaben wesentlich aufwendiger. Im **Hardwarebereich** spielt insbesondere die **Kompatibilität** der Rechnersysteme eine wichtige Rolle. Zudem muß die jeweilige **Leistungsfähigkeit** (Rechen- und Zugriffsgeschwindigkeit, Größe von Hauptspeicher und Festplatte(n)) aufgabengerecht festgelegt werden. Die effiziente Gestaltung der **informationstechnischen Infrastruktur** betrifft den eigentlichen **DV-Betrieb, die Software-Pflege und die Informations-**

**logistik** (vgl. *Picot/Franck*, 1992, Sp. 898.). Informationslogistik beinhaltet hierbei im wesentlichen die **Vernetzung** der verschiedenen
Systeme untereinander, um den wechselseitigen Informationsfluß zwischen Zentral- und Abteilungsrechnern, Personal-Computern und
mobilen Rechnern (lap tops) sicherzustellen. Außerdem ist die Fähig-
keit des Systems zum **Informationsaustausch** mit Kunden und Lieferanten zu gewährleisten, so daß z. B. durch standardisierte Rech-
nungs- und Zahlungsmodalitäten oder just in time-Beschaffung und/
oder -Anlieferung eine erhöhte Effizienz und Wirtschaftlichkeit der
jeweiligen Geschäftsbeziehungen erreicht werden kann. Eine zunehmende Bedeutung gewinnt in diesem Zusammenhang die **Möglichkeit
des Electronic Data Interchange** (EDI; vgl. *Strohmeyer*, 1992,
S. 462 ff.).

zu d)    Das Controlling im Informationsmanagement dient der **Unterstützung
der Planung, Steuerung und Überwachung aller Informationsversor-
gungsaktivitäten im Hinblick auf das Erfolgsziel der gesamten Unternehmung** (vgl. *Seibt*, 1990, S. 214 f.; vgl. auch *Krcmar*, 1992, S. 63 ff.).
Für Wirtschaftlichkeitsanalysen von Informationssystemen sind vor
allem Methoden der **dynamischen Investitionsrechnung**, ergänzt um
**Nutzwertbetrachtungen** für monetär schwer oder nicht quantifizierbare Kriterien, geeignet (vgl. auch *Hahn*, 1989a, S. 221 ff.). Während
sich die Kosten bzw. Auszahlungen für die Entwicklung bzw. Beschaffung und den Betrieb von Informationssystemen verhältnismäßig einfach ermitteln lassen, sind **Kosten-Nutzen-Relationen bzw. Preis-Lei-
stungsverhältnisse** bei Fremdbezug nur sehr **unscharf** zu bestimmen
(vgl. *Krcmar*, 1992, S. 64). Z. B. lassen sich die **Integrationseffekte**
beim Aufbau einer gemeinsamen Datenbasis für verschiedene
Systeme im Vergleich zur Beibehaltung bestehender – teilweise redun-
danter – Insellösungen wirtschaftlich nur schwer beurteilen; im
Bereich der Produktion könnten dadurch z. B. das Qualitätsniveau der
Produkte ansteigen, die Lagerbestände durch effizientere Materialdis-
positionen absinken oder die Kapazitäten von Produktionsanlagen
besser genutzt werden (vgl. auch *Anselstetter*, 1990, S. 454). Ferner
kann durch den Einsatz derartiger Informationssysteme auch die **Wett-
bewerbsposition der Unternehmung** und damit die Höhe der Erlöse
bzw. Deckungsbeiträge **positiv** beeinflußt werden. Die wirtschaftlichen Auswirkungen sollten durch detaillierte **Differenzbetrachtungen
zwischen der ursprünglichen und der angestrebten Unternehmungssi-
tuation** nutzwertanalytisch abgeschätzt werden. Dabei ist die erwartete wirtschaftliche Nutzungsdauer der einzuführenden Informationssysteme zu berücksichtigen, die von deren konzeptioneller Gestaltung
und der technisch-wirtschaftlichen Entwicklung auf den Gebieten der
Hard- und Software abhängig ist (vgl. *Seibt*, 1992, Sp. 907; *Krcmar*,
1992, S. 62).

# 7 Organisation des Produktionscontrolling

## 7.1 Grundsätzliches zur Organisation des Controlling

Für die Erfüllung der Controlling-Aufgaben ist ein entsprechender **organisatorischer Rahmen** Voraussetzung, der eine **optimale Aufgabenerfüllung** gewährleistet (vgl. dazu z. B. *Hahn*, 1985, S. 601 ff.; *Schröder*, 1990, S. 994 ff.). Entsprechend läßt sich die Schaffung der aufbau- und ablauforganisatorischen Voraussetzungen, die eine bestmögliche Wahrnehmung der Controlling-Aufgaben ermöglichen sollen, als **Ziel der Organisation des Controlling** kennzeichnen (vgl. dazu z. B. *Schmidt*, 1986, S. 139 ff.). Dies gilt auch für die hier interessierende Organisation des Produktionscontrolling.

Die **Organisation des Controlling** beinhaltet die Regelung der Aufgaben, Kompetenzen und Verantwortlichkeiten im Zusammenhang mit der Sicherung ergebnisorientierter Unternehmungsführung als generelle Aufgabe des Controlling. Die **Aufbauorganisation** des Controlling umfaßt dabei die generelle und institutionalisierte Zuordnung von Personen und Betriebsmitteln auf die verschiedenen Aufgabenbereiche des Controlling. Im Rahmen der **Ablauforganisation** des Controlling werden die zielgerichteten und auf Dauer angelegten Aktionsstrukturen bzw. Arbeitsbeziehungen zwischen den verschiedenen organisatorischen Einheiten des Controlling sowie zwischen diesen und anderen organisatorischen Einheiten der Unternehmung charakterisiert (vgl. zu den Begriffen der Aufbau- und Ablauforganisation auch Band 1, Teil II, Kapitel 2.1 sowie die dort angegebene Literatur).

Im Hinblick auf die organisatorische Gestaltung des Controlling sind verschiedene **unternehmungsinterne und unternehmungsexterne Determinanten** zu berücksichtigen.

Als **unternehmungsinterne Einflußgrößen** sind hier insbesondere

- Unternehmungsphilosophie,
- Unternehmungskultur,
- Unternehmungsorganisation,
- Unternehmungsgröße,
- Programmstruktur,
- Standortstruktur sowie
- Rechtsform und Rechtsstruktur

zu nennen.

**Unternehmungsexterne Determinanten** bestehen z. B. in den herrschenden Marktverhältnissen sowie politisch-gesetzlichen und sozio-kulturellen Gegebenheiten (vgl. zu den Determinanten der Controlling-Organisation z. B. *Hahn*, 1989, S. 1135; *Horváth*, 1991, S. 198 ff.; *Peemöller*, 1990, S. 78 ff.; *Weber*, 1991, S. 134 ff.; *Welge*, 1988, S. 66 ff.; *Gaydoul*, 1980, S. 34 ff.; *Zünd*, 1985, S. 31 ff.).

Im Hinblick auf die Binnenstruktur des Controlling-Bereiches wird heute unterschieden in das **amerikanische Controlling-Konzept** und das **deutsche Controlling-Konzept** (vgl. grundlegend *Hahn*, 1979, S. 5 ff.).

Das **amerikanische Controlling-Konzept** beinhaltet neben der ergebnisorientierten Planung und Kontrolle bzw. Planungs- und Kontrollrechnung das Interne Rechnungswesen (Kosten- und Leistungsrechnung) und auch das Externe Rechnungswesen (Buchhaltung mit GuV und Bilanz). Teilweise werden dem Controlling darüber hinaus weitere Nebenfunktionen zugeordnet, wie z. B. Steuern, Versicherungen, Revision. Nicht zum Controlling gehört jedoch der Bereich Finanzwirtschaft (Treasuring). Das **deutsche Controlling-Konzept** umfaßt neben der Planung und Kontrolle bzw. Planungs- und Kontrollrechnung für die Gesamtunternehmung und deren Subsysteme das interne Rechnungswesen. Die Bereiche des Externen Rechnungswesens sowie Steuern, Zölle und Versicherungen sind hier i.d.R. nicht Bestandteil des Controlling. **Beide Konzepte** beinhalten darüber hinaus die System- und Verfahrensentwicklung für ergebnisorientierte Planungs- und Dokumentationsrechnungen als Bestandteil des Controlling.

Das Controlling wird heute in großen Unternehmungen i.d.R. durch einen **eigenen Vorstands-/Geschäftsführungsbereich** vertreten. Das Controlling kann jedoch auch zusammen mit dem Finanzwesen einen gemeinsamen Vorstands-/Geschäftsführungsbereich bilden.

## 7.2  Aufbauorganisatorische Aspekte des Produktionscontrolling

### 7.2.1  Einordnung des Produktionscontrolling in funktional organisierte Unternehmungen mit dezentralem Controlling-Konzept

Zur Erfüllung der Controlling-Aufgaben wurden in den letzten Jahren neben einer zentralen Controlling-Instanz zunehmend auch dezentrale Controlling-Stellen eingerichtet (vgl. *Hahn*, 1979, S. 9 ff.; vgl. auch *Vellmann*, 1990, S. 559 ff.). Dabei stand das Bemühen im Vordergrund, die Grundidee des Controlling möglichst in sämtlichen Bereichen der Unternehmung bestmöglich durchzusetzen: das gesamte Entscheiden und Handeln in der Unternehmung ergebnisorientiert auszurichten. Im Rahmen des **begleitenden oder dezentralen Controlling** werden neben dem Zentralcontrolling für die wichtigsten Funktionsbereiche sowie gegebenenfalls für Produkte und Projekte Controller ernannt. Die Einordnung von Funktionsbereichscontrollern, Werkscontrollern, Produkt- und Produktprogrammcontrollern sowie Projektcontrollern im Rahmen einer funktional organisierten Unternehmung zeigt schematisiert Schaubild IX.90.

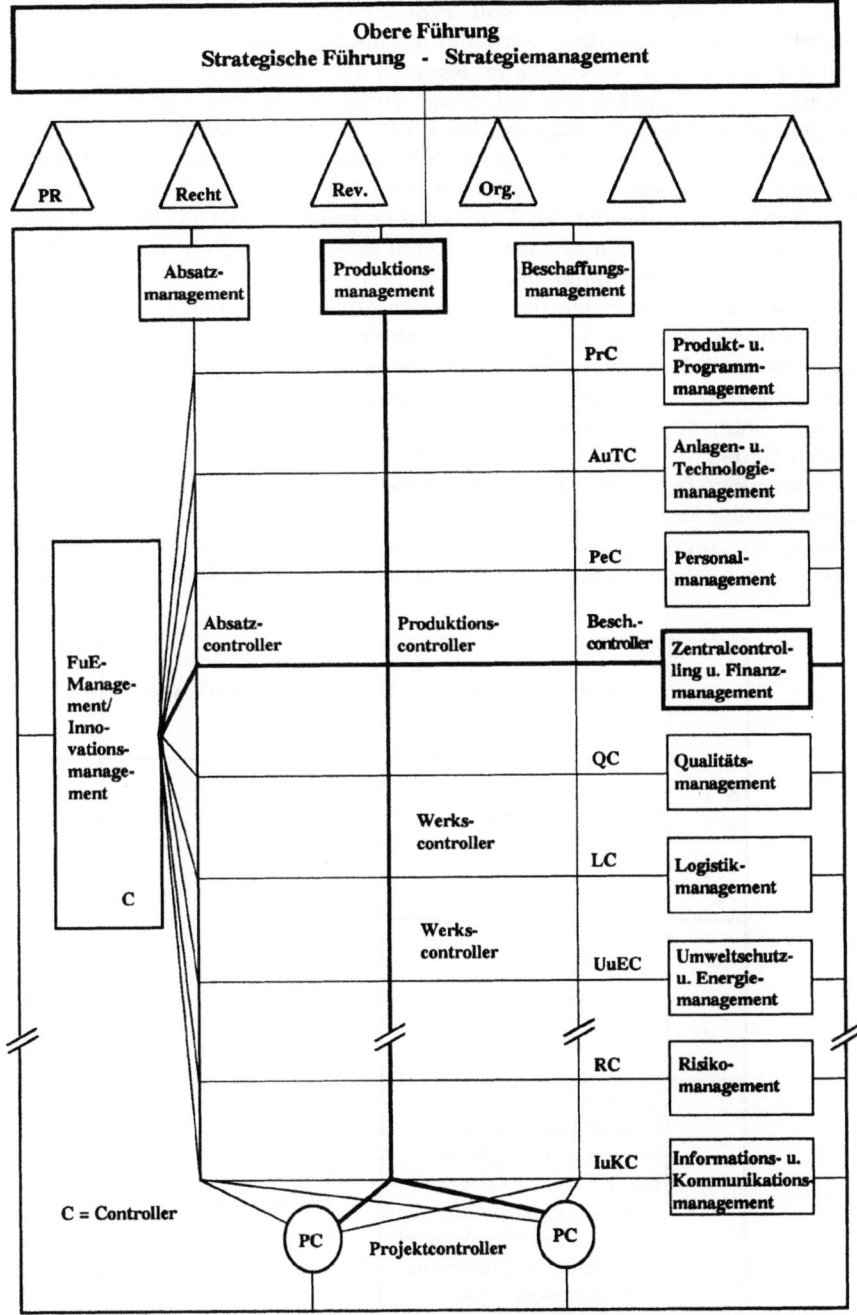

**Schaubild IX.90.**    Dezentrales Controlling in einer funktional organisierten Unternehmung

I.d.R. werden **Produkt- und Projektcontroller** vom Zentralcontroller gestellt. Diese können dabei entweder mit ihrer gesamten Arbeitszeit oder nur mit einem Teil ihrer Arbeitszeit im Rahmen der Mitarbeit in Ausschüssen bzw. Komitees und Projektteams mit diesen Aufgaben betraut werden. Bei dem **Funktionsbereichscontrolling** werden i.d.R. für die betrieblichen Grundfunktionen (vereinzelt auch für Querschnittsfunktionen) direkt unterhalb der jeweiligen Funktionsbereichsleitung Controller installiert. Entsprechend ist der **Produktionscontroller** als Funktionsbereichscontroller im Produktionsbereich zu verstehen. Ihm können in seinem Bereich wiederum Werkscontroller und Projektcontroller unterstehen.

Eine schwierige Frage besteht in der organisatorischen Einordnung des Produktionscontrollers in die Führungshierarchie. Im Hinblick auf dessen **fachliche und disziplinarische Unterstellung** werden heute fünf Alternativen unterschieden. Die möglichen **Unterstellungsverhältnisse** des Produktionscontrollers unter den Leiter der Produktionsabteilung und/oder den Zentralcontroller sind in Schaubild IX.91 im Überblick dargestellt.

Bei einer **fachlichen und disziplinarischen Unterstellung unter den Zentralcontroller** kann der Produktionscontroller als Delegierter des Zentralcontrolling interpretiert werden. Hierbei ist der Produktionscontroller im Produktionsbereich relativ unabhängig. Bei dieser organisatorischen Lösung besteht

| | Zentralcontroller | Produktions-Vorstand |
|---|---|---|
| 1 | fachlich und disziplinarisch | ——— |
| 2 | disziplinarisch | fachlich |
| 3 | fachlich | disziplinarisch |
| 4 | ——— | fachlich und disziplinarisch |
| 5 | Informationsrecht, Entscheidungsrecht in System- und Verfahrensfragen, Mitentscheidungsrecht in speziellen Sachfragen und bei Controller-Auswahl und Controller-Abberufung in Funktionsbereichen | fachlich und disziplinarisch |

**Schaubild IX.91.**    Unterstellungsmöglichkeiten des Produktionscontrollers
(*Hahn*, 1990, S. 104)

jedoch die Gefahr, daß nur eine unzureichende Integration dieser Position in den Produktionsbereich erfolgt und der dezentrale Controller teilweise als „Fremdkörper" empfunden wird – ein Aspekt, der im Hinblick auf die Vertrauensbasis des Controlling eher negativ zu beurteilen ist (vgl. zur Vertrauensbasierung des Controlling z. B. *Krystek*, 1991, S. 18 ff.; *Krystek/Zumbrock*, 1993). In der Aufbauphase eines dezentralen Controlling-Systems kann diese Regelung der Unterstellungsverhältnisse jedoch vorteilhaft sein, da hier der Zentralcontroller (zumindest formal) eine relativ starke Position einnimmt.

Wird der **Produktionscontroller fachlich dem Produktions-Vorstand und disziplinarisch dem Zentralcontroller unterstellt,** so wird dem Produktionsbereich mit eigener Weisungsbefugnis ein betriebswirtschaftlicher Berater zur Verfügung gestellt. Dies setzt eine besonders hohe fachliche Qualifikation des Produktionscontrollers voraus. Aufgrund der disziplinarischen Unterstellung unter den Zentralcontroller (und der damit verbundenen persönlichen Interessenlage) ist der Produktionscontroller auch an den Zentralcontroller gebunden.

Die **fachliche Unterstellung unter den Zentralcontroller bei gleichzeitiger disziplinarischer Unterstellung unter den Produktions-Leiter** kann bei der Durchführung der Controlling-Aufgaben zu Konfliktsituationen mit dem Disziplinarvorgesetzten im Produktionsbereich führen. Diese Konfliktsituationen können insbesondere dann auftreten, wenn der Produktions-Leiter die Belange des Produktionsbereichs nicht hinreichend durch den Produktionscontroller vertreten sieht. Andererseits sind Spannungsverhältnisse zum Zentralcontrolling denkbar, wenn eine zu starke Ausrichtung auf den Produktions-Vorstand erfolgt. Auch hier können also insbesondere durch die Tatsache, daß der Produktionscontroller zwei Vorgesetzten unterstellt ist, Konfliktsituationen auftreten. Insgesamt scheinen die Nachteile dieser Unterstellungsmöglichkeit deren Vorteile zu überwiegen.

Ist der **Produktionscontroller sowohl fachlich als auch disziplinarisch dem Produktions-Vorstand unterstellt,** erfolgt eine sehr starke Ausrichtung auf den Produktions-Bereich. Dabei wird der Ausbau einer dezentralen und relativ selbständigen betriebswirtschaftlichen Abteilung begünstigt, die evtl. oftmals zu einseitig nur die Interessen des Produktionsbereiches vertritt.

In der Praxis hat sich die in Abbildung IX.91 als Modell 5 beschriebene Unterstellungsmöglichkeit bewährt, d. h. die **fachliche und disziplinarische Unterstellung des Produktionscontrollers unter den Leiter des Produktionsbereichs bei gleichzeitigem generellen und speziellen Informationsrecht des Zentralcontrollers** im Hinblick auf alle Planungs- und Kontrollinformationen. Zudem stehen hierbei dem **Zentralcontroller Entscheidungsrechte** im Hinblick auf System- und Verfahrensfragen des Controlling sowie **Mitentscheidungsrechte** in spezifischen Sachfragen sowie bei der Auswahl des Produktionscontrollers zu (vgl. zu den Unterstellungsmöglichkeiten eines dezentralen Controllers *Hahn*, 1986, S. 274 ff.; *Hahn*, 1979, S. 10 f. sowie auch *Bramsemann*, 1990, S. 104 f.; *Horváth*, 1990a, S. 785 ff.; *Liessmann*, 1990, S. 519 ff.; *Serfling*, 1983, S. 81 ff.; *Weber*, 1991, S. 125 ff.; *Welge*, 1989, S. 141 ff.).

Der Funktionsbereich Produktion ist in **Großunternehmungen** in der Regel auf **mehrere Werke an verschiedenen Standorten** verteilt. Gerade in diesen Fällen können neben einem Produktionscontroller zusätzlich Werkscontroller in den verschiedenen Werken eingesetzt werden, die vor Ort spezifische Controlling-Aufgaben übernehmen. Auch in bezug auf die organisatorische Einordnung des Werkscontrollers sind unterschiedliche Unterstellungsverhältnisse denkbar. So kann der Werkscontroller fachlich und/oder disziplinarisch entweder dem Werksleiter oder dem Produktionscontroller unterstellt sein. Daneben kann der Werkscontroller auch die Position des kaufmännischen Werksleiters einnehmen und zusammen mit dem technischen Werksleiter und evtl. einem weiteren Ressortleiter die Werksleitung bilden. Die Koordination der Werkscontroller erfolgt dann über den (zentralen) Produktionscontroller und den Zentralcontroller (vgl. dazu auch *Hahn*, 1990, S. 105 sowie auch *Welkener*, 1985, S. 140 ff.).

Das Konzept des dezentralen Controlling trägt dazu bei, die **Qualität der Planung und auch der Abweichungsanalysen zu erhöhen** und wirkt sich darüber hinaus positiv auf **Motivation und Eigeninitiative der Führungskräfte** im Produktionsbereich aus. Betriebswirtschaftliche Untersuchungen im Produktionsbereich können schnell und flexibel erfolgen. Weiterhin kann die dezentrale Einbindung des Controlling in Entscheidungsprozesse die Akzeptanz und auch das Vertrauen zwischen Controlling und anderen Abteilungen der Unternehmung, hier insbesondere der Produktionsabteilung, verbessern. Das Konzept verlangt jedoch eine **genaue Abgrenzung und Beschreibung der Aufgabenbereiche von Produktions- und Zentralcontrolling**, um die Controlling-Aufgaben effizient durchführen zu können.

So reicht denn auch der **Aufgabenkatalog des Produktionscontrolling** von der Mitwirkung bei der Zielplanung (Gesamtkostenplanung) des Produktionsbereiches über die strategische Planung (insbesondere Geschäftsfeldplanung mit Investitionsprojektplanungen, auch Eigenproduktion-Fremdbezugs-Planungen) bis zur eigenverantwortlich durchzuführenden ergebnisorientierten operativen Planung und Kontrolle (Programm- sowie Bereichs- und Kostenstellenplanung und -kontrolle). Hierbei lassen sich regelmäßige und unregelmäßige Aufgaben unterscheiden (vgl. *Hahn*, 1990, S. 93 ff.):

*Regelmäßige Aufgaben:*

–   Mitarbeit bei der Planung und Kontrolle der Gesamtkosten des Produktionsbereiches und des Ergebnisses/Erfolges der Gesamtunternehmung,
–   Mitarbeit bei der kurz- und mittelfristigen Programmplanung sowie Materialbedarfsplanung,
–   Mitarbeit bei der integrierten Produktionsprozeßplanung und -kontrolle (Termin-, Kapazitätsbelegungs- sowie Materialeinsatz- und Instandhaltungsplanung und -kontrolle),
–   Budgetplanung und -kontrolle des Produktionsbereichs nach Kostenarten (Material-, Personalkosten u.a.), Kostenbereichen und -stellen (Hauptbetriebe, Hilfsbetriebe) und Kostenträgern (in Verbindung mit dem Zentralcontroller), auch im Hinblick auf die Ermittlung von Verrechnungspreisen zur Bewertung des Leistungsaustausches zwischen Betriebs-/Unternehmungsbereichen,

- Erstellung und Überwachung von Kennzahlen, u.a. für die Unternehmungsführung, Durchführung von Abweichungsanalysen,
- Mitarbeit in Ausschüssen,
    - Produktplanungsausschuß,
    - Ausschuß für strategische Programmplanung,
    - Ausschuß für strategische Kapazitäts- und Layout-Planung,
    - Ausschuß für Planung von Eigenfertigung und/oder Fremdbezug sowie auch
    - Qualitätssicherungsausschuß, Lizenzausschuß u.a.,
- Mitarbeit bei der Führungskräfteweiterbildung.

*Fallweise Aufgaben:*

- Erarbeitung von Grundsätzen und Verfahren,
- Konzeption, Implementierung und Weiterentwicklung eines bereichsbezogenen sowie produkt-, prozeß- und potentialbezogenen Planungs-, Steuerungs- und Kontrollsystems,
- Beurteilung von technischen Investitionen bzw. Investitionsprojekten,
- Mitarbeit an produkt-, prozeß- und potentialbezogenen Wertanalyse-Projekten, einschließlich Target-Costing,
- Durchführung von Gemeinkosten-Wertanalysen, einschließlich Prozeßkostenrechnung,
- Mitarbeit bei der Erarbeitung von Arbeits- und Betriebszeitregelungen,
- Ermittlung/Beurteilung der Kostenwirkungen produktionsspezifischer Maßnahmen,
- Mitarbeit bei der Ausgestaltung einer integrierten technisch-betriebswirtschaftlichen Datenbank.

Beachtet werden muß, daß beim begleitenden oder dezentralen Controlling evtl. die **Gefahr einer personellen Überbesetzung und auch der betriebswirtschaftlichen Verselbständigung von Funktionsbereichen ohne hinreichende Koordination zwischen Zentrale und dezentralen Einheiten** bestehen kann. So findet man in der Praxis auch das Konzept, vom zentralen Controlling aus nur mit sogenannten Planungsbeauftragten in den Funktionsbereichen zu arbeiten, die „Außenposten" des Controlling bilden.

Das Controlling-Konzept ist idealtypisch verwirklicht, wenn alle Führungskräfte und Führungshilfen parallel zu ihren fachspezifischen Zielen und Aufgaben auch controllingspezifische Ziele und Aufgaben verfolgen bzw. wahrnehmen. Ebenso wie heute z.B. ein Total Quality Management anzustreben ist, muß analog ein **Total Controlling Management** gefordert werden. Das Controlling-Denken gehört in die Köpfe aller Mitarbeiter.

## 7.2.2 Einordnung des Produktionscontrolling in divisional organisierte Unternehmungen

Das charakteristische dezentrale Controlling ist hauptsächlich bei großen funktional organisierten Unternehmungen eingeführt; für divisional organisierte

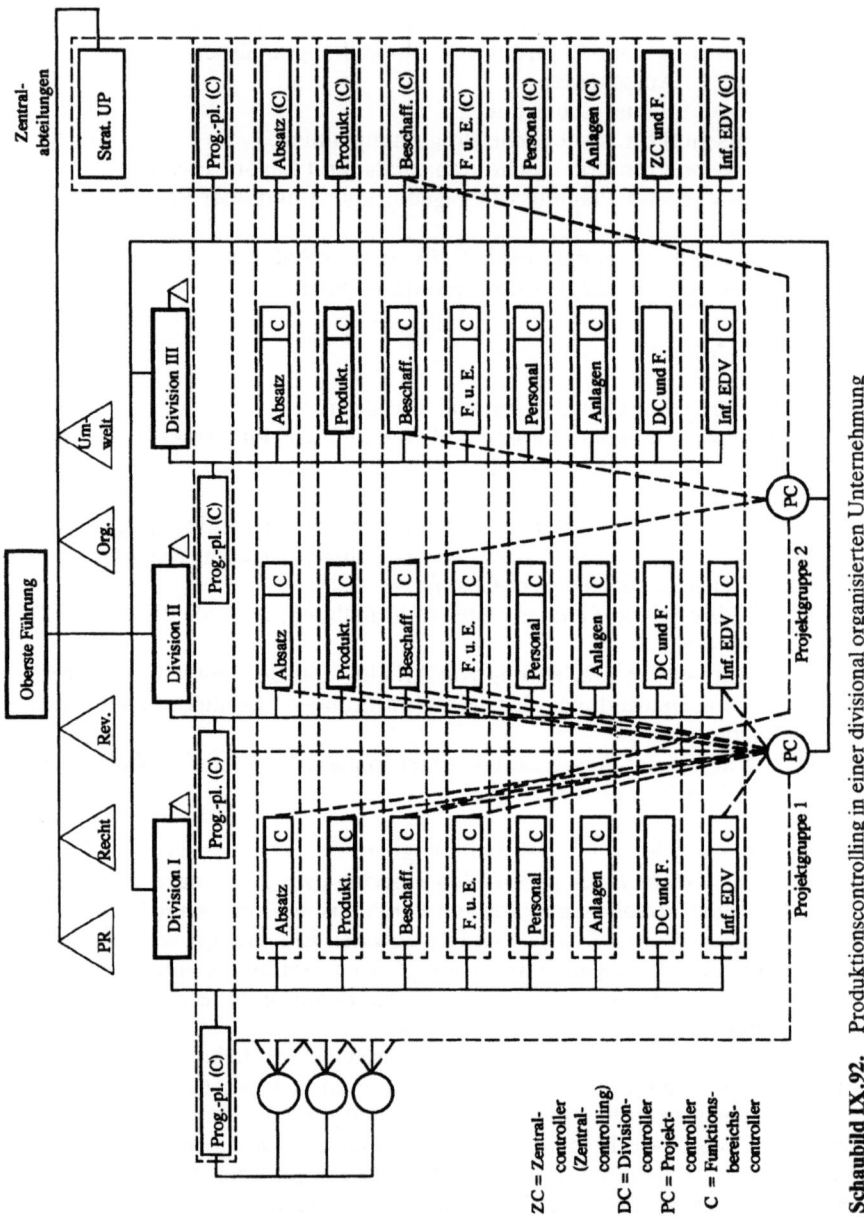

**Schaubild IX.92.** Produktionscontrolling in einer divisional organisierten Unternehmung

Unternehmungen mit kleinen Ergebniseinheiten bzw. Profit-Centern ergibt sich bereits aus deren Struktur eine dezentrale Durchführung gerade auch der Controlling-Aufgaben.

Bei Unternehmungen mit **divisionaler Aufbauorganisation** kann für die verschiedenen Divisions das sogenannte Profit-Center-Konzept verwirklicht werden (vgl. dazu *Hahn*, 1979, S. 17 f.; *Hahn*, 1985, S. 625 ff.). Hier sind neben dem Zentralcontrolling in den Divisions Leiter bzw. Geschäftsführer oder Vorstände für das Controlling zuständig, die über das Zentralcontrolling koordiniert werden und innerhalb ihrer Divisions wiederum Funktionsbereichscontroller, also auch einen Produktionscontroller, aber auch Werkscontroller sowie Produkt- und Projektcontroller einsetzen können (vgl. auch Schaubild IX.92).

Bei Führung der Divisions als selbständige Ergebniseinheiten sind diese quasi mit den oben dargestellten funktional organisierten Unternehmungen vergleichbar. Somit sind auch die innerhalb der Divisions eingeordneten Produktionscontroller in bezug auf ihr Aufgabenfeld mit den Produktionscontrollern einer funktional organisierten Unternehmung vergleichbar.

In Abhängigkeit von der **Homogenität oder Heterogenität des Produktprogramms** einer divisional organisierten Unternehmung sind entsprechende Koordinationsaufgaben der Zentralabteilungen erforderlich. So sind bei einem relativ homogenen Produktprogramm Koordinationsaktivitäten zwischen den einzelnen Produktionsbereichen der Divisions und der Konzern-Zentrale über eine **Zentralabteilung Produktion** erforderlich. Durch Einrichtung einer Controlling-Stelle innerhalb dieser Zentralabteilung Produktion kann die **Controlling-Hierarchie** entsprechend erweitert werden. Die Notwendigkeit zur Koordinierung der Produktionsaufgaben der einzelnen Divisions entfällt hingegen bei einem **heterogenen Produktprogramm**. Somit entfällt hier auch die Zentralabteilung Produktion mit der dort integrierten Controlling-Stelle. Die Koordination der einzelnen Controlling-Aufgaben erfolgt in diesem Fall durch den **Konzerncontroller ausschließlich über den Divisioncontroller**.

# 7.3 Ablauforganisatorische Aspekte des Produktionscontrolling

Die **Ablauforganisation des Controlling** beinhaltet die zeitlich und räumlich spezifizierten Arbeitsbeziehungen bestimmter Träger des Controlling zur Durchführung der Controlling-Aufgaben. Dabei geht es primär um die Strukturierung der Abläufe der unterschiedlichen **Planungs- und Kontrollprozesse** in der Unternehmung in Form einer Dauerregelung – hier speziell im Hinblick auf den Produktionsbereich. Insbesondere steht die Festlegung von Zeiten und Orten im Vordergrund, an denen die jeweiligen Aufgaben des Produktionscontrolling vorzunehmen sind (vgl. zur Ablauforganisation des Controlling ausführlich *Hahn*, 1985, S. 639 ff.). Zur Erlangung einer wirkungsvollen Ablauforganisation sind dabei hauptsächlich folgende Tätigkeiten durchzuführen:

- Erfassung aller Planungsobjekte und Planungsaktivitäten sowie deren Zusammenfassung zu Planungskomplexen;
- Festlegung der Teilnehmer und Orte für Controllingkonferenzen/Planungskonferenzen;

- Übermittlung von Planungsprämissen an die Planungsträger sowie Festlegung der Verfahrensvorschriften für Planung und Kontrolle – Planungs- und Kontrollrichtlinien;
- Festlegung der zeitlichen Abfolge der Teilplanungen, Koordinierungsprozesse und möglichen Iterationsprozesse;
- Festlegung der zeitlichen Abfolge der Kontrollkonferenzen (Ergebnisbesprechungen).

Im Hinblick auf die laufenden Planungs- und Kontrollaufgaben des Produktionscontrolling kann die Ablauforganisation in stark formalisierter und generalisierter Weise **nach den Komponenten des Planungs- und Kontrollsystems** gekennzeichnet werden (vgl. zum Aufbau eines Planungs- und Kontrollsystems grundlegend *Hahn*, 1985, S. 60 ff.; *Hahn*, 1992b, S. 31 ff.). Zur Ablauforganisation des Produktionscontrolling siehe auch Schaubild IX.93.

Die **generelle Zielplanung**, als erster Komplex des Planungsprozesses, wird vom Vorstand bzw. von der Geschäftsführung mit Beratung durch den Controller und/oder durch die Zentralabteilung Unternehmungsplanung unter Beteiligung der einzelnen Bereichsleiter durchgeführt. Dabei kann der Produktionscontroller durch spezifische produktionsbereichsbezogene ergebnisorientierte Informationen den Zentralcontroller unterstützen. Dies gilt insbe-

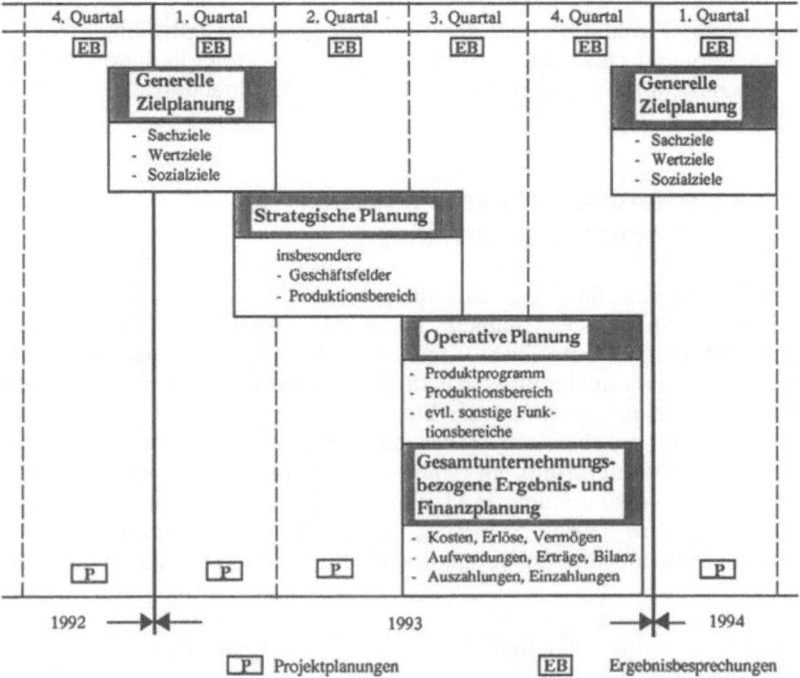

**Schaubild IX.93.** Mögliche Ablauforganisation für die Planungsaufgaben des Produktionscontrolling in einer primär funktional organisierten Unternehmung

sondere für das Gesamtkostenbudget des Produktionsbereiches und dessen Komponenten. Es gilt hier, das Gesamtkostenbudget vor und nach strategischer und operativer Planung zu unterscheiden. Es handelt sich um eine gesamtunternehmungsbezogene Zielfestlegung vor und nach Planung (vgl. auch *Wild*, 1982, S. 52 ff.). Dabei wird die gewünschte Zieldimension vor Planung i.d.R. im ersten Quartal vorgegeben (Planjahr = Kalenderjahr unterstellt).

Die **strategische Planung** wird nicht nur periodisch, sondern auch aperiodisch in Form von Projekten durchgeführt. Als periodische Planung sollte sie ungefähr zur Mitte des dritten Quartals des Planjahres abgeschlossen sein, da sie die Grundlage der operativen Planung bildet. Insbesondere kann der Produktionscontroller bei der Gestaltung der Geschäftsfeldstrategie (z.B. Beurteilung von technischen Investitionen bzw. Investitionsprojekten) und der Produktionsbereichsstrategie mitarbeiten.

Die **operative Planung**, die eine Programm- und Maßnahmenplanung sowie Werteplanung bzw. Kosten- und Bestandsplanung beinhaltet, basiert auf der generellen Zielplanung sowie auf der strategischen Planung. Im Hinblick auf das Produktionscontrolling interessieren hier die Produktprogrammplanung sowie die verschiedenen Planungs- und Kontrollrechnungen im Produktionsbereich, insbesondere die Planung und Kontrolle der Kostenbudgets und der internen Verrechnungspreise der einzelnen organisatorischen Einheiten des Produktionsbereiches. Die dezentralen Planungen müssen vom Zentralcontroller im Hinblick auf die gesamtunternehmungsbezogene Ergebnis- und Finanzplanung koordiniert werden. Die operative Planung muß daher im dritten Quartal des Planjahres begonnen und in der letzten Hälfte des vierten Quartals endgültig festgelegt werden.

Die **zusammenfassende gesamtunternehmungsbezogene Ergebnis- und Finanzplanung**, in die auch die verschiedenen Werteplanungen des Produktionscontrolling einfließen, kann zeitlich parallel mit der operativen Planung beginnen. Da der Produktionscontroller in Industrieunternehmungen zusammen mit dem Einkauf i.d.R. zwischen 50 bis 70 % des Kostenblocks der Unternehmung zu verantworten hat, trägt er in besonderem Maße für die Ergebnisplanung und -erzielung Mitverantwortung. Mit der endgültigen Festlegung der operativen Planung sowie der Verabschiedung des Gesamtbudgets und der Bilanz- und Finanzplanung kann die zusammenfassende Planung abgeschlossen werden. Die endgültige Festlegung der generellen Ziele kann nun erfolgen.

Die **Kontrolle der Zielerreichung** kann in Form von **Kostenkonferenzen bzw. Ergebnisbesprechungen** erfolgen. Der Produktionscontroller hat dabei für den Produktions-Bereich Soll-Ist-Vergleiche durchzuführen und evtl. auftretende Abweichungen zu analysieren – für gewichtige, laufend beeinflußbare Wirtschaftlichkeitskennziffern online – sowie gegebenenfalls erforderliche Gegenmaßnahmen anzuregen. Diese Konferenzen bzw. Besprechungen sind quartalsweise durchzuführen und finden zum Teil auch im Rahmen von Planungskonferenzen statt. Neben regelmäßigen Routinekonferenzen sind bei erkennbar werdenden gewichtigen Fehlentwicklungen auch ad-hoc-Besprechungen mit den verantwortlichen Ressort-Führungskräften durchzuführen.

Die grundsätzliche Ablauforganisation des Produktionscontrolling gilt sowohl **für funktional als auch für divisional organisierte Unternehmungen**. Zu beachten ist jedoch, daß sich **divisional organisierte Unternehmungen** dabei durch **komplexere Informationsbeziehungen** aufgrund der höheren Systemdifferenzierung auszeichnen. Für die verschiedenen Teilplanungskomplexe erfolgen die Planungs- und Kontrollprozesse dabei **mehrstufig**, zum Teil wiederum mit **Rückkopplungen** untereinander.

Mehrstufigkeit und Rückkopplungsprozesse beziehen sich dabei nicht nur auf die verschiedenen inhaltlichen Komplexe der Planungs- und Kontrollprozesse, sondern auch auf die unterschiedlichen **hierarchischen Ebenen einer Unternehmung**, hier dargestellt für eine divisional organisierte Unternehmung. Der Planungs- und Kontrollprozeß vollzieht sich dementsprechend über verschiedene hierarchische Stufen der Unternehmung, wie dies Schaubild IX.94 schematisch darstellt.

In diesen sich auf mehrere Führungsebenen erstreckenden Planungsprozeß können wiederum die Aufgaben des Produktionscontrollers entsprechend eingeordnet werden. So kann der Produktionscontroller auf der **obersten Unternehmungsebene** im Rahmen der generellen Zielplanung – wie oben angedeutet – durch die Zurverfügungstellung produktionsbereichsbezogener ergebnisorientierter Informationen mitwirken. Er kann die **Geschäftsbereichsleitung**

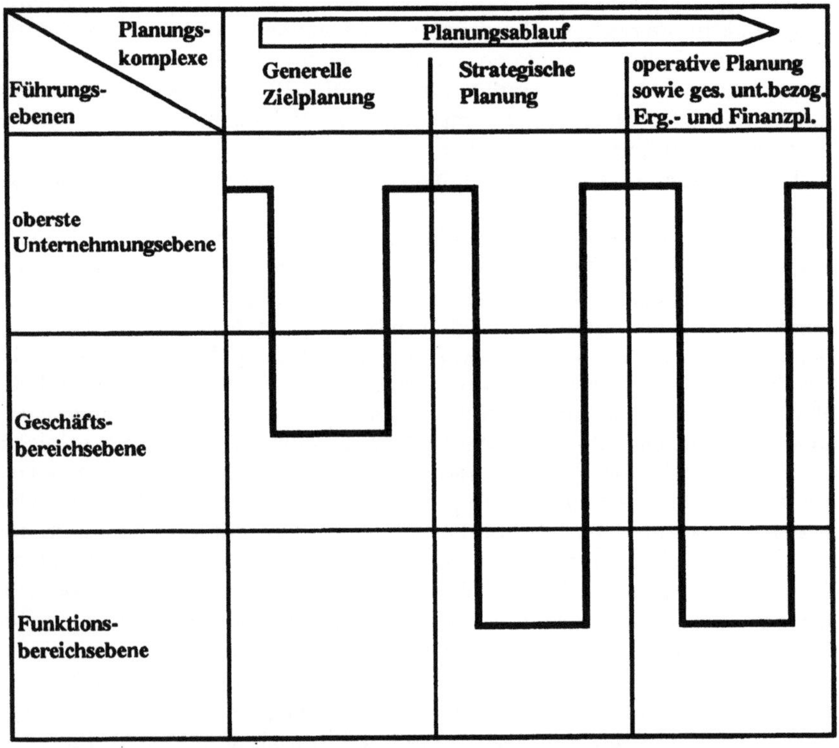

**Schaubild IX.94.**  Schematisierter hierarchieübergreifender Planungsprozeß (in Anlehnung an *Hax/Majluf*, 1991, S. 18; *Vancil/Lorange*, 1975, S. 84 f.)

z. B. bei der strategischen Programmplanung unterstützen – insbesondere auch bei der Beurteilung technischer Investitionen – und für die **Funktionsbereichs-leitung** Ergebniswirkungen alternativer Produktionsstrategien aufzeigen (vgl. zur Mitwirkung des Controlling bei strategischen Planungen insbesondere auch *Hahn*, 1991, S. 126 ff.). Der Produktionscontroller sollte bei der Entscheidung Eigenfertigung und/oder Fremdbezug – sowohl unter strategischen als auch unter operativen Aspekten – einbezogen werden. Darüber hinaus kann er die **Leitung eines Geschäftsbereichs** bei der Festlegung des operativen Produkt-programms unterstützen und auf **Funktionsbereichsebene** insbesondere die Budgetplanung und -kontrolle nach Kostenarten, Kostenstellen und (in Ver-bindung mit dem Zentralcontroller) Kostenträgern übernehmen, auch im Hin-blick auf die Bildung von innerbetrieblichen Verrechnungspreisen. Somit kann er auch auf **Geschäftsbereichsebene** zur Ermittlung von Ergebniskennzahlen beitragen, die dann wiederum auf der **obersten Unternehmungsebene** in das Unternehmungsergebnis einfließen.

Als Mitglied des oberen Führungskreises der Unternehmung hat der Pro-duktionscontroller insbesondere bei seiner Mitarbeit in Ausschüssen mit strate-gischen und operativen Aufgaben sowie in der direkten Zusammenarbeit mit dem Zentralcontroller einerseits und dem Produktions-Vorstand/Geschäftsfüh-rer andererseits die Möglichkeit, seine ergebnisorientierten Forderungen dar-zustellen und zum Tragen zu bringen.

## 7.4 Produktionscontrolling bei prozeßkettenorientierter Organisation

Als **organisatorisches Gestaltungsobjekt** wird heute zunehmend die **Wertschöp-fungskette einer Unternehmung** herangezogen (vgl. Schaubild IX.95). Die Wertschöpfungskette gliedert eine Unternehmung in verkettete, technologisch unterscheidbare **Wertschöpfungstätigkeiten**, mit denen die Produkterstellung und -verwertung vollzogen und unterstützt wird (vgl. zur Wertschöpfungskette ausführlich *Porter*, 1986, S. 63 ff.; vgl. auch *v. Eiff*, 1991a, S. 65 ff.). Derartige Wertschöpfungsaktivitäten können in primäre sowie in sekundäre bzw. unter-stützende Aktivitäten unterschieden werden. **Primäre Wertschöpfungsaktivitä-ten** befassen sich mit den Kernprozessen der Entwicklung und Produktion von Produkten sowie deren Verkauf und Übermittlung an Kunden und Kunden-dienst. **Unterstützende Wertschöpfungsaktivitäten** (Prozesse) umfassen alle den direkten Leistungsprozeß ergänzenden Aktivitäten (z. B. Produktionspla-nung und -steuerung, Qualitätssicherung, Logistik, Einkauf, Controlling, Per-sonalwirtschaft). Die Prozeßkettenorientierung verdeutlicht hierbei,

– wie die Leistungen einer Arbeitsstation den Vollzug anderer prozeßver-knüpfter Teilprozesse fördern oder behindern und
– welche Beiträge die einzelnen Arbeitsstationen zum gesamten Wertschöp-fungsbetrag liefern.

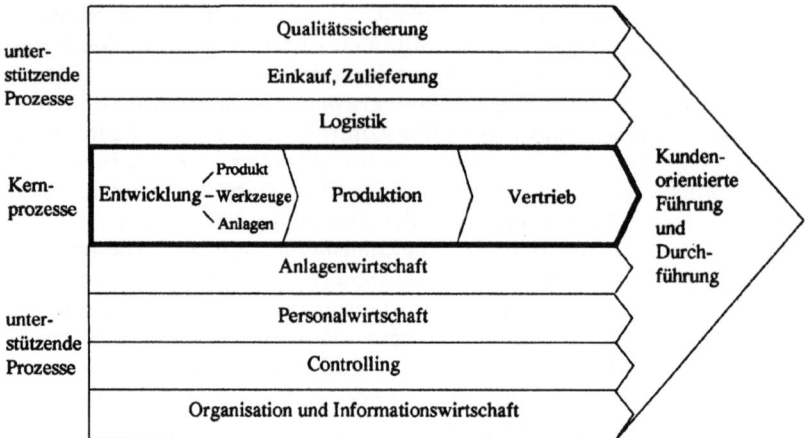

**Schaubild IX.95.**  Kernprozesse und unterstützende Prozesse in der Wertschöpfungskette

Eine wertschöpfungsbezogene, **prozeßkettenorientierte Aufbauorganisation** (vgl. *v. Eiff*, 1991a, S. 24 ff.; *v. Eiff*, 1991b, S. 527 f.) legt Aufgaben, Kompetenzen und Verantwortungsbereiche so aus, daß ein Geschäftsvorfall, d. h. eine kontrollierbare Leistungsprozeßkette (z. B. Produktentwicklung bis zur Marktreife, Durchführung von technischen Änderungen, Vertriebsabwicklung), durch eine Person oder eine Organisationseinheit gelenkt werden kann. Es werden Aufgabenbereiche bestimmt, die ein Maximum an Wertschöpfung aus eigener Beeinflussungsmöglichkeit heraus erbringen können. Diese Bereiche erhalten hierbei entsprechende Kompetenzen und Beeinflussungsmöglichkeiten sowie auch Kosten- oder ggf. Ergebnisverantwortung.

Die prozeßkettenbezogene Aufbauorganisation kann also durch das **Cost-Center-Prinzip** als organisatorisches Führungsprinzip unterstützt werden (vgl. ausführlich *v. Eiff*, 1991c, S. 647 ff.).

Ein **Cost-Center für produktive Leistungsprozesse** (z. B. Fertigung) hat die Aufgabe, einen festgelegten und abrechnungsfähigen Output (Leistung) auf Basis einer definierten Inputleistung kostenoptimal zu erbringen. Hierbei trägt der Leiter eines Cost-Centers die **Verantwortung** für

–  das vereinbarte/beauftragte Arbeitsergebnis nach Art, Menge und Termin,
–  beeinflußbare Kosten,
–  Inhalt und Organisation der relevanten Durchführungs- und Führungsprozesse sowie
–  die Wirkungen von Entscheidungen auf Mitarbeiter und natürliche Umwelt.

Diese **Entscheidungsdezentralisation** bezieht sich hierbei insbesondere auf

–  Planung, Steuerung und Kontrolle des Ressourceneinsatzes (Personal, Betriebsmittel, Material, Information),

- Organisation der Arbeitsprozesse zur Leistungserstellung,
- Personalmanagement.

Schaubild IX.96 zeigt ein Cost-Center für den produktiven Leistungsprozeß der Fertigung, der durch sog. Support-Center unterstützt wird. Dem Leiter dieses Cost-Centers sind hierbei Fachleute für vorbeugende und ausfallbedingte Instandhaltung, Logistik und Qualitätssicherung sowie Serienbetreuung direkt zugeordnet. Das **Funktionsbild eines Meisters** in einem derartigen Fertigungs-Cost-Center umfaßt dann

- **Area-Management**, d. h. Führung übergreifender Prozesse durch Prozeß-orientierung (programmorientierte Arbeitsprozeßsteuerung und -überwachung mit Personaleinsatz, Logistik, Qualitätszirkel);
- **Personal-Management**, d. h. Führung der Mitarbeiter durch Sozialkompetenz (Motivationsprogramme, Anwesenheit/Abwesenheit, Training, Personalentwicklung, Mitarbeitereinführung/-austritte) sowie
- **Professionelle Fachfunktionen**, d. h. Führung der Prozesse durch Fachkompetenz.

**Cost-Center für konsumptive Leistungsprozesse** (z. B. Fuhrpark, Hausdruckerei) werden i.d.R. einmal jährlich im Hinblick auf Kostenstruktur, Leistungsfähigkeit, Effizienz und Qualität überprüft. Hierdurch soll eine wettbewerbsorientierte Arbeitsweise sichergestellt und unternehmerisches Denken gefördert werden. Mögliche Verfahren sind hier z. B. Gemeinkostenwertanalyse oder Zero-Base-Budgeting (vgl. *Hahn*, 1985, S. 356 ff. und Kapitel 2.5).

Die Verfolgung des Cost-Center-Prinzips stellt **spezifische Anforderungen an das Controlling**, insbesondere an die Kosten- und Leistungsrechung (vgl. hierzu *v. Eiff*, 1991c, S. 662 ff.; vgl. auch die Ausführungen zur Prozeßkostenrechnung in Teil IX, Kapitel 2.5). Gefordert ist ein dezentrales Controlling. Es bleibt allerdings fragwürdig, ob sich durch die Prozeßkettenorientierung auch die Prozeßkostenrechnung als wichtiges Instrument des Controlling durchsetzt. In ihrer bisherigen Konzeption kann sie als Vollkostenrechung nicht für operative Entscheidungen bei gegebenen Kapazitäten herangezogen werden. Für strategische Entscheidungen kann sie lediglich Signalinformationen als Anreiz für detailliertere Analysen und Beurteilungen liefern (vgl. zur Beurteilung von Strategiealternativen *Hahn*, 1991, S. 134 ff.).

Generell sollte sich im Controlling das Prinzip der **Kongruenz von Kosten-entstehungsverantwortung und Leistungserstellungsverantwortung** wiederfinden. Das bedeutet, daß klar zwischen beeinflußbaren leistungswirksamen Kosten und nichtbeeinflußbaren Kosten zu unterscheiden ist. Es wird weiterhin eine Verrechnungssystematik gefordert, die

- grundsätzlich frei ist von internen Kostenverrechnungen, die vom jeweiligen Cost-Center-Verantwortlichen nicht beeinflußbar sind; derartige interne Leistungsverrechnungen sollten nur bei solchen Leistungen stattfinden, die vom Cost-Center zur Durchführung seines Kerngeschäfts beansprucht werden (z. B. Kosten der Kommunikationsinfrastruktur, Gebäudekosten; nicht aber z. B. Sozialkosten, Werkschutzkosten);

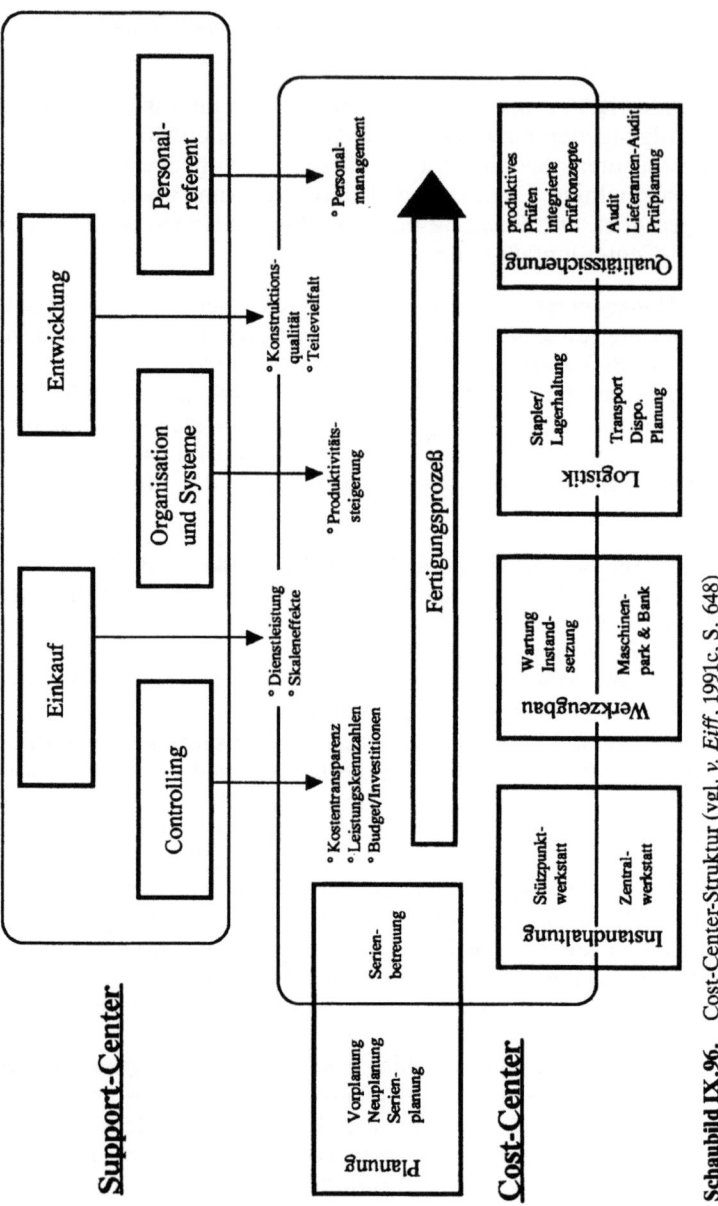

**Schaubild IX.96.** Cost-Center-Struktur (vgl. v. *Eiff*, 1991c, S. 648)

- den Wertschöpfungsprozeß innerhalb eines Cost-Centers transparent macht;
- den Output eines Cost-Centers als Kostenträger erfaßt;
- den Vorleistungs-Input qualitativ und quantitativ als Arbeitsbasis für das Cost-Center festlegt.

Grundsätzlich ist hierbei eine **Tendenz** zu erkennen, **Teilprozesse in Form von Cost-Center nicht nur organisatorisch, sondern ggf. auch rechtlich zu verselbständigen.** Hierdurch wird eine noch stärkere Kunden- und vor allem auch Wettbewerbsorientierung und ein ständiger Zwang zur Rationalisierung dieser Teilprozesse angestrebt.

**Flexibilisierung** einer prozeßkettenorientierten Aufbauorganistion wird durch bedarfsorientierte Einrichtung von ggf. bereichsübergreifenden **Formen der Projektorganisation** erreicht (vgl. *Frese*, 1987, S. 459 ff.; *Bleicher*, 1991, S. 135 ff.).

Durch eine **prozeßkettenorientierte Ablauforganisation** sollen insbesondere Schnittstellenprobleme/Aufgabenabgrenzungsprobleme reduziert werden, indem die Wertschöpfung einer Prozeßkette von so wenigen Arbeitsstationen wie möglich erbracht wird.

Prozeßkettenorientierung erfordert nicht nur eine entsprechende Aufbau- und Ablauforganisation, sondern auch ein entsprechendes **Informationssystem**. Ziel muß es sein, daß ein Mitarbeiter der Unternehmung die Informationen nach Inhalt, Präzision, Verständlichkeit und Zeitgerechtigkeit verfügbar hat bzw. aus dem System abrufen kann, die er für eine selbständige, anforderungsgerechte, flexible, innovationsfördernde und vor allem kundennutzenfördernde Erfüllung seiner Fach- und/oder Führungsfunktion als Glied der Wertschöpfungskette benötigt. Dies erfordert eine **anwendungsebenenorientierte Integration** von

- Informationen zur Steuerung von Arbeitsprozeßketten mit
- Informationen zur Unterstützung von Entscheidungsprozeßketten
- in Verbindung mit Kommunikationsprozeßketten (vgl. Schaubild IX.97).

Die Informationen zur Steuerung von Arbeitsprozeßketten werden mit Hilfe der sog. **strukturierten Datenverarbeitung** integriert. Ziel ist hier die Bereitstellung aller zur detaillierten Steuerung einer Arbeitsprozeßkette benötigten Daten in Form von arbeitsprozeßorientierten Anwendungssystemen und Datenbanken. Die Informationen für Entscheidungsprozeßketten werden mit Hilfe der **entscheidungsorientierten Informationsverarbeitung** integriert. Integrationsziele sind hier

- Bereitstellung aller zur Erreichung wirtschaftlicher und bedarfsgerechter Entscheidungen benötigten Informationen aus Anwendungssystemen zur Steuerung von Arbeitsprozeßketten;
- Ermöglichung von aufgabenspezifischen flexiblen Auswertungsprozeduren zwecks Generierung zusätzlicher Informationen für z.B. betriebswirtschaftliche Sonderuntersuchungen;
- Ermöglichung der Nutzung von Daten aus speziellen Anwendungssystemen.

Die Informationen der Kommunikationsprozeßketten werden über die **Tele- und Bürokommunikation** integriert.

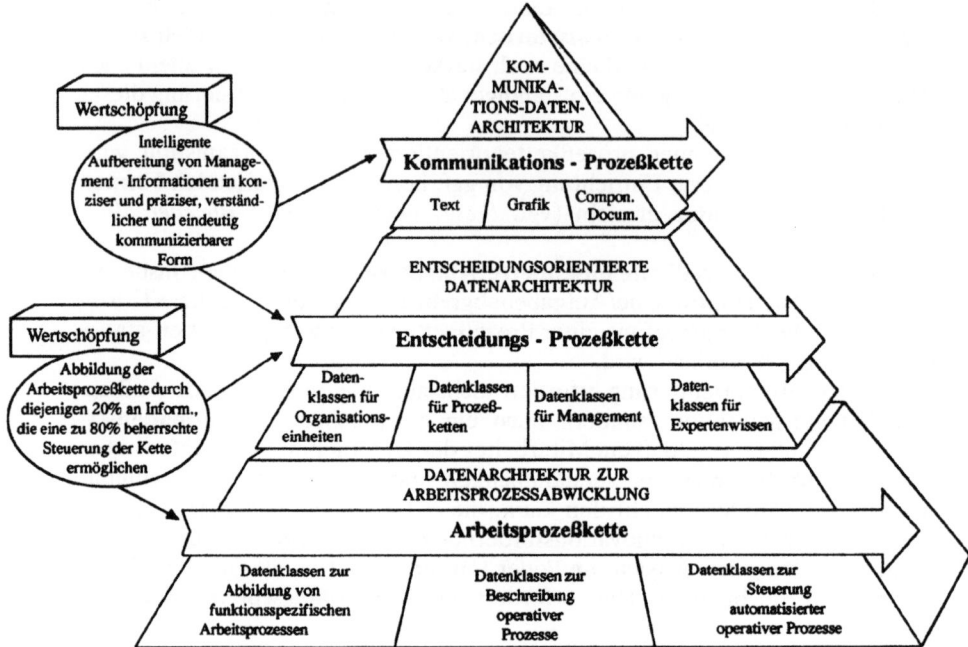

**Schaubild IX.97.** Das Anwendungsebenenkonzept der Informationsverarbeitung als Grundlage zur Ableitung eines entscheidungsorientierten Unternehmungsdatenmodells (vgl. *v. Eiff*, 1992)

# Literaturverzeichnis

*Adam, D.*: Produktionspolitik, 4. Aufl., Wiesbaden 1986.

*Agplan* (Hrsg.): Die Bedeutung der Kennzahlen für eine rationelle Unternehmenssteuerung, Frankfurt 1969.

*Agthe, K.*: Stufenweise Fixkostendeckung im System des Direct Costing, in: ZfB, 29, 1959, S. 404 ff.

*Ahorner, K.*: Kennziffern für den Chef. Führungssicherheit durch ein umfassendes Frühwarnsystem, Kissingen 1979.

*Alter, R.*: Integriertes Projektcontrolling – Ein ganzheitlicher Ansatz auf der Grundlage des Lebenszyklus von Systemen, Diss. Gießen 1991.

*Altmann, H. u.a.*: Integrierte Investitionsrechnung. Ein modulares Konzept zur Berücksichtigung von Interdependenzen von Investitionen bei der Schering AG, in: ZfbF, 41, 1989, S. 896 ff.

*Amon, M.*: Instandhaltungs-Controlling mit Kennzahlen, in: REFA-Nachrichten, 44, 1991, Heft 1, S. 16 ff.

*Anselstetter, R.*: Wirtschaftlichkeitsrechnung in der Datenverarbeitung, in: Lexikon der Wirtschaftsinformatik, Hrsg. P. Mertens, Berlin u.a. 1990, S. 452 ff.

*Antoine, H.*: Kennzahlen, Richtzahlen, Planungszahlen, 2. Aufl., Wiesbaden 1958.

*Arbeitskreis Hax der Schmalenbach-Gesellschaft*: Der Preis als Instrument der Absatzpolitik, in: ZfbF, 32, 1980, S. 701 ff.

*Arbeitskreis „Integrierte Unternehmungsplanung" der Schmalenbach Gesellschaft/Deutsche Gesellschaft für Betriebswirtschaft e. V.*: Grenzen der Planung – Herausforderung an das Management, in: ZfbF, 43, Kontaktstudium, 1991, S. 811 ff.

*Aschfalk, B., Hellfors, S. und A. Marettek* (Hrsg.): Unternehmensprüfung und -beratung, Festschrift zum 60. Geburtstag von Bernhard Hartmann, Freiburg/Br. 1976.

*Ausschuß für wirtschaftliche Fertigung e. V. (AWF)* (Hrsg.): Integrierter EDV-Einsatz in der Produktion, CIM – Computer Integrated Manufacturing, Eschborn 1985.

*Back-Hock, A.*: Lebenszyklusorientiertes Produktcontrolling, Berlin u.a. 1988.

–: Systementwicklung, in: WiSt, 19, 1990, S. 137 ff.

–: Perspektiven für die DV-Unterstützung des Controlling, in: Controlling, 3, 1991, S. 94 ff.

–: Unterstützung von Controlling-Aufgaben mit Executive-Information-System-Generatoren und -Anwendungen, in: Rechnungswesen und EDV – 12. Saarbrücker Arbeitstagung 1991, Hrsg. A.-W. Scheer, Heidelberg 1991a, S. 36 ff.

*Backhaus, K.*: Preisgleitklauseln als risikopolitisches Instrument bei langfristigen Fertigungs- und Absatzprozessen, in: ZfbF, 31, 1979, Kontaktstudium, S. 3 ff.

–: Auftragsplanung im industriellen Anlagengeschäft, Stuttgart 1980.

– (Hrsg.): Planung im industriellen Anlagengeschäft, Düsseldorf 1984.

–: Investitionsgüter-Marketing, 2. Aufl., München 1990.

*Backhaus, K. und H. Dringenberg*: Anfragenselektion, in: Planung im industriellen Anlagengeschäft, Hrsg. K. Backhaus, Düsseldorf 1984, S. 53 ff.

*Backhaus, K.* und *W. Molter*: Risikomanagement im industriellen Großanlagenbau, in: Harvard Manager, 6, 1984, S. 36 ff.

*Backhaus, K.* und *H.-M. Siepert* (Hrsg.): Auftragsfinanzierung im industriellen Anlagengeschäft, Stuttgart 1987.

*Backhaus, K.* und *H. Ueckermann*: Projektfinanzierung – Eine Methode zur Finanzierung von Großprojekten, in: WiSt, 19, 1990, S. 106 ff.

*Backhaus, K. u.a.*: Multivariate Analysemethoden, 6. Aufl., Berlin u.a. 1990.

*Bamberg, G.* und *A. G. Coenenberg*: Betriebswirtschaftliche Entscheidungslehre, 6. Aufl., München 1991.

*Bartels, H. G.*: Ausschuß und Abfall, in: HWProd, Hrsg. W. Kern, Stuttgart 1979, Sp. 239 ff.

*Baumbusch, R.*: Normativ-deskriptive Kennzahlensysteme im Management, Frankfurt/M. 1988.

*Becker, J.*: Konstruktionsbegleitende Kalkulation mit einem Expertensystem, in: Rechnungswesen und EDV – 9. Saarbrücker Arbeitstagung 1988, Hrsg. A.-W. Scheer, Heidelberg 1988, S. 115 ff.

–: Entwurfs- und konstruktionsbegleitende Kalkulation, in: KRP, o.Jg., 1990, S. 353 ff.

–: CIM-Integrationsmodell, Berlin u.a. 1991.

*Behr, B. u.a.*: Wissensbasierte Systeme im Bereich CAQ, in: ZwF Sonderteil: CAD-CAM-CIM, 86, 1991, S. CA 63 ff.

*Bentz, Th.*: Über Kennzahlen zur Planung, Steuerung und Kontrolle des Materialflusses für einen optimalen Produktionsablauf, Berlin 1974.

*Berg, C. C.*: Formeln und Kennzahlen der betrieblichen Beschaffung und Logistik, in: WiSt, 11, 1982, S. 377 ff.

*Berliner, C.* und *J. Brimson* (Hrsg.): Cost Management for Today's Advanced Manufacturing – The CAM-I. Conceptual Design, Boston 1988.

*Berning, R.*: Bedarfs- und Bereitstellungsplanung für Betriebsstoffe und -dienstleistungen unter besonderer Berücksichtigung von schnell verschleißenden Betriebsmittelkomponenten und Energieträgern, Diss. Bochum 1986.

*Betriebswirtschaftlicher Ausschuß des Verbandes der Chemischen Industrie* (Hrsg.): Unternehmerische Investitionskontrolle, Herne und Berlin 1974.

*Betzing, G.*: Einmalkosten in der Produktkalkulation bei Serienfertigung, in: ZfbF, 32, 1980, S. 681 ff.

*Biedermann, H.*: Erfolgsorientierte Instandhaltung durch Kennzahlen, in: Schriftenreihe Anlagenwirtschaft, Hrsg. W. Männel, Köln 1985.

*Biel, A.*: Konzept Kalkulationswesen für Anlagen- bzw. Apparatebau, in: Controller Magazin, 6, 1981, S. 89 ff.

–: Einführung der Prozeßkostenrechnung, in: KRP, o.Jg., 1991, S. 85 ff.

*Binner, H. F.*: Mit BDE betriebliche Regelkreise durchsetzen, in: Arbeitsvorbereitung, 28, 1991, S. 59 ff.

*Bläsing, J. P.*: CAQ – Qualitätssicherung unter CIM-Zielen, Braunschweig und Wiesbaden 1990.

*Bleicher, K.*: Grenzen des Rechnungswesens für die Lenkung der Unternehmungsentwicklung, in: Die Unternehmung, 41, 1987, S. 380 ff.

–: Organisation. Strategien – Strukturen – Kulturen, 2. Aufl., Wiesbaden 1991.

*Bleuel, B.*: Untersuchungen des (kosten-) optimalen Anpassungsverhaltens in einem Hüttenwerk bei Veränderung interner oder externer Einflußgrößen mit Hilfe linearer parametrischer Optimierung, in: ZfbF, 32, 1980, S. 669 ff.

*Blohm, H.*: Die Gestaltung des betrieblichen Berichtswesens als Problem der Leitungsorganisation, Herne und Berlin 1970.

*Blohm, H.* und *K. Lüder*: Investition – Schwachstellen im Investitionsbereich des Industriebetriebes und Wege zu ihrer Beseitigung, 7. Aufl., München 1991.

*Blohm, H., u.a.*: Produktionswirtschaft, Herne und Berlin 1987.

*Bock, M., Kraemer, W. und A.-W. Scheer*: CIM-spezifische Weiterentwicklungen von Kosteninformationssystemen, in: KRP, o.Jg., 1991, S. 119 ff.

*Bramsemann, R.*: Handbuch Controlling: Methoden und Techniken, 2. Aufl., München und Wien 1990.

*Brand, R.*: Erfolgsorientierte Projektablaufplanung bei Baustellenfertigung auf der Grundlage von Netzplänen, Bochum 1980.

*Bretschneider, K.*: Akquisition im Anlagenbau durch strukturorientiertes Projektmanagement, in: DBW, 46, 1986, S. 557 ff.

*Brockhoff, K.*: Prognoseverfahren für die Unternehmensplanung, Wiesbaden 1977.

*Broich, H. und H. Bär*: In vier Stufen zur Transparenz im Produktionsbereich, in: REFA-Nachrichten, 37, 1984, Heft 1, S. 33 ff.

*Bröker, E. W.*: Erfolgsplanung und -überwachung im industriellen Anlagengeschäft – Entwicklung eines zahlungsorientierten Ansatzes unter Anwendung finanzmathematischer Verfahren und Vergleich zur herkömmlichen Kosten- und Erlösrechnung, in: Beiträge zur Betriebswirtschaft des Anlagenbaus, Arbeitskreis Internes Rechnungswesen der Schmalenbach-Gesellschaft/Deutsche Gesellschaft für Betriebswirtschaft e.V., Hrsg. E. Höffken und M. Schweitzer, ZfbF-Sonderheft 28, 43, 1991, S. 192 ff.

–: Erfolgsrechnung im industriellen Anlagengeschäft – Ein dynamischer Ansatz auf Zahlungsbasis, Wiesbaden 1993.

*Brunner, F. J.*: Steigerung der Effizienz durch Qualitätskostenanalyse, in: Management-Zeitschrift io, 60, 1991, S. 35 ff.

*Budde, R. und R. Maas*: Die Praxis der Betriebsdatenerfassung, Zürich 1986.

*Bullinger, H.-J.* (Hrsg.): Produktionsmanagement im Spannungsfeld zwischen Markt und Technologie, München 1990.

*Bundesminister des Inneren (TA Luft)*: Erste Allgemeine Verwaltungsvorschrift zum Bundes-Immissionsschutzgesetz (Technische Anleitung zur Reinhaltung der Luft – TA Luft), in: Gemeinsames Ministerialblatt, 1986, S. 95 ff.

*Bundesverband der Deutschen Industrie* (Hrsg.): Gemeinschafts-Richtlinien für die Buchführung (GRB), Frankfurt/M. 1951.

-(Hrsg.): Industriekontenrahmen – IKR – Neufassung 1986 in Anpassung an das BiRiLiG, 2. Aufl., Köln 1986.

*Busacker, K.-H.*: Produktionskennzahlenrechnung, in: Controlling, 2, 1990, S. 161.

*Buskies, U. und K. Ternirsen*: Optimierung verfahrenstechnischer Anlagen mit Hilfe finanzmathematischer Methoden, in: Beiträge zur Betriebswirtschaft des Anlagenbaus, Arbeitskreis Internes Rechnungswesen der Schmalenbach-Gesellschaft – Deutsche Gesellschaft für Betriebswirtschaft e.V., Hrsg. E. Höffken und M. Schweitzer, ZfbF-Sonderheft 28, 43, 1991, S. 237 ff.

*Busse von Colbe, W.* (Hrsg.): Lexikon des Rechnungswesens, 2. Aufl., München und Wien 1991.

*Busse von Colbe, W. und G. Laßmann*: Betriebswirtschaftstheorie, Bd. 3: Investitionstheorie, 3. Aufl., Berlin u.a. 1990.

–: Betriebswirtschaftstheorie, Bd. 1: Grundlagen, Produktions- und Kostentheorie, 5. Aufl., Berlin u.a. 1991.

*Busse von Colbe, W., Hammann, P. und G. Laßmann*: Betriebswirtschaftstheorie, Bd. 2: Absatztheorie, 4. Aufl., Berlin u.a. 1992.

*Chamoni, P. und R. Wartmann*: Software zur betriebswirtschaftlichen Modellbildung, in: Kosten und Erlöse – Orientierungsgrößen der Unternehmenspolitik, Hrsg. R. Steffen und R. Wartmann, Festschrift für Gert Laßmann zum 60. Geburtstag, Stuttgart 1990, S. 349 ff.

*Chen, P. P.*: The Entity Relationship Model – Towards a Unified View of Data, in: ACM Transactions on Database-Systems, 1, 1976, Nr. 1, S. 9 ff.

*Chmielewicz, K.*: Betriebliche Finanzwirtschaft, Bd. 1: Finanzierungsrechnung, Berlin 1976.

– (Hrsg.): Entwicklungslinien der Kosten- und Erlösrechnung, Stuttgart 1983.

–: Rechnungswesen, Bd. 2, 2. Aufl., Bochum 1991.

*Chmielewicz, K.* und *M. Schweitzer* (Hrsg.): Handwörterbuch des Rechnungswesens (HWR), 3. Aufl., Stuttgart 1993.

*Codd, E. F.*: Relational Model – A Relational Model for Large Shared Data Banks, in: Communications of the ACM, 13, 1970, S. 377 ff.

*Coenenberg, A. G.*: Verrechnungspreise zur Steuerung divisionalisierter Unternehmen, in: WiSt, 2, 1973, S. 373 ff.

–: Kostenrechnung und Kostenanalyse, Landsberg/Lech 1992.

*Coenenberg, A. G.* und *T. Fischer*: Prozeßkostenrechnung – Strategische Neuorientierung in der Kostenrechnung, in: DBW, 51, 1991, S. 21 ff.

*Cooper, R.* und *R. Kaplan*: Measure Costs Right: Make the Right Decisions, in: Harvard Business Review, 66, 1988, Heft 5, S. 96 ff.

*Crosby, P. B.*: Qualität ist machbar, 2. Aufl., McGraw Hill 1990.

*Czeguhn, K.* und *H. Franzen*: Die rechnergestützte Integration betrieblicher Informationssysteme auf der Basis der Betriebsdatenerfassung, in: ZfbF, 39, 1987, Kontaktstudium, S. 169 ff.

*Däumler, K.-D.*: Praxis der Investitions- und Wirtschaftlichkeitsrechnung, 3. Aufl., Herne und Berlin 1991.

*Deutsche Gesellschaft für Qualität* (Hrsg.): Qualitätskosten: Rahmenempfehlungen zu ihrer Definition, Erfassung und Beurteilung, 5. Aufl., Berlin 1985.

*Deutsches Institut für Normung e. V.* (Hrsg.): DIN 55350, Teil II, Ausgabe Mai 1987.

*Domsch, M., Eisenführ, F., Ordelheide, D.* und *M. Perlitz* (Hrsg.): Unternehmungserfolg. Planung – Ermittlung – Kontrolle, Festschrift zum 60. Geburtstag von W. Busse von Colbe, Wiesbaden 1988.

*Ebbeken, H.*: Stückbezogene primäre Kostenartenrechnung als Instrument zur Unternehmensführung, Diss. Bochum 1972.

*Eberle, P.* und *H. G. Heil*: Relativkosten-Informationen für die Konstruktion, in: KRP, o.Jg., 1989, S. 53 ff.

*Ebisch, H.* und *J. Gottschalk*: Preise und Preisprüfungen bei öffentlichen Aufträgen einschließlich Bauaufträge, 5. Aufl., München 1987.

*Ehrlenspiel, K.*: Kostengünstig konstruieren, Berlin u.a. 1985.

*Eiff von, W.* (Hrsg.): Organisation, Landsberg/Lech 1991.

–: Organisation – Unternehmerische Gestaltungsaufgabe im gesellschaftlichen und marktwirtschaftlichen Spannungsfeld, in: Organisation, Hrsg. W. von Eiff, Landsberg/Lech 1991a, S. 19 ff.

–: CIM-orientiertes Informationsmanagement, in: Organisation, Hrsg. W. von Eiff, Landsberg/Lech 1991b, S. 521 ff.

–: Steuerung von Organisationen durch unternehmerisches Bewußtsein. Das Cost-Center-Prinzip in der Praxis, in: Organisation, Hrsg. W. von Eiff, Landsberg/Lech 1991c, S. 643 ff.

–: Simultaneous Engineering und Informationswirtschaft, Vortrag gehalten am 16.01.1992 an der Justus-Liebig-Universität Giessen.

*Emde, W.*: Prognosetechniken und -systeme, in: HWPlan, Hrsg. N. Szyperski, Stuttgart 1989, Sp. 1645 ff.

*Endell, L.*: Die Kontrolle finanzieller Risiken beim Anlagenexport, in: ZfbF, 36, 1984, Kontaktstudium, S. 306 ff.

*Endell, L.* und *J. Reichelt*: Liquiditätsvorsorge eines Unternehmens bei Großaufträgen im Anlagengeschäft, in: Auftragsfinanzierung im industriellen Anlagengeschäft, Berichte aus der Arbeit der Schmalenbach-Gesellschaft/Deutsche Gesellschaft für Betriebswirtschaft e.V., Hrsg. K. Backhaus und H.-M. Siepert, Stuttgart 1987, S. 194 ff.

*Endres, W.*: Kennzahlen, betriebliche, in: HWB, Bd. 2, Hrsg. E. Grochla und W. Wittmann, 4. Aufl., Stuttgart 1975, Sp. 2153 ff.

*Engelhardt, W. H.*: Grundlagen des Anlagen-Marketing, in: Anlagen-Marketing, Hrsg. W. H. Engelhardt und G. Laßmann, ZfbF-Sonderheft 7, 29, 1977, S. 9 ff.

–: Erlösplanung und Erlöskontrolle, in: Handbuch Kostenrechnung, Hrsg. W. Männel, Wiesbaden 1992, S. 656 ff.

*Eriksdotter, H.*: So wahr mir Codd helfe, in: Computer Persönlich, 1991, Heft 14, S. 98 ff.

*Eversheim, W., Minolla, W. und W. Fischer*: Angebotskalkulation mit Kostenfunktionen, Berlin und Köln 1977.

*Fackelmeyer, A.*: Materialfluß. Planung und Gestaltung, Düsseldorf 1966.

*Feuerbaum, E.*: Das Rechnungswesen in einem Unternehmen des Großanlagenbaus, in: DB, 31, 1978, S. 993 ff. und S. 1041 ff.

–: Risk Management in der Investitionsgüter-Industrie, in: Risk Management – Strategien zur Risikobeherrschung, Hrsg. W. Goetzke und G. Sieben, Köln 1979, S. 87 ff.

–: Controlling in einem projektorientierten Unternehmen, in: Projekt-Controlling – Planungs-, Steuerungs- und Kontrollverfahren für Anlagen- und Systemprojekte, Hrsg. D. Solaro u.a., Stuttgart 1979a, S. 1 ff.

*Fiedler, R.*: Wissenbasierte Systeme im Rechnungswesen, in: KRP, o.Jg., 1990, S. 317 ff.

–: CONTREX – Ein Beitrag zum Wissensbasierten Controlling unter Verwendung der Modularsoftware SAP-RK, Diss. Nürnberg 1990a.

*Fiedler, R., Hamann, N. und C. Riedel*: KOSTEX – ein prototypisches wissensbasiertes System zur Kostenstellenanalyse, in: Information Management, 1989, Heft 4, S. 26 ff.

*Fiedler, R. u.a.*: Zur Unterstützung des Controlling durch wissensbasierte Analyse des Betriebsergebnisses, in: DBW, 49, 1989, S. 353 ff.

*Flatten, U.*: Controlling in der Materialwirtschaft. Eine explorative Studie in der deutschen Automobilindustrie, Diss. Köln 1986.

*Fleischmann, B.* (Hrsg.): Operations Research Proceedings, Berlin u.a. 1982.

*Flocke, H.-J.*: Risiken beim Internationalen Anlagenvertrag, Heidelberg 1986.

*Franke, A. und M. Fürnrohr* (Hrsg.): Risiko-Management von Projekten, Köln 1990.

*Franke, G. und H. Hax*: Finanzwirtschaft des Unternehmens und Kapitalmarkt, 2. Aufl., Berlin u.a. 1990.

*Franz, K.-P.*: Die Prozeßkostenrechnung im Vergleich mit der Grenzplankosten- und Deckungsbeitragsrechnung, in: Strategieunterstützung durch das Controlling – Revolution im Rechnungswesen?, Hrsg. P. Horváth, Stuttgart 1990, S. 195 ff.

–: Kalkulation von Selbstkostenpreisen für öffentliche Aufträge, in: WISU, 21, 1992, S. 40 ff.

–: Moderne Methoden der Kostenbeeinflussung, in: KRP, o.Jg., 1992a, S. 127 ff.

*Freimann, J.*: Wirtschaftlichkeitsbeurteilung in einzelwirtschaftlichen Investitionsentscheidungen – Ergebnisse einer empirischen Studie, in: KRP, o.Jg., 1988, S. 17 ff.

*Frese, E.*: Grundlagen der Organisation, 3. Aufl., Wiesbaden 1987.

–(Hrsg.): Handwörterbuch der Organisation (HWO), 3. Aufl., Stuttgart 1992.

*Fuchs, J. und K. Schwantang* (Hrsg.): AGPLAN – Handbuch zur Unternehmensplanung, Bd. 2, Berlin 1970.

*Fulda, E., Härter, M. und H. Lenk*: Prognoseprobleme, in: HWPlan, Hrsg. N. Szyperski, Stuttgart 1989, Sp. 1637 ff.

*Gabriel, R. und D. Frick*: Expertensysteme zur Lösung betriebswirtschaftlicher Problemstellungen, in: ZfbF, 43, 1991, Kontaktstudium, S. 544 ff.

*Gälweiler, A.*: Die Erfahrungskurve in der Unternehmensstrategie, 2. Aufl., Frankfurt/M. und New York 1984.

*Gaugler, E.* (Hrsg.): Handwörterbuch des Personalwesens (HWP), Stuttgart 1975.

*Gaugler, E., Meissner, H. G. und N. Thom* (Hrsg.): Zukunftsaspekte der anwendungsorientierten Betriebswirtschaftslehre, Stuttgart 1986.

344    Literaturverzeichnis

*Gaydoul, P.*: Controlling in der deutschen Unternehmenspraxis, Darmstadt 1980.

*Geiss, W.*: Betriebswirtschaftliche Kennzahlen: theoretische Grundlagen einer problemorientierten Kennzahlenanwendung, Frankfurt/M. 1986.

*Geitner, U.*: Betriebsinformatik für Produktionsbetriebe, Bd.1, München 1983.

–: Betriebsinformatik für Produktionsbetriebe, Bd.2, München 1983a.

–: Betriebsinformatik für Produktionsbetriebe, in: Fachbuchreihe Betriebsorganisation: Methoden der Produktionsplanung und -steuerung, Bd. 3, Hrsg. REFA, Verband für Arbeitsstudien und Betriebsorganisation e.V., 2. Aufl., München 1987.

-(Hrsg.): CIM-Handbuch, Braunschweig 1987a.

*Gerke, W. F.*: Manuelle und EDV-gestützte Projektplanungs- und Kontrollverfahren in einem Ingenieurunternehmen des Industrieanlagenbaus, in: Projektcontrolling – Planungs-, Steuerungs- und Kontrollverfahren für Anlagen- und Systemprojekte, Hrsg. D. Solaro u.a., Stuttgart 1979, S. 81 ff.

*Gilles, R.*: Konzeption und Einsatzmöglichkeiten eines betriebswirtschaftlichen Qualitätsinformationssystems, Diss. Bochum, in Vorbereitung.

*Glaser, H.*: Rationalisierungsplanung, in: HWPlan, Hrsg. N. Szyperski, Stuttgart 1989, Sp. 1697 ff.

–: Prozeßkostenrechnung – Darstellung und Kritik, in: ZfbF, 44, 1992, Kontaktstudium, S. 275 ff.

*Glaser, H., Geiger, W. und V. Rohde*: PPS – Produktionsplanung und -steuerung; Grundlagen – Konzepte – Anwendungen, Wiesbaden 1991.

*Goetzke, W. und G. Sieben* (Hrsg.): Risk Management – Strategien zur Risikobeherrschung, Köln 1979.

*Göppl, H. und O. Kanz*: Statistik, betriebliche, in: HWB, Bd. 3, Hrsg. E. Grochla und W. Wittmann, 4. Aufl., Stuttgart 1975, Sp. 3700 ff.

*Grochla, E. und W. Wittmann* (Hrsg.): Handwörterbuch der Betriebswirtschaft (HWB), 4. Aufl., Bd. 1, Stuttgart 1974, Bd. 2, Stuttgart 1975, Bd. 3, Stuttgart 1976.

*Grochla, E. u.a.*: Zum Einsatz von Kennzahlen in der Materialwirtschaft mittelständischer Unternehmungen. Ergebnisse einer empirischen Analyse, in: ZfbF, 34, 1982, S. 569 ff.

*Groll, K.-H.*: Erfolgssicherung durch Kennzahlensysteme, 4. Aufl., Freiburg/Br. 1991.

*Gröner, L.*: Konstruktionsbegleitende Vorkalkulation, in: Rechnungswesen und EDV – 10. Saarbrücker Arbeitstagung 1989, Hrsg. A.-W. Scheer, Heidelberg 1989, S. 427 ff.

–: Entwicklungsbegleitende Vorkalkulation, Berlin u.a. 1991.

*Groth, U. und A. Kammel*: Kennzahlenverfahren zur Beurteilung und Analyse einer Fertigung, in: REFA-Nachrichten, 45, 1992, Heft 3, S. 4 ff.

*Gruber, H.*: Projektbegleitende Wirtschaftlichkeitsrechnung, in: Rechnungswesen und EDV – 11. Saarbrücker Arbeitstagung 1990, Hrsg. A.-W. Scheer, Heidelberg 1990, S. 269 ff.

*Gutenberg, E.*: Grundlagen der Betriebswirtschaftslehre, Bd. 1: Die Produktion, 24. Aufl., Berlin u.a. 1983.

*Haberstock, L.*: Plankostenrechnung, in: Lexikon des Rechnungswesens, Hrsg. W. Busse von Colbe, 2. Aufl., München und Wien 1991, S. 424 ff.

*Hackstein, R.*: Produktionsplanung und -steuerung (PPS), Düsseldorf 1984.

*Hagen, K.*: Kostenträgerrechnung als Bestandteil eines erfolgsorientierten CIM-Konzeptes, in: Tagungsband Kongress Kostenrechnung '91, Frankfurt 1991, S. 201 ff.

*Hahn, D.*: Direct Costing und die Aufgaben der Kostenrechnung, in: NB, 17, 1964, S. 221 ff. und NB, 18, 1965, S. 8 ff.

–: Systemanalyse – Charakterisierungsmerkmale eines Planungs- und Kontrollsystems/Plan- und Berichtssystems, in: Unternehmungsplanung, Hrsg. J. Wild, Reinbek/Hamburg, 1975, S. 78 ff.

–: Zum Inhalt und Umfang der Unternehmungsanalyse als bisheriges und zukünftiges Aufgabengebiet des Wirtschaftsprüfers, in: Unternehmensprüfung und -beratung, Festschrift zum 60. Geburtstag von Bernhard Hartmann, Hrsg. B. Aschfalk, Hellfors, S. und A. Marettek, Freiburg/Br. 1976, S. 31 ff.

–: Hat sich das Konzept des Controllers in Unternehmungen der deutschen Industrie bewährt?, in: BFuP, 30, 1978, S. 101 ff.

–: Konzepte und Beispiele zur Organisation des Controlling in der Industrie, in: ZfO, 48, 1979, S. 4 ff.

-(Hrsg.): Führungsprobleme industrieller Unternehmungen, Friedrich Thomee zum 60. Geburtstag, Berlin und New York 1980.

–: Return on Investment-/Cash-Flow-Führungskonzeption, in: Management-Enzyklopädie, Bd. 8, 2. Aufl., Landsberg/Lech 1984, S. 144 ff.

–: Planungs- und Kontrollrechnung – PuK, 3. Aufl., Wiesbaden 1985.

–: Stand und Entwicklungstendenzen des Controlling in der Industrie, in: Zukunftsaspekte der anwendungsorientierten Betriebswirtschaftslehre, Hrsg. E. Gaugler, H. G. Meissner und N. Thom, Stuttgart 1986, S. 267 ff.

–: Controlling – Stand und Entwicklungstendenzen unter besonderer Berücksichtigung des CIM-Konzeptes, in: Rechnungswesen und EDV, 8. Saarbrücker Arbeitstagung 1987, Hrsg. A.-W. Scheer, Heidelberg 1987, S. 3 ff.

–: Integrierte und flexible Unternehmungsführung durch computergestütztes Controlling, in: ZfB, 59, 1989, S. 1135 ff.

–: Prozeßwirtschaft – Grundlegung, in: Produktionswirtschaft – Controlling industrieller Produktion, Bd. 2, Hrsg. D. Hahn und G. Laßmann, Heidelberg 1989a, S. 7 ff.

–: Aufgaben und organisatorische Stellung des Produktions-Controllers, in: Kosten und Erlöse – Orientierungsgrößen der Unternehmenspolitik, Festschrift für Gert Laßmann zum 60. Geburtstag, Hrsg. R. Steffen und R. Wartmann, Stuttgart 1990, S. 87 ff.

–: Strategische Führung und Strategisches Controlling, in: ZfB-Ergänzungsheft 3, 61, 1991, S. 121 ff.

–: Kostenrechnung und Controlling, in: Handbuch Kostenrechnung, Hrsg. W. Männel, Wiesbaden 1992, S. 154 ff.

–: Stand und Entwicklungstendenzen der strategischen Planung, in: Strategische Unternehmungsplanung – Strategische Unternehmungsführung, Hrsg. D. Hahn und B. Taylor, 6. Aufl., Heidelberg 1992a, S. 3 ff.

–: Strategische Unternehmungsführung – Grundkonzept, in: Strategische Unternehmungsplanung – Strategische Unternehmungsführung, Hrsg. D. Hahn und B. Taylor, 6. Aufl., Heidelberg 1992b, S. 31 ff.

–: Verrechnungspreisbildung im Konzern, in: KRP, o.Jg., 1992c, S. 21 ff.

–: PuK – Controllingkonzepte, 4. Aufl., Wiesbaden 1993, in Vorbereitung.

*Hahn, D.* und *W. Klausmann*: Frühwarnsysteme und strategische Unternehmungsplanung, in: Strategische Unternehmungsplanung, Hrsg. D. Hahn und B. Taylor, 4. Aufl., Heidelberg und Wien 1986, S. 264 ff.

*Hahn, D.* und *G. Laßmann* (Hrsg.): Produktionswirtschaft – Controlling industrieller Produktion, Bd. 2, Heidelberg 1989.

–: Produktionswirtschaft – Controlling industrieller Produktion, Bd. 1, 2. Aufl., Heidelberg 1990.

*Hahn, D.* und *M. Schramm*: Computerunterstütztes Qualitätsinformationssystem, in: Simultane Produktentwicklung. Forschungsbericht 4 der Hochschulgruppe Arbeits- und Betriebsorganisation HAB e.V., Hrsg. A.-W. Scheer, München 1992, S. 163 ff.

*Hahn, D.* und *B. Taylor* (Hrsg.): Strategische Unternehmungsplanung, 4. Aufl., Heidelberg und Wien 1986.

– (Hrsg.): Strategische Unternehmungsplanung – Strategische Unternehmungsführung, 6. Aufl., Heidelberg 1992.

*Hahner, A.*: Qualitätskostenrechnung als Informationssystem zur Qualitätslenkung, München und Wien 1981.

*Haller-Wedel, E.*: Die Einflußgrößenrechnung in Theorie und Praxis, München 1973.

*Hamm, W.*: Staatsaufsicht über wettbewerbspolitische Ausnahmebereiche als Ursache ökonomischer Fehlentwicklungen, in: ORDO (Jahrbuch für die Ordnung von Wirtschaft und Gesellschaft), 29, 1978, S. 156 ff.

*Harmon, P.* und *D. King*: Expertensysteme in der Praxis, München und Wien 1986.

*Harris, J. N.*: What Did We Earn Last Month?, in: N.A.C.A. – Bulletin, 17, 1936, Sect. 1, S. 501 ff.

*Hasse, V.*: BDE als CIM-Baustein konzipieren, in: FB/IE, 35, 1986, S. 243 ff.

*Haun, P.*: Entscheidungsorientiertes Rechnungswesen mit Daten- und Methodenbanken, Berlin u.a. 1987.

*Haun, P.* und *P. Mertens*: Die Nutzung von Daten- und Methodenbanken für das entscheidungsorientierte Rechnungswesen, in: Handbuch der modernen Datenverarbeitung, 23, 1986, Nr. 132, S. 36 ff.

*Hax, H.*: Verrechnungspreise, in: HWR, Hrsg. E. Kosiol, K. Chmielewicz und M. Schweitzer, 2. Aufl., Stuttgart 1981, Sp. 1688 ff.

–: Finanzierungs- und Investitionstheorie, in: Neuere Entwicklungen in der Unternehmenstheorie, Hrsg. H. Koch, Festschrift zum 85. Geburtstag von E. Gutenberg, Wiesbaden 1982, S. 49 ff.

–: Investitionstheorie, 5. Aufl., Würzburg und Wien 1985.

–: Dynamische Investitionsrechnung bei Unsicherheit, in: Lexikon des Rechnungswesens, Hrsg. W. Busse von Colbe, 2. Aufl., München und Wien 1991, S. 152 ff.

*Hax, A. C.* und *N. S. Majluf*: The Strategy Concept and Process, Englewood Cliffs 1991.

*Hay, P. H.*: Investitionskontrolle, in: ZfbF, 29, 1977, S. 175 ff.

*Heger, G.*: Anfragebewertung im industriellen Anlagengeschäft, Berlin 1988.

*Heinen, E.* (Hrsg.): Industriebetriebslehre, 9. Aufl., Wiesbaden 1991.

*Heinen, E.* und *B. Dietel*: Kostenrechnung, in: Industriebetriebslehre, Hrsg. E. Heinen, 9. Aufl., Wiesbaden 1991, S. 1157 ff.

*Henderson, B. D.*: Perspectives on Experience, deutsche Übersetzung von A. Gälweiler: Die Erfahrungskurve in der Unternehmensstrategie, 2. Aufl., Frankfurt/M. und New York 1984.

*Hendrikson, K. H.*: Rationelle Unternehmensführung in der Industrie, Wiesbaden 1966.

*Herzog, E.*: Gemeinkostenwertanalyse als Instrument der Kostensenkung im administrativen Bereich, in: Grenzplankostenrechnung – Stand und aktuelle Probleme, Festschrift für Hans Georg Plaut, Hrsg. A.-W. Scheer, Wiesbaden 1988, S. 317 ff.

–: Stand und Entwicklungstendenzen des innerbetrieblichen Rechnungswesens in den USA, in: Rechnungswesen und EDV – 10. Saarbrücker Arbeitstagung 1989, Hrsg. A.-W. Scheer, Heidelberg 1989, S. 313 ff.

*Hessenbruch, D.*: Lösungsansätze für das Schnittstellenproblem Strukturinvestition, in: Synergien durch Schnittstellen-Controlling, Hrsg. P. Horváth, Stuttgart 1991, S. 175 ff.

*Hieber, W. L.*: Lern- und Erfahrungskurveneffekte und ihre Bestimmung in der flexibel automatisierten Produktion, München 1991.

*Hildebrand, R.* und *P. Mertens*: PPS-Controlling mit Kennzahlen und Checklisten, Berlin u.a. 1992.

*Hilkert, O.* und *W. Krause*: Controllingprobleme im langfristigen Anlagengeschäft, in: DB, 31, 1978, S. 1601 ff. und 1653 ff.

*Hiromoto, T.*: Management Accounting in Japan – Ein Vergleich zwischen japanischen und westlichen Systemen des Management Accounting, in: Controlling, 1, 1989, S. 316 ff.

–: Wie das Management-Accounting seine Bedeutung zurückgewinnt, in: Prozeßkostenmanagement, Hrsg. IFUA Horváth & Partner GmbH, München 1991, S. 25 ff.

*Hitschler, W.*: Verwaltungsgemeinkostenplanung mit Zero-Base Budgeting (ZBB), in: KRP, o.Jg., 1990, S. 287 ff.

*Höffken, E.*: Das Anlagengeschäft im Jahresabschluß, in: Langfristiges Anlagengeschäft – Risiko-Management und Controlling, Hrsg. J. Funk und G. Laßmann, ZfbF-Sonderheft 20, 38, 1986, S. 101 ff.

–: Probleme der Kosten- und Erlösschätzung als eine der Grundlagen für unternehmerische Entscheidungen, in: Kosten und Erlöse – Orientierungsgrößen der Unternehmenspolitik, Festschrift für Gert Laßmann zum 60. Geburtstag, Hrsg. R. Steffen und R. Wartmann, Stuttgart 1990, S. 137 ff.

*Höhn, S.*: Investitionspolitik bei Großprojekten, in: Wolfsburger Fachgespräche 8, Hrsg. VW AG, Wolfsburg 1986, S. 65 ff.

*Hoitsch, H.-J.*: Aufgaben und Instrumente des Produktions-Controllings, in: WiSt, 19, 1990, S. 605 ff.

*Höller, H.*: Verhaltenswirkungen betrieblicher Planungs- und Kontrollsysteme, München 1978.

*Hombach, H.*: Exportkreditversicherung und Exportfinanzierung im internationalen Vergleich, in: Auftragsfinanzierung im industriellen Anlagengeschäft, Berichte aus der Arbeit der Schmalenbach-Gesellschaft/Deutsche Gesellschaft für Betriebswirschaft e.V., Hrsg. K. Backhaus und H.-M. Siepert, Stuttgart 1987, S. 108 ff.

*Honko, J.*: Eine Anatomie der Fehlinvestitionen, in: ZfbF, 35, 1983, S. 357 ff.

*Hopfenbeck, W.*: Umweltorientiertes Management und Marketing, Landsberg/Lech 1990.

*Horváth, P.*: Wird die Kostenrechnung ihren Informations- und Steuerungsaufgaben beim Einsatz flexibel automatisierter Produktionssysteme noch gerecht?, in: Betriebswirtschaftliche Steuerungs- und Kontrollprobleme, Hrsg. W. Lücke, Wiesbaden 1988, S. 113 ff.

–: Revolution im Rechnungswesen – Strategisches Kostenmanagement, in: Strategieunterstützung durch das Controlling – Revolution im Rechnungswesen?, Hrsg. P. Horváth, Stuttgart 1990, S. 175 ff.

–: Controlling, 3. Aufl., Müchen 1990a.

-(Hrsg.): Strategieunterstützung durch das Controlling – Revolution im Rechnungswesen?, Stuttgart 1990b.

–: Das Controllingkonzept, München 1991.

-(Hrsg.): Synergien durch Schnittstellen-Controlling, Stuttgart 1991a.

*Horváth, P., Gassert, H.* und *D. Solaro* (Hrsg.): Controllingkonzeptionen für die Zukunft, Stuttgart 1991.

*Horváth, P., Kleiner, F.* und *R. Mayer*: Zweckneutrale Kostenerfassung in der flexiblen Montage mit Hilfe von Datenbanken, in: KRP, o.Jg., 1987, S. 93 ff.

*Horváth, P.* und *R. Mayer*: Prozeßkostenrechnung – Der neue Weg zu mehr Kostentransparenz und wirkungsvolleren Unternehmensstrategien, in: Controlling, 1, 1989, S. 214 ff.

*Horváth, P.* und *A. Renner*: Prozeßkostenrechnung – Konzept, Realisierungsschritte und erste Erfahrungen, in: FB/IE, 39, 1990, S. 100 ff.

*Horváth, P.* und *W. Seidenschwarz*: Zielkostenmanagement, in: Controlling, 4, 1992, S. 142 ff.

*Huber, R.*: Gemeinkosten-Wertanalyse, 2. Aufl., Bern und Stuttgart 1987.

*Hummel, S.*: Wirklichkeitsnahe Kostenerfassung, Berlin 1970.

–: Kosten, relevante, in: HWR, Hrsg. E. Kosiol, K. Chmielewicz und M. Schweitzer, 2. Aufl., Stuttgart 1981, Sp. 968 ff.

*Hummel, S.* und *W. Männel*: Kostenrechnung, Bd. 1: Grundlagen, Aufbau und Anwendung, 4. Aufl., Wiesbaden 1986.

*Hunziker, A.* und *F. Scheerer*: Statistik. Instrument der Betriebsführung, Stuttgart 1975.

*Hüttner, M.*: Prognoseverfahren und ihre Anwendung, Berlin und New York 1986.

348     Literaturverzeichnis

*IFUA Horváth & Partner GmbH* (Hrsg.): Prozeßkostenmanagement, München 1991.
*Institut der Wirtschaftsprüfer in Deutschland e.V.* (Hrsg.): Wirtschaftsprüfer-Handbuch 1981, Düsseldorf 1981.
*Jacob, H.* (Hrsg.): Neuere Entwicklungen in der Kostenrechnung (II), Wiesbaden 1976.
*Jäschke, L.* und *E. Feuerbaum*: Controlling im Industrieanlagenbau, in: DB, 37, 1984, S. 1633 ff.
*Jehle, E.*: Gemeinkostenmanagement, in: Handbuch Kostenrechnung, Hrsg. W. Männel, Wiesbaden 1992, S. 1506 ff.
*Johnson, T.* und *R. Kaplan*: Relevance Lost, Boston 1987.
*Kagermann, H.*: Elemente der Kostenträgerrechnung in einem integrierten System, in: Rechnungswesen und EDV – 7. Saarbrücker Arbeitstagung 1986, Hrsg. W. Kilger und A.-W. Scheer, Heidelberg 1986, S. 522 ff.
–: Perspektiven der Weiterentwicklung integrierter Standardsoftware für das innerbetriebliche Rechnungswesen, in: Strategieunterstützung durch das Controlling – Revolution im Rechnungswesen?, Hrsg. P. Horváth, Stuttgart 1990, S. 277 ff.
*Kaiser, K.*: Kosten- und Leistungsrechnung bei automatisierter Produktion, Wiesbaden 1991.
*Kambartel, K.-H.*: Systematische Angebotsplanung in Unternehmen der Auftragsfertigung, Diss. Aachen 1973.
*Kaplan, R.*: Must CIM be justified by faith alone?, in: Harvard Business Review, 64, 1986, Heft 2, S. 87 ff.
–: One Cost System Isn't Enough, in: Harvard Business Review, 66, 1988, Heft 1, S. 61 ff. (deutsch: Ein einziges Kostensystem ist zuwenig, in: Harvard Manager, 10, 1988, Heft 3, S. 98 ff.).
-(Hrsg.): Spitzenleistungen in der Produktion, Wien 1991.
*Kaplan, R. S.* und *A. A. Atkinson*: Advanced Management Accounting, 2. Aufl., Englewood Cliffs 1989.
*Keller, W.* und *K. Teichert*: Kennen Sie die Wirtschaftlichkeit Ihrer Produktvarianten?, in: KRP, o.Jg., 1991, S. 231 ff.
*Kern, W.*: Kennzahlensysteme als Niederschlag interdependenter Unternehmungsplanung, in: ZfbF, 23, 1971, S. 701 ff.
-(Hrsg.): Handwörterbuch der Produktionswirtschaft (HWProd), Stuttgart 1979.
*Kiewert, A.*: Kostenfrüherkennung in der Konstruktion durch Kopplung von CAD und Kostenrechnung, in: Rechnungswesen und EDV, 11. Saarbrücker Arbeitstagung 1990, Hrsg. A.-W. Scheer, Heidelberg 1990, S. 350 ff.
*Kilger, W.*: Kritische Werte in der Investitions- und Wirtschaftlichkeitsrechnung, in: ZfB, 35, 1965, S. 338 ff.
–: Optimale Produktions- und Absatzplanung, Opladen 1973.
–: Soll- und Mindest-Deckungsbeiträge als Steuerungselemente der betrieblichen Planung, in: Führungsprobleme industrieller Unternehmungen, Friedrich Thomee zum 60. Geburtstag, Hrsg. D. Hahn, Berlin und New York 1980, S. 219 ff.
–: Grenzplankostenrechnung, in: Entwicklungslinien der Kosten- und Erlösrechnung, Hrsg. K. Chmielewicz, Stuttgart 1983, S. 57 ff.
–: Die Konzeption einer Grundrechnung als Grundlage einer datenbankorientierten Kostenrechnung, in: Rechnungswesen und EDV, 5. Saarbrücker Arbeitstagung 1984, Hrsg. W. Kilger und A.-W. Scheer, Würzburg und Wien 1984, S. 411 ff.
–: Diskussionsbeitrag, in: Langfristiges Anlagengeschäft – Risiko-Management und Controlling, Hrsg. J. Funk und G. Laßmann, ZfbF-Sonderheft 20, 38, 1986, S. 133 ff.
–: Flexible Plankostenrechnung und Deckungsbeitragsrechnung, 9. Aufl., Wiesbaden 1988.
*Kilger, W.* und *A.-W. Scheer* (Hrsg.): Investitions- und Finanzplanung im Wechsel der Konjunktur, Würzburg und Wien 1981.

-(Hrsg.): Rechnungswesen und EDV, 5. Saarbrücker Arbeitstagung 1984, Würzburg und Wien 1984.

-(Hrsg.): Rechnungswesen und EDV, 6. Saarbrücker Arbeitstagung 1985, Würzburg und Wien 1985.

-(Hrsg.): Rechnungswesen und EDV, 7. Saarbrücker Arbeitstagung 1986, Heidelberg 1986.

*Klein, M.*: Finanzplanung im industriellen Anlagengeschäft, in: Planung im industriellen Anlagengeschäft, Hrsg. K. Backhaus, Düsseldorf 1984, S. 323 ff.

*Kleiner, F.*: Kostenrechnung bei flexibler Automatisierung, München 1991.

*Kloock, J.*: Mehrperiodige Investitionsrechnungen auf Basis kalkulatorischer und handels-rechtlicher Erfolgsrechnungen, in: ZfbF, 33, 1981, S. 873 ff.

–: Grenzkostenrechnung, in: Lexikon des Rechnungswesens, Hrsg. W. Busse von Colbe, 2. Aufl., München und Wien 1991, S. 239 ff.

*Knoop, J.*: Online-Kostenrechnung für die CIM-Planung, Berlin 1986.

*Koch, H.*: Die Ermittlung der Durchschnittskosten als Grundprinzip der Kostenrechnung, in: ZfhF (NF), 5, 1953, S. 303 ff.

–: Zur Frage des pagatorischen Kostenbegriffs, in: ZfB, 29, 1959, S. 8 ff.

-(Hrsg.): Neuere Entwicklungen in der Unternehmenstheorie, Festschrift zum 85. Geburtstag von E. Gutenberg, Wiesbaden 1982.

*Kolb, J.*: Industrielle Erlösrechnung – Grundlagen und Anwendung, Wiesbaden 1978.

–: Industrielle Erlösrechnung – Grundlagen und Anwendung, in: Kosten und Erlöse – Orien-tierungsgrößen der Unternehmenspolitik, Hrsg. R. Steffen und R. Wartmann, Festschrift für Gert Laßmann zum 60. Geburtstag, Stuttgart 1990, S. 153 ff.

*Kortzfleisch von, G.* und *B. Kaluza* (Hrsg.): Internationale und nationale Problemfelder der Betriebswirtschaftslehre, Festgabe für Heinz Bergner zum 60. Geburtstag, Berlin 1984.

*Kosiol, E.*: Neuere Ziele und Methoden der Kostenplanung, in: ZfB, 24, 1954, S. 657 ff.

*Kosiol, E., Chmielewicz, K.* und *M. Schweitzer* (Hrsg): Handwörterbuch des Rechnungswe-sens (HWR), 2. Aufl., Stuttgart 1981.

*Kraemer, W.*: Wissensbasierte Systeme zum intelligenten Soll-Ist-Kostenvergleich, in: Rech-nungswesen und EDV – 10. Saarbrücker Arbeitstagung 1990, Hrsg. A.-W. Scheer, Heidel-berg 1990, S. 182 ff.

–: Expertensysteme im Rechnungswesen und Controlling, in: Rechnungswesen und EDV, 12. Saarbrücker Arbeitstagung 1991, Hrsg. A.-W. Scheer, Heidelberg 1991, S. 22 ff.

–: Lean Controlling – Neue Ansätze zum Gemeinkostenmanagement, in: Rechnungswesen und EDV, 13. Saarbrücker Arbeitstagung 1992, Hrsg. A.-W. Scheer, Heidelberg 1992, S. 200 ff.

*Kraemer, W.* und *A.-W. Scheer*: Wissensbasiertes Controlling, in: Information Management, 4, 1989, Heft 2, S. 6 ff.

–: Wissensbasierte Frühwarnung und Kostenanalyse mit einem intelligenten Controlling-Leit-stand, in: CIM-Management, 7, 1991, S. 18 ff.

*Kraemer, W.* und *S. Spang*: Expertensysteme zum intelligenten Soll-Ist-Kostenvergleich, in: HMD , 147/1989, S. 77 ff.

*Kraemer, W.* und *D. Wiechmann*: BDE-gestützte Kosteninformationssysteme, in: CIM-Mana-gement, 6, 1990, S. 10 ff.

*Krallmann, H.*: Expertensysteme für die computerintegrierte Fertigung, in: FB/IE, 35, 1986, S. 100 ff.

*Kraus, R.*: Vorkalkulation bei langfristiger Einzelfertigung, Hrsg. A. G. Coenenberg und K. Wysocki, Frankfurt/M. 1986.

*Krcmar, H.*: Kritische Erfolgsfaktoren beim Einsatz von Expertensystemen, in: Rechnungs-wesen und EDV, 12. Saarbrücker Arbeitstagung 1991, Hrsg. A.-W. Scheer, Heidelberg 1991, S. 155 ff.

–: Informationsverarbeitungs-Controlling – Instrument des Informationsmanagement, in: Rechnungswesen und EDV, 13. Saarbrücker Arbeitstagung 1992, Hrsg. A.-W. Scheer, Heidelberg 1992, S. 58 ff.

*Kreisfeld, P.*: Kostenbestimmung mit CAD-Systemen für Rotationsteile, München und Wien 1985.

*Krickhahn, R., Schachter-Radig, M.-J.* und *M. Stangl*: Ein wissensbasiertes System zur Prüfplanung im Bereich CAQ, in: CIM-Management, 7, 1991, Heft 5, S. 60 ff.

*Kring, J. R.*: Integrierte CAQ-Funktionen, in: CIM-Management, 5, 1989, Heft 4, S. 4 ff.

*Kroesen, A.*: Instandhaltungsplanung und Betriebsplankostenrechnung, Wiesbaden 1983.

*Krüger, W.* und *P. Pfeiffer*: Eine konzeptionelle und empirische Analyse der Informationsstrategien und der Aufgaben des Informationsmanagements, in: ZfbF, 43, 1991, S. 21 ff.

*Kruschwitz, L.*: Investitionsrechnung, 4. Aufl., Berlin und New York 1990.

*Krystek, U.*: Unternehmungskrisen, Wiesbaden 1987.

–: Controlling, mißtrauens- oder vertrauensbasiert: Speerspitze einer Mißtrauensorganisation?, in: Gablers Magazin, o.Jg., 1991, Heft 5, S. 18 ff.

*Krystek, U.* und *S. Zumbrock*: Planung und Vertrauen, Stuttgart 1993.

*Küpper, H.-U.*: Der Bedarf an Kosten- und Leistungsinformationen in Industrieunternehmungen – Ergebnisse einer empirischen Erhebung, in: KRP, o.Jg., 1983, S. 169 ff.

–: Investitionstheoretische Fundierung der Kostenrechnung, in: ZfbF, 37, 1985, S. 26 ff.

–: Entwicklungslinien der Kostenrechnung als Controllinginstrument, in: KRP, o.Jg., 1990, S. 11 ff. und 83 ff.

–: Industrielles Controlling, in: Industriebetriebslehre – Das Wirtschaften in Industrieunternehmungen, Hrsg. M. Schweitzer, München 1990a, S. 785 ff.

–: Verknüpfung von Investitions- und Kostenrechnung als Kern einer umfassenden Planungs- und Kontrollrechnung, in: BFuP, 42, 1990b, S. 253 ff.

*Küpper, H.-U., Weber, J.* und *A. Zünd*: Zum Verständnis und Selbstverständnis des Controlling, in: ZfB, 60, 1990, S. 281 ff.

*Küpper, H.-U., Winckler, B.* und *S. Zhang*: Planungsverfahren und Planungsinformationen als Instrumente des Controlling, in: DBW, 50, 1990, S. 435 ff.

*Kurbel, K.*: Entwicklung von Expertensystemen, Berlin u.a. 1989.

*Kurbel, K. u.a.* (Hrsg.): Interaktive betriebswirtschaftliche Informations- und Steuerungssysteme, Berlin und New York 1989.

*Küting, K.*: Kennzahlensysteme in der betrieblichen Praxis, in: WiSt, 12, 1983, S. 291 ff.

*Küting, K.* und *P. Lorson*: Grenzplankostenrechnung versus Prozeßkostenrechnung, in: Betriebs-Berater, 46, 1991, S. 1421 ff.

*Lachnit, L.*: Zur Weiterentwicklung betriebswirtschaftlicher Kennzahlensysteme, in: ZfbF, 28, 1976, S. 216 ff.

–: Systemorientierte Jahresabschlußanalyse, Wiesbaden 1979.

*Lackes, R.*: EDV-orientiertes Kosteninformationssystem: flexible Plankostenrechnung und neue Technologien, Wiesbaden 1989.

–: Herausforderungen an ein fortschrittliches Kosteninformationssystem, in: KRP, o.Jg., 1990, S. 327 ff.

–: Die Kostenträgerrechnung unter Berücksichtigung der Variantenvielfalt und der Forderung nach konstruktionsbegleitender Kalkulation, in: ZfB, 61, 1991, S. 87 ff.

*Lange, Chr.* und *S. Schaefer*: Aufgaben, Aktivitäten und Instrumente eines DV-gestützten Investitions-Controllingsystems, in: DBW, 52, 1992, S. 489 ff.

*Laßmann, G.*: Die Kosten- und Erlösrechnung als Instrument der Planung und Kontrolle in Industriebetrieben, Düsseldorf 1968.

–: Gestaltungsformen der Kosten- und Erlösrechnung im Hinblick auf Planungs- und Kontrollaufgaben, in: Die Wirtschaftsprüfung, 26, 1973, S. 4 ff.

–: Produktivität, in: HWB, Bd. 2, Hrsg. E. Grochla und W. Wittmann, 4. Aufl., Stuttgart 1975, Sp. 3164 ff.

–: Die Deckungsbeitragsrechnung als Instrument der Verkaufssteuerung, in: ZfbF-Kontaktstudium, 28, 1976, S. 87 ff.

–: Unternehmensrechnung als Instrument der Unternehmensführung, in: BFuP, 30, 1978, Meinungsspiegel, S. 577 ff.

–: Erlösrechnung und Erlösanalyse bei Großserien- und Sortenfertigung, in: ZfbF, 31, 1979, Kontaktstudium, S. 135 ff. und 153 ff.

–: Neue Aufgaben der Kosten- und Erlösrechnung aus Sicht der Unternehmensführung, in: Führungsprobleme industrieller Unternehmungen, Friedrich Thomee zum 60. Geburtstag, Hrsg. D. Hahn, Berlin und New York 1980, S. 327 ff.

–: Einflußgrößenrechnung, in: HWR, Hrsg. E. Kosiol, K. Chmielewicz und M. Schweitzer, 2. Aufl., Stuttgart 1981, Sp. 427 ff.

–: Betriebsmodelle, in: Entwicklungslinien der Kosten- und Erlösrechnung, Hrsg. K. Chmielewicz, Stuttgart 1983, S. 87 ff.

–: Aktuelle Probleme der Kosten- und Erlösrechnung sowie des Jahresabschlusses bei weitgehend automatisierter Serienfertigung, in: ZfbF, 36, 1984, Kontaktstudium, S. 959 ff.

–: Besonderheiten der Ermittlung des Periodenerfolgs beim Einsatz von automatisierten Produktionssystemen im Industrieunternehmen, in: Unternehmungserfolg. Planung – Ermittlung – Kontrolle, Festschrift zum 60. Geburtstag von W. Busse von Colbe, Hrsg. M. Domsch, F. Eisenführ, D. Ordelheide und M. Perlitz, Wiesbaden 1988, S. 223 ff.

–: Aktuelle Entwicklungen in der Kostenrechnung, in: BFuP, 42, 1990, Meinungsspiegel, S. 312 ff.

–: Erlösrechnung, in: Lexikon des Rechnungswesens, Hrsg. W. Busse von Colbe, 2. Aufl., München und Wien 1991, S. 185 ff.

–: Einflußgrößenrechnung, in: Lexikon des Rechnungswesens, Hrsg. W. Busse von Colbe, 2. Aufl., München und Wien 1991a, S. 162 ff.

–: Betriebsplankosten- und Betriebsplanerfolgsrechnung, in: Handbuch Kostenrechnung, Hrsg. W. Männel, Wiesbaden 1992, S. 300 ff.

–: Kostenerfassung – Prinzipien und Technik, in: HWR, Hrsg. K. Chmielewicz und M. Schweitzer, 3. Aufl., Stuttgart 1993, Sp. 1188 ff.

*Laßmann, G., Bleuel, B.* und *M. Rademacher:* Leitfaden für ein PC-gestütztes Verfahren der Investitions- und Finanzierungsplanung für mittelständische Industrieunternehmungen mit begleitender Ausführungsüberwachung und Wirtschaftlichkeitskontrolle, 3. Aufl., Bochum 1988.

*Laßmann, G.* und *A. Vogt:* Periodenbezogene Kosten- und Erlösrechnung, in: HWPlan, Hrsg. N. Szyperski, Stuttgart 1989, Sp. 1341 ff.

*Lederle, H.:* Planung, Verrechnung und Kontrolle der Forschungs- und Entwicklungskosten in der Automobilindustrie, in: Rechnungswesen und EDV, 6. Saarbrücker Arbeitstagung 1985, Hrsg. W. Kilger und A.-W. Scheer, Würzburg und Wien 1985, S. 189 ff.

*Liebig, V. W.:* Kennzahlenanalyse. Grundlagen und Möglichkeiten der praktischen Anwendung, in: ZfbF, 29, 1977, Kontaktstudium, S. 71 ff.

*Liessmann, K.:* Bestimmungsfaktoren und Varianten der Controller-Organisation, in : Handbuch Controlling, Hrsg. E. Mayer und J. Weber, Stuttgart 1990, S. 511 ff.

*Link, E.:* Betriebsdatenerfassung, Pfaffenweiler 1990.

*Lorson, P.:* Prozeßkostenrechnung versus Grenzplankostenrechnung, in: KRP, o.Jg., 1992, S. 7 ff.

*Lücke, W.:* Investitionsrechnung auf der Grundlage von Ausgaben oder Kosten?, in: ZfhF (NF), 7, 1955, S. 310 ff.

-(Hrsg.): Betriebswirtschaftliche Steuerungs- und Kontrollprobleme, Wiesbaden 1988.

*Lüder, K.:* Investitionskontrolle, Wiesbaden 1969.

-(Hrsg.): Investitionsplanung, München 1977.

–: Investitionskontrolle in industriellen Großunternehmen, in: ZfB, 50, 1980, S. 351 ff.

*Lutz, J. F.*: Probleme der Erfassung und Kontrolle entscheidungsrelevanter Daten von Investitionen, in: Investitions- und Finanzplanung im Wechsel der Konjunktur, Hrsg. W. Kilger und A.-W. Scheer, Würzburg und Wien 1981, S. 157 ff.

*Madauss, B. J.*: Handbuch Projektmanagement, 3. Aufl., Stuttgart 1990.

*Mag, W.*: Entscheidung und Information, München 1977.

–: Grundzüge der Entscheidungstheorie, München 1990.

*Maier, H.*: Integration von Produktionsplanung und Kostenträgerrechnung als Bestandteil eines umfassenden Kostenrechnungssystems, in: Kostenrechnungs-Standardsoftware für mittelständische Unternehmen, Hrsg. W. Männel, Wiesbaden 1990, S. 189 ff.

*Männel, W.*: Zur Gestaltung der Erlösrechnung, in: Entwicklungslinien der Kosten- und Erlösrechnung, Hrsg. K. Chmielewicz, Stuttgart 1983, S. 119 ff.

-(Hrsg.): Schriftenreihe Anlagenwirtschaft, Köln 1985.

-(Hrsg.): Integrierte Anlagenwirtschaft, Köln 1988.

-(Hrsg.): Kostenrechnungs-Standardsoftware für mittelständische Unternehmen, Wiesbaden 1990.

–: Kostenrechnungskonzepte für moderne Unternehmensstrukturen, in: Tagungsband Kongress Kostenrechnung '91, Frankfurt 1991, S. 1 ff.

–: Bedeutung der Erlösrechnung für die Ergebnisrechnung, in: Handbuch Kostenrechnung, Hrsg. W. Männel, Wiesbaden 1992, S. 631 ff.

-(Hrsg.): Handbuch Kostenrechnung, Wiesbaden 1992a.

–: Anpassung der Kostenrechnung an moderne Unternehmensstrukturen, in: Handbuch Kostenrechnung, Hrsg. W. Männel, Wiesbaden 1992b, S. 105 ff.

*Männel, W.* und *J. Weber*: Formeln und Kennzahlen im Fertigungsbereich, in: WiSt, 11, 1982, S. 579 ff.

*Marettek, A.*: Arbeitsschritte zur Durchführung der Zero-Base-Budgeting-Analyse, in: WiSt, 11, 1982, S. 257 ff.

*Martiny, L.* und *M. Klotz*: Strategisches Informationsmanagement, München und Wien 1989.

*Masing, W.*: Qualität und Qualitätsmanagement in Europa und den USA, in: Qualitätsmanagement – ein Erfolgspotential, Hrsg. G. J. B. Probst, Bern 1983, S. 94 ff.

-(Hrsg.): Handbuch der Qualitätssicherung, 2. Auflage, München und Wien 1988.

*Mayer, E.* und *J. Weber* (Hrsg.): Handbuch Controlling, Stuttgart 1990.

*Mayer, R.*: Prozeßkostenrechnung, in: KRP, o.Jg., 1990, S. 74 f.

*Mayer, R.* und *H. Glaser*: Die Prozeßkostenrechnung als Controlling-Instrument – Pro und Contra, in: Controlling, 3, 1991, S. 296 ff.

*Mellerowicz, K.*: Planung und Plankostenrechnung, Bd. 1: Betriebliche Planung, Freiburg 1961.

–: Neuzeitliche Kalkulationsverfahren, 6. Aufl., Freiburg/Br. 1977.

–: Kosten und Kostenrechnung, Bd. 2, 2. Teil, 5. Aufl., Berlin und New York 1980.

*Mensch, G.*: Ablaufplanung, Köln und Opladen 1968.

*Mertens, P.*: Expertisesysteme als Variante der Expertensysteme zur Führungsinformation, in: ZfbF, 41, 1989, S. 835 ff.

-(Hrsg.): Lexikon der Wirtschaftsinformatik, Berlin u.a. 1990.

–: Integrierte Informationsverarbeitung, Bd. 1: Administrations- und Dispositionssysteme in der Industrie, 8. Aufl., Wiesbaden 1991.

*Mertens, P., Back-Hock, A.* und *R. Fiedler*: Verbindungen der Kosten- und Leistungsrechnung zur computergestützten Informations- und Wissensverarbeitung, in: BFuP, 42, 1990, S. 268 ff.

–: Einfluß der computergestützten Informations- und Wissensverarbeitung auf das Controlling, in: ZfB-Ergänzungsheft 3, 1991, S. 37 ff.

*Mertens, P., Borkowski, V.* und *W. Geis*: Betriebliche Expertensystem-Anwendungen, 2. Aufl., Berlin u.a. 1990.

*Mertens, P., Fiedler, R.* und *W. Sinzig*: Wissensbasiertes Controlling des Betriebsergebnisses, in: Rechnungswesen und EDV, 10. Saarbrücker Arbeitstagung 1989, Hrsg. A.-W. Scheer, Heidelberg 1989, S. 153 ff.

*Mertens, P.* und *J. Griese*: Industrielle Datenverarbeitung, Bd. 2: Planungs- und Kontrollsysteme in der Industrie, 6. Aufl., Wiesbaden 1991.

*Mertens, P.* und *P. Haun*: Daten- und Methodenbankorientiertes Rechnungswesen – eine 3. Generation der Computerunterstützung? – Erfahrungen mit einem Laborsystem an der Universität Erlangen-Nürnberg, in: Betriebswirtschaftliche Steuerungs- und Kontrollprobleme, Hrsg. W. Lücke, Wiesbaden 1988, S. 211 ff.

*Mertens, P. u.a.*: Grundzüge der Wirtschaftsinformatik, 2. Aufl., Berlin u.a. 1992.

*Meyer, P.*: Stellung der Kosten- und Leistungsrechnung im Rechnungswesen, in: Handbuch Kostenrechnung, Hrsg. W. Männel, Wiesbaden 1992, S. 54 ff.

*Meyer-Piening, A.*: Gemeinkosten senken – aber wie?, in: ZfB, 60, 1980, S. 691 ff.

–: Zero-Base Budgeting (ZBB) als Planungs- und Führungsinstrument, in: DB, 33, 1980a, S. 1277 ff.

–: Zero-Base Budgeting, in: ZfO, 51, 1982, S. 257 ff.

*Michaelis, H.* und *C.-A. Rhösa*: Preisbildung bei öffentlichen Aufträgen, einschließlich Beschaffungswesen, Kommentar, Loseblatt-Sammlung, 2. Aufl., Wiesbaden 1990.

*Miller, J. G.* und *T. E. Vollmann*: The hidden factory, in: Harvard Business Review, 63, 1985, S. 142 ff.

*Milling, P.*: Kosten- und Erlössteuerung im Großanlagenbau, in: Internationale und nationale Problemfelder der Betriebswirtschaftslehre, Hrsg. G. von Kortzfleisch und B. Kaluza, Festgabe für Heinz Bergner zum 60. Geburtstag, Berlin 1984, S. 65 ff.

*Mirani, A.*: Kosten- und Investitionsmanagement für moderne Industrieanlagen, in: KRP, o.Jg., 1987, S. 225 ff.

*Molter, W.*: Vertragliche Handhabung des Verzugspönalerisikos bei konsortial abgewickelten Anlagenprojekten, in: Planung im industriellen Anlagengeschäft, Hrsg. K. Backhaus, Düsseldorf 1984, S. 191 ff.

*Monden, Y.* und *M. Sakurai* (Hrsg.): Japanese Management Accounting, Cambridge und Norwalk 1989.

*Mosler, H. J.*: Die Betriebsdatenerfassung in CIM-Konzepten ist anders als bisher, in: Management-Zeitschrift io, 57, 1988, S. 278 ff.

*Müller, H.*: Kostenrechnungsorientiertes CIM, in: Jahrbuch für Controlling und Rechnungswesen '90, Hrsg. G. Seicht, Wien 1990, S. 89 ff.

–: Entwicklungstendenzen im innerbetrieblichen Rechnungswesen – Realisierungschancen im Standardsoftwarebereich, in: Strategieunterstützung durch das Controlling – Revolution im Rechnungswesen?, Hrsg. P. Horváth, Stuttgart 1990a, S. 307 ff.

–: Industrielle Abfallbewältigung. Entscheidungsprobleme aus betriebswirtschaftlicher Sicht, Wiesbaden 1991.

–: Die Entwicklung des EDV-Einsatzes für die Grenzplankostenrechnung, in: Grenzplankostenrechnung: Stand und aktuelle Probleme, Hrsg. A.-W. Scheer, 2. Aufl., Wiesbaden 1991a, S. 107 ff.

*Müller-Merbach, H.*: Ein Investitions-Informations-System (IIS), in: Operations Research Proceedings, Hrsg. B. Fleischmann, Berlin u.a. 1982, S. 382 ff.

*Nickel, E.*: Computergestützte Projektinformationssysteme, Idstein 1985.

*Niemand, S.*: Target Costing, in: FB/IE, 41, 1992, S. 118 ff.

*Offermann, A.*: Projekt-Controlling bei der Einführung neuer Produkte, Thun 1985.

*Ott, M.*: Mit strategischem Controlling die Informatik im Griff, in: Management-Zeitschrift io, 59, 1990, Heft 12, S. 79 ff.

*o. V.*: Aktuelle Entwicklungen in der Kostenrechnung, in: BFuP, 42, 1990, S. 312 ff.

*o. V.*: Entwicklungsbegleitende Vorkalkulation, in: KRP, o.Jg., 1990a, S. 374 f.

*Pedell, K. L.*: Produktivitätsveränderungen und Ergebnisanalyse – Erfahrungen aus der Unternehmenspraxis, in: ZfbF, 37, 1985, Kontaktstudium, S. 810 ff.

–: Analyse und Planung von Produktivitätsveränderungen, in: ZfbF, 37, 1985a, Kontaktstudium, S. 1078 ff.

*Peemöller, V. H.*: Controlling – Grundlagen und Einsatzgebiete, Herne und Berlin 1990.

*Pfeiffer, W.* und *P. Bischof*: Überleben durch Produktplanung auf der Basis von Produktlebenszyklen, in: FB/IE, 24, 1975, S. 343 ff.

*Pfohl, H.-Ch.*: Logistiksysteme, 3. Aufl., Berlin u.a. 1988.

*Pfohl, H.-Ch.* und *K. Wübbenhorst*: Lebenszykluskosten, in: Journal für Betriebswirtschaft, 33, 1983, S. 142 ff.

*Picot, A.* und *E. Franck*: Informationsmanagement, in: HWO, 3. Aufl., Hrsg. E. Frese, Stuttgart 1992, Sp. 886 ff.

*Picot, A.* und *R. Reichwald*: Informationswirtschaft, in: Industriebetriebslehre, Hrsg. E. Heinen, 9. Aufl., Wiesbaden 1991, S. 241 ff.

*Plattner, H.*: Die technische Konzeption eines Integrationsmodells am Beispiel des Systems RK, in: Rechnungswesen und EDV, 7. Saarbrücker Arbeitstagung 1986, Hrsg. W. Kilger und A.-W. Scheer, Heidelberg 1986, S. 203 ff.

*Plattner, H.* und *H. Kagermann*: Einbettung eines Systems der Plankostenrechnung in ein EDV-Gesamtkonzept, in: Grenzplankostenrechnung – Stand und aktuelle Probleme, Festschrift für Hans Georg Plaut, Hrsg. A.-W. Scheer, Wiesbaden 1988, S. 137 ff.

*Plaut, H. G.*: Die Grenzplankostenrechnung, in: ZfB, 23, 1953, S. 347 ff. und S. 402 ff.

–: Entwicklungsformen der Plankostenrechnung, in: Neuere Entwicklungen in der Kostenrechnung (II), Hrsg. H. Jacob, Wiesbaden 1976, S. 5 ff.

–: Essentials eines modernen innerbetrieblichen Rechnungswesens, in: Controller Magazin, 14, 1989, S. 233 ff.

–: Grenzplankosten- und Deckungsbeitragsrechnung als modernes Kostenrechnungssystem, in: Handbuch Kostenrechnung, Hrsg. W. Männel, Wiesbaden 1992, S. 203 ff.

*Plaut, H. G., Müller, H.* und *W. Medicke*: Grenzplankostenrechnung und Datenverarbeitung, 3. Aufl., München 1973.

*Plinke, W.*: Der Einfluß von Kosteninformationen auf Preisentscheidungen, in: Marketing, Zeitschrift für Forschung und Praxis, 4, 1982, S. 246 ff.

–: Erlösplanung im industriellen Anlagengeschäft, Wiesbaden 1985.

–: Ansatzpunkte einer projektorientierten Kosten- und Leistungsrechnung in Unternehmen des langfristigen Anlagenbaus, in: Rechnungswesen und EDV, 7. Saarbrücker Arbeitstagung 1986, Hrsg. W. Kilger und A.-W. Scheer, Heidelberg 1986, S. 601 ff.

–: Industrielle Kostenrechnung, 2. Aufl., Berlin u.a. 1991.

*Pohl, M.*: Methoden der mehrperiodischen Unternehmensplanung bei Sortenfertigung, Bochum 1978.

*Polke, M.*: Produktionsplanung in der chemischen Industrie unter besonderer Berücksichtigung der dispositiven Planung, in: Produktionswirtschaft – Controlling industrieller Produktion, Bd. 2, Hrsg. D. Hahn und G. Laßmann, Heidelberg 1989, S. 369 ff.

*Porter, M. E.*: Wettbewerbsvorteile, Frankfurt/M. 1986.

*Probst, G. J. B.* (Hrsg.): Qualitätsmanagement – ein Erfolgspotential, Bern 1983.

*Probst, G. J. B.* und *R. Schmitz-Dräger* (Hrsg.): Controlling und Unternehmensführung, Bern 1985.

*Radomski, J.* und *G. Betzing*: Die kalkulatorische Behandlung von Einmalausgaben für Produktentwicklung, -herstellung und -markteinführung aus absatzwirtschaftlicher Sicht, in: ZfbF-Sonderheft 7, 29, 1977, S. 185 ff.

*Reeder, W.*: Exportfinanzierung im Anlagenbau, in: ZfB, 52, 1982, S. 117 ff.

*REFA e. V.* (Hrsg.): Methodenlehre des Arbeitsstudiums, Teil 2, 6. Aufl., München 1978.

-(Hrsg.): Methodenlehre des Arbeitsstudiums, Teil 3, 7. Aufl., München 1985.

*Rehkugler, H.*: Kennzahlen im Personal- und Sozialwesen, in: HWP, Hrsg. E. Gaugler, Stuttgart 1975, Sp. 1106 ff.

*Reichling, P.* und *G. Köberle*: Gemeinkosten-Controlling mit der Prozeßkostenrechnung, in: Controlling, Grundlagen – Informationssysteme – Anwendungen, Hrsg. K. Spemann und E. Zur, Wiesbaden 1992, S. 487 ff.

*Reichmann, T.* (Hrsg.): Die Zukunft sichern – Controlling '87, München 1987.

– (Hrsg.): Controlling-Praxis, München 1988.

–: Controlling mit Kennzahlen – Grundlagen einer systemgestützten Controlling-Konzeption, 2. Aufl., München 1990.

*Reichmann, T.* und *O. Fröhling*: Fixkostenmanagementorientierte Plankostenrechnung vs. Prozeßkostenrechnung, in: Controlling, 3, 1991, S. 42 ff.

*Reichmann, T.* und *L. Lachnit*: Planung, Steuerung und Kontrolle mit Hilfe von Kennzahlen, in: ZfbF, 28, 1976, S. 705 ff.

*Reichmann, T.* und *Chr. Lange*: Aufgaben und Instrumente des Investitions-Controlling, in: DBW, 45, 1985, S. 454 ff.

*Renner, A.*: Kostenorientierte Produktionssteuerung, München 1991.

*Riebel, P.*: Rechnungsziele, Typen von Verantwortungsbereichen und Bildung von Verrechnungspreisen, in: ZfbF-Sonderheft 2, 25, 1973, S. 11 ff.

–: Zum Konzept einer zweckneutralen Grundrechnung, in: ZfbF, 31, 1979, S. 785 ff.

–: Neuere Entwicklungen in der Kostenrechnung, in: Online-Systeme im Finanz- und Rechnungswesen, Hrsg. P. Stahlknecht, Berlin, Heidelberg und New York 1980, S. 1 ff.

–: Einzelkosten- und Deckungsbeitragsrechnung, 6. Aufl., Wiesbaden 1990.

–: Aktuelle Entwicklungen in der Kostenrechnung, in: BFuP, 42, 1990a, Meinungsspiegel, S. 312 ff.

–: Einzelerlös-, Einzelkosten- und Deckungsbeitragsrechnung als Kern einer ganzheitlichen Führungsrechnung, in: Handbuch Kostenrechnung, Hrsg. W. Männel, Wiesbaden 1992, S. 247 ff.

*Riezler, St.*: Konzeption einer umfassenden Planungs- und Überwachungsrechnung für das Controlling strategischer Projekte als Baustein eines integrierten betrieblichen Informationssystems, Diss. Bochum, in Vorbereitung.

*Rinne, H.* und *G. Ickler*: Statistik, Teil 1: Deskriptive Statistik, München 1979.

*Rinza, P.*: Projektmanagement – Planung, Überwachung und Steuerung von technischen und nichttechnischen Vorhaben, 2. Aufl., Düsseldorf 1985.

*Roever, M.*: Gemeinkosten-Wertanalyse – Erfolgreiche Antwort auf die Gemeinkosten-Problematik, in: ZfB, 50, 1980, S. 686 ff.

*Roschmann, K.* (Hrsg.): Betriebsdatenerfassung in Industrieunternehmen, München 1979.

–: Betriebsdatenerfassung, in: CIM-Handbuch, Hrsg. U. W. Geitner, Braunschweig 1987, S. 89 ff.

–: Stand und Entwicklungstendenzen der Betriebsdatenerfassung im CIM-Konzept, in: CIM-Management, 6, 1990, Heft 3, S. 4 ff.

–: Betriebsdatenerfassung 1990, in: FB/IE, 39, 1990a, S. 200 ff.

–: Stand und Entwicklungstendenzen der Betriebsdatenerfassung im CIM-Konzept, in: CIM-Management, 6, 1990b, Heft 3, S. 4 ff.

*Sackerer, H.*: Kaufmännische Preisprüfung und technische Aufwandsermittlung bei öffentlichen Aufträgen gem. VOL, Heft 3 der Schriften zum öffentlichen Auftragswesen, Tangstedt bei Hamburg 1988.

*Sakate, K.* und *T. Toyama*: Decision Support Systems Based on a Structured Matrix, in: Japanese Management Accounting, Hrsg. Y. Monden und M. Sakurai, Cambridge und Norwalk 1989, S. 211 ff.

*SAP AG* (Hrsg.): SAP-System R/3 – Informationen 1991, Walldorf 1991.

*Savory, S. E.*: Grundlagen von Expertensystemen, München und Wien 1988.

*Saynisch, M.*: Die Projektkostenrechnung und ihre Integration mit dem betrieblichen Rechnungswesen, in: Projektmanagement, Hrsg. H. Saynisch, H. Schelle und A. Schub, München und Wien 1979, S. 245 ff.

*Saynisch, H., Schelle, H.* und *A. Schub* (Hrsg.): Projektmanagement, München und Wien 1979.

*Schanz, G.* (Hrsg.): Handbuch Anreizsysteme für Wirtschaft und Verwaltung, Stuttgart 1991.

*Scheer, A.-W.*: Stand und Trends der computergestützten Produktionsplanung und -steuerung in der Bundesrepublik Deutschland, in: ZfB, 53, 1983, S. 138 ff.

–: Einführung von Vorkalkulationen in CAD-Systemen, in: Rechnungswesen und EDV, 6. Saarbrücker Arbeitstagung, Hrsg. W. Kilger und A.-W. Scheer, Würzburg und Wien 1985, S. 241 ff.

– (Hrsg.): Rechnungswesen und EDV, 8. Saarbrücker Arbeitstagung 1987, Heidelberg 1987.

–: Das Rechnungswesen in den Integrationstrends der Datenverarbeitung, in: Rechnungswesen und EDV, 9. Saarbrücker Arbeitstagung 1988, Hrsg. A.-W. Scheer, Heidelberg 1988, S. 3 ff.

–: Wirtschaftsinformatik – Informationssysteme im Industriebetrieb, Berlin u.a. 1988a.

– (Hrsg.): Rechnungswesen und EDV, 9. Saarbrücker Arbeitstagung 1988, Heidelberg 1988b.

– (Hrsg.): Grenzplankostenrechnung – Stand und aktuelle Probleme, Festschrift für Hans Georg Plaut, Wiesbaden 1988c.

– (Hrsg.): Betriebliche Expertensysteme I, Wiesbaden 1988d.

–: Unternehmensdatenmodell – Voraussetzung integrierter Informationsverarbeitung der 90er Jahre, in: Rechnungswesen und EDV, 10. Saarbrücker Arbeitstagung 1989, Hrsg. A.-W. Scheer, Heidelberg 1989, S. 3 ff.

– (Hrsg.): Rechnungswesen und EDV, 10. Saarbrücker Arbeitstagung 1989, Heidelberg 1989a.

–: Wirtschaftsinformatik, 3. Aufl., Berlin u.a. 1990a.

–: CIM – Der computergesteuerte Industriebetrieb, 4. Aufl., Berlin u.a. 1990b.

– (Hrsg.): Rechnungswesen und EDV, 11. Saarbrücker Arbeitstagung 1990, Heidelberg 1990c.

– (Hrsg.): Rechnungswesen und EDV, 12. Saarbrücker Arbeitstagung 1991, Heidelberg 1991.

– (Hrsg.): Grenzplankostenrechnung: Stand und aktuelle Probleme, 2. Aufl., Wiesbaden 1991a.

–: ARIS – Eine Architektur für integrierte Informationssysteme, in: Rechnungswesen und EDV, 13. Saarbrücker Arbeitstagung 1992, Hrsg. A.-W. Scheer, Heidelberg 1992, S. 3 ff.

– (Hrsg.): Simultane Produktentwicklung, Forschungsbericht 4 der Hochschulgruppe Arbeits- und Betriebsorganisation HAB e.V., München 1992a.

– (Hrsg.): Rechnungswesen und EDV, 13. Saarbrücker Arbeitstagung 1992, Heidelberg 1992b.

*Scheer, A.-W.* und *W. Kraemer*: Wie beeinflußt CIM das Rechnungswesen?, in: Management-Zeitschrift io, 58, 1989, S. 81 ff.

–: Konzeption und Realisierung eines Expertenunterstützungssystems im Controlling, in: Interaktive betriebswirtschaftliche Informations- und Steuerungssysteme, Hrsg. K. Kurbel u.a., Berlin und New York 1989a, S. 157 ff.

*Scheer, A.-W.* und *D. Steinmann*: Einführung in den Themenbereich Expertensysteme, in: Betriebliche Expertensysteme I, Hrsg. A.-W. Scheer, Wiesbaden 1988, S. 5 ff.

*Scherer, W.* und *L. Seyfferth*: Planung und Kontrolle der Kosten bei langfristigen Großprojekten, in: AGPLAN-Handbuch zur Unternehmensplanung, Bd. 2, Hrsg. J. Fuchs und K. Schwantang, Berlin 1970, S. 1 ff.

*Schierenbeck, H.*: Innerbetriebliche Leistungen, in: HWR, Hrsg. K. Chmielewicz und M. Schweitzer, 3. Aufl., Stuttgart 1993, Sp. 910 ff.

*Schirmer, A.*: Planung und Einführung eines neuen Produktes am Beispiel der Automobilindustrie, in: ZfbF, 42, 1990, S. 892 ff.

*Schmalenbach, E.*: Über Verrechnungspreise, in: ZfhF, 3, 1908/09, S. 165 ff.

–: Pretiale Wirtschaftslenkung, Bd. 1: Die optimale Geltungszahl, Bremen 1947.

–: Pretiale Wirtschaftslenkung, Bd. 2: Pretiale Lenkung des Betriebes, Bremen 1948.

*Schmidt, A.*: Das Controlling als Instrument zur Koordination der Unternehmensführung, Frankfurt/M., Bern und New York 1986.

*Schmieder, A.*: Prozeßorientiertes Controlling und Rechnungswesen, Ausgestaltungsmöglichkeiten CIM-orientierter Rechnungswesensysteme, in: Controlling, 2, 1990, S. 12 ff.

*Schmitz, P.*: Expertensysteme, in: HWO, 3. Aufl., Hrsg. E. Frese, Stuttgart 1992, Sp. 611 ff.

*Schneeweiß, Chr.*: Kostenwirksamkeitsanalyse, Nutzwertanalyse und Multi-Attributive Nutzentheorie, in: WiSt, 19, 1990, S. 13 ff.

*Schneider, D.*: Allgemeine Betriebswirtschaftslehre, 3. Aufl., München und Wien 1987.

*Scholz, C.*: Personalmanagement, 2. Aufl., München 1991.

*Schoof, H. J.*: Risikobeherrschung im Anlagengeschäft, in: VDI (Verein Deutscher Ingenieure) (Hrsg.): Bericht Nr. 513, Das internationale Geschäft mit Industrieanlagen, Düsseldorf 1984, S. 1 ff.

*Schott, G.*: Kennzahlen: Instrument der Unternehmensführung, 5. Aufl., Wiesbaden 1988.

*Schramm, M.*: Produkthaftung und Qualitätssicherung als Problemfeld der strategischen Führung einer Industrieunternehmung, Diss. Gießen 1990.

*Schröder, E. F.*: Organisatorischer Wandel und Controlling, in: Handbuch Controlling, Hrsg. E. Mayer und J. Weber, Stuttgart 1990, S. 983 ff.

*Schubert, W.*: Kostenträgerstückrechnung als (primäre) Kostenartenrechnung, in: BFuP, 17, 1965, S. 358 ff.

*Schug, C.*: Produkt-Investitions-Steuerung (PIS), in: Die Zukunft sichern – Controlling '87, Hrsg. T. Reichmann, München 1987, S. 277 ff.

*Schulte, Ch.*: Personal-Controlling mit Kennzahlen, München 1989.

–: Logistik, München 1991.

*Schulz-Mehrin, O.*: Betriebswirtschaftliche Kennzahlen als Mittel zur Betriebskontrolle und Betriebsführung, Berlin 1954.

*Schwanfelder, W.*: Internationale Anlagengeschäfte: Anbieterkonsortium, Projektabwicklung, Projektcontrolling, Wiesbaden 1989.

*Schwarz, H.*: Kostenträgerrechnung und Unternehmungsführung, 2. Aufl., Berlin 1973.

*Schwarze, J.*: Netzplantechnik, 6. Aufl., Herne und Berlin 1990.

*Schweitzer, M.*: Methodologische und entscheidungstheoretische Grundfragen der betriebswirtschaftlichen Prozeßstrukturierung, in: ZfbF, 19, 1967, S. 279 ff.

– (Hrsg.): Industriebetriebslehre – Das Wirtschaften in Industrieunternehmungen, München 1990.

*Schweitzer, M. und H.-U. Küpper*: Systeme der Kostenrechnung, 5. Aufl., Landsberg/Lech 1991.

*Schwellnuß, A. G.*: Investitions-Controlling, München 1991

*Seibt, D.*: Information Resource Management, in: Lexikon der Wirtschaftsinformatik, Hrsg. P. Mertens, Berlin u.a. 1990, S. 212 ff.

–: Informations-Controlling, in: HWO, Hrsg. E. Frese, 3. Aufl., Stuttgart 1992, Sp. 901 ff.

*Seicht, G.*: Moderne Kosten- und Leistungsrechnung, 6. Aufl., Wien 1990.

– (Hrsg.): Jahrbuch für Controlling und Rechnungswesen '90, Wien 1990a.

*Serfling, K.*: Controlling, Stuttgart u.a. 1983.

*Siegwart, H. und F. Raas*: Anpassung der Kosten- und Leistungsrechnung an moderne Fertigungstechnologien, in: KRP, o.Jg., 1989, S. 7 ff.

*Siegwart, H. und F. Raas*: CIM-orientiertes Rechnungswesen – Bausteine zu einem System-Controlling, Stuttgart 1991.

*Siepert, H. M.*: Projektcontrolling im Großanlagenbau, in: Integrierte Anlagenwirtschaft, Hrsg. W. Männel, Köln 1988, S. 331 ff.

*Singer, H.*: Dienstleistungen als Wettbewerbsinstrument im industriellen Anlagengeschäft, in: ZfbF, 38, 1986, S. 84 ff.

*Sinzig, W.*: Datenbankorientiertes Rechnungswesen, 3. Aufl., Berlin u.a. 1990.

*Solaro, D.*: Controlling, in: Lexikon des Rechnungswesens, Hrsg. W. Busse von Colbe, 2. Aufl., München und Wien 1991, S. 133 ff.

*Solaro, D. u.a.* (Hrsg.): Projekt-Controlling – Planungs-, Steuerungs- und Kontrollverfahren für Anlagen- und Systemprojekte, Stuttgart 1979.

*Sommerlatte, T.*: Gemeinkostenwertanalyse – kein Allheilmittel, in: Personalwirtschaft, 16, 1989, Heft 7, S. 30 ff.

*Spang, S.* und *W. Kraemer* (Hrsg.): Expertensysteme – Entscheidungsgrundlage für das Management, Wiesbaden 1991.

*Specht, D.*: Wissensbasierte Systeme im Produktionsbetrieb, München und Wien 1989.

*Spemann, K.* und *E. Zur* (Hrsg.): Controlling, Grundlagen – Informationssysteme – Anwendungen, Wiesbaden 1992.

*Spiller, K.*: Finanzielle Risiken im Anlagengeschäft, in: ZfbF, 31, 1979, Kontaktstudium, S. 209 ff.

*Stächelin, W.*: Betriebswirtschaftliche Kennzahlen zur Personalkostenplanung, in: Personal, 28, 1976, S. 137 ff.

*Staehelin, E.*: Investitionsentscheide in industriellen Unternehmungen – Ergebnisse einer Umfrage, Grüsch 1988.

*Staehle, W.*: Kennzahlen und Kennzahlensysteme als Mittel der Organisation und Führung von Unternehmen, Wiesbaden 1969.

*Stahlknecht, P.* (Hrsg.): Online-Systeme im Finanz- und Rechnungswesen, Berlin, Heidelberg und New York 1980.

–: Einführung in die Wirtschaftsinformatik, 4. Aufl., Berlin u.a. 1989.

*Staudt, E., Groeters, U., Hafkesbrink, J.* und *H.-R. Treichel*: Kennzahlen und Kennzahlensysteme, Berlin 1985.

*Steffen, R.*: „Computer Integrated Manufacturing" (CIM) – Bausteine und (noch) fehlende Elemente der Kostenrechnung, in: KRP, o.Jg., 1987, S. 8 ff.

–: Nutzung der Kosten- und Erlösrechnung zur konstruktionsbegleitenden Erfolgsfrüherkennung in Verbindung mit computergesteuerten Technologien, in: Kosten und Erlöse – Orientierungsgrößen der Unternehmenspolitik, Festschrift für Gert Laßmann zum 60. Geburtstag, Hrsg. R. Steffen und R. Wartmann, Stuttgart 1990, S. 195 ff.

–: Verbindung computergestützter Erzeugniskonstruktion (CAD) mit der Kosten- und Erlösrechnung in CIM-Konzeptionen, in: ZfbF, 43, 1991, Kontaktstudium, S. 359 ff.

*Steffen, R.* und *R. Wartmann* (Hrsg.): Kosten und Erlöse – Orientierungsgrößen der Unternehmenspolitik, Festschrift für Gert Laßmann zum 60. Geburtstag, Stuttgart 1990.

*Steinbach, W.*: Qualitätskosten, in: Handbuch der Qualitätssicherung, Hrsg. W. Masing, 2. Aufl., München und Wien 1988, S. 879 ff.

*Strohmeyer, R.*: Die strategische Bedeutung des elektronischen Datenaustausches, dargestellt am Beispiel von VEBA Wohnen, in: ZfbF, 44, 1992, Kontaktstudium, S. 462 ff.

*Sugiura, H.* und *Y. Monden*: Using a Structured Matrix as a Decision Support System in Materials Flow and Cost Planning, in: Japanese Management Accounting, Hrsg. Y. Monden und M. Sakurai, Cambridge und Norwalk 1989, S. 115 ff.

*Szyperski, N.* unter Mitarbeit von *U. Winand* (Hrsg.): Handwörterbuch der Planung (HWPlan), Stuttgart 1989.

*Tanaka, M.*: Cost Planning and Control Systems in the Design Phase of a New Product, in: Japanese Management Accounting – A World Class Approach to Profit Management, Hrsg. Y. Monden und M. Sakurai, Cambridge, Norwalk 1989, S. 49 ff.

*Teichmann, H.*: Die Bestimmung der optimalen Information, in: ZfB, 41, 1971, S. 745 ff.

*Ternirsen, K.*: Die Risikoproblematik in der Kalkulation von Projekten des Anlagenbaus, in: Kosten und Erlöse – Orientierungsgrößen der Unternehmenspolitik, Festschrift für Gert Laßmann zum 60. Geburtstag, Hrsg. R. Steffen und R. Wartmann, Stuttgart 1990, S. 217 ff.

*Thiele, W.*: Produkt- und marktspezifisch bedingte Erlösplanung und -kontrolle im Großmaschinen- und Anlagenbau, in: Anlagen-Marketing, Hrsg. W. H. Engelhardt und G. Laßmann, ZfbF-Sonderheft 7, 29, 1977, S. 79 ff.

*Toyama, T., Endoh, K. und M. Yasuda*: A Breakthrough in Management Information Systems – Having High Visibility and Quick Response based on Structured Matrix, Arbeitspapier für die International Conference on Economics/Management and Information Technology '92 (CEMIT), Tokyo, 31. August – 4. September 1992.

*Troßmann, E.*: Flexible Plankostenrechnung nach Kilger, in: Handbuch Kostenrechnung, Hrsg. W. Männel, Wiesbaden 1992, S. 226 ff.

*Vancil, R. F. und P. Lorange*: Strategic Planning in Diversified Companies, in: Harvard Business Review, 53, 1975, Heft 1, S. 81 ff.

*VDMA* (Hrsg.): Vor- und Nachkalkulation aus einem Guß, 3. Aufl., Frankfurt/M. 1983.

–: Projekt-Controlling bei Anlagengeschäften, 4. Aufl., Frankfurt/M. 1985.

*Vellmann, K.*: Organisation des Controlling in einem Konzern, in: Handbuch Controlling, Hrsg. E. Mayer und J. Weber, Stuttgart 1990, S. 535 ff.

*Verein Deutscher Ingenieure (VDI)* (Hrsg.): Bericht 513, Das internationale Geschäft mit Industrieanlagen, Düsseldorf 1984.

*Vikas, K.*: Neue Konzepte für das Kostenmanagement, Wiesbaden 1991.

*Voß, F.-W.*: Investitionsentscheidungen in der Automobilindustrie, in: Controlling-Praxis, Hrsg. T. Reichmann, München 1988, S. 147 ff.

*VW AG* (Hrsg.): Wolfsburger Fachgespräche 8, Wolfsburg 1986.

*Waldmann, K.-H.*: Qualitätsregelkarten mit Gedächtnis, in: ZfbF, 44, 1992, S. 867 ff.

*Warnick, B.*: Typische Funktionsumfänge von Standardsoftware zur Kosten- und Leistungsrechnung, in: Handbuch Kostenrechnung, Hrsg. W. Männel, Wiesbaden 1992, S. 1295 ff.

*Wartmann, R., Steinecke, V. und G. Sehner*: System für Plankosten und Planungsrechnung mit Matrizen, IBM-Form GE 12–1343 bis 1345–0, Düsseldorf 1975.

*Wäscher, D.*: Prozeßorientiertes Gemeinkostenmanagement, in: Strategieunterstützung durch das Controlling – Revolution im Rechnungswesen?, Hrsg. P. Horváth, Stuttgart 1990, S. 211 ff.

*Weber, J.*: Integration von Kostenrechnung und Investitionsrechnung, in: KRP, o.Jg., 1985, S. 121 f.

–: Logistikkostenrechnung, Berlin u.a. 1987.

–: Change-Management für die Kostenrechnung – Zur Notwendigkeit des beständigen Wandels der Kostenrechnung, in: Rechnungswesen und EDV, 10. Saarbrücker Arbeitstagung 1989, Hrsg. A.-W. Scheer, Heidelberg 1989, S. 30 ff.

–: Einführung in das Rechnungswesen: Kostenrechnung, Stuttgart 1990.

–: Controlling der Kostenrechnung – Zur Notwendigkeit des Einsatzes von Controlling-Instrumenten zur strategischen und operativen Ausrichtung der Kostenrechnung, in: Controlling, 2, 1990a, S. 203 ff.

–: Einführung in das Controlling, Teil I, 3. Aufl., Stuttgart 1991.

–: Einführung in das Controlling, Teil II, 3. Aufl., Stuttgart 1991a.

–: Kostenrechnung – mehr als nur eine Pflichtübung, in: Blick durch die Wirtschaft, Nr. 175 vom 11.9.91, 1991b, S. 7 ff.

*Weber, K.*: CIM stellt Kostenrechnung auf den Kopf, in: Management-Zeitschrift io, 59, 1990, S. 57 f.

*Wedekind, H. und E. Ortner*: Der Aufbau einer Datenbank für die Kostenrechnung, in: DBW, 37, 1977, S. 533 ff.

*Weilenmann, P.*: Probleme des Management Accounting, Zürich 1986.

–: Management Accounting und moderne Technologien, in: Controlling, 2, 1990, S. 288 ff.

*Wein, E.-A.*: Gemeinkostenwertanalyse – Methode, Organisation, Ergebnisse und kritische Würdigung, in: Kosten und Erlöse – Orientierungsgrößen der Unternehmenspolitik, Hrsg. R. Steffen und R. Wartmann, Festschrift für Gert Laßmann zum 60. Geburtstag, Stuttgart 1990, S. 373 ff.

*Weiss, H.*: Internationale Kooperationsstrategien im Großanlagenbau, in: ZfbF, 33, 1981, S. 947 ff.

*Weiß, H.*: Expertensysteme in der Instandhaltung, in: ZwF, 83, 1988, S. 537 ff.

*Welge, M. K.*: Unternehmungsführung, Bd. 3: Controlling, Stuttgart 1988.

–: Organisation des Controlling, in: Controlling, 1, 1989, S. 140 ff.

*Welkener, B.*: Organisation der Produktion in Industrieunternehmungen mit Groß-Serien- und Massenproduktion unter besonderer Berücksichtigung internationaler Standortstruktur, Diss. Gießen 1985.

*Weston, J. F. und T. E. Copeland*: Managerial Finance, 8. Aufl., Chicago 1986.

*Wiederstein, A.*: Anwendungsbeispiel einer EDV-unterstützten Auftragskostenkontrolle im Anlagenbau, in: Projektcontrolling – Planungs-, Steuerungs- und Kontrollverfahren für Anlagen- und Systemprojekte, Hrsg. D. Solaro u.a., Stuttgart 1979, S. 49 ff.

*Wild, J.* (Hrsg.): Unternehmungsplanung, Reinbek/Hamburg 1975.

–: Grundlagen der Unternehmungsplanung, 4. Aufl., Opladen 1982.

*Wildemann, H.*: Strategische Investitionsplanung – Methoden zur Bewertung neuer Produktionstechnologien, Wiesbaden 1987.

–: Kosten- und Leistungsbeurteilung von Qualitätssicherungssystemen, in: ZfB, 62, 1992, S. 761 ff.

*Wissenbach, H.*: Betriebliche Kennzahlen und ihre Bedeutung im Rahmen der Unternehmerentscheidung, Berlin 1967.

*Withauer, K. F.*: Planung und Kontrolle von Kosten und Leistungen bei Projekten, in: BFuP, 23, 1971, S. 609 ff.

*Wittenbrink, H.*: Kurzfristige Erfolgsplanung und Erfolgskontrolle mit Betriebsmodellen, Wiesbaden 1975.

*Woll, A.*: Wirtschaftspolitik, 2. Aufl., München 1992.

*Womack, J., Jones, D. und D. Roos*: The Machine that Changed the World, New York u.a. 1990 (deutsch: Die zweite Revolution in der Autoindustrie, Frankfurt 1991).

*Wübbenhorst, K.*: Konzept der Lebenszykluskosten – Grundlagen, Problemstellungen und technologische Zusammenhänge, Darmstadt 1984.

*Zahn, E. und M. Huber-Hoffmann*: Die Produktion als Wettbewerbskraft, in: Produktionsmanagement im Spannungsfeld zwischen Markt und Technologie, Hrsg. H.-J. Bullinger, München 1990, S. 47 ff.

*Zehnder, C. A.*: Informationssysteme und Datenbanken, Stuttgart 1989.

*Zelewski, S.*: Das Leistungspotential der künstlichen Intelligenz, Bd. 2, Bonn 1986.

–: Kritische Faktoren beim Einsatz von Expertensystemen, in: ZfB, 61, 1991, S. 237 ff.

*Zink, K. J.* (Hrsg.): Personalwirtschaftliche Aspekte neuer Technologien, Berlin 1985.

*Zoller, H.*: Entscheidungsorientierte Preisuntergrenzen-Ermittlung im Rahmen der baubetrieblichen Angebotskalkulation, Diss. München 1988.

*Zünd, A.*: Der Controller-Bereich (Controllership), in: Controlling und Unternehmensführung, Hrsg. G. J. B. Probst und R. Schmitz-Dräger, Bern 1985, S. 28 ff.

*ZVEI* (Hrsg.): ZVEI-Kennzahlensystem, 4. Aufl., Mindelheim 1989.

# Verwendete Abkürzungen für Zeitschriften und Sammelbände

| | |
|---|---|
| BFuP | Betriebswirtschaftliche Forschung und Praxis |
| BVW | Betriebliches Vorschlagswesen |
| DB | Der Betrieb |
| DBW | Die Betriebswirtschaft |
| FB/IE | Fortschrittliche Betriebsführung/Industrial Engineering |
| HMD | Handbuch der modernen Datenverarbeitung |
| HWB | Handwörterbuch der Betriebswirtschaft |
| HWF | Handwörterbuch der Führung |
| HWO | Handwörterbuch der Organisation |
| HWP | Handwörterbuch des Personalwesens |
| HWPlan | Handwörterbuch der Planung |
| HWProd | Handwörterbuch der Produktionswirtschaft |
| HWR | Handwörterbuch des Rechnungswesens |
| KRP | Kostenrechnungspraxis |
| NB | Neue Betriebswirtschaft |
| WiSt | Wirtschaftswissenschaftliches Studium |
| WISU | Das Wirtschaftsstudium |
| ZfB | Zeitschrift für Betriebswirtschaft |
| ZfbF | Zeitschrift für betriebswirtschaftliche Forschung |
| ZfhF | Zeitschrift für handelswissenschaftliche Forschung |
| ZfO | Zeitschrift für Organisation / Zeitschrift Führung und Organisation |
| ZwF | Zeitschrift für wirtschaftliche Fertigung |

# Sachverzeichnis

# RECHNUNGSWESEN und EDV

## SAARBRÜCKER ARBEITSTAGUNGEN

Wer heute Verantwortung für Rechnungswesen und Controlling trägt, bewegt sich im Spannungsfeld zwischen Betriebswirtschaft und Informatik. Er muß sich mit beiden Disziplinen auseinandersetzen. Hier bietet die Saarbrücker Arbeitstagung ein Forum, um die neuesten Entwicklungen in diesen Bereichen zu diskutieren.

## Physica-Verlag

**Ein Unternehmen des Springer-Verlags**

Bitte bestellen Sie bei Ihrem Buchhändler oder bei Physica-Verlag,
c/o Springer-Verlag GmbH & Co. KG, Auftragsbearbeitung, Postfach 31 13 40, D-10643 Berlin, FRG

D. Hahn · G. Laßmann

**Produktionswirtschaft**
Controlling industrieller Produktion

Band 3
Erster Teilband
Personal
Anlagen

Physica-Verlag
Ein Unternehmen des Springer-Verlags

K.-P. Kistner, Universität Bielefeld

## Produktions- und Kostentheorie

2., vollst. überarb. u. erw. Aufl. 1993. XII, 293 S. 61 Abb. 6 Tab.
Brosch. DM 45,– ISBN 3-7908-0644-7
(Physica-Lehrbuch)

Das Lehrbuch gibt einen Überblick über die betriebswirtschaft-
liche Produktions- und Kostentheorie. Es behandelt insbeson-
dere die neoklassische Produktionstheorie, die lineare
Aktivitätsanalyse und die Theorie der Anpassungsformen.
Weiter werden komplexe Produktionsstrukturen, die Theorie der
Betriebsmittel und Umweltwirkungen der Produktion behandelt.

K.-P. Kistner

## Optimierungsmethoden
2. Aufl. 1993. Brosch. DM 37,50
ISBN 3-7908-0639-0

K.-P. Kistner/M. Steven

## Produktionsplanung
2., vollst. überarb. u. erw. Aufl. 1993. Brosch. DM 45,–
ISBN 3-7908-0644-7

**D. Hahn,** Universität Gießen,
**G. Laßmann,** Ruhr-Universität Bochum

## Produktionswirtschaft –
## Controlling industrieller Produktion

**Teilband 3.1: Personal, Anlagen**
1993. XXIV, 438 S. 136 Abb.
Geb. DM 148,– ISBN 3-7908-0348-0
Brosch. DM 65,– ISBN 3-7908-0697-8

**Teilband 3.2: Informationssystem**
1993. XIII, 429 S. 97 Abb.
Geb. DM 128,– ISBN 3-7908-0696-X
Brosch. DM 49,80 ISBN 3-7908-0698-6

Die **Produktionswirtschaft** liegt jetzt in drei Bänden vor. Die Teilbände **3.1** und **3.2** vermitteln den aktuellen Erkenntnisstand auf
den Gebieten Personalwirtschaft, Anlagenwirtschaft und
Informationswirtschaft. Im Mittelpunkt steht hierbei die Sicht des
Controlling – der ergebnisorientierten Unternehmungsführung.

*Hierzu lieferbar:*
– Bd. **1** : Grundlagen, Führung und Organisation, Produkte und
Produktprogramm, Material und Dienstleistungen
2. Aufl. 1990. Brosch. DM 65,– ISBN 3-7908-0464-9
- Bd. **2** : Produktionsprozesse, Grundlegung zur Produktions-
prozeßplanung, -steuerung und -kontrolle und Beispiele aus der
Wirtschaftspraxis
1989. Brosch. DM 65,– ISBN 3-7908-0409-6

**A.-W. Scheer,** Universität des Saarlandes, Saarbrücken (Hrsg.)

## Rechnungswesen und EDV
## 14. Saarbrücker Arbeitstagung 1993
### Controlling bei fließenden Unternehmensstrukturen

1993. XIV, 514 S. 154 Abb. Geb. DM 168,–
ISBN 3-7908-0725-7

Wer heute Verantwortung für Rechnungswesen oder Controlling
trägt, bewegt sich im Spannungsfeld zwischen Betriebswirtschaft und Informatik. Er muß sich mit beiden Disziplinen auseinandersetzen. Hier bietet die Saarbrücker Arbeitstagung ein
Forum, um die neuesten Entwicklungen in diesen Bereichen zu
diskutieren. Themen dieser Tagung sind: Informationsmanagement, Verteilung/Dezentralisierung, kostenorientiertes Prozeß-
management, empfängerorientiertes Controlling, Finanz-/Kon-
zerncontrolling, Globalisierung.

# Physica-Verlag
### Ein Unternehmen des Springer-Verlags

Bitte bestellen Sie bei Ihrem Buchhändler oder bei Physica-Verlag, c/o Springer-Verlag GmbH & Co.KG,
Auftragsbearbeitung, Postfach 31 13 40, D-10643 Berlin, F. R. Germany

If you have any questions about our products,
you may contact us at:
ProductSafety@springernature.com

In the EU, Publisher is established outside the EU,
the EU authorised representative is:
Springer Nature Customer Service Center GmbH
Lützowstraße 4, 6796 Heidelberg, Germany

Printed by Lightning Press GmbH
in Konstanz, Germany